U0820057

民国首版学术经典

淮南鸿烈集解【上册】

刘文典 著

上海科学技术文献出版社
Shanghai Scientific and Technological Literature Press

出版说明

民国时期虽只有短短三十几年，却在中国历史上拥有极其重要的地位。随着地理封闭格局的打破，社会制度的转型，思想束缚的解放，社会的文化和学术也开始了古今中西新旧融合与创新的历史过程，迎来一个百家争胜、异彩纷呈的局面，直接表现便是名家辈出、佳作迭现，且其视野之开阔、学识之渊博、影响之深远，为前代所不及，亦为后人所难达。

民国文学史堪称一部文学思潮、文学流派、文学运动、文学论争、文学社团的流变史，它们之间存在着相互交叉、相互生成的复杂关系，而要想从这些复杂的关系中理清头绪、找到脉络，关键还是要着手到具体的作家与作品上。由于受到各种因素的影响，有时即使是同一部文学作品，在不同的版本中也会呈现出大相径庭的风貌。我们尽量选取民国文学经典作品中最初的版本，保留了原书的内封和版权页、书后广告，将文学经典作品的原貌呈现出来。有些文学作品，由于作者早逝等因素，虽然在文学史上具有一定的价值，但人们对其知之甚少。为此，我们也挑选了一些并非广为流传，但是具有自己的风格、在当时的文学思潮中占据过一定地位的文学作品，为当代文学史的研究提供更多的资源。

从 1911 年辛亥革命结束清王朝统治到 1949 年中华人民共和国成立，在这一段特殊时期成长起来的中国学人涌现出了许多大家，并产生了在中国学术史占有重要地位的著作，尽管今人对民国学术的评价是仁者见仁，智者见智，但不可否认的是不论是这些大家的人格魅力，还是那些著作所折射出来的思想的光辉影响了几代学人。

有鉴于此，我们以“民国首版经典”之名影印了民国文学、学术经典。内容可谓包罗万象，诗歌、小说、散文、纪实文学，以及史学、理学、文学研究等方方面面，所选皆出自名家、大家之手，或为各学科奠基之作，或为集大成之作，或为震动当时、影响深远的传诵之作，其中不乏流传很少、极难觅寻的孤本，我们苦心孤诣，找寻到这些经典著作的初版本，影印出版，精装制作，以飨读者。

编　者

萬有文庫

第一集一千種

王雲五主編

淮南鴻烈集解

(一)

劉文典著

商務印書館發行

萬有文庫

第一集一千種

總編纂者

王雲五

商務印書館發行

淮南鴻烈集解

(一)

劉文典著

國學基本叢書

淮南鴻烈集解目錄

第一册

胡序

自序

舊叙目

卷一　原道訓

卷二　俶眞訓

卷三　天文訓

第二册

卷四　墬形訓

卷五　時則訓

卷六　覽冥訓

卷七　精神訓
卷八　本經訓

第三册

卷九　主術訓
卷十　繆稱訓
卷十一　齊俗訓
卷十二　道應訓

第四册

卷十三　氾論訓
卷十四　詮言訓
卷十五　兵略訓
卷十六　說山訓
卷十七　說林訓

第五册

卷十八　人閒訓
卷十九　脩務訓
卷二十　泰族訓
卷二十一　要略

第六册

附錄　錢塘淮南天文訓補注

胡序

整理國故，約有三途：一曰索引式之整理，一曰總帳式之整理，一曰專史式之整理。典籍浩繁，鈎稽匪易，雖有博聞彊記之士，記憶之力終有所窮。索引之法，以一定之順序，部勒紊亂之資料，或依韻目，或依字畫，其爲事近於機械，而其爲用可補上智才士之所難能。是故有史姓韻編之作，而中下之材智能用廿四史矣；有經籍纂詁之作，而初學之士能檢古訓詁矣。此索引式之整理也。

總帳式者，向來集注集傳集說之類似之。同一書也，有古文今文之爭，有漢宋之異，有毛鄭之別，有鄭王之分。歷時既久，異說滋多。墨守門戶之見者，囿於一先生之言，不惜繁其文，枝其辭，以求勝；而時過境遷，向日斤斤之爭，要不過供後人片段之擷取而已。上下二千年，顚倒數萬卷，辨各家之同異得失，去其糟粕，拾其精華，於以結前哲千載之訟爭，而省後人無窮之智力，若商家之歲終結帳，然綜觀往歲之盈折，正所以爲來日之經營導其先路也。

專史云者，積累既多，系統既明，乃有人焉，各就性之所近，而力之所能勉者，擇文化史之一部分，或以類別，或以時分，著爲專史。專史者，通史之支流，而實爲通史之淵源也。二千年來，此業尚無作者；鄭樵有志於通史，而專史不足供其採擇；黃宗羲全祖望等有志於專史，而所成就皆甚微細。此則前修之所未逮，而有待於後來者矣。

吾友劉叔雅教授新著淮南鴻烈集解，乃吾所謂總帳式之國故整理也。淮南王書，折衷周秦諸子，『棄其畛挈，斟其淑靜，非循一迹之路，守一隅之指，』其自身亦可謂結古代思想之總帳者也。其書作于漢代，時尙修辭；今觀許愼高誘之注，知當漢世已有注釋之必要。歷年久遠，文義變遷，傳寫譌奪，此書遂更難讀。中世儒者排斥異己，忽略百家，坐令此絕代奇書，沉埋不顯。迄乎近世，經師旁求故訓，博覽者始稍稍整治秦漢諸子；而淮南王書，治之者尤衆。其用力最勤而成功較大者，莫如高郵王氏父子，德淸兪氏，間有創獲，已多臆說矣；王紹蘭，孫詒讓，頗精審，然所校皆不多。此外，如莊逵吉，洪頤煊，陶方琦諸人，亦皆瑕瑜互見。計二百年來，補苴校注之功，已令此書稍稍可讀矣。然諸家所記，多散見雜記中，學者罕得遍讀；其有單行之本，亦皆僅舉斷句，不載全文，殊不便於初學。以故今日坊間所行，猶是百五十年前之莊逵吉本，而王兪諸君勤苦所得，乃不得供多數學人之享用；然則叔雅集解之作，豈非今日治國學者之先務哉？

叔雅治此書，最精嚴有法，吾知之稍審，請略言之。唐宋類書徵引淮南王書最多，而向來校注諸家搜集多未備；陶方琦用力最勤矣，而遺漏尙多。叔雅初從事此書，遍取書鈔，治要，御覽，及文選注諸書，凡引及淮南原文或許高舊注者，一字一句，皆採輯無遺。輯成之後，則熟讀之，皆使成誦；然後取原書，一一注其所自出；然後比較其文字之同異；其無異文者，則舍之；其文異者，或訂其得失，或存而不論；其可推知爲許愼注者則明言之；其疑不能明者，亦存之以俟考。計御覽一書已踰千條，文選注中亦五六百條。其功力之堅苦如此，宜其成就獨多也。

方叔雅輯書時，苟有引及皆爲輯出，不以其爲前人所已及而遺之。及其爲集解，則凡其所自得有與前人合者，皆歸功於前人；其有足爲諸家佐證，或匡糾其過誤者，則先舉諸家而以己所得新佐證附焉。至其所自立說，則僅列其證據充足無可復疑者。往往有新義，卒以佐證不備而終棄之；友朋或爭之，叔雅終不願也。如詮言訓『此四者，耳目鼻口不知所取去，心爲之制，各得其所。』兪樾据上文『目好色，耳好聲，口好味，』因謂『鼻』字爲衍文；然文子符言篇上文言『目好色，耳好聲，鼻好香，口好味，』而下文亦有『鼻』字。叔雅稿本中論此一條云：

此疑上文『口好味』上脫『鼻好香』三字。文子符言篇及此處耳目鼻口並擧，皆其證也。兪氏不據文子以證上文之脫失，反以『鼻』字爲後人據文子增入，謬矣。惟余亦未在他處尋得更的確之證據，故未敢駁之耳。

此可見叔雅之矜愼。叔雅於前人之說，樂爲之助證，而不欲輕斥其失，多此類也。然亦有前人謬誤顯然，而叔雅寧自匿其創見而爲之隱者，如本經訓『元元至碭而運照，』兪樾校云：

樾謹按：高注曰，『元，天也；元，氣也。』分兩字爲兩義，殊不可通。疑正文及注均誤。正文本曰，『元光至碭而運照。』注文本曰，『元，天也；光，氣也。』俶眞篇曰，『弊其元光，而求知之於耳目。』此元光二字見於本書者。高彼注曰，『元光，內明也。一曰，元，天也。』然則此曰，『元，天也。』正與彼注同。疑彼亦有『光，氣也』三字，而今脫之也。（諸子平議三十，頁八）

叔雅稿本中論此條云：

宋明本皆作『玄元至碭而運照。』莊本避淸聖祖諱，改玄爲元耳。俞氏未見古本，但馮莊本立說，可笑也。『玄，天也。』本是古訓。原道覽冥說山諸篇高注皆曰，『玄，天也。』釋名，『天謂之玄。』桓譚新論（後漢書張衡傳注引，）『玄者天也。』

此條今亦未收入集解，豈以宋明藏本在今日得之甚易，以之責備前人，爲乘其不備耶？此則忠厚太過，非吾人所望於學者求誠之意者矣。

然即今印本集解論之，叔雅所自得，已卓然可觀。如俶眞訓云：

百圍之木，斬而爲犧尊，鏤之以剞劂，雜之以靑黃，華藻鎛鮮，龍蛇虎豹，曲成文章。然其斷在溝中，壹比犧尊溝中之斷，則醜美有間矣。然而失木性，鈞也。

向來校者僅及名物訓詁，未有校其文義之難通者。叔雅校云：

『然其斷在溝中』句疑有脫誤。莊子天地篇作『其斷在溝中，』亦非。惟御覽七百六十一引莊子作『其一斷在溝中，』不誤。今本『一』字誤置『比』字上，傳寫又改爲『壹，』義遂不可通矣。（卷二頁十一）

此據御覽以校莊子，乃以之校淮南，甚精也。又如墬形訓云：

無角者膏而無前，有角者指而無後。

高注云：

膏，豕也，熊猿之屬。無前，肥從前起也。指，牛羊之屬。無後，肥從後起也。

莊逵吉校云：

指應作脂，見周禮注，所謂『戴角者脂，無角者膏』是也。又王肅家語注引本書，正作脂。

莊校已甚精審。然『無前』『無後』之說終不易解。

叔雅校云：

莊校是也。御覽八百六十四，脂膏條下，八百九十九，牛條下引，指並作脂，是其碻證。又無前無後，義不可通。『無』疑當作『兌，』始譌爲『无，』傳寫又爲『無』耳。御覽八百九十九引，正作兌前兌後。又引注云『豕馬之屬前小，牛羊後小，』是其證矣。前小即兌前，後小即兌後也。

（卷四，頁九。兌即今銳字。）

此條精碻無倫，眞所謂後來居上者矣。

類書之不可盡恃，近人蓋嘗言之。叔雅校此書，其採類書，斷制有法。若上文所引御覽八百九十九，引原文而幷及久佚之古注，其可依據，自不待言。其他一文再見或三見而先後互異者，或各書同引一文而彼此互異者，或僅一見而與今本微異者，其爲差異雖甚微細，亦必竝存之，以供後人之考校。其用意甚厚，而其間亦實有可供義解之助者。如說林訓云：

以兎之走，使犬如馬，則逮日歸風。及其爲馬，則又不能走矣。

孫詒讓校此句，謂『歸當爲遺，聲之誤也』；其爲臆說，無可諱言。叔雅引御覽九百七引，作：

以兎之走，使大如馬，則逐日追風。及其爲馬，則不走矣。

此不必糾正孫說，而使人知此句之所以可疑，不在『歸』字之爲『遺』爲『追』，而在『犬』字之應否作『大』；蓋校書之要，首在古本之多，本子多則暗示易，而向之不爲人所留意者，今皆受拶榨而出矣。上文之『兌』，此文之『大』，皆其例也。

叔雅此書，讀者自能辨其用力之久而勤，與其方法之嚴而愼。然有一事，猶有遺憾，則錢繹之方言箋疏未被採及，是也。淮南王書雖重修飾，然其中實多秦漢方言，可供考古者之採訪。如開卷第一葉『

甚淖而滒，」高注曰，「滒，亦淖也。夫饘粥多瀋者謂滒。滒讀歌謳之歌。」莊逵吉引說文「滒，多汁也」以證之是也。今徽州方言謂多汁爲「淖，」粥多瀋則謂之「淖粥；」欲更狀之則曰「淖滒滒，」滒今讀如呵。又如主術訓云「聾者可使嚁筋，而不可使有聞也。」王紹蘭與孫詒讓皆引攷工記弓人「筋欲敝之敝」句，鄭司農注「嚼之當熟。」孫又引賈疏「筋之椎打嚼齧，欲得勞敝，」謂「嚼筋」爲漢時常語，即謂椎打之使柔熟，以纏弓弩也。（本書卷九頁十二。）今徽州績谿人罵人多言而無識，曰「嚼弓筋，」亦曰「瞎嚼弓筋。」凡此之類，皆可今古互證。錢繹所輯，雖未及於今日之方言，然其引此書中語與方言故訓竝列，往往多所發明，似亦未可廢也。質之叔雅，以爲如何？

中華民國十二年三月六日，胡適。

自序

淮南王書．博極羣今．總統仁義．牢籠天墜．彈壓山川．誠眇義之閎叢．嘉言之林府．太史公所謂因陰陽之大順．采儒墨之善．撮名灋之要者也．惟西漢迄今．歷二千祀．鈔槧屢改．流失遂多．鄦高㠯之㴻淵．句讀由其相敵．後之覽者．每用病諸．雖清代諸師．如盧文弨．洪頤煊．王念孫．俞樾．孫詒讓．陶方琦之倫．各有記述．咸多匡正．而書傳繁博．條流踳散．晉分衺異．檢覈難周．用使脩學之士．迴遑岐塗．沿波討原．未知攸適．予少好校書．長而彌篤．講誦多暇．有懷綜緝．聊㠯錐指．增演舊脩．采拓清代先儒注語．搆會甄實．取其要指．豫是有益．竝皆鈔內．其有穿鑿形聲．競逐新異．歠眞越理．㠯是爲非．隨文糾正．用祛疑惑．若乃務出游辭．苟爲汛說．徒滋蕪濫．秖增煩冗．今之所纂．又㠯忽諸．筦闚所及．時見愚意．猶有發明．亦附其末．雖徃滯舊疑．未盡通解．而正譌茜佚．必有憑依．一循塗軌．未詳𠛬闕．名爲集解．合二十一卷．庶世之君子．或裨觀覽焉．中華民國十年六月十五日合肥劉文典．

叙目

漢涿郡高誘撰

淮南子名安。厲王長子也。長。高皇帝之子也。其母趙氏女。○莊逵吉云。漢書淮南王傳。不云趙氏女。而云其弟趙兼。爲趙王張敖美人。高皇帝七年。討韓信於銅鞮。信亾走匈奴。上遂北至樓煩。還過趙。不禮趙王。趙王獻美女趙氏女。○莊逵吉云。應云。獻美人趙氏女。此女字疑誤。得幸有身。趙王不敢內之於宮。爲築舍于外。及貫高等謀反發覺。幷逮治王。盡收王家及美人趙氏女。亦與焉。吏以得幸有身聞上。上方怒趙王。未理也。趙美人弟兼因辟陽侯審食其言之呂后。呂后不肯白。辟陽侯亦不強爭。及趙美人生男。恚而自殺。吏奉男詣上。上命呂后母之。封爲淮南王。暨孝文皇帝即位。長弟上書願相見。詔至長安。日從游宴。驕蹇如家人兄弟。怨辟陽侯不爭其母於呂后。因椎殺之。上非之。肉袒北闕謝罪。奪四縣。還歸國。爲黃屋左纛。稱東帝。坐徙蜀嚴道。○莊逵吉云。古巖嚴字通。死於雍。上閔之。封其四子爲列侯。時民歌之曰。一尺繒。好童童。一升粟。飽蓬蓬。兄弟二人不能相容。○莊逵吉云。本傳作一尺布。尚可縫。一斗粟。尚可舂。兄弟二人不相容。上聞之曰。以我貪其地邪。乃召四侯而封之。其一人病薨。長子安襲封淮南王。次爲衡山王。次爲廬江王。太傅賈誼諫曰。怨讎之人。不可貴也。後淮南衡山卒反。如賈誼言。初安爲辨達。善屬文。皇帝爲從父數上書。召見。孝文皇帝甚重之。詔使爲離騷賦。○莊逵吉云。本傳作使爲離騷傳。○孫詒讓云。此自作賦。與本傳不同。文心雕龍神思篇云。淮南崇朝而賦騷。即本高敘。自旦受詔。日早食已。上愛而秘之。天下方術之士。多往歸焉。於是遂與蘇飛。李尚。左吳。田由、雷被、毛被、伍被、晉昌等八人、及諸儒大山、小山之徒、共講論道德、總統仁義、而著此書。其旨近老子、淡泊無爲、蹈虛守靜、出入經道。言其大也、則燾天載地、說其細也、則淪於無垠、及古今治亂、存亡禍福、世間詭異瓌奇之事。其義也著、其文也富、物事之類、無所不載、然其大較歸之於道、號曰鴻烈。鴻、大也、烈、明也、以爲大明道之言也。故夫學者不論淮南、則不知大道之深也。是以先賢通儒述作之士、莫不援采以驗經傳。以父諱長、故其所著、諸長字皆曰脩。光祿大夫劉向校定撰具、名之淮南。又有十九篇者、謂之淮南外篇。自誘之少、從故侍中同縣盧君、受其句讀、誦舉大義。會遭兵災、天下棋峙、亡失書傳、廢不尋修、二十餘載。建安十年、辟司空掾、除東郡濮陽令、覩時人少爲淮南者、懼遂凌遲、於是以朝餔事畢之間、乃深思先師之訓、參以經傳道家之言、比方其事、爲之注解、悉載本文、並舉音讀。典農中郎將弁揖借八卷刺之、○莊逵吉云、弁古卞字、人姓名。○孫詒讓云、林寶元和姓纂九卞姓云、濟陰冤句人、魏卞揖生統、爲晉瑯琊內史、生粹、中書令、（此下據晉書卞壼傳、當有粹生壼云云、永樂大典本挩）子眇、盱、眈、瞻、然則此弁揖即卞揖、（漢隸書弁字多作亓、後遂變爲卞、莊校是也）爲壼之曾祖、晉書壼傳所載世系、止詳統粹官爵、而不及揖、此可以補其闕。會揖身喪、遂亡不得。至十七年、遷監河東、復更補足。淺學寡見、未能備悉、其所不達、注以未聞。唯博物君子、覽而詳之、以勸後學者云爾。

卷一原道訓　　卷二俶眞訓　　卷三天文訓　　卷四墬形訓

卷五時則訓　　卷六覽冥訓　　卷七精神訓　　卷八本經訓

卷九主術訓　　卷十繆稱訓　　卷十一齊俗訓　　卷十二道應訓

卷十三氾論訓　卷十四詮言訓　卷十五兵略訓　卷十六說山訓
卷十七說林訓　卷十八人間訓　卷十九脩務訓　卷二十泰族訓
卷二十一要略

歲甲辰．逵吉讀道藏於南山之說經臺．覽淮南內篇之注．病其爲後人所刪改．賞之錢別駕坫．別駕曰．道書中亦非全本．然較之流俗所行者多十之五六．爰擂其篋笥以示逵吉．逵吉因是校其同異．正其譌舛．樂得而刻之．並爲之敍曰．漢書淮南王傳．稱安招致賓客方術之士數千人．作爲內書二十一篇．外書甚衆．又有中篇八卷．言神仙黃白之術．亦二十餘萬言．安入朝．獻所作內篇．新出．上愛祕之．而藝文志雜家者流．有淮南內二十一篇．淮南外三十三篇．天文有淮南雜子星十九卷．傳不及雜子星．而志不載神仙黃白之作．然後代往往傳萬畢術云云．大概多黃白變幻之事．卽所謂中篇遺蹟歟．西京雜記．安著鴻烈二十一篇．鴻大也．烈明也．言大明禮教．鴻烈之義．一見于本書要略．而高誘敍中．亦言講論道德．總統仁義．而著此書．號曰鴻烈．是內篇一名鴻烈也．誘又曰；光祿大夫劉向校定撰具．名之淮南．藝文志本向歆所述．是淮南內淮南外之稱．爲劉向之所定．然只題淮南．不必稱子．志論次儒家至小說．名曰諸子十家．後遂緣之而加子字矣．隨書經籍志．淮南子二十一卷．許愼注．又有高誘注．亦二十一篇．唐書經籍志．淮南子注解二十一卷．高誘撰．又有淮南鴻烈音二卷。何誘撰新唐書藝文志。鴻烈音。亦題高誘撰。而高許兩家注並列。同隨志。宋史藝文志。則云許注二十一卷。高注十三卷。似當時兩本原別然。劉昫無許注。而元脩宋志。乃以高書爲十三卷者。考晁公武讀書志據崇文總目云。亡其三篇。李淑邯鄲圖志云。亡二篇。或因删併訛脫。而爲此說歟。淮南本二十篇。要略一篇。則敍目也。其例與揚子法言。王符潛夫等書正同。故高似孫直指爲淮南二十篇。說者又以似孫之言。互證晁李。斯更誣矣。高時無切音之學。鴻烈音。應如劉昫云何誘。不得改稱高誘。歐陽不精考古。以名字相涉而亂之。如徐堅初學記。李善文選注。李昉太平御覽。引淮南。或並有翻語。卽其書也。高則已自言爲之注解。幷舉音讀矣。寧得于本注之外。別有撰作哉。公武謂許注題記上陳振孫謂今本皆云許注。而詳敍文。卽是高誘。遠吉以爲此乃後人誤合兩家爲一。故溷而不分也。如墜形訓大汾。誘注云。在晉呂覽則云未聞。同爲一人語釋。未必聞于此而不聞于彼也。俶眞訓剞劂。注云。剞。巧工鉤刀。劂者。規度刺畫墨邊箋。所以刻鏤之具也。本經訓則云。剞。巧刺畫盡頭黑邊箋也。劂。鑹刀。同爲一書語釋。未必前後惑亂如是也。此亦兩家不分之明驗矣。又文選注引許注。三光云。日月星。明月珠云。夜光之珠。有似明月。歐陽詢藝文類聚引許注。柳下惠云。展禽。樹柳行惠。釋元應一切經音義。引許注。奇屈之服云。屈短奇長。太平御覽引許注。畫隨灰而月暈闕云。有軍事相圍守。土龍致雨云。以象雲龍。皆卽高注。殷敬順列子釋文。引許注。策錣云。馬策端有利鋒。所以刺不前。太平御覽引許注方諸見月云。諸。珠也。方。石也。以銅盤受之。下水數升。皆與高異。文選注引許注莫鑒于流瀋。而鑒于澂水云。楚人謂水暴溢爲瀋。鷄棲井幹云。皆屋構飾也。太平御覽引許注騏麟鬭而日月食。鯨魚死而彗星出云。騏麟。大角獸。故與日月符。鯨魚。海中魚之王也。一墣塞江云。墣。塊也。皆高之所無。又文選注引綄之候風許注云。綄。候風者。楚人謂之五兩。今高注則綄作俔。云世謂之五兩。自西南至東南。有裸人國。黑齒民。許注云。其民不衣。其人黑齒。今高注則裸國在東南。黑齒在東北。但有其人黑齒注語。而無其民不衣云云。更可見本之故多殊異。注之互有脫訛矣。故釣射鷫鸘。太平御覽引作釣射瀟湘。是足證其殊異。牛蹄之涔。無尺之鯉。塊阜之山。無丈之材。皆其營宇狹小。而不能容巨大。太平御覽引作牛蹄之涔。無經尺之鯉。魁父之山。無營宇之材。皆其狹小而不能容巨大。是足證其脫訛。蓋唐宋以前。古本尙存。皆得展轉引據。今亡之。又爲庸夫散亂。難言考正耳。別駕校訂是書。旣精且博。逵吉亦抒一得之愚。爲之疏通旁證。舉以示歙程文學敦。陽湖孫編修星衍。皆以爲宜付剞刀。時侍家君咸寧官舍。謹刊而布之。略考淮南作書之始末。及高許注書之端緒。刺于敍目之後。蓋卽別駕所校道書中本也；若此書不亡于天下。而逵吉亦附名以傳。斯爲厚幸云爾。乾隆戊申五十有三年三月。武進莊逵吉撰。

淮南鴻烈集解

卷一

原道訓 原本也本道根眞包裹天地以歷萬物故曰原道因以題篇○姚範云疑訓字高誘自名其注解非淮南篇名所有即誘序中所云深思先師之訓也要略無訓字

夫道者覆天載地 道無形而大也 廓四方柝八極 廓張也柝開也八極八方之極也言其遠柝讀重門擊柝之柝也 高不可際深不可測 際至也度深曰測一曰盡也 包裹天地稟授無形 稟給也授予也無形萬物之未形者皆生於道故曰稟授無形也 原流泉浡沖而徐盈混混滑滑濁而徐清 原泉之所自出也浡湧也沖虛也始出虛徐流不止能漸盈滿以喻於道亦然也滑讀曰骨也 故植之而塞于天地橫之而彌于四海施之無窮而無所朝夕 植立也塞滿也彌猶絡也施用也用之無窮竭也無所朝夕盛衰 舒之幎於六合卷之不盈於一握 舒散也幎覆也孟春與孟秋爲合仲春與仲秋爲合季春與季秋爲合孟夏與孟冬爲合仲夏與仲冬爲合季夏與季冬爲合故曰六合言滿天地間也一曰四方上下爲六合不盈一握言微妙也 約而能張幽而能明 言道能小能大能昧能明 弱而能強柔而能剛 道之性也 橫四維而含陰陽 橫讀桄車之桄○桂馥云一切經音義云桄聲類作輄車下橫木也今車牀及梯轝橫木皆曰桄是也 紘宇宙而章三光 紘綱也若小車蓋四維謂之紘繩之類也四方上下曰宇古往今來曰宙以喻天地章明也三光日月星○莊逵吉云三光日月星李善文選注作許慎注說文解字維車蓋維也鄭康成注雜記云冠有笄者爲紘紘在纓處兩端上屬下不結紘非正義故誘讀從之 甚淖而㵼甚纖而微 㵼亦淖也夫饘粥多瀋者謂㵼㵼讀歌謳之歌○莊逵吉云說文解字㵼多汁也讀若哥古哥歌同字 山以之高淵以之深獸以之走鳥以之飛日月以之明星歷以之行麟以之游鳳以之翔 以用也游出也大飛不動曰翔也 泰古二皇得道之柄立於中央 二皇伏羲神農也指說陰陽故不言三也○文典謹按御覽七十七引許注云庖犧神農 神與化游以撫四方

𢠳安也。四方謂之天下也。○俞樾云：憮讀爲幠。說文巾部：幠，覆也。古書或以憮爲之。荀子宥坐篇：勇力憮世，守之以怯。楊倞注曰：憮，掩也。掩，卽覆也。此云以憮四方，猶言以覆四方。上文云：舒之幎於六合。高誘注曰：幎，覆也。幠幎同義。作撫者叚字耳。高注：撫，安也，失之。是故能天運地滯，輪轉而無廢，運，行也。滯，止也。廢，休也。○莊逵吉云：古滯廢聲相轉。故周禮質人，珍異之有滯者，注：故書滯或作廢。廢之言纆，故廢有止訓。滯之音義皆從之。水流而不止，與萬物終始。風興雲蒸，事無不應。應，當也。○雷聲雨降，並應無窮。窮，已也。鬼出電入，龍興鸞集。鬼出，言無蹤迹也。電入，言其疾也。○文典謹按：文選新刻漏銘注引作鬼出神入。鈞旋轂轉，周而復帀。鈞，陶人作瓦器法，下轉旋者。一曰天也。已彫已琢，還反於樸。無爲爲之而合于道，無爲言之而通乎德。言二三之化，無爲爲之也。而自合于道也。無所爲言之，而適自通于德也。恬愉無矜而得於和。恬愉，無所好憎也。無矜，不自大也。有萬不同而便於性。萬事不同，能於便性者，不欲也。神託於秋豪之末，言微眇也。而大宇宙之總。宇宙，論天也。總，合也。○俞樾云：大下疑脫於字。謂神雖託於秋毫之末，而視宇宙之總合更大也。今脫於字，文義未明。其德優天地而和陰陽，優，柔也。和，調也。○文典謹按：羣書治要、御覽七十七引優並作覆。節四時而調五行。五行，金木水火土也。呴諭覆育，萬物羣生。呴諭，溫恤也。育，長也。○洪頤煊云：禮記樂記：煦嫗覆育萬物。鄭注：氣曰煦，體曰嫗。正義：天以氣煦之，地以形嫗之，是天煦覆而地嫗育，故言煦嫗覆育萬物也。呴諭卽煦嫗，古字通用。潤於草木，浸於金石，禽獸碩大，豪毛潤澤，羽翼奮也。奮，壯也。角觡生也。角，鹿角也。觡，麋角也。觡讀曰格。獸胎不贕，鳥卵不毈。胎不成獸曰贕，卵不成鳥曰毈。言不者，明其成。○莊逵吉云：說文解字：毈，卵不孚也。又天文訓云：戊子干甲子，胎夭卵毈。○汪文臺云：雲笈七籤一引贕作殰，毈作殈。父無喪子之憂，兄無哭弟之哀。言無夭死。童子不孤，婦人不孀。無父曰孤，寡婦曰孀也。○陶方琦云：詩桃夭正義引許注：楚人謂寡婦曰霜。卽此注也。如俶眞訓許注：楚人謂水暴溢曰瀥（文選江賦注引）、覽冥訓許注：楚人謂袍曰䄾（列子釋文引）之例。高承舊說，故似同。惟脩務訓（有題篇字，爲高注本）以養孤孀，高注：維家謂寡婦曰孀婦（呂覽高注時稱維家），與許稱楚人亦異。知二十一篇內稱楚人者，多係許注矣。許注孀作霜，用叚借字（御覽二十八及八十三引以養孤霜，正作霜，亦是許本）。虹蜺不出，賊星不行，賊星，妖星也。○文典謹按：御覽七十七引許注云：五星逆行，謂之賊星也。含德之所致也。含，懷也。夫太上之道，生萬物而不有，不以爲己衰者也。成化像而弗宰。宰，主也。跂行喙息，蠉飛蝡動，待而後生，莫之知德。不因德之。待之後死，莫之能怨。不怨虐之。得以利者不能譽，用而敗者不能非。收聚畜積而不加富。收聚畜積，國有常賦也。不加富者，為百姓，不以為己有也。布施稟授而不益貧。布施稟授，匡困乏，予不足也。以公家之資，故不益貧也。旋縣而不可究，纖微而不可勤。縣猶小也。勤猶盡也。○王念孫云：諸書無訓縣為小者，縣當為緜字之誤也（隸書緜字或作縣，縣字或作縣，二形相似，故緜誤為縣。漢緜竹令王君神道，緜字作縣，是其證也。荀子彊國篇，令巨楚縣吾前；史記孝文紀，曆日緜長；今本緜字並誤作縣）。逸周書和寤篇曰：緜緜不絕，蔓蔓若何。說文：緜，聯微也。廣雅：緜，小也。故高注亦訓為小。旋亦小也。方言：䀏，短也。郭璞曰：便旋，庳小貌。䀏與旋同。此言道至微眇窔，若易窮而實則廣大不可究也。此言旋緜，下言纖微，其義一也。又主術篇：鞅韐鐵鎧，瞋目扼掔（古腕字），其於以御兵刃，縣矣；券契束帛，刑罰斧鉞，其於以解難，薄矣。高注曰：縣，遠也。比於德，不及之遠。案縣亦當為緜，緜，薄也。此言緜，下言薄，其義一也。漢書嚴助傳：越人緜力薄材。孟康曰：緜，薄也。言德之所禦折衝千里，若鞅韐鐵鎧，瞋目扼掔，其於以禦兵刃，則薄矣。高訓縣為遠，而曰比於德不及之遠，殆失之迂。累之而不高，墮之而不下，益之而不衆，損之而不寡，斲之而不薄，殺之而不殘，鑿之而不深，填之而不淺。忽兮怳兮，不可為象兮；怳兮忽兮，用不屈兮。忽怳，無形貌也，故曰不可為象也。屈，竭也。怳讀人空頭扣之怳。屈讀秋雞無尾屈之屈也。幽兮冥兮，應無形兮；遂兮洞兮，不虛動兮。洞，達也。道動有所應，故曰不虛動也。○俞樾云：遂讀為邃。離騷經：閨中既邃遠兮。招魂篇：高堂邃宇。王逸注並曰：邃，深也。洞亦深也。文選西京賦：赴洞穴。薛綜注曰：洞穴，深且通也。是洞有通義，亦有深義。遂兮洞兮，皆言其深也，方與上句幽兮冥兮意義相稱。高注曰：洞，達也。非是。與剛柔卷舒兮，與陰陽俛仰兮。卷舒猶屈伸也，俛仰猶升降也。昔者馮夷大丙之御也，夷或作遲，丙或作白，皆古之得道能御陰陽者也。○莊逵吉云：詩周道倭遲，韓詩作郁夷，故夷或為遲。丙白字形相近。○陶方琦云：文選七發注引許注云：馮遲、太白，河伯也。古夷遲通。齊俗訓：馮夷得道，以潛大川。許注：馮夷，河伯也。文選廣絕交論注引淮南：昔者馮遲太丙之御也。亦作遲。莊子秋水篇釋文：河伯一名馮遲。顏籀匡謬正俗云：古遲夷通。淮南說馮夷河伯，乃為遲師古所云淮南，即許本也。丙或作白者，廣雅釋蟲：白魚，蛃魚也。王氏疏證謂白與丙聲之轉，引淮南丙或作白為證。枚乘七發：六駕蛟龍，附從太白。以太白為河伯，是許說之所本。御覽引尚書緯云：白經天，水決江。鄭康成注：白，太白。○洪頤煊云：丙當是內字之譌。大內即大豆。呂氏春秋聽言篇：造父始習於大豆，內豆聲相近說文匧从匚丙聲徐鉉曰丙非聲義當从內會意亦其證**乘雲車．入雲蜺．游微霧．**以雲蜺爲其馬也游行也微霧天之微氣也○王念孫云雲車與雲蜺相複雲當爲雷太平御覽天部十四引此正作乘雷車下文曰電以爲鞭策雷以爲車輪覽冥篇曰乘雷車服應龍(今本服下誤衍駕字辯見覽冥)皆其證也雷與雲字相似又涉下句雲字而誤入雲蜺本作六雲蜺高注以雲蜺爲其馬也本作以雲蜺爲六馬也(其字古作亓形與六相似故六誤爲其史記周本紀三百六十夫索隱曰劉氏音破六爲古其字管子重令篇明主能勝六攻淮南地形篇通谷六易林蠱之臨周流六虛今本六字皆誤作其)此言以雷爲車以雲蜺爲六馬故曰乘雷車六雲蜺齊俗篇曰六騏驥駟駃騠藝文類聚舟部引尸子曰文軒六駃題韓子十過篇曰駕象車而六交龍司馬相如上林賦曰乘鏤象六玉虯並與此車六雲蜺同義文選七發六駕蛟龍附從太白李善曰以蛟龍若馬而駕之其數六也淮南子曰昔馮遲太白之御乘雷車(今本雷字亦誤作雲)六雲蜺此尤其明證矣今本作入雲蜺太平御覽引作駕雲蜺皆後人不曉六字之義而妄改之耳(若作入雲蜺則與注中雲蜺爲六馬之義了不相涉若作駕雲蜺則注但當云以雲蜺爲馬無煩言六馬也)**鶩怳忽．歷遠彌高以極往．**鶩馳也怳忽無之象也往行也○王念孫云怳忽當爲忽怳(注內怳忽同)文選七發注引作忽荒荒與怳通(老子曰是謂忽怳賈誼鵩鳥賦曰寥廓忽荒)怳與往景上爲韻(景古讀若鞅下文如響之與景與像爲韻大荒西經正立無景與響往爲韻荀子臣道篇形下如景與響象爲韻)若作怳忽則失其韻矣**經霜雪而無迹．照日光而無景．**行霜雪中無有迹爲日所照無景柱也○文典謹按俗本有注云景古影字孫志祖云顏氏家訓書證篇景字至晉世葛洪字苑傍始加彡而惠氏棟九經古義乃云高誘淮南子注曰景古影字誘漢末人當時已有作景傍彡者非始于葛洪字苑案高誘淮南注並無此語俗刻原道篇注有之乃明人妄加唯大戴禮曾子天圓篇注有景古以爲影字語盧辯固在葛洪後也段懋堂則云惠定宇說漢張平子碑即有影字不始于葛洪然則古義之說蓋誤據俗本淮南子當改引張平子碑方合**扶搖抮抱羊角而上．**扶攀也搖動也抮引戾也扶搖直如羊角轉如曲縈行而上也抮讀與左傳憾而能膠者同也抱讀詩克岐克嶷之嶷也○洪頤煊云抮抱亦作軫軳文選七發李善注引淮南許注軫轉也玉篇軳戾也廣雅釋訓軫軳轉戾也軳即軳字之譌○俞樾云此當作抮扶搖抱羊角而上讀者因淮南書多以抮抱連文高氏此注又曰抮抱引戾也故移抮字於下使抮抱連文以合於高注不知高注自總釋二字之義耳非正文必相連也扶搖也羊角也皆風也莊子逍搖遊篇搏扶搖而上者九萬里釋文引司馬云上行風謂之扶搖又曰搏扶搖羊角而上者九萬里司馬云風曲上行若羊角是其義也抮扶搖抱羊角而上猶云搏扶搖羊角而上今作扶搖抮抱羊角則義不可通矣**經紀山川．蹈騰崑崙．排閶闔．淪天門．**經行也紀通也蹈蹋也騰上也崑崙山名也在西北其高萬九千里河之所出排猶斥也淪入也閶闔始升天之門也天門上帝所居紫微宮門也馮夷大丙之御其耐如此○文典謹按耐古能字其耐如此猶言其能如此也

末世之御雖有輕車良馬勁策利鍛不能與之爭先

勁強也策箠也末之感也言不能與馮夷大丙爭在前也鍛讀炳燭之炳○劉績本鍛作錣注內末之感也作錣箠末之箴也鍛讀炳燭之炳作錣讀爇燭之爇云錣舊作鍛非王念孫云劉本是也錣謂馬策末之箴所以刺馬者也說文笍羊車騶箠也箸箴其耑長半分玉篇陟衛切字或作錣玉篇錣竹劣切笍竹芮二切針也道應篇白公勝到杖策錣上貫頤彼注云策馬擿端有針以刺馬謂之錣(錣音竹劣竹芮二反)錣之言銳也其末銳也(韓子喻老篇作白公勝倒杖策而銳貫頤)氾論篇是猶無鏑銜策錣而御馯馬也注云錣橛頭箴也(說文橛籤也)義並與此注同脩務篇云良馬不待冊錣而行(冊與策同)韓子外儲說右篇云延陵卓子乘蒼龍與翟文之乘前則有錯飾後則有利錣進則引之退則策之列子說符篇白公勝倒杖策錣上貫頤釋文曰許慎注淮南子云馬策端有利鍼所以刺不前也義亦與高注同錣為策末之箴故勁策與利錣連文今本錣作鍛則義不可通矣高注錣鑯末之箴也道藏本作末之感也此是末誤作末箴誤作感又脫去錣二字耳茅一桂本改末之感也為末世之御而莊伯鴻本從之斯為謬矣爇音如劣反聲與錣相近故曰錣讀爇燭之爇(爇燭燒燭也郊特牲曰爇蕭合羶薌)秦策秦且燒爇獲君之國史記張儀傳作燒掇是其例也今本作鍛讀炳燭之炳則不可通矣○陶方琦云說文鍪字下云羊箠也端有鐵(鐵當是鍼)玉篇笍或作錣說文無錣錣即鍪字也御覽七百四十六引淮南(脩務訓)良馬不待冊錣而行許注錣策端有鍼也皆與此說同廣韻十五鎋錣字下云策端有鐵(鐵應作鍼)即引許注

是故大丈夫恬然無思澹然無慮

○陶方琦云文選石壁精舍還湖中詩注引許注澹猶足也齊俗訓智伯有三晉而欲不澹許注澹足也叚澹為贍故曰猶足又通詹呂氏春秋適音篇音不充則不詹高注詹足也讀如澹然無為之澹

以天為蓋以地為與四時為馬陰陽為御

騶御

乘雲陵霄與造化者俱

夫丈夫喻體道者也造化天地一曰道也霄讀消息之消○王念孫云顧氏寧人唐韻正曰御本作騶騶古音則俱反與俱區驟為韻(說文騶從馬芻聲曲禮車驅而騶釋文騶仕救反又七須反荀子禮論篇趨中韶濩正論篇趨作騶)注騶御也御字正釋騶字而今本為不通音者竟改本文騶字為御案韻補引此正作騶念孫案顧說是也今本作御者後人依文子道原篇改之耳太平御覽天部八兵部九十引此竝作騶○陶方琦云御覽八引許注霄其霧按霄其霧三字譌文古字其作亓雲作云相似故雲字譌作其字霧乃譌字當是霄雲也人間訓齊靡赤霄許注霄飛雲也玉篇霄雲气或是霄雲也一作霧脩務訓乘雲陵霧是其證○文典謹按文選繆熙伯挽歌詩注女史箴注引並作恬然無為與造化逍遙郭景純遊仙詩注引作大丈夫乘雲

陵霄，與造化逍遙。縱志舒節，以馳大區。區，宅也。宅，謂天也。可以步而步，可以驟而驟。令雨師灑道，使風伯埽塵。雨師，畢星也。詩云：月麗于畢，俾滂沱矣。風伯，箕星。月麗于箕，風揚沙。電以爲鞭策，電，激氣也。故以爲鞭策。○文典謹按：御覽十三引注激作擊。雷以爲車輪。雷，轉氣也。故以爲車輪。上游於霄霓之野，下出於無垠之門。霄霓，高峻貌也。無垠，無形狀之貌。霄讀紺綃，霓讀翟氏之翟。○王念孫云：霄霓者，虛無寂漠之意。俶眞篇曰：虛無寂漠，蕭條霄霓，是也。上言霄霓，下言無垠鄂，義本相近。高以正文言上遊，遂以霄霓爲高峻貌，非其本指也。無垠下有鄂字，今本正文及注皆脫去。漢書揚雄傳：紛被麗其亡鄂。顏師古曰：鄂，垠也。垠鄂與霄霓相對爲文。文選西京賦：前後無有垠鄂。李善注淮南子曰：出於無垠鄂之門。許慎曰：垠鄂，端崖也。（七命注同）是許本有鄂字。太平御覽地部二十淮南子曰：下出乎無垠鄂之門。高誘曰：無垠鄂，無形之貌也。是高本亦有鄂字。○陶方琦云：高注作無垠，與許引原文亦異。御覽引高注曰：無垠鄂，無形之貌也。今高本作無垠，亦係誤敓。說文土部：垠，地垠也。衆經音義七引說文作地圻咢也。楚辭王注：垠，岸崖也。天文訓：气有涯垠。垠通沂。漢書晉灼注：沂，厓也。鍔即說文刀部之鄂字，然應作鄂。李善引淮南正文作鄂，而引注作鍔，塙爲誤字。七命注引許注作堮，文選甘泉賦注：鄂，垠堮也。莊子天下篇無端崖之辭，許說本此。劉覽偏照，復守以全。劉覽，回觀也。劉讀留連之留，非劉氏之劉也。○莊逵吉云：詩彼留之子，鄭康成以爲即劉字，故劉讀爲留。經營四隅，還反於樞。隅，猶方也。樞，本也。故以天爲蓋，則無不覆也；以地爲輿，則無不載也；四時爲馬，則無不使也；陰陽爲御，則無不備也。陰陽次敘，以成萬物，無所缺也，故曰無不備。是故疾而不搖，遠而不勞，四支不動。○王念孫云：動當爲勤字之誤也。（齊語：天下諸侯知桓公之爲己動也。管子小匡篇動作勤。史記十二諸侯年表：楚堵敖囏，徐廣曰：囏一作勤。今本勤誤作動。）脩務篇：四肢不勤。即其證。四支不勤，則聰明不損而知八紘九野之形埒，即上文所謂遠而不勞也。不勤即不勞，意與不損相近，若不動則意與不損相遠矣。且搖勞爲韻，勤損爲韻，若作動則失其韻矣。聰明不損，損，減也。而知八紘九野之形埒者，何也？八紘，天之八維也。九野，八方中央也。執道要之柄，而游於無窮之地。○俞樾云：既言要，又言柄，於義未安。當作執道之柄，而游於無窮之地。文子道原篇作執道之要，觀無窮之地也。彼言要，此言柄，彼言觀，此言游，文異而義同。後人據文子以讀此文，遂有改柄爲要者。傳寫兩存其字，又誤入上文耳。又按地下亦當有也字。蓋此是答問之辭，若無也字，則與上文何也不相應矣。當據文子補。是故天下之事，不可爲也，爲，治也。因其自然而推之。推，求也，舉也。萬物之變。不可究也。秉其要歸之趣。趣亦歸也。○王念孫云：秉其要歸之趣，當作秉其要趣而歸之。秉，執也。要趣猶要道也。言執其要道，而萬變皆歸也。此與因其自然而推之相對爲文。且歸與推爲韻。今作秉其要歸之趣，則句法參差，而又失其韻矣。文子道原篇正作秉其要而歸之。夫鏡水之與形接也。不設智故。而方圓曲直弗能逃也。智故，巧飾也。鏡水不施巧飾之形，人之形好醜以實應之，故曰方圓曲直不能逃也。是故響不肆應。而景不一設。○莊逵吉云：古無影字，故用景。叫呼彷彿。默然自得。得叫呼仿佛之聲狀也。○王念孫云：廣韻去聲五十九鑑：𪏆字注云：叫呼仿佛，𪏆然自得。音黯去聲。所引即淮南之文，而今本作默然自得，疑後人少見𪏆字，而以意改之也。人生而靜。天之性也。感而後動。性之害也。○俞樾云：害乃容字之誤。禮記樂記作性之欲也，欲亦容字之誤。史記樂書作性之頌也。徐廣曰：頌音容。蓋古本樂記字本作容，故徐廣讀頌爲容也。靜與性爲韻。動容爲韻。作欲作害，則皆失其韻矣。且上言動，下言容，容亦動也。說文手部：搈，動搈也。容即搈之叚字。亦或作溶。韓子揚搉篇曰：動之溶之。是也。感而後動，即是性之動，故曰性之容也。作欲作害，則皆失其義矣。史記作頌者，頌與容古通用字。若是欲字害字，則史記無緣誤作頌。徐廣又何據而讀爲容乎。故知此與禮記並誤也。說詳羣經平議。物至而神應。知之動也。物，事也。知與物接。而好憎生焉。接，交也。情欲也。好憎成形。而知誘於外。不能反己。而天理滅矣。形，見也。誘，感也。不能反己，本所受天清淨之性，故曰天理滅也。猶衰也。故達於道者。不以人易天。天，性也。不以人事易其天性也。一說曰：天，身也。不以人間利欲之事易其身也。外與物化。而內不失其情。言通道之人，雖外貌與物化，內不失其無欲之本情也。至無而供其求。時騁而要其宿。言天時自騁，道要其宿會也。小大修短。各有其具。具，猶備也。萬物之至。騰踊肴亂。而不失其數。不失其數，各應其度。是以處上而民弗重。居前而衆弗害。言民戴卬而愛之也。天下歸之。姦邪畏之。以其無爭於萬物也。故莫敢與之爭。○王念孫云：莫敢本作莫能。此後人依文子道原篇改之也。唯不與萬物爭，故莫能與之爭，所謂柔弱勝剛彊也。若云莫敢，則非其指矣。下文曰：攻大𩲓堅，莫能與之爭。老子曰：夫唯不爭，故天下莫能與之爭。又曰：以其不爭，故天下莫能與之爭。皆其證也。魏徵羣書治要引此正作莫能與之爭。夫臨江而釣。曠日而不能盈羅。雖有鉤箴芒距。距，爪也。讀距守之距也。微綸芳餌。加之以詹何娟嬛之數。猶不能與網罟爭得也。詹何娟嬛，古善釣人名。數，術也。

○文典謹按文選七發注引箴作鋮娟嫘作蜎蠉又引高注云蜎蠉白公時人與從弟君苗君胄書注引娟嫘之數作便嫘之妙

射者扜烏號之弓，彎棊衛之箭。扜張也彎引也棊美箭所出地名也衛利也烏號桑柘其材堅勁烏峙其上及其將飛枝必橈下勁能復巢烏隨之烏不敢飛號呼其上伐其枝以為弓因曰烏號之弓也一說黃帝鑄鼎於荊山鼎湖得道而仙乘龍而上其臣援弓射龍欲下黃帝不能也烏於也號呼也於是抱弓而號因名其弓為烏號之弓也○莊逵吉云司馬相如子虛賦注應劭說烏號與誘前一義同○文典謹按風俗通云烏號弓者柘桑之林枝條暢茂烏登其上下垂着地烏適飛去從後撥殺取以為弓因名烏號耳又御覽三百四十七引古史考云烏號柘樹枝長而烏集將飛枝彈烏烏乃號呼以柘為弓因名曰烏號皆與高注前一義同○王引之云廣雅箘簬衛箭也禹貢曰惟箘簬楛簬與簵同戴凱之竹譜曰衛細竹也出蜀志薄肌而勁中三續射博箭衛音衛見三倉（以上竹譜）字通作衛原道篇曰射者扜烏號之弓（扜讀若紆今本扜誤作扞辯見韓子扞弓下）彎棊衛之箭兵略篇曰栝淇衛箘簬淇與棊同淇衛箘簬對文皆箭竹之名也方言曰箭或謂之箭裏或謂之棊竹譜曰衛竹中博箭是衛與棊一物也以衛為博箭謂之棊以衛為射箭則亦謂之棊耳棊者箭莖之名說文曰萁豆莖也豆莖謂之萁箭莖謂之棊聲義並同矣乃高注原道篇云棊美箭所出地名也衛利也注兵略篇云淇衛箘簬箭之所出也竹譜引淮南而釋之云淇園衛地毛詩所謂瞻彼淇奧綠竹猗猗是也案淇乃衛之水名先言淇而後言衛則不詞矣晉有澤曰董蒲之所出也然不得曰董晉之蒲楚有藪曰雲竹箭之所生也然不得曰雲楚之竹箭且淇水之地去堯都非甚遠當禹作貢時何反不貢箘簬而貢者乃遠在荊州乎○洪頤煊云棊當作淇兵略訓淇衛箘簬高注淇衛箘簬箭之所出也淇在衛地故曰淇衛

重之羿逢蒙子之巧。○文典謹按御覽九百十四引無羿字以要飛鳥，猶不能與羅者競多。羿古諸侯有窮之君也逢蒙羿弟子皆攻射而百發百中故曰之巧要取也競遂也何則？以所持之小也。張天下以為之籠，因江海以為之罟，又何亡魚失鳥之有乎。罟魚网也詩云施罟濊濊○王念孫云正文注文內罟字皆當為罛罛罟聲相近又涉上文網罟而誤也凡魚及鳥獸之網皆謂之罟而罛則為魚網之專稱爾雅鳥罟謂之羅兔罟謂之罝麋罟謂之罞彘罟謂之羉魚罟謂之罛衛風碩人篇施罛濊濊毛傳曰罛魚罟此皆高注所本若專訓罟為魚網則失其義矣（罛字必須訓釋故引詩為證若罟字則不須訓釋上文網罟二字無注即其證）且此文失鳥二字承上籠字言之亡魚二字則承上罛字言之若變罛言罟則又非其指矣呂氏春秋上農篇罛罟不敢入於淵高彼注云罛魚罟也詩云施罛濊濊正與此注同足正今本之誤初學記武部漁類太平御覽資產部罛類引此並作因江海以為罛○文典謹按舊作因江海以為罟與上句張天下以為之籠不一律今據御覽七百六十

四八百三十四補之字。故矢不若繳。繳不若無形之像。言其大也。○王念孫云。初學記引此作矢不若繳。繳不若網。網不若無形之像。是也。上文言射者不能與羅者競多。故曰繳不若網。又言張天下以爲籠。因江海以爲罛。又何亡魚失鳥之有。故曰網不若無形之像。且網與像爲韻。今本脫去四字。則失其韻矣。夫釋大道而任小數。無以異於使蟹捕鼠。蟾蠩捕蚤。不足以禁姦塞邪。亂乃逾滋。以艾灼蟹匡上。內置穴中。乃熱走窮穴。適能禽一鼠也。蟾蠩蟇也。跳行舒遲。捕蚤亦不能悉得。故曰不足以禁姦也。逾滋益甚也。○文典謹按。御覽九百五十一引任小數作任小技。又九百四十二引注匡作筐。昔者夏鯀作三仞之城。諸侯背之。海外有狡心。鯀。帝顓頊五世孫。禹之父。也。八尺曰仞。鯀作城郭。以其役勞。故諸侯背之。四海之外。皆有狡猾之心也。○王念孫云。三仞藝文類聚居處部三。太平御覽居處部二十。並引作九仞。是也。初學記居處部引五經異義曰。天子之城高九仞。公侯七仞。伯五仞。子男三仞。此謂鯀作高城。而諸侯背之。則當營九仞。不當言三仞也。○陶方琦云。注八尺曰仞。乃許注。今在高注中。乃許注羼入之故也。覽冥訓高注云。百仞。七百尺也。又說林訓高注云。七尺曰仞。其注呂覽功名適威等篇。均云七尺曰仞。此云八尺。乃許義也。說文仞字下云。伸臂一尋八尺。知許君注淮南說必同。後人多以許注羼入高注中。非有明白左證。安能別而出之。○文典謹按。御覽八十二引背作倍。禹知天下之叛也。乃壞城平池。散財物。焚甲兵。施之以德。海外賓伏。四夷納職。四夷。海外也。職。貢也。○莊逵吉云。太平御覽作中外賓服。○文典謹按。御覽八十二引焚作禁。合諸侯于塗山。執玉帛者萬國。塗山在九江當塗縣。玉。圭。帛。玄纁也。故機械之心。藏于胷中。則純白不粹。神德不全。機械。巧詐也。藏之于胷臆之內。故純白之道不粹。精神專一之德不全也。粹讀禍祟之祟。在身者不知。何遠之所能懷。懷。來也。是故革堅則兵利。城成則衝生。言攻戰之備于此生也。若以湯沃沸。亂乃逾甚。是故鞭噬狗。策蹏馬。○文典謹按。意林引是故作猶。狗作犬。策作捶。而欲教之。雖伊尹造父弗能化。伊尹。名摯。郼湯之賢相也。造父。周穆王之臣也。而善御。雖此二人。不能化之。欲寅之心亡於中。則飢虎可尾。何況狗馬之類乎。○王念孫云。欲寅之心。寅當爲宎。字之誤也。宎與肉同。（干祿字書云。宎肉。上俗下正。廣韻亦云。肉。俗作宎。墨子迎敵祠篇。狗彘豚鷄食其宎。太玄玄數。爲會。爲宎。）欲肉者。欲食肉也。諸本及莊本皆作欲害之心。害亦宎之誤。（害字草書作宎。與宎相似。）文子道原篇亦誤作害。劉績注云。古肉字。則劉本作宎可知。而今本亦作害。蓋世人多見害。少見宎。故傳寫皆誤也。（吳越春秋句踐陰謀外傳。

斷竹續竹飛土逐宍今本宍誤作害論衡感虛篇厲門木象生肉足今本風俗通義肉作害害亦宍之誤）又齊俗篇夫水積則生相食之魚土積則生自穴之獸穴亦宍之誤自肉謂獸相食也相食之魚自肉之獸其義一也太平御覽禮儀部二引此作食肉之獸食字涉上句相食而誤而肉字則不誤文子上禮篇正作自肉之狩（狩與獸同）〇俞樾云伊尹不聞以善御名何得與造父並稱伊尹疑當作尹儒呂氏春秋博志篇尹儒學御三年夢受秋駕於其師即其人也傳寫脫儒字後人臆補伊字於尹字之上耳道應篇作尹需

故體道者逸而不窮任數者勞而無功夫峭法刻誅者非霸王之業也

〇陶方琦云文選西征賦注引峭法刻誅作陗法刻刑又引許注云陗峻也今高本刑作誅亦與許本異說文阜部陗峻也（峻即說文陖）與注淮南同

箠策繁用者非致遠之術也

繁數也〇王念孫云術當爲御字之誤也繆稱篇曰急轡數策者非千里之御也義與此同羣書治要引此正作御文子道原篇亦作御

離朱之明察箴末於百步之外

離朱者黃帝臣明目人也〇文典謹按文選琴賦注羣書治要引箴並作鍼

不能見淵中之魚師曠之聽合八風之調

師曠晉平公樂師子野也八風八卦之風聲也

而不能聽十里之外故任一人之能不足以治三畝之宅也修道理之數因天地之自然則六合不足均也

均平也〇王念孫云脩當爲循隸書循脩二字相似故循誤爲脩（說見管子廟堂既脩下）循道理因天地循亦因也若作脩則非其指矣太平御覽地部二居處部八引此並作循文子道原篇亦作循又假眞篇賈便其肆農樂其業大夫安其職而處士脩其道脩亦當爲循此四者皆謂各因其舊也文選西都賦注引此正作循太平御覽皇王部二引此亦作循又主術篇橋植直立而不動俛仰取制焉人主靜漠而不躁百官得脩焉脩亦當爲循言人主靜漠而不躁則百官皆得所遵循猶橋衡之俛仰取制於柱也又齊俗篇守正脩理不苟得者不免乎飢寒之患脩亦當爲循文選東都賦東京賦注引此並作守道順理順亦循也又詮言篇法脩自然己無所與脩亦當爲循謂循其自然而已不與也文子符言篇作守治隨自然隨亦循也又欲見譽於爲善而立名於爲賢（今本賢誤作質辯見詮言）則治不脩故而事不須時脩亦當爲循須當爲順皆字之誤也文子作治不順理而事不須時順亦循也又由其道則善無章脩其理則巧無名脩亦當爲循循其理即由其道也又由此觀之賢能之不足任也而道術之可脩明矣脩亦當爲循文子道德篇作道術可因因亦循也又兵略篇條脩葉貫萬物百族由本至末莫不有序脩亦當爲循循謂順其序也假眞篇曰萬物之疏躍枝舉百事之莖葉條榦皆本於一根而條循千萬是也又泰族篇今夫道者藏精於內棲神於心靜漠恬淡訟繆胸中邪氣無所留滯四枝節族毛蒸理泄則機樞調利百脈九竅莫不順比其所居神者得其位也豈節捬而毛脩之哉脩

亦當爲循。循與揗同意也。是故禹之決瀆也，因水以爲師；神農之播穀也，因苗以爲教。禹，鯀之子，名文命，受禪成功，曰禹。因以水性自下，決使東流，以爲後世師法也。神農，少典之子，炎帝也。農，植嘉穀，神而化之，故號曰神農也。播，布也。布種百穀，因苗之生而長育之，以爲後世之常教也。夫萍樹根於水，萍，大蘋也。○王念孫云：萍本作蘋（埤雅引此已誤）。高注：萍，大蘋也。本作蘋，大萍也。萍字或作蓱。爾雅：苹（音平）蓱（音瓶），其大者蘋（音頻）。召南采蘋傳曰：蘋，大蓱也。說文蘋作薲，亦云大蓱也。此皆以小者爲萍，大者爲蘋，即高注所本也。呂氏春秋本味篇：菜之美者，昆侖之蘋。高注曰：蘋，大萍（舊本大萍誤作大蘋，今改正）。足與此注互相證明矣。後人既改正文蘋字爲萍，又互改高注蘋萍二字以就之，而不知其小大之相反也。木樹根於土，鳥排虛而飛，獸蹠實而走。蹠，足也。實，地也。蹠讀捃摭之摭。○陶方琦云：文選舞賦注、高唐賦注引許注：蹠，蹈也。按二家注文異。舞賦引許注蹈作踏。說文足部：蹈，踐也。又蹋，踐也。俗字作踏。蹈蹋連文而同訓，然此踏字乃蹈字之譌。蛟龍水居，虎豹山處，天地之性也。蛟，水蛟。其皮有珠，世人以爲刀劍之口是也。蛟讀人情性交易之交，緩氣言乃得耳。兩木相摩而然，金火相守而流。流，釋也。員者常轉，窾者主浮，自然之勢也。員，輪丸之屬也。窾，空也。舟船之屬也。故曰自然之勢也。窾讀科條之科也。是故春風至，則甘雨降，生育萬物。明堂月令曰：清風至則穀雨是也。育，長也。風或作分合。羽者嫗伏，毛者孕育，草木榮華，鳥獸卵胎，嫗伏，以氣剖卵也。孕者，懷胎育生也。莫見其爲者，而功既成矣。既，已也。秋風下霜，倒生挫傷。草木首地而生，故曰倒生。挫傷者，彫落也。鷹鵰搏鷙，昆蟲蟄藏。蟄讀什伍之什。草木注根，魚鼈湊淵，莫見其爲者，滅而無形。滅，沒也。形，見也。木處榛巢，水居窟穴。聚木曰榛。○莊逵吉云：說文解字：榛，菆也。菆，孽也。陳草復生也。一曰菆也。皆轉相訓。注菆音側鳩切。古菆聚同聲，聚木即菆木也。○王引之云：榛巢連文，則榛即是巢，猶窟穴連文，則窟即是穴。榛當讀爲橧。廣雅：橧，巢也。禮運曰：冬則居營窟，夏則居橧巢。字亦作曾。大戴禮曾子疾病篇：鷹鶽以山爲卑而曾巢其上，魚鼈黿鼉以淵爲淺而蹶穴其中。羣書治要引曾子蹶穴作窟穴，以窟穴對曾巢，正與此同。禮運之橧巢，亦與營窟對文也。凡秦聲曾聲之字，古或相通，若溱洧之溱，說文作潧，是也。高以榛爲榛薄之榛（主術篇：入榛薄。高注：聚木爲榛，深草爲薄），則分榛與巢爲二物，比之下句爲不類矣。說林篇曰：榛巢者處茂林，安也。窟穴者託埵防，便也。以窟穴對榛巢，亦與此同。彼言榛巢者處茂林，則榛巢非茂林也。此言木處榛巢，則榛巢亦非木也。若以榛爲榛薄之榛，則又合榛與木爲一物矣。○文典謹按：文選遊天台山賦注、左思招隱詩注、答張士然詩注引高注，並作叢木曰榛。

禽獸有芄。芄。孽也。○王念孫云。劉績本芄作芄。案劉本是也。廣韻。芄。獸孽也。正與高注合。脩務篇曰。虎豹有茂草。野彘有芄萑樝櫛。堀虛連比。以像宮室。此云禽獸有芄。人民有室。其義一也。○文典謹按。北堂書鈔一百五十八引。芄作机。又引許注云。机。獸孽。孫馮翼輯許愼淮南注未收此條。人民有室。陸處宜牛馬。舟行宜多水。匈奴出穢裘。匈奴。獫狁。北胡也。于越生葛絺。于。吳也。絺。細葛也。○道藏本于作干。王念孫云。作干者是也。春秋言於越者。即是越而以於爲發聲。此言干越者。謂吳越也。若是于字。則高注不當訓爲吳矣。莊子刻意篇。夫有干越之劍者。釋文。司馬云。干。吳也。吳越出善劍也。荀子勸學篇。干越夷貉之子。楊倞曰。干越。猶言吳越。(近時嘉善謝氏刻本。改干爲于。又改楊注吳越爲於越。非是。辯見荀子。)漢書貨殖傳。辟猶戎翟之與于越。不相入矣。于亦干之誤。干越。皆國名。故言戎翟之與干越。猶荀子之言干越夷貉也。顏師古以爲春秋之於越。失之。司馬彪訓干爲吳。正與高注同。莊從劉本作于。則與高注相背矣。各生所急。以備燥溼。各因所處。以禦寒暑。並得其宜。物便其所。由此觀之。萬物固以自然。聖人又何事焉。事。治也。九疑之南。陸事寡而水事衆。九疑。山名也。在蒼梧。虞舜所葬也。○文典謹按。藝文類聚七。御覽四十一引。衆並作多。疑許注本如此。於是民人被髮文身。以像鱗蟲。被。翦也。文身。刻畫其體。內默其中。爲蛟龍之狀。以入水。蛟龍不害也。故曰以像鱗蟲也。○王引之云。諸書無訓被爲翦者。被髮。當作劗髮。注當作劗。翦也。漢書嚴助傳。越方外之地。劗髮文身之民也。晉灼曰。淮南云越人劗髮(見齊俗篇。又曰。越王句踐。劗髮文身)。張揖以爲古翦字也(字又作鬋。逸周書王會篇曰。越漚鬋髮文身。墨子公孟篇曰。越王句踐。翦髮文身。以治其國。史記趙世家曰。夫翦髮文身。甌越之民也)。此言九疑之南。正是越地。故亦曰劗髮文身也。主術篇。是猶以斧劗毛。高彼注曰。劗。翦也。劗讀驚攢之攢。故此注亦曰。劗。翦也。後人見王制有被髮文身之語。遂改劗爲被。并注中劗字而改之。不知劗與翦同義。故云劗。翦也。若是被字。不得訓爲翦矣(趙世家之翦髮。趙策作祝髮。錢曾劉本並同。俗本亦改爲被髮)。且越人以劗髮爲俗。若被髮則非其俗矣(漢書地理志。文身斷髮。以避蛟龍之害。應劭曰。常在水中。故斷其髮。文其身。以像龍子。故不見傷害。即此所云劗髮文身以像鱗蟲也。高注訓劗爲翦。亦與漢書斷髮同義)。短綣不絝。以便涉游。短袂攘卷。以便刺舟。因之也。卷。卷臂也。因之。因水之宜也。鴈門之北。狄不穀食。賤長貴壯。俗尚氣力。○王念孫云。俗本作各。言狄人各尚氣力也。各誤爲谷。(漢郃陽令曹全碑。各獲人爵之報。各作谷。形與谷相似。各谷草書亦相似)。後人因加人旁耳。不知不穀食與下文人不弛弓。馬不解勒。皆是狄人之俗。非獨尚氣力一事也。太平御覽兵部八十九引此。正作各尚氣力。人不弛弓。馬不解勒。便之也。不穀食，肉酪而已。北狄，鮮卑也。弛，舍也。便，習也。故禹之裸國，解衣而入，衣帶而出，因之也。裸國在南方，聖人治禮，不求變俗，故曰因之也。今夫徙樹者，失其陰陽之性，則莫不枯槁。失猶易也。故橘樹之江北，則化而爲枳；鴝鵒不過濟，見于周禮，故春秋傳曰：鴝鵒來巢，言非中國之禽所以爲魯昭公亡異也。○王念孫云：枳本作橙，此後人依考工記改之也。不知彼言橘踰淮而北爲枳，此言樹之江北則爲橙，義各不同。注言見周禮者，約舉之詞，非必句句皆同也。埤雅引此作化而爲枳，則所見本已誤。文選潘岳爲賈謐贈陸機詩「在南稱甘，度北則橙」，李善注引淮南曰：江南橘樹之江北，化而爲橙。藝文類聚、太平御覽果部橘下並引考工記曰：橘踰淮而北爲枳。又引淮南曰：夫橘樹之江北，化而爲橙。（御覽橙下引淮南同）然則考工作枳，而淮南作橙，明矣。晉王子升甘橘贊曰：異分南域，北則枳橙。此兼用考工與淮南也。貉渡汶而死，形性不可易，勢居不可移也。是故達於道者，反於清淨，反，本也。天本授人清淨之性，故曰反也。究於物者，終於無爲。無爲者，不爲物爲也。以恬養性，以漠處神，則入于天門。所謂天者，純粹樸素，質直皓白，未始有與雜糅者也。所謂人者，偶𥇫智故，曲巧僞詐，所以俛仰於世人而與俗交者也。故牛歧蹏而戴角，馬被髦而全足者，天也；絡馬之口，穿牛之鼻者，人也。循天者，與道游者也；循，隨也。游，行也。隨人者，與俗交者也。夫井魚不可與語大，拘於隘也；夏蟲不可與語寒，言蟬蜩不知寒雪也。篤於時也；曲士不可與語至道，拘於俗，束於教也。○俞樾云：大字泛而無指，義不可通。疑本作夫井魚不可與語大海，拘於隘也；夏蟲不可與語寒雪，篤於時也；曲士不可與語至道，拘於俗，束於教也。曰大海，曰寒雪，曰至道，皆二字爲文，與莊子秋水篇不同。彼云：井鼃不可以語於海者，拘於虛也；夏蟲不可以語於冰者，篤於時也；曲士不可以語於道者，束於教也。曰海，曰冰，曰道，皆一字爲文。古人屬辭，必相稱如此。高注於次句曰言蟬蜩不知寒雪也，則其所據本正有雪字。若正文但言寒，不言雪，則高注何以橫加雪字乎？即謂增字以足句，何不據莊子加冰字，而必加雪字乎？此句既有雪字，則上句亦有海字可知。不然，次句曰語寒雪，三句曰語至道，而首句獨曰語大，文不相稱。且寒以雪言，至以道言，大以何物言乎？文又不備矣。梁張綰文曰：井魚之不識巨海，夏蟲之不見冬冰。巨海即大海也。故聖人不以人滑天，不以欲亂情，天，身也。不以人事滑亂其身也。不以欲亂其清淨之性者也。○莊逵吉云：天竺即身毒，故天有身義。不謀而當，不言而信，不慮而得。不爲而成。詩云不識不知順帝之則曰不謀而當不慮而得也故精通于靈府。○陶方琦云莊子釋文引許注人心以上气所往來也高無注莊子釋文引郭象注靈臺心也心有靈气能主持也與造化者爲人。爲治也○王引之云高未解人字之義故訓爲爲治人者偶也言與造化者爲偶也中庸仁者人也鄭注曰人也讀如相人偶之人以人意相存偶之言檜風匪風箋曰人偶能割亨者人偶能輔周道治民者聘禮注曰每門輒揖者以相人偶爲敬也公食大夫禮注曰每曲揖及當碑揖相人偶是人與偶同義故漢時有相人偶之語上文云與造化者俱本經篇云與造化者相雌雄齊俗篇曰上與神明爲友下與造化爲人曰俱曰爲友曰爲人曰相雌雄皆是相偶之意故本經篇與造化者相雌雄文子下德篇作與造化者爲人此尤其明證矣莊子大宗師篇彼方且與造物者爲人應帝王篇予方將與造物者爲人天運篇久矣夫某不與化爲人並與淮南同意解者亦失之夫善游者溺。善騎者墮。各以其所好。反自爲禍。禍害也。是故好事者未嘗不中。中傷也好爲情欲之事者未嘗不自傷也爭利者。未嘗不窮也。昔共工之力。觸不周之山。使地東南傾。共工以水行霸於伏犧神農間者也非堯時共工也不周山崑崙西北傾猶下也天文言天傾西北地傾東南先言傾高也此言東南後言傾明其下也○陶方琦云文選辨命論注引許注昔共工古諸侯之彊者也不周之山西北之山也按二家注文異史記三皇本紀言諸侯有共工氏任智刑以彊霸而不王以水乘木乃與祝融戰不勝而怒乃頭觸不周山崩天柱折地維缺（列子潛夫論引皆有怒字）高本無怒字應補離騷路不周以左轉王注不周山名在崑崙西北郝氏懿行山海經箋疏云王逸高誘注云不周山在崑崙西北然非也依此經乃在崑崙東南攷西次三經又西北三百七十里曰不周之山然非指言崑崙西北許注西北之山不專指崑崙是也列子湯問篇張注不周山在西北之極與許說合與高辛爭爲帝。高辛帝嚳有天下之號也嚳黃帝之曾孫遂潛于淵。宗族殘滅。繼嗣絕祀。謂共工也越王翳逃山穴。越人熏而出之。遂不得已。已止也翳越太子也賢不欲爲王逃於山穴之中越人以火熏出而立之故曰遂不得已在春秋後故不書于經也○陶方琦云此事見莊子呂覽然作王子搜越世家不壽生王翁翁生王翳是也莊子呂覽然作丹穴許作巫山之穴與高本異也巫山在南郡巫縣俶眞訓巫山之上高注巫山在南郡○文典謹按書鈔百五十八引翳作醫山上有巫字又引許注云醫越王之太子當立讓逃巫山之穴中薰以火烟薰之也遂不得已立爲王孫馮翼輯許注未收此條由此觀之。得在時。不在爭。治在道。不在聖。治爲也雖聖不得爲故曰在道孔子是也士處下不爭高。故安而不危。水下流不爭先。故疾而不遲。昔舜耕於歷山，朞年而田者爭處墝埆，以封壤肥饒相讓。歷山在沛陰城陽也。一曰沛南歷城山也。墝埆讀人相墝埆之墝。○王念孫云：封壤二字義不相屬。封壤本作封畔，此後人以意改之也。封畔，皆謂田界也。（周官保章氏注、呂氏春秋孟春、樂成二篇注並云：封，界也。說文：畔，田界也。）史記五帝紀：舜耕歷山，歷山之人皆讓畔。（亦出韓子難一。）大雅緜傳亦云：耕者讓畔。封畔與肥饒相對爲文，下文以曲隈深潭相予，曲隈深潭亦相對爲文。覽冥篇云：田者不侵畔，漁者不爭隈。此云田者以封畔肥饒相讓，漁者以曲隈深潭相予，其義一也。太平御覽皇王部六、爾雅釋草疏引此並作封畔。○文典謹按：御覽八十一引昔下有者字。又宋本注城作成。釣於河濱，朞年而漁者爭處湍瀨，以曲隈深潭相予。漁讀若語。湍瀨，水淺流急少魚之處也。曲隈，崖岸委曲。深潭，回流饒魚之處。潭讀葛覃之覃。○陶方琦云：文選南都賦注、七命注、長笛賦注引許注：湍，水行疾也。按說文水部：湍，疾瀨也。湍訓爲疾，與注淮南同。御覽八十一引注云：湍，疾瀨；淺湍訓爲疾。當是許注約文。○文典謹按：御覽引潭作潤。當此之時，口不設言，手不指麾，口不設不信之言也。手不指麾，不妄有所規儗也。執玄德於心，而化馳若神。玄，天也。馳，行也。若神，若有神化之也。使舜無其志，雖口辯而戶說之，不能化一人。志，王天下之志也。一曰人心之志也。是故不道之道，莽乎大哉。道不可道，故曰不道之道。夫能理三苗，朝羽民，三苗，堯時所放渾敦、窮奇、饕餮之等。理，治也。羽民，南方羽國之民。使之朝者，德以懷遠也。徙裸國，納肅慎，未發號施令，而移風易俗者，其唯心行者乎。徙，化也。裸國在南方，禹所入也。肅慎在北方，遠也。傳曰：肅慎、燕、亳，吾北土也。惟神化爲能然也。法度刑罰，何足以致之也。言不足以致之也。明不如仁心化之爲大。是故聖人內修其本，而不外飾其末，保其精神，假其智故，漠然無爲而無不爲也。能無爲，故物無不爲之化。澹然無治也，而無不治也。所謂無爲者，不先物爲也。所謂無不爲者，因物之所爲。順物之性也。所謂無治者，不易自然也。所謂無不治者，因物之相然也。然猶宜也。萬物有所生，而獨知守其根。根，本也。百事有所出，而獨知守其門。門，禁要也。故窮無窮，極無極，照物而不眩，響應而不乏，此之謂天解。眩，惑也。天解，天之解故也。言能明天意也。○莊逵吉云：解故即詁字。說文解字云：詁，訓故言也。是故與詁通。故得道者，志弱而事強，弱，柔也。強，無不勝也。心虛而應當。當，合也。所謂志弱而事強者。柔毳安靜。藏於不敢。〇俞樾云：文子道原篇作藏於不取，當從之。即所謂百姓足，君孰與不足也。取與敢形似而誤。行於不能。恬然無慮。動不失時。與萬物回周旋轉。不爲先唱。感而應之。感，動。應，和。是故貴者必以賤爲號。貴者，謂公王侯伯。稱孤寡不穀，故曰以賤爲號。而高者必以下爲基。基，始也。夫築京臺，先從下起也。託小以包大。在中以制外。行柔而剛。用弱而強。轉化推移。得一之道。而以少正多。而，能也。能以寡統衆。〇莊逵吉云：古能字爲耐，耐與而通，故訓而爲能。易眇能視，跛能履，虞仲翔本皆作而。所謂其事強者。遭變應卒。排患扞難。力無不勝。敵無不凌。應化揆時。莫能害之。是故欲剛者必以柔守之。欲強者必以弱保之。積於柔則剛。積於弱則強。觀其所積。以知禍福之鄉。鄉，方也。強勝不若己者。至於若己者而同。夫強者能勝不如己者，同等也。至于如己者，則等不能勝也。言強之爲小也，道家所不貴也。柔勝出於己者。其力不可量。夫能弱柔勝己者，其力不能訾也。言柔之爲大也，道家所貴。故兵強則滅。木強則折。革固則裂。齒堅於舌而先之敝。兵猶火也。強則盛，盛則衰，故曰則滅，以火諭也。木強則折，不能徐詘也。革堅則裂，鼓是也。敝，盡。齒堅于舌而先舌盡。〇李賡芸云：滅、折、裂、舌、敝韻也。敝讀如鷩。是故柔弱者。生之榦也。榦，質也。而堅強者。死之徒也。徒，衆也。先唱者。窮之路也。後動者。達之原也。先者隤陷，故曰窮也。後者以謀，故曰達也。何以知其然也。凡人中壽七十歲。然而趨舍指湊。指，所之也。湊，所合也。指湊猶言行止也。日以月悔也。積日至月，則悔前之非。以至於死。故蘧伯玉年五十。而有四十九年非。伯玉，衛大夫蘧瑗也。今年所行是也，則還顧知去年之所行非也。歲歲悔之，以至于死，故有四十九年非。所謂月悔朔日，悔昨也。何者。先者難爲知。而後者易爲攻也。先者上高。則後者攀之。先者踰下。則後者蹷之。先者隤陷。則後者以謀。先者敗績。則後者違之。蹷，履也。音展，非展也。楚人讀躓爲隤。隤者車承，或言跋躓之躓也。〇王念孫云：上展與蹷聲不相近，蹷皆當爲蹍字之誤也。蹍，女展反，履也。言後者履先者而上也。蹍字或作蹍。廣雅：蹍，履也。曹憲音女展反。莊子庚桑楚篇：蹍市人之足。司馬彪云：蹍，蹈也。淮南說山篇：足蹍地而爲迹。說林篇：足所蹍者淺矣。脩務篇：猶釋船而欲蹍水也。高注並云：蹍，履也。蹍音女展反。而訓爲履．故此注云．屨履也．音展．非展也．且攀屨爲韻．謀之爲韻（謀古讀若媒．說見唐韻正）若作屨．則失其韻矣．兵略篇．白刃合．流矢接．涉血屬腸．與死扶傷．案屬腸二字義不可通．屬亦當爲屨．謂涉血屨腸也．呂氏春秋期賢篇曰．塵氣充天．流矢如雨．扶傷與死．屨腸涉血．是其證也．屨字本作屨．其上半與屬相似．因誤爲屬矣．由此觀之．先者則後者之弓矢質的也．質的．射者之準．執也．○莊逵吉云．準古作壔．說文解字．壔．射臬．讀若準．猶錞之與刃．刃犯難而錞無患者．何也．以其託於後位也．錞．矛戈之錞也．讀若頓．刃．矛戈之刃也．刃在前．故犯難．錞在後．故以無患．故曰其託于後位也．○莊逵吉云．曲禮曰．進戈者前其鐏．進矛戟者前其鐓．注．銳底曰鐏．平底曰鐓．方言．鐏謂之釬．郭璞注．鐏或名爲鐓．說文解字．鐏．柲下銅也．鐓．柲下銅鐏也．知鐏卽壔．蓋刃銳而壔頓．故讀若頓．然則鐏應爲錞．此俗世庸民之所公見也．而賢知者弗能避也．庸．衆也．公．詳也．衆民詳所見．賢知者不能避．爲鋒刃也．以諭利欲也．故曰有所屏蔽也．○王念孫云．如高注．則正文避字下．當有有所屏蔽四字．而今本脫之也．此承上文而言．言先者有難．而後者無患．此庸人之所共見也．而賢知者猶不能避．則爲爭先之見所屏蔽也．故也．故注云．故曰有所屏蔽也．凡注內故曰云云．皆指正文而言．以是明之．所謂後者．非謂其底滯而不發．凝結而不流．底讀曰紙．發．動也．凝．如脂凝也．流．行．○王念孫云．竭之言遏也．爾雅曰．遏．止也．底滯凝竭．皆止也（爾雅．底．止也．原道篇注．滯．止也．楚辭九歎注．凝．止也）天文篇曰．清妙之合專易．重濁之凝竭難．要略曰．凝竭底滯．捲握而不散．皆其證也．道藏本．朱本．茅本皆作凝竭．劉績不知其義．而改竭爲結．莊本從之．謬矣．貴其周於數而合於時也．周．調也．數．術也．合于時．時行則行．時止則止也．夫執道理以耦變．先亦制後．後亦制先．道當勝事．爲變不必待于先．人事當在後．趨時當居先也．是何則．不失其所以制人．人不能制也．時之反側．間不容息．言時反側之間．不容氣息．促之甚也．先之則太過．後之則不逮．夫日回而月周．時不與人游．故聖人不貴尺之璧．而重寸之陰．時難得而易失也．禹之趨時也．履遺而弗取．冠挂而弗顧．○文典謹按．御覽八十二．六百九十七引．並作冠挂而不顧．履遺而不取．八十二又引注云．冠有所挂着．去不暇顧視．非爭其先也．而爭其得時也．是故聖人守清道而抱雌節．清．淨也．雌．柔弱也．因循應變．常後而不先．柔弱以靜．舒安以定．舒．詳也．攻大礦堅．莫能與之爭．攻大礦堅．喻難也．無與聖人之爭也．天下之物．莫柔弱於水．然而大不可極深不可測。測，盡也。脩極於無窮。遠淪於無涯。息耗減益，通於不訾。訾，量也。上天則爲雨露。下地則爲潤澤。萬物弗得不生。百事不得不成。大包羣生而無好憎。〇王引之云：無好憎本作無私好，此後人以意改之也。文子道原篇正作無私好。此承上文生萬物成百事而言，言水之利物，非有所私好而然也。下句澤及蚑蟯而不求報，亦是此意。加一憎字，則非其指矣。且好與報爲韻（上下文皆用韻），若作無好憎，則失其韻矣。劉本作無所私，亦非。〇文典謹按：御覽五十八引包作苞，無好憎作無所私，與劉績本合。澤及蚑蟯。蚑，蚑行也。蟯，微小之蟲也。而不求報。施而不有也。富贍天下而不既。贍，足也。既，盡也。德施百姓而不費。德澤加于百姓，不以爲己財費也。行而不可得窮極也。流膏不止也。微而不可得把握也。擊之無創。刺之不傷。斬之不斷。焚之不然。水之性也。淖溺流遁。錯繆相紛。而不可靡散。遁，逸也。錯繆相紛，彼此相糾也。利貫金石。強濟天下。水流鈌石，是其利也。舟船所載無有重，是其強也。濟，通也。動溶無形之域。〇文典謹按：溶爲搈叚（俶眞篇動溶于至虛同）。說文手部：搈，動搈也。溶、搈同音通用。而翺翔忽區之上。忽怳之區上也。言其飛爲雲雨，無所不上也。〇莊逵吉云：本無雨字，依太平御覽加。〇王引之云：忽區二字文不成義，區當作芒，隷書芒字作苎，與區相似而誤（太平御覽地部二十三引原道篇已誤作區）。忽芒即忽荒也。莊子至樂篇芒乎芴乎，而無從出乎；芴乎芒乎，而無有象乎。釋文：芒音荒，又呼晃反；芴音忽。是芒與荒同（爾雅太歲在巳曰大荒落，史記曆書荒作芒；三代世表帝芒，索隱芒一作荒）。上文游微霧，騖忽怳，高注曰：忽怳，無形之象。文選七發注引作騖忽荒。忽荒、忽芒，乃無形之貌。故曰動溶無形之域，而翺翔忽芒之上也。人閒篇曰：翺翔乎忽荒之上，析惕乎虹蜺之閒。是其明證矣（賈誼鵩賦：寥廓忽荒兮，與道翺翔。亦謂翺翔於忽荒之上也）。遭回川谷之閒。而滔騰大荒之野。遭回，猶委曲也。有餘不足。與天地取與。授萬物而無所前後。前後皆與之。〇俞樾云：授上當有稟字。上文曰稟授無形，又曰布施稟授而不益貧，下文曰稟授於外而以自飾也，並以稟授連文，是其證也。文子道原篇作稟授萬物而無所先後，當據補。是故無所私而無所公。公私一也。靡濫振蕩。與天地鴻洞。鴻，大也。洞，通也。讀同異之同。無所左而無所右。蟠委錯紾。紾，轉也。與萬物始終。〇王念孫云：始終當爲終始（上文云水流而不止，與萬物終始）。公、洞爲韻（高注：洞讀同異之同。鴻洞疊韻字），右、始爲韻（右古讀若以，說見唐韻正），若作始終，則失其韻矣。是謂至德。言水之爲德最大，故曰至德也。夫水所以能成其至德於天下者，以其淖溺潤滑也。故老聃之言曰：天下至柔，馳騁天下之至堅。出於無有，入於無間。水是也。吾是以知無爲之有益。有益于生。夫無形者，物之大祖也。無音者，聲之大宗也。無形生有形，故爲物大祖也。無音生有音，故爲聲大宗。祖、宗皆本也。其子爲光，其孫爲水，皆生於無形乎。光無形，道所貴也。觀之，故子爲光也。水形而不可毀，差之，故孫爲水也。夫光可見而不可握，水可循而不可毀。故有像之類，莫尊於水。○文典謹按：文選海賦注引「像」作「形」。出生入死，自無蹠有，自有蹠無，而以衰賤矣。出生，出生道，謂去清淨也。入死，入死道，謂匿情欲也。蹠，適也。自無形適有形，離其本也。自有形適無形，不能復得道，道家所棄，故曰而以衰賤也。是故清靜者，德之至也；而柔弱者，道之要也。要，約也。虛無恬愉者，萬物之用也。萬物由之，得爲人用。肅然應感，殷然反本。○莊逵吉云：殷然，太平御覽作毅然。則淪於無形矣。所謂無形者，一之謂也。一者，道之本。所謂一者，無匹合於天下者也。卓然獨立，塊然獨處。○文典謹按：「獨立」「獨處」，於辭爲複。文選與侍郎曹長思書注引下「獨」字作「幽」。上通九天，下貫九野。九天，八方中央也。九野亦如之。員不中規，方不中矩。大渾而爲一葉。○文典謹按：御覽五十八引「葉」作「弃」。累而無根。無根，言微妙也。懷囊天地，爲道關門。門，道之門。○文典謹按：御覽五十八引「關」作「開」，又引注作「開道之門」。穆忞隱閔，純德獨存。穆忞隱閔，皆無形之類也。純不雜糅也。布施而不既，用之而不勤。既，盡也。勤，勞也。是故視之不見其形，聽之不聞其聲，循之不得其身，無形而有形生焉。無形，道也。有形，萬物也。無聲而五音鳴焉。音生于無聲也。無味而五味形焉。形或作和也。無色而五色成焉。是故有生於無，實出於虛。有形生于無形。人也。實，財也。天下爲之圈，則名實同居。圈，陬也。名，爵號之名也。實，幣之屬也。一曰仁義之功賞也。音之數不過五。宮商角徵羽也。而五音之變，不可勝聽也。變，更相生也。味之和不過五。甘酸鹹辛苦也。而五味之化，不可勝嘗也。化亦變也。色之數不過五，青赤白黑黃也。而五色之變，不可勝觀也。常事曰視，非常曰觀。春秋魯隱公觀漁于棠是也。○莊逵吉云：易觀盥而不觀薦，非常視也。故夫子曰：禘自既灌，不欲觀。說文解字：觀，諦視也。

古字古義，自有一定，誘解得之矣。故音者，宮立而五音形矣。宮在中央，聲之主也。形，正也。味者，甘立而五味亭矣。亭，平也。甘，中央味也。○俞樾云：說文高部：「亭，民所安定也。」是亭有定義。故文選謝靈運初去郡詩注引蒼頡曰：「亭，定也。」亦通作停。釋名釋言語曰：「停，定也。定於所在也。」五味亭矣，猶曰五味定矣。文子道原篇字正作定，可證也。高注曰：「亭，成也。」於義轉迂。色者，白立而五色成矣。白者，所在以染之，故五色可成也。道者，一立而萬物生矣。是故一之理，理，道也。施四海；一之解，際天地。解，達也。際，機也。解讀解故之解也。其全也，純兮若樸；樸，若玉璞也，在石而未剖。其散也，混兮若濁。濁而徐清，沖而徐盈；澹兮其若深淵，沖，虛也。盈，滿也。澹，定不動之貌。汎兮其若浮雲。若無而有，若亡而存。萬物之總，皆閱一孔；總，衆聚也。百事之根，皆出一門。道之門也。其動無形，變化若神；其行無迹，常後而先。道之先也。是故至人之治也，至道之人。掩其聰明，滅其文章，依道廢智，與民同出于公。公，正。約其所守，寡其所求，去其誘慕，除其嗜欲，誘慕，論貪榮勢也，故去之也。嗜欲，情欲也，故除之也。損其思慮。常恬澹也。○王念孫云：損當爲捐，字之誤也。捐與去、除同意，作損則非其指矣。文子道原篇正作捐其思慮。又精神篇「忘其五藏，損其形骸」，損亦當爲捐。捐與忘意相近，即莊子所謂外其形骸也。作損則義不可通矣。又下文「殘亡其國家，損棄其社稷」，案社稷可言棄，不可言損，當亦是捐字之誤。約其所守則察，不煩擾也。寡其所求則得。易供，故得。夫任耳目以聽視者，勞形而不明；以知慮爲治者，苦心而無功。是故聖人一度循軌，一，齊也。軌，法也。不變其宜，不易其常，放準循繩，曲因其當。夫喜怒者，道之邪也；道貴平和，故喜怒爲邪也。憂悲者，德之失也；德尚恬和，故憂悲爲失。論語曰「其德坦蕩」是也。○俞樾云：上云「喜怒者，道之邪也」，下云「好憎者，心之過也」，喜之與怒，好之與憎，皆二字相反，此云憂悲，則非其義矣。憂悲當作憂樂。下文云「心不憂樂，德之至也」，即承此文而言。精神篇曰「夫悲樂者，德之邪也」，與此文異義同。悲即憂也。當由別本從彼作悲樂，而傳寫誤合之，韓脫樂字耳。好憎者，心之過也；嗜欲者，性之累也。心當事一，中扃外閉，反有所好憎，故曰過。性當清靜，以奉天素，而反嗜欲，故爲之累也。人大怒破陰，大喜墜陽。怒者，陰氣也。陰爲堅冰，積陰相薄，故破陰。喜者，陽氣，陽氣升于上，積陽相薄，故曰墜陽也。薄氣發瘖，驚怖爲狂。憂悲多恚，病乃成積；好憎繁多禍乃相隨。故心不憂樂。德之至也。通而不變。靜之至也。變，更也。○文典謹按：御覽七百二十引通作性。嗜欲不載。虛之至也。
不載于性。無所好憎。平之至也。○文典謹按：御覽七百二十引好作愛。不與物散。粹之至也。散，亂。粹，純。○王引之云：諸書無訓散爲雜亂者。說文：散，雜肉也。雜乃離之
誤（辯見說文攷正）。散皆當爲殺。隸書殺或作𣪠（見漢敘阮君神祠碑），與散相似，散或作𢿫（見李翕析里橋郙閣頌），與殺亦相似，故殺誤爲散（太平御覽方術部一引原道篇已誤）。莊子齊物論篇樊然殺亂，釋文殺
郭作散。太玄玄瑩晝夜殺者其禍福雜，今本殺誤作散，皆其證也。說文：殺，相雜錯也。廣雅：殺，雜也，亂也。並與高注同義，則散爲殺之誤明矣。殺訓爲雜，義與粹正相反，故曰不與物殺，粹之至也。文子道原篇作不
與物雜，雜亦殺也。莊子刻意篇作不與物交，交與殺聲義亦相近。精神篇又曰審乎無瑕而不與物糅，糅亦殺也。若云不與物散，則非其指矣。能此五者。則通於神明。通於神明
者。得其內者也。是故以中制外。百事不廢。中，心也。外，情欲。中能得之。則外能收之。不養也。○王念孫云：收當爲牧。高注不養也，當爲牧，養也。此承
上文得其內而言，能得之於中，則能養之於外。下文筋力勁強，耳目聰明，所謂外能養之也。若云外能收之，則非其指矣。且牧與得爲韻（牧古讀若墨，說見唐韻正），若作收，則失其韻矣。俗書收字作妆，形與牧相
似，故牧誤爲收。文子道原篇正作牧。中之得。則五藏寧。思慮平。五藏寧者，各得其所。思慮平者，不妄喜怒。筋力勁強。耳目聰明。疏達而不悖。悖，謬也。
堅強而不鞼。鞼，折。無所大過而無所不逮。處小而不逼。處大而不窕。在小能小，在大能大。其魂不躁。其神不嬈。躁，狡。嬈，煩嬈也。
言精神定矣。湫漻寂寞。爲天下梟。湫漻，清靜也。寂寞，恬淡也。梟，雄也。大道坦坦。去身不遠。求之近者。往而復反。近謂身也。迫則能應。
感則能動。○王念孫云：此當作感則能應，迫則能動。感與應相因，迫與動相因。精神篇曰感而應，迫而動。脩務篇曰感而不應，攷而不動（攷今本誤作攻，辯見脩務）。莊子刻意篇曰感而後應，迫而後動。
皆其證。今本感迫二字互誤。物穆無窮。穆，美。○莊逵吉云：物穆疑當作㳫穆。○王念孫云：史記賈生傳形氣轉續兮變化而嬗，㳫穆無窮兮胡可勝言。漢書作㳫穆無閒。顏師古曰：㳫穆，深微貌。㳫音
勿。說苑指武篇亦云昒穆無窮，變無形像。昒、㳫、物古字通。高注專解穆字，蓋失之矣。變無形像。言能化也。優游委縱。如響之與景。響應聲，景應形。登高臨下。無失
所秉。履危行險。無忘玄伏。玄伏，道也。能存之此。其德不虧。萬物紛糅。與之轉化。以聽天下。若背風而馳。疾而易也。是

謂至德。至德則樂矣。古之人有居巖穴而神不遺者。（遺，失也。）末世有勢爲萬乘而日憂悲者。由此觀之，聖亡乎治人而在于得道，樂亡乎富貴而在于德和。知大己而小天下，則幾於道矣。（幾，近也。許由、務光是。）所謂樂者，豈必處京臺章華，（京臺、章華，皆楚之大臺。○俞樾云：京臺即強臺也。戰國策魏策：楚王登強臺而望崩山，是也。強字籀文作彊，從彊得聲，與京聲相近。麠或作麖，鱷或作鯨，皆其例也。故強臺亦稱京臺矣。強臺見道應篇，而文選應璩與滿寵書注引作京臺，此京臺即強臺之明證。）游雲夢沙丘，（雲夢，楚澤，在南郡華容也。沙丘，紂臺名也，在鉅鹿也。○文典謹按：藝文類聚二十二引作遊雲夢，陟高丘。）耳聽九韶六瑩，（九韶，舜樂也。六瑩，顓頊樂也。○文典謹按：藝文類聚二十二引瑩作韺。）口味煎熬芬芳，馳騁夷道，（夷，平也。）釣射鷫鷞之謂樂乎？（鷫鷞，鳥名也，長頸綠身，其形似雁。一曰鳳皇之別名也。○莊逵吉云：太平御覽引作釣射瀟湘，當是異本。馬融注左傳：鷫鷞，雁也，其羽如練，高首而脩頸。說文解字云：五方神鳥，西方曰鷫鷞，中央曰鳳皇，故一曰鳳皇別名也。○文典謹按：文選西京賦注引高注作鸘鷞，長脛綠色，其形似雁。）吾所謂樂者，人得其得者也。夫得其得者，不以奢爲樂，不以廉爲悲，（廉猶儉也。）與陰俱閉，與陽俱開。故子夏心戰而臞，得道而肥。（子夏，名商，孔子弟子也。入學見先王之道而說之，又出見富貴之樂而欲之，二者交爭，故戰而臞也。先王之道勝，無所復思，故肥也。○王念孫云：得道本作道勝，淺學人改之也。道勝與心戰相對爲文。高注曰：先王之道勝，無所復思，故肥也。則正文本作道勝明矣。精神篇曰：子夏見曾子，一臞一肥。曾子問其故，曰：出見富貴之樂而欲之，入見先王之道又說之，兩者心戰，故臞；先王之道勝，故肥。是其事也（本出韓子喻老篇）。太平御覽人事部一百九引此正作道勝而肥。）聖人不以身役物，不以欲滑和。（不以身爲物役，不以情欲亂中和之道也。○文典謹按：御覽四百六十八引作聖人不以身徇物，不欲人爲之而自樂也。）是故其爲懽不忻忻，（忻忻，過制也。）其爲悲不惙惙。（惙惙，傷性也。）萬方百變，消搖而無所定。吾獨慷慨，遺物而與道同出。（○文典謹按：文選從斤竹澗越嶺溪行注引慷慨上有懷字。）是故有以自得之也，（自得其天性也。）喬木之下，空穴之中，（○文典謹按：北堂書鈔百五十八引空作土。）足以適情。（喬木，上竦少陰之木也。空穴，巖穴也。唯處此中，夫自得者足以適其情性。）無以自得也，雖以天下爲家，萬民爲臣妾，不足以養生也。（言無以自得之人，猶以此爲不足也。）能至于無樂者。則無不樂。無不樂。則至極樂矣。至樂。至德之樂。樂亦至也。○王念孫云。至極樂。本作至樂極。至樂二字連讀。謂極樂也。極。至也。言人能無不樂。則極樂自至也。高注曰。至樂。至德之樂。是正文本以至樂連文。今本作至極樂。則與注不合。文子九守篇正作卽至樂極矣。夫建鍾鼓。列管弦。管。簫也。弦。琴瑟也。席旃茵。傅旄象。傅。注也。旄。旌。象。以象牙爲飾也。耳聽朝歌北鄙靡靡之樂。朝歌。紂都。鄙邑。紂使師涓作鄙邑靡靡之樂也。故師延爲晉平公歌之。師曠知之曰。亡國之音也。齊靡曼之色。齊。列也。靡曼。美色也。陳酒行觴。夜以繼日。樂不輟也。强弩弋高鳥。走犬逐狡兎。此其爲樂也。炎炎赫赫。怵然若有所誘慕。誘。進也。慕。有所思。怵然猶惕然。○俞樾云。高注曰。怵然猶惕然。此說非也。下文解車休馬。罷酒徹樂之後。方云忽然若有所喪。悵然若有所亡。則此時不得遽云惕然也。若已惕然。又何樂之有乎。怵當讀爲訹。說文言部。訹。誘也。下言有所誘慕。故上言訹然。義正相應。作怵者。叚字耳。解車休馬。罷酒徹樂。而心忽然若有所喪。悵然若有所亡也。是何則。不以內樂外。而以外樂內。樂作而喜。曲終而悲。○文典謹按。文選贈王太常詩注引。樂作作奏樂。悲喜轉而相生。精神亂營。不得須臾平。營。惑。察其所以不得其形。不得樂之形也。而日以傷生。失其得者也。是故內不得於中。稟授於外。而以自飾也。不浸于肌膚。不浹于骨髓。浸。潤也。浹。通也。不留于心志。不滯于五藏。故從外入者。無主於中。不止。從中出者。無應於外。不行。故聽善言便計。雖愚者知說之。稱至德高行。雖不肖者知慕之。說之者衆。而用之者鮮。慕之者多。而行之者寡。所以然者何也。不能反諸性也。夫內不開於中。而强學問者。○文典謹按。內不開於中。意林引作內心不開。不入於耳。而不著於心。○俞樾云。不入於耳句。衍不字。言雖入耳。而不著於心也。不字涉上下句而誤衍。此何以異於聾者之歌也。效人爲之。而無以自樂也。聲出於口。則越而散矣。散。去耳不聞也。夫心者。五藏之主也。所以制使四支。流行血氣。馳騁于是非之境。而出入于百事之門戶者也。○文典謹按。御覽三百七十六引。血氣作氣血。是故不得於心。而有經天下之氣。經。理也。是猶無耳而欲調鐘鼓。無目而欲喜文章也，亦必不勝其任矣。故天下神器不可爲也，器，物用也。爲，治也。爲者敗之，執者失之。夫許由小天下而不以己易堯者，志遺於天下也。許由，陽城人也，箕山之隱士也。堯以其賢，聘之，欲禪天下焉，不肯就，故曰志遺于天下也。所以然者何也？因天下而爲天下也。天下之要，不在於彼而在於我，彼，謂堯也。我，謂許由。不在於人而在於我身，身得則萬物備矣。○王念孫云：不在於人，而在於我身，我字涉上句而衍。彼我人身相對爲文，身上不當有我字。劉本移我字於下文身得之上，而讀我身得爲一句，亦非。文子九守篇正作不在於人而在於身，身得則萬物備矣。徹於心術之論，則嗜欲好憎外矣。外，不在心。是故無所喜而無所怒，無所樂而無所苦，萬物玄同也，玄，天也。無非無是，化育玄燿，生而如死。玄，天也。燿，明也。生而如死，言無所欲。○王念孫云：此四句皆以四字爲句，則萬物玄同下不當有也字。文子九守篇無也字。夫天下者，亦吾有也；吾亦天下之有也。天下之與我，豈有間哉！言相比也。夫有天下者，豈必攝權持勢，操殺生之柄，而以行其號令邪？吾所謂有天下者，非謂此也，自得而已。自得其天性也。一曰不失其身也。自得，則天下亦得我矣。吾與天下相得，則常相有已，又焉有不得容其間者乎？所謂自得者，全其身者也。全其身，則與道爲一矣。故雖游於江潯海裔，潯，厓也。裔，邊也。潯讀葛覃之覃也。○陶方琦云：文選江賦注、應詔樂遊苑詩注引許注云：潯，水涯也。涯即厓（說文有厓也，無涯。爾雅釋水：潯，水厓。字或作涯也）。故宣貴妃誄注引許注亦作潯涯也。說文水部：潯，水旁深也（水旁即水涯。廣雅釋詁：厓，方也。方旁古字通），亦有水字。字林：潯，水涯也。即本許君淮南注。馳要褭，建翠蓋，要褭，馬名，日行萬里。褭讀橈弱之弱。翠蓋，以翠鳥羽飾蓋也。目觀掉羽武象之樂，掉羽，羽舞。武象，周武王之樂。耳聽滔朗奇麗激抮之音，激揚，抮轉，皆曲名也。○陶方琦云：一切經音義十七、文選七發注、永明十一年策秀才文注引許注云：抮，轉也。說文系部：紾，轉也。許注當是紾字。上文蟠委錯紾，高注以紾訓轉，正同許說。揚鄭衛之浩樂，結激楚之遺風，鄭聲，鄭會。晉平公說新聲，使師延爲桑間濮上之樂，濮在衛地。故鄭衛之浩樂也。必爲鄭衛之俗樂。夫結激楚以娛樂也。遺風，猶餘聲也。○陶方琦云：文選七發注引許注：鄭衛新聲所出國也。皓樂，善倡也。皓浩同字（孟子浩然，劉注作皓然）。七發揚鄭衛之皓樂，正同許本。

說文人部：倡，樂也。楚辭：陳竽瑟兮浩唱。故許注曰：善倡也。射沼濱之高鳥，逐苑囿之走獸，此齊民之所以淫泆流湎。齊民，於凡民，故曰齊民。沼，池也。濱，水崖也。○陶方琦云：莊子釋文引許注云：齊等之民也。莊子下以化齊民，李注：齊，等也。漢書：編戶齊民，如湻曰：齊，等也，無有貴賤，謂之齊民。聖人處之，不足以營其精神，亂其氣志，營，惑也。使心怵然失其情性，處窮僻之鄉，側谿谷之間，側，伏也。隱于榛薄之中，藂木曰榛，深草曰薄。環堵之室，茨之以生茅，蓬戶甕牖，揉桑爲樞。堵長一丈，高一丈，面環一堵，爲方一丈，故曰環堵，言其小也。編蓬爲戶，以破甕蔽牖，揉桑條以爲戶樞。上漏下溼，潤浸北房。浸，漬也。北房，陰堂也。雪霜滾灖，浸潭苽蔣。滾灖，雪霜之貌也。浸潭之潤，以生苽蔣。苽者，蔣實也，其米曰彫胡。滾讀灌繩之灌。灖讀抜滅之抜。苽讀觚哉之觚也。蔣讀水槳之槳也。○莊逵吉云：藏本灖讀抜滅之抜作讀校滅之校。盧學士文弨云：或當作抜滅之抜，因抜灖聲相近也，故據莊子語改之。孫編修星衍云：當作校滅之滅，因滅灖聲相近也。當以盧君之言爲是，今依改之。逍遙于廣澤之中，而仿洋于山峽之旁。兩山之間爲峽。○王念孫云：水經江水注曰：江水又東逕赤岬城西，淮南子曰：彷徨於山岬之旁，注曰：岬，山脅也。文選吳都賦：傾藪薄，倒岬岫，李善曰：許愼淮南子注曰：岬，山旁，古狎切。○案水經注所引亦作岬，而訓爲山脅，疑是高注，山脅卽山旁，義與許同也。今本岬作峽，注云兩山之間爲峽，與酈李所引迥異，疑皆後人所改。玉篇：岬，古狎切，山旁也，亦作碑。廣韻：碑，古狎切，山側也。峽，侯夾切，巫峽，山名。二字音義判然，後人誤以山脅之岬爲巫峽之峽，故改訓爲兩山之間，不知正文明言山岬之旁，則岬爲山脅而非兩山之閒矣。校書者以注訓兩山之閒，故又改岬爲峽，而不知其本非原注也。集韻：碑，古狎切，兩山之間爲碑，許愼說，或作岬。（宋人皆誤以高注爲許注，故云許愼說。）則所見已非原注，但岬字尚未改爲峽耳。○陶方琦云：玉篇：岬，山旁也，亦作碑。廣韻：碑，山側也。皆本許注。淮南說高本作峽，說故異，許義爲長。此齊民之所爲形植黎黑，憂悲而不得志也。聖人處之，不爲愁悴怨懟，懟，病也。而不失其所以自樂也。○王引之云：黎黑，舊本譌作黎累，今據文選諸建平王上書注改。又懟與病義不相近，懟皆當爲慰，今作懟者，後人以意改之也。怨讀爲苑，慰讀爲蔚，苑蔚皆病也。假眞篇：形傷於寒暑燥溼之虐者，形苑而神壯，高注曰：苑，枯病也。本經篇：則身無患，百節莫苑，高注曰：苑，病也。假眞篇：五藏無蔚氣，高注曰：蔚，病也。是苑蔚皆病也。荀子哀公篇：富有天下而無怨財，楊倞注引禮運：事大積焉而不苑。是苑與怨通。莊子盜跖篇：貪財而取慰，貪權而取竭，可謂疾矣。疾亦病也。淮南繆稱篇曰：侏儒瞽師，人之困慰者也。是蔚與慰通，故高注云：慰，病也。後人不通古訓，而改慰爲懟，其失甚矣。不失其所以自樂，不字涉上下文而衍。不爲愁悴怨懟。而失其所以自樂也。作一句讀。○俞樾云。王氏據文選注訂黎累爲黎黑。是也。惟未說植字之義。植當讀爲殖。管子地員篇。五殖之狀。甚澤以疏。離坼以臞堉。是殖有臞瘠之義。形殖。謂形體臞瘠也。蓋即從脂膏殖敗之義而引申之耳。是何也。則內有以通于天機也。機發而不以貴賤貧富勞逸失其志德者也。故夫鳥之啞啞。鵲之唶唶。豈嘗爲寒暑燥溼變其聲哉。言體道者不爲貴賤貧富勞逸易其志。如烏鵲之不爲寒暑易其聲。是故夫得道已定。而不待萬物之推移也。非以一時之變化而定吾所以自得也。吾所謂得者。性命之情處其所安也。夫性命者。與形俱出其宗。宗本。形備而性命成。性命成而好憎生矣。故士有一定之論。女有不易之行。士有同志。同志德也。至其交接。有一會而交定。故曰有一定之論也。貞女專一。亦無二心。雖有偏喪。不復更醮。故曰有不易之行也。○文典謹按。高注士有同志。同志德也。下志字疑涉上文而衍。文選詣建平王上書注引正作士有同志。同德。又交定作分定。不復作不須。規矩不能方圓。鉤繩不能曲直。雖規矩鉤繩無以施於此。天地之永。登丘不可爲脩。居卑不可爲短。是故得道者。窮而不懾。達而不榮。雖窮賤不以爲懾懼也。雖顯達不以爲榮幸也。處高而不機。機危。持盈而不傾。傾覆。新而不朗。久而不渝。朗明也。渝變也。朗讀汝南朗陵之朗。入火不焦。入水不濡。是故不待勢而尊。不待財而富。不待力而強。平虛下流。與化翺翔。翺翔猶傾仰也。若然者。藏金於山。藏珠於淵。舜藏金于嶄巖之山。藏珠于五湖之淵。以塞貪淫之欲也。不利貨財。不貪勢名。勢位爵號之名也。是故不以康爲樂。康安也。不以慊爲悲。慊約也。慊讀辟向慊之慊。不以貴爲安。不以賤爲危。形神氣志各居其宜。以隨天地之所爲。夫形者。生之舍也。氣者。生之充也。神者。生之制也。一失位則三者傷矣。○王念孫云。充本作元。此涉下文氣不當其所充而誤也。元者。本也。言氣爲生之本也。文選養生論注引此正作元。文子九守篇亦作元。王冰注素問刺禁論云。氣者生之原。語即本於淮南。原與元同。一失位則二者傷。謂此三者之中。一者失位。則二者皆傷也。各本二作三。因下文此三者而誤（文子亦誤作三）。唯道藏本朱本作二。莊刻依諸本作三。非也。文選注引此正作二。是故聖人使人各處其位。守其職。而不得相干也。故夫形者非其所安也而處之則廢，氣不當其所充而用之則泄，神非其所宜而行之則昧。（不昧，明也。）此三者，不可不慎守也。夫舉天下萬物，蚑蟯貞蟲，（蚑行蟯動之蟲也。蟯讀饒。貞蟲，細腰之屬也。○洪頤煊云：貞蟲不專是蜂，貞蟲猶言昆蟲。地形訓萬物貞蟲，各有以生。大戴禮易本命作昆蟲，昆蟲即衆蟲也。○文典謹按：本書說山訓「貞蟲之動以毒螫」，高注：貞蟲，細腰蜂蠮螉之屬，無牝牡之合曰貞。）蝡動蚑作，（蚑讀鳥蚑步之蚑也。）皆知其所喜憎利害者，何也？以其性之在焉而不離也。忽去之，則骨肉無倫矣。（去之，去道也。則骨肉靡滅，無倫匹也。）今人之所以眭然能視，（眭讀曰桂。）營然能聽，（營讀疾營之營。）形體能抗，（抗讀扣耳之扣。）而百節可屈伸，察能分白黑、視醜美，而知能別同異、明是非者，何也？氣為之充而神為之使也。何以知其然也？凡人之志各有所在而神有所繫者，其行也足蹪趎埳，頭抵植木，而不自知也。（蹪，躓也。楚人讀躓為蹪。知，猶覺也。）招之而不能見也，呼之而不能聞也。（不能見招之者，不能聞呼之者。）耳目非去之也，然而不能應者，何也？神失其守也。（精神失其所守。）故在於小則忘於大，在於中則忘於外，在於上則忘於下，在於左則忘於右。（若楚白公勝將欲慮亂，立于朝，倒杖策，上貫其頭，血流至地而不覺，此之類也。）無所不充，則無所不在。（精神無所不充。在，存也。）是故貴虛者以豪末為宅也。（虛者，情無所念慮也。以豪末為宅者，言精微也。）今夫狂者之不能避水火之難而越溝瀆之險者，（○俞樾云：不能當作能不，傳寫誤倒。）豈無形神氣志哉？（○文典謹按：御覽八百六十九引形神氣志作形氣神志。）然而用之異也。（與人異也。）失其所守之位，而離其外內之舍，是故舉錯不能當，動靜不能中，（當，合也。中，適也。）終身運枯形于連嶁列埒之門，（運，行也。枯，猶病也。形，體也。連嶁猶離嶁也，委曲之類。列埒，不平均也。連讀陵聲，幽州陵陵連之連。嶁讀培嶁無松柏之嶁。○莊逵吉云：古無嶁字，連嶁即連遱也。所謂離嶁，亦即麗廔也。遱、廔蓋正字。○洪頤煊云：說文：廔，屋麗廔也。列子力命篇：居則連欐。莊子徐無鬼篇：君亦必無陳鶴列於麗譙之間。郭象注：麗譙，高樓也。皆同聲通用字。廣雅釋室：埒，隄也。高注非。）而蹪蹈于汙壑穽陷之中。（汙壑，大壑。壑讀赫赫明明之赫。○王紹蘭云：上文云其行也足蹪趎埳，頭抵植木，而不自知也。高誘注：蹪，躓也。楚人謂躓爲蹪。此文蹈當爲埳。蹪埳卽足蹪趎埳也。埳卽陷之今字。說文𨸏部：陷，高下也。謂從高陷下也。臽部：臽，小阱也。讀淮南者見下有穽陷字，輒改埳爲蹈，不知正文本當作蹪陷于汙壑穽臽之中，非重複也。若如今本作蹪蹈，說文：蹈，踐也。既蹪蹎矣，何能復蹈踐乎。於文亦不詞。**雖生俱與人鈞，然而不免爲人戮笑者，何也。形神相失也。故以神爲主者，形從而利；以形爲制者，神從而害。**神清靜，故利。形有情欲，故害也。**貪饕多欲之人，漠睧於勢利，誘慕於名位。**漠睧，猶鈍睧，不知足。誘，進也。慕，貪。漠，溺之漠。睧，讀織絹緻密睧無閒孔之睧也。○王念孫云：漠睧皆當爲滇眠，字之誤也。（隸書眞字作真，莫字作莫，二形相似而誤。史記高祖功臣侯者表甘泉鬷侯莫搖，漢表莫搖作眞粘。朝鮮傳嘗略屬眞番，徐廣曰：眞一作莫。新序雜事篇黃帝學乎大眞，路史疏仡紀曰大眞，或作大莫，非。皆其例也。眠之爲睧，則涉注文鈍睧而誤。）滇音顚，眠音莫賢反。滇眠或作顚冥。文子九守篇作顚冥乎勢利，是其證也。莊子則陽篇顚冥乎富貴之地，釋文：冥音眠。司馬云：顚冥猶迷惑也。言其交結人主，情馳富貴。卽此所云滇眠於勢利，誘慕於名位也。高以滇眠爲不知足，司馬以顚冥爲迷惑，迷惑與不知足義相因也。又案高云：滇眠猶鈍睧，睧讀齊睧王之睧。（見集韻）滇眠、鈍睧皆疊韻也。鈍睧或爲鈍閔，或爲頓愍。方言：頓愍，惛也。江湘之閒謂之頓愍。淮南脩務篇：精神曉冷，鈍閔條達。高彼注云：鈍閔，猶鈍惛也。此注云：鈍睧，不知足貌。鈍惛與不知足義亦相因也。**冀以過人之智，植于高世。**冀，猶庶幾也。植，立也。庶幾立高名於世也。○王念孫云：植于高世當作植於高于世。故高注曰：植，立也。庶幾立高名於世也。今本高于二字誤倒，則文不成義。文子作位高於世。位亦立也。（周官小宗伯注：鄭司農云：古者位立同字。）○文典謹按：莊本無注，今據傳寫宋本補。**則精神日以耗而彌遠，久淫而不還。**淫，過。還，復。**形閉中距，則神無由入矣。**神，精神也。清靜之性，無從還入也。**是以天下時有盲妄自失之患。此膏燭之類也。火逾然而消逾亟。**逾，益也。亟，疾也。**夫精神氣志者，靜而日充者以壯，躁而日耗者以老。**○俞樾云：下兩者字皆衍文。日充以壯，日耗以老，猶言日充而壯，日耗而老也。有者字，則文不成義。文子九守篇正無兩者字。**是故聖人將養其神，和弱其氣，平夷其形，而與道沈浮俛仰。**沈浮，猶盛衰。俛仰，猶升降。**恬然則縱之，迫則用之。其縱之也若委衣，其用之也若發機。**機，弩機關。言其疾也。**如是則萬物之化無不遇。**遇，時也。○孫詒讓云：遇與耦通。齊俗訓云：夫以一世之變，欲以耦化應時。要略云：所以應待萬方，覽耦百變也。許注云：耦，通也。字亦作偶。說林訓云：聖人之偶物也。高注云：偶，猶周也。此云無不遇。亦卽周通之義。高釋遇爲時。失之。文子守弱篇襲此文。遇作偶。正與說林訓偶物字同。而百事之變無不應。應當之也。

卷二

俶眞訓

俶始也。眞實也。道之實始於無有。化育於有。故曰俶眞。因以題篇。

有始者。天地開闢之始也。有未始有有始者。言萬物萌兆未始有始者。始成形也。有未始有夫未始有有始者。言天地合氣。寂寞蕭條。未始有也。夫未始有始。仿佛也。有有者。言萬物始有形兆也。有無者。言天地浩大。無可名也。有未始有有無者。有未始有夫未始有有無者。所謂有始者。繁憤未發。萌兆牙櫱。未有形埒垠堮。○王念孫云。覽冥篇不見朕垠。高注。朕。兆朕也。垠。形狀也。繆稱篇道之有篇章形埒者。高注。形埒。兆朕也。是垠堮與形埒同義。既言形埒。無庸更言垠堮。疑垠堮是形埒之注。而今本誤入正文也。且此三句以發櫱埒爲韻。若加垠堮二字。則失其韻矣。無無蠉蠉。將欲生興而未成物類。繁憤衆積之貌。發憤也。有未始有有始者。天氣始下。地氣始上。陰陽錯合。相與優游競暢于宇宙之間。被德含和。繽紛蘢蓯。欲與物接。而未成兆朕。競。逐也。暢。達也。和。氣也。繽紛。雜糅也。蘢蓯。聚會也。兆朕。形怪也。○陶方琦云。文選魏都賦注引許注。朕。兆也。詮言訓注。朕。兆也。正與此注同。莊子齊物論釋文引李注。朕。兆也。有未始有夫未始有有始者。天含和而未降。地懷氣而未揚。虛無寂寞。蕭條霄雿。無有仿佛。氣遂而大通冥冥者也。霄讀紺綃之綃。雿。翟氏之翟也。有有者。言萬物摻落。根莖枝葉。青蔥苓蘢。萑蔰炫煌。蠉飛蝡動。蚑行噲息。可切循把握而有數量。摻讀參星之參。萑蔰炫煌。采色貌也。蚑讀車蚑轍之蚑。噲讀不悅懌外之噲。切。摩也。循。順也。萑讀曰唯也。蔰讀曰扈。○莊逵吉云。噲息。各本皆作喙息。唯藏本作噲。考方言。喙。息也。自關而西秦晉之間曰喙。說文解字。噲。咽也。一曰嚵噲也。嚵。一曰喙也。嚵有喙訓。噲亦從之。是噲亦有息義矣。後人但知喙息而改噲爲喙者。非是。○王念孫云。萑音灌。與唯字聲不相近。萑皆當爲蓷。

字之誤也。蓷讀若唯諾之唯。字從艸唯聲。蓷扈者，草木之榮華也。後漢書馬融傳廣成頌說植物云，鋪于布蓷扈蘳熒，李賢曰，蓷音以揆反。郭璞注爾雅云，草木華初出爲芛（爾雅芛葟華榮。說文芛，艸之皇榮

也）芛與蓷通，扈音戶（以上後漢書注）。此言根莖枝葉青蔥苓蘢，蓷扈炫煌，義與彼同也。高注讀蓷爲唯，李賢音以揆反，正與高讀合。劉績不知蘳爲蓷之誤，而改蘳爲萑，斯爲謬矣（諸本及莊本同）。又案蓷蔰之蔰，

當依後漢書作扈。注當作扈讀曰戶。正文作蔰者，因蓷字而誤加艸耳。後人不達，又改注文爲蔰讀曰扈，以從已誤之正文，則其謬益甚矣。說文、玉篇、廣韻、集韻、類篇皆無蔰字。有無者，視之不

見其形，聽之不聞其聲，捫之不可得也，望之不可極也。儲與扈治，儲與扈治，褒大意也。浩浩瀚瀚，不可隱儀揆度而

通光耀者。浩浩瀚瀚，廣大貌也。光耀，無形。有未始有有無者，包裹天地，陶冶萬物，大通混冥，深閎廣大，不可爲外，析豪剖

芒，不可爲內，無環堵之宇，而生有無之根。混冥，大冥之中，謂道也。有未始有夫未始有有無者，天地未剖，陰陽未判，

剖判，混分。四時未分，萬物未生，汪然平靜，寂然清澄，莫見其形。汪讀傳矢諸周氏之汪同。若光耀之間於無有，退而自失也。

自失，沒不見也。○陳觀樓云，間當作問。光耀問於無有，事見莊子知北遊篇。曰：予能有無，而未能無無也。能有無爲也，未能本性自無爲也，故曰未能無無也。及其爲

無無，至妙何從及此哉！夫大塊載我以形，勞我以生，大塊，天地之間也。逸我以老，休我以死。莊子曰：生乃徭役，死乃休息也。故曰休我以死。

善我生者，乃所以善我死也。善我生之樂，乃欲善我死之樂也。明死變化有知，欲勸人同死生也。夫藏舟於壑，藏山於澤，人謂之固矣。雖然，

夜半有力者負而趨，趨，走。寐者不知，猶有所遁。夜半有力者負舟與山走，故寐者不知也。○文典謹按：猶有所遁上疑脫藏小大有宜五字。莊子大宗師：夫藏舟於壑，藏

山於澤，謂之固矣。然而夜半有力者負之而走，昧者不知也。藏小大有宜，猶有所遯。若夫藏天下於天下，而不得所遯，是恆物之大情也。郭注：不知與化爲體，而思藏之使不化，則雖至深至固，各得其所宜，而無

以禁其日變也。今脫此五字，與寐者不知連讀，文義遂不可通矣。若藏天下於天下，則無所遁其形矣。大丈夫以天下爲室，以藏萬物。物豈可謂無大揚

攉乎。揚攉，無慮大數名也。攉讀鎬京之鎬。○陶方琦云：文選蜀都賦注、江賦注、吳趙行注、莊子釋文引許注云：揚攉，粗略也。是許本攉作搉，與說文同。許注粗略即大略，是解大揚搉之義。漢書敘傳揚搉古

今猶言約略古今一範人之形而猶喜範猶遇也遭也一說範法也言物一法效人形而猶喜也○俞樾云範即犯之叚字周易繫辭傳範圍天地之化而不過釋文曰範圍馬王肅張作
犯違是範犯古字通也莊子大宗師篇正作特犯人之形而猶喜之又曰今一犯人之形而曰人耳人耳皆其證也高注曰範猶遇也遭也此說得之郭象注莊子曰人形乃是萬化之一遇耳是亦以遇釋犯也
高注又曰一說範法也言物一法效人形而猶喜也則望文生訓失之泥矣若人者千變萬化而未始有極也言死生變化而夢故曰未始有極也弊而復新其
爲樂也可勝計邪○文典謹按御覽三百九十七引復作後無也字譬若夢爲鳥而飛於天夢爲魚而沒於淵○文典謹按御覽三百九十七引作
譬若夢夢爲鳥而飛於天夢爲魚而沒於淵譬若夢句絕語意較完當據補夢字方其夢也不知其夢也覺而後知其夢也今將有大覺然後知
今此之爲大夢也○文典謹按御覽三百九十七引有下有所字始吾未生之時焉知生之樂也今吾未死又焉知死之不樂也
昔公牛哀轉病也七日化爲虎轉病易病也江淮之間公牛氏有易病化爲虎若中國有狂疾者發作有時也其爲虎者便還食人食人者因作眞虎不食人者更復化爲人公牛
氏韓人淮南之人因牛食翁謂之翁毅有驗于此其兄掩戶而入覘之則虎搏而殺之殺其兄掩讀曰奄覘視也○文典謹按文選思玄賦注引作牛哀病七日而化爲虎
其兄啓戶而入哀搏而殺之御覽八百八十八白帖九十七所引略同病下並無也字疑衍文也後漢書張衡傳注引作昔公牛哀病七日化而爲虎其兄覘之虎搏而殺之不知其兄也病下亦無也字高注曰
江淮之間公牛氏又曰公牛氏韓人疑是高許二家注後人合而爲一耳又文選思玄賦李善注云牛哀魯人牛哀也未知其審是故文章成獸爪牙移易移易人爪牙爲虎爪牙也
志與心變神與形化志心皆變神形皆化方其爲虎也不知其嘗爲人也方其爲人不知其且爲虎也二者代謝舛
馳各樂其成形代更也謝敍也舛互也形謂成虎形人形舛讀舛寶之舛狡猾鈍惛是非無端孰知其所萌萌生也夫水嚮冬則凝而爲
冰冰迎春則泮而爲水冰水移易于前後若周員而趨孰暇知其所苦樂乎泮釋也趨歸也○文典謹按意林初學記地部下御覽六
十八引泮並作釋又移字初學記作施御覽作弛是故形傷于寒暑燥溼之虐者形苑而神壯苑枯病也壯傷也苑讀南陽苑○莊逵吉云南陽苑即宛縣字也古

殑與宛同。神傷乎喜怒思慮之患者，神盡而形有餘，故罷馬之死也剝之若槁。罷，老。氣力竭盡，故若槁也。〇文典謹按：御覽九百五引槁作櫜，又引注云：櫜，治櫜也。雖含氣而形不能搖。疑是許本。狡狗之死也割之猶濡。狡，少也。濡，濡溼，氣力未盡。〇文典謹按：御覽九百五引濡作蠕，又引注云：蠕，動也。疑是許本。是故傷死者其鬼嬈，嬈，煩嬈，善行病祟人。時既者其神漠。既，盡也。時既，當老者。則神寂漠，漠，定也。是皆不得形神俱沒也。道家養形養神，皆以壽終，形神俱沒，不但漠而已也。老子曰：以道蒞天下，其鬼不神。此謂俱沒也。夫聖人用心杖性依神相扶，而得終始。是故其寐不夢，其覺不憂。精神無所思慮，故不夢。志存仁義，患不得至，故不憂。

古之人有處混冥之中，神氣不蕩于外，萬物恬漠以愉靜，攙搶衡杓之氣莫不彌靡。攙搶，彗孛也。杓，北斗柄第七星。〇王引之云：北斗之星，不聞爲害，高說非也。衡當爲衝，字形相似而誤。衝、杓皆妖氣也。晉書天文志引河圖曰：歲星之精，流爲天槍、天衝；熒惑散爲天攙。呂氏春秋明理篇曰：其雲狀有若人蒼衣赤首不動，其名曰天衝。（今本衝字亦誤作衡，據太平御覽咎徵部四引改。）開元占經妖星占篇引劉向洪範傳曰：天衝，其狀如人，蒼衣赤首不動。史記天官書曰：五星蚤出者爲贏，晚出者爲縮，必有天應見於杓星。漢書天文志曰：太歲在寅，歲星正月晨出在斗、牽牛，失次，杓早水晚旱，是也。攙槍衡杓皆妖氣之名，故並言之。而不能爲害。當此之時，萬民猖狂，不知東西，含哺而游，鼓腹而熙。鼓，擊也。熙，戲也。〇陶方琦云：一切經音義引游作與，又引許注云：哺，口中嚼食也。按說文：哺，哺咀也。玄應引字林：哺，咀食也。又引：嚼，咀也。漢書輟飯吐哺注：哺，口中所含食也。爾雅釋文引說文作哺咀。哺，口中嚼食也。訓正同。交被天和，食于地德。交，俱也。和，氣也。地德，五穀。不以曲故是非相尤，茫茫沈沈，是謂大治。曲故，曲巧也。尤，過也。茫茫沈沈，盛貌。茫讀王莽之莽，沈讀水出沈沈白之沈。〇王念孫云：沈皆當爲沆。（玉篇何黨切，廣韻又音杭。）茫茫沆沆，疊韻也。說文沆字注云：莽沆，大水。一曰大澤。風俗通義山澤篇云：沆者，莽也。（今本沆誤作沈，辯見漢書刑法志沆斥下。）言其平望莽莽無涯際也。莽與茫古同聲，茫茫沆沆即莽莽沆沆，故高注以爲盛貌也。莽沆或作漭沆，張衡西京賦：滄池漭沆，是也。倒言之則曰沆漭，馬融廣成頌：瀇瀁沆漭，是也。又作沆茫，揚雄羽獵賦：鴻濛沆茫，是也。（顏師古曰：茫音莽。）沆茫即沆莽，故曰茫讀王莽之莽。漢書禮樂志：西顥沆碭。顏師古曰：沆碭，白氣之貌。故曰沆讀水出沆沆白之沆。若作沈沈，則與正文注文皆不合矣。又兵略篇：天化育而無形象，地生長而無計量，渾渾沆沆，孰知其藏。沈亦當爲沆。渾渾沆沆，廣大貌也。爾雅：沄，沆也。說文：沄，轉流也。讀若混。一曰沆。（舊本脫此字，今據爾雅釋文補。）沄、混、㴔古同

〔聲渾渾沉沉，即沄沄沉沉，沄之轉爲沉，猶渾之轉爲沉也。且沉與象量藏爲韻，若作沉沉，則義既不合，而韻又不諧矣（太平御覽兵部二引此已誤）。凡從冘之字，隸或作冗，故沉字或作沆，一誤而爲沉，再誤而爲沈，散見羣書，而學者莫之能辨也（詳見漢書）。〕於是在上位者，左右而使之，毋淫其性；鎮撫而有之，毋遷其德。是故仁義不布而萬物蕃殖，〔古者抱盛德，上質樸，不待仁義而萬物蕃殖也。〕賞罰不施而天下賓服。〔昭其德也。〕其道可以大美興而難以算計舉也。〔言天地萬物但可以大美與而育之，難以算計具也。○俞樾云：美當作筴，隸書策字也。史記五帝紀迎日推策，晉灼曰：策，數也。是大筴即大數也。與亦舉也。言止可以大數舉也。筴與美形似而誤。大戴記易本命篇此乾坤之筴，盧辯注曰：三百六十，乾坤之筴。而今正文筴字亦誤作美，是其證也。高注曰：言天地萬物但可以大美與而育之，是其所據本已誤。〕是故日計之不足，而歲計之有餘。〔以限計之，故有餘也。辟若梅矣，百梅足以爲百人酸，一梅不足爲百人酸也。○文典謹按：高注一梅不足爲百人酸也，百字蓋一字之誤。百梅百人，譬歲計之有餘；一梅一人，譬日計之不足也。若作百人，則非其指矣。本書說林訓：百梅足以爲百人酸，一梅不足以爲一人和。即此注所本也。〕夫魚相忘於江湖，人相忘於道術。〔言各得其志，故相忘也。〕古之眞人，立於天地之本，中至優游，抱德煬和，而萬物雜累焉。〔煬，炙也。抱其志德，而炙於和氣，故萬物雜累，言成熟也。煬讀供養之養。○孫詒讓云：雜累無成熟之義，雜疑當作炊。莊子在宥篇云：從容無爲，而萬物炊累焉。釋文云：炊，本或作吹，同。司馬云：炊累，猶動升也。向郭云：如埃塵之自動也。淮南書似即本彼文，高訓爲成熟，則與司馬、郭義異耳。〕孰肯解構人間之事，以物煩其性命乎。〔解構，猶合會也。煩，辱也。○洪頤煊云：後漢書隗囂傳：勿用傍人解構之言。竇融傳：亂惑眞心，轉相解搆。莊子胠篋篇：解垢同異之變。詩野有蔓草：邂逅相遇。綢繆：見此邂逅。其音義並同。〕夫道有經紀條貫，得一之道，連千枝萬葉。〔一者道本，得其本，故能連理千枝萬葉，以少正多也。〕是故貴有以行令，賤有以忘卑，貧有以樂業，困有以處危。夫大寒至，霜雪降，然後知松柏之茂也；據難履危，利害陳于前，〔陳，列也。〕然後知聖人之不失道也。是故能戴大員者履大方，〔言能戴天履地之道。〕鏡太清者視大明，立太平者處大堂。〔太平，天下之平也，大堂，明堂，所以告朔行令也。〕能游冥冥者，與日月同光。〔光，明也。諭德道者能與日月同明也。〕是故以道爲竿，以德爲綸，禮樂爲鉤，仁義爲餌，投之於江。浮之於海。萬物紛紛。孰非其有。〇文典謹按。初學記武部。御覽八百三十四引。並作聖人以道德爲竿綸。以仁義爲鉤餌。投之天地間。萬物孰非其有哉。意林引。萬物紛紛。孰非其有。作萬物皆得。夫挾依於跂躍之術。跂躍。猶趾蹻。不正之道也。提挈人間之際。撢掞挺挏世之風俗。撢引。掞利也。挺挏猶上下也。以求利便也。〇莊逵吉云。挺。各本皆作挻。攷說文解字。挺拔也。挺長也。挺挏雙聲。應從藏本作挺爲是。以摸蘇牽連物之微妙。摸蘇猶摸索。微妙猶細小也。猶得肆其志充其欲。何況懷瓌瑋之道。忘肝膽。遺耳目。獨浮游無方之外。不與物相弊擦。弊擦猶雜糅。弊音跋涉之跋。擦讀楚人言殺。中徙倚無形之域。而和以天地者乎。〇俞樾云。和以天地。義不可通。地疑倪字之誤。莊子齊物論曰。和之以天倪。若然者。偃其聰明。而抱其太素。素朴性也。以利害爲塵垢。塵垢。喻輕也。以死生爲晝夜。是故目觀玉輅琬象之狀。耳聽白雪清角之聲。不能以亂其神。玉輅。王者所乘。有琬琰象牙之飾。〇白雪。師曠所奏。太一五弦之琴樂曲。神物爲下降者。清角。商聲也。〇陶方琦云。輅。許本當作璐。玉璐琬象皆飾也。文選雪賦注引許注。璐美玉也。無可附屬。當是此注。正見二本之異。說文。璐。玉也。楚詞王注。璐美玉也。又文選南都賦注引許注。清角弦急。其聲清也。管子曰。凡聽角如雉登木以鳴。音疾以清。韓非十過。平公曰。音莫悲於清徵乎。師曠曰。不如清角。蔡邕月令章句。凡弦急則清。緩則濁。說文。緪弦急之聲也。登千仞之谿。臨蝯眩之岸。不足以滑其和。蝯臨其岸而目眩也。滑亂。和適也。譬若鍾山之玉。鍾山。昆侖也。〇陶方琦云。文選琴賦注。爲范倘書吏部封侯第一表注引許注。鍾山。北陸無日之地。出美玉。按西山經。西次三經。又西北四百二十里。曰鍾山。又云。黃帝乃取峚山之玉榮。而投之鍾山之陰。山北曰陰。郭注以爲玉種。故許注云。出美玉。海山北曰經。鍾山之神名燭陰。卽淮南之燭龍。地形訓曰。燭龍在雁門北。蔽于委羽之山。不見日。是鍾山卽雁門以北大山也。故許注云。北陸無日之地。炊以鑪炭。三日三夜。而色澤不變。〇王念孫云。炊當爲灼。字之誤也。玉可言灼。不可言炊。藝文類聚寶部上。太平御覽珍寶部四引作炊。皆後人依誤本改之。其御覽地部三引此正作灼。白帖七同。呂氏春秋士容篇注。作燔以鑪炭。燔亦灼也。則至德天地之精也。〇文典謹按。藝文類聚八十三引。作得天地之精也。是故生不足以使之。利何足以動之。死不足以禁之。害何足以恐之。明於死生之分。達於利害之變。雖以天下之大。易骭之一毛。無所槩於志也。骭自膝以下。脛以上也。骭讀閈收之閈也。夫貴賤之於身也，猶條風之時麗也。條風，鳴條，言其迅也。麗，過也。○陶方琦云：文選陸機演連珠注引作猶條風之時灑。又引許注：灑猶汛也。說文：灑，汛也。與注同。玄應引通俗文：以水撿塵曰灑。文選張華答何劭詩注引淮南：猶條風之時灑。即許本。○文典謹按：御覽九百四十五引注云：時麗，忽一過也。毀譽之於己，猶蚊䖟之一過也。夫秉皓白而不黑，行純粹而不糅，處玄冥而不闇，休于天鈞而不⿰石爲。⿰石爲，敗也。天鈞，北極之地，積寒之野，休之輒敗，唯體道能不敗也。○俞樾云：此說天鈞之義殊為無據。莊子齊物論曰：是以聖人和之以是非而休乎天鈞。郭象注曰：莫之偏任，故付之自均而止也。釋文引崔譔曰：鈞，陶鈞也。淮南休乎天鈞之文即本莊子，義亦當與彼同，謂休乎自然之陶鈞，故不敗也。他書無以積寒之地為天鈞者，足徵高注之非矣。孟門終隆之山不能禁。孟門，山名，太行之隘也。終隆則終南山，在扶風，皆險塞也。○莊逵吉云：古讀隆為臨，故詩與爾臨衝，韓詩作隆衝。又後漢殤帝諱隆，改隆慮縣為臨慮縣，亦是南臨同聲，因之又以終南為終隆也。唯體道能不敗。○洪頤煊云：下湍瀨旋淵呂梁之深不能留也，太行石澗飛狐句望之險不能難也，與上孟門終隆之山不能禁三句連文，不應有唯體道不能敗句，禁下疑脫也字，此六字涉上注而譌。○王念孫云：唯體道能不敗六字與上下文義不相屬，乃上文休於天鈞而不僞之注誤衍於此（上註云：僞，敗也。天鈞，北極之地，積寒之野，休之輒敗，唯體道能不敗也）。湍瀨旋淵呂梁之深，不能留也。湍瀨，急流。旋淵，深淵也。呂梁，水名也，在彭城，皆水險留滯也。太行石澗飛狐句望之險，不能難也。太行在野王北，上黨關也。石澗，深谿。飛狐在代郡。句望在鴈門。皆隘險也。○莊逵吉云：句望，今漢書地理志作句注，以義攷之，注應即汪字也。古汪望同聲，凡古字通者，皆以聲同相通，若汪與注，乃字之誤耳。古汪字作㞷，注字作㞷，後人但識注，不識古字，汪因之傳訛矣。是故身處江海之上，而神游魏闕之下。魏闕，王者門外闕，所以縣教象之書於象魏也。魏魏高大，故曰魏闕。言眞人雖在遠方，心存王也。一曰：心下巨闕，神內守也。○陶方琦云：莊子釋文引許注：天子兩觀也。文選弔魏武帝文注引許注作：魏闕，王之闕也。高注前一說，文選注所引許注相同，當是許本說屬入高注。文選、莊子所引乃約文也。且高注內作兩說，多係許高之異。莊子釋文引淮南作魏，是許本。司馬注莊子同作魏，云：魏讀曰魏，象魏觀闕，人君門也。言心存榮貴，正指許義。山海經魏山或作隗山。說文：隗，隆隗也。隆隗即崔巍，故西山經魏山，郭注：魏音巍。高注以巍訓魏，是魏魏三字音義竝通。張衡西京賦：建象魏之兩觀。注：象魏，闕也。一曰觀也。爾雅孫炎注：宮門雙闕，舊縣法象，使民觀之，故謂之觀。水經穀水注引白虎通義：闕者，所以飾門，別尊卑也。許注曰：天子曰王，皆尊者之辭。非得一原，孰能至於此哉。一原，道之原也。是故與至人居。

使家忘貧，使王公簡其富貴而樂卑賤，勇者衰其氣，貪者消其欲，坐而不敎，立而不議，虛而往者實而歸，故不言而能飲人以和。論道如川，不言而能飲人以和適也。是故至道無爲，一龍一蛇，龍能化，蛇能解脫，故道以爲譬。盈縮卷舒，與時變化。外從其風，內守其性，耳目不燿，思慮不營，營，惑也。其所居神者臺簡以游太淸。臺猶特也。簡，大也。○莊逵吉云：臺簡注云臺持也。錢別駕坫云：臺當作握。說文解字握古文作𡫸，與臺形近致訛耳。但藏本及各本皆作臺字，而本書用古文𡫸不用篆文握，故仍存原文，不敢擅改。○俞樾云：高注曰臺猶持也，以持訓臺，蓋以聲爲訓。釋名釋宮室曰：臺，持也，築土堅高能自勝持也。是其證也。方言曰：臺，支也。支與持義同。錢氏坫謂臺當作𡫸，古文握字。然臺之訓持，自是古訓，不必疑其字誤也。莊子庚桑楚篇曰：靈臺者有持，而不知其所持，而不可持者也。是亦以臺爲持。故釋文曰：靈臺謂心有靈智能任持也。然則臺簡即持簡，猶靈臺即靈持矣。引楯萬物，羣美萌生。引楯，拔擢也。楯讀允恭之允。○莊逵吉云：引楯當作捪，從手肴。○文典謹按：楯、捪皆從盾得聲，得通用也。是故事其神者神去之，事，治也。休其神者神居之。不動擾。道出一原，通九門，九門，九天之門。散六衢，散布于六合之衢也。設於無垓坫之宇。設，施也。垓坫，垠堮也。垓讀人飲食太多以思下垓之垓。坫讀爲筦氏有反坫之坫。寂漠以虛無，非有爲於物也，物以有爲於己也。非有爲于物者，不爲爲也。物以有爲于己者，物已爲爲也。是故舉事而順于道者，非道之所爲也，道之所施也。夫天之所覆，地之所載，六合所包，陰陽所呴，雨露所濡，道德所扶，此皆生一父母而閱一和也。父母，天地。閱，總也。和，氣也。道所貫也。呴讀以口相呴之呴。○文典謹按：生一父母不辭，生下當有於字。御覽九百七十三引正作皆生於一父母，是其證也。是故槐榆與橘柚合而爲兄弟，言道能化同異物也。有苗與三危通爲一家。有苗國在南方，彭蠡，舜時不服者。三危，西極山名，在辰州。通爲一家，道所化也。○莊逵吉云：辰州疑當作益州。夫目視鴻鵠之飛，耳聽琴瑟之聲，而心在雁門之間，一身之中，神之分離剖判，六合之內，一舉而千萬里。是故自其異者視之，肝膽胡越，肝膽諭近，胡越諭遠。○陶方琦云：文選蘇子卿古詩注、曹植求通親親表注引許注：胡在北方，越在南方。古詩注引作越居南方，居應作在。曹植表注引正作在。自其同者視之，萬物一圈也。圈，陬。

也。百家異說，各有所出。若夫墨楊申商之於治道，墨，墨翟也。其術兼愛非樂，摩頂放踵而利國者爲之。楊，楊朱。其術全性保眞，雖拔骭一毛而利天下，弗爲也。申，申不害也。韓昭侯相，著三符之命，而尚刻削。商者，魏公孫鞅也。爲秦孝公制相坐之法，嚴猛，聞，故封之爲商君也，因謂之商鞅。猶蓋之無一橑，而輪之無一輻，有之可以備數，無之未有害於用也。○王念孫云：蓋之無一橑，輪之無一輻，本作蓋之一橑，輪之一輻。此但言一橑一輻，下乃言其有無之無關於利害。若先言無一橑無一輻，則下文不必更言有無矣。此兩無字，皆因下文無字而衍。己自以爲獨擅之，不通之于天地之情也。今夫冶工之鑄器，鑄讀如唾祝之祝也。○李賡芸云：祝本之六切。轉音如鑄，如注。今河南息縣人讀祝如朱。說文，喌喌，呼鷄聲，之六切。而風俗通曰：呼鷄朱朱。皆轉音也。禮記樂記：封帝堯之後於祝。注：祝或爲鑄。呂氏春秋慎大覽：命封黃帝之後於鑄。周禮瘍醫注：祝讀如注病之注。金踊躍于鑪中，必有波溢而播棄者，其中地而凝滯，亦有以象於物者矣。其形雖有所小用哉，然未可以保於周室之九鼎也。又況比於規形者乎？其與道相去亦遠矣。今夫萬物之疏躍枝舉，百事之莖葉條栓，皆本於一根，而條循千萬也。疏躍，布散也。栓，讀詩頌苞有三蘖同。○莊逵吉云：栓，古文櫱字也，亦作蘖，俗寫蘖字爲蘗。又劉德引詩：苞有三枿。說文解字：櫱，伐木餘也。方言：枿，餘也。陳鄭之間曰枿，是枿櫱亦同字。若此則有所受之矣，而非所授者。所受者無授也，而無不受也。無不受也者，譬若周雲之蘢蓯，遼巢彭濞而爲雨，周雲，密雨雲也。蘢蓯，聚合也。遼巢彭濞，蘊積貌也。濞，榆莢之濞。○莊逵吉云：御覽引作寮撩彭薄，薄與濞聲近也。○王念孫云：彭濞本作彭薄，道藏本作彭薄。濞即薄之誤，後人不知而改爲濞，莊本從之，斯爲謬矣。彭古讀若旁。下文云：渾渾蒼蒼，純樸未散，旁薄爲一。司馬相如封禪文：旁魄四塞。義並與此同。故高注以彭薄爲蘊積貌。若彭濞則爲水聲，而非雲氣蘊積之貌，與正文注文皆不合矣。舊本北堂書鈔天部二引此正作彭薄，太平御覽天部八同。○俞樾云：高注曰：周雲，密雨雲也。然密雨之雲謂之周雲，甚爲未安，殆失之矣。周當讀爲朝。詩汝墳篇：惄如調飢。毛傳曰：調，朝也。周之爲朝，猶調之爲朝也。朝雲爲雨，即詩所謂朝隮于西，崇朝其雨也。鄭箋云：朝有升氣於西方，終其朝則雨，氣應自然。升氣即雲也。文選高唐賦：王問玉曰：此何氣也？玉對曰：所謂朝雲者也。即可說此周雲之義。沈溺萬物而不與爲溼焉。不與萬物俱溼。今夫善射者有儀表之度，如工匠有規矩之數，此皆所得以至於妙。有所得。儀表規矩之巧也。○陳觀樓云。所得上脫有字。高注有所得儀表規矩之巧也。是其證。然而奚仲不能為逢蒙。造父不能為伯樂者。是曰諭於一曲而不通于萬方之際也。今以涅染緇。則黑於涅。以藍染青。則青於藍。涅非緇也。青非藍也。茲雖遇其母。而無能復化已。涅。礬石也。母。本也。○孫詒讓云。賈公彥周禮鍾氏。儀禮士冠禮疏引染緇並作染紺。疑據許本。齊俗訓云。夫素之性白。染之以涅則黑。則此本為長。然賈兩引以證紺色。則唐時自有作紺之本。是何則。以諭其轉而益薄也。何況夫未始有涅藍造化之者乎。其為化也。雖鏤金石。書竹帛。何足以舉其數。鏤讀婁數之婁。由此觀之。物莫不生於有也。有。猶往也。小大優游矣。言饒多也。夫秋豪之末。淪於無間。而復歸於大矣。秋豪微妙。故能入于無間。間。孔。言道無形。以豪末比道。猶復為大也。蘆苻之厚。通於無㙈。而復反於敦龐。厚猶薄。蘆。葦也。苻。蘆之中白苻。言其薄。柯則歸於葦。故曰反於敦龐矣。苻讀孌。孌之孌也。若夫無秋豪之微。蘆苻之厚。四達無境。通于無圻。道無形。秋豪蘆苻已有形。故曰無秋豪之微。蘆苻之厚。而四達無境。通於無圻。圻。垠字也。○莊逵吉云。說文解字垠或從斤作圻。而莫之要御夭遏者。其襲微重妙。挺挏萬物。揣丸變化。道之所能。天地之間何足以論之。言道所化者大。夫疾風敦木。而不能拔毛髮。雲臺之高。墮者折脊碎腦。而蚉蝱適足以翱翔。敦。亦拔也。臺高際於雲。故曰雲臺。蚉蝱微細。故翱翔而無傷毀之患。道所貴也。○王念孫云。適足以翱翔。當作適足以翾。高注翱翔而無傷毀之患。當作翾飛而無傷毀之患。說文。翾（許緣反）小飛也。原道篇曰。跂行喙息。蠉飛蝡動。高注。蠉與翾同。下文曰。飛輕微細者。猶足以脫其命。飛輕二字。正承翾字言之。若翱翔則為鳥高飛之貌。蚉蝱之飛。可謂之翾。不可謂之翱翔也。又下文雖欲翱翔。高注曰。翱翔。鳥之高飛。翼上下曰翱。直刺不動曰翔。而此注不釋翱翔之義。則正文本無翱翔二字明矣。隸書翾字或作翔（見漢唐公房碑）。形與翔相近。故翾誤為翱。後人不知翱為翾之誤。因妄加翔字耳。藝文類聚蟲豸部引此正作蚉蝱適足以翾。○文典謹按。文選於安城答靈運詩注引碎腦作碎脛。夫與蚑蟯同乘天機。蚑行蟯動。諭微細也。天機。神馬。夫受形於一圈。飛輕微細者。猶足以脫其命。又況未有類也。類。形象也。未有形象。道所尚也。○王念孫云。也與邪同。下夫字因上夫字而衍。夫與蚑蟯同乘天機。受形於一圈。二句連讀。不當更有夫字。由此觀之。無形而生有形。亦明矣。是故聖人託其神於靈府。而歸於萬物之初。視於冥冥。聽於無聲。冥冥之中。獨見曉焉。曉明也。寂漠之中。獨有照焉。其用之也以不用。其不用也而後能用之。其知也乃不知。其不知也而後能知之也。夫天不定。日月無所載。載行也。地不定。草木無所植。植立也。所立於身者不寧。是非無所形。形見也。是故有眞人然後有眞知。知不詐故曰眞也。其所持者不明。庸詎知吾所謂知之非不知歟。今夫積惠重厚。累愛襲恩。以聲華嘔苻嫗掩萬民百姓。使知之訢訢然。人樂其性者。仁也。○王念孫云。使下不當有知字。此因上文所謂知之而誤衍也。劉本無知字是。○陶方琦云。漢書萬石君傳晉灼注引許注。訢古欣字。當此處注也。原道訓其爲歡不忻忻。从心旁。此从言旁。尙是許君舊本。故與漢書傳注引許說正合。說文訢下云。憘也。从言斤聲。又欣下云。笑喜也。从欠斤聲。音義相類。蓋古今字。舉大功。立顯名。體君臣。正上下。明親疏。等貴賤。存危國。繼絕世。決挐治煩。許注。挐亂也。○文典謹按。文選吳都賦注引許注。當是此處注也。說文。挐牽引也。宋玉九辯枝煩挐而交橫。王注。柯條糾錯而崱㠥。牽引糾錯。亦皆有亂義。興毀宗。立無後者。義也。閉九竅。藏心志。棄聰明。反無識。芒然仿佯于塵埃之外。而消搖于無事之業。○兪樾云。廣雅釋詁。業始也。無事之業。謂無事之始也。文子精神篇作無事之際。乃淺人不得其義而臆改。九守篇亦作無事之業。含陰吐陽。而萬物和同者。德也。是故道散而爲德。德溢而爲仁義。仁義立而道德廢矣。百圍之木。斬而爲犧尊。犧讀曰希。猶疏鏤之尊。鏤之以剞剧。雜之以靑黃。華藻鎛鮮。龍蛇虎豹。曲成文章。剞巧工鉤刀也。劂者規度刺墨邊箋也。所以刻鏤之具也。靑黃采色之飾。剞讀技之技。劂讀詩蹶角之蹶也。華藻文也。鎛今之金尊也。鮮明好也。龍蛇虎豹者。刻尊彝爲蟠龍伏虎之狀。故曰曲成文章。○洪頤煊云。鎛當是鋪字之譌。卽敷字。易說卦震爲旉。釋文干寶注。旉花之通名。爲鋪花朶謂之敷。華藻鋪鮮。皆謂其刻鏤之美。非金尊也。○兪樾云。高注曰。華藻文也。鎛今之金尊也。鮮明好也。此說於鎛字之義未得。鎛鮮連文。若是金尊。則與鮮字不屬矣。陳氏壽祺左海經辨說以說文金部之鎛。謂鮮當爲鱗。然鎛鱗自是鐘上橫木之飾。此言犧尊。非所施也。今按鎛從尊聲。尊猶敷也。謂以金敷布其上也。古者以金飾物謂之鎛。史記禮書注金薄璆龍索隱引劉氏曰薄猶飾也。薄即鏄之叚字也。鮮讀爲獻。禮記月令篇天子乃鮮羔開冰。注曰。鮮當爲獻。是其證也。明堂位篇周獻豆。注曰。獻疏刻之。然則鏄獻謂疏刻而以金飾之也。畫爲華藻之形。疏刻而金飾之。是爲華藻鏄獻。○陶方琦云。文選魏都賦注引許注。剞劂。曲刀也。說文。剞剟。曲刀也。與淮南注正同。淮南剟應作劂。韓集送文暢師北遊詩注引淮南鏤之剞劂。注。剞劂。曲刀也。此即許注。字作劂。王逸注哀時命。剞劂。刻鏤刀也。亦以剞劂爲一物。廣雅。剞劂。刀也。高氏此注與本經訓同。然其斷在溝中。壹比犧尊溝中之斷。則醜美有間矣。間。遠也。方其醜相去遠也。好然而失木性鈞也。鈞。等。○文典謹按。然其斷在溝中句疑有脫誤。莊子天地篇作其斷在溝中。亦非。惟御覽七百六十一引莊子作其一斷在溝中。不誤。今本一字誤置比字上。傳寫又改爲壹。義遂不可通矣。是故神越者其言華。越。散也。言不守也。故華而不實。德蕩者其行僞。蕩。逸。僞。不誠也。至精亡於中。而言行觀於外。此不免以身役物矣。與物爲役。夫趨舍行僞者。爲精求于外也。精有湫盡。而行無窮極。則滑心濁神。而惑亂其本矣。其所守者不定。而外淫於世俗之風。風。化也。所斷差跌者。而內以濁其清明。是故躊躇以終。而不得須臾恬澹矣。是故聖人內修道術。而不外飾仁義。不知耳目之宜。而游于精神之和。○俞樾云。宜當作宜。字之誤也。莊子德充符篇。夫若然者。且不知耳目之所宜。而遊心乎德之和。即淮南所本。文子精誠篇作知九竅四肢之宜。而遊乎精神之和。字正作宜。但知上脫不字耳。若然者。下揆三泉。上尋九天。橫廓六合。揲貫萬物。此聖人之游也。若夫眞人。則動溶于至虛。而游于滅亡之野。騎蜚廉而從敦圄。蜚廉。獸名。長毛有翼。敦圄似虎而小。一曰仙人名也。○陶方琦云。史記索隱二十六引許注。敦圄。仙人也。高注中一曰。乃許氏說。如氾論訓段干木晉國之大駔。高注。駔。驕怚。一曰。駔。市儈也。而御覽引許注正作駔市儈也之例。羽獵賦靈圄燕于閒觀。集解引郭璞注。靈圄。敦圄。仙人名也。即用許氏淮南注。馳於外方。休乎宇內。○王念孫云。宇內當爲內宇。內宇猶宇內也。若谷中謂之中谷。林中謂之中林矣。內宇與外方相對爲文。宇與野圄雨父女爲韻。(野古讀若墅。說見唐韻正。)若作宇內。則失其韻矣。燭十日而使風雨。臣雷公。役夸父。夸父。仙人。弃其杖而爲鄧林也。妾宓妃。妻織女。天地之間。何足以留其志。是故虛無者。道之舍。平易者。道之素。素。性也。夫人之事其神而嬈其精。營慧然而有求於外。

此皆失其神明而離其宅也。事，治也。嬈，煩也。營慧，求索名利者也。宅，離精神之宅也。是故凍者假兼衣于春，而暍者望冷風于秋。夫有病於內者，必有色於外矣。夫梣木色青翳，而蠃瘉蝸睆。梣木，苦歷木名也。生於山，剝取其皮，以水浸之，正青，用洗眼，瘉人目中膚翳，故曰色青翳。青色象也。蠃蠡，薄蠃，蝸睆，目疾也。○王引之云：色青翳當作已青翳（注內色青翳同），已與瘉相對爲文，已亦瘉也，言梣木可以瘉青翳也。瘉今作愈。呂氏春秋至忠篇「王之疾必可已也」，高注曰：「已猶愈也。」故此注云「用洗眼瘉人目中膚翳，故曰已青翳也」。今正文及注皆作色青翳者，涉注內青色而誤耳。蠃瘉蝸睆當作蠃蠡瘉燭睆（注內蝸睆同）。據高注云「蠃蠡，薄蠃」，則蠃下原有蠡字明矣。太平御覽鱗介部十三引此作蠃瘉燭睆，又引注云：「蠃，附蠃。蠃，細長蠃也。燭睆，目中疾。」一切經音義二十引許慎注云：「燭睆，目內白翳病也。」名醫別錄曰：「蝸籬味甘，無毒，主燭館，明目。」蠃蠃、蝸籬並與蠃蠡同（士冠禮蠃醢，今文蠃爲蝸；內則作蝸醢）。燭館與燭睆同。蠃蠡聲相亂，故蠃下脫蠡字；燭蝸草書相似，故燭誤爲蝸。宋證類本草引此已誤。○陶方琦云：二家注文異。許本作蠃蠡瘉燭睆，與高本正文並異。惟御覽引作燭睆目內病，睆乃睆字之譌，又致去白翳二字。衆經音義五及十七引許注，又致去燭字；卷二十引有燭字。蝸當作蚹蠃，爾雅釋魚：「蚹蠃，螔蝓。」說文：「蠃，一曰虒蝓。」蚹蠃聲同蒲蠃，吳語「其民必移就蒲蠃于東海之濱」是也。又轉作僕纍，即蟆螺，見中山經（高注薄蠃即本此，或蒲蠃之轉聲）。廣雅：「蠡蠃、蝸牛，螔蝓也。」說文：「蝸，蠃也。」本草云：「蛞蝓，一名陵蠡（古今注作陵螺）。」別錄云：「一名附蝸。」附蝸即蚹螺也。說文無螔字。方言：「蚰蜒或謂之蛝蠍。」廣雅：「蛝蠍，蚰蜒也。」蓋蚹蠃有殼，蝸無殼，蝸細長如螺形，並居旱，非水中之螺，天雨即出，俗猶以其涎清涼，可愈熱毒，故名醫別錄云：「蝸籬，味甘，無毒，主燭館，明目。」生江夏。蝸籬即蠃螺，燭館即燭睆。○郝懿行云：以今所見，海蠃有數種，總名海薄蠃。吳語云：「其民必移就蒲蠃於東海之濱。」蒲蠃即薄蠃也，蒲薄二字古多通用。韋昭不知蒲蠃乃一物，反以蒲爲深蒲，蠃爲蚌蛤之屬，誤矣。西山經郭璞注云：「蠃母，即蠑螺也。」夏小正傳云：「蜃者，蒲盧也。」蒲盧即蒲蠃，蠑螺即薄蠃，俱一聲之轉。爾雅釋魚云：「蠃，小者蜬。」郭注：「螺大者如斗，出日南漲海中，可以爲酒杯。」然則爾雅舉小，郭璞舉大，廣異語也。此皆治目之藥也。人無故求此物者，必有蔽其明者。聖人之所以駭天下者，眞人未嘗過焉；賢人之所以矯世俗者，聖人未嘗觀焉。矯，拂也。

夫牛蹏之涔，無尺之鯉；涔，潦水也。涔讀延衍曷問，急氣閉口言也。塊阜之山，無丈之材。小山也。在陳留。所以然者何也？皆其營宇狹小，而不能容巨大也。○○莊逵吉云：御覽引作「牛蹏之涔，無徑尺之鯉；魁父之山，無營宇之材」，無下營宇二字。王念孫云：此御覽誤，非今本誤也。尺之鯉、丈之材相對爲文，若作營宇之材，則文不成義，且與上句不對。營宇狹小所以不能容巨大，若無營宇二字，則文義不明。鈔本御覽作牛蹄之涔無涇尺之鯉，魁父之山無丈之材，營宇狹小而不能容巨大也。尺上有涇字，乃後人不識古文辭而妄加之。（後人以尺之鯉文義未足，故加一涇字。此未識古人句法也。原道篇曰：聖人不貴尺之璧而重寸之陰。呂氏春秋舉難篇曰：尺之木必有節目，寸之玉必有瑕適。屬句並與此同。加一涇字，則與下句不對矣。御覽鱗介部八引此又作無盈尺之鯉，盈字亦後人所加。）其無丈之材及營宇狹小，則皆與今本同。刻本御覽作無營宇之材，而下文無營宇二字，此皆後人妄改，不足爲據。藝文類聚山部上引作牛蹄之涔無尺之鯉，顛府之山無丈之材，皆其營宇狹小而不能容巨大也，正與今本同，足證刻本御覽之誤。（劉晝新論觀量篇：蹄窪之內不生蛟龍，培塿之上不植松柏，營宇隘也。意皆本於淮南。彼言營宇隘，猶此言營宇狹小耳。亦足證刻本御覽無營宇二字之誤。）尺上無涇字，并足證鈔本御覽之誤。又況乎以無裹之者邪！無裹，無形。此其爲山淵之勢亦遠矣。此無有議長大。夫人之拘於世也，必形繫而神泄，故不免於虛。形繫者，身形疾而精神越泄，不處其守，故曰不免于虛疾。使我可係羈者，必其有命在於外也。〇王念孫云：有命在於外，當作命有在於外。言既爲人所係羈，則命在人而不在我也。今本命有二字誤倒，則文義不明。文子精誠篇正作必其命有在外者矣。莊子山木篇：物之所利，乃非己也，吾命有在外者也。即淮南所本。至德之世，甘瞑于溷瀾之域，而徙倚于汗漫之宇。溷讀閑放之閑，言無垠虛之貌。徙倚猶汗漫，無生形，形生元氣之本神也。故盧敖見若士者言曰：吾與汗漫期于九垓之上。是也。宇，居也。〇文典謹按：御覽七十七引至德之世下有注云：謂太古三皇之時。又甘作其，溷瀾作混淆，汗漫作瀾漫。提挈天地而委萬物，以鴻濛爲景柱，而浮揚乎無畛崖之際。一手曰提挈。舉，委棄也。言不以身役物。鴻濛，東方之野，日所出，故以爲景柱。浮揚猶遨翔也。無畛崖，畔界，因以爲名也。〇文典謹按：御覽七十七引浮揚作涬揚。是故聖人呼吸陰陽之氣，而羣生莫不顒顒然仰其德以和順。〇文典謹按：御覽七十七引顒顒作喁喁，和順下有止字。當此之時，莫之領理，決離隱密而自成，渾渾蒼蒼，純樸未散，旁薄爲一，而萬物大優。渾渾蒼蒼，混沌大貌。故曰純樸未散也。優，饒也。〇文典謹按：御覽七十七引隱密作隱慇，蒼蒼作若若。是故雖有羿之知而無所用之。是說上古之時也。但甘臥，治化自行，故曰雖有羿之知，其無所用之。是堯時羿，善射，能一日落九烏，繳大風，殺窫窳，斬九嬰，射河伯之知巧也，非有窮后羿也。〇文典謹按：御覽七十七引是故雖有羿之知而無所用之作是故雖有明知無所用之。及世之衰也，至伏羲氏，其道昧昧芒芒然吟德懷和。伏羲氏以木德王天下號曰太昊昧昧純厚也芒芒廣大貌也吟嗛其德含懷其和氣未大宣布也○王念孫云吟非吟詠之吟乃含字也原道篇含其德之所致也高彼注曰含懷也此云含德懷和本經篇云含德懷道含懷一聲之轉其義一也含字從口今聲移口於旁字體小異耳若訓為吟詠之吟則與懷和不類矣漢書禮樂志靈安留吟青黃服虔曰吟音含是含字古或作吟也被施頗烈。被讀光被四表之被也被其德澤頗烈施於民而知乃始昧昧晽晽皆欲離其童蒙之心。昧昧欲明而未也晽晽欲所知之貌也離去也○王念孫云說文玉篇廣韻集韻皆無晽字晽晽當為惏惏(注同)昧昧惏惏一聲之轉皆欲知之貌也文子上禮篇作昧昧懋懋懋與惏古字通(皋陶謨懋遷有無化居漢書食貨志懋作惏)今作晽晽者惏誤為林又因昧字而誤加日旁耳楊慎古音餘乃於侵韻收入晽字吳志伊字彙補又云晽音林並引淮南子昧昧晽晽皆為俗本所惑也而覺視於天地之間是故其德煩而不能一。煩多也一齊也乃至神農黃帝。○王念孫云乃當為及字之誤也文子上禮篇正作及又氾論篇故聖人之見存亡之迹成敗之際也非乃鳴條之野甲子之日也乃亦當為及言夏殷之將亡聖人早已知之非及鳴條之野甲子之日而後知之也道藏本劉本並作乃朱本改乃為待而莊本從之義則是而文則非矣剖判大宗。○文典謹按北堂書鈔四功業十二引大作太竅領天地。襲九窾。重九埶。窾通也領理也襲因也窾法也埶形也言因九天九地之形法以通理也○王念孫云說文玉篇廣韻集韻皆無埶字埶當為塈字之誤也玉篇塈古文垠字(字從土埶聲說文埶讀若銀)九塈即九垠也上文曰廬苻之厚通於無塈無塈即無垠也兵略篇不見朕塈覽冥篇作朕垠彼注云垠形狀也故此注亦云塈形也○文典謹按御覽七十八引作襲九空重九塈又引注云九空九天也九塈九地也提挈陰陽。嫥捖剛柔。枝解葉貫。萬物百族。嫥捖和調也族類也使各有經紀條貫。貫位也於此。萬民睢睢盱盱然莫不竦身而載聽視。睢睢盱盱聽視之貌也是故治而不能和。和協也下棲遲至於昆吾夏后之世。昆吾夏伯桀世也嗜欲連於物。聰明誘於外。而性命失其得。性命之本施及周室之衰。○王引之云之衰二字後人所加也尋繹上文自伏羲氏以下皆為衰世則方其盛時亦謂之衰不待其衰而後為衰也下文周室衰而王道廢始言周室之衰耳若此句先言周室之衰則下文不須更言衰矣文子上禮篇作施及周室無之衰二字澆淳散樸。施讀難易之易也雜道以偽。儉德以行。雜粗○王念孫云雜當為離字之誤也儉讀為險(險儉古字通說見經義述聞大戴禮惠而不儉下)莊子繕性篇德又下衰澆淳散樸離道以善險德以行(郭象注有善而道不全行立而德不夷)此正淮南所本文子作離道以爲僞險德以爲行又本於淮南然則原文作離道明矣高注訓雜爲粗則所見本已誤作雜又案僞古爲字(說見史記淮南衡山傳爲僞下)爲亦行也齊俗篇矜僞以惑世伉行以違衆矜僞猶伉行耳(上文曰夫趨舍行僞者爲精求於外也荀子儒效篇曰其衣冠行僞已同於世俗矣行僞即行爲)離道以僞險德以行言所爲非大道所行非至德也與詐僞之僞不同下句巧故萌生始言詐僞耳文子改作以爲僞以爲行失之 而巧故萌生 巧言爲詐 周室衰而王道廢儒墨乃始列道而議分徒而訟 儒孔子道也墨墨翟術也徒黨也訟爭是非也 於是博學以疑聖華誣以脅衆 博學楊墨之道以疑孔子之術設虛華之言以誣聖人劫脅徒衆也○王引之云疑讀曰擬博學以擬聖謂博學多聞以自比於聖人也鄭注周官司服曰疑之言擬也史記平準書人徒之費擬於南夷漢書食貨志擬作疑文子作狙學以擬聖是其證莊子天地篇博學以擬聖於于以蓋衆即淮南所本也高說失之 弦歌鼓舞緣飾詩書以買名譽於天下 爲以求之 繁登降之禮飾紱冕之服聚衆不足以極其變積財不足以贍其費於是萬民乃始懢觟離跂 懢讀籥籥無逢際之懢觟傒徑之傒也 各欲行其知僞以求鑿枘於世而錯擇名利 錯施也擇取也求索也言施其巧僞索榮顯之名利也故下言曼衍于淫荒之陂也 是故百姓曼衍於淫荒之陂而失其大宗之本 陂或作野 夫世之所以喪性命有衰漸以然所由來者久矣 ○俞樾云衰乃等衰之衰上文自伏羲氏而歷數之以至于周室之衰每降而愈下故曰有衰漸以然 是故聖人之學也欲以返性於初而游心於虛也 人受天地之中以生孟子曰性無不善而情欲害之故聖人能返其性於初也游心於虛言無欲也 達人之學也欲以通性於遼廓而覺於寂漠也若夫俗世之學也則不然擢德攓性內愁五臟外勞耳目 擢取也攓縮也皆不猶其理故愁其思慮也耳妄聽目妄視淫放勞也○陶方琦云文選爲顧彥先贈婦詩注七啓注華嚴音義上引許注擢引也說文擢引也與注淮南同 乃始招蟯振繾物之豪芒搖消掉捎仁義禮樂暴行越智於天下以招號名聲於世 搖消掉捎仁義禮樂未之能行也越揚也暴卒也越揚其詐譎之智以取聲名也 此我所羞而不爲也是故與其有天下也不若有說也 說樂也不若有人說樂之也 與其有說也不若尚羊物之終始也而條

達有無之際。○俞越云終始下衍也字不若尚羊物之終始而條達有無之際兩句一氣相屬今衍也字則文義隔絕矣是故舉世而譽之不加勸。舉世而非之不加沮。定于死生之境。而通于榮辱之理。雖有炎火洪水彌靡於天下。神無虧缺於胷臆之中矣。若然者。視天下之間。猶飛羽浮芥也。芥中也○莊逵吉云中字疑當作艸孰肯分分然以物為事也。分猶意念之貌水之性眞清。而土汩之。人性安靜。而嗜欲亂之。○王念孫云眞字於義無取疑後人所加太平御覽方術部一引此作夫水之性清而土汩之人之性安而欲亂之於義為長呂氏春秋本生篇云夫水之性清土者扣之故不得清人之性壽物者扣之故不得壽扣與汩同夫人之所受於天者。耳目之於聲色也。口鼻之於芳臭也。○王念孫云下句本作口鼻之於臭味謂口之於味鼻之於臭也後人誤讀臭為腐臭之臭而改臭味為芳臭則與口字義不相屬矣太平御覽引此正作鼻口之於臭味肌膚之於寒燠。其情一也。或通於神明。或不免於癡狂者。何也。其所為制者異也。是故神者智之淵也。淵清則智明矣。智者心之府也。智公則心平矣。○王念孫云以下二句例之則淵清當為神清此涉上句淵字而誤也太平御覽引此正作神清文子九守篇同人莫鑑於流沫。而鑑於止水者。以其靜也。沫雨潦上沫起覆甌也言其濁擾不見人形也○王念孫云流沫本作沫雨故高注及說山篇俱作沫沫雨又太平御覽服用部十九方術部一並引淮南子人莫鑑於沫雨而鑑於止水今本作流沫者後人以意改之耳又案沫雨者流雨之譌也水動則濁靜則清故曰人莫鑑於流雨而鑑於止水者以其靜也動與靜相對流與止相對流隸或作澑(見魯相史晨饗孔廟後碑)形與沫相似因譌為沫高以為雨潦上覆甌非也據高云沫雨或作流潦(文子九守篇亦作流潦文選江賦注引作流潦又引許慎注云楚人謂水暴溢為潦)則沫為涿字之譌明矣莊子德充符篇人莫鑑於流水而鑑於止水崔譔本流作沫亦是涿字之譌○俞樾云說山篇人莫鑑於沫雨而鑑於澄水者以其休止不蕩也注曰沫雨雨潦上覆瓮也沫雨或作流潦今按此當以流潦為正流潦即行潦也詩泂酌篇毛傳曰行潦流潦也孟子公孫丑篇趙注曰行潦道旁流潦也是其義也流潦與止水正相對為文莊子德充符篇人莫鑑於流水而鑑於止水流潦猶流水也文子九守篇亦作流潦可知古本如此矣高本作流沫者疑流泉之誤隸書泉字或作湶楊君石門頌平阿湶泥是也古本作流湶別本流泉義初不異湶與沫相似因誤為沫矣高據誤本作注而以雨潦上沫起覆甌說之蓋謂是水中浮漚耳其說迂曲而說山篇之沫雨則又涉高注而誤因高注沫雨二字相連淺人妄謂是舉正文而釋之遂改正文流沫作沫雨又於注文雨下加雨字以從既改之正文斯爲謬矣王氏念孫謂當作流雨流雨之文殊不成義不可從也文選江賦注引作流潦潦
即說文泉部鱟字之異文許君云泉水也此正可爲別本作流泉之證○陶方琦云文選江賦注引作莫鑒于流瀿而鑒于澄水又引許注楚人謂水暴溢曰瀿是許本作流瀿與高本正文亦異高本流沫當作
流潦下文樹木者灌以瀿水注瀿或作潦御覽七百二十引高注正作灌以潦水是作瀿者許氏本作潦者高氏本也玉篇瀿水暴溢也波也即注許氏淮南注○文典謹按御覽十引流沫亦作沫雨靜作淨又
引高注沫雨雨潦上沫起覆蓋也　莫窺形於生鐵而窺於明鏡者以覩其易也易讀河閒易縣之易○王念孫云以覩其易也以下本無覩字以其靜也以其易也
相對爲文則不當有覩字太平御覽服用部十九方術部一引此並無覩字夫唯易且靜形物之性也語意林明御覽方術部引作夫唯易且靜故能形物之性情也(高注形見也)較今本爲善文子作神清意平
乃能形物之情也○俞樾云太平御覽服用部方術部引此文並無覩字是覩爲衍文以其易也與上句以其靜也正相對惟易字於義無取疑明字之誤明字从日从月而易字據說文引秘書說日月爲易象
陰陽也則亦從日從月故明誤爲易耳○文典謹按王俞以覩字爲衍文是也北堂書鈔一百三十六引作莫窺形於生鐵而窺形於明鏡者以其易也亦無覩字　夫唯易且靜形物之性
也形見由此觀之用也必假之於弗用也○王念孫云用也二字文不成義太平御覽方術部引此作用者必假之於弗用者是也今本兩者字皆作也涉上文而誤耳文子
作故用之者必假於不用者莊子知北遊篇曰是用之者假不用者也皆其證　是故虛室生白吉祥止也虛心也室身也白道也能虛其心以生于道道性無欲吉祥來止舍也　夫
鑑明者塵垢弗能薶薶污也薶讀倭語之倭　神清者嗜欲弗能亂神清者精神內守也情之嗜欲不能干亂也　精神已越於外而事復返之
越散也事治也　是失之於本而求之於末也外內無符而欲與物接弊其玄光而求知之于耳目玄光內明也一曰玄天也　是
釋其炤炤而道其冥冥也是之謂失道心有所至而神喟然在之反之於虛則消鑠滅息此聖人之游也
反之於虛則情欲之性消鑠滅息故曰聖人之游游行也　故古之治天下也必達乎性命之情其舉錯未必同也其合於道一也夫夏
日之不被裘者非愛之也燠有餘於身也○文典謹按藝文類聚六十九引燠作煖　冬日之不用翣者非簡之也清有餘於適

也。嫛，扇也。嫛讀鷄鶩食唼喋之唼。簡，賤也。夫聖人量腹而食，度形而衣，節於己而已，貪汚之心奚由生哉。故能有天下者，必無以天下爲也。能有名譽者，必無以趨行求者也。以，用也。○俞樾云：趨乃樾字之誤，越之言逸也，蹶也。越行猶言過行也。謂不以過甚之行求名譽也。文子九守篇作能有名譽者，必不以越行求之，是其證。○文典謹按：趨行猶奔走馳鶩也。謂聖人無貪汚之心，不奔走馳鶩以求名譽也。俞氏以趨爲越，謂不以過甚之行求名譽，其說迂曲難通。名譽安可以過甚之行求之。文子九守篇雖作越行，疑字之誤，未可據彼改此也。聖人有所于達，達則嗜欲之心外矣。外，棄也。孔墨之弟子皆以仁義之術教導於世，然而不免於儡身，猶不能行也，又況所敎乎。儡身，身不見用，儡儡然也。儡讀雷同之雷。○莊逵吉云：說文解字：儡，相敗也。讀若雷。道德經：儡儡兮若無所歸。本或作乘乘者是。○王念孫云：高說非也。儡字上屬爲句，不免於儡，謂躬行仁義而不免於疲也。（儡之言羸也。廣雅曰：儽儽，疲也。說文曰：儽，垂皃。亦疲憊之意。玉藻：喪容纍纍。鄭注曰：纍纍，羸憊貌也。王褒洞簫賦曰：桀跖鬻博，儡以頓顇。儽、儡、纍並字異而義同。）身字下屬爲句。呂氏春秋有度篇曰：孔墨之弟子徒屬充滿天下，皆以仁義之術教導於天下，然而無所行，教者術猶不能行，又況乎所教。句法正與此同。是何則，其道外也。夫以末求返於本，許由不能行也，又況齊民乎。齊民，凡民，齊于民也。誠達于性命之情，而仁義固附矣，趨舍何足以滑心。若夫神無所掩，心無所載，通洞條達，恬漠無事，無所凝滯，虛寂以待，勢利不能誘也，誘，惑也，進也。辯者不能說也，說，釋也。聲色不能淫也，美者不能濫也，濫，觀也。或作監。不能使之過濫。智者不能動也，勇者不能恐也。○俞樾云：聲色句移在辯者句前，則勢利聲色以類相從，辯者美者智者勇者亦以類相從矣。文子九守篇正如此，可據以訂正。此眞人之道也。○王念孫云：道本作遊，此後人以意改之也。文子九守篇正作遊。遊者，行也。言眞人之所行如此也。上文曰：心有所至而神喟然在之，反之於虛則銷鑠滅息，此聖人之游也。高注曰：游，行也。精神篇：是故眞人之所游。高注亦曰：游，行也。莊子天運篇：古之至人，假道於仁，託宿於義，以遊逍遙之虛，食於苟簡之田，立於不貸之圃。古者謂是采眞之遊。並與此眞人之遊同意。若然者，陶冶萬物，與造化者爲人。爲，治也。天地之間，宇宙之內，莫能夭遏。間，上下之間也。內，四方之內也。夫化生者不死，而化物者不化。化生者，天也。化物者，德也。○俞樾云：化生當作生生，涉下句而誤。精神篇曰。故生生者未嘗死也。其所生則死矣。化物者未嘗化也。其所化則化矣。是其證也。神經於驪山太行而不能難。驪山今在京兆新豐縣南也。太行今在河內野王縣北也。入於四海九江而不能濡。四海。四方之海也。九江。江分爲九也。處小隘而不塞。橫扃天地之間而不窕。扃猶閉也。○兪樾云。高注曰扃猶閉也。則與橫字之義不貫矣。儀禮士冠禮鄭注曰。扃所以扛鼎。考工記匠人注曰。大扃牛鼎之扃。長三尺。小扃膷鼎之扃。長二尺。是扃者橫木以扛鼎者也。宣十二年左傳服注曰。扃橫木校輪閒。一曰車前橫木也。是凡橫木皆謂之扃。故以橫扃並言。不逾此者。雖目數千羊之羣。耳分八風之調。目視。耳聽也。八風八卦之風。調和也。足蹀陽阿之舞。而手會綠水之趨。陽阿古之名倡也。綠水舞曲也。一曰綠水古詩也。趨投節也。○陶方琦云。文選注十六引淮南曰。足蹈陽阿之舞。高注陽阿古之名倡也。文選南都賦注引許注蹀蹈也。是高本作蹈。與許本作蹀微異。魏都賦注引聲類蹀蹈也。說文蹈踏也。廣雅釋詁蹀踏履也。主術訓足蹈郊兎。御覽三百八十六引作足蹀狡兎。是許本作蹀之證。○文典謹按。文選長笛賦注七命注引高注綠並作淥。智終天地。○文典謹按。終當爲絡。形近而譌也。莊子天道篇。故古之王天下者。知雖落天地。不自慮也。即此文所本。（落與絡同。秋水篇落馬首穿牛鼻是謂人。本書原道篇作絡馬之口穿牛之鼻者人也。）御覽四百六十四引此文正作智絡天地。尤其明證矣。明照日月。辯解連環。澤潤玉石。猶無益於治天下也。澤潤。澤也。○王念孫云。澤潤玉石本作辭潤玉石。高注澤潤澤也。此解潤字之義。非解澤字之義。辭潤玉石。謂其辭潤澤如玉石也。目數千羊二句以耳目言之。足蹀陽阿二句以手足言之。智終天地二句以心言之。辯解連環二句以口言之。若云澤潤玉石。則文不成義矣。今案正文澤字。涉注文潤澤也而誤。（太平御覽人事部一百五引此已誤。）後人不達。又於注內加一澤字。以從已誤之正文耳。文子九守篇正作辭潤玉石。靜漠恬澹。所以養性也。和愉虛無。所以養德也。外不滑內。則性得其宜。性不動和。則德安其位。養生以經世。抱德以終年。可謂能體道矣。若然者。血脈無鬱滯。五藏無蔚氣。蔚。病也。禍福弗能撓滑。非譽弗能塵垢。故能致其極。極。至。非有其世。孰能濟焉。有其人。不遇其時。身猶不能脫。又況無道乎。道不得行。且人之情。耳目應感動。心志知憂樂。手足之攢疾蟲。辟寒暑。所以與物接也。蜂蠆螫指。而神不能憺。螫讀解釋之釋。憺。定也。蚉蝱嚌膚。而知不能平。嚌。噬。猶穿。○王念孫云知不能平四字義不相屬，知本作性，性猶體也，平靜也。（鬼谷子摩篇：平者，靜也。）謂體不能靜也。莊子天運篇「蚑蟯噍嚼」，則通咎不寐是也。後人不知性之訓爲體，故妄改之耳。太平御覽蟲豸部二引此正作性。○俞樾云：知猶志也。禮記緇衣篇「爲上可望而知也，爲下可述而志也」，鄭注曰：「志猶知也。」是知與志義通。知不能平者，平，定也，謂志不能定也。與上句「蜂蠆螫指而神不能澹」，高注曰「澹，定也」，義正一律。太平御覽蟲豸部引作性不能平，恐後人不達知字之義而臆改，未足爲據。王氏念孫謂性猶體也，此恐不然。神也，志也，皆就在內者而言，故下文曰：「夫憂患之來，攖人心也，直蜂蠆之螫毒而蚉蝱之慘怛也。」言攖人心，不言攖人體，則此不當以體言矣。夫憂患之來，攖人心也，攖，迫也。非直蜂蠆之螫毒而蚉蝱之慘怛也，而欲靜漠虛無，奈之何哉。夫目察秋豪之末，耳不聞雷霆之音。○文典謹按：雷霆之音，舊作雷霆之聲，與下耳調玉石之聲重複，傳寫宋本及御覽三百六十六引並作耳不聞雷霆之音，今據改。耳調玉石之聲，目不見太山之高。何則？小有所志而大有所忘也。今萬物之來，擢拔吾性，攓取吾情，有若泉源，雖欲勿稟，其可得邪。稟猶動用也。○俞樾云：國語晉語「將稟命焉」，楚語「是無所稟命也」，韋注並曰：「稟，受也。」此言萬物之來，擢拔吾性，攓取吾情，雖欲勿受之而不可得也。高注曰「稟猶動用也」，於辭意未合，且稟字亦無動用之義。○文典謹按：御覽七百二十引攓取吾情作攓取吾精，有若泉源作勢若泉原，稟作廩。今夫樹木者，灌以瀿水，孫星衍云：文選注引許昚淮南子注有「楚人謂水暴溢爲瀿」云云，當是此下原文，而各本有「瀿波暴溢也」五字，藏本皆無之，附錄以俟攷。○文典謹按：孫氏所云文選注即江賦注也。許注之上引有淮南正文「莫鑒於流瀿而鑒於澄水」，則非此處注可知。至各本「瀿波暴溢也」五字，疑後人據玉篇所加，故藏本無之也。疇以肥壤，疇，雍壤。或作嘹。一人養之，十人拔之，則必無餘栟。栟，蘖。○王念孫云：一當爲十，十當爲一。此言養之者雖有十人，而一人拔之，則木必死也。下文曰「今盆水在庭，清之終日，未能見眉睫；濁之不過一撓，而不能察方員」，意與此同。魏策亦云「十人樹楊，一人拔之，則無生楊矣」。今本十一二字互誤，則非其指矣。太平御覽資產部三所引與今本同，亦後人依誤本改之。其方術部一引此正作「十人養之，一人拔之」。○文典謹按：王說是也。御覽九百五十二引作「千人養之，一人拔之」，文雖小異，而作一人拔之則同，足爲王說之一證。又況與一國同伐之哉，雖欲久生，豈可得乎。○文典謹按：御覽七百二十引又況與一國同伐之哉作況以一國同伐之。今盆水在庭，清之終日，未能見眉睫，濁之不過一撓，而不能察方員。察，見。人神易濁而難清，猶盆水之類也。

況一世而撓滑之，曷得須臾平乎。古者至德之世，賈便其肆，農樂其業，大夫安其職，職事。而處士脩其道。道先王之道也。○文典謹按：脩當爲循，隸書脩循相似，故致誤也。文選西都賦注、御覽七十七引並作而處士循其道，唯長笛賦注引作脩，與今本合，則後人據已誤本改之也。當此之時，風雨不毀折，草木不夭，九鼎重味，珠玉潤澤，九鼎，九州貢金所鑄也。一曰象九德，故曰九鼎。重，厚也。潤澤，有光。○莊逵吉云：御覽作草木不夭死，九鼎重，無味字，下有注云：王者之德休明則鼎重，姦回則鼎輕。○王念孫云：風雨不毀折，草木不夭死，相對爲文，則有死字者是也。文子道德篇亦有死字。九鼎重味，味字於義無取，蓋即下文珠字之誤而衍者也。御覽引此作九鼎重，又引注云：王者之德休明則鼎重，（此蓋許注）則無味字明矣。洛出丹書，河出綠圖，故許由、方回、善卷、披衣得達其道。許由，陽城人也，堯所聘而不利也。方回、善卷、披衣，皆堯時隱士，姓名不可得知。其人方直回旋，因曰方回。見其善卷披衣而行，因曰披衣。得達，樂其所修先王之道也。何則？世之主有欲利天下之心，是以人得自樂其間。自樂其道于天地之間也。或作文德自樂其間，先王之道也。四子之才，非能盡善，蓋今之世也，然莫能與之同光者，遇唐虞之時。光，響。逮至夏桀、殷紂，燔生人，辜諫者，○文典謹按：辜當爲罪，字之誤也。罪古作辠，傳寫遂誤爲辜耳。御覽六百四十七引辜正作辠。爲炮烙，鑄金柱，鑄金柱，然火其下，以人置其上，墜陊火中而對之笑也。○文典謹按：北堂書鈔二十引作銅金爲柱。剖賢人之心，析才士之脛，賢人，比干也。析，解也。剖解有才士腳，觀其有奇異。脛，腳也。醢鬼侯之女，菹梅伯之骸。鬼侯、梅伯，紂時諸侯。梅伯說鬼侯之女美好，令紂妻之。女至，紂以爲不好，故醢鬼侯之女，菹梅伯之骸也。一曰紂爲無道，梅伯數諫，故菹其骸也。當此之時，嶢山崩，三川涸，嶢山在南陽。三川，涇、渭、汧也。涸，竭也。傳曰：山崩川竭，亡國徵也。飛鳥鎩翼，走獸擠腳。紂田獵禽荒，無休止時，故飛鳥折翼，走獸毀腳，無不被害也。○陶方琦云：文選注引作飛鳥鎩羽，走獸廢足。又引許注：鎩羽，殘羽也。鎩或通作殺，周禮放弒其君則殘之，注：殘，殺也。此鎩訓殘，義得相通。蜀都賦注引許注作鎩，殘也。殺二羽字。一切經音義引作鎩羽而飛，當從。辨命論、五君詠注引。當此之時，豈獨無聖人哉？然而不能通其道者，不遇其世。言聖人不能通其道，行其化者，不遭世也。夫鳥飛千仞之上，獸走叢薄之中，禍猶及之，又況編戶齊民乎！聚木曰叢，深草曰薄。猶及之，田獵不時也。由此觀之，體道者不專在于我，亦有繫于世矣。夫歷陽之都，一夕反而爲湖。○莊逵吉云反太平御覽作化。勇力聖知與罷怯不肖者同命。歷陽，淮南國之縣名，今屬江都。昔有老嫗，常行仁義，有二諸生過之，謂曰：此國當沒爲湖。謂嫗視東城門閫，有血便走上北山，勿顧也。自此嫗便往視門，閫者問之，嫗對曰如是。其暮門吏故殺雞血涂門閫，明旦老嫗早往視門，見血便上北山，國沒爲湖。與門吏言其事，適一宿耳，一夕旦而爲湖也。勇怯同命，無遺脫也。○文典謹按：意林引注略同，惟末有母遂化作石也六字。莊氏逵吉所引御覽當爲六十六，然八百八十八引又仍作反，與今本合。一百六十九引作歷陽之都一夕爲湖，有注云：漢明帝時歷陽淪爲麻湖。巫山之上，順風縱火，膏夏紫芝與蕭艾俱死。巫山在南郡。膏夏，大木也，其理密，白如膏，故曰膏夏。紫芝皆喻賢智也。蕭艾，賤草，皆喻不肖。○文典謹按：藝文類聚九十八、御覽九百八十五引順風竝作從風。故河魚不得明目，稺稼不得育時，其所生者然也。河水濁，故不得明目；稺稼爲霜所凋，故不得待其自熟時，故曰其所生者然也。故世治則愚者不能獨亂，世亂則智者不能獨治，身蹈于濁世之中，而責道之不行也，是猶兩絆騏驥，而求其致千里也。兩者，雙也。置猨檻中，則與豚同，非不巧捷也，無所肆其能也。肆，極。舜之耕陶也，不能利其里。所居之里。南面王，則德施乎四海。四海，天下。仁非能益也，處便而勢利也。古之聖人，其和愉寧靜，性也；其志得道行，命也。天命，命也。是故性遭命而後能行，命得性而後能明。得其本清靜之性，故能明。烏號之弓，谿子之弩，不能無弦而射。烏號，柘桑也。谿子爲弩所出國名也。或曰谿，蠻夷也，以柘桑爲弩，因曰谿子之弩也。一曰谿子陽𨙸國善爲弩匠，因以名也。○陶方琦云：史記集解、索隱、文選閒居賦注、御覽三百四十八並引許注：南方谿子蠻夷柘弩，皆善材也。高注所云或曰，卽是許說。索隱引作南方谿子蠻出柘弩及竹弩，引文小異。御覽引古史攷：烏號以柘枝爲之，柘桑其材堅勁，可爲弩。越舲蜀艇，不能無水而浮。舲，小船也。蜀艇，一版之舟，若今豫章是也。雖越人所便習，若無其水，不能獨浮也。○陶方琦云：御覽三百四十八引許注：舲，小船；艇，大船，皆一木。（此因上南方谿子注連引，定爲許注。）廣雅：舲、艇，船也。玉篇：舲，小船也。卽本許義。意林引作越舲蜀艇，事類賦舟部、御覽七百七十一、後漢書馬融傳注所引並同，皆許本也。方言：南楚江湘之間，小艒䑿謂之艇。釋名：二百斛以下曰艇，其形徑挺，一二人所乘行也。小爾雅：小船謂之艇。玉篇：艇，小船也。無訓爲大船者。然高注一版之舟，與許注一本義亦相類，是訓蜀爲一也。○文典謹按：北堂書鈔一百三十八引作越舲吳艇不能無水而行。御覽七百七十一引浮亦作行。意林引此句在烏號之弓句前。今矰繳機而在上，罡罟張而在下，雖欲翱翔，其勢焉得。矰，弋射身短矢也。機，發也。翱翔，鳥之高飛，翼上下曰翱，直刺不動曰翔也。故詩云：采采卷耳，不盈傾筐。嗟我懷人，寘彼周行。以言慕遠世也。詩周南卷耳篇也。言采采易得之菜，不滿易盈之器，以言君子爲國，執心不精，不能以成其道。采易得之菜，不能盈易滿之器也。嗟我懷人，寘彼周行，言我思古君子，官賢人，置之列位也。誠古之賢人，各得其行列，故曰慕遠也。

卷三

天文訓

文者，象也。天先垂文象，日月五星及彗孛，皆謂以譴告一人，故曰天文，因以題篇。

天墜未形，馮馮翼翼，洞洞灟灟，故曰太昭。馮翼洞灟，無形之貌。洞讀挺挏之挏，灟讀以鐵頭斫地之鐲也。道始于虛霩，○王引之云：書傳無言天地未形名曰太昭者，馮翼洞灟亦非昭明之貌。太昭當作太始，字之誤也。易乾鑿度曰：太始者，形之始也。太平御覽天部一引張衡元圖曰：元者，無形之類，自然之根，作於太始，莫與先是。太始無形，故天地未形謂之太始也。道始於虛霩，當作太始生虛霩，即承上文太始而言。王逸注楚辭天問曰：太始之元，虛廓無形（廓與霩同），正所謂太始生虛霩也。後人以老子言道先天地生，故改太始生虛霩爲道始於虛霩，而不知與故曰太始句文不相承也。御覽引此作道始生虛霩，太字已誤作道，而生字尚不誤。虛霩生宇宙，宇宙生氣，氣有涯垠。宇，四方上下也；宙，往古來今也。將成天地之貌也。涯垠，重安之貌也。○莊逵吉云：御覽作宇宙生元氣。涯，俗本作漢，誤。○王念孫云：此當爲宇宙生元氣，元氣有涯垠。下文清陽爲天，重濁爲地，所謂元氣有涯垠也。今本脫去兩元字，涯字又誤爲漢。太平御覽天部一元氣下引此正作宇宙生元氣，元氣有涯垠。清陽者，薄靡而爲天，薄靡者，若塵埃飛揚之貌。○文典謹按：御覽一引靡作劘。重濁者，凝滯而爲地。○文典謹按：北堂書鈔一百五十七、御覽三十六引凝並作淹。清妙之合專易，一作專。重濁之凝竭難，故天先成而地後定。天地之襲精爲陰陽，襲，合也。精，氣也。陰陽之專精爲四時，四時之散精爲萬物。積陽之熱氣生火，火氣之精者爲日，○陶方琦云：開元占經二十三引淮南開詁云：日者火也。按開詁乃許注本也，故高本無注。積陰之寒氣爲水，水氣之精者爲月。日月之淫爲精者爲星辰。○王引之云：積陽之熱氣生火，積陰之寒氣爲水，本作積陽之熱氣久者生火，積陰之寒氣久者爲水。言熱氣積久則生火，寒氣積久則爲水。今本無久者二字，後人刪之也。初學記天部上、太平御覽天部四並引此云：積陰之寒氣久者爲水。隋蕭吉五行大義辨體性篇引此云：積陽之熱氣反者爲火，積陰之寒氣反者爲水。藝文類聚天部上引此云：積陰之寒氣大者爲水。反與大皆久字之誤，則原有久者二字明矣。日月之淫爲，本作日月之淫氣，此因上下文爲字而誤。廣韻星字注引此云：日月之淫氣精命爲星辰。日月之淫氣，與積陽之熱氣、積陰之寒氣爲文正相對；精者爲星辰，與精者爲日、精者爲月，文亦相對；下文天地之偏氣怒者爲風、天地之合氣和者爲雨，句法亦相同。天受日月星辰，地受水潦塵埃。昔者共工與顓頊爭爲帝，怒而觸不周之山，共工，官名，伯于虙羲、神農之間，其後子孫任智刑以強，故與顓頊、黃帝之孫爭位。不周山在西北也。天柱折，地維絕。天傾西北，故日月星辰移焉；傾，高也。原道言地東南傾，傾，下也。此先言傾西北，明其高也。地不滿東南，故水潦塵埃歸焉。天道曰圓，地道曰方。方者主幽，圓者主明。明者吐氣者也，是故火曰外景；○洪頤煊云：大戴禮天圓篇：明者吐氣者也，是故外景；幽者含氣者也，是故內景。故火日外景，而金水內景。張衡靈憲：日譬猶火，月譬猶水，火則外光，水則含景。此本作火日外景，水月內景，兩曰字是俗人所改。幽者含氣者也，是故水曰內景。吐氣者施，含氣者化，是故陽施陰化。天之偏氣，怒者爲風；地之含氣，和者爲雨。○王念孫云：劉本刪去下句天字，而莊本從之。案大戴禮曾子天圓篇：陰陽之氣，偏則風，和則雨。藝文類聚天部下引曾子曰：天地之氣和則雨。是風雨皆天地之氣，豈得以風屬之天，雨屬之地乎？下句當依道藏本作天地，上句當補地字。又案含氣當爲合氣，合、含字相似，又涉上文含氣而誤也。合氣與偏氣正相對，作含則非其指矣。陰陽相薄，感而爲雷，薄，迫也。感，動也。激而爲霆，亂而爲霧。陽氣勝則散而爲雨露，散霧散也。陰氣勝則凝而爲霜雪。毛羽者，飛行之類也，故屬於陽；介鱗者，蟄伏之類也，故屬於陰。日者，陽之主也，是故春夏則羣獸除，除，冬毛微墮也。○陶方琦云：初學記一引許注：除角。按此條乃初學記連正文而引，惟除角二字爲許注也。孫氏問經輯本連正文並引爲許說，非也。然除角當作除毛。日至而麋鹿解。日冬至麋角解，日夏至鹿角解。○陶方琦云：御覽九百四十一引許注：解角。說文麋下云：麋冬至而解其角。

月者，陰之宗也，是以月虛而魚腦減，月死而蠃蛖膲。宗，本也。減，少也。膲，肉不滿。言應陰氣也。膲讀若物醮炒之醮也。○王念孫云：虛當爲虧，字之誤也。（虧字脫去右半，因誤而爲虛，埤雅引此已誤。）月可言盈虧，不可言虛實。太平御覽鱗介部十三引此正作月虧。藝文類聚天部上、御覽天部四引此並作月毀，（蓋許慎本。）毀亦虧也。○陶方琦云：御覽九百四十一引月死而蠃蛖膲作月死而螺蚌𧕻，又引許注：𧕻，減蹴也。按廣雅：𧕻，縮也。縮即減蹴義。通俗文：縮小曰𧕻，蹴不申曰縮朒。說文：縮，一曰蹴也。則減蹴即減縮。○文典謹按：白帖一引月虛亦作月毀。

火上蕁，蕁讀葛覃之覃。水下流，故鳥飛而高，魚動而下。○王念孫云：飛本作動，此後人妄改之也。同一動也，而有高下之殊，故曰鳥動而高，魚動而下，猶睽彖傳言火動而上，澤動而下也。若鳥言飛，則魚當言游矣。太平御覽鱗介部七引此正作鳥動而高。

物類相動，本標相應。標讀刀末之標。

故陽燧見日則燃而爲火，方諸見月則津而爲水。陽燧，金也。取金杯無緣者，熟摩令熱，日中時以當日下，以艾承之，則燃得火也。方諸，陰燧，大蛤也。熟磨令熱，月盛時以向月下，則水生，以銅盤受之，下水數滴，先師說然也。○莊逵吉云：御覽引許昚注云：諸，珠也；方，石也。以銅盤受之，下水數升。又引高誘注同此。知高、許二家注本原別矣。○陶方琦云：華嚴音義引燃作爇。音義及太平廣記一百六十一引許注：陽燧，五石之銅精，圓而仰日則得火。按說文作鐩，云：陽鐩也。周禮攷工輈人謂之鑒鐩之齊，注：鑒鐩，取水火於日月之器也。唐釋輔行記引鄭注論語：金鐩，火鏡也。論衡率性篇：陽燧取火於天，五月丙午日中之時，銷鍊五石，鑄以爲器，摩礪生光，仰以向日，則火來至。參同契：陽燧以取火，非日不生光。衆經音義引：鐩，五石之銅精也，圓以仰日即得火。即許氏淮南注。藝文類聚火部引舊注曰：日高三四丈，持以向日，燥艾承之寸餘，有頃焦，吹之即得火。與今高注義同而文異，或是許注。又華嚴音義上、太平廣記一百六十一、御覽四、事類賦月部、續博物志、藝文類聚引許注：方諸，五石之精，作圓器似杯坏，而向月則得水也。諸，珠也；方，石也。以銅盤受之，下水數升。按高注云以銅槃受之，下水數滴，與御覽所引許注說同，知所云先師說然，先師疑即許氏也。蓋古人尊聞之意（或云高言先師即盧植，以序中曾云從同縣盧君受其句讀。琦謂當是馬融。後漢馬融傳言融有淮南注。高誘之師爲盧植，植之師即爲馬融，知高注本中必多承用馬注，所云先師或即是馬氏也）。說文鑑字下一曰：鑑諸，可以取明水於月。周禮司烜鄭注：鑒，鏡屬，取水者也，世謂之方諸。御覽五十八引淮南萬畢術：方諸取水。注曰：方諸形若杯，無耳，以五石合治，以十二月夜半作之，以承水即來。與許說合。

虎嘯而谷風至，龍舉而景雲屬。虎，土物也。風，木風也。木生於土，故虎嘯而谷風至。龍，水物也。雲生水，故龍舉而景雲屬。屬，會也。○陶方琦云：文選劉孝標廣絕交論注、御覽九百二十九、事類賦風部引許注：虎，陰中陽獸，與風同類。御覽九百二十九又引許注：龍，陽中陰蟲，與雲同類。按御覽引春秋元命苞猛虎嘯谷風起類相動也龍之言萌也陰中之陽也故言龍舉而雲興論衡寒溫篇虎嘯而谷風至龍興而景雲屬同氣共類共相招致管輅別傳曰龍者陽精以潛爲陰幽靈上通和氣感神二物相扶故能興雲虎者陰精而居於陽依木長嘯動於巽林二氣相感故能運風皆與許說合○文典謹按白帖二引作虎嘯而谷風生又按初學記一引高注云虎陽獸與風同類必誤許爲高也

麒麟鬬而日月食○陶方琦云初學記一事類賦一日部引許注騏驎大角之獸故與日月相動御覽四引日月相動作相符又大角事類賦引作一角說文麒仁獸也麕身牛尾一角爾雅麐麕身牛尾一角春秋感精符曰麟一角明海內共一主也公羊疏引許君五經異義曰公羊說云麟者木精一角赤目爲火候亦或引作大角者作一角義是春秋元命包麒麟鬬日無光宋均曰麒麟少陽之精鬬於地則日月亦將爭於上抱朴清鑒日月蝕則識騏驎之共鬬初學記二十九及張華博物志並引作騏驎鬬則日月蝕皆同許注本開元占經引許注本亦作蝕

鯨魚死○陶方琦云一切經音義十九御覽九百三十八引許注鯨海中魚之王也按覽冥訓鯨魚死而彗星出高注云鯨魚大魚長數里死于海邊與許注文異說文作鱷云海大魚也字或从京作鯨一切經音義引注云無海中二字御覽引魏武四時食制曰東海有大魚如山長五六里謂之鯨鯢春秋演孔圖海精鯨魚也薛綜西京賦注海中大魚名鯨當从御覽補海中二字

而彗星出○陶方琦云初學記一引許注彗除舊布新也白帖引作彗所以除舊布新按左昭十七年傳彗所以除舊更新也五行志引作布新劉向洪範五行傳彗除穢布新也覽冥訓高注彗星爲變異人之害也與許注亦異

蠶珥絲而商弦絕蠶老絲成自中徹外覡之如金精珥表裏見故曰珥絲一曰弄絲於口商音清弦細而急故先絕也

賁星墜而勃海決賁星客星也又作孛星墜隕也勃大也決溢也○陶方琦云占經七十四引許注奔星流星也按占經引爲許慎說云云益知二家之本不同也高注云又作孛星孛卽奔字之誤知高云又作乃許本也奔賁古字通

人主之情上通于天○文典謹按御覽九及八百七十六引並作人主之精通於天

故誅暴則多飄風暴虐也飄風迅也

枉法令則多蟲螟食心曰螟穀之災也○陶方琦云占經一百二十引許注穀惡生孽則蟲食心按食心之訓皆本疋義○文典謹按枉法令與上句誅暴文不一律意林引此文枉法令作法苛誅暴法苛正相對成義當從之

殺不辜則國赤地赤地旱也

令不收則多淫雨干時之令不收納則久雨爲災○文典謹按意林引國作多收作時

四時者天之吏也日月者天之使也星辰者天之期也虹蜺彗星者天之忌也期會也雄爲虹雌爲蜺也虹者雜色也忌禁也○文典謹按御覽十四引無彗星二字

天有九野九千九百九十九隅去地五億萬里九野九天之野也一野千

一百一十一隅也○王念孫云開元占經天占篇引此作億五萬里太平御覽地部一引詩含神霧亦云天地相去億五萬里然則億五二字今本誤倒也○文典謹按御覽二引作天有九野九千九百九十里隅去地五萬里

五星八風二十八宿

五星歲星熒惑鎮星太白辰星也八風八卦之風也二十八宿東方角亢氐房心尾箕北方斗牛女虛危室壁西方奎婁胃昴畢觜參南方井鬼柳星張翼軫也○王引之云二十八宿四字及注二十八宿云云皆後人所加也下文於九野五星八風五官六府皆一一釋之而不及二十八宿但於所說九野中附以其星角亢氐云云使有二十八宿四字下文不應不爲解釋且不應以二十八宿併入九野條內使綱目不相當也然則此處原文無二十八宿四字明矣注於牽牛須女婺室東壁觜觽東井輿鬼七星皆省一字稱之文義苟簡決非漢人所爲七星但稱星則無以別於他星牽牛謂之牛婺室謂之室觜觽謂之觜皆文不成義又案下文星分度角十二亢九氐十五房五心五尾十八箕十一四分一斗二十六牽牛八須女十二虛十危十七營室十六東壁九奎十六婁十二胃十四昴十一畢十六觜觿二參九東井三十三輿鬼四柳十五七星七張翼各十八軫十七凡二十八宿也凡二十八宿句亦後人所加此說星之分度非說星之全數也無緣得有此句

五官

五官五行之官六府加以穀

六府

六府加以穀

紫宮太微軒轅咸池四守天阿

皆星名下自解○洪頤煊云下文太微者太一之庭也紫宮者太一之居也軒轅者帝妃之舍也咸池者水魚之囿也天阿者羣神之闕也四宮者所以爲司賞罰高注四宮紫宮軒轅咸池天阿此天阿上不應有四守二字當是衍文涉下四宮而譌○王引之云高注曰皆星名下自解又下文太微者太一之庭也（太一當作五帝說見下）紫宮者太一之居也軒轅者帝妃之舍也咸池者水魚之囿也天阿者羣神之闕也四守者所以司賞罰注曰四守紫宮軒轅咸池天阿據前注則四守亦星名據後注則四守乃總括四星之稱非星名也前後注意迥殊今細繹原文前注是也紫宮太微軒轅咸池四守天阿列其名也太一之庭太一之居帝妃之舍水魚之囿羣神之闕及所以司賞罰則明其職也故前注曰皆星名下自解後注以四守爲紫宮軒轅咸池天阿其不可通有三太微紫宮並舉何以數紫宮而不數太微其不可通一也四守若爲紫宮軒轅咸池天阿之總稱則上文四守二字當刪於紫宮前爲統下之詞或刪於天阿後爲統上之詞其義乃通何以雜廁諸星之間而云紫宮太微軒轅咸池四守天阿邪其不可通二也軒轅帝妃之舍咸池水魚之囿皆與賞罰之事無涉其不可通三也初學記太平御覽並引許愼注曰四守紫宮軒轅咸池天阿也然則此乃許注後人移入高本而前後遂相矛盾矣天阿本作天河後人以天河非星名故改爲天阿也案開元占經甘氏中官占引甘氏曰天阿一星在昴西以察山林之妖變也與天門闕之義無涉且天阿非黃道所經不得言羣神之闕也北堂書鈔太平御覽引此並作天河又引高注曰天河星名闕猶門也（各本脫天河星名四字）又初學記太平御覽引許注以天河爲四守之一是許本亦作天

天河蓋卽北河南河也夾河之南北故總謂之天河天官書曰鉞北北河南南河兩河天闕閒爲關梁開元占經石氏中官占引郗萌曰兩河戍與戉(卽鉞字)俱爲帝闕又占曰兩河戍閒爲天門日月五星常出其門中故曰天河者羣神之闕也高注訓闕爲門正合郗萌之說羣神卽日月五星之神也韓子飾邪篇曰豐隆五行太一王相攝提六神五括天河殷槍歲星所謂天河蓋卽指此天官書曰中官天極星其一明者太一常居也環之匡衞十二星藩臣皆曰紫宮開元占經石氏中官占引春秋合誠圖曰紫微太一之常坐太一在紫宮之中非太微中所有不得言太微太一之庭諸書亦無言太一之庭者此太一者二字蓋因下文太一之居而誤(太平御覽引此已誤)太一之庭當作五帝之庭天官書曰太微匡衞十二星藩臣其內五星五帝坐太平御覽引天官星占曰紫宮太一坐也太微之宮天子之庭五帝之坐也卽此所云太微五帝之庭紫宮太一之居也續漢書天文志注引張衡靈憲曰紫宮爲皇極之居太微爲五帝之廷(廷庭古字通)又其一證矣注內太一天神也亦當爲五帝天神也蓋正文既誤爲太一後人又改注以從之耳

何謂九野。中央曰鈞天。其星角亢氐。韓鄭之分野也○洪頤煊云二十八宿皆隨斗杓所指而言角亢氐離斗杓最近故古法以此三星爲中央天東方曰蒼天。其星房心尾。東北曰變天。其星箕斗牽牛。尾箕一名析木燕之分野斗吳之分野牽牛一名星紀越之分野陽氣始作萬物萌芽故曰變天○俞樾云周易說卦傳艮東北之卦也萬物之所成終而成始也正義曰東北在寅丑之間丑爲前歲之末寅爲後歲之初則是萬物之所成終而所成始也東北變天之義亦取諸此以其居終始之交故以變名高注以萬物萌芽說之尚未盡變字之義北方曰玄天。其星須女虛危營室。虛危一名玄枵齊之分野西北方曰幽天。其星東壁奎婁。幽陰也西方季秋將卽於陰故曰幽天營室東壁一名承委衞之分野奎婁一名降婁魯之分野西方曰顥天。顥白也西方金色白故曰顥天或作昊字莊逵吉云俗本此字皆作昊惟藏本作顥○其星胃昴畢。昴畢一名大梁趙之分野西南方曰朱天。其星觜嶲參東井。觜嶲參一名實沈晉之分野朱陽也西南爲少陽故曰朱天南方曰炎天。○文典謹按文選顏延年夏夜呈從兄散騎車長沙詩注引高注南方五月建午火之中也火性炎上故曰炎天其星輿鬼柳七星。柳七星張周之分野一名鶉火東南方曰陽天。其星張翼軫。東南純乾用事故曰陽天翼軫一名鶉尾楚之分野何謂五星。東方木也。○陶方琦云占經二十三引許注木冒地而生也按說文木字下云冒地而生東方之行與注淮南說同其帝太皞。太皞伏犧氏有天下號也死託祀於東方之帝也○陶方琦云占經二十三引許注天神五帝太皞主東方按時則訓盛德在木高注太皞之神治東方也亦與許說合○文典謹按御覽十九引皞作昊注伏犧作庖犧。其佐句芒，執規而治春。○陶方琦云：占經二十三引許注：規者，圓也。按說文圓字下云：圓者，規也。與淮南注說同。其神爲歲星，其獸蒼龍，其音角，其日甲乙。木色蒼，龍順其色也。角，木也。甲乙皆木也。南方火也，其帝炎帝，炎帝少典子也，以火德王天下，號曰神農，死託祀於南方之帝。其佐朱明，舊說云：祝融。○陶方琦云：占經三十引許本作祝融。按高云舊說即許本也。占經引淮南天文閒詁作其佐祝融，確是許本。執衡而治夏。○陶方琦云：占經三十引許注：衡，平也。按衡義同準。說文：準，平也。○文典謹按：御覽八百六十九引注：衡，平。必是許本。其神爲熒惑，熒惑，五星之一也。其獸朱鳥，朱鳥，朱雀也。其音徵，其日丙丁。徵，火也。丙丁皆火也。中央土也，其帝黃帝，黃帝，少典之子也，以土德王天下，號曰軒轅氏，死託祀於中央之帝。其佐后土，執繩而制四方。○陶方琦云：占經三十八引許注：繩，直也。按下文子午卯酉爲二繩，高注：繩，直。亦同許說。○文典謹按：御覽二十三引，四方下有止字。其神爲鎮星，其獸黃龍，土色黃也。其音宮，其日戊己。宮，土。戊己，土也。○文典謹按：御覽二十三引注作：宮，土也。戊己，土日也。西方金也，其帝少昊，少昊，黃帝之子青陽也，以金德王天下，號曰金天氏，死託祀於西方之帝。其佐蓐收，執矩而治秋。其神爲太白，其獸白虎，其音商，其日庚辛。商，金也。庚辛皆金也。北方水也，其帝顓頊，顓頊，黃帝之孫，以水德王天下，號曰高陽氏，死託祀於北方之帝。其佐玄冥，執權而治冬。其神爲辰星，其獸玄武，其音羽，其日壬癸。羽，水也。壬癸皆水也。太陰在四仲，則歲星行三宿。仲，中也。四中，謂太陰在卯酉子午四面之中也。○陶方琦云：占經二十三引許注：太陰謂太歲也。四仲，子午卯酉也。又假令歲星在卯，星守須女虛危，故曰三宿。按下文太陰在寅爲攝提格，爾雅作太歲在寅曰攝提格，知太陰即太歲。廣雅：太陰，太歲也。本許義。太陰在四鉤，則歲星行二宿。丑鉤辰，申鉤巳，寅鉤亥，未鉤戌，謂太陰在四角。○陶方琦云：占經二十三引許注：四鉤，謂丑寅爲一鉤，辰巳爲一鉤，未申爲一鉤，戌亥爲一鉤。又假令歲陰在寅，歲星在斗牛，故曰二宿也。按即本下文丑寅辰巳未申戌亥爲四鉤說也。二八十六，三四十二，故十二歲而行二十八宿。○錢大昕云：四仲謂子午卯酉也，四鉤謂丑寅辰巳未申戌亥也。太陰在卯，歲星舍須女虛危；太陰在午，歲星舍胃昴畢；太陰在酉，歲星舍柳七星張；太陰在子，歲星舍氐房心：是爲四仲行三宿。太陰在寅，歲星舍斗牽牛；太陰在辰，歲星舍營室東壁；太陰在巳，歲星舍奎婁；太陰在未，歲星舍觜觿參；太陰在申，歲星舍東井輿鬼；太陰在戌，歲星舍翼軫；太陰在亥，歲星舍角亢；太陰在丑，歲星舍尾箕。

是爲四鉤行二宿此在淮南書信而有徵者也漢書天文志晉灼注云太歲在四仲則歲星行三宿太歲在四孟四季則歲星行二宿史記正義引晉灼說亦同本據淮南之文而改太陰爲太歲則失淮南之旨蓋古法太陰與太歲不同太歲與歲星左右行不同而常相應如歲星在星紀則太歲必在子歲星在玄枵則太歲必在丑推之十二辰皆然也今云歲星舍斗牽牛是星紀之次也太歲當在子而郤云在寅歲星舍須女虛危是玄枵之次也太歲當在丑而郤云在卯是淮南所云太陰非即太歲矣如果太歲在寅則歲星當舍營室東壁不當在斗牽牛果太歲在卯則歲星當舍奎婁不當在須女虛危也淮南雖不言太歲而即歲星以見太歲此古人舉一反三之例也太史公天官書多承淮南之文唯改太陰爲歲陰其說歲星晨出之月與淮南常差兩月一舉夏正一用天正似異而實同太史公亦以歲陰紀年如太初元年閼逢攝提格其明證矣自太初改憲以後劉子駿三統術但有推太歲所在法別無言太陰者蓋疇人子弟失其傳已非一日班氏天文志雖承史公之文而改歲陰爲太歲不復言太陰是東漢人已不知太陰太歲之有別矣晉灼晉人宜其仍太陰爲太歲也

日行十二分度之一。歲行三十度十六分度之七。十二歲而周。周徧熒惑常以十月入太微。受制而出行列宿。司無道之國。爲亂爲賊。○陶方琦云占經七十四引許注衆星庶民之象與列宿俱亡中國微滅也按許注即洪範庶民惟星之意。爲疾爲喪。爲饑爲兵。出入無常。辯變其色。時見時匿。此皆所以譴告人君鎮星以甲寅元始建斗。○陶方琦云占經三十八引許注甲寅元始歷起之年也建斗墳星起於斗也按高無注今高本作鎮星歲鎮行一宿。○王念孫云行字因上下文而衍既云歲鎮一宿則無庸更言行開元占經墳星占引此無行字史記天官書亦無當居而弗居。其國亡土。未當居而居之。其國益地。歲熟。日行二十八分度之一。歲行十三度百一十二分度之五。二十八歲而周。鎮星一徧太白元始。以正月建寅。與熒惑晨出東方。○王引之云此本作太白元始以甲寅正月與營室晨出東方甲寅正月者甲寅年之正月也下文太陰元始建於甲寅開元占經墳星占篇引舊注曰甲寅元始曆起之年也大衍曆議引洪範傳曰曆記始於顓頊上元太始閼蒙攝提格之歲畢陬之月朔月己巳立春七曜俱在營室五度閼蒙與閼逢同太歲在甲曰閼逢在寅曰攝提格閼逢攝提格之歲者甲寅之歲也正月爲陬畢陬之月者正月也七曜者日月及太白歲星辰星熒惑鎮星也上元太始閼逢攝提格之歲畢陬之月太白在營室故曰太白元始以甲寅正月與營室晨出東方也天官書說太白曰其紀上元以攝提格之歲與營室晨出東方開元占經太白占篇引甘氏亦曰太白以攝提格之歲正月與營室晨出於東方，皆其明證。後人不審其義，遂改甲寅正月爲正月甲寅，又改營室爲熒惑。不知甲寅者，甲寅年也。若云正月甲寅，則是甲寅日矣。顧玶曆元所起之日爲己巳，非甲寅也，其謬一也。甲寅正月，先年而後月，若云正月甲寅，則不知在何年矣，其謬二也（莊本改甲寅爲建寅，尤非）。太白與營室晨出東方，猶下文歲星與營室東壁晨出東方，皆以所在之宿言之。若云與熒惑晨出東方，則不知在何宿矣，其謬三也。二百四十日而入，入百二十日而夕出西方，二百四十日而入，入三十五日而復出東方，出以辰戌，入以丑未。當出而不出，未當入而入，天下偃兵；當入而不入，當出而不出，天下興兵。○王念孫云：當出而不出已見上文，此當作未當出而出。太白主兵，故當出而不出，未當入而入，則天下偃兵（見上文）；當入而不入，未當出而出，則天下興兵也。史記天官書、漢書天文志及開元占經太白占引石氏星經並云未當出而出，當入而不入，天下起兵，是其證。辰星正四時，常以二月春分効奎婁，○陶方琦云：占經五十三引許注：効，見也。按此許注羼入高注中者，故同。說文効作效，象也。占經又引春秋緯云：辰星春分立卯之月，夕効於奎婁。宋均注：見於奎婁也。亦以見訓効。以五月下以五月夏至効東井輿鬼，以八月秋分効角亢，以十一月冬至効斗牽牛。効，見。出以辰戌，入以丑未，出二旬而入。晨候之東方，夕候之西方。一時不出，其時不和；四時不出，天下大飢。穀不熟爲飢也。○莊逵吉云：飢依高義應作饑，本或作饑。飢，餓也；饑，穀不熟也。兩字訓異。何謂八風？距日冬至四十五日條風至，艮卦之風，一名融，爲笙也。條風至四十五日明庶風至，震卦之風也，爲管也。明庶風至四十五日清明風至，巽卦之風也，爲柷也。清明風至四十五日景風至，離卦之風也，爲弦也。景風至四十五日涼風至，坤卦之風也，爲塤也。涼風至四十五日閶闔風至，兌卦之風也，爲鐘也。閶闔風至四十五日不周風至，乾卦之風也，爲磬也。不周風至四十五日廣莫風至。坎卦之風也，爲鼓也。條風至則出輕繫，去稽留；立春，故出輕繫。明庶風至則正封疆，修田疇；春分播穀，故正疆界，治田疇也。清明風至則出幣帛，使諸侯；立夏長養，布恩惠，故幣帛聘問諸侯也。景風至則爵有位，賞有功；夏至陰氣在下，陽盛於上，象陽布施，故賞有功，封建侯也。○俞樾云：既云有位，又何爵焉？爵有位之文殊不可通，位疑德字之誤。有德有功，相對爲文。草書德字作𢛳，與位相似，故德誤爲位耳白虎通義八風篇正作爵有德封有功可據以訂正○文典謹按文選任彥昇王文憲集序注引作景風至施爵祿賞有功御覽二十三引爵有位作施爵位又引注封建侯也作封建諸侯於文爲順

涼風至，則報地德，祀四郊。立秋節農乃登穀嘗祭故報地德祀四方神也 閶闔風至，則收縣垂，琴瑟不張。秋分殺氣國君憯愴故去鐘磬縣垂之樂也

不周風至，則修宮室，繕邊城。立冬節土工其始故治宮室繕修邊城備寇難也 廣莫風至，則閉關梁，決刑罰。象冬閉藏不通關梁也罰刑疑者於是順時而決之○王念孫云祀四郊本作祀四鄉四鄉四方也越語皇天后土四鄉地主正之韋注曰鄉方也故高注云祀四方神卽月令所謂命主祠祭禽於四方也易通卦驗曰涼風至報土功祀四鄉白虎通義曰涼風至報地德祀四鄉皆其明證也若作四郊則失其義矣且鄉與功張爲韻（功字合韻讀若光）月令神農將持功與昌炔爲韻老子不自伐故有功與明彰長爲韻自伐者無功與行明彰長行爲韻韓子主道篇去賢而有功與明強常爲韻楚辭惜誓惜傷身之無功與狂長爲韻）若作郊則失其韻矣決刑罰本作決罰刑故高注云罰刑疑者於是順時而決之下文曰斷罰刑時則篇曰休罰刑又曰斷罰刑皆其證也太平御覽時序部十二引此亦作斷罰刑刑與城爲韻若作刑罰則失其韻矣

何謂五官？東方爲田，南方爲司馬，西方爲理，北方爲司空，中央爲都。田主農司馬主兵理主獄司空主土都爲四方最也○俞樾云都上疑脫官字官都者官之都也都總也蓋以二字爲官名管子問篇曰問五官有度制官都其有常斷今事之稽也何待此五官有官都之墻證又揆度篇云自言能爲司馬不能爲司馬者殺其身以釁其鼓自言能治田土不能治田土者殺其身以釁其社自言能爲官不能爲官者劓以爲門父故無敢姦能誣祿至於君者矣故相任寅爲官都按司馬及治田土卽此東方南方之官也然則官都亦卽此五官之一矣

何謂六府？子午、丑未、寅申、卯酉、辰戌、巳亥是也。太微者，太一之庭也。太微星名也太一天神也○俞樾云下文曰紫宮者太一之居也然則太一自在紫宮不在太微此太一乃天子二字之誤太平御覽引天官星占曰紫宮太一坐也太微之宮天子之庭五帝之坐也是其明證○文典謹按俞說近墻文選江文通雜體詩三十首顏特進詩注引太一作天一足攷天子誤作太一之跡 紫宮者，太一之居也。軒轅者，帝妃之舍也。○文典謹按文選月賦注引高注軒轅星名齊敬皇后哀策文注引作軒轅星也知舊有此注而今本脫之也 咸池者，水魚之囿也。咸池星名水魚天神○文典謹按魚本作衡字之誤也衡古作奐與魚形近而譌水衡上林之官故天上亦有水衡之神也北堂書鈔百五十引此文正作咸池水衡之囿 天阿者，羣神之闕也。闕猶門也○俞樾云高注曰闕猶門也然開元占經甘氏中官占引

甘氏曰天阿一星在昴西以察山林之妖變也則非門闕之謂北堂書鈔太平御覽引此並作天河然天河非星也偏考書傳無以天河爲星名者今按天河當作兩河史記天官書曰鉞北北河南南河兩河天闕是其證也天字篆文作兲與兩字相似故兩誤爲天矣○文典謹按北堂書鈔百五十引作天河羣臣之闕又引注云天河星名也

四宮者。所以爲司賞罰。四宮紫宮軒轅咸池天阿○陶方琦云初學記一御覽六引許注四守紫宮軒轅咸池天河也按王氏淮南雜志曰上文紫宮太微軒轅咸池四守天阿高注曰皆星名下自解此作四守乃統指之詞前後不應矛盾若此蓋後人以許注羼入高注中遂至於此王說是也今高本四宮乃四守之誤天阿當作天河（韓非子天河何犿隨志天高西一星名天河）今北堂書鈔及御覽引高注曰天河星名知阿乃河之譌文

太微者。主朱雀。主猶典也○陶方琦云占經六十六引許注朱鳥太微之鄉按上文其獸朱鳥高注朱鳥朱雀也似本文當作朱鳥

紫宮執斗而左旋。日行一度。以周於天。日冬至峻狠之山。南極之山○陶方琦云占經六十七引許注駿狠之山冬至所止也按玉篇引作日冬至入駿峎之山蓋許本也

日移一度。凡行百八十二度八分度之五。而夏至牛首之山。牛首北極之山○陶方琦云占經六十七引許注牛首之山夏至所止也按中山經又北三十里曰牛首之山郭注今長安西南有牛首山太平寰宇記神山縣黑山一名牛首

反覆三百六十五度四分度之一。而成一歲。天一元始。○陶方琦云占經五引許注天一元始初有日月五星之時也錢塘曰天一當作太一天一太一紀歲人正俱建寅知非天一者顓頊曆上元歲甲寅正月七曜俱在營室如下所言也若太陰甲寅太歲實在丙子歲星當在星紀何得至營室

正月建寅。日月俱入營室五度。○陶方琦云占經五引許注日月如連璧五星若貫珠皆右行按尚書中候云日月若連璧五星如編珠許注本此

天一以始建七十六歲。日月復以正月。入營室五度。無餘分。○陶方琦云占經五引許注餘分小分也按或引占經引淮南許注作餘分小餘也當作小分是

名曰一紀。凡二十紀一千五百二十歲大終。日月星辰復始甲寅元。○王引之云大終下當有三終二字下文曰一終而建甲戌二終而建甲午三終而復得甲寅之元蓋一終而建甲戌積千五百二十歲二終而建甲午積三千四十歲三終而復得甲寅之元積四千五百六十歲（劉績謂每終二十年三終共六十年大誤）故曰千五百二十歲大終（句）三終日月星辰復始甲寅之元也千五百二十歲一終但至甲戌不得復始甲寅之元故知脫三終二字也日月五星起於營室乃顓頊曆元（見太歲攷）開元占經古今曆積篇曰黃帝曆元法四千五百六十顓頊曆同則顓頊曆以四千五百六十歲爲一元若非三終不得有此

數矣。漢書律曆志曰：三終而與元終。續漢志曰：三終歲復。復齊。龍爲元。是其例也。開元占經日占篇引此已脫三終二字。日行一度，而歲有奇四分度之一。○王引之云：日行一度，本作日行危一度。後人刪去危字耳。日行危一度，而歲有奇四分度之一者，言每歲日行至危之一度而有四分一之奇零也。蓋四分度之一微茫難辨，其所在本無定處，推步者視周天之度起於何宿，則附餘數於度所止之宿。如殷曆以冬至日躔起度，則度起牽牛，而以四分度之一附於斗，開元占經北方七宿占篇引石氏曰：斗二十六度四分度之一，是也。斗、牽牛爲星紀，度起星紀，則以四分度之一附於析木，下文曰星分度箕十一四分一，是也（尾、箕，析木也）。顓頊曆以立春日躔起度，則度起營室，而以四分度之一附於危，即此所云日行危一度而歲有奇四分度之一，是也。廣雅說七耀行道曰：日月五星行黃道，始營室、東壁，又曰行須女、虛、危，復至營室，是度起營室而止於危，月令所謂日窮于次也。故以四分度之一附於危焉。危不止一度，而獨附於一度者，星度多少古今不同，唯第一度不異，故附於此耳。開元占經日占篇引此正作日行危一度，又引注曰：危，北方宿也，則有危字明矣。若如今本作日行一度，則所謂四分度之一者，不知附於何宿矣。甚矣其不可通也。故四歲而積千四百六十一日而復合，故舍八十歲而復故曰。○黃楨云：曰當作日。一歲凡三百六十五日四分日之一，八十歲計有四百八十七甲子，而餘分皆盡，仍復故日干支也。子午、卯酉爲二繩，繩，直也。丑寅、辰巳、未申、戌亥爲四鉤。東北爲報德之維也，報，復也。陰氣極於北方，陽氣發於東方，自陰復陽，故曰報德之維。四角爲維也。西南爲背陽之維，西南已過陽，陽將復陰，故曰背陽之維。東南爲常羊之維，常羊，不進不退之貌。東南純陽用事，不盛不衰，常如此，故曰常羊之維。○莊逵吉云：常羊即相羊，亦即倘佯。漢書吳王濞傳又作方洋，司馬相如上林賦又作襄羊，皆是也。亦古字通用。西北爲蹏通之維。西北純陰，陽氣閉結，陽氣將萌，蹏始通之，故曰蹏通之維。○莊逵吉云：蹏各本皆作蹏，疑藏本誤。日冬至則斗北中繩，陰氣極，陽氣萌，故曰冬至爲德。德，始生也。日夏至則斗南中繩，陽氣極，陰氣萌，故曰夏至爲刑。刑，始殺也。陰氣極則北至北極，下至黃泉，故不可以鑿地穿井。○王念孫云：太平御覽地部三十二池下引此作鑿池穿井，於義爲長。萬物閉藏，蟄蟲首穴，故曰德在室。陽氣極則南至南極，上至朱天，故不可以夷丘上屋。○陶方琦云：占經五引許注：夷，平也。按說文：夷，平也。與注淮南同。萬物蕃息，五穀兆長，故曰德在野。日冬至則水從之，日夏至則火從之，故五月火正而水漏。

火正，火王也，故水滲漏。一說，火星正中，地漏濕也。十一月水正而陰勝。水正，水王也，故陰勝也。一說營室正中于南方。○俞樾云：此文有錯誤，冬至水王，夏至火王，豈得但曰水從之，火從之一也。火正與水漏有二義，水正與陰勝則止一義耳，兩文不稱，二也。且連下文讀之，曰陽氣爲火，陰氣爲水，水勝故夏至溼，火勝故冬至燥，夫冬至水從之，夏至火從之，則夏至何以溼，冬至何以燥乎，前後不相應，三也。今按日冬至則水從之，日夏至則火從之，水火二字當互易。冬至一陽生，故日冬至而火從之也。夏至一陰生，故日夏至而水從之也。五月火生而水漏，正說夏至水從之之義，言五月火方用事而水氣已滲漏也。十一月水正而陰勝，陰乃火字之誤，勝字當讀爲升，勝升古通用，謂十一月水方用事而火氣已上升也，正說冬至火從之之義。如此則與下文一貫矣。陽氣爲火，陰氣爲水。水勝，故夏至溼；火勝，故冬至燥。燥故炭輕，溼故炭重。○文典謹按：白帖十六引作「水勝故夏至濕，火勝則冬至燥，燥則輕，濕則重，故先冬至夏至懸土炭於衡，各一端，今適停，冬至陽氣至則炭仰而鐵低，夏至則炭低而鐵仰也」。「故先冬至夏至」以下疑是注語，而今本脫之也。日冬至，井水盛，盆水溢，羊脫毛，麋角解，鵲始巢。八尺之修，日中而景丈三尺。日夏至而流黃澤，石精出。流黃，土之精也。陰氣作於下，故流澤而出也。石精，五色之精也。○文典謹按：御覽九百八十七引出作氣。蟬始鳴，半夏生。半夏，藥草。蟁䖟不食駒犢，鷙鳥不搏黃口。五月微陰在下，駒犢黃口肌血脆弱未成，故蟁䖟鷙鳥應陰不食不搏也。八尺之景，修徑尺五寸。○文典謹按：藝文類聚三引作「八尺之表，景修尺五寸」。景修則陰氣勝，景短則陽氣勝。陰氣勝則爲水，陽氣勝則爲旱。陰陽刑德有七舍。何謂七舍？室、堂、庭、門、巷、術、野。十二月德居室三十日，○王念孫云：十二月當爲十一月。上文云「冬至德在室」是也。○黃楨云：十二月當作十一月。上文云「陰氣極，陽氣萌，故曰冬至爲德」，又曰「萬物閉藏，蟄蟲首穴，故曰德在室」。冬至爲十一月中氣，則此十一月無疑也。先日至十五日，後日至十五日，而徙所居各三十日。德在室則刑在野，德在堂則刑在術，德在庭則刑在巷，陰陽相德，則刑德合門。八月、二月，陰陽氣均，日夜分平，故曰刑德合門。德南則生，刑南則殺，故曰二月會而萬物生，八月會而草木死。兩維之間，九十一度十六分度之五而升，自東北至東南爲兩維，帀四維三百六十五度四分度之一，一度者二千九百三十二里千四百六十一分里之三百四十八。日行一度。十五日爲一節，以生二十四時之變。○王念孫云：九十一度十六分度之五作一句讀，其高注自東北至東南云云，本在十六分度之五下，道藏本誤入九十一度下，度下又衍也字，遂致隔斷上下文義。劉績本刪去也字，是也。乃又移高注於下文而升二字之下，而莊本從之，則其謬益甚矣。升當爲斗字之誤也。（隸書斗字作什，形與升相似，傳寫往往譌溷。）而斗日行一度作一句讀，言斗柄左旋，日行一度，而以十五日爲一節也。上文云紫宮執斗而左旋，日行一度，以周於天。下文云斗指子則冬至，加十五日指癸則小寒，皆其明證也。斗指子，則冬至，音比黃鐘。黃鐘，十一月也。鐘者，聚也。陽氣聚於黃泉之下也。加十五日指癸，則小寒，音比應鐘。應鐘，十月也。陰應於陽，轉成其功，萬物應時聚藏，故曰應鐘。加十五日指丑，則大寒，音比無射。無射，九月也。陰氣上升，陽氣下降，萬物隨陽而藏，無有射出見也，故曰無射。加十五日指報德之維，則越陰在地。故曰距日冬至四十六日而立春，陽氣凍解，音比南呂。南呂，八月也。南，任也。言陽氣內藏，陰侶於陽，任成其功，故曰南呂也。○王引之云：陽氣凍解，文不成義，當作陽凍解。陽凍，地上之凍也。陰凍，地中之凍也。立春之日，地上之凍先解，故曰陽凍解。管子臣乘馬篇曰：日至六十日而陽凍釋，七十日而陰凍釋，是也。今本陽下有氣字，因注內陽氣而衍。加十五日指寅，則雨水，音比夷則。夷則，七月也。夷，傷；則，法也。陽衰陰發，萬物彫傷，應法成性，故曰夷則也。加十五日指甲，則雷驚蟄，音比林鐘。林鐘，六月也。林，衆；鐘，聚也。陽極陰生，萬物衆聚而盛，故曰林鐘。加十五日指卯中繩，故曰春分則雷行，音比蕤賓。蕤賓，五月也。陰氣萎蕤在下，似主人；陽在上，似賓客，故曰蕤賓也。加十五日指乙，則清明風至，音比仲呂。仲呂，四月也。陽在外，陰在中，所以呂中於陽，助成功也，故曰仲呂也。加十五日指辰，則穀雨，音比姑洗。姑洗，三月也。姑，故也。洗，新也。陽氣養生，去故就新，故曰姑洗也。加十五日指常羊之維，則春分盡，故曰有四十六日而立夏。○黃楨云：凡言四十六日，舉成數言之。其實四十五日又三十二分日之二十一。大風濟，濟，止。音比夾鐘。夾鐘，二月也。夾，夾也。萬物去陰夾陽，地而生，故曰夾鐘也。○文典謹按：注夾夾也義不可通，疑當作夾莢也。下文云：夾鐘者，種始莢也。是其證。又按：御覽二十三引注無地字。加十五日指巳，則小滿，○文典謹按：御覽二十三引注：滿，冒也。音比太蔟。太蔟，正月也。蔟，蔟也。陰衰陽發，萬物蔟地而生，故曰太蔟。○文典謹按：御覽二十三引注正月下有律字。加十五日指丙，則芒種，音比大呂。大呂，十二月也。呂，侶也。萬物萌動於下，未能達見，故曰大呂，所以配黃鍾，助陽宣功也。加十五日指午則陽氣極，故曰有四十六日而夏至，音比黃鍾。加十五日指丁。○文典謹按：御覽二十三引注云：斗杓指丁。則小暑，音比大呂。加十五日指未則大暑，音比太蔟。加十五日指背陽之維，則夏分盡。○文典謹按：御覽二十三引背陽之維上有庚字，夏分作夏節。故曰有四十六日而立秋，涼風至，音比夾鍾。加十五日指申則處暑，音比姑洗。加十五日指庚則白露降，音比仲呂。加十五日指酉中繩，故曰秋分雷戒，蟄蟲北鄉。○王念孫云：戒當爲臧字之誤也。臧，古藏字。秋分雷藏，與上文春分雷行相應。時則篇云：八月雷不藏，是其證也。且臧與鄉爲韻，若作戒，則失其韻矣。臧字古皆作臧，故說文無藏字。今書傳中作藏者多，作臧者少，大抵皆後人所改也。此臧字若不誤爲戒，則後人亦必改爲藏矣。音比蕤賓。加十五日指辛則寒露，音比林鍾。加十五日指戌則霜降，音比夷則。加十五日指蹏通之維，則秋分盡，故曰有四十六日而立冬，草木畢死，音比南呂。加十五日指亥則小雪，音比無射。加十五日指壬則大雪，音比應鍾。○王引之云：冬至音比黃鍾，當爲音比應鍾，下當云小寒音比無射，大寒音比南呂，立春音比夷則，雨水音比林鍾，驚蟄音比蕤賓，春分音比仲呂，清明音比姑洗，穀雨音比夾鍾，立夏音比太蔟，小滿音比大呂，芒種音比黃鍾。其日冬至音比林鍾，亦當爲音比應鍾。蓋音以數少者爲清，數多者爲濁，冬至以後逆推十二律，由清而濁；夏至以後順推十二律，由濁而清。冬至應鍾，其數四十二，爲最清。小寒無射，其數四十五，則濁於應鍾矣。大寒南呂，其數四十八，則又濁於無射矣。立春夷則，其數五十一，則又濁於南呂矣。雨水林鍾，其數五十四，則又濁於夷則矣。驚蟄蕤賓，其數五十七，則又濁於林鍾矣。春分仲呂，其數六十，則又濁於蕤賓矣。清明姑洗，其數六十四，則又濁於仲呂矣。穀雨夾鍾，其數六十八，則又濁於姑洗矣。立夏太蔟，其數七十二，則又濁於夾鍾矣。小滿大呂，其數七十六，則又濁於太蔟矣。芒種黃鍾，其數八十一，則最濁矣。故曰日冬至音比應鍾，浸以濁也。夏至以後與此相反，故曰日夏至音比黃鍾，浸以清也。夏至音比黃鍾，爲音之最濁者，則冬至之音當爲最清者。最清者非應鍾而何？後人但知月令仲冬律中黃鍾之文，遂改冬至音比應鍾爲音比黃鍾，而移應鍾於小寒，且並無射以下遞移其次（高注亦遞移），而不知月令所言者十二月之律，此所言者二十四時之律，本不相同也。至改日冬至音比應鍾爲音比林鍾，則謬益甚矣（宋書律志引此已誤）。又案驚蟄本在雨水前，穀雨本在清明前，今本驚蟄在雨水後，穀雨在清明後者，後人以今之節氣改之也。漢書律曆恐曰諏訾中驚蟄今日雨水降婁初雨水今曰驚蟄大梁初穀雨今曰清明中清明今曰穀雨是漢初驚蟄在雨水前穀雨在清明前也桓五年左傳正義引釋例曰漢太初以後更改氣名以雨水爲正月中驚蟄爲二月節月令正義引劉歆三統曆雨水正月中驚蟄二月節又引易通卦驗清明三月節穀雨三月中藝文類聚歲時部上引孝經緯曰斗指寅爲雨水指甲爲驚蟄指乙爲清明指辰爲穀雨三書皆出太初以後故氣名更改（三統曆與緯書皆出西漢末）不應淮南王書先已如是其爲後人所改明矣（逸周書周月篇春三月中氣驚蟄春分清明今本作雨水春分穀雨時訓篇驚蟄雨水穀雨清明今本雨水在驚蟄前清明在穀雨前皆後人所改辯見盧氏紹弓校定本）日知錄謂淮南子巳先雨水後驚蟄失之加十五日指子故曰陽生於子陰生於午陽生於子故十一月日冬至鵲始加巢人氣鍾首陰生於午故五月爲小刑薺麥亭歷枯冬生草木必死斗杓爲小歲斗第一星至第四爲魁第五至第七爲杓正月建寅月從左行十二辰○陶方琦云文選謝莊月賦注引許注歷十二辰而行占經六十七引作越歷十二辰而行按說文歲字下越歷二十八宿越字應增咸池爲太歲○錢曉徵答問云問淮南以咸池爲太歲與它書所言太歲異何故曰淮南書云斗杓爲小歲咸池爲大歲大時者咸池也小時者月建也皆以大小相對初未嘗指咸池爲太歲其作太歲者乃後人轉寫之譌吳斗南兩漢刊誤謂淮南不名天一爲太歲又自以咸池名之則南宋本巳誤矣○王念孫云錢說是也二月建卯月從右行四仲終而復始太歲迎者辱背者強左者衰右者昌小歲東南則生西北則殺不可迎也而可背也不可左也而可右也其此之謂也大時者咸池也小時者月建也天維建元常以寅始起右徙一歲而移十二歲而大周天終而復始○王引之云起字上當有脫文蓋言甲寅之年歲星在娵訾之次（營室東壁也詳見下條）是歲星所起也起與二始字二子字韻也（二子字見下文）必言歲星所起者太歲與歲星相應而行故言太歲建元必以歲星也漢書律曆志曰木金相乘爲十二是爲歲星小周小周乘巛策爲一千七百二十八是爲歲星歲數鄭注周官保章氏曰歲星爲陽右行於天太歲爲陰左行於地十二歲而小周馮相氏疏曰太歲在地與天上歲星相應而行歲星爲陽右行於天一歲移一辰又分前辰爲一百四十四分而侵一分則一百四十四年跳一辰十二辰帀則總有千七百二十八年十二跳辰帀以此而計之十二歲一小周謂一年移一辰故也千七百二十八年一大周十二跳帀故也歲左行於地一與歲星跳辰年數同（以上賈疏）然則右徙周天皆謂歲星若建寅之太歲左行於地不得謂之右徙周

天矣起字之上有脫文無疑周天上本無大字後人加之也歲星十二歲而小周天不得謂之大周淮南王時未有歲星超辰之說亦無大周小周之分上文曰歲星歲行三十度十六分度之七(句)十二歲而周無大字

淮南元年冬，太一在丙子，

淮南王作書之元年也一曰淮南王長孝文皇帝異母弟也僭號自稱東帝以徙嚴道道死子雖其四子皆爲列侯時人歌之曰一尺繒好童童一斗粟飽蓬蓬兄弟二人不能相容文帝聞之曰以我爲利其土耶皆召四侯而王之是則淮南王安即位之元年以紀時也○王引之云太一乃北極之神與紀歲無涉太一當作天一此因天字脫去上畫後人又加點於下耳廣雅曰天一太歲也漢元封七年太歲在丙子上推至文帝十六年(下距元封七年凡六十年)爲淮南王安始封之年太歲亦當在丙子故曰天一在丙子也古者天一太歲太陰名異而實同詳見太歲攷○洪頤煊云漢書淮南王傳文帝十六年乃徙阜陵侯安爲淮南王是年歲在丁丑而云太一在丙子者據冬至在年前立算從冬至甲午距立春四十三日而得丙子以節氣盈縮故下文云曰冬至子午夏至卯酉壬午冬至甲子受制木用事亦四十三日而得立春也

冬至甲午，立春丙子。

○王引之云潛研堂文集曰淮南天文訓冬至甲午立春丙子必有譌蓋冬至與立春相去四十五日有奇古今不易自甲午訖丙子僅四十三日此理之所必無者以術推之是年冬至蓋己酉日立春則甲午日耳案錢說非也下文日冬至子午夏至卯酉冬至加三日則夏至之日也歲遷六日終而復始高注曰遷六日今年以子冬至後年以午冬至也則冬至之日非子即午明矣下文壬午冬至甲子受制謂立春也與此冬至甲午立春丙子其法正同不得以甲午爲己酉之譌也立春丙子與上文始起始子爲韻若作立春甲午則失其韻矣冬至甲午至立春丙子四十三日與後人曆法不同者古法多疏故也下文壬午冬至甲子受制亦四十三日以是明之○黃楨云甲午字有誤依顓頊壬申蔀推之當得庚寅日酉初冬至丙子日辰未立春篇首以顓頊原起案漢書言漢興襲用秦正朔以北平侯張蒼言用顓頊曆史記又言張蒼爲淮南厲王相則此用顓頊曆可知也

二陰一陽成氣二，二陽一陰成氣三。

陰爲犄故得氣少陽精微故得氣多一說上得二下得三合爲五故曰合氣而爲音音數五也○王引之云二陰當作一陰一陰一陽所以成氣二也高注曰陰爲犄故得氣少陽精微故得氣多正以一陰與一陰爲二一陽與二陽爲三陰數少而陽數多也續漢書天文志引律術曰陽性動陰性靜動者數三靜者數二是也二陰而分言之則各爲一陰陽矣○俞樾云陽之數以三而奇陰之數以二而偶所謂參天兩地也周書武順篇曰男生而成三女生而成兩是其義也二陰一陽則二二如四一三如三其數七除五生數則得成數二所謂二陰一陽成氣二也二陽一陰則二三如六一二如二其數八除五生數則得成數三所謂二陽一陰成氣三也高注未得其解此陰陽之數即易少陽少陰之數一說詳羣經平議

合氣而爲音，合陰而爲陽，合陽而爲律。故

曰五音六律。音自倍而爲日。律自倍而爲辰。故日十而辰十二。月日行十三度七十六分度之二十六。六或作八。〇黃楨云。作八是也。七十六分度之二十八。即十九分度之七也。作六字誤。二十九日。九百四十分日之四百九十九。而爲月。而以十二月爲歲。歲有餘十日。九百四十分日之八百二十七。故十九歲而七閏。日冬至子午。夏至卯酉。冬至加三日。則夏至之日也。冬至後三日。則明年夏至之日。歲遷六日。終而復始。遷六日。今年以子冬至。後年以午冬至也。壬午冬至。甲子受制。木用事。火煙青。木色青也。東方。七十二日。丙子受制。火用事。火煙赤。火色赤也。南方。七十二日。戊子受制。土用事。火煙黃。土中央。其色黃。七十二日。庚子受制。金用事。火煙白。西方金。其色白。七十二日。壬子受制。水用事。火煙黑。北方水。其色黑。七十二日而歲終。庚子受制。歲遷六日。以數推之。七十歲而復至甲子。〇王引之云。上文言壬午冬至。甲子受制。由甲子受制。以歲遷六日推之。一日乙丑。二日丙寅。三日丁卯。四日戊辰。五日己巳。六日庚午。則當作庚午受制。今本作庚子。涉上文庚子而誤也。由甲子受制。每歲以遷六日推之。至十歲。而六十甲子終而復始。則當作十歲而復至甲子。今本十上有七字。涉上文七十二日而衍也。甲子受制。則行柔惠。挺羣禁。開闔扇。通障塞。毋伐木。甲木也。木王東方。故施柔惠。蟄伏之類出由戶。故開闔扇。通障塞。春木王。故毋伐木也。丙子受制。則舉賢良。賞有功。立封侯。出貨財。火用事。象陽明。識功勢。故封建侯。出貨財。戊子受制。則養老鰥寡。行粰鬻。施恩澤。土用事。象土長養。牧施恩澤也。〇王念孫云。養老鰥寡。當作養長老。存鰥寡。今本脫長存二字。則句法與上下文不協。時則篇曰。季夏存視長老。行稃鬻。仲秋養長老。行稃鬻飲食。春秋繁露治水五行篇曰。土用事。則養長老。存幼孤。矜寡獨。施恩澤。開元占經填星占篇引巫咸曰。填星受制。則養老（蓋脫長字）存鰥寡。行饘粥。施恩澤。皆其證。庚子受制。則繕牆垣。修城郭。審羣禁。飾兵甲。儆百官。誅不法。金用事。象金斷割。故誅不如法度也。壬子受制。則閉門閭。大搜客。禁搜客。出新客。斷刑罰。殺當罪。息關梁。禁外徙。水用事。象冬閉固。故禁外徙也。甲子氣燥濁。丙子氣燥陽。戊子氣溼濁。庚子氣燥寒。壬子氣清寒。丙子干甲子。蟄蟲早出。

（木氣溫，故早出。）故雷早行。戊子干甲子，胎夭卵毈，鳥蟲多傷。庚子干甲子，有兵。壬子干甲子，春有霜。戊子干丙子，霆。庚子干丙子，夷。（夷，傷也。夷或爲雹。）壬子干丙子，雹。甲子干丙子，地動。庚子干戊子，五穀有殃。壬子干戊子，夏寒雨霜。甲子干戊子，介蟲不爲。（不成爲介蟲也。○莊逵吉云：爲讀如譌，書平秩南譌，譌，化也，亦古字通用。高義未晰。）丙子干戊子，大旱，苽封熯。（苽，蔣草也，生水上，相連特大如薄者也，名曰封。旱燥，故熯也。）壬子干庚子，大剛，魚不爲。（不成爲魚。○王引之云：大剛二字，義不可通。大字蓋因上文大旱而衍，剛當爲則，字之誤也。則魚不爲四字連讀（高注：不成爲魚）。春秋繁露治亂五行篇曰：水干金，則魚不爲。是其證。）甲子干庚子，草木再死再生。丙子干庚子，草木復榮。（今八月九月時，李柰復榮生實是也。）戊子干庚子，歲或存或亡。甲子干壬子，冬乃不藏。（地氣發也。）丙子干壬子，星隊。（隊，隕。）戊子干壬子，蟄蟲冬出其鄉。庚子干壬子，冬雷其鄉。季春三月，豐隆乃出，以將其雨。（豐隆，雷也。）至秋三月，（季秋之月。）地氣不藏，乃收其殺，百蟲蟄伏，靜居閉戶。（殺氣。）青女乃出，以降霜雪。（青女，天神，青霄玉女，主霜雪也。○文典謹按：北堂書鈔百五十四、初學記二引並無雪字。）行十二時之氣，以至于仲春二月之夕，乃收其藏而閉其寒。（收斂其所藏而閉之。○王念孫云：太平御覽時序部四引此本作乃布收其藏而閉其寒，引高注本作收斂其所藏而出布之，閉其寒，令不得發泄。後人既不解布收二字之義，而削去布字，又刪改高注以滅其迹，甚矣其妄也。又案：布收其藏者，布讀爲敷，周頌賚篇箋云：敷，猶徧也。言徧收其藏而閉其寒也。上文云：至秋三月，地氣下藏，百蟲蟄伏，故此言仲春之夕，乃布收其藏而閉其寒。布字在收其藏之上，本謂徧收其藏，非謂收其所藏出布之也。高氏誤解布字，後人求其說而不得，遂以布爲衍文而削之矣。○俞樾云：高注曰收斂其所藏而閉之。然二月非收斂之時，義不可通。太平御覽時序部引作乃布收其藏而閉其寒，引高注作收斂其所藏而出布之，是今本脫布字。然布收連文，義亦未安。收疑敓字之誤。尚書洛誥篇乃惟孺子頒，說文支部作乃惟孺子敓，是布敓即布頒也。上文云：至秋三月，地氣下藏，故至二月乃布頒之也。高氏據誤本作注，後人以布收異義，不得連文，遂以布爲衍字而削之矣。）女夷鼓歌，以司天和，以長百穀禽鳥草木。（女夷，主春夏長養之神也。○王念孫云：禽鳥當爲禽獸。藝文類聚歲時部上引作以養百穀禽獸草木，太平御覽時序部四、百穀部一並引作以長百穀禽獸草木。）

是其證

孟夏之月以熟穀禾雄鳩長鳴爲帝候歲雄鳩布穀也○文典謹按御覽九百二十一引禾作米注雄鳩下有蓋字是故天不發其陰則萬物不生地不發其陽則萬物不成天圓地方道在中央日爲德月爲刑月歸而萬物死日至而萬物生遠山則山氣藏遠水則水蟲蟄遠木則木葉槁日五日不見失其位也聖人不與也與猶說也日出于暘谷○文典謹按文選潘安仁西征賦旦似湯谷夕類虞淵注張景陽雜詩十首朝霞迎白日丹氣臨湯谷注引暘谷並作湯谷又史記五帝本紀索隱引亦作湯谷云史記舊本作湯谷今並依尚書字浴于咸池拂于扶桑是謂晨明拂猶過一曰至登于扶桑○文典謹按藝文類聚一初學記天部上御覽三引並作登於扶桑之上初學記御覽並引注云扶桑東方之野爰始將行是謂朏明朏明將明也朏讀若朏諾皋之朏也○文典謹按初學記御覽引朏下並有舊注云音斐至于曲阿○文典謹按初學記御覽並有注云曲阿山名是謂旦明平旦○文典謹按藝文類聚初學記御覽引旦並作朝北堂書鈔百四十九引注云旦明平旦也曲阿所由明也至于曾泉是謂蚤食○文典謹按藝文類聚初學記御覽引並作臨于曾泉初學記御覽並有注云曾重也早食時在東方多水之地故曰曾泉書鈔引注云曾源也至于桑野○文典謹按藝文類聚初學記御覽引並作次於桑野是謂晏食至于衡陽○文典謹按藝文類聚初學記御覽引並作臻于衡陽是謂隅中○文典謹按藝文類聚初學記御覽引隅並作禺至于昆吾是謂正中昆吾邱在南方○文典謹按藝文類聚初學記御覽引並作對于昆吾至于鳥次是謂小還鳥次西南之山名也鳥所宿止○文典謹按藝文類聚初學記御覽引並作靡於鳥次至于悲谷是謂餔時悲谷西南方之大壑言其深峻臨其上令人悲思故曰悲谷○文典謹按藝文類聚初學記御覽引餔並作晡至于女紀是謂大還女紀西北陰地○王念孫云小還大還當爲小遷大遷字之誤也遷之爲言西也日至昆吾謂之正中至鳥次則小西矣故謂之小遷至女紀則大西矣故謂之大遷漢書律曆志曰少陰者西方西遷也陰氣遷落物白虎通義曰西方者遷方也萬物遷落也是遷與西同義若作小還大還則義不可通矣舊本北堂書鈔天部一及藝文類聚初學記天部上太平御覽天部三引此並作小遷大遷○文典謹按藝文類聚初學記御覽引並作廻于女紀至于淵虞是謂高春淵虞地名高春時加戌民碓春時也○王念孫云淵虞當作淵隅淵隅虞聲相亂又涉下文虞淵而誤也桓五年公羊傳疏舊本北堂書鈔及藝文類聚初學記太平御覽引此並作淵隅楚辭

天問補注引此亦作淵隅則南宋本尚不誤○文典謹按至于藝文類聚初學記御覽引並作經于初學記引注云言尚未冥上蒙先春曰高春至于連石是爲下舂連石西北山言將欲
冥下象息舂故曰下舂連讀腐爛之爛○文典謹按藝文類聚初學記御覽引並作頓于連石至于悲泉爰止其女爰息其馬是謂縣車○文典謹按初學記御覽引此
四句作爰止羲和爰息六螭是謂懸車初學記引注云日乘車駕以六龍羲和御之日至此而薄于虞泉羲和至此而迴六螭御覽引注多卽六龍也四字書鈔馬作武至于虞淵○文典謹按藝文類
聚初學記御覽引並作薄於虞泉是謂黃昏○文典謹按文選琴賦注引高注視物黃也至于蒙谷是謂定昏蒙谷北方之山名也盧敖所見若士之所也○莊逵吉云御覽
作淪于蒙谷蒙谷卽尚書昧谷蒙昧聲相通○王念孫云至本作淪此涉上文諸至字而誤也淪入也沒也淪於蒙谷與上出於扶桑相對舊本北堂書鈔及藝文類聚初學記太平御覽引此並作淪楚辭補注
同○文典謹按北堂書鈔引注作蒙谷北極山之名也日入于虞淵之汜曙于蒙谷之浦曙明浦涯○文典謹按初學記引作日入崦嵫經於細柳入虞泉之池曙於蒙谷之
浦日西垂景在樹端謂之桑榆又引注嵫音茲亦曰落棠山細柳西方之野蒙谷濛汜之水桑榆言其光在桑榆樹上御覽引嵫作滋經於細柳作經細柳餘同白帖一引作入於虞泉行九州七舍
有五億萬七千三百九里自陽谷至虞淵凡十六所爲九州七舍也禹以爲朝晝昏夜○王念孫云禹字義不可通禹當爲離俗書離字作離脫去右畔而爲禹耳離
者分也言分爲朝晝昏夜也精神篇別爲陰陽離爲八極文義與此同夏日至則陰乘陽是以萬物就而死冬日至則陽乘陰是以萬物仰
而生晝者陽之分夜者陰之分是以陽氣勝則日修而夜短陰氣勝則日短而夜修帝張四維○莊逵吉云御覽有
注云帝天帝也運之以斗運旋也月徙一辰復反其所正月指寅十二月指丑○莊逵吉云御覽作十一月指子一歲而匝終而復
始○王引之云十二月指丑本作十一月指子後人改之也指寅指子皆曆元所起故以二者言之晉書律曆志引董巴議曰顓頊曆以今之孟春正月爲元其時正月朔旦立春五星會于天歷營室也湯作
殷曆更以十一月朔旦冬至爲元首下至周魯及漢皆從其節是顓頊曆起寅月殷曆起子月也故下文指寅寅則萬物螾螾然也先言指寅顓頊曆之遺法也上文斗指子則冬至先言指子殷曆之遺法也指
寅指子皆言其始一歲而帀乃言其終蓋起於寅者至丑而帀起於子者至亥而帀也後人不知古曆有二法而改爲十二月指丑非也指丑則一歲已帀不須更言一歲而帀矣且子與始爲韻若作丑則失其

讀矣。太平御覽時序部一引此正作十一月指子。指寅。則萬物螾螾也。動生貌。○莊逵吉云。本皆作萬物螾。藏本同。惟太平御覽作螾螾也。依義御覽是。今從之。○王念孫云。此當作指寅。(句)寅(句)則萬物螾螾然也(句)寅則萬物螾螾然者。猶云寅者言萬物螾螾然。故高注曰。動生貌。史記律書亦曰。寅者言萬物始生螾然也。今本寅下。脫一寅字。螾下。又脫螾然也三字。則文不成義。且句法與下文不協矣。太平御覽時序部一引此正作寅則萬物螾螾然也。律受太蔟。太蔟者。蔟而未出也。○莊逵吉云。御覽作湊而未出也。下有注云。太蔟正月律。指卯。卯則茂茂然。律受夾鐘。夾鐘者。種始莢也。○莊逵吉云。御覽下有注云。夾鐘二月律。指辰。辰則振之也。律受姑洗。姑洗者。陳去而新來也。○莊逵吉云。御覽下有注云。姑洗三月律。指巳。巳則生已定也。律受仲呂。仲呂者。中充大也。○莊逵吉云。御覽下有注云。仲呂四月律也。指午。午者忤也。律受蕤賓。蕤賓者。安而服也。○莊逵吉云。御覽下有注云。蕤賓五月律。指未。未。味也。○王念孫云。未下脫者字。味本作昧。後人以漢書律曆志云。昧薆於未。故改昧爲味。不知淮南自訓未爲味。與漢書不同也。五行大義論支榦名篇。及太平御覽。引淮南並云未者味也。白虎通義及廣雅並云。未。味也。說文。未。味也。六月滋味也。(六月下有脫文)史記律書。未者。味也。言萬物皆成。有滋味也。義並與淮南同。律受林鐘。林鐘者。引而止也。○莊逵吉云。御覽下有注云。林鐘六月律。指申。申者。呻之也。○王念孫云。之字。當在上文引而止下。今本誤在呻字下。則文不成義。五行大義論律呂篇論支榦名篇。及太平御覽。引此並云。林鐘者引而止之也。申者呻也。是其證。律受夷則。夷則者。易其則也。德以去矣。○莊逵吉云。御覽下有注云。夷則七月律。德以去生氣盡也。指酉。酉者。飽也。律受南呂。南呂者。任包大也。○莊逵吉云。御覽下有注云。南呂八月律。指戌。戌者。滅也。律受無射。無射。入無厭也。○莊逵吉云。御覽作入之無厭也。下有注云。無射九月律。指亥。亥者。閡也。律受應鐘。應鐘者。應其鐘也。○莊逵吉云。御覽下有注云。應鐘十月律。指子。子者。茲也。律受黃鐘。黃鐘者。鐘已黃也。○莊逵吉云。御覽下有注云。黃鐘十一月律。指丑。丑者。紐也。律受大呂。大呂者。旅旅而去也。○莊逵吉云。御覽下有注云。大呂十二月律。其加卯酉。則陰陽分。日夜平矣。○王引之云。此三句不與上文相承。尋繹文義。當在前日短而夜脩之下。云其加卯酉者(王弼注老子曰。加。當也)承夏日至冬日至言之。彼言冬夏至。此言春秋分也。言陰陽分。日夜平者。承陽勝陰勝日夜脩短言之。言至春秋分。則陰陽無偏勝日夜無脩短也寫者錯亂在此今更定其文如下夏日至則陰乘陽是以萬物就而死冬日至則陽乘陰是以萬物仰而生晝者陽之分夜者陰之分是以陽氣勝則日脩而夜短陰氣勝則日短而夜脩其加卯酉則陰陽分日夜平矣故曰規生矩殺衡長權藏繩居中央爲四時根道曰規始於一○王念孫云曰規二字與上下文義不相屬此因上文故曰規生矩殺而誤衍也宋書律志作道始於一無曰規二字一而不生故分而爲陰陽陰陽合和而萬物生故曰一生二二生三三生萬物天地三月而爲一時故祭祀三飯以爲禮喪紀三踊以爲節兵重三罕以爲制○王念孫云重罕二字義不可通重當爲革祭祀喪紀兵革皆相對爲文革字古文作革隸省作革與重相似而誤罕當爲軍言兵革之事以三軍爲制也軍字草書作軍與罕相似而誤以三參物三三如九故黃鍾之律九寸而宮音調調和也因而九之九九八十一故黃鍾之數立焉黃者土德之色鍾者氣之所種也日冬至德氣爲土土色黃故曰黃鍾律之數六分爲雌雄故曰十二鍾以副十二月十二各以三成故置一而十一三之爲積分十七萬七千一百四十七黃鍾大數立焉凡十二律黃鍾爲宮太蔟爲商姑洗爲角林鍾爲徵南呂爲羽物以三成音以五立三與五如八○文典謹按北堂書鈔百十二引如作而故卵生者八竅律之初生也寫鳳之音故音以八生黃鍾爲宮宮者音之君也故黃鍾位子其數八十一主十一月下生林鍾林鍾之數五十四主六月上生太蔟太蔟之數七十二主正月下生南呂南呂之數四十八主八月上生姑洗姑洗之數六十四主三月下生應鍾應鍾之數四十二主十月上生蕤賓蕤賓之數五十七主五月上生大呂大呂之數七十六主十二月下生夷則夷則之數五十一主七月上生夾鍾夾鍾之數六十八主二月下生無射無射之數四十五主九月上生仲呂仲呂之數六十主四月極不生徵生宮宮生商○劉績云當作宮生

徵，徵生商。○王念孫云：劉說是也。上文曰：黃鍾爲宮，太蔟爲商，林鍾爲徵。又曰：黃鍾下生林鍾，林鍾上生太蔟，所謂宮生徵，徵生商也。宋書律志、晉書律曆志並作宮生徵，徵生商。地形篇亦曰：變宮生徵，變徵生商。（高注：變，猶化也。）

商生羽，羽生角，角生姑洗。

○王引之云：音律相生，皆非同位者。上文曰：姑洗爲角，則角與姑洗爲一，不得云角生姑洗也。生當爲主，角主姑洗，猶言姑洗爲角耳。主與生相似，又因上下文生字而誤。宋書律志亦誤作生。

姑洗生應鍾，比于正音，故爲和。

應鍾，十月也，與正音比，故爲和。和，從聲也。一曰：和也。

應鍾生蕤賓，不比正音，故爲繆。

○劉績云：以序論之，黃鍾爲宮，以次而商角徵羽，姑洗生應鍾，變宮在南呂羽之後，故曰比於正音爲和；應鍾生蕤賓，變徵閒入正音角羽之間，故曰不比正音爲繆。○王引之云：劉說非也。七音之序，周同相次，變宮在羽之後、宮之前，變徵在角之後、徵之前（唐武后樂書要錄說七聲次第曰：假令十一月黃鍾爲宮，隔一月以正月太蔟爲商，又隔一月以三月姑洗爲角，又隔一月以五月蕤賓爲變徵，即以其次之月六月林鍾爲徵，又隔一月以八月南呂爲羽，又隔一月以十月應鍾爲變宮，周迴還與十一月相比也）。其道相同，豈有順逆之分乎？比，讀如易比卦之比。比，入也，合也。閔元年左傳曰：屯固比入。又曰：合而能固是也（說林篇：黃鍾比宮，太蔟比商。與此比字同義）。比於正音，故爲和（本作不比於正音，故爲和。注內與正音比，本作不與正音比）。不比於正音者，不入於正音也。言應鍾是宮之變音，故不入於正音，不入於正音，則命名當有以別之，故謂之曰和。和者，言其調和正音也。蕤賓是徵之變音，故亦不入於正音，不入於正音，則命名當有以別之，故謂之曰繆（音目）。繆之言穆，穆亦和也（大雅烝民箋曰：穆，和也。穆、繆古字通）。言其調和正音也（周語：以七同其數，而以律和其聲，於是乎有七律。昭二十年左傳正義釋其義曰：變宮變徵，舊樂無之，聲或不會，而以律調和其聲，使與五音諧會，是應鍾蕤賓二律皆所以調和其聲也）。漢書揚雄傳甘泉賦說風聲曰：陰陽清濁，穆羽相和，分若夔牙之調琴。穆與繆同。穆在變音之末，言穆而和可知矣；羽在正音之末，言羽而宮商角徵可知矣。變聲與正聲相調和，故曰穆羽相和（張晏曰：穆然相和。殆未達穆字之義）。以律管言之，則變宮爲和，變徵爲穆；以琴弦言之，則當以少宮爲和，少商爲穆。琴亦有和穆二音，故曰穆羽相和，若夔牙之調琴也。然則變音之繆本與穆同，而穆之命名正取相和之義明矣。後人誤讀繆爲紕繆之繆，以爲和與繆相反（宋書引舊注曰：繆，音相干也。亦誤解繆字），遂於應鍾不比於正音句刪去不字，以別於蕤賓，並注中不字而亦刪之。古訓之不通，其勢必至於妄改矣。宋書律志正作姑洗生應鍾，不比於正音，故爲和。載注文，正作不與正音比。晉書律曆志引淮南王安曰：應鍾不比正音，故爲和。足證今本之謬。

日冬至，音比林鍾，浸以濁。日夏至，音比黃鍾，浸以清。以十二律應二十四時之變。甲子，仲呂之徵也；丙子，夾鍾之羽也；戊子，黃鍾之宮也；庚

子。無射之商也。壬子。夷則之角也。古之爲度量輕重生乎天道。黃鐘之律修九寸。物以三生。三九二十七。故幅廣二尺七寸。古者幅比皆然也。○王引之云。物以三生下。本有三三九一句。後人以上文已言三三如九。故删去此句。不知上文三三如九。九九八十一。與此文三三九。三九二十七。皆上下相承爲義。物以三生。故必先以三自乘而得九。然後以三乘九而得二十七。且上文與此相離甚遠。不得因彼而省此也。宋書正作三三九。三九二十七。幅廣二尺七寸下。本有古之制也四字。故高注曰。古者幅皆然也。(各本皆上衍比字。今删)脫去此句。則注文爲贅設矣。宋書正作故幅廣二尺七寸。古之制也。音以八相生。故人修八尺。尋自倍。故八尺而爲尋。有形則有聲。音之數五。以五乘八。五八四十。故四丈而爲匹。匹者中人之度也。一匹而爲制。○王引之云。此文多不可通。人修八尺。尋自倍。則丈六尺矣。而云人修八尺。尋自倍。故八尺而爲尋。其不可通一也。音以八相生。音卽聲也。何須更云有形則有聲。其不可通二也。匹長四丈。人之長安得有此。而云匹者中人之度。其不可通三也。蓋寫者譌舛失次。兼有脫文。宋書已與今本同。則後人以誤本淮南改之也。今更定其文。而釋之如下。有形則有聲。音以八相生。故人臂修四尺。尋自倍。故八尺而爲尋。尋者中人之度也。音之數五。以五乘八。五八四十。故四丈而爲匹。一匹而爲制。云有形則有聲者。有形謂上文黃鍾之律修九寸也。有聲謂音以八相生也。云人臂修四尺者。一切經音義卷十七引淮南云。人臂四尺。尋自倍。故八尺曰尋。是也。云尋者以中人之度也者。考工記曰。人長八尺。是也。秋分蔈定。蔈定而禾熟。蔈。禾穗粟孚甲之芒也。定者成也。故禾熟。蔈讀如詩有貓有虎之貓。古文作秒也。○莊逵吉云。說文解字。秒。禾芒也。蓋正字應作秒。此借白花蔈之蔈當之。亦通用。○王念孫云。隋書律曆志。引此作秋分而禾蔈定。蔈定而禾熟。是也。宋書律志同。今本脫而禾二字。則文義不明。○陶方琦云。說文稱字下注。引秋分而秒定。是許本淮南作秒也。說文。秒。禾芒也。宋書及隋律曆志。引淮南舊注云。穮。禾穗芒也。字作穮。義正與許氏說文合。其爲許注無疑。高注云。古文作秒。蓋古本也。疑卽指許氏之本。主術訓。寸生於穮。高注。穮。禾穗穮孚榆頭芒也。與此注說正同。律之數十二。故十二蔈而當一粟。十二粟而當一寸。律以當辰。音以當日。日之數十。十。從甲至癸日。故十寸而爲尺。十尺而爲丈。○王引之云。十二蔈當一粟。十二粟當一寸。則百四十四蔈而當一寸也。主術篇。寸生於穮。(蔈穮並與秒同。今本穮誤作穰。辯見主術)高注曰。十二穮爲一分。(今本脫二字)十分爲一寸。十寸爲一尺。十尺爲一丈。說文亦曰。律數十二。秒而當一分。十分而寸。則是百二十蔈而當一寸。與此不同也。許高二家之說。俱本於此篇。使原文作十二蔈而當一粟。十二粟而當寸則二家之說何以並言十二縶為分十分為寸乎且主術篇明言寸生於縲不得又以粟參之也然則今本為後人所改明矣宋書律志與今本同則其誤已久今依主術篇及許高二家之說而更定之如下律之數十二故十二縶而當一分律以當辰音以當日日之數十故十分而為寸十寸而為尺十尺而為丈其以為量十二粟而當一分分言其輕重分銖也十二分而當一銖○王念孫云量當為重重量字相近又因上文變量而誤也自十二粟以下皆言其重之數非言其量之數說文禾部注及宋書律志並作其以為重十二銖而當半兩衡有左右因倍之故二十四銖為一兩天有四時以成一歲因而四之四四十六故十六兩而為一斤三月而為一時三十日為一月故三十斤為一鈞四時而為一歲故四鈞為一石其以為音也一律而生五音十二律而為六十音因而六之六六三十六故三百六十音以當一歲之日故律歷之數天地之道也下生者倍以三除之上生者四以三除之鐘律上下相生誘不敏也太陰元始建于甲寅一終而建甲戌二終而建甲午三終而復得甲寅之元歲徙一辰立春之後得其辰而遷其所順前三後五百事可舉前後太陰之前後也太陰所建蟄蟲首穴而處鵲巢鄉而為戶○文典謹按穴莊本作定御覽九百四十四引作太陰所在蟄蟲首穴處鵲巢以鄉為戶傳寫宋本亦作蟄蟲首穴而處今據改太陰在寅朱鳥在卯勾陳在子玄武在戌白虎在酉蒼龍在辰○王引之云下文天神之貴者莫貴於青龍或曰天一或曰太陰是太陰即蒼龍也既云太陰在寅不當復云蒼龍在辰矣下文凡徙諸神朱鳥在太陰前一鈞陳在後三玄武在前五白虎在後六而不言蒼龍所在正以太陰即蒼龍也蒼龍在辰四字蓋淺人所加寅為建卯為除辰為滿巳為平主生午為定未為執主陷申為破主衡酉為危主杓戌為成主少德亥為收主大德子為開主太歲丑為閉主太陰太陰在寅歲名曰攝提格○王引之云太陰二字乃下屬為句與下文太陰在卯之屬相同主下當別有所主之事而今脫去王應麟小學紺珠始誤讀主太陰為句劉本遂重太陰二字而各本及莊本從之非也上文云太陰在寅何得又言主太陰乎且下文曰天神之貴者莫貴於青龍或曰天一或曰太陰而無太歲之名天一元始太陰元始

之屬。皆太歲也。而謂之天一太陰。不謂之太歲。咸池爲太歲。則又大歲之誤(說見上)然則天文篇無稱太歲者也。此太歲亦當作大歲。寫者誤加點耳。斗杓爲小歲。咸池爲大歲。(見上文)上文酉爲危。主杓。杓小歲也。此文子爲開。主大歲。大歲。咸池也。太歲月從右行四仲。與歲從左行之太陰迴殊。若作大歲。則與太陰無異。上言太陰在寅。下言子主太歲。是太陰主太陰矣。義不可通。開元占經歲星占篇引此篇舊注曰。太陰謂太歲也(蓋許愼注廣雅。太陰。太歲也。本此)使篇內太歲太陰分爲二。注者必不爲此注矣。可見太歲乃大歲之誤。而太歲太陰之未嘗分也。偏考書傳。亦無分大歲太陰爲二者。或據淮南誤脫之文。以爲太歲太陰不同之證。非也。○陶方琦云。占經二十三引許注。太陰在天爲雄。歲星在地爲太陰。按雄字衍。周禮保章氏鄭注。歲星爲陽。右行於天。太歲爲陰。左行於地。太陰即太歲。故曰在天爲歲星。在地爲太陰。說正同也。其雄爲歲星。舍斗牽牛。以十一月與之晨出東方。東井輿鬼爲對。○陶方琦云。占經二十三引許注。東井輿鬼在未。斗牽牛在丑。故爲對。按十一月應作正月。淮南建寅。非太初法也。太陰在卯。歲名曰單閼。單讀明揚之明。歲星舍須女虛危。以十二月與之晨出東方。柳七星張爲對。太陰在辰。歲名曰執除。歲星舍營室東壁。以正月與之晨出東方。翼軫爲對。太陰在巳。歲名曰大荒落。歲星舍奎婁。以二月與之晨出東方。角亢爲對。太陰在午。歲名曰敦牂。歲星舍胃昴畢。以三月與之晨出東方。氐房心爲對。太陰在未。歲名曰協洽。歲星舍觜巂參。以四月與之晨出東方。尾箕爲對。太陰在申。歲名曰涒灘。歲星舍東井輿鬼。以五月與之晨出東方。斗牽牛爲對。太陰在酉。歲名曰作作讀昨。鄂。歲星舍柳七星張。以六月與之晨出東方。須女虛危爲對。太陰在戌。歲名曰閹茂。歲星舍翼軫。以七月與之晨出東方。營室東壁爲對。太陰在亥。歲名曰大淵獻。歲星舍角亢。以八月與之晨出東方。奎婁爲對。太陰在子。歲名曰困敦。困讀羣。歲星舍氐房心。以九月與之晨出東方。胃昴畢爲對。太陰在丑。歲名曰赤奮若。歲星舍尾箕。以十月與之晨出東方。○王引之云。十一月當爲正月。十二月當爲二月。正月當爲三月。二月當爲四月。三月當爲五月。四月當爲六月。五月當爲七月。六月當爲八月月七月當爲九月八月當爲十月九月當爲十一月十月當爲十二月史記天官書曰歲陰左行在寅歲星右轉居丑以正月與斗牽牛晨出東方歲陰在卯星居子以二月與婺女虛危晨出歲陰在辰星居亥以三月與營室東壁晨出歲陰在巳星居戌以四月與奎婁晨出歲陰在午星居酉以五月與胃昴畢晨出歲陰在未星居申以六月與觜觿參晨出歲陰在申星居未以七月與東井輿鬼晨出歲陰在酉星居午以八月與柳七星張晨出歲陰在戌星居巳以九月與翼軫晨出歲陰在亥星居辰以十月與角亢晨出歲陰在子星居卯以十一月與氐房心晨出歲陰在丑星居寅以十二月與尾箕晨出漢書天文志曰太歲在寅歲星正月晨出東方在卯二月出在辰三月出在巳四月出在午五月出在未六月出在申七月出在酉八月出在戌九月出在亥十月出在子十一月出在丑十二月出開元占經歲星占篇引甘氏曰攝提在寅（此攝提謂太陰）歲星在丑以正月與建星牽牛婺女晨出於東方皆其證也後人以太初曆太歲在子歲星十一月出在建星牽牛（見天文志）故改正月爲十一月以合太初之法而自此以下皆遞改其所出之月不知太陰在寅則歲星亦以寅月出樂動聲儀所謂歲星常應太歲月建以見也（見前太一在丙子下）若以十一月出則是子歲而星非寅與太陰所在不相應矣太初曆之太歲始建於子故以歲星與日同次之十一月定之所謂子午應子月也淮南之太歲始建於寅故以歲星晨出之正月定之所謂寅年應寅月也豈得以建子之法雜入於建寅之法乎況太陰在寅以下俱本於石氏（天文志太歲在寅歲星正月晨出東方石氏在斗牽牛天官書索隱亦云歲星正月晨見東方已下皆出石氏星經文）又豈有用其說而改其月者乎開元占經引淮南已與今本同則其誤改在唐以前矣錢氏曉徵謂史記歲星正月晨出以天正言之其實與淮南無別（見潛研堂文集）今案天官書曰歲陰左行在寅歲星右轉居丑以正月與斗牽牛晨出色蒼蒼有光歲陰在子星居卯以十一月與氐房心晨出玄色甚明正月德在木故星色蒼（天官書凡言正月者七皆謂建寅之月十一月德在水故星色玄若以正月爲天正則是夏正之十一月矣何以不云色玄而云色蒼乎且寅年正月日在娵訾歲星在星紀中隔玄枵一次故歲星晨見有光若十一月則與日同次其光不能見矣安得云蒼蒼有光乎此由不知淮南之十一月爲後人所改故曲爲之說而終不可通也）觜巂參爲對。太陰在甲子。刑德合東宮。常徙所不勝。合四歲而離。離十六歲而復合。所以離者。刑不得入中宮。而徙於木。太陰所居日德。辰爲刑。德剛日自倍因。柔日徙所不勝。刑水辰之木。木辰之水。金火立其處。凡徙諸神。朱鳥在太陰前一。鉤陳在後三。玄武在前五。白虎在後六。虛星乘鉤陳。而天地襲矣。（襲，和也。）凡日甲剛乙柔。丙剛丁柔。以至於癸。○王引之云日德日下脫爲字日爲德辰爲刑相對爲文也綱當爲剛剛日柔日甲剛乙柔是也癸上當有壬字此以剛柔對言不當但言癸也木生于亥壯于卯死于未三辰皆木也火生于寅壯于午死于戌三辰皆火也土生于午壯於戌死于寅三辰皆土也金生于巳壯于酉死于丑三辰皆金也水生于申壯于子死于辰三辰皆水也故五勝生一壯五終九五九四十五故神四十五日而一徙以三應五故八徙而歲終凡用太陰左前刑右背德○王引之云此當爲右背刑左前德寫者顛倒耳五行大義論配支幹篇曰從甲至癸爲陽從寅至丑爲陰陽則爲前爲左爲德陰則爲後爲右爲刑右背刑左前德者所以順陰陽也史記天官書曰太白出東爲德舉事左之迎之吉出西爲刑舉事右之背之吉是其例矣○曾國藩云背卽後也孫子曰右背山陵前左水澤亦以背與前爲對擊鉤陳之衝辰以戰必勝以攻必剋欲知天道以日爲主六月當心左周而行分而爲十二月與日相當天地重襲後必無殃星正月建營室二月建奎婁三月建胃星宜言日明堂月令孟春之月日在營室仲春之月在奎婁季春之月在胃此言星正月建營室字之誤也四月建畢五月建東井六月建張七月建翼八月建亢九月建房十月建尾十一月建牽牛十二月建虛○王引之云二月建奎婁備舉是月日所在之星也由此推之則正月當云建營室東壁三月當云建胃昴四月當云建畢觜嶲參五月當云建東井輿鬼六月當云建柳七星張七月當云建翼軫八月當云建角亢氐九月當云建房心十月當云建尾箕十一月當云建斗牽牛十二月當云建須女虛危蓋月令日在某星但舉一月之首言之而此則舉其全也後人妄加删節每月但存一星之名獨二月建奎婁尚仍其舊學者可以考見原文矣不然豈有月令季夏日在柳而此言建張仲秋日在角而此言建亢仲冬日在斗而此言建牽牛季冬日在婺女（卽須女）而此言建虛者乎星分度角十二亢九氐十五房五心五尾十八箕十一四分一斗二十六牽牛八須女十二虛十危十七營室十六東壁九奎十六婁十二胃十四昴十一畢十六觜嶲二參九東井三十三莊○逵吉云三十三藏本作三十葉近山本作三十四四字非今以漢書攷正輿鬼四柳十五星七張翼各十八軫十七凡二十八宿也星部地名

角亢鄭氏房心宋尾箕燕斗牽牛越須女吳〇王引之云諸書無言斗但主越須女但主吳者斗牽牛越須女吳當作斗牽牛須女吳越開元占經分野略例曰淮南子曰斗吳越也(斗下脫牽牛須女四字)高誘注呂氏春秋曰斗吳也牽牛越也(以上開元占經)然則呂氏春秋注分言吳越而淮南則合言之也蓋分野之說鄭魏趙並列(戰國時多謂韓爲鄭)則在三家分晉之後其時吳地已爲越有故但可合言吳越若分言某星主越某星主吳則當時豈有吳國乎後人以吳越二國不應同分野故移越字於斗牽牛下而不知其不可分也晉書天文志引費直說周易蔡邕月令章句曰起斗至須女吳越之分野又引陳卓范蠡鬼谷先生張良諸葛亮譙周京房張衡並曰斗牽牛須女吳越足證今本之謬虛危齊營室東壁衛奎婁魯胃昴畢魏觜巂參趙東井輿鬼秦柳七星張周翼軫楚歲星之所居五穀豐昌其對爲衡歲乃有殃當居而不居越而之他處主死國亡太陰治春則欲行柔惠溫涼木德仁故柔涼也〇兪樾云溫涼異義不得連文涼當作良聲之誤也〇文典謹按兪說是也北堂書鈔百五十三引涼正作良是其證太陰治夏則欲布施宣明火德陽故布施宣明也太陰治秋則欲修備繕兵金德斷割故修兵也〇文典謹按北堂書鈔百五十三引備作甲御覽二十四引注金德作陰德二十七引治作理太陰治冬則欲猛毅剛彊純陰閉固水澤冰凍故剛彊也〇莊逵吉云御覽剛作堅注同〇文典謹按御覽二十七引治作理又引注純陰作純陽三歲而改節六歲而易常故三歲而一饑六歲而一衰〇莊逵吉云御覽下有注云衰疾也十二歲一康康盛也〇莊逵吉云御覽康作荒下有注云蔬不熟爲荒也疑是許昚注故義異〇王念孫云注盛當爲虛此淺學人改之也康之爲言荒也康荒皆虛也(小雅賓之初筵篇酌彼康爵鄭箋康虛也爾雅漮虛也方言康空也並字異而義同郭璞爾雅音義曰漮本或作荒大雅桑柔篇具贅卒荒毛傳荒虛也泰九二包荒鄭讀爲康云康虛也康荒古字通)襄二十四年穀梁傳一穀不升謂之嗛二穀不升謂之饑三穀不升謂之饉四穀不升謂之康范甯曰康虛也(廣雅四穀不升曰㱂說文㱂飢虛也逸周書謚法篇凶年無穀曰糠糠虛也並字異而義同)康與荒古字通故韓詩外傳作四穀不升謂之荒史記貨殖傳曰十二歲一大饑鹽鐵論水旱篇曰六歲一饑十二歲一荒義與此同也自三歲一饑以下皆年穀不登之名但有小大之差耳太平御覽時序部二引此作十二歲而一荒是康卽荒也若訓康爲盛則與正文顯相違戾矣且四穀不升謂之康乃春秋古訓十二年一荒亦漢時舊語是之不知而訓康爲盛明是淺學人所改漢人無此謬也甲齊乙東夷丙楚丁南夷戊魏己韓庚秦辛西夷壬

衛。癸越。○王念孫云。開元占經日辰占邦篇引此。越作趙。案齊近東夷。楚近南夷。魏近韓。秦近西夷。衛近趙。則作趙者是也。若作越。則與南夷相復矣。子周。丑翟。寅楚。卯鄭。辰晉。巳衛。午秦。未宋。申齊。酉魯。戌趙。亥燕。甲乙寅卯木也。丙丁巳午火也。戊己四季土也。庚辛申酉金也。壬癸亥子水也。水生木。木生火。火生土。土生金。金生水。子生母曰義。母生子曰保。子母相得曰專。母勝子曰制。子勝母曰困。以勝擊殺。勝而無報。○王引之云。上文子生母曰義。母生子曰保。子母相得曰專。母勝子曰制。子勝母曰困。其名有五。下文以事從事。以義行理。以保畜養。以困舉事。分承專義保困四字。不應於制字獨不相承。然則此句當作以制擊殺明矣。今本制作勝者。因上下文勝字而誤。制爲母勝子之名。若作勝。何以別於子勝母乎。以專從事而有功。以義行理。名立而不墮。以保畜養。萬物蕃昌。以困舉事。破滅死亡。北斗之神有雌雄。十一月始建於子。月從一辰。○王念孫云。從當爲徙字之誤也。上文云。帝張四維。運之以斗。月徙一辰。復反其所。是其證。雄左行。雌右行。五月合午謀刑。○陶方琦云。占經六十七引許注。刑爲煞。故薺麥死也。按卽上文五月爲小刑。薺麥亭歷枯之義。十一月合子謀德。○陶方琦云。占經六十七引許注。德爲生。問射于振末。按注文多譌。射于當作射干。易通卦驗。冬至蘭射干生。後漢陳寵傳。冬至陽气萌動。故十一月有蘭射干芸荔之應。問射于卽蘭射干。太陰所居辰爲厭日。○王引之云。太陰所居辰。當作雌所居辰。雌。北斗之神。右行者也。月徙一辰。太陰則左行而歲徙一辰。兩者各不相涉。太陰二字。因下文太陰所居而誤也。爲厭日。本無日字。此因下句厭日而衍也。厭者。鄭注周官占夢曰。天地之會。建厭所處之日辰。疏曰。建謂斗柄所建。謂之陽建。故左還於天。厭謂日前一次。謂之陰建。故右還於天是也。今人猶謂陰建爲月厭。是雌所居辰名爲厭。不名爲厭日也。厭日不可以舉百事。堪輿徐行。雄以音知雌。○陶方琦云。文選揚雄甘泉賦注。漢書藝文志注。後漢書王景傳注。引許注。堪。天道也。輿。地道也。按高無注。揚雄傳。張晏注曰。堪輿。天地總名也。藝文五行志家有堪輿金匱十四卷。故爲奇辰。數從甲子始。子母相求。所合之處爲合。十日十二辰。周六十日。凡八合。合於歲前則死亡。合於歲後則無殃。甲戌燕也。乙酉齊也。丙午越也。丁巳楚也。庚申秦也。辛卯戎也。壬子代也。○莊逵吉云。代。諸本皆作趙。惟藏本作代。癸亥胡也。戊戌己亥韓也。

己酉己卯，魏也。戊午戊子，〇王念孫云：錢氏答問曰：庚申當作庚辰。八合猶八會也。今依堪輿天老說推衍之（天老說見周官占夢疏所引鄭志內）。正月陽建寅破於申，陰建戌破於辰。二月陽建卯破於酉，陰建酉破於卯，乙近卯，故二月乙酉爲八會之一。三月陽建辰破於戌，陰建申破於寅，甲近寅，故三月甲戌爲八會之二。四月陽建巳破於亥，陰建未破於丑，癸近丑，故四月癸亥爲八會之三。五月陰陽建俱在午而破於子，壬近子，故五月壬子爲八會之四。六月陽建未破於丑，陰建巳破於亥。七月陽建申破於寅，陰建辰破於戌。八月陽建酉破於卯，陰建卯破於酉，辛近酉，故八月辛卯爲八會之五。九月陽建戌破於辰，陰建寅破於申，庚近申，故九月庚辰爲八會之六。十月陽建亥破於巳，陰建丑破於未，丁近未，故十月丁巳爲八會之七。十一月陰陽建俱在子而破於午，丙近午，故十一月丙午爲八會之八。十二月陽建丑破於未，陰建亥破於巳。此建厭所在及八會之名也。淮南所列甲戌至癸亥，蓋大會之日。其下又有戊戌、己亥、己酉、己卯、戊午、戊子，當是小會之日，而尚缺其二，以例推之，當是戊辰、己巳也。案錢說是也。戊辰當在戊戌上，己巳當在己亥上。堪輿家所謂小會，三月戊辰，四月己巳，九月戊戌，十月己亥也。又戊辰、戊戌及戊午、戊子下，皆當有所主之國，而今脫之。地在天下之中者，韓、魏而外，更有趙、宋、衛、中山及周，未知以何國當之也。八合天下也。太陰、小歲、星、日、辰五神皆合，其日有雲氣風雨，國君當之。天神之貴者，莫貴於青龍，或曰天一，或曰太陰。太陰所居，不可背而可鄉，北斗所擊，不可與敵。天地以設，分而爲陰陽，陽生於陰，陰生於陽。陰陽相錯，四維乃通。或死或生，萬物乃成。蚑行喙息，莫貴於人，孔竅肢體，皆通於天。天有九重，人亦有九竅；天有四時，以制十二月，人亦有四肢，以使十二節；天有十二月，以制三百六十日，人亦有十二肢，以使三百六十節。故舉事而不順天者，逆其生者也。以日冬至數來歲正月朔日，五十日者，民食足；不滿五十日，日減一斗；有餘日，日益一升。〇王念孫云：太平御覽時序部十三、十四引此，數下有至字（數色主反），五十日上有滿字，一斗作一升，皆是也。有其歲司也。〇王引之云：此本作其爲歲司也。今本衍有字（因上文有餘日而衍），脫爲字。太平御覽時序部十三引此，正作其爲歲伺也。又引注曰：伺，候也（司，古伺字）。爲歲司者，爲歲候豐凶也。尋繹文義，其爲歲司也，乃起下之詞。下文攝提格之歲，歲早水晚旱云云，正謂候歲也。當直接此句。下作圖者誤列圖於此句之後，隔絕上下文義，遂使此句成不了之語。且自上文以日冬至至下文民食一升，皆言占歲之事。中間不應有圖。圖蓋後人所爲。故置之非其所耳。劉績不能是正。又移上文張四維一段。於此句之下。大謬。○文典謹按。北堂書鈔百五十三引。作爲祈歲也。

命

攝提格之歲。格，起。言萬物承陽而起也。歲早水晚旱，稻疾，蠶不登，登，成也。菽麥昌，民食四升。寅在甲曰閼蓬。言萬物鋒芒欲出，擁遏未通，故曰閼蓬也。單閼之歲，單，盡。閼，止也。陽氣推萬物而起，陰氣盡止也。歲和，稻菽麥蠶昌，民食五升。卯在乙曰旃蒙。在乙，言萬物遏甲而出，故曰旃蒙也。執徐之歲，執，蟄。徐，舒也。伏蟄之物皆散舒而出也。歲早旱晚水，小饑，蠶閉，麥熟，民食三升。辰在丙曰柔兆。在丙，言萬物皆生枝布葉，故曰柔兆也。大荒落之歲，荒，大也。方萬物熾盛而大出，霍然落落大布散。歲有小兵，蠶小登，麥昌，菽疾，民食二升。巳在丁曰強圉。在丁，言萬物剛盛，故曰強圉也。敦牂之歲，敦，盛。牂，壯也。言萬物皆盛壯也。歲大旱，蠶登，稻疾，菽麥昌，禾不爲，民食二升。午在戊曰著雍。在戊，言位在中央，萬物繁養四方，故曰著雍也。協洽之歲，協，和。洽，合也。言陰欲化萬物和合。歲有小兵，蠶登，稻昌，菽麥不爲，民食三升。未在己曰屠維。在己，言萬物各成其性，故曰屠維。屠，別。維，離也。涒灘之歲，涒，大。灘，修也。言萬物皆修其精氣也。○桂馥云：兩修字寫誤，並當爲循。高注呂氏春秋序意篇「歲在涒灘」云：涒，大也。灘，循也。萬物皆大循其情性也。李巡說爾雅云：萬物皆循精氣，故曰涒灘。歲和，小雨行，蠶登，菽麥昌，民食三升。申在庚曰上章。在庚，言陰氣上升，萬物畢生，故曰上章也。作鄂之歲，作鄂，零落也。萬物皆陊落。歲有大兵，民疾，蠶不登，菽麥不爲，禾蟲，民食五升。酉在辛曰重光。在辛，言萬物就成熟，其煌煌，故曰重光也。掩茂之歲，掩，蔽。茂，冒也。言萬物皆蔽冒。歲小饑，有兵，蠶不登，麥不爲，菽昌，民食七升。戌在壬曰玄黓。在壬，言歲終包任萬物，故曰玄黓也。大淵獻之歲，淵，藏。獻，迎也。言萬物終于亥，大小深藏，窟伏以迎陽。歲有大兵，大饑，蠶開，菽麥不爲，禾蟲，民食三升。亥在癸曰困敦。困，混。敦，沌也。言陽氣皆混沌萬物，牙孽也。歲大霧起，大水出，蠶稻麥昌，民食三斗。○王念孫云：蠶下脫登字，稻下脫疾字。蠶登爲句，稻疾爲句，菽麥昌爲句。民食三斗，斗當爲升。開元占經引此正作「蠶登，稻疾，菽麥昌，民食三升」。子在癸曰昭陽。在癸，言陽氣始萌，萬物合生，故曰昭陽。赤奮若之歲，奮，起也。若，順也。言陽奮物而起之，無不順其性也。赤，陽色。歲有小兵，早水，蠶不出，稻疾，菽不爲，麥昌，民食一升。正朝夕：先樹一表東方，操一表卻去前表十步，以參望日始出北廉。日直入。又樹一表於東方。因西方之表。以參望日方入北廉。則定東方兩表之中與西方之表。則東西之正也。日冬至日出東南維。入西南維。至春秋分日出東中。入西中。夏至出東北維。入西北維。至則正南。欲知東西南北廣袤之數者。立四表以爲方一里歫。先春分若秋分十餘日。從歫北表參望日始出及旦。以候相應。相應則此與日直也。輒以南表參望之。以入前表數爲法。除舉廣除立表袤。以知從此東西之數也。假使視日出入前表中一寸。是寸得一里也。一里積萬八千寸。得從此東萬八千里。視日方入入前表半寸。則半寸得一里。半寸而除一里。積寸得三萬六千里。除則從此西里數也。並之東西里數也。則極徑也。未春分而直。已秋分而不直。此處南也。未秋分而直。已春分而不直。此處北也。分至而直。此處南北中也。從中處欲知中南也。未秋分而不直。此處南北中也。從中處欲知南北極遠近。從西南表參望日。日夏至始出。與北表參。則是東與東北表等也。正東萬八千里。則從中北亦萬八千里也。倍之。南北之里數也。其不從中之數也。以出入前表之數益損之。表入一寸。寸減日近一里。表出一寸。寸益遠一里。欲知天之高。樹表高一丈。正南北相去千里。同日度其陰。北表一尺。南表尺九寸。是南千里陰短寸。南二萬里則無景。是直日下也。陰二尺而得高一丈者。南一而高五也。則置從此南至日下里數。因而五之。爲十萬里。則天高也。若使景與表等。則高與遠等也。

萬有文庫

第一集一千種

王雲五主編

淮南鴻烈集解

(二)

劉文典著

商務印書館發行

萬有文庫

第一集一千種

總編纂者

王雲五

商務印書館發行

淮南鴻烈集解

（二）

劉文典著

國學基本叢書

淮南鴻烈集解

卷四

墬形訓紀東西南北山川藪澤地之所載萬物形兆所化育也故曰地形因以題篇

墬形之所載，六合之間，四極之內，四極，四方之極，無復有外，故謂之內也。○王念孫云：此篇皆言地之所載，地下不當有形字，此因篇名而誤衍耳。高釋篇名云紀東西南北山川藪澤地之所載萬物形兆所化育也，則正文本作地之所載明矣。海外南經云「地之所載，六合之間，四海之內」云云，此即淮南所本。○陶方琦云：爾雅釋文釋地序目引許注：地，麗也。按楊泉物理論：地，著也。說文：麗，附著也。易離：百穀艸木麗乎土。王肅作麗乎地。地麗諧聲之訓。照之以日月，經之以星辰，紀之以四時，要之以太歲。要，正也。以太歲所在正天時也。天地之間，九州八極。八極，八方之極也。○王念孫云：八極當爲八柱，柱與極草書相近，故柱誤爲極。初學記地部上、太平御覽地部一及白帖一引此並作「天有九部八紀，地有九州八柱」，又太平御覽州郡部三引作「天地之間，九州八柱」。楚辭天問曰「八柱何當，東南何虧」，初學記引河圖括地象曰「地下有八柱，柱廣十萬里」，皆其證也。又案文選張協雜詩注云：淮南子曰：八紘之外有八極。高誘曰：八極，八方之極也。是高注云云，本在下文「八紘之外，乃有八極」下，後人不知此處八極爲八柱之譌，又移彼注於此，以曲爲附會，甚矣其謬也。土有九山，山有九塞，澤有九藪，風有八等，水有六品。何謂九州？東南神州曰農土，東南辰爲農祥，后稷之所經緯也，故曰農土。正南次州曰沃土，沃，盛也。五月建午，稼穡盛張，故曰沃土也。西南戎州曰滔土，滔，大也。七月建申，五穀成大，故曰滔土也。正西弇州曰并土，并，猶成也。八月建酉，百穀成熟，故曰并土也。正中冀州曰中土，冀，大也。四方之主，故曰中土也。西北台州曰肥土，正北泲州曰成土，未聞。東北薄州曰隱土，薄，猶平也。氣所隱藏，故曰隱土也。正東陽州曰申土。申，復也。陰氣盡於北，陽氣復起東北，故曰申土。何謂九山？會稽、泰山、王屋、首山、太華、岐山、太行、羊腸、孟門。會稽山在會稽郡。泰山今在泰山郡，是爲東嶽王屋山在今河東垣縣東北沇水所出也首山在蒲坂縣南河曲之中伯夷所隱太華今宏農華陰山也是爲西嶽岐山今扶風美陽縣北周家所邑也太行在今上黨太行關直河內野王縣是也羊腸山名也說苑曰桀之居左河濟右太華伊闕在其南羊腸在其北今太原晉陽西北九十里通河西上郡關曰羊腸坂是孟門太行之限也

何謂九塞曰太汾澠阨荊阮方城殽阪井陘令疵句注居庸太汾在晉澠阨今宏農澠池是也荊阮方城皆在楚殽阪宏農郡澠池殽欽吟是也井陘在常山通太原關是也令疵在遼西句注在鴈門陰館句注是也居庸在上谷沮陽之東通渾都關是也○孫詒讓云注欽當作嶔鹽鐵論險固篇云敗秦師嶔崟公羊傳作巖穀梁作巖唫釋文云唫本作崟吟唫字同欽吟即嶔崟也○文典謹按初學記州郡部引作大汾冥阨荊宛方城豪阪井陘令疵句注居庸也

何謂九藪藪澤也曰越之具區具區在吳越之間也楚之雲夢雲夢在南郡華容也秦之陽紆陽紆蓋在馮翊池陽一名具圃○莊逵吉云具圃左傳作具囿疑字誤晉之大陸大陸魏獻子所游焚焉而死者是也鄭之圃田圃田在今河南中牟傳曰鄭有原圃猶秦之具圃也吾子取其麋鹿以閒敝邑是也宋之孟諸孟諸在今梁國睢陽東北澤是也齊之海隅海隅猶崖蓋近海濱是也趙之鉅鹿今鉅鹿黃阿澤是也○莊逵吉云黃阿澤即廣阿古字黃廣通用燕之昭余昭余今太原郡是古者屬燕也

何謂八風東北曰炎風艮氣所生一曰融風也東方曰條風震氣所生一曰明庶風也東南曰景風巽氣所生也一曰清明風南方曰巨風離氣所生也一曰愷風○俞樾云巨乃豈之壞字豈讀爲愷高注云一曰愷風愷正字豈借字巨誤字耳說詳呂氏春秋西南曰涼風坤氣所生也西方曰飂風兌氣所生也○文典謹按北堂書鈔一百五十一引飂作飉又有注云一曰閶闔風西北曰麗風乾氣所生也一曰閶闔風○文典謹按書鈔引注閶闔作不周北方曰寒風坎氣所生也一曰廣莫風

何謂六水曰河水赤水遼水黑水江水淮水河水出昆侖東北陬赤水出其東南陬遼水出碣石山自塞北東流直遼東之西南入海黑水在雝州江水出岷山在蜀西徼外淮水出桐柏山南平陽也

闔四海之內東西二萬八千里南北二萬六千里子午爲經卯酉爲緯言經短緯長也水道八千里通谷其名川六百○陳觀樓云呂氏春秋有始篇作通谷六名川六百此其字當爲六之譌陸徑三千里陸徑邪徑也陸地也禹乃使太章步自東極至于西極二億三萬三千五百里七十五步使豎亥步自北極至于南極二億三萬三千五百里七

十五步。太章豎亥，善行人，皆禹臣也。海內東西長，南北短，極內等也。凡鴻水淵藪，自三百仞以上，二億三萬三千五百五十里，有九淵。〇王念孫云：三百仞之百，五十里之里，九淵之淵，皆衍文。此言鴻水淵藪自三仞以上者，共有二億三萬三千五百五十九也。廣雅曰：潭，淵也。自三仞以上，二億三萬三千五百五十有九，即用淮南之文。禹乃以息土填洪水，以爲名山。息土不耗減，掘之益多，故以填洪水。名山，大山也。掘昆侖虛以下地。掘猶平也。地或作池。中有增城九重，其高萬一千里百一十四步二尺六寸。中，昆侖虛中也。增，重也。有五城十二樓，見括地象。此乃誕實未聞也。〇俞樾云：萬一千里，言城之高，則百一十四步二尺六寸，當言城之厚。然其數奇零，疑有脫誤。〇文典謹按：文選遊天台山賦注、前緩聲歌注引增並作層，藝文類聚八十三引同，惟六十五引作曾。曾亦即層也。增、層古通用。上有木禾，其修五尋。上，昆侖虛上也。五尋，長三十五尺。〇文典謹按：文選思玄賦注引作其穗長五尋。海內西經：海內昆侖之墟，在西北，帝之下都。昆侖之墟，方八百里，高萬仞。上有木禾，長五尋，大五圍。郭璞曰：木禾，穀類也，生黑水之阿，可食。珠樹、玉樹、琁樹、不死樹在其西。在木禾之西也。沙棠、琅玕在其東。皆玉名也。在木禾之東也。一說沙棠，木名也。呂氏春秋曰：果之美者，沙棠之實也。絳樹在其南。絳，赤色也。碧樹、瑤樹在其北。碧，青玉也。木禾之北。旁有四百四十門，門間四里，里間九純，純丈五尺。純，量名也。〇俞樾云：門間四里，言每門相距之數也。里間九純，義不可通，疑本作門間九純，言門之廣也。門誤爲間，後人遂妄加里字耳。旁有九井玉橫，維其西北之隅。橫猶光也。橫或作彭。彭受不死藥器也。〇文典謹按：御覽七百五十六引作旁有九井，玉橫受不死藥。又引注云：橫或作彭，器名也。今高注亦云彭受不死藥器也，疑玉橫下舊有受不死藥四字，而今本脫之。北門開以內不周之風。傾宮、旋室。傾宮，滿一頃。旋室，以旋玉飾室也。一說室旋機關可轉旋，故曰旋室。縣圃、涼風、樊桐在昆侖閶闔之中。閶闔，昆侖虛門名也。縣圃、涼風、樊桐，皆昆侖之山名也。樊讀如麥飯之飯。是其疏圃。疏圃之池，浸之黃水，黃水三周復其原。原，本也。是謂丹水，飲之不死。〇王念孫云：丹水本作白水，此後人妄改之也。水經河水注引此作丹水，亦後人依俗本改之。楚辭離騷：朝吾將濟於白水兮。王注曰：淮南言白水出昆侖之原，飲之不死。文選思玄賦：斞白水以爲漿。李善即引王注。太平御覽地部二十四亦云：淮南子曰：白水出昆侖之原，飲之不死。則舊本皆作白水明矣。又案楚辭惜誓：涉丹水而馳騁兮。王注曰：丹水猶赤水也。淮南言赤水出昆侖也。此是引下文赤水出東南陬之語。若此文本作丹水，則王注當引以爲證，何置此不引，而別指赤水以當之乎。河水出昆侖東北陬，貫渤海，入禹所導積石山。渤海，大海也。河水自昆侖由地中行，禹導而通之，至積石山。書曰：道河積石。入，猶出也。赤水出其東南陬，西南注南海丹澤之東。赤水之東，弱水出自窮石，窮石，山名也，在張掖北塞水也。至于合黎，餘波入于流沙，絕流沙，南至南海。絕，猶過也。流沙，流行也。○王引之云：崑崙四隅爲四水所出，說本海內西經。上文言東北陬、東南陬，下文又言西北陬，無獨缺西南陬之理。此處原文當作弱水出其西南陬，絕流沙，南至南海。其弱水出窮石，入於流沙，及注窮石山名云云，則當在下文江出岷山諸條閒。王逸注離騷引淮南子：弱水出於窮石，入於流沙。郭璞注海內西經引淮南子：弱水出窮石。正與江出岷山諸條文義相同也。蓋弱水本出窮石，而海內西經言出崑崙西南陬，故兩存其說（此文言河出崑崙東北陬，下文又言河出積石，亦是兩存其說）。後人病其不合，則從而合併之。於是取下文之弱水出窮石入於流沙及注文，皆移置於此處，而刪去弱水出其西南陬七字，又妄加赤水之東四字（弱水出下又加一自字），至於合黎、餘波六字，而淮南原文遂錯亂不可復識矣。今案上文赤水次於河水，而不言在河水之某方；下文洋水一次於弱水，而不言在弱水之某方，則弱水二字前安得有赤水之東四字乎。括地志曰：闟門山一名合黎，一名窮石山。引淮南子：弱水之源出窮石山（見史記夏本紀正義）。使淮南原文弱水出窮石下有至於合黎之文，則合黎非窮石矣，志何得言合黎一名窮石山乎。其爲後人取禹貢之文附入，較然甚明。況既言絕流沙，則弱水入其中可知，何必又言入於流沙。區區餘波，又爲安能絕流沙而過乎。後人但知取下文入於流沙句，增入餘波二字，而不知其與本文相牴牾也。高注絕流沙曰：絕，猶過也。流沙，流行也（流行下當有之流沙二字）。如有餘波入於流沙句在前，則注當先釋流沙，後釋絕字，不當先釋絕字，後釋流沙也。然則絕流沙前本無餘波入於流沙句，而弱水出窮石入於流沙，當在江出岷山諸條閒明矣。洋水出其西北陬，入于南海羽民之南。洋水經隴西氐道，東至武都爲漢陽。或作養水也。○莊逵吉云：洋或作養。養應作瀁，亦作漾，即漢水也。東至武都爲漢。陽字疑衍。凡四水者，帝之神泉，以和百藥，以潤萬物。昆侖之丘，或上倍之，假令高萬里，倍之二萬里。是謂涼風之山，登之而不死。或上倍之，是謂懸圃。○王念孫云：上文縣圃、涼風、樊桐，高注云：皆崑崙之山名。上文又云：崑崙之邱，或上倍之，是謂涼風之山。則此縣圃下亦當有之山二字。水經河水注引此作是謂玄圃之山，是其證（洪興祖楚辭補注引此亦有之山二字）。登之乃靈，能使風雨。或上倍之，乃維上天，登之乃神，是謂太帝之居。太帝，天帝。○孫詒讓云：倍之爲言乘也，登也。或者，又也。或上倍之，謂又登其上也。莊子逍遙遊篇云：

故九萬里則風斯在下矣而後乃今培風此倍與莊子之培義正同莊子釋文云培重也本或作陪倍培陪字並通高訓倍爲加倍陸訓培爲重皆未得其義涼風穆天子傳郭注引作閬風閬涼一聲之轉**扶木在陽州。日之所曊。**扶木扶桑也在湯谷之南曊猶照也陽州東方也曊讀無枝欑之欑也**建木在都廣。**建木其狀如牛引之有皮若纓黃蛇葉若羅都廣南方山名也○文典謹按御覽四部廣下引注云廣都方都南山也疑是許注九百六十一引注云南方山名與今本合**衆帝所自上下。日中無景。呼而無響。蓋天地之中也。**衆帝之從都廣山上天還下故曰上下日中中時日直人上無景晷故曰蓋天地之中**若木在建木西。**○莊逵吉云御覽引作弱水在東建木在西**末有十日。其華照下地。**末端也若木端有十日狀如蓮華華猶光也光照其下也○莊逵吉云蓮華御覽作連珠○文典謹按北堂書鈔百四十九及初學記天部上引注蓮華亦並作連珠**九州之大。純方千里。**純緣也亦曰量名也**九州之外。乃有八殥。亦方千里。**殥猶遠也殥讀允嗣之允○文典謹按初學記地理部上引殥作埏下同**自東北方。曰大澤。曰無通。**大澤無通皆藪名也○俞樾云此當作自東北方曰無通曰大澤方與下文東方曰大渚曰少海東南方曰具區曰元澤南方曰大夢曰浩澤西南方曰渚資曰丹澤西方曰九區曰泉澤西北方曰大夏曰海澤北方曰大冥曰寒澤文義一律蓋無通也大渚也具區也大夢也渚資也九區也大夏也大冥也所謂八殥也大澤也少海也元澤也浩澤也丹澤也泉澤也海澤也寒澤也所謂八澤也故下文總之曰凡八殥八澤之雲是雨九州今無通大澤傳寫誤倒則先澤而後殥與下不一律矣高注大澤無通皆藪名也本作無通藪名也蓋無通是藪大澤是澤澤名已顯故不必注藪名未顯故必注之因無通大澤傳寫誤倒遂增大澤於無通之上而以爲皆澤名矣其注少海曰東方多水故曰少海亦澤名也上注無澤名之文而此云亦大澤者亦大澤也大澤是澤名少海亦是澤名特因東方多水故從大海稱而曰海耳實亦澤也故言亦也即此可見大澤與少海同在八澤之數然則大澤不應在無通之上其證一矣下文注曰浩澤亦大也上注無大文而此云亦者亦大澤也大澤以大得名浩澤亦以大得名故言亦也即此可見大澤與浩澤同在八澤之數然則大澤不應在無通之上其證二矣○文典謹按文選吳都賦注引淮南子曰九州外有八澤方千里八澤之外有八紘亦方千里今本唯下文凡八殥八澤之雲是雨九州句兩見八澤二字疑古有而今致失之也選注所引亦足與俞說互相參證**東方曰大渚。曰少海。**水中可居者曰渚東方多水故曰少海亦澤名也○文典謹按初學記地理部上引少海作沙**東南方曰具區。曰元澤。**元讀常山人謂伯爲宂之宂也○莊逵吉云古讀元爲兀故說文解字元從一從兀爲聲又髡一作髨其從兀從元皆爲聲是此讀元爲宂之證古聲兀宂相同也○王念孫云。莊說非也。元澤當爲亢澤。字之誤也。亢與沆同。（水經巨馬河注曰。督亢時水。東逕督亢澤。風俗通曰。沆。漭也。言平望漭漭無崖際也。是沆亢古字通。）爾雅。沄。沆也。郭璞曰。水流漭沆。說文曰。沆。莽沆。大水。一曰大沆。澤。風俗通義引傳曰。沆者。莽也。言其平望莽莽無涯際也。（舊本沆譌作沆。今據水經注改。）此言亢澤。亦取大澤之義。初學記地部上。太平御覽地部一。引此竝作沆澤。是其證也。高注。常山人謂伯爲亢。亢亦亢字之誤。伯。古阡陌字也。（管子四時篇曰。脩封疆。正千伯。史記酷吏傳。寗伯格長。徐廣曰。街陌屯落。皆設督長也。又漢書食貨志。地理志。阡陌字竝作仟伯。）亢與㽘同。（廣雅曰。㽘。陌。道也。釋名曰。鹿兎之道曰亢。行不由正。亢陌山谷草野而過也。是㽘亢古字通。）說文曰。趙魏謂伯爲㽘。漢之常山郡。戰國時趙地也。此云常山人謂伯爲亢。正與說文相合。沆㽘古同聲。而竝通作亢。故曰元讀常山人謂伯爲亢之亢。南方曰大夢。曰浩澤。夢。雲夢也。浩亦大也。西南方曰渚資。曰丹澤。蓋近丹水。因其名。故曰丹澤也。西方曰九區。曰泉澤。西北方曰大夏。曰海澤。北方曰大冥。曰寒澤。北方多寒水。故曰寒澤也。凡八殥八澤之雲。是雨九州。八殥之外。而有八紘。紘。維也。維落天地而爲之表。故曰紘也。○陶方琦云。文選歐陽堅石臨終詩注。答賓戲注。引許注。紘。維也。此許高竝用舊訓。故同。或即羼入之說。說文。紘。冠卷維也。說正合。原道訓。紘宇宙而章三光。高注。紘。綱也。若小車蓋四維謂之紘繩之類也。亦方千里。自東北方曰和丘。曰荒土。鸞所自歌。鳳所自舞。名曰和丘。曰荒土也。○莊逵吉云。鸞所自歌。鳳所自舞。八字出山海經。東方曰棘林。曰桑野。東南方曰大窮。曰衆女。○莊逵吉云。御覽下有注云。民少男多女。南方曰都廣。曰反戶。都廣。國名也。山在此國。因復曰都廣山。言其在鄉日之南。皆爲北鄉戶。故反其戶也。西南方曰焦僥。曰炎土。焦僥。短人之國也。長不滿三尺。○莊逵吉云。御覽注作焦僥人長三尺。衣冠帶劍。西方曰金丘。曰沃野。西方。金位也。因爲金丘。沃猶白也。西方白。故曰沃野。西北方曰一目。曰沙所。國人一目在面中央。沙所。流沙所出也。一曰澤名也。蓋北方曰積冰。曰委羽。北方寒冰所積。因以爲名。委羽。山名。在北極之陰。不見日也。凡八紘之氣。是出寒暑。以合八正。必以風雨。八正。八風之正也。以風雨八紘之內。八紘之外。乃有八極。自東北方曰方土之山。曰蒼門。東北木將用事。青之始也。故曰蒼門。東方曰東極之山。曰開明之門。明者。陽也。日之所出也。故曰開明之門。東南方曰波母之山。曰陽門。東南月建在巳。純陽用事。故曰陽門。據天下諸城東南角門皆陽門。是其類也。南方曰南極之山。曰暑門。南方盛陽積溫所在。故曰暑門。西南方曰編駒之山，曰白門。西南月建在申，金氣之始也。金氣白，故曰白門。西方曰西極之山，曰閶闔之門。西方八月建酉，萬物成濟，可及收斂。閶，大也。闔，閉也。大將聚萬物而閉之，故曰閶闔之門也。西北方曰不周之山，曰幽都之門。幽，闇也。都，聚也。玄冥將始用事，順陰而聚，故曰幽都之門。北方曰北極之山，曰寒門。積寒所在，故曰寒門。凡八極之雲，是雨天下。八門之風，是節寒暑。八紘八殥八澤之雲，以雨九州而和中土。中土，冀州。

東方之美者，有醫毋閭之珣玗琪焉。醫毋閭，山名，在遼東屬國。珣玗琪，玉名也。東南方之美者，有會稽之竹箭焉。會稽，山，在今會稽山陰縣之南，禹所葬。竹箭，今會稽郡出好竹箭是也。南方之美者，有梁山之犀象焉。梁山，在會稽長沙湘南，有犀角象牙，皆物之珍也。西南方之美者，有華山之金石焉。金，美金也。石，含玉之石也。華山，今宏農華陰南山是也。西方之美者，有霍山之珠玉焉。出夜光之珠，五色之玉也。今河東永安縣也。西北方之美者，有昆侖之球琳琅玕焉。球琳琅玕，皆美玉也。北方之美者，有幽都之筋角焉。古之幽都在雁門以北，其畜宜牛羊馬，出好筋角，可以爲弓弩。東北方之美者，有斥山之文皮焉。斥讀斥丘之斥。文皮，虎豹之皮也。傳曰：無終子使孟樂因魏莊子納虎豹之皮以請和諸戎是也。中央之美者，有岱嶽以生五穀桑麻，魚鹽出焉。岱嶽，泰山也。王者禪代所祠，因曰岱嶽。五穀桑麻魚鹽所養人者。出，猶生也。

凡地形，東西爲緯，南北爲經。山爲積德，川爲積刑。山仁，萬物生焉，故爲積德。川水智，智制斷，故爲積刑也。論語曰：仁者樂山，知者樂水，是也。高者爲生，下者爲死。高者陽，主生。下者陰，主死。丘陵爲牡，谿谷爲牝。丘陵高敞，陽也，故爲牡。谿谷污下，陰也，故爲牝。水圓折者有珠，方折者有玉。圓折者陽也，珠陰中之陽。方折者陰也，玉陽中之陰也。皆以其類也。清水有黃金，龍淵有玉英。清水澂，故黃金出焉。龍淵，龍所出游淵也。玉英，轉化有精光也。土地各以其類生。○王念孫云：此本作土地各以類生人。今本衍其字，脫人字（陳祥道禮書引此已誤）。史記天官書正義、藝文類聚水部上、白帖六、太平御覽天部十五、地部二十三、疾病部一、疾病部三引此並無其字，有人字。是故山氣多男，澤氣多女，障氣多喑，風氣多聾。○王念孫云：障氣本作水氣。後人以水與澤相複，故妄改爲障耳（禮書引此已誤）。不知凡水皆謂之水，而水鍾乃謂之澤（見周官大司徒注）。且澤氣與山氣相對，水氣與風氣相對，義各有取。改水爲障，則義不可通矣。太平御覽天部十五、疾病部一、疾病部三（此篇內兩引）引此竝作水氣。酉陽雜俎廣知篇同。林氣多癃。木氣多傴。自此上至山氣多男，皆生子多有此病也。岸下氣多
腫。○王念孫云：腫本作尰。此亦後人妄改之也。（禮書引此已誤）腫音諸勇反，尰音市勇反。凡腫疾皆謂之腫，而腫足則謂之尰。尰字從尢，尢讀若汪，跛曲脛也（見下條）。故尰字從之。岸下氣下溼，故有腫足之疾。
小雅巧言篇：居河之麋，既微且尰。鄭箋曰：居下溼之地，故生微尰之疾。爾雅曰：既微且尰，骭瘍爲微，腫足爲尰是也。若作腫則非其指矣。太平御覽天部十五引此正作尰。又引高注云：岸下下溼，腫足曰尰。（今脫
此注）又疾病部一、疾病部三引此竝同。石氣多力。象石堅也。險阻氣多癭。上下險阻，氣衝喉而結，多癭咽也。暑氣多夭。夭折不終也。寒氣多壽。谷氣多
痺。丘氣多狂。○王念孫云：狂當爲尪。說文：尢，跛曲脛也，從尢象偏曲之形。古文作尪。一切經音義十八引蒼頡篇曰：痺，手足不仁也。痺與尪皆肢體之疾，故連類而及之。若狂則非其類矣。篆書尪、狂
二字相似，隸書亦相似，故尪誤爲狂。天官書正義、太平御覽引此作狂，亦傳寫之誤。酉陽雜俎正作尪。呂氏春秋盡數篇：輕水所多禿與瘻人，重水所多尰與躄人，苦水所多尪與傴人。瘻、尰、尪、傴四字皆與此篇
同。衍氣多仁。下而汙者爲衍也。○莊逵吉云：御覽衍作廣。注云：下而平者爲廣也。陵氣多貪。輕土多利。重土多遲。利，疾也。清水音小。濁水音大。
音聲也。湍水人輕。遲水人重。湍，急流悍水也。中土多聖人。皆象其氣，皆應其類。故南方有不死之草，北方有不釋之
冰。南方溫，故草有不死者；北方寒，故冰有不泮釋者。○文典謹按：御覽六十八引南方作淮海。意林引注云：寒溫異也。疑皆據許本也。東方有君子之國。東方木德仁，故有君子之國。其人衣
冠帶劍，食獸，使二文虎也。○莊逵吉云：說文解字曰：東夷從大。大，人也。夷俗仁，仁者壽，有君子不死之國。卽與此解同。西方有形殘之尸。寢居直夢，人死爲鬼。西方金，金
斷割攻戰之事，有形殘之尸也。寢，寐也；居，處也。金氣方剛，故其寢寐處夢悟如其夢，故曰直夢。不終其命，死而爲鬼，能爲祆怪病人也。一說曰：形殘之尸，于是以兩乳爲目，腹臍爲口，操干戚以舞，天神斷其手後
天帝斷其首也。以無夢，故曰寢居直夢。○莊逵吉云：一說卽山海經之形天也。古聲天、殘相近。磁石上飛。雲母來水。土龍致雨。燕鴈代飛。湯遭旱，作土龍以象龍，雲從龍，
故致雨也。燕，玄鳥也，春分而來；鴈，春分而北詣漢中也。燕秋分而去，鴈秋分而南詣彭蠡也。故曰代飛。代，更也。○莊逵吉云：御覽引許脊注：湯遭旱，作土龍以象雲龍。卽此注而小異。○陸方琦云：初學記一、白帖
二、御覽十一、歲華紀麗二注引許注：湯遭旱，作土龍以象雲，從龍也。按此亦疑許說屬入高注本，故同。桓子新論：問求雨所以爲土龍者何也？曰：龍見者輒有風雨興起，以送迎之，故緣其象類而爲之。論衡亂龍

篇董仲舒中春秋之雩謂土龍以招雨其意以雲龍相致易曰雲從龍以類求之故設土龍許注謂湯時事必係古說又御覽九百四十二引燕雁代飛許注云燕春南而雁秋北文選江淹雜體詩注引致一秋字義固未足然御覽加一雁字義又未安當是燕春南而秋北雁春北而秋南管子桓公曰鴻雁春北而秋南不失其時文亦相類**蛤蟹珠龜與月盛衰**與猶隨也**是故堅土人剛弱土人肥**○俞樾云下文壚土人大沙土人細息土人美秏土人醜大與細對美與醜對剛與肥則不對矣肥當作脃廣雅釋詁脃弱也脃即肥之俗體堅土人剛弱土人肥正相對成義家語執轡篇作堅土之人剛弱土之人柔柔土亦肥也**壚土人大沙土人細**壚讀纑縷之纑細小也**息土人美秏土人醜食水者善游能寒**魚鼈鷺鶩之屬是也○陶方琦云意林引許注魚是也當是高承許注○文典謹按能讀曰耐漢書趙充國傳漢馬不能冬師古曰能讀曰耐是其比也家語執轡篇正作耐**食土者無心而慧**蚯蚓之屬是也○俞樾云蚯蚓之屬何慧之有大戴記易本命篇作無心而不息盧辯注曰蚯蚓之屬不氣息也此文慧字疑亦不息二字之誤○文典謹按家語執轡篇與大戴禮同御覽九百四十四引作食土者無心不惠〔惠慧古通〕俞說近塙○陶方琦云意林引許注蚯蚓是也此高承用許注**食木者多力而羆**熊羆之屬是也羆煩腸黃理也羆讀內羆于中國之羆近鼻也○陶方琦云意林引許注熊羆是也此亦高承用許注○文典謹按御覽九百五十二引㲋作惡引注羆作犀**食草者善走而愚**麋鹿之屬是也○陶方琦云意林引許注麋鹿是也亦是高承用許注**食葉者有絲而蛾**蠶是也○王念孫云食葉本作食桑後人以蟲之食葉者多化爲蛾故改食桑爲食葉不知正文本作食桑故高注專訓爲蠶若作食葉則與高注不合矣爾雅蛾羅郭璞曰蠶蛾說文蛾蠶化飛蟲或作蠶是古人言蛾者多專指蠶蛾言之故曰食桑者有絲而蛾故高注專訓爲蠶也大戴禮易本命篇家語執轡篇並作食桑太平御覽資產部五蠶下引淮南亦作食桑意林及藝文類聚蟲豸部並同○文典謹按上文食木者食草者下文食肉者食穀者木也草也肉也穀也皆共名也此似不應獨舉專名曰食桑者蟲之食葉者多化爲蛾此生民之所共見且據藝文類聚高注實作蠶屬是也此蠶是也乃許注也既曰蠶屬則非專訓爲蠶可知許說泥矣**食肉者勇敢而悍**虎豹鷹鸇之屬是也○陶方琦云意林引許注作虎豹是也**食氣者神明而壽**仙人松喬之屬是也○陶方琦云意林引許注龜蛇之類王喬赤松是也**食穀者知慧而夭**○陶方琦云意林引許注人是也高無注乃敓文也**不食者不死而神凡人民禽獸萬物貞蟲各有以生**貞蟲諸細要之屬也**或奇或偶或飛或走莫知其情唯知通道者能原本之天一地二人三**一陽二陰也人生於

天地.故日三也.三三而九.九九八十一.一主日.日數十.十.從甲至癸也.日主人.人故十月而生.八九七十二.二主偶.偶以承奇.奇主辰.辰主月.月主馬.馬故十二月而生.七九六十三.三主斗.斗主犬.犬故三月而生.六九五十四.四主時.時主彘.彘故四月而生.五九四十五.五主音.音主猿.猿故五月而生.四九三十六.六主律.律主麋鹿.〇莊逵吉云.大戴禮記作禽鹿.麋鹿故六月而生.三九二十七.七主星.星主虎.虎故七月而生.二九十八.八主風.風主蟲.蟲故八月而化.鳥魚皆生於陰.陰屬於陽.〇王念孫云.下陰字蒙上而衍.此謂鳥魚皆屬於陽.非謂陰屬於陽也.大戴禮家語.並作鳥魚皆生於陰而屬於陽.盧辯曰.生於陰者.謂卵生也.屬於陽者.謂飛游於虛也.則無下陰字明矣.文選辯命論注.太平御覽羽族部一.引淮南皆無下陰字.故鳥魚皆卵生.魚游於水.鳥飛於雲.故立冬.燕雀入海化爲蛤.〇莊逵吉云.大戴禮記蛤作蚧.萬物之生而各異類.蠶食而不飲.蟬飲而不食.蜉蝣不飲不食.〇莊逵吉云.盧辯注大戴禮記.引本書云.蠶食而不飲.三十二日而化.蟬飲而不食.三十日而死.蜉蝣不飲不食.三日而終.介鱗者夏食而冬蟄.介甲.龜鼈之屬.也鱗.魚龍之屬.齕吞者八竅而卵生.鳥魚之屬.嚼咽者九竅而胎生.四足者無羽翼.戴角者無上齒.無角者膏而無前.膏.豕也.熊猿之屬.無前.肥從前起也.有角者指而無後.指.牛羊麋之屬.無後.肥從後起也.〇莊逵吉云.指應作脂.見周禮注.所謂戴角者脂.無角者膏是也.又王肅家語注.引本書.正作脂.〇文典謹按.莊校是也.御覽八百六十四.八百九十九引.指並作脂.說文肉部.戴角者脂.無角者膏.一切經音義.引三倉.有角曰脂.無角曰膏.皆其證.又無前無後.義不可通.無疑當作兌.始譌爲无.傳寫又爲無耳.御覽八百九十九引.正作兌前兌後.又引注云.豕馬之屬前小.牛羊後小.是其證矣.前小即兌前.後小即兌後也.晝生者類父.夜生者似母.至陰生牝.至陽生牡.夫熊羆蟄藏.飛鳥時移.是故白水宜玉.黑水宜砥.砥.則皁石也.青水宜碧.赤水宜丹.黃水宜金.清水宜龜.汾水濛濁而宜麻.泲水通和而宜麥.河水中濁而宜菽.〇王念孫云.中濁二字.義不相屬.濁本作調.中調.猶中和也.上文曰.濟水通和而宜麥.義與此相近.今作中濁者.涉上文汾水濛濁而誤.(禮書引此已誤)

後漢書馮衍傳注引此作河水調而宜菽，太平御覽百穀部五引此作河水中調而宜菽。雒水輕利而宜禾。渭水多力而宜黍。漢水重安而宜竹。○王念孫云：太平御覽地部二十三、二十七引此竹下皆有箭字，今本脫之（禮書引此已無箭字）。古人言物產者多並稱竹箭，故曰漢水重安而宜竹箭。周官職方氏曰其利金錫竹箭，楚語曰楚有藪曰雲連徒洲，金木竹箭之所生，皆是也。江水肥仁而宜稻。平土之人慧而宜五穀。東方川谷之所注，日月之所出。其人兌形小頭，隆鼻大口，鳶肩企行，竅通於目，筋氣屬焉。蒼色主肝。長大早知而不壽。其地宜麥，多虎豹。南方陽氣之所積，暑濕居之。其人修形兌上，大口決眦。○王念孫云：䏶當爲眦字之誤也。說文：眥，目匡也。鄭注鄉射禮曰：決猶開也。開眦謂大目也，大口決眦，意相近（曹植鼙舞歌曰張目決眥）。太平御覽人事部四引此正作眦。竅通於耳，血脈屬焉。赤色主心。早壯而夭。其地宜稻，多兕象。西方高土，川谷出焉，日月入焉。其人面末僂，修頸卬行，竅通於鼻。末猶脊也。○俞樾云：高注曰末猶脊也，然則末僂者，謂其脊句僂也。末上不當有面字，疑是衍文。又按莊子外物篇末僂而後耳，釋文引李云：末上，謂頭前也。蓋訓末爲上，又以上爲頭，故以末僂爲頭前。此說末字之義較合。說文木部：木上爲末，故人亦以上爲末矣。皮革屬焉。白色主肺。勇敢不仁。其地宜黍，多旄犀。旄讀近綢繆之繆，急氣言乃得之。○莊逵吉云：何休注公羊傳、劉熙釋名，並有急氣籠口讀字之說，蓋當時有其法，卽開魏音反語、周沈切韻之漸矣。北方幽晦不明，天之所閉也，寒水之所積也，○王念孫云：寒水當爲寒冰，字之誤也。上文北方曰積冰，高注曰：北方寒冰所積，因名爲積冰，是也。太平御覽引此正作寒冰。蟄蟲之所伏也。其人翕形翕讀脅榦之脅。短頸，大肩下尻，竅通於陰，骨榦屬焉。黑色主腎。其人惷愚惷讀人謂惷然無知之惷也，籠口言乃得。禽獸而壽。○王念孫云：自翕形短頸以下六句，皆承上其人二字言之，則惷愚上不當更有其人二字。上文東方、南方、西方皆無此二字，此卽因上文其人翕形而誤衍也（太平御覽引此已誤）。又按禽獸二字，妄人所加也。惷愚而壽，與上文早知而不壽，文正相對，加入禽獸二字，則文不成義矣。太平御覽引無此二字。其地宜菽，菽，豆也。多犬馬。傳曰：冀之北土，馬之所生，言燕代出馬也。中央四達，風氣之所通，雨露之所會也。其人大面短頤，美須惡肥，竅通於口，膚肉屬焉。黃色主胃。慧聖而好治。其地宜禾，多牛羊及六畜。木勝土，土勝水，水勝火，火勝金，金勝木。故禾春生秋死，禾者木，春木王而生，秋金王而死。菽夏生冬死，豆，火也，夏火王而生，冬水王而死。麥秋生夏死，麥，金也，金王而生，火王而死也。薺冬生中夏死。薺，水也，水王而生，土王而死也。○王念孫云：此本作薺冬生而夏死，後人以薺死於中夏，因改爲中夏。不知上文禾春生秋死，菽夏生冬死，麥秋生夏死，皆但言其時，而不言其月，薺亦然也。藝文類聚草部下、太平御覽百穀部一、菜部五引此並作薺冬生而夏死。木壯，水老，火生，金囚，土死。火壯，木老，土生，水囚，金死。土壯，火老，金生，木囚，水死。金壯，土老，水生，火囚，木死。水壯，金老，木生，土囚，火死。音有五聲，宮其主也。五聲，宮商角徵羽也。宮在中央，故爲主。色有五章，黃其主也。味有五變，甘其主也。位有五材，土其主也。是故鍊土生木，鍊木生火，鍊火生雲，雲，金氣所生也。鍊雲生水，鍊水反土。○文典謹按：御覽八百六十九引作鍊水生土。鍊甘生酸，鍊酸生辛，鍊辛生苦，鍊苦生鹹，鍊鹹反甘。鍊，猶治也。變宮生徵，變徵生商，變商生羽，變羽生角，變角生宮。變，猶化也。是故以水和土，以土和火，以火化金，以金治木，木復反土。五行相治，所以成器用。土，本也。故曰五行相生，以成器用。

凡海外三十六國。○王引之云：論衡無形、談天二篇並作三十五國。今曆數下文，自修股民至無繼民，實止三十五國。六字誤也。自西北至西南方，有修股民、天民、肅愼民、修，長也。股，腳也。天民、肅愼，皆有國名也。傳曰：肅愼、燕亳，吾北土。是云西方，黨獨西方之國，自復有之耶？一曰：肅，敬也；愼，畏也。白民、沃民、女子民、丈夫民、白民，白身民，被髮，髮亦白。女子民，其貌無有須，皆如女子也。丈夫民，其狀皆如丈夫，衣黃衣，冠帶劍，皆西方之國也。奇股民、一臂民、三身民。奇，隻也。股，腳也。言其人一臂，一手，一鼻孔也。三身民，蓋一頭有三身，皆西方之國也。自西南至東南方，結匈民、羽民、讙頭國民、裸國民、三苗民、交股民、不死民、穿匈民、反舌民、三苗，國民也，在豫章之彭蠡。交股民，腳相交切。不死民，不食也。穿匈，匈前穿孔達背。反舌民，語不可知而自相曉。一說舌本在前，反向喉，故曰反舌也。南方之國名也。豕喙民、鑿齒民、三頭民、修臂民。豕喙民，其喙如豕。鑿齒民，吐一齒出口下，長三尺也。三頭民，身有三頭也。修臂民，一國民皆長臂，臂長於身，皆南方之國也。自東南至東北方，有大人國、君子國。東南墟土故人大也君子國已說在上章也黑齒民。玄股民。其人黑齒食稻啖蛇在湯谷上玄股民其股黑兩鳥夾之見山海經也○陶方琦云文選海賦注引許注其民不衣也其民黑齒也按其人黑齒此許與高同本海外東經之說或許注屬入高注中者海外東經黑齒國郭注引東夷傳曰倭國東四十餘里有裸國裸國東南有黑齒國船行一年可至王逸楚辭招魂注黑齒齒牙盡黑齊俗訓(無題篇字乃許注本)雖之夷狄徒倮之國許注徒倮不衣也與此注同毛民。勞民。其人體半生毛若矢鏃也勞民正理躁擾不定也皆東方國也自東北至西北方。有跂踵民。句嬰民。跂踵民踵不至地以五指行也句嬰讀為九嬰北方之國也○莊逵吉云古句九同聲故齊桓公九合即糾合此讀句為九之證深目民。無腸民。柔利民。皆北方之國也一目民。無繼民。一目民目在面中央無繼民其人蓋無嗣也北方之國也○莊逵吉云無繼即無啓啓與繼通用字雒棠。武人。在西北陬。皆日所入之山名也硥魚在其南。硥魚如鯉魚也有神聖者乘行九野在無繼民之南硥讀如蚌也有神二人連臂。為帝候夜。在其西南方。連臂大呼夜行三珠樹在其東北方。有玉樹在赤水之上。昆侖華丘在其東南方。在無繼民之東南也爰有遺玉。○莊逵吉云遺玉說文解字作璧玉青馬視肉。其人不知言也楊桃甘櫨甘華百果所生。皆異物也在木曰果在地曰蓏○劉績云華丘疑蹉丘之誤蹉音嗟山海經蹉丘爰有遺玉青鳥視肉楊柳甘柤甘華百果所生○王念孫云此海外東經文也蹉與華形聲皆不相近若本是蹉字無緣誤為華今案華字當是苹字之誤苹與平古字通(堯典平秩東作馬融本平作苹周官車僕苹車之苹故書苹作平說文蒻蒲子可以為平席王肅注顧命作苹席)海外北經曰平丘在三桑東爰有遺玉青鳥視肉楊柳甘柤甘華百果所生此淮南所本也隸書苹字或作苹(見漢北海相景君碑陰)又作苹(見桐柏淮源廟碑)並與華相似故苹誤為華矣(說文蒻蒲子可以為平席文選秋興賦注引作華席亦是平通作苹因誤為華也史記禮書大路越席正義越席謂蒲為華席亦是苹席之誤)○陶方琦云此許注屬入高注中者時則訓果實蚤成高注有蓏曰果無蓏曰蓏其注呂覽本味篇說亦同說文蓏字下云在木曰果在地曰蓏說正同幸有左證方能別而出之和丘在其東北陬。四方而高曰丘鸞所自歌鳳所自舞故曰和丘在無繼民東北陬也三桑無枝在其西。夸父耽耳在其北方。耽耳耳垂在肩上耽讀褶衣之褶或作攝以兩手攝耳居海中○王念孫云褶攝二字聲與耽不相近耽字無緣讀如褶亦無緣通作攝耽皆當為耴今作耽者後人以意改之耳說文耴耳垂也從耳下垂象形春秋傳曰秦公子耴耴者其耳下垂故以為名玉篇豬涉切是耳下垂謂之耴故高注云耴耳耳垂在肩上廣韻耴耳國名正謂此也

（春秋鄭公子輒字子耳，義與耴亦相近。）字或作聶。海外北經云：聶耳之國在無腸國東，為人兩手聶其耳，縣居海水中。卽高注所云以兩手聶耳居海中者也。耴與聶聲相近，故海外北經作聶。耴與褶、攝聲亦相近，故高讀耴如褶，而字或作攝。後人多見耽少見耴，又以說文云耽耳大垂也，故改耴為耽，而不知其與高注大相抵牾也。夸父棄其策，是為鄧林。夸父，神獸也。飲河渭不足，將飲西海，未至，道渴死，見山海經。策，杖也。其杖生木而成林。鄧猶木也。一曰仙人也。○陶方琦云：文選潘岳西征賦注引許注：策，杖也。按此亦許注酈入高注中者。莊子齊物論司馬注：策，杖也。昆吾丘在南方。昆吾，楚之祖祝融之孫陸終之子，為夏伯也。詩云：昆吾夏桀也。軒轅丘在西方。軒轅，黃帝有天下之號也。巫咸在其北方，巫咸知天道，明吉凶。立登保之山。暘谷榑桑在東方。暘谷，日之所出也。榑桑在登保之山東北方也。有娀在不周之北。長女簡翟，少女建疵。有娀，國名也。不周，山名也。娀讀如嵩高之嵩。簡翟、建疵，姊妹二人，在瑤臺，帝嚳之妃也。天使玄鳥降卵，簡翟吞之，以生契，是為玄王，殷之祖也。詩云：天命玄鳥，降而生商也。西王母在流沙之瀕。地理志曰：西王母石室在金城臨羌西北塞外。樂民拏閭在昆侖弱水之洲。水中可居曰洲。三危在樂民西。三危，西極之山名也。宵明燭光在河洲，所照方千里。洲，水中所居者。燭光所照者方千里。龍門在河淵。湍池在昆侖。龍門在河中，馮翊夏陽界。玄燿不周。玄燿，水名。一曰山名。申池在海隅。海隅，藪也。孟諸在沛。孟諸，宋澤也，在睢陽東北。少室太室在冀州。少室、太室在陽城，嵩高山之別名。冀，堯都冀州，冀為天下之號也。燭龍在鴈門北，蔽于委羽之山，不見日。其神人面龍身而無足。蔽，至也。委羽，北方山名也。一曰龍銜燭以照太陰，蓋長千里，視為晝，瞑為夜，吹為冬，呼為夏。○陶方琦云：初學記三、御覽九百二十九引許注：不見日，故龍以目照之，蓋長千里，開為晝，（御覽引開仍作視字。）瞑為夜，吹為冬，呼為夏。按許注亦本海外北經說也。海外北經作鍾山之神名燭陰，視為晝，瞑為夜，吹為冬，呼為夏。御覽引括地志亦同。又大荒北經章尾山是燭九陰，是謂燭龍。郭注引詩含神霧：天不足西北，無有陰陽消息，故有龍銜精以照天門。淮南子曰：蔽于委羽之山，不見天日也。○文典謹按：文選謝靈運擬魏太子鄴中集詩注引蔽作[illegible]，注同。后稷壠在建木西，建木在都廣，都廣，南方澤名。說其山，說其澤。壠，冢也。其人死復蘇，其半魚在其間。南方人死復生，或化為魚，在都廣建木間。流黃沃民在其北方三百里。狗國在其東。雷澤有神，龍身人頭，鼓其腹而熙。雷澤，大澤也。鼓，擊也。熙，戲也。地理志曰：禹貢雷澤在濟陰城陽西北，城陽有堯冢。江出岷山，東流

絕漢入海。左還北流。至于開母之北。右還東流。至于東極。岷山在蜀西徼外絕猶過也開母山名在東海中

河出積石。睢出荊山。河原出昆侖伏流地中方三千里禹導而通之故出積石積石山在金城郡河關縣西南荊山在左馮翊懷德縣之南下有荊漯原雝州浸也○莊逵吉云睢出荊山睢字誤當爲洛古字作雒故誤爲睢也荊漯原當即疆梁原古字荊疆相通漯梁則字之誤也孫編修謂梁古文作漆形與漯近後人多見漯少見漆因之而亂耳○王念孫云水經沮水注曰沮水出東汶陽郡沮陽縣西北景山即荊山首也(中山經荊山之首曰景山睢水出焉東南流注于江)故淮南子曰沮出荊山高誘云荊山在左馮翊懷德縣蓋以洛水有漆沮之名故也斯繆證耳案此所謂沮水乃江漢睢障之睢非漆沮之沮所謂荊山乃禹貢南條荊山非北條荊山故酈氏以高注爲繆證莊伯鴻欲改睢爲洛以合高注不知洛水過荊山入渭(地理志左馮翊懷德禹貢北條荊山在南下有疆梁原洛水東南入渭)則不得言洛出荊山且下文明言洛出獵山何不察之甚也

淮出桐柏山。睢出羽山。桐柏山在南陽

清漳出楬戾。濁漳出發包。楬戾山在上黨治發包山一名鹿苦山亦在上黨長子二漳合流經魏郡入清河也○莊逵吉云錢別駕云鹿苦地理志作鹿谷苦字誤應作谷清漳說文解字以爲出沾山大要谷地理志以爲出大黽谷要黽亦形近亂也山海經云謁戾之山沁水出焉水經同蓋沁漳下流互受故以沁水所出之山爲清漳所出耳發包水經作發鳩古字鳩或爲勼勼與包形近亦聲同因字因聲故亦通用褐謁亦同

濟出王屋。時泗沂出臺台術。王屋山在河東垣縣東北時泗沂皆水名臺台術皆山名處則未聞也

洛出獵山。獵山在北地西北夷中洛東南流入渭詩瞻彼洛矣維水泱泱是也

汶出弗其。西流合於濟。弗其山在北海朱虛縣東○莊逵吉云弗其地理志作不其弗不通用○王引之云水經汶水注曰按誘說是乃東汶非經所謂入濟者也蓋其誤證爾今案漢書地理志琅邪郡朱虛有東泰山汶水所出東至安邱入維此高注所本也其水入維不入濟故酈氏以爲誤證地理志又曰泰山郡萊蕪有原山禹貢汶水出西南(句)入泲(古濟字)此則淮南之汶矣汶出原山而此云出弗其者弗其蓋原山之別名淮南與地理志似異而實同也禹貢雖指因高注誤證而並以淮南爲誤則過矣弗其即是原山在萊蕪縣與不其縣之不其山名相似而地則不同莊氏伯鴻以爲即不其山謬矣○俞樾云說文水部汶水出琅琊朱虛東泰山東入濰又曰桑欽說汶水出泰山萊蕪西南入泲是汶水有二一入濰一入泲泲即濟也高注曰弗其山在北海朱虛縣東是誤以入濰之汶說入濟之汶王氏讀書雜志已辯正矣惟弗其之名未能塙指漢書地理志曰泰山郡萊蕪有原山禹貢汶水出西南入泲今原山在山東泰安府萊蕪縣東北七十里亦名馬耳山弗其二字疑即馬耳之誤弗與馬其與耳字形皆相似○文典謹按西流合於濟各本皆作流合於濟敦西字今據水經注所

引補。

漢出嶓冢，涇出薄落之山。嶓冢山，漢陽縣西界，漢水所出，南入廣漢，東南至雝州江。薄落之山一名笄頭山，安定臨涇縣西，禹貢涇水所出，東南至陽陵入渭。渭出鳥鼠同穴，伊出上魏，鳥鼠同穴山在隴西首陽西南，渭水所出，東會于灃，又入河，雝州川也。上魏山名，處則未聞。○莊逵吉云：渭水諸書皆作雍州浸，唯此書與周書作川。雒出熊耳。熊耳山在京師上雒西北也。浚出華竅，維出覆舟，汾出燕京。燕京山名也，在太原汾陽，汾水所出，西南至汾陽，冀州浸。○莊逵吉云：山海經、水經皆云汾出管涔山，厶字燕管京。涔聲近通用。紝出濆熊，淄出目飴。目飴山名。丹水出高褚。高褚一名冢嶺山，在京兆上雒，丹水所出，東至均入沔也。○劉績云：冢領山在陝西西安府商縣南，丹水出於此東，流至河南內鄉縣，與淅水合，流入漢江，非此所謂丹水也。高褚恐高都之譌。漢上黨高都縣莞谷，丹水所出，東南入絕水（見地理志），今山西澤州高平即高都，有丹水，源出仙公山，南流合白水，入沁河，此丹水是。○王念孫云：劉說是也。北山經曰：沁水之東有林焉，名曰丹林，丹水出焉（舊本作丹林之水，衍林之二字，今依水經注刪），南流注于沁（舊本作注于河，涉上文沁注于河而誤，今依水經注改）。水經沁水注曰：丹水出上黨高都縣故城東北阜下，東會絕水，又東南流，白水注之，又東南流，注於沁。竹書紀年：晉出公五年丹水三日絕不流，皆謂此丹水也。漢高都故城在今澤州府鳳臺縣東北，此作高褚，豈都字古通作諸，因誤爲褚與？股出嶕山。○王引之云：徧考地理書，無股水之名，股疑當爲般，隸書舟字多作月，故般誤爲股（漢巴郡太守張納功德敘般桓弗就，司隸校尉魯峻碑陰平原般並作股，與股相似。爾雅釋水鉤般，釋文：般，李本作股。漢書地理志濟南郡般陽，應劭曰：在般水之陽。水經濟水注曰：般水出般陽縣東南龍山，俗亦謂之爲左阜龍山，蓋嶕山也，古今異名耳。鎬出鮮于，涼出茅盧石梁。鮮于、茅盧石梁，皆山名也。○莊逵吉云：郭璞山海經注引此作薄出鮮于。○劉績云：鎬薄必有一誤。○王引之云：北山經薄水注引此文，則薄非誤字可知。鎬與薄形聲皆不相似，薄字亦無緣誤爲鎬，蓋鎬字下有出某山之文，而今脫之，薄出鮮于又脫薄字，故混爲一條耳。汝出猛山，淇出大號。猛山一名高陵山，在汝南定陵縣，汝水所出，東南至新蔡入淮。大號山在河內共縣北，或曰在臨慮南西。○莊逵吉云：河內共縣，諸本及藏本皆作卬，攷河內無卬縣，當作共，故改之。晉出龍山結給，合出封羊。結給合一名也，龍山在晉陽之西北，晉水所出，東入汾。封羊，山名。○王引之云：晉出龍山結給，當作晉出結絀，龍山二字因注而衍，絀字右畔作合，則因下句合出封羊而誤，注當作結絀山一名龍山，今本作結給，亦隨正文而誤，又脫山字，衍合字、也字耳。水經晉水注曰：晉書地道記及十三州志並言晉水出龍山，一云出結絀山，在晉陽縣西北。太平御覽地部十引郡國志曰：懸甕山一名龍山，亦名結絀山，晉水出焉。是結絀山乃晉水所出，故曰晉出結絀。結絀疊韻字（結古讀若吉），若作結給，則失其韻矣。且龍山卽是結紐，不得並言龍山結紐也。注言結紐山一名龍山者，猶上注言發包山一名鹿谷山、薄落之山一名笄頭山、猛山一名高陵山，其云一名某山，乃高以當時山名釋之，不得闌入正文。

遼出砥石。釜出景。砥石，山名，在塞外，遼水所出，南入海。景，山名，在邯鄲西南，釜水所出，南澤入漳。其原浪沸湧，正勢如釜中湯，故曰釜。今謂之釜口。岐出石橋。呼沱出魯平。魯平，山名。呼沱，并州之浸也，今中山漢昌呼沱河是。○莊逵吉云：孫編修云：魯平疑當作魯乎。此山亦名武夫，古聲武魯、夫乎相近。又攷山海經名之爲泰戲，戲戲聲亦與乎夫近，皆通用字。泥塗淵出欘山。欘讀人姓欘氏之欘。維濕北流出於燕。流於北燕北塞外也。○莊逵吉云：錢別駕云：維濕，濕字當作灅，灅水出右北平浚靡縣東南，至無終入庚，庚水至雍奴入海。出地理志，卽經流燕京之水也。若濕出平原高唐，與此不涉，非是。

諸稽、攝提，條風之所生也。諸稽攝提，天神之名也。艮爲條風。通視，明庶風之所生也。通視，天神也。明庶風，震卦也。之所生也。赤奮若，清明風之所生也。赤奮若，天神也。巽爲清明風也。共工，景風之所生也。共工，天神也，人面蛇身。離爲景風。諸比，涼風之所生也。諸比，天神也。坤爲涼風。皋稽，閶闔風之所生也。皋稽，天神也。兌爲閶闔風也。隅強，不周風之所生也。隅強，天神也。乾爲不周風也。窮奇，廣莫風之所生也。窮奇，天神也，在北方，道足乘兩龍，其形如虎。坎爲廣莫風。䆎生海人。䆎人之先人。○俞樾云：下文又曰凡䆎者生於庶人，兩䆎字皆胈字之誤。史記司馬相如傳：躬腠胝無胈。韋昭曰：胈，膚中小毛也。漢書相如傳注引孟康曰：胈，毳膚皮也。然則凡胈者生於庶人，與下凡羽者生於庶鳥、凡毛者生於庶獸、凡鱗者生於庶魚、凡介者生於庶龜一律，人以胈言，猶鳥獸魚龜以羽毛鱗介言也。其字本从肉，傳寫誤从穴，後人以从穴之字多上形下聲，因變爲䆎矣。管子侈靡篇有鵬字，卽鷟字之誤。墨子備城門篇有臏字，卽竇字之誤，說見本書。彼蓋先誤穴爲肉，後人以从肉之字多左形右聲，因變爲鵬、爲臏，與此正可互證也。道藏本作凡容者生於庶人，則與䆎生海人不相應，卽與下文羽毛鱗介不一律矣。又按䆎生海人，䆎下脫一字，說詳下條。海人生若菌。菌讀羣下之羣。若菌生聖人。聖人生庶人。凡䆎○莊逵吉云：此字藏本作容，恐非是，故從各本仍作䆎。者生於庶人。羽嘉生飛龍。飛龍，羽嘉之先。飛龍有翼。○文典謹按：御覽九百十四引注飛龍有翼作蜚龍，龍之有翼者。飛龍生鳳皇，鳳皇生鸞鳥，鸞鳥生庶鳥，凡羽者生於庶鳥。毛犢生應龍，應龍生建馬，建馬生麒麟，麒麟生庶獸，凡毛者生於庶獸。介鱗生蛟龍。介鱗，鱗蟲之先。蛟龍，有鱗甲之龍也。○俞樾云：蛟龍乃鱗蟲，非介蟲也，不當兼言介。上文羽嘉生飛龍.毛犢生應龍.下文介潭生先龍.曰羽嘉.曰毛犢.曰介潭.是羽毛介各有一字以配之.使成二名.則此文鱗下亦當有一字.傳寫脫去.又涉下文介潭而誤衍介字耳.以此推之.上文爰生海人.爰下亦必脫一字矣.蛟龍生鯤鯁.鯤鯁生建邪.建邪生庶魚.凡鱗者生於庶魚.介潭生先龍.介國也.龜之先.潭讀譚國之譚.先龍生玄黿.玄黿生靈龜.靈龜生庶龜.凡介者生於庶龜.煖濕生容.煖一讀暵.當風乾燥之貌也.煖濕生於毛風.毛風生於濕玄.濕玄生羽風.羽風生煖介.煖介生鱗薄.鱗薄生煖介.五類雜種興乎外.肖形而蕃.肖.像也.言相代象而蕃多也.日馮生陽閼.日馮.木之先也.陽閼生喬如.喬如生幹木.幹木生庶木.凡根拔木者生於庶木.○王念孫云.根拔二字.涉下文根茇草而誤衍也.下文言根茇草者.對後浮生不根茇者而言.若木則皆有根茇.不必別言之曰.根拔木也.凡木者生於庶木.與上文凡羽者生於庶鳥.凡毛者生於庶獸.凡鱗者生於庶魚.凡介者生於庶龜.文同一例.不當有根拔二字也.又下文根拔生程若.程若生玄玉.玄玉生醴泉.醴泉生皇辜.皇辜生庶草.凡根茇草者.生於庶草.高注根拔生程若曰.根拔.根生草之先也.(今本草之二字誤倒.據下注浮生草之先改)案根拔皆當作招搖.今作根拔者.亦因下文根茇草而誤.根茇草生於庶草.由庶草而上溯之.至於程若.是程若爲根茇草之先.不得言根拔生程若也.酉陽雜俎廣動植篇作招搖生程若.以下六句皆本淮南.則根拔爲招搖之誤明矣.根拔生程若.根拔.根生之草先也.程若生玄玉.玄玉生醴泉.醴泉生皇辜.皇辜生庶草.凡根茇草者生於庶草.海閭生屈龍.海閭.浮草之先也.屈龍.游龍.鴻也.詩云.隰有游龍.言屈字之誤.屈龍生容華.容華.芙蓉.草花.容華生蔈.蔈.流也.無根水中草.蔈生萍藻.萍藻生浮草.凡浮生不根茇者生於萍藻.○王念孫云.三萍字.皆後人所加.(埤雅引此已誤)蔈一作薸.萍一作蓱.呂氏春秋季春篇注曰.萍.水薸也.(今本薸誤作藻)爾雅釋草注曰.水中浮蓱.江東謂之薸.則蔈即是萍.不得言蔈生萍藻.且萍藻爲二物.又不得言萍藻生浮草也.酉陽雜俎正作蔈生藻.藻生浮草.正土之氣也.御乎埃天.○莊逵吉云.御覽御作仰.下同.下有注云.正土.中土也.其氣上曰埃.央中天也.○王念孫云.也字衍.下文偏土之氣.四段.氣下皆無也字.太平御覽地部三十五引此亦無.埃天五百歲生缺.○莊逵吉云.御覽作砄.注云.砄.石名也.中央數五.故五百歲而一化.似與黃金下注語相亂.缺五百歲生黃埃.黃埃五百歲生黃澒.○王念孫云.此本作埃天五百歲生缺.缺五百歲生黃澒.其生黃埃.黃埃五百歲八字皆

因上下文而誤衍也(上文有埃天.下文有黃泉之埃)下文青天八百歲生青曾.青曾八百歲生青澒.與此文同一例(後二段並同)則不當有生黃埃以下八字明矣.初學記寶器部.太平御覽珍寶部九.引此.並云
玦五百歲生黃澒(又引注云.玦.石也)御覽地部三十五.引此云.埃天五百歲生玦(又引注云.玦.石名也.玉篇.玦.音泱.石也)玦五百歲生黃澒.是其證.黃澒五百歲生黃金.黃金.石名也.中央數
五.故五百歲而一化.澒.水銀也.黃金千歲生黃龍.黃龍入藏生黃泉.○莊逵吉云.御覽下有注云.黃泉.黃龍之汋也.黃泉之埃.上爲黃雲.陰陽相
薄爲雷.激揚爲電.上者就下.流水就通.而合于黃海.黃海.中央之海.偏土之氣.御乎清天.○莊逵吉云.御覽下有注云.偏土.方土也.清
天八百歲生青曾.○莊逵吉云.御覽下有注云.青曾.青石也.東方數八.故八百歲而一化.亦與下注語相亂.○王念孫云.清天當爲青天.謂東方天也.下清泉同.太平御覽地部引此.正作青天青泉.
青曾八百歲生青澒.青澒八百歲生青金.青金八百歲生青龍.東方木色青.其數八.故八百歲而一化.○王念孫云.八百歲當爲千歲.上文黃金千
歲生黃龍.即其證也(後二段並同)高注云.東方木色青.其數八.故八百歲而一化.此注本在上文青澒八百歲生青金之下.後誤入此句下.讀者因改千爲八百耳.太平御覽引此.正作青金千歲生青龍.青
龍入藏生青泉.青泉之埃.上爲青雲.陰陽相薄爲雷.激揚爲電.上者就下.流水就通.而合于青海.東方之海.壯
土之氣.御于赤天.○莊逵吉云.御覽引此.下有注云.壯土.南方之土.○王念孫云.壯土當爲牡土.此對下文北方土爲牝土而言.壯字俗書作壯.與牡相似而誤.赤天七百歲生
赤丹.○莊逵吉云.御覽注云.赤丹.砂也.南方數七.故七百歲而一化.赤丹七百歲生赤澒.赤澒七百歲生赤金.南方火.其色赤.其數七.故七百歲而一化.○莊逵吉
云.御覽此下注云.丹砂不化爲沙.而可以爲金.故氣赤澒也.當有誤字而無攷.赤金千歲生赤龍.
赤龍入藏生赤泉.赤泉之埃.上爲赤雲.陰陽相
薄爲雷.激揚爲電.上者就下.流水就通.而合于赤海.南方之海.弱土之氣.御于白天.○莊逵吉云.御覽下有注云.弱土.西方土也.白
天九百歲生白礜.白礜九百歲生白澒.白澒九百歲生白金.白礜.礜石也.白澒.水銀也.西方金色白.其數九.故九百歲而一化.白金千歲
生白龍.白龍入藏生白泉.白泉之埃.上爲白雲.陰陽相薄爲雷.激揚爲電.上者就下.流水就通.而合于白

海。西方之海。牝土之氣，御于玄天。○莊逵吉云：御覽下有注云：牝土，北方土也。玄天六百歲生玄砥。玄砥，黑石也。玄砥六百歲生玄澒。玄澒六百歲生玄金。北方水，其色黑，其數六，故六百歲而一化。玄金千歲生玄龍，玄龍入藏生玄泉，玄泉之埃上爲玄雲，陰陽相薄爲雷，激揚爲電，上者就下，流水就通，而合于玄海。北方之海。上者就下，天氣復從天流下也。其通流之水，皆入于海也。

卷五

時則訓

則，法也。四時寒暑十二月之常法也，故曰時則，因以題篇。

孟春之月，招搖指寅，招搖，斗建。昏參中，旦尾中。參，西方白虎之宿也。是月昏時中於南方。尾，東方蒼龍之宿也。是月將旦時中於南方。其位東方，其日甲乙。太皞之神治東方也。甲乙，木日也。盛德在木，木王東方也。○莊逵吉云：太皞之神治東方也八字藏本無之，明葉近山本有。據下孟夏、孟秋、孟冬注語，則有者是也，因從之。盛德在木，其蟲鱗。東方少陽，物去太陰，甲散爲鱗。鱗蟲，龍爲之長。角，木也。位在東方也。○陶方琦云：文選宋玉對楚王問注引許注：鱗，龍之屬也。按周禮大司徒其動物宜鱗物，鄭注：鱗物，魚龍之屬。其音角，律中太蔟，其數八。律，管音也。陰衰陽發，萬物太蔟地而生，故曰太蔟。其數八，五行數五，木第三，故曰八也。○文典謹按：注萬物太蔟地而生，太字疑衍。本書天文訓音比太蔟注言陰衰陽發，萬物蔟地而生，故曰太蔟也。呂氏春秋孟春紀高氏彼注：太陰氣衰，少陽氣發，萬物動生，蔟地而出，故曰律中太蔟。曰蔟地而生，曰蔟地而出，並無太字，是其證矣。其味酸，其臭羶。木味酸，酸之言鑽也，萬物鑽地而生。羶，木香羶。其祀戶，祭先脾。蟄伏之類，始動生出由戶，故祀戶也。脾屬土，陳設俎豆，脾在前也。春木勝土，言常食所勝也。一曰脾屬木，自用其藏也。○莊逵吉云：錢別駕云：說文解字肉部曰：腎，水藏也；肺，金藏也；脾，土藏也；肝，木藏也；皆無異義。唯心部曰：人心，土藏，在心之中，博士說以爲火藏。攷五經異義曰：今尙書歐陽說：肝，木也；心，火也；脾，土也；肺，金也；腎，水也。古尙書說：脾，木也；肺，火也；心，土也；肝，金也；腎，水也。案月令春祭脾，夏祭肺，季夏祭心，秋祭肝，冬祭腎，與古尙書說同。鄭康成駁之曰：月令祭四時之位，與五藏上下之次，冬位在後而腎在下，夏位在前而肺在上，春位小前，故祭先脾，秋位小却故祭先肝腎也脾也俱在鬲下肺也心也肝也俱在鬲上祭者必三故有先後焉不與五行之氣同也今醫病之法以肝爲木心爲火脾爲土肺爲金則有瘳也若反其說不死爲劇鄭說與素問合與古尚書異說文解字既以心爲土藏而與肉部不倖者疑後人以博士說改之博士者漢之醫官也誘注此訓一說即許君之義也知未必是許注矣東風解凍蟄蟲始振蘇東方木火母也氣溫故東風解冰凍振動蘇生也魚上負冰獺祭魚是月之時魚應陽而動上負冰也獺獱也是月之時獺祭鯉魚於水邊四面陳之謂之祭魚也候鴈北是月時候之應鴈從彭蠡來北過周洛至漢中孕卵鷇也天子衣青衣乘蒼龍周禮馬八尺已上曰龍也服蒼玉建青旗服佩也熊虎曰旗食麥與羊麥金穀也羊土畜也是月金土以老食所勝先食麥以麥爲主也服八風水爨萁燧火取銅槃中露水服之八方風所吹也取萁木燧之火炊之萁讀該備之該也○莊逵吉云易箕子之明夷劉向曰今易箕子作荄茲是箕有荄音因之萁亦有該音耳東宮御女青色衣青采鼓琴瑟春王東方故處東宮也琴瑟木也春王木故鼓之也其兵矛矛有鋒銳似萬物鑽地生其畜羊羊土木之母故畜之也朝于青陽左个以出春令是月之朔天子朝日于青陽左个東向堂故曰青陽北頭室故曰左个个猶隔也春令寬和之令也○莊逵吉云各本此下雜用呂氏春秋注語唯藏本如是知藏本爲準布德施惠行慶賞省徭賦布陽德施柔惠也慶善賞賜予也省減徭役之勞輕其賦歛也立春之日天子親率三公九卿大夫以迎歲于東郊率使也迎歲逆春也東郊郭外八里之郊也○陶方琦云魏書五十五劉芳傳北史四十二引許注東郊八里郊也按劉芳傳引賈逵曰東郊木帝太昊八里盧植東郊八里郊也賈爲許之師盧爲高之師並用先師舊訓故自同修除祠位幣禱鬼神犧牲用牡祠位壇場屏攝之位也幣圭璧也禱鬼神求福祥也人神曰鬼天神曰神犧牲用牡尚蠲潔也禁伐木春木王當長養故禁之也毋覆巢殺胎夭毋麛毋卵胎獸胎懷妊未育者也麋子曰夭鹿子曰麛卵未鷇者皆禁民不得取蕃庶物也毋聚衆置城郭掩骼薶骴毋聚合大衆建置城郭以妨害農功也骼骨有肉掩覆薶藏之以慎生氣也孟春行夏令則風雨不時○俞樾云月令作雨水不時是也仲春之月始雨水則孟春之月而雨水即爲雨水不時矣漢太初以後更改氣名以雨水爲正月中則正月雨水不復爲異於是改雨水不時爲風雨不時非淮南之舊矣呂氏春秋孟春紀亦作風雨不時並太初以後人所追改草木旱落國乃有恐孟春木德用事法當寬仁而用火氣動于上故草木旱落國惶恐也○俞樾云月令作草木蚤落呂氏春秋作草木早槁此旱字即早字之誤行秋令則其

民大疫，飄風暴雨總至，黎秀蓬蒿竝興。孟春寬仁而秋正金鐵之令，氣不和，故民疫疾。風雨猥至，故黎莠蓬蒿疏穢之草竝興盛也。行冬令，則水潦爲敗，雨霜大雹，首稼不入。冬陰也，水泉涌起，而春行之，故爲敗。氣不和，故雨霜大雹，植稼不熟也。正月官司空，其樹楊。司空主土，春土受嘉穡，故官司空也。爾雅曰：楊，蒲柳也。楊木春光，故其樹楊也。

仲春之月，招搖指卯，昏弧中，旦建星中。弧星在輿鬼南，是月昏時中于南方。建星在斗上，是月平旦時中于南方也。其位東方，其日甲乙，其蟲鱗，其音角，律中夾鍾。是月萬物去陰夾陽，聚地而生，故曰夾鍾也。其數八，其味酸，其臭羶，其祀戶，祭先脾。始雨水，桃李始華，自冬冰雪至此春分穀雨，故曰始雨水，桃李于是皆秀華也。蒼庚鳴，鷹化爲鳩。蒼庚，爾雅曰商庚、黎黃、楚雀也。齊人謂之搏黍，秦人謂之黃流離，幽冀謂之黃鳥，一訛劉木也。至此月而鳴。鷹化爲鳩，喙正直，不鷙搏也。鳩謂布穀也。○王引之云：次句內本無始字，今本有者，後人據月令誤記始字，因誤入正文也。高注曰：自冬冰雪至此春分穀雨。案春分穀雨四字，乃後人所改。逸周書時訓篇：雨水之日，桃始華，則非春分穀雨時也。呂氏春秋注作自冬冰雪至此土發而耕，故曰始雨水，是首句有始字也。又曰：桃李於是皆秀，是次句無始字也。月令桃始華，倉庚鳴，皆三字爲句，若無始字，則句法參差矣。此文桃李華，倉庚鳴，亦三字爲句，若加一始字，則句法又參差矣。故桃李華不言始，而桃華則言始；倉庚鳴不言始，而蟬鳴則言始；蟬鳴言始，而寒蟬鳴則不言始：皆變文協句也。呂氏春秋仲春篇正作桃李華。天子衣青衣，乘蒼龍，服蒼玉，建青旗，食麥與羊，服八風水，爨萁燧火，東宮御女青色，衣青采，鼓琴瑟，其兵矛，其畜羊，朝于青陽太廟。太廟，東向堂中央室。命有司省囹圄，去桎梏，毋笞掠，止獄訟。囹圄，法室也。省之，赦輕微也。在足曰桎，在手曰梏。毋笞掠，言不用也。止，猶禁也。養幼小，存孤獨，以通句萌。順春陽長養幼小，使繁茂也。無父曰孤，無子曰獨。皆存之，所以愼陽氣也。故草木不句萌者，以通達也。擇元日，令民社。元者，善之長也。日，從甲至癸也。社所以爲民祈穀，嫌日不吉，故言擇元也。是月也，日夜分，雷始發聲，蟄蟲咸動蘇。分，等也。冬陰閉固，雷伏不發。是月陽升，雷始發聲也。咸，皆。動蘇，生也。先雷三日，振鐸以令於兆民曰：雷且發聲，鐸，木鈴也。令口木舌爲鐸，所以振告萬民也。兆，大數。且，猶將也。有不戒其容止者，生子不備，必有凶災。以雷電合房室者，生子必有瘖聾通精癡狂之疾，故曰不備，必有凶災也。令官市同度量，鈞衡石，角斗稱。度，丈尺也。量，釜鍾也。

鈞等也衡石稱也百二十斤爲石角平也斗稱量器也○王念孫云稱皆當爲桶桶稱字相近又涉注內衡石稱也而誤說文桶木方受六升廣雅曰方斛謂之桶斗桶爲一類故高注以桶爲量器若作稱則非量器矣月令作角斗甬鄭注曰甬今斛也呂氏春秋作角斗桶高彼注與此注同史記商君傳平斗桶義亦同也下文仲秋之月角斗桶桶字亦誤作稱○沈濤云呂氏春秋仲春紀作角斗桶高氏彼注斗桶量器也稱非量器當爲桶字之誤禮記作角斗甬史記商君傳作平斗桶甬正字桶別字稱誤字仲秋紀作甬疑後人據禮記改端權槩端正也稱錘曰權槩平斗斛者毋竭川澤毋漉陂池毋焚山林毋作大事以妨農功大事戎旅征伐之事妨害農民之功也祭不用犧牲用圭璧更皮幣是月尚生育故不用犧牲也更代也以圭璧皮幣代犧牲也皮謂鹿皮也幣謂玄纁束帛也禮記曰幣帛圭皮告于祖禰者也仲春行秋令則其國大水寒氣總至寇戎來征仲春陽中也陽氣長養而行秋節殺戮之令故寒氣猥至寇兵來征伐其國也行冬令則陽氣不勝麥乃不熟民多相殘仲春行冬陰之令陰氣勝陽故陽不勝則麥不升熟民相殘賊也行夏令則其國大旱煖氣早來蟲螟爲害仲春行夏太陽之令故大旱陽氣熱故煖極陽生陰故蟲螟作害也食心曰螟二月官倉其樹杏二月與農播穀故官倉也杏有竅在中竅在中象陰布散在上故其樹杏○莊逵吉云御覽注云杏有核在中象陰在內陽在外也故其樹杏此稍異○孫詒讓云杏不可言有竅竅當作覈覈核古今字後三月其樹李注云李亦有核說與杏同正蒙此注而言御覽是也

季春之月招搖指辰昏七星中旦牽牛中七星南方朱鳥之宿是月昏時中于南方牽牛北方玄武之宿是月平旦時中于南方也其位東方其日甲乙其蟲鱗其音角律中姑洗姑故也洗新也是月陽氣養生去故就新故曰姑洗○文典謹按注陽氣養生初學記歲時部引作陽氣發生其數八其味酸其臭羶其祀戶祭先脾桐始華田鼠化爲鴽桐梧桐也是月生華田鼠鼢鼠也鴽鶉也青徐謂之鶉幽冀謂之鴽虹始見萍始生虹螮蝀也詩云螮蝀在東莫之敢指萍水藻也是月始生也天子衣青衣乘蒼龍服蒼玉建青旗食麥與羊服八風水爨萁燧火東宮御女青色衣青采鼓琴瑟其兵矛其畜羊朝于青陽右个東向堂南頭室故曰右个舟牧覆舟五覆五反乃言具于天子舟牧主舟之官也是月天子將乘舟而漁故反覆而視之恐有穿漏也五覆五反愼之至也天子烏始乘舟薦鮪於寢廟乃爲麥祈實烏猶安也

自冬至此而安乘舟，故曰始乘也。薦，進也。鮪魚似鯉而大，進此魚於寢廟，祈於宗祖，求麥實。前曰廟，後曰寢。詩云「寢廟奕奕」，言相連。○莊逵吉云：烏始乘舟，各本烏皆作焉。注烏猶安也，各本皆作焉猶於也。是

月也，生氣方盛，陽氣發泄，發泄，猶布散也。句者畢出，萌者盡達，不可以內。天子命有司發囷倉，助貧窮，振乏絕，無財曰貧，鰥寡孤獨曰窮。振，救也。開府庫，出幣帛，使諸侯，府庫，幣帛之藏也。使人聘問諸侯。聘名士，禮賢者。有名德之士，大賢之人，聘問禮之，將與爲治也。命司空：

時雨將降，下水上騰，循行國邑，周視原野，司空主水土之官也。是月下水上騰，恐有浸潰傷害五穀，故循行偏視之也。廣平曰原，郊外曰野也。修利隄防，導

通溝瀆，達路除道，從國始，至境止。田獵畢弋，罝罘羅罔，餧毒之藥，毋出九門。畢，掩罔也。弋，繳射也。詩曰：「弋鳧與鴈。」罝，兔罟也。詩曰：「肅肅兔罝。」羅，鳥罟也。詩曰：「鴛鴦于飛，畢之羅之。」罘，麋鹿罟。罔，其總名也。天子城門十二，東方三門，王氣所在，餧獸之毒藥所不得出，尙生育也。餘九門得出，故特戒之，如其毋出。乃禁野虞毋伐

桑柘，桑柘皆可養蠶，故禁民伐之也。鳴鳩奮其羽，戴鵀降于桑，鳴鳩奮迅其羽，直刺上飛入雲中者是也。戴鵀，戴勝鳥也。詩曰「鳴鳩在桑，其子在梅」是也。具撲曲筥筐。撲，持也。三轉謂之撲。撲讀南陽人言山陵同。曲，薄也。青徐謂之曲。員底曰筥，方底曰筐，皆受桑器。○莊逵吉云：三轉謂之撲，錢別駕云當作三輔謂之撲。孫編修云撲即曲簿。說文解字曰專，六寸簿也。三轉或當作三專，三專者一尺有八寸。兩說無可定從，姑附之俟攷。○王念孫云：呂氏春秋季春篇作挾曲，高注曰：挾讀曰朕，三專輔謂之挾，關東謂之得。月令作曲植，鄭注曰：植，槌也。案撲與挾皆栚字之誤。栚字本作栚，形與撲相近；挾字隸書作㧗，形與栚亦相近。栚讀若朕，架蠶薄之木也。栚，陟革反。呂氏春秋注「關東謂之傳」，乃椄字之誤。椄與栚同（見玉篇、廣韻）。說文：栚，槌之橫者也。方言作㮄，云：槌，宋魏陳楚江淮之間謂之植，自關而西謂之槌；其橫，關西曰㮇，齊部謂之栚。郭璞曰：槌，縣蠶薄柱也。朕字古音本在蒸部，讀若澄清之澄。（說文）縢滕螣騰媵賸榺䲢勝十一字並從朕聲。淮南要略「形埒之朕」與應爲韻；又兵略篇「凡物有朕，唯道無朕」，文子自然篇朕作勝。說文朕字從舟灷聲，或作㑞，從灷夌聲，是朕夌古同聲，故呂氏春秋注云「栚讀曰朕」，此注云「栚讀南陽人言山陵同」。○陶方琦云：史記索隱十六、漢書周勃傳注引許注：曲，薄也。按說文曲作𠀉，象器曲受物之形，或曰曲，蠶薄也。又茜字下云：茜，蠶薄也，从艸𠀉聲。蓋以萑葦爲之，故字从艸。莊子大宗師「或編曲」，釋文引李注：曲，蠶薄也。方言：薄，宋衛陳楚江淮之間謂之苗，或謂之麴，自關而西謂之薄，南楚謂之蓬薄。蓬薄即葦薄。詩八月「萑葦」，毛傳：豫畜萑葦，可以爲曲也。后妃齋戒，東鄉親桑，省婦使，勸蠶事。○文典謹按：御覽八百二十五引親作就，省作者，勸

作觀。命五庫，令百工，審金鐵皮革筋角箭幹脂膠丹漆，無有不良。○桂馥云：幹借字，正作稈。長笛賦作箭槀是也。周禮夏官有槀人，掌弓弩之事。考工記：矢人爲矢，以其笴厚爲之羽深。鄭注：笴讀爲槀，謂矢幹。擇下旬吉日，大合樂，致歡欣。樂所以移風易俗也，故擇吉日大合之，以致歡和也。乃合纍牛騰馬，游牝于牧。纍牛，特牛也。騰馬，騰駒，䮳䮯善將羣者也。游牝於所牧之地，風合之。纍讀葛藟之藟也。令國儺，九門磔攘，以畢春氣。儺，散宮室中區隅幽闇之處，擊鼓大呼，以逐不祥之氣，如今驅疫逐除是也。九門，三方九門也。磔大陽氣盡之，故曰畢春之氣也。行是月令，甘雨至三旬。季春行冬令，則寒氣時發，草木皆肅，國有大恐。季春行冬寒殺之氣也，故寒氣時起，草木上竦曰肅也。行夏令，則民多疾疫，時雨不降，山陵不登。季春行夏亢陽之令，氣不和，故民疾疫，雨澤不降，故草木不登，成也。行秋令，則天多沈陰，淫雨早降，兵革並起。秋金氣用事，水之母也，季春行之，故多沈陰爲雨也。金爲兵革，故並起也。三月官鄉，其樹李。三月科民戶口，故官鄉也。李亦有核，說與杏同。李後杏熟，故三月李也。○孫詒讓云：注科當作料，形近而誤。料民見國語周語。

孟夏之月，招搖指巳，昏翼中，旦婺女中。翼，南方朱鳥之宿，是月昏時中于南方。婺女，一曰須女，北方玄武之宿，是月平旦中于南方。其位南方，其日丙丁，盛德在火，炎帝之神，治南方也。丙丁，火日也。盛德在火，火王南方也。其蟲羽，其音徵，盛陽用事，鱗散羽羽，蟲鳳爲長。徵，火也。律中仲呂，其數七。是月陽散在外，陰實在中，所以旅陽成功，故曰仲呂。其數七，五行數五，火第二，故曰七也。其味苦，其臭焦。火味苦也，焦，火香焦。其祀竈，祭先肺。祝融，吳回，爲高辛氏火正，死爲火神，託祀於竈。是月火王，故祀竈。肺，金也，祭祀之肉，先用所勝也。一曰肺，火，自用其藏也。螻蟈鳴，丘蚓出。螻，螻蛄；蟈，蝦蟆也。四月陰氣始動於下，故類應鳴也。丘蚓，蠢蠕也。王瓜生，苦菜秀。王瓜，括樓也。爾雅曰：不榮而實曰秀，苦菜宜言榮也。天子衣赤衣，乘赤騮，服赤玉，建赤旗，順火色也。食菽與雞。菽，豆連皮也。雞、豆皆屬火之所養也。服八風水，爨柘燧火。南宮御女赤色，衣赤采，吹竽笙。火王南方，故處南宮也。竽笙空中象陽，故吹之。○文典謹按：北堂書鈔百五十四引南宮上有處字。其兵戟。戟有枝幹，象陽布散也。戟或作弩也。其畜雞。朝于明堂左个，以出夏令。南向堂，當盛陽，故曰明堂。東頭室，故曰左个。居是室，行是月之令也。雞，羽蟲，陽也，故畜之。立夏之日，天子親率三公九卿大夫，以迎歲於南郊。迎歲，迎夏也。南郊七里之郊也○陶方琦云魏書五十五劉芳傳北史四十二引許注南郊七里郊也按劉芳傳引賈逵云南郊火帝七里(疑致祝融二字)盧植云南郊七里郊並用先師舊訓故同還乃賞賜，封諸侯，修禮樂，饗左右。秋還從南郊還也賞賜有功割土封爵傳曰賞以春夏刑以冬也修治禮樂所以安上治民移風易俗左右近臣也命太尉贊傑俊，選賢良，舉孝悌，太尉卿官也命使也贊白也才過千人爲傑選擇賢良孝弟舉而用之蓋非太尉之職故特命之也行爵出祿，佐天長養，繼修增高，無有隳壞，毋興土功，毋伐大樹，令野虞行田原，勸農事，驅獸畜，勿令害穀。天子以彘嘗麥，先薦寢廟。是月麥始升故以彘嘗麥彘水畜宜麥先薦寢廟孝之至也聚畜百藥，靡草死，是月陽氣極藥草成故聚積之也靡草則葶藶之屬麥秋至，決小罪，斷薄刑。四月陽氣盛于上及五月陰氣作于下故曰麥秋至決小罪斷薄刑順殺氣也孟夏行秋令，則苦雨數來，五穀不滋，四鄰入保。孟夏盛陽當助長養而行金氣殺戮之令故苦雨殺穀不得滋長也四方行之民來入城郭自保守也行冬令，則草木早枯，後乃大水，敗壞城郭。行冬寒閉固之令故草木早枯大水敗壞其城郭奸時違行之應也行春令，則螽蝗爲敗，暴風來格，秀草不實。孟夏當繼修增高助陽長養而行春時啓蟄之令故致螽蝗之敗春木氣多風故言暴風來至使當秀之草不長茂也四月官田，其樹桃。四月勉農事故官田也桃說與杏同後李熟故曰四月桃也仲夏之月，招搖指午，昏亢中，旦危中，亢東方蒼龍之宿是月昏時中于南方危北方玄武之宿是月平旦時中于南方也其位南方，其日丙丁，其蟲羽，其音徵，律中蕤賓，其數七，是月陰氣萎蕤在下象主人也陽氣在上象賓客也故曰蕤賓其味苦，其臭焦，其祀竈，祭先肺。小暑至，螳蜋生，螳蜋世謂之天馬一名齕肬沇豫謂之巨斧也○文典謹按注齕肬呂氏春秋仲夏紀注作齕疣初學記歲時部引高注同月令正義鄭答王瓚問作食肬又沇豫呂氏春秋注作究州巨斧作拒斧初學記引高注沇亦作究鵙始鳴，反舌無聲，鵙伯勞鳥也五月陰氣生於下伯勞夏至應陰而鳴殺蛇于木傳曰伯趙氏司至者反舌百舌鳥也能辨變其舌反易其聲以效百鳥之鳴故謂百舌無聲者五月陽氣極於上微陰起於下百舌無陰故無聲也○文典謹按鵙呂氏春秋仲夏紀作鵙又注能辨變其舌反易其聲辨變即徧變辨徧古通用天子衣赤衣，乘赤騮，服赤玉，載赤旗，食菽與雞，服八風水，爨柘燧火。南宮御女赤色，衣赤采，吹竽笙。其兵戟，其畜雞．朝于明堂太廟．廟南向堂中央室也．命樂師修鞀鞞琴瑟管簫．調竽篪．飾鐘磬．管一孔似笛．簫今之歌簫是也．篪讀池澤之池．執干戚戈羽．干盾也．戚斧也．戈戟屬也．羽舞者所持翿也．命有司，為民祈祀山川百源．大雩帝．用盛樂．國之山川百源．能興雲雨者．皆祈祀之也．雩旱祭也．帝上帝也．為民祈雨．故用盛樂．盛樂．六代之樂也．天子以雛嘗黍．雛．新雞也．不言嘗雞而言嘗黍者．以穀為主也．○王念孫云．古無謂新雞為雛者．雛皆當為䳄．字之誤也．廣雅釋言云．䳄．雞也．（曹憲音而絹而緣二反．郭注爾雅釋言云．今呼少雞為䳄（䳄與雞同）少雞即新雞．故高注云．雛．新雞也．月令作以雛嘗黍．其義一也．左思蜀都賦．巖穴無豜豵．翳薈無麛鷚．麛．鹿子也．義與䳄亦相近．茅一桂不知雛為䳄之誤．而改雛為雛（莊本同）義則是而文則非矣．羞以含桃．先薦寢廟．羞進也．含桃鶯所含食．故言含桃．是月而熟．故進之．禁民無刈藍以染．為藍青未成故．毋燒灰．是月草木未成．不天物也．毋暴布．火盛日猛．暴布則脆傷也．門閭無閉．關市無索．門城門也．閭里門也．民順陽氣散布在外．當出入．故不閉也．關要塞也．市人聚也．無索不征稅也．挺重囚．益其食．挺緩也．存鰥寡．振死事．老無妻曰鰥．老無夫曰寡．皆存之．有先人為死難．振起其子孫也．游牝別其羣．執騰駒．班馬政．是月牝馬懷胎巳定．故別其羣．不欲騰駒蹏傷其胎育．故執之．班告也．馬政．掌馬官也．騰駒．騰馬也．馬五尺以下曰駒也．○王念孫云．馬政本作馬正（注同）故高以為掌馬官．呂氏春秋仲夏篇．班馬正．高彼注亦云．馬正．掌馬之官．是其證．月令作馬政．鄭注云．馬政．謂養馬之政教．引周官廋人職曰．掌十有二閑之政教．鄭說是也．高不知正為政之借字．故訓為掌馬之官．若字本作政．則亦當訓為政教矣．後人依月令改正為政．而不知其戾於高注也．日長至．陰陽爭．死生分．君子齋戒．慎身無躁．節聲色．薄滋味．百官靜事無徑．以定晏陰之所成．事無徑．當先請詳而後行也．晏陰．微陰也．鹿角解．蟬始鳴．夏至鹿角解墮也．蟬鼓翼始鳴也．半夏生．木堇榮．半夏．藥草也．木堇．朝榮莫落．樹高五六尺．其葉與安石榴相似也．是月生榮．華可用作烝也．雒家謂之朝生．一名蕣．詩云．顏如蕣華也．禁民無發火．發起也．可以居高明．遠眺望．登丘陵．處臺榭．積土四方而高曰臺也．臺有屋曰榭也．順陽宣明也．一曰望雲物．占氛祥也．仲夏行冬令．則雹霰傷穀．道路不通．暴兵來至．冬水凍．故雹霰傷害五穀也．冬氣閉藏．又多雨水．故道陷壞不通．利暴害之兵橫來至也．行春令．則五穀不孰．百螣時起．其國乃饑．行春木王．好生育之令．故五穀晚熟．百螣動股．蝗屬也．時起害穀．故國饑也．行秋令．則草木零落，果實蚤成，民殃於疫。有核曰果，無核曰蓏。仲夏行秋令，故草木零落，果實蚤成，非其時氣，故民有疾疫也。○陶方琦云：齊民要術收種篇引許注：在樹曰果，在地曰蓏。按說文蓏字下云：在木曰果，在地曰蓏。與注淮南說同。地形訓百果所生下注云：在木曰果，在地曰蓏。當是許注羼入高注中。五月官相，其樹楡。是月陽氣長養，故官相。相，佐也。楡說未聞也。○文典謹按：御覽二十三引注：陽氣作養氣。季夏之月，招搖指未，昏心中，旦奎中。心，東方蒼龍之宿，是月昏時中于南方。奎，西方白虎之宿，是月平旦時中于南方也。其位中央，其日戊己，盛德在土。黃帝之神治中央也。戊己，土日也。盛德在土，土王中央。其蟲嬴，其音宮。羽落而爲嬴。嬴蟲麟爲之長。宮，土也，位中央，五音之主也。律中百鐘，其數五。百鐘，林鐘也。是月陽盛陰起，生養萬物。故曰百鐘。其數五，五行數土第五也。其味甘，其臭香。土味甘也。土臭香也。其祀中霤，祭先心。土用事，故祀中霤。中霤，室中之祭，祀后土也。心，火也，用所勝也。一曰：心，土也，自用其藏也。涼風始至，蟋蟀居奧。蟋蟀，蜻蛚，趣織也。詩曰：七月在野。此曰居奧，不與經合。奧或作壁也。鷹乃學習，腐草化爲蚈。秋節將至，鷙自習擊也。蚈，馬蚿也，幽冀謂之秦渠。蚈讀奚徑之徑也。○陶方琦云：御覽九百四十八引許注：草得陰而死，極陰中反陽，故化爲蚈。蚈，馬蠸也。按兵略訓若蚈之足，許注：蚈，馬蠸也，正與此同。說文：蠲，馬蠲也。引明堂月令：腐艸爲蠲。（郭璞注爾雅馬蝬云：馬蠲蚼也。）廣雅釋蟲：蛆蟝，馬蝬，馬蚿也。又曰馬蝬，蠿蛆也。蚈蠸蚿蠲蝬皆一聲之轉。高注呂覽及說林訓皆作蚈馬蚿。天子衣黃衣，乘黃騮，服黃玉，建黃旗。黃，順土色也。黃謂登飴之登也。食稷與牛。稷，牛，皆屬土也。服八風水，爨柘燧火，中宮御女黃色衣黃采。其兵劍。季夏中央也。劍有兩刃，論無所生也。一曰：論無所主。皆主之也。○莊逵吉云：御覽引作無所不主。其畜牛，朝于中宮。是月天子朝于中宮。中宮，大室。乃命漁人伐蛟取鼉，登龜取黿。漁人，掌漁官。漁讀相語之語也。蛟，鼉，黿皆魚屬也。鼉可作鼓，詩云：鼉鼓洋洋。黿可作羹，傳曰：楚人獻黿于鄭靈公，靈公不與公子宋黿羹，公子怒，染指于鼎，嘗之而出，是也。皆不害人，易得，故言取。蛟有鱗甲，能害人，難得，故言伐。龜神，可決吉凶，入宗廟，尊之，故言登。○莊逵吉云：鼉鼓洋洋，詩異本也。古登有升義，三字疏解爲精。令滂人入材葦。滂人，掌池澤官也。入材葦，供國用也。○俞樾云：池澤之官不聞謂之滂人，高注非也。滂人當作榜人。月令命漁師伐蛟，鄭注曰：今月令漁師爲榜人。文選司馬相如子虛賦：榜人歌。張揖曰：榜，船也。月令曰：命榜人。榜人，船長也。張所據月令即鄭君所謂今月令。船長之義亦必月令之舊說也。淮南書用榜人字，正本月令。高氏以爲掌池澤官，蓋據月令作命澤人納材葦，故云然耳，非榜人之本義也。後人因高注池澤之文，疑榜字從木無義，改榜爲滂，而古義湮矣。命四監大夫，令百縣之秩芻，以養犧牲。周制，天子地方千里，分爲百縣，縣有四郡，故春秋傳言上大夫受縣，下大夫受郡。秦初置三十六郡，以監縣耳。此云百縣者，謂周制畿內之縣也。四監，監四郡大夫也。秩，常也。常所當出芻，聚之以養犧牲也。以供皇天上帝、名山大川、四方之神，宗廟社稷，爲民祈福，行惠。令弔死問疾，存視長老，行稃鬻，厚席蓐。○莊逵吉云：說文解字，葬字从死在茻中，一其中所以薦之。此云厚席蓐者，蓋言葬義，故下云以送萬物歸也。以送萬物歸也。命婦官染采，黼黻文章，青黃白黑，莫不質良。婦人能別五色，故染采。白與黑爲黼，青與赤爲黻，黑與赤爲文，赤與白爲章。質，美也。良，善也。以給宗廟之服，必宜以明。宜，徧也。明，鮮明也。是月也，樹木方盛，勿敢斬伐。不可以合諸侯，起土功，動衆興兵，必有天殃。殃，罰。土潤溽暑，大雨時行，利以殺草，糞田疇，以肥土疆。是月大暑，土潤溽溼，重也。又有時雨，可以殺草，爲糞，美土疆。疆，土分畔者也。季夏行春令，則穀實解落，多風欬，民乃遷徙。春木王，木性墮落，陽發多風，而行其令，故穀實解落，民疾病風欬嗽。上氣象春陽布散，民遷徙者也。行秋令，則丘隰水潦，稼穡不孰，乃多女災。丘，高也。隰，卑也。言高下皆有水潦，故殺稼，令不孰也。陰氣過差，故多女災。女災，生子不育也。○莊逵吉云：女災，鄭康成以爲敗任，是卽生子不育之義也。行冬令，則風寒不時，鷹隼蚤摯，四鄙入保。冬陰肅殺，而行其令，故寒風不節，鷹隼蚤摯。四界之民，皆入城郭自保守也。六月官少內，其樹梓。六月植稼成熟，故官少內也。梓說未聞也。

孟秋之月，招搖指申，昏斗中，旦畢中。斗，北方玄武之宿，是月昏時中于南方。畢，西方白虎之宿，是月平旦時中于南方也。其位西方，其日庚辛。盛德在金。少昊之神，治西方也。庚辛，金日也。盛德在金，金王西方也。其蟲毛，其音商。金氣寒，倮者衣毛，毛蟲，虎爲之長。商，金也，位在西方。律中夷則，其數九。夷，傷；則，法也。是月陽衰陰盛，萬物凋傷，應法成性，故曰夷則也。其數九，五行數五，金第四，故曰九也。其味辛，其臭腥。金味辛也。金臭腥也。其祀門，祭先肝。孟秋始內，入由門，故祀門也。肝，木也。祭先之，用所勝也。一曰：肝，沈金，自用其藏也。涼風至，白露降，寒蟬鳴，鷹乃祭鳥，用始行戮。是月鷹摶鷙殺鳥於大澤之中，四面陳之，世謂之祭鳥。用是時乃始行殺戮刑罰，順秋氣也。天子衣白衣，乘白駱，服白玉，建白旗。白，順金色也。白馬黑毛曰駱。○莊逵吉云：黑毛之毛，讀曰旄，謂尾及鬣也。爾雅曰：白馬黑鬣，駱。食麻與犬服八風水爨柘燧火西宮御女白色衣白采撞白鐘 金王西故處西宮也○王念孫云白鐘之白因上文而衍春鼓琴瑟夏吹竽笙秋撞鐘冬擊磬石鐘上不宜有白字而北堂書鈔歲時部二藝文類聚歲時部上太平御覽時序部九引此皆有白字則其誤久矣○王紹蘭云白鐘之白非衍文春言鼓琴瑟夏言吹竽笙冬言擊磬石皆三字爲句若此文無白字但言撞鐘則句法參差非其例矣且石即磬也磬下加石以足句猶鐘上加白以足句耳管子五行篇昔者黃帝以其緩急作五聲以政五鐘令其五鐘一曰青鐘大音二曰赤鐘大心三曰黃鐘灑光四曰景鐘昧其明五曰黑鐘隱其常景鐘與青鐘赤鐘黃鐘黑鐘並列則白鐘即景鐘也說文顥白貌从頁从景是景爲白之證○文典謹按王紹蘭說是也本篇撞白鐘句凡三見豈得盡爲衍文 其兵戈 ○王念孫云戈當爲戉字之誤也說文戉大斧也从戈乚聲（乚音厥）司馬法曰夏執玄戉殷執白戚周左杖黃戉右把白髦徐鍇曰今作鉞（說文鉞車鑾聲也从金戉聲詩曰鑾聲鉞鉞今詩作噦）藝文類聚太平御覽引此並作其兵鉞是其證也四時之兵春用矛夏用戟季夏用劍秋用戉冬用鎩五者皆不同類戈與戟同類夏用戟則秋不用戈矣莊二十五年穀梁傳天子救日陳五兵徐邈曰矛在東戟在南鉞在西楯在北弓矢在中央彼言鉞在西正與此秋用戉同義又案說文引司馬法作戉今經傳皆作鉞未必非後人所改此戉字若不誤爲戈則後人亦必改爲鉞矣（史記周本紀斬以玄鉞太平御覽皇親部一引作玄戈戈亦戉之誤） 其畜狗朝于總章左个以出秋令 總章西向堂也西方總成萬物而章明之故曰總章左个南頭室也居是室行是月之令狗金畜也 求不孝不悌戮暴傲悍而罰之以助損氣 損氣陰氣 立秋之日天子親率三公九卿大夫以迎秋于西郊 西郊九里之外郊也○王念孫云迎秋本作迎歲後人依月令改之耳上文孟春孟夏及下文孟冬並作迎歲高注曰迎歲迎春也又曰迎歲迎夏也則此亦當云迎歲迎秋也後人既改迎歲爲迎秋又刪去高注斯爲妄矣○陶方琦云魏書五十五劉芳傳北史四十二引許注西郊九里郊也按劉芳傳引賈逵曰西郊金帝少昊九里盧植云西郊九里許高並用先師舊訓故同 還乃賞軍率武人於朝 軍率軍將也武勇者功名也 命將率選卒厲兵簡練桀俊專任有功以征不義詰誅暴慢順彼四方 順循也四方天下也 命有司修法制繕囹圄禁姦塞邪審決獄平詞訟 決斷也平治也 天地始肅不可以贏 肅殺也殺氣始行也贏盛也故曰不可也 是月農始升穀天子嘗新先薦寢廟 升成薦進也 命百官始收斂 孟秋始內也 完隄防謹障塞以備水潦修城郭繕宮室 是月月麗于畢俾滂沱矣故備水潦也

毋以封侯立大官行重幣出大使行是月令涼風至三旬。封侯列土封邑也。大官九命之爵也。重幣金帛之幣也。大使命卿使之。金氣收斂皆所不宜行也。故言毋也。孟秋行冬令則陰氣大勝介蟲敗穀戎兵乃來。孟秋陰也。復行冬水王之令。故陰氣勝也。其介蟲敗穀也。陰氣并。故戎兵來也。行春令則其國乃旱陽氣復還五穀無實。春陽亢燥而行其令。故旱也。陽氣還者。此月涼風而反行溫風之令。故敗穀令無實也。行夏令則冬多火災寒暑不節民多瘧疾。夏火王而行其令。故多火災。寒暑相干。故不節。多瘧疾。瘧疾寒暑所生也。七月官庫其樹楝。庫兵府也。秋節整兵。故官庫也。其樹楝。楝實鳳皇所食也。今維城旁有樹楝。實秋熟。故其樹楝也。楝讀練染之練也。仲秋之月招搖指酉昏牽牛中旦觜巂中。牽牛北方玄武之宿。是月昏時中于南方。觜巂西方白虎之宿。是月平旦時中于南方也。其位西方其日庚辛其蟲毛其音商律中南呂其數九。南任也。言陽氣呂旅而助陰。陰任成萬物也。其味辛其臭腥其祀門祭先肝涼風至候鴈來玄鳥歸羣鳥翔。候時之鴈從北漠中來。過周雒。南至彭蠡也。玄鳥歸秋分後歸蟄所也。羣鳥翔。寒氣至。羣鳥肥盛。試其羽翼而高翔。翔者六翮不動也。或作養。養育其羽毛也。○○莊逵吉云。諸家釋翔皆曰回飛。唯高氏以爲大飛不動。亦曰六翮不動。又曰翼一上一下曰翔。義更精。○○沈濤云。呂氏春秋紀作羣鳥養羞。高氏彼注曰。寒氣將至。羣鳥養進其毛羽御寒也。雖訓羞爲進。與禮記鄭注訓爲所食者不同。而其爲養羞則同。疑淮南注本或作養羞。養進其羽毛也。淺人不知羞有進義。遂刪去羞字。改進爲育耳。又淮南注許高二家每相亂。恐作翔者爲許愼本。天子衣白衣乘白駱服白玉建白旗食麻與犬服八風水爨柘燧火西宮御女白色衣白采撞白鐘其兵戈其畜犬朝于總章太廟。總章西向堂也。太廟中央室也。命有司申嚴百刑斬殺必當無或枉撓。枉曲也。撓弱也。言平直也。決獄不當反受其殃。反還。是月也養長老授几杖行稃鬻飲食乃命宰祝行犧牲案芻豢。草養曰芻。穀養曰豢。案其簿書閱租之。豢讀宦學之宦。視肥臞全粹。全無虧缺也。粹毛色純也。粹讀禍祟之祟。察物色課比類量小大視少長莫不中度天子乃儺以御秋氣。儺猶除也。御止也。止秋氣不使爲害。儺讀躁難之難。氣或作兵。以犬嘗麻先寢薦廟是月可以築城郭建都邑。國有先君之宗廟曰都。無曰邑。都曰建。邑曰築。穿竇窖修囷倉。（穿竇所以通水，不欲地溼也。穿窖所以盛穀也。窖，讀窖藏人物之窖。）乃命有司趣民收斂畜采，多積聚，勸種宿麥，若或失時，行罪無疑。是月也，雷乃始收，蟄蟲培戶，殺氣浸盛，陽氣日衰，水始涸。（涸，凝竭。涸或作盛，盛言陰勝也。）日夜分，一度量，平權衡，正鈞石，角斗稱，理關市，來商旅，（理，通也。）入貨財，以便民事。四方來集，遠方皆至，財物不匱，上無乏用，百事乃遂。（遂，成也。）仲秋行春令，則秋雨不降，草木生榮，國有大恐。（春陽氣而行其令，故雨不降，又溫煦之仁，故草木生榮華也。氣相干必有災眚，故國大惶恐。）行夏令，則其國乃旱，蟄蟲不藏，五穀皆復生。（行炎陽之令，故旱涸。氣熱，故蟄蟲不藏，使五穀復生。）行冬令，則風災數起，收雷先行，草木蚤死。（行冬寒氣激之令，故有風災。又冬閉藏，故收雷先行，草木蚤死也。）八月官尉，其樹柘。（尉，戎官。是月治兵，故官尉。傳曰：羊舌大夫爲中軍尉。柘說未聞也。）季秋之月，招搖指戌，昏虛中，旦柳中。（虛，北方玄武之宿，是月昏時中于南方。柳，南方朱雀之宿，是月平旦中于南方也。）其位西方，其日庚辛，其蟲毛，其音商，律中無射。（陰氣上升，陽氣下降，萬物隨陽而藏，無射出見也。）其數九，其味辛，其臭腥，其祀門，祭先肝。候鴈來賓，雀入大水爲蛤。（是月時候之鴈，從北漠中來，南之彭蠡，蓋以爲八月來者，其父母也。是月來者，蓋其子也。羽翼稺弱，故在後爾。賓雀者，老雀也。栖宿人堂宇之間，如賓客者也，故謂之賓。大水，海水也。傳曰：雀入海爲蛤也。○陶方琦云：御覽九百四十一引許注：雀，依屋之雀，本飛鳥也。隨陽下藏，故爲蛤。高作賓雀，與注呂覽同。今月令鄭注：來賓，言其客止未去。屬上鴻雁解，與許合也。說文：雀，依人小鳥也。故注淮南亦曰依屋之雀，本飛鳥。）菊有黃華，豺乃祭獸戮禽。（豺似狗而長尾，其色黃。是月時豺殺獸，四面陳之，世謂之祭獸。戮，猶殺也。）天子衣白衣，乘白駱，服白玉，建白旗，食麻與犬，服八風水，爨柘燧火。西宮御女白色，衣白采，撞白鐘。其兵戈，其畜犬，朝于總章右个。（西向堂，北頭室，故謂右个也。）命有司申嚴號令，百官貴賤無不務入，以會天地之藏，無有宣出。乃命冢宰農事備收，舉五穀之要，（冢，大也。宰，治也。鄉官也。要，簿書也。）藏帝籍之收於神倉。（天子籍田千畝，故曰帝籍。之收，籍田所收之穀也。神倉，倉也。）是月也，霜始降，百工休。（霜降天寒，朱漆難成，故百工休止，不復作器也。）乃命有司曰。寒氣總至。民力不堪。其皆入室。詩曰。入此室處。是也。上丁。入學習吹。大饗帝。嘗犧牲。合諸侯。制百縣。是月上旬丁日。入學宮。吹笙竽。習禮樂。饗上帝。用犧牲。合諸侯之制度。車服之差。各以其命數也。百縣。圻內之縣。言百。舉全數爾。五家爲鄰。五鄰爲里。四里爲酇。五酇爲鄙。五鄙爲縣。然則縣二千五百家也。○莊逵吉云。注學宮。本或作學官。爲來歲受朔日。與諸侯所稅於民輕重之法。貢歲之數。以遠近土地所宜爲度。來歲。明年。受朔日。如今計吏朝賀。豫明年之曆日也。度者。職貢多少有常也。乃教於田獵。以習五戎。戎。兵也。刀劍矛戟矢曰五戎。命太僕及七騶咸駕。戴旌。○劉績云。戴旌。記作載旌。旌乃旌字之誤。○王念孫云。劉說是也。隸書旌字或作㫌。與旌相似而誤。載戴古字通。○文典謹按。御覽八百九十六引戴旌作載旌。授車以級。皆正設于屏外。級。等也。授當車者。以高下。各隨其等級。正立。設。陳也。天子外屏。屏。樹垣也。爾雅曰。門內之垣謂之樹。樹垣者也。司徒搢朴。北嚮以贊之。搢。插也。朴。以教導也。插置帶間。贊。相威儀也。司徒主衆。教導之也。天子乃厲服廣飾。執弓操矢以獵。是月。天子尚武。乃服猛厲之服。廣其所佩之飾。以取禽。命主祠祭禽四方。命。教也。主祠。典祀之官也。祭禽四方。祀始設禽獸者于四方。報其功。不知其神所在。故博求之於四方也。是月。草木黃落。乃伐薪爲炭。蟄蟲咸俛。乃趨獄刑。毋留有罪。俛。伏也。青州謂伏爲俛。無留。言當斷也。收祿秩之不當。供養之不宜者。不當。謂無德受祿也。不宜。謂不孝也。一曰。所養者無勳於國。其先人又無賢德。所不宜養。故收也。通路除道。從境始。至國而后已。○王念孫云。后字後人所加。季春言從國始。至境止。季秋言從境始。至國而已。已。亦止也。無庸加后字。是月。天子乃以犬嘗麻。先薦寢廟。孝之至也。季秋行夏令。則其國大水。冬藏殃敗。民多鼽窒。季秋陰氣。而行夏月霖雨之令。故大水。火氣熱。故冬藏殃敗也。火金相干。故民鼽窒。鼻不通利也。鼽讀怨仇之仇也。行冬令。則國多盜賊。邊竟不寧。土地分裂。冬水純陰。奸謀所生。故多盜賊。使邊竟之民不安寧也。則土地見侵削。爲鄰國所分裂也。行春令。則煗風來至。民氣解隋。師旅竝興。春氣陽溫。故煗風至。民氣解隋也。木干金。故師旅竝興也。二千五百人爲師。五百人爲旅也。九月官候。其樹槐。候。望也。是月繕修守備。故曰官候也。槐。懷也。可以懷來遠人也。孟冬之月。招搖指亥。昏危中。旦七星中。危。北方玄武之宿。是月昏時中于南方。七星。南方朱雀之宿。是月平旦時中于南方。其位北方。其日壬癸。盛德在水。顓頊之神，治北方也。壬癸，水日也。盛德在水，水王北方也。其蟲介。其音羽。介，甲也，象冬閉固，皮漫胡也。甲蟲龜爲之長。羽屬水也。律中應鐘。其數六。陰應于陽，轉成其功，萬物聚成，故曰應鐘。其數六，五行數五，水第一，故曰六也。其味鹹。其臭腐。水味鹹也。水臭腐也。其祀井。祭先腎。井水給人，故祀也。井或作行，行，門內地，冬守在內，故祀也。腎，水，自用其藏也。水始冰。地始凍。雉入大水爲蜃。虹藏不見。蜃，蛤也。大水，淮也。傳曰：雉入于淮爲蜃。虹，陰中之陽也，是月陰盛，故不見也。天子衣黑衣。乘玄驪。服玄玉。建玄旗。順水德也。熊虎曰旗也。食黍與彘。服八風水。爨松燧火。〇文典謹按：御覽二十七引注云：改火也。北宮御女黑色。衣黑采。擊磬石。水王北方，故處北宮。其兵鎩。其畜彘。鎩者，卻內，象陰閉。彘，水畜。朝于玄堂左个。以出冬令。北向堂西頭室，故曰左个。居是室，行此月令也。命有司。修羣禁。順陰閉，諸所當禁，皆使有司禁也。禁外徙。閉門閭。大搜客。傳曰：禁舊客，爲露情也。有新客，搜出之，爲觀覺也。門，城門也。閭，里門也。嚴閉之，守備也。斷罰刑。殺當罪。諸罰刑當決也。當罰正罪，故殺之也。阿上亂法者誅。阿意曲從，取容於上，以亂法度也。誅，治也。立冬之日，天子親率三公九卿大夫。以迎歲于北郊。〇陶方琦云：魏書五十五劉芳傳、北史四十二引許注：北郊，六里郊也。又引高注：北郊，六里之郊也。按：劉芳傳引賈逵曰：北郊，水帝顓頊，六里。盧植云：北郊六里郊也。許、高並用先師舊訓，故同。還。乃賞死事。存孤寡。有忠節蹈義死王事者，賞其子孫也。幼無父曰孤，無夫曰寡，皆存慰矜恤之。是月命太祝，禱祀神位，占龜策。審卦兆。以察吉凶。於是天子始裘。命百官謹蓋藏。命司徒行積聚。修城郭。警門閭。修楗閉。愼管籥。固封璽。封璽，印封也。〇文典謹按：禮記月令楗作鍵，璽作疆。鄭注云：今月令疆或作璽。呂覽孟冬紀、御覽六百八十二載應劭漢官儀引月令、蔡邕獨斷皆作固封璽。北堂書鈔百五十六引此文璽作疆，與古月令合。修邊境。〇文典謹按：書鈔引脩作備。完要塞。絕蹊徑。飭喪紀。審棺槨衣衾之薄厚。飭，治也。紀，數也。二十五月之數也。棺槨衣衾薄厚各有差等，故審之。營丘壠之小大高痺。使貴賤卑尊各有等級。營，度也。丘壠，冢也。小大高下各有度量也。是月也，工師效功。陳祭器。案度程。堅致爲上。案，視也。度，法也。堅致，功牢也。爲，故也。上，盛也。〇莊逵吉云：堅致，禮記作功致，故注云：功牢也。致即密緻之緻，古無緻字。工事苦慢。作爲淫巧。必行其罪。苦，惡也。慢不牢也。淫巧，非常之巧也。故行其罪。苦讀監會之監。是月也，大飲蒸，天子祈來年於天宗。蒸，冬祭也。于是時，大飲酒而祭，求明年之福祥也。凡屬天上之神，日月星辰，皆爲天宗也。大禱祭于公社，畢饗先祖。禱，求也。公社，后土之祭也。生爲上公，死爲貴神，故曰公也。畢饗先祖，先公後私之義。勞農夫以休息之。命將率講武肄射御角力勁。肄，習也。勁，強貌。乃命水虞漁師收水泉池澤之賦。虞，掌水官也。師，長也。賦，稅也。毋或侵牟。牟，多。孟冬行春令，則凍閉不密，地氣發泄，民多流亾。春陽氣散越，故凍閉不密，地氣發泄也。民多流亡，象陽氣布散。行夏令，則多暴風，方冬不寒，蟄蟲復出。冬當閉藏，反行夏盛陽之令，故多暴疾。陽氣溫，故盛冬不寒，令蟄伏之蟲復出也。行秋令，則雪霜不時，小兵時起，土地侵削。秋氣干冬，大寒，不當雪而雪，不當霜而霜，故曰不時也。小兵數起，鄰國來伐，侵削其土地。

十月官司馬，其樹檀。冬閒講武，故官司馬也。檀，陰木也。

仲冬之月，招搖指子，昏壁中，旦軫中。東壁，北方玄武之宿。是月昏時中于南方。軫，南方朱鳥之宿。是月平旦時，中于南方也。其位北方，其日壬癸，其蟲介，其音羽，律中黃鐘，其數六。黃鐘者，陽氣聚于下，陰氣盛于上，萬物黃萌于地中，故曰黃鐘也。其味鹹，其臭腐，其祀井，祭先腎。冰益壯，地始坼，鳱鴠不鳴，虎始交。鳱鴠，山鳥。是月陰盛，故不鳴也。虎，陽中之陰也。陰氣盛，以類發也。交讀將校之校也。天子衣黑衣，乘鐵驪，服玄玉，建玄旗，食黍與彘，服八風水，爨松燧火，北宮御女黑色衣黑采，擊磬石，其兵鎩，其畜彘，朝于玄堂太廟。北向堂，中央室，故曰太廟也。命有司曰：土事無作，無發室居，及起大衆，是謂發天地之藏，諸蟄則死，民必疾疫，有隨以喪。○莊逵吉云：有，諸本皆作又。急捕盜賊，誅淫泆詐僞之人。命曰暢月。陰氣在上，民人空閒，故命曰暢月。命奄尹申宮令。奄，官也。尹，正也。申，宮令，重戒敕也。審門閭，謹房室，必重閉。助陰氣也。省婦事，乃命大酋秫稻必齊，麴蘖必時。酋，主酤酒官也。醞釀米麴，使化熟，故謂之酋。酋讀酋豪之酋。齊讀齊和之齊也。作麴蘖當得其時，不時則不成也。湛熺必潔，水泉必香。湛，漬也。熺，炊。必令圭潔也。水泉香則酒善也。湛讀審釜之審。熺，炊熾火之熾也。○桂馥云：熺借字，當爲饎。特牲饋食禮：主婦視饎爨於西堂下。鄭注：炊黍稷曰饎。陶器必良，火齊必得，無有差忒。陶器，瓦器。

也。炊亨必得其適，故曰無有差忒也。天子乃命有司，祀四海、大川、名澤。能興雲雨，故祀之也。是月也，農有不收藏積聚、牛馬畜獸有放失者，取之不詰。詰，呵問也。山林藪澤，有能取疏食、田獵禽獸者，野虞教導之。其有相侵奪，罪之不赦。大加刑也。是月也，日短至，陰陽爭，君子齋戒，處必掩身，欲靜，去聲色，禁嗜欲。聲，絲竹金石之聲也。色，美色也。有貪欲濫求者禁之。寧身體，安形性。閉情欲也。是月也，荔挺出，芸始生，丘螾結，麋角解。荔，馬荔，草也。芸，芸蒿，菜名。丘 蟲也。結，屈結也。麋角解墮，皆應微陽氣也。○陶方琦云：說文艸部芸字下、爾雅釋草疏、御覽九百八十二引許注：芸，艸，可以死復生。按說文：芸，艸也，似苜蓿。與鄭君月令注芸，香艸，說亦合。高注呂覽皆訓作榮。芸生於冬至一陽初生之月，故云死復生。水泉動，則伐樹木，取竹箭。罷官之無事、器之無用者。罷，省。涂闕庭門閭，築囹圄，所以助天地之閉。仲冬行夏令，則其國乃旱，氛霧冥冥，雷乃發聲。夏氣炎陽，故其國旱也。清濁相干，故氛霧冥冥也。十一月雷發聲，非其時，故言乃也。行秋令，則其時雨水，瓜瓠不成，國有大兵。秋金氣，水之母也，故雨水。水金用事，故有大兵也。行春令，則蟲螟為敗，水泉咸竭，民多疾癘。春陽氣，蟄伏生，故蟲螟敗穀，水泉竭也。陽干陰氣不和，故多疾癘也。十一月官都尉，其樹棗。冬成軍師，故官都尉。棗，取其赤心也。季冬之月，招搖指丑，昏婁中，旦氐中。婁，西方白虎之宿，是月昏時中于南方。氐，東方蒼龍之宿，是月平旦時中于南方也。其位北方，其日壬癸，其蟲介，其音羽，律中大呂。呂，旅也。萬物萌動于黃泉，未能達見，所以旅旅去陰即陽，助其成功，故曰大呂。其數六，其味鹹，其臭腐，其祀井，祭先腎。鴈北鄉，鵲加巢。鴈在彭蠡之水，皆北鄉，將至北漢中也。鵲感陽而動，上加巢也。○王念孫云：加讀為架，謂搆架之也。召南鵲巢箋曰：鵲之作巢，冬至架之，至春乃成。釋文：架之，俗本或作加功（案之作功者非，架作加則古字通用。劉昌宗讀加為架，是也。匡謬正俗謂加功力作巢，非是）。本經篇大夏曾加，高注謂以材木相乘架，是加、架古字通。此言鵲加巢，即鄭箋所謂冬至架之者，非謂增加其巢也。天文篇曰：日冬至，鵲始加巢。月令曰：季冬之日，鵲始巢。義並與此同。召南正義引推度災云：鵲以復至之月始作室家，是也。雉雊，雞呼卵。詩云：雉之朝雊，尚求其雌。是也。雞呼鳴求卵也。天子衣黑衣，乘鐵驪，服玄玉，建玄旗，食麥與彘，服八風水，爨松燧火。北宮御女黑色，衣黑采，擊磬石。其兵鎩。其畜彘。朝于玄堂右个。右个，東頭室也。命有司大儺旁磔。出土牛。大儺，今之逐陰驅疫，爲陽導也。旁磔，四面皆磔犬羊，以禳四方之疾疫也。出土牛，今鄉縣出勸農耕之土牛於外，是也。命漁師始漁。是月，將捕魚，故命其長也。漁讀論語之語。天子親往射漁，先薦寢廟。令民出五種。令農計耦耕事。修耒耜。具田器。耦，合。命樂師大合吹而罷。乃命四監收秩薪，以供寢廟及百祀之薪燎。是月也。日窮于次。月窮于紀。星周于天。歲將更始。十二次窮于牽牛中也。紀道窮於故宿也。星周于天者，謂二十八舍更見南方，至是月周币也。令靜農民，無有所使。天子乃與公卿大夫飭國典，論時令，以待嗣歲之宜。乃命太史次諸侯之列，賦之犧牲。賦，布。以供皇天上帝社稷之芻享。乃命同姓之國，供寢廟之芻豢。卿士大夫至于庶民，供山林名川之祀。季冬行秋令，則白露早降。介蟲爲祅。四鄙入保。秋節白露，故白露早降。介甲之蟲爲禳災。金氣爲兵，故四竟之民入城郭自保守也。行春令，則胎夭傷國多痼疾，命之曰逆。季冬大寒，而行春溫之令，氣不和，故胎養夭傷，國多篤疾，逆風氣之由也，故命之曰逆也。行夏令，則水潦敗國，時雪不降，冰凍消釋。夏氣炎陽，又多霖雨，故水潦敗國也。時雪當降而不降，冰凍不當消釋而消釋，皆干時之徵也。十二月官獄。其樹櫟。十二月歲盡刑斷，故官獄也。櫟可以爲車轂，木不出火，惟櫟爲然，亦應除氣也。五位。東方之極，自碣石山過朝鮮，貫大人之國。碣石在遼西界，海水西畔，朝鮮樂浪之縣也。貫，通也。大人國在其東。〇莊逵吉云：御覽引無山字，注云：碣石在東北海中，朝鮮東夷。東方有大人之國也。東至日出之次，榑木之地，青土樹木之野。榑木，榑桑。〇莊逵吉云：御覽此下有注云：皆日所出之地也。〇王引之云：青土當爲青丘，字之誤也。（御覽引此已誤）本經篇繳大風於青丘之野（今本野誤作澤，辯見本經），高注曰：青丘，東方之丘名，即此所云東至青丘之野也。呂氏春秋求人篇亦云：禹東至榑木之地，日出之野，青丘之鄉。海外東經云：青丘國在朝陽北。逸周書王會篇：青丘狐九尾。孔晁曰：青丘，海東地名。服虔注漢書司馬相如傳云：青丘國在海東三百里。太皞句芒之所司者，萬二千里。太皞，伏羲氏，東方木德之帝也。句芒，木神。司，主也。其令曰：挺羣禁，開閉闔，通窮窒，達障塞，行優游，棄怨惡，解役罪，免憂患，休罰刑，開關梁，宣出財，和外怨。撫四方，行柔惠，止剛強。（剛強，侵陵人不循軌度者，禁止之也。）南方之極，自北戶孫之外，（北戶孫，國名也。日在其北，皆爲北向戶，故曰北戶孫。○莊逵吉云：御覽作北戶烏孫，注云：北戶，日在其北，向以爲戶。○文典謹按：文選思玄賦注引高注作北戶，孤竹國名也。）貫顓頊之國，南至委火炎風之野，赤帝、祝融之所司者萬二千里。（赤帝，炎帝，少典之子，號爲神農，南方火德之帝也。祝融，顓頊之孫，老童之子吳回也，一名黎，爲高辛氏火正，號爲祝融，死爲火神也。○莊逵吉云：御覽此下有注云：赤帝，著明審諟也。祝，屬；融，工也。萬物盛長，屬而工也。程文學云：此亦古注，宜存，然未定即是高、許二家耳。）其令曰：爵有德，賞有功，惠賢良，救飢渴，舉力農，振貧窮，惠孤寡，憂罷疾，出大祿，行大賞，起毀宗，立無後，封建侯，立賢輔。（應陽施也。）中央之極，自昆侖東絕兩恆山，（自，從也。絕，猶過也。恆山，常山。言兩，未聞也。○莊逵吉云：御覽無兩字，注云：恆山，北岳。）日月之所道，江漢之所出，（日月照其所經過之道。江出岷山，漢出番冢也。）衆民之野，五穀之所宜，龍門河濟相貫，以息壤堙洪水之州，（○莊逵吉云：御覽此下有注云：禹以息土湮洪水，以爲中國九州。州，水中可居也。）東至於碣石，黃帝、后土之所司者萬二千里。（黃帝，少典之子，以土德王天下，號爲軒轅氏，死爲中央土德之帝。后土者，句龍氏之子，名曰后土，能平九土，死祀爲土神也。○莊逵吉云：御覽此注有云：黃，中色，地道載物，故稱名也。）其令曰：平而不阿，明而不苛，包裹覆露，（露，潤。）無不囊懷，溥汜無私，正靜以和，行稃鬻，養老衰，弔死問疾，以送萬物之歸。（土，四方之主也，故曰萬物之歸。）西方之極，自昆侖絕流沙、沈羽，西至三危之國，（流沙，蓋在昆侖之西南爾。○莊逵吉云：御覽此注有云：沈羽，弱水，弱沈羽毛也。）石城金室，飲氣之民，不死之野，少皞、蓐收之所司者萬二千里。（少皞，黃帝之子青陽也，名摯，以金德王天下，號爲金天氏，死爲西方金德之帝也。蓐收，金天氏之裔子曰修，禮死祀爲金神也。○莊逵吉云：御覽此注有云：少皞，白帝之號。少皞用物浩成也。）其令曰：審用法，誅必辜，備盜賊，禁姦邪，飾羣牧，謹著聚，修城郭，補決竇，塞蹊徑，遏溝瀆，止流水，雝谿谷，守門閭，陳兵甲，選百官，誅不法。（應金斷也。）北方之極，自九澤窮夏晦之極，北至令正之谷，（九澤，北方之澤。夏，大也。晦，暝也。○莊逵吉云：御覽令正作令止，注云：令止，丁令，北海胡地。）有凍寒積冰、雪雹霜霰漂潤羣水之野，顓頊玄冥之所司者萬二千里。顓頊，黃帝之孫也，以水德王天下，號高陽氏，死爲北方水德之帝也。其神玄冥者，金天氏有適子曰昧，爲玄冥師，死而祀爲主水之神也。○莊逵吉云：御覽此下有注云：顓頊，黑帝號。頊，大；言陰用事，振翕而寒也。陰閉不視，故神爲玄冥也。其令曰：申羣禁，固閉藏，修障塞，繕關梁，禁外徙，斷罰刑，殺當罪，閉關閭，大搜客，○王念孫云：古書無以關閭文字連文者，關當爲門，此涉上文關梁而誤也。上文及天文篇並云閉門閭，大搜客，春秋繁露五行順逆篇云閉門閭，大搜索，太平御覽時序部十二引此作守門閭。止交游，禁夜樂，蚤閉晏開，以塞姦人，已德，執之必固。○王念孫云：塞本作索，此後人以意改之也。蚤閉晏開以索姦人，卽上文所謂閉門閭，大搜客也。下句姦人已得，正謂索而得之，若改索爲塞，則與下句義不相屬矣。姦人下當更有姦人二字，德讀爲得。蚤閉晏開，以索姦人，姦人已得，執之必固，皆以四字爲句，若第三句無姦人二字，則文不成義矣。太平御覽時序部十二、地部二引此塞作索，德作得，是也，但無姦人二字，則所見本已誤。天節已幾，○莊逵吉云：御覽此下注云：幾，終也。刑殺無赦，雖有盛尊之親，斷以法度。毋行水，毋發藏，毋釋罪。應陰殺也。○莊逵吉云：御覽作毋釋刑罪。

六合：孟春與孟秋爲合，仲春與仲秋爲合，季春與季秋爲合，孟夏與孟冬爲合，仲夏與仲冬爲合，季夏與季冬爲合。孟春始贏，孟秋始縮；贏，長也。縮，短也。仲春始出，仲秋始內；出，二月播種。內，八月收斂。○文典謹按：御覽十七引注播種作播植，十九引與今本合。季春大出，季秋大內；孟夏始緩，孟冬始急；緩，四月陽安。急，十月寒肅。○文典謹按：御覽十七引注作緩，四月陽炎也。急，十月寒肅也。二十四引同。仲夏至修，仲冬至短；夏至北極，冬至南極。短修皆在至前也。季夏德畢，季冬刑畢。德畢，陽施結。刑畢，刑獄盡。○莊逵吉云：御覽引注作德畢，陽始窮也。刑畢，陰殺盡也。故正月失政，七月涼風不至；二月失政，八月雷不藏；三月失政，九月不下霜；四月失政，十月不凍；五月失政，十一月蟄蟲冬出其鄉；六月失政，十二月草木不脫；不脫，葉槁著樹不零落也。七月失政，正月大寒不解；東風不解凍也。八月失政，二月雷不發；不發聲也。九月失政，三月春風不濟；濟，止。十月失政，四月草木不實；實，長。十一月失政，五月下雹霜；十二月失政，六月五穀疾狂。疾狂，不華而實。

也。春行夏令泄。象盛陽發泄也。○俞樾云：下云冬行春令泄，不當重複。且上文云仲春始出，季春大出，則春日發泄不足爲告也。管子幼官篇作春行夏政閹，當從之。蓋發泄太過，故奄然而息也。方言及廣雅並曰：奄，息也。閹與奄通。因脫閹字，而寫者以泄字補之，殊非其義。高注曰象盛陽發泄也，是其所據本已誤。夫下文冬行春令泄，高注曰象春氣布散發泄也。然則布散發泄自是春氣所固然，豈行夏令所致乎。即此可知其非矣。行秋令水。水生于申，故水也。行冬令肅。氣象肅急。夏行春令風。象春木氣多風。行秋令蕪。象秋氣蕪穢生。行冬令格。格鼓也。象冬斷刑，恩澤致格不流下。○王引之云：高說非也。格讀爲落，謂夏行冬令則草木零落也。格字從木各聲，古讀如各（說見唐韻正），格與落聲相近，字相通。史記酷吏傳置伯格長，徐廣曰：古村落字亦作格。村落之落通作格，猶零落之落通作格也。月令云仲夏行秋令則草木零落，管子幼官篇夏行冬政落（四時篇同），尹知章曰：寒氣肅殺，故凋落也。春秋繁露五行五事篇云秋行冬政則落，又云夏行冬政則落，皆其明證矣。秋行夏令華。象夏氣樹華茂。行春令榮。象春氣生榮華。行冬令耗。耗，零落也。冬行春令泄。象春氣布散發泄也。行夏令旱。旱象陽炎。行秋令霧。秋氣陰亂，故霧。制度陰陽。大制有六度。天爲繩，地爲準，春爲規，夏爲衡，秋爲矩，冬爲權。繩者所以繩萬物也。繩，正。準者所以準萬物也。規者所以員萬物也。衡者所以平萬物也。矩者所以方萬物也。權者所以權萬物也。繩之爲度也，直而不爭。○俞樾云：爭讀爲綽。儀禮士喪禮鄭注曰：綽，屈也。江沔之間謂縈收繩索爲綽。故此曰繩之爲度也，直而不綽。脩而不窮，久而不弊，遠而不忘，與天合德，與神合明，所欲則得，所惡則亡，自古及今，不可移匡。○俞樾云：移之言迆也。說文辵部：迆，衺行也。移亦有衺義。禮記玉藻篇手足毋移，正義曰：移謂靡迆搖動也。是其證也。匡與𨋈通。說文車部：𨋈，車戾也。考工記輪雖敝不匡，匡即𨋈字。不移匡，言不衺曲也。厥德孔密，廣大以容。○莊逵吉云：廣大以容，明本作廣下以容衆，非。是故上帝以爲物宗。宗，本。準之爲度也，平而不險，均而不阿，廣大以容，寬裕以和，柔而不剛，銳而不挫。銳，利也。挫，折也。流而不滯。流，行也。滯，止也。易而不穢，發通而有紀。紀，道也。周密而不泄，準平而不失，萬物皆平，民無險謀，怨惡不生。是故上帝以爲物平。平，正。讀評議之評。規之爲度也，轉而不復，員而不垸。復，過也。垸，轉也。優而不縱，廣大以寬，感動有理，發通有紀，優優簡簡，百怨不起。優簡寬舒之貌。規度不失，生氣乃理。氣類理達。衡之爲度也，緩而不後，平而不怨，施而不德，弔而不責。○莊逵吉云：御覽引作匝而不責。當平民祿，以繼不足，敦敦陽陽，唯德是行，養長化育，萬物蕃昌，以成五穀，以實封疆，其政不失，天地乃明。明理。矩之爲度也，肅而不悖，剛而不憒，取而無怨，內而無害，威厲而不懾，令行而不廢，殺伐既得，仇敵乃克。矩正不失，百誅乃服。權之爲度也，急而不羸，殺而不割，充滿以實，周密而不泄，敗物而弗取，罪殺而不赦，誠信以必，堅慤以固，糞除苛慝，不可以曲。故冬正將行，必弱以强，必柔以剛，權正而不失，萬物乃藏。明堂之制，靜而法準，動而法繩，春治以規，秋治以矩，冬治以權，夏治以衡，是故燥溼寒暑以節至，甘雨膏露以時降。

卷六

覽冥訓

覽觀幽冥變化之端，至精感天，通達無極，故曰覽冥，因以題篇。

昔者師曠奏白雪之音，而神物爲之下降，風雨暴至，平公癃病，晉國赤地。白雪，太乙五十弦琴瑟樂名也。神物，即神化之物，謂玄鶴之屬來至，無頭鬼類操戈以舞也。平公，晉悼公之子彪也。癃病，篤疾。赤地，旱也。唯聖君能御此異，使無災耳。平公德薄，不能堪，故篤病而大旱也。庶女叫天，雷電下擊，景公臺隕，支體傷折，海水大出。庶賤之女，齊之寡婦，無子不嫁，事姑謹敬。姑無男有女，女利母財，令母嫁婦，婦益不肯。女殺母以誣寡婦，婦不能自明，冤結叫天，天爲作雷電下擊景公之臺，隕壞也。毀景公之支體，海水爲之大溢出也。○陶方琦云：文選詣建平王上書注引許注云：庶女，齊之少寡，無子養姑，姑無男有女，女利母財，而殺母以誣告寡婦，婦不能自解，故冤告天。此高承用許注。○文典謹按：上文昔者師曠奏白雪之音，而神物爲之下降。則此庶女叫天下，亦當有而字，文乃一律。北堂書鈔百五十二、初學記一、藝文類聚二引叫天下皆有而字，此必古有而今本敚之也。又按叫天，御覽六十引作告天。雷電白帖二、御覽六十引蚑作雷霆。御覽引景公臺隕下有注云：景公，齊景公也。雷擊景公臺，隕壞之也。枝體傷折下有注云：景公爲雷霆所傷折。庶女告天下所引注與文選詣建平王上書注所引許注略同，則此二注亦必許君注也。

夫瞽師、庶女，位賤尚葈，權輕飛羽。尚，主也。葈者，葈耳，菜名也。幽冀謂之檀菜，雒下謂之胡葈。主是官者，至微賤也。瞽師、庶女，復賤於主葈之官，故曰權輕飛羽也。○王引之云：主枲耳之官，書傳未聞。尚枲蓋即周官典枲，下士二人者。典亦主也。（見周官典婦功注）言典枲本賤官，瞽師、庶女則又賤於典枲。枲謂麻枲，非謂枲耳也。○洪頤煊云：周禮天官典枲掌布緦縷紵之麻草之物，是庶女爲之。實疏：枲，麻也。葈即枲字。

然而專精厲意，委務積神，上通九天，激厲至精。九天，八方中央也。以精誠感之。

由此觀之，上天之誅也，雖在曠虛幽閒，遼遠隱匿，重襲石室，界障險阻，其無所逃之亦明矣。上天，上帝也。上帝神明，言人有罪惡，雖自隱蔽竄藏，猶見誅害也，故無所逃也。

曰：武王伐紂，渡于孟津，陽侯之波，逆流而擊，疾風晦冥，人馬不相見。陽侯，陵陽國侯也。其國近水，佽水而死，其神能爲大波，有所傷害，因謂之陽侯之波。○俞樾云：陽陵自是漢侯國，史記高祖功臣侯表有陽陵侯傅寬是也。高注以說古之陽侯，殆失之矣。春秋閔二年齊人遷陽，杜注曰：國名。正義曰：世本無陽國，不知何姓。杜世族譜土地名闕，不知所在。古之陽侯當即此陽國之侯。水經沂水南逕陽都縣故城東，縣故陽國城，是其所在矣。○文典謹按：北堂書鈔二、御覽八十四、博物志異聞篇引孟津皆作盟津。

於是武王左操黃鉞，右秉白旄，瞋目而撝之，曰：余任天下，誰敢害吾意者！於是風濟而波罷。○王念孫云：右秉白旄，秉本作執，此後人依牧誓改之也。論衡感虛篇引此正作執。（論衡稱傳書言武王伐紂，渡孟津云云，共十二句，皆與此同，是所引即淮南之文也。）太平御覽地部二十六、三十六、皇王部九引此亦作執。泰族篇亦云武王左操黃鉞，右執白旄。執與秉同義，無煩據彼以改此也。任當爲在字之誤也。（道應篇本在於身，在字亦誤作任。）余在爲句，天下誰敢害吾意者爲句。孟子引書曰：四方有罪無罪惟我在，天下曷敢有越厥志。句法與此相似。論衡感虛篇、藝文類聚儀飾部、太平御覽地部二十六、三十六、皇王部九、儀式部一引此蚑作余在。害讀爲曷。（古字以害爲曷，通見詩書。）曷，止也。言誰敢止吾意也。爾雅：曷，遏止也。商頌長發篇則莫我敢曷，荀子議兵篇引作則莫我敢遏。

魯陽公與韓搆難，戰酣日暮，援戈而撝之，日爲之反三舍。魯陽，楚之縣公，楚平王之孫，司馬子期之子，國語所稱魯陽文子也。楚僭號稱王其守縣大夫皆稱公，故曰魯陽公，今南陽魯陽是也。酣，對戰合樂時也。撝，日令反却行三舍。舍，次宿也。〇陶方琦云：文選郭璞遊仙詩注引許注：二十八宿，一宿爲一舍也。按論衡感虛篇：星之行在天也，爲日月舍，猶地有郵亭爲長吏廨也。二十八宿有分度，一舍十度，或增或減。言日反三舍，乃三十度也。廣雅釋詁：宿，舍也。〇文典謹按：文選吳都賦注、郭璞遊仙詩注、弔魏武帝文注引撝作遺，疑是許本。又吳都賦注引魯陽公下有楚將也三字，疑亦許注之羼入正文者也。夫全性保眞，不虧其身，遭急迫難，精通于天，若乃未始出其宗者，何爲而不成。精通于天者，謂聖人質成，上通爲天所助。宗者，道之本也，謂性不外逸，生與道同也。夫死生同域，不可脅陵，勇武一人，爲三軍雄。武士也，江淮間謂士爲武。〇莊逵吉云：意林引作勇士一人，是竟改武爲士，非異本也。彼直求名耳，而能自要者尚猶若此，又況夫宮天地，懷萬物，以天地爲宮室，懷猶囊也。而友造化，造化，陰陽也，與之相朋友。含至和，直偶于人形，外直偶與人同形，而內有大道也。〇俞樾云：偶與寓通，言特寄寓於人之形耳。高注曰外直偶與人同形，則增出同字矣。觀九鑽一，知之所不知，九謂九天，一，龜也。觀九天之變，鑽龜占兆，所不知事，亦云然也。〇俞樾云：高說迂曲。九、一皆以數言也。數始於一而極於九，至十則復爲一矣。素問三部九候論曰：天地之至數，始於一，終於九焉。是其義也。故古人之言，凡至少者以一言之，如孟子一杯水、一鉤金是也；至多者以九言之，如公羊傳叛者九國是也。觀九鑽一，言所觀覽者多，而所鑽犫者少也。精神篇曰：能知一，則無一之不知也；不能知一，則無一之能知也。是其義。而心未嘗死者乎。心未嘗死者，謂心生與道同者也，不與觀九鑽一等也。昔雍門子以哭見于孟嘗君，雍門子名周，善彈琴，又善哭。雍門，齊西門也，居近之，因以爲氏。哭猶歌也。見猶感也。孟嘗君，齊相田文。已而陳辭通意，撫心發聲，孟嘗君爲之增欷歍唈，流涕狼戾不可止。增，重也。歍唈，失聲也。狼戾，猶交橫也。歍讀鴛鴦之鴦也。唈讀左傳嬖人婤始之始。精神形於內，而外諭哀於人心，此不傳之道。言能以精神哀悲感傷人心，不可學而得之，故曰不傳之道也。使俗人不得其君形者而效其容，必爲人笑。君形者，言至精爲形也。〇曾國藩云：君形，主宰乎形骸者也。故蒲且子之連鳥於百仞之上，蒲且子，楚人，善弋射者。七尺曰仞。而詹何之鶩魚於大淵之中，此皆得清淨之道，太浩之和也。詹何，楚人，知道術者也。言其善釣，令魚馳騖來趨鉤餌，故曰騖魚。得其精微，故曰太浩之和也。夫物類之相應，玄妙深微，知不能論，〇俞樾云：論者，知也。說山篇以小明大以近論遠高注曰論知也此論字不訓爲知蓋以正文已有知字故耳不知正文知字當讀爲智知不能論謂智者不能知也說文心部惀欲知之貌論與惀通下文曰心意之論不足以定是非論亦爲知也○不文典謹按俞說非也下文得失之度深微窮冥難以知論不可以辯說也正與此文一例論與說爲對文非作知解明矣辯不能解故東風至而酒湛溢東風木風也酒湛清酒也米物下湛故曰湛木味酸酸風入酒故酒酢而湛者沸溢物類相感也○王念孫云如高說以酒湛爲清酒則當言湛酒溢不當言酒湛溢故又申之曰酒酢而湛者沸溢殆失之迂矣今案湛溢二字當連讀湛與淫同(爾雅久雨謂之淫論衡明雩篇久雨爲湛湛即淫也湛字或作沈微子我用沈酗于酒沈酗即淫酗史記宋世家紂沈湎于酒太史公自序帝辛湛湎揚雄光祿勳箴桀紂淫湎淫湎即湛湎樂書流沔沈佚沈佚即淫泆淫與湛沈義同而字亦相通考工記㡛氏淫之以蜃杜子春云淫當爲湛齊語擇其淫亂者而先征之管子小匡篇淫作沈莊子天下篇禹沐甚雨崔譔本甚作湛音淫淮南修務篇作禹沐淫雨)淫溢猶衍溢也酒性溫故東風至而酒爲之加長春秋繁露同類相動篇曰水得夜益長數分東風而酒湛溢故陽益陽而陰益陰義與此同也○陶方琦云太平廣記百九十一事類賦風部引許注東方震方也酒汎清酒也木味酸相感故也御覽九引略同惟酒汎清酒也作清酌酒也太平廣記引許注後又引高注云酒汎爲米麵麴之汎者風至而沸動此乃高注故與許注文異益知今高注本中羼入許注不少汎字今高本作湛蓋汎字乃沈字之譌文沈湛古通○文典謹按文選七啓注引此文及高注湛亦作汎蠶咡絲而商弦絕或感之也老蠶上下絲於口故曰咡絲新絲出故絲脆商於五音最細而急故絕也咡或作珥蠶老時絲在身中正黃達見於外如珥也商西方金音也蠶午火也火壯金困應商而已或有新故相感者也畫隨灰而月運闕鯨魚死而彗星出或動之也運讀連圍之圍也月運者軍也將有軍事相圍守則月運出也以蘆草灰隨牖下月光中令圍畫缺其一面則月運亦缺於上也鯨魚大魚蓋長數里死於海邊魚之身賤也彗星爲變異人之害也類相動也○莊逵吉云御覽引許注云有軍事相圍守則月暈以蘆灰環闕其一面則月暈亦闕于上○陶方琦云運者軍也以下或即許注羼入高注中者許作暈說文暈日月气也漢書天文志如淳曰暈讀曰運則高本作運亦合也呂覽明理篇有暈珥高注气圍繞日周市有似軍營相圍守故曰暈也運作圍解與此注同博物志引凡月暈隨灰畫之隨所畫而闕淮南子云未詳其法○文典謹按暈說文新附古作煇作運則高本作暈作運是也北堂書鈔百五十引作暈故聖人在位懷道而不言澤及萬民聖人行自然無爲之道故澤及萬民也君臣乖心則背譎見於天神氣相應徵矣日旁五色氣在兩邊外出爲背外向爲譎內向爲珥在上外出爲冠故山雲草莽水雲魚鱗山中氣出雲似草莽水氣出雲

似魚鱗。旱雲煙火，涔雲波水，各象其形類，所以感之。○旱雲亢陽，氣似烟火。涔，大滀水也。雲出於涔，似波水也。王引之云：烟當爲熛字之誤也（高注同）。說文：熛，火飛也。讀若標。一切經音義十四引三倉曰：熛，迸火也。旱雲熛火，涔雲波水，猶言旱雲如火，涔雲如水耳。熛火與波水對文，若作烟火，則與下句不類矣。又齊俗篇：譬若水之下流，烟之上尋也。烟亦當爲熛。熛之上尋，猶言火之上尋，故與水之下流對文。天文篇曰：火上尋，水下流。是其證也。若以烟水相對，則非其旨矣。藝文類聚火部煙下引此作烟之上尋，則此字之誤已久。夫陽燧取火於日，方諸取露於月。夫讀大夫之夫，已說在上。一說：水火從太極來，在人手中，非人所能說知。○王念孫云：夫陽燧本作夫燧，今本有陽字者，後人所加也。彼蓋誤以夫爲語詞，又以天文篇陽燧見日則然而爲火，方諸見月則津而爲水，故加入陽字，不知夫燧即陽燧也。夫燧與方諸相對爲文。周官司烜氏掌以夫遂取明火於日（遂與燧同），鄭注曰：夫遂，陽遂也。下文云夫燧之取火，慈石之引鐵，並以夫燧二字連文。故高注云：夫讀大夫之夫，則夫非語詞明矣。天地之間，巧歷不能舉其數，巧，工也。天地之間物類相感者衆多，雖工爲歷術者，不能悉舉其數也。手徵忽恍，不能覽其光。言手雖覽得微物，不能得其光。一說：天道廣大，手雖能徵其忽怳無形者，不能覽得日月之光也。然以掌握之中，引類於太極之上，太極，天地始形之時也。上猶初也。而水火可立致者，陰陽同氣相動也。動猶化也。○俞樾云：高氏注太極之上曰：太極，天地始形之時也，上猶初也。此說殊失其義。周易繫辭傳易有太極，釋文曰：太極，天也。然則太極之上，言天之上也。上文曰：夫陽燧取火於日，方諸取露於月。此云取類於太極之上，而水火可立致，即以取火於日，取露於月而言。日月麗乎天，故曰太極之上也。注以爲天地始形之初，則與上義不相屬矣。此傅說之所以騎辰尾也。言殷王武丁夢得賢人，使工寫其象，旁求之，得傅說于傅巖，遂以爲相，爲高宗成八十一符，致中興也。死託精於辰尾星，一名天策。故至陰飂飂，至陽赫赫，兩者交接成和，而萬物生焉。衆雄而無雌，又何化之所能造乎？所謂不言之辯，不道之道也。故召遠者使無爲焉，遠者，四夷也。欲致化四夷者，當以無爲，無爲則夷荒自至也。親近者使無事焉。近者，諸夏也。欲親近者，當以無事，無事則近人自親附之。○王念孫云：高說非也。親近者使無事焉，使當作言。無爲無事，猶今人言無用也。此言使不足以召遠，言不足以親近，惟誠足以動之耳。今本言作使者，涉上句使字而誤。高云欲親近者當以無事，以字正釋使字，則所見本已誤作使。管子形勢篇曰：召遠者使無爲焉，親近者言無事焉，唯夜行者獨有之也（形勢解曰：民利之則來，害之則去，故欲民者先起其利，雖不召而民自至；設其所惡，雖召之而民不來也。故曰：召遠者使無爲焉道之純厚遇之有實雖不言曰吾親民而民親矣道之不厚遇之無實雖言曰吾親民民不親也故曰親近者言無事焉所謂夜行者心行也能心行德天下莫能與之爭矣故曰唯夜行者獨有之
也此即淮南所本文子精誠篇曰夫召遠者使無爲焉親近者言無事焉唯夜行者能有之又本於淮南也(或謂文子所用乃管子之文非淮南之文今知不然者淮南唯此五句與管子同其上下文皆管子所
無也文子上下文皆與淮南同則皆本於淮南明矣又管子作惟夜行者獨有之淮南作惟夜行者爲能有之文子與淮南同是此五句亦本於淮南非本於管子也
惟夜行者爲能有之
夜行喻陰行也陰行神化故能有天下也一說言入道者如夜行幽冥之中爲能召遠親近之道也
故却走馬以糞而車軌不接於遠方之外郤走馬以糞老子詞
也止馬不以走但以糞糞田也行至德之效也一說國君無道則戎馬生于郊無事止走馬以糞田也故兵車之軌不接遠方之外兩輪之間爲軌
是謂坐馳陸沈晝冥宵明言坐行神
化疾于馳傳沈浮冥明與道合也
以冬鑠膠以夏造冰夫道者無私就也無私去也能者有餘拙者不足言以非時鑠膠造冰難成之也
天道無私就去能行道功有餘也○文典謹按夫道者無私就也無私去也夫本作天形近而譌也高注作天道御覽二十七引此文及文子精誠篇竝作天道皆其證也又御覽引注作能行道者有餘不能者
不足
順之者利逆之者凶譬如隨侯之珠和氏之璧得之者富失之者貧隨侯漢東之國姬姓諸侯也隨侯見大蛇傷斷以藥傅之後蛇于江
中銜大珠以報之因曰隨侯之珠蓋明月珠也楚人卞和得美玉璞于荊山之下以獻武王王以示玉人玉人以爲石刖其左足文王即位復獻之以爲石刖其右足抱璞不釋而泣血及成王即位又獻之成王
曰先君輕刖而重剖石遂剖視之果得美玉以爲璧蓋純白夜光文王在春秋前成王不以告故不書也○莊逵吉云文王至不書十四字葉近山茅一桂二本皆有藏本無今增入○文典謹按文選西都賦注
南都賦注劉越石答盧諶詩注夏侯常侍誄注引並作得之而富失之而貧又按西都賦注南都賦注引高注漢東皆作漢中以藥傅下有而塗二字(夏侯常侍誄注同)江中作夜中惟夏侯常侍誄注作大江中
與今注合疑後人所改也
得失之度深微窈冥難以知論不可以辯說也何以知其然今夫地黃主屬骨而甘草主生肉之藥也以其屬骨責其生肉以其生肉論其屬骨是猶王孫綽之欲倍偏枯之藥而欲以生殊死之人
亦可謂失論矣王孫綽蓋周人也一曰衞人王孫賈之後也言一劑藥愈偏枯之病欲倍其劑以生已死之人○王念孫云下欲字因上欲字而衍欲倍偏枯之藥而以生殊死之人作一句讀不

當更有欲字。高注曰：欲倍其劑，以生已死之人，則無下欲字明矣。○文典謹按：御覽九百八十四引注云：王孫綽，魯人也。疑許君注也。若夫以火能焦木也，因使銷金，則道行矣。若以慈石之能連鐵也，而求其引瓦，則難矣。○文典謹按：連鐵，御覽七百六十七引作運鐵。物固不可以輕重論也。夫燧之取火於日，○王念孫云：於日二字，因上文取火於日而衍。夫燧之取火，慈石之引鐵，蟹之敗漆，葵之鄉日，各相對爲文，則此處不當有於日二字。慈石之引鐵，蟹之敗漆，以蟹置漆中，則敗壞，不燥，不任用也。葵之鄉日，雖有明智，弗能然也。然，猶明也。○文典謹按：御覽九百四十二引雖有明智作雖在明知。故耳目之察，不足以分物理；心意之論，不足以定是非。故以智爲治者，難以持國，唯通于太和而持自然之應者，爲能有之。能有持國之術。故嶢山崩而薄落之水涸，嶢山，在雍州也。薄落，水，在馮翊臨晉。山窮相通也。一曰：薄落，涇水也。○文典謹按：初學記地部中引嶢作硝。區治生而淳鈞之劍成。區，讀歌謳之謳。區，越人，善冶劍工也。淳鈞，古大銳劍也。紂爲無道，左強在側。左強，紂之諛臣也。教紂無道，勸以貪淫也。太公竝世，故武王之功立。立，成。由是觀之，利害之路，禍福之門，不可求而得也。言其門戶不可豫求而得知也。忽然來至，無形兆也。夫道之與德，若韋之與革，遠之則邇，近之則遠。革之質象道，韋之質象德。欲去遠之，道反在人側。欲以事求之，去人已遠也。無事者近人，有事者遠人。不得其道，若觀鯈魚。鯈魚，小魚也。在水中可觀見，見而不可得。道亦如之。○王念孫云：近之則遠，遠當作疏。此涉上句遠字而誤也。德、革爲韻，疏、魚爲韻。若作遠，則失其韻矣。泰族篇：遠之則邇，延之則疏。亦與除、虛、餘爲韻。泰族篇之延字，當作近。今據泰族之疏字以正此篇遠字之誤，並據此篇之近字以正泰族延字之誤。文子精誠篇正作近之即疏。故聖若鏡，不將不迎，將，送也。應而不藏。應，猶隨也。謂鏡隨人形好醜，不自藏匿者也。○王念孫云：聖下脫人字。意林及太平御覽人事部四十二、服用部十九引此，竝有人字。莊子應帝王篇：至人之用心若鏡。文子精誠篇：是故聖人若鏡。亦皆有人字。故萬化而無傷，其得之乃失之，其失之非乃得之也。自謂得，乃失道者也。自謂失道，未必不得道也。○王念孫云：非字義不可通，衍文也。高注云：自謂失道，未必不得道也。則無非字明矣。劉本作其失之也，乃得之也。此依文子精誠篇改。○俞樾云：非上脫未始二字，非下衍乃字。本作其失之未始非得之也。故高注曰：自謂得道，乃失道者也；自謂失道，未必不得道也。各依正文爲說耳。文子精誠篇曰：其得之也，乃失之也。其失之也，乃得之也。雖用淮南文，然意同，而字句固小異矣。不得據彼改此，而轉與高注不合也。今夫調弦者，叩宮宮應，彈角角動，此同聲相和者也。叩大宮則少宮應，彈大角則少角動，故曰同音相和。夫有改調一弦，其於五音無所比，鼓之而二十五弦皆應，此未始異於聲而音之君已形也。一弦，宮音也。音之君也，故二十五弦皆和也。一說：改調一弦，不比五音，謂一聲宮音也，故曰未始異於聲也。五主于一聲，故曰音之君已形。君主形見也。故通於太和者，惛若純醉而甘臥以游其中，而不知其所由至也。太和，謂等死生之和，齊窮達之端。其中，道之中也。不自知所至此也。純溫以淪，鈍悶以終，若未始出其宗。純，一也。溫，和也。淪，沒也，喩潛伏也。鈍悶，無情也。欲終始于道。宗，本也。若未有其形。是謂大通。今夫赤螭、青虯之游冀州也，赤螭、青虯，皆龍屬也。天清地定，毒獸不作，飛鳥不駭，入榛薄，食薦梅，薦梅，草實也，狀如桑椹，其色赤，生江濱也。噆味含甘，步不出頃畝之區，而蛇鱓輕之，以為不能與之爭於江海之中。噆味，長美也。蛇鱓自以為能勝赤螭、青虯。若乃至於玄雲之素朝，玄，黑；素，白也。黑雲升合於明朝也。○王念孫云：玄雲之素朝，衍之字。高注曰：玄，黑；素，白也。是玄雲、素朝相對為文，雲下不當有之字。且兩句皆以四字為句，加一之字，則句法參差矣。文選南都賦、魏都賦注引此，皆無之字。陰陽交爭，降扶風，雜凍雨，扶搖而登之，降，下也。扶風，疾風也。凍雨，暴雨也。扶搖，發動也。登，上也。上風雨而去。威動天地，聲震海內，四海之內，悉畏之也。蛇鱓著泥百仞之中，百仞，七百尺也。度深曰仞。傳曰：仞，溝洫也。熊羆匍匐丘山磛巖，虎豹襲穴而不敢咆，襲，入。咆，嗥。猨狖顛蹶而失木枝。狖讀中山人相遺物之遺。狖，猨屬，長尾而卬鼻。又況直蛇鱓之類乎。○王念孫云：下言又況直蛇鱓之類，則上文著泥百仞之中者，非謂蛇鱓也。且蛇鱓在淺水之中，亦不得言百仞。蛇當作蚖，蚖與鼉同（史記太史公自序：鼉鱓與處。索隱本作蚖鱓，即鼉字也。書大傳：河魭江鱓，亦與鼉同）。鱓與鼉同（說文：鱓，魚也，皮可以為鼓。夏小正傳：剝鱓以為鼓也。呂氏春秋古樂篇：鱓乃偃寖，以其尾鼓其腹）。言蚖鱓（徒何反）且伏於深淵而不敢出，況蛇鱓（音善）之類乎。今本蚖作蛇者，涉上下文蛇鱓而誤。○王引之云：磛巖乃高峻貌。龍乘風雨而熊羆畏避，則當伏於幽隱之地，山巔高峻，非所以藏身也。磛巖當作之巖。王逸注七諫曰：巖，穴也。〔莊子山木篇：豐狐文豹，伏於巖穴。〕言熊羆匍匐於丘山之穴而不敢出也。下文虎豹襲穴而不敢咆，正與此同義。且蚖鱓著泥百仞之中，熊羆匍匐丘山之巖，二句相對為文，若作磛巖，則義不明，而句亦不協矣。

轡字蓋出後人所改。鳳皇之翔至德也。雄曰鳳，雌曰皇。為德之君而來翔也。至雷霆不作。風雨不興。川谷不澹。澹，溢。草木不搖。而燕雀佼之。以為不能與之爭於宇宙之間。燕雀自以為能佼健於鳳皇也。佼或作誸。宇，屋簷也。宙，棟梁也。易曰：上棟下宇。○莊逵吉云：說文解字：宇，屋邊也。義與此同。○王念孫云：高說非也。佼讀為姣。廣雅曰：姣，侮也。言燕雀輕侮鳳皇也。上文云：赤螭青虬之游冀州也，蛇鱓輕之，以為不能與之爭於江海之中，是其證也。作佼者，借字耳。還至其曾逝萬仞之上。翱翔四海之外。曾猶高也。逝猶飛也。一曰回也。翼一上一下曰翱，不搖曰翔。外猶表也。○莊逵吉云：古曾與層通，此曾即層字。○孫詒讓云：還字無義，當為遝之誤。遝與逮同。墨子兼愛下篇云：遝至乎夏王桀。今本遝亦誤還，是其證。過昆侖之疏圃。飲砥柱之湍瀨。疏圃在昆侖之上。過猶歷也。砥柱，河之險也，在河東大陽之東。湍，浮水至疾。瀨，清皆激浮急流。○文典謹按：御覽九百十五引湍瀨作涔瀨。邅回蒙汜之渚。邅回猶倘佯也。蒙汜，日所出之地。池決復入為渚。渚，小洲也。尙佯冀州之際。徑躡都廣。入日抑節。躡，至也。都廣，東南之山名，衆帝所自上下也。言鳳皇過都廣之野，送日入於抑節之地，言其翔之廣也。躡或作絕。徑，過；絕，歷也。羽翼弱水。暮宿風穴。濯羽翼於弱水之上。風穴，北方寒風從地出也。○王念孫云：羽翼弱水四字，文不成義。羽翼當為濯羽，故高注云：濯羽翼於弱水之上。今本作羽翼，即涉注內羽翼而誤也。舊本北堂書鈔地部二穴下引此正作濯羽弱水，暮宿風穴（陳禹謨本刪去），文選辯命論注、白帖九十四並同。說文：鳳濯羽弱水，莫宿風穴。即用淮南之文。○陶方琦云：文選辨命論注引許注：風穴，風所从出。按博物志雜篇云：風山之首，方高三百里，風穴如電突，深三十里。文選風賦注引十洲記曰：玄洲在北海上，有風聲響如雷，上對天之西北門也。說文鳳字下云：濯羽弱水，莫宿風穴。即淮南文。當此之時。鴻鵠鶬鸛。莫不憚驚伏竄。注喙江裔。注喙，喙注地，不敢動也。裔，邊也。○文典謹按：鶬鸛，藝文類聚九十、御覽九百十五引並作蒼鶴。江裔，御覽作江介。又況直燕雀之類乎。此明於小動之跡。而不知大節之所由者也。昔者王良造父之御也。王良，晉大夫郵無恤子良也，所謂御良也，一名孫無政，為趙簡子御，死而託精於天駟星，天文有王良星是也。造父，嬴姓，伯翳之後，飛廉之子，為周穆王御。上車攝轡。馬為整齊而斂諧。整齊，不差也。斂諧，馬容體足調諧也。○文典謹按：初學記武部、御覽三百五十八引並作上車攝轡，馬為齊整。投足調均。勞逸若一。一，同也。心怡氣和。體便輕畢。畢，疾也。安勞樂進。馳騖若滅。滅，沒也。言疾也。左右若鞭。周旋若環。左右，謂騑驂也。步趨之力，若被鞭矣。一說言捭鞭敎諭其易也周旋若環如人志也○兪樾云鞭當讀爲綆說文糸部綆交枲也段氏玉裁曰謂以枲二股交辮之也交絲爲辮交枲爲綆此云左右若綆言如枲之交辮也左右若綆周旋若環兩句一律高以本字讀之故所列二說皆非。故世皆以爲巧，然未見其貴者也。○文典謹按御覽八百九十六引作世皆以爲工然而未甚貴也。若夫鉗且、大丙之御也，此二人太乙之御也一說古得道之人以神氣御陰陽也○文典謹按御覽下舊敓也字與上文昔者王艮造父之御也不一律今據文選東京賦注御覽三百五十九七百四十六八百九十六引補除轡銜，去鞭棄策，○文典謹按除轡銜三字爲句去鞭棄策四字爲句文不一律御覽三百五十九引作除轡舍銜去鞭弃策多一舍字是也八百九十六引作除轡銜去羈鞅疑後人妄改以就已誤之句也上車莫動而自舉，馬莫使而自走也，但以車馬爲主爾神氣扶之也日行月動，星燿而玄運，燿有玄天也運行也電奔而鬼騰，進退屈伸，不見朕垠，朕兆朕也垠形狀也故不招指，不咄叱，過歸鴈於碣石，言其御疾到自息止乃使北歸於碣石之山而中之鴈得之過去也過讀責過之過軼鶤雞於姑餘，自後過前曰軼姑餘山名在吳鶤雞鳳皇之別名言其御疾自碣石過歸雁便復東南軼過鶤雞於姑餘山也○文典謹按鶤文選魏都賦注引作鵾御覽八百九十六引作鵾騁若飛，騖若絕，縱矢躡風，追猋歸忽，縱履也足疾及箭矢躡蹈也一說矢在後不能及故言縱其行疾能及矢言躡追猋及之猋光中有影者忽然便歸皆及言疾也○王念孫云高謂猋爲光中有影者於古無據又言忽然便歸亦失之猋忽皆謂疾風也爾雅扶搖謂之猋郭璞曰暴風從下上也說文飆扶搖風也飆疾風也飆通作猋忽張衡思玄賦曰乘猋忽兮馳虛無是也追猋歸忽卽承上躡風而言之歸忽猶言歸風說林篇曰以兔之走使犬如馬則逮日歸風是也縱矢躡風追猋歸忽二句相對爲文若以歸忽爲忽然便歸則與上文不類矣朝發榑桑，日入落棠，榑桑日所出也落棠山名日所入也○王念孫云日入當爲入日今本作日入蓋涉高注日所入三字而誤不知高注自謂落棠山爲日所入非正釋入日二字也入日者及日於將入也朝發榑桑謂與日俱出入日落棠謂與日俱入上言追猋此言入日皆狀其行之疾也若云日入落棠則非其指矣上文云鳳皇徑躡都廣入日抑節正與此入日落棠同意海外北經夸父與日逐走入日郭璞曰言及日於將入也意亦與此同此假弗用而能以成其用者也。弗用無爲非慮思之察、手爪之巧也。嗜欲形於胷中，而精神踰於六馬，此以弗御御之者也。言藏嗜欲之形于胷臆之中踰和也以弗御御之以道術御也○陳觀樓云踰當爲喻字之誤也喻曉也言馬曉人意也太平御覽獸部八引此正作喻昔

者黃帝治天下。而力牧太山稽輔之。力牧太山稽黃帝師。孟子曰王者師臣也。以治日月之行。律。律度也。治陰陽之氣。節四時之
度。○陳觀樓云。律下本無治字。律陰陽之氣。與上下相對爲文。讀者誤以律字上屬爲句。則陰陽之氣四字。文不成義。故又加治字耳。高注律度也三字。本在律陰陽之氣下。傳寫誤在律字之下。陰陽之上。隔
斷上下文義。遂致讀者之惑。○王念孫云。文子精誠篇作調日月之行。治陰陽之氣。此用淮南而改其文也。後人不知律字之下屬爲句。故依文子加治字耳。○文典謹按。北堂書鈔四引作理日月之行。治陰陽
之氣。正律歷之數。別男女。異雌雄。明上下。等貴賤。使強不掩弱。衆不暴寡。○文典謹按。北堂書鈔四。藝文類聚十一引竝作使強不得掩弱。衆
不得暴寡。人民保命而不夭。安其性命。不夭折也。歲時孰而不凶。不凶。無災害也。百官正而無私。皆在公也。上下調而無尤。君臣調和。無尤過也。
法令明而不闇。輔佐公而不阿。卿士公正。不立私曲從也。○文典謹按。藝文類聚十一引輔佐作輔弼。田者不侵畔。漁者不爭隈。隈。曲深處。魚所聚也。
道不拾遺。市不豫賈。城郭不關。關。閉也。邑無盜賊。鄙旅之人相讓以財。言所有餘。狗彘吐菽粟於路。而無忿爭之
心。於是日月精明。星辰不失其行。風雨時節。五穀登孰。虎狼不妄噬。鷙鳥不妄搏。鳳皇翔於庭。翔。猶止也。麒麟
游於郊。游。行也。郊。邑外也。青龍進駕。飛黃伏皁。飛黃。乘黃也。出西方。狀如狐。背上有角。壽千歲。皁。櫪也。○陶方琦云。占經百十五引許注。飛黃出西方。狀如狐。背乘之。壽三千歲。伏
皁櫪而食焉。按占經引皆許注。雖高注多同。或即羼入之義也。御覽引符瑞圖。騰黃。神馬也。一名乘黃。亦曰飛黃。或曰紫黃。伏如狐。背上有兩角。海外西經。白民國有乘黃。其狀如狐。背上有角。漢書禮樂志作訾
黃。即符瑞圖之紫黃。故應劭注訾黃即乘黃。○文典謹按。高注壽千歲。千上脫三字。文選赭白馬賦注引正作乘之壽三千歲也。藝文類聚十一引作乘之壽一千歲。文雖小異。然足攷其脫誤之跡。諸北
儋耳之國。莫不獻其貢職。皆北極夷國也。然猶未及虙戲氏之道也。往古之時。四極廢。九州裂。廢。頓也。裂。分也。天不兼覆。
地不周載。火爁炎而不滅。水浩洋而不息。息。消。○王念孫云。炎當爲焱。字之誤也。說文。焱。火華也。玉篇。弋贍切。廣韻。爁。力驗切。爁焱。火延也。太平御覽皇王部三引此作
爁焱。與[illegible]韻合。洋當爲溔。亦字之誤也。玉篇。溔。弋沼切。司馬相如上林賦。灝溔潢漾。郭璞曰。皆水無涯際貌也。左思魏都賦。河汾浩涆而皓溔。李善注引廣雅曰。皓溔。大也。灝皓竝與浩通。御覽地部二十四引此

作浩溔皇王部三引此作皓溔濫焱浩溔皆疊韻浩洋則非疊韻蓋後人多見炎洋少見焱溔故焱誤爲炎溔誤爲洋矣○文典謹按浩洋初學記地部中引作浩瀚藝文類聚八作浩瀁白帖三作浩蕩是唐代已自數本各異 猛獸食顓民 顓善○文典謹按藝文類聚十一引此文及下文狡蟲死顓民生顓並作精又引注云精善也 鷙鳥攫老弱 攫撮 於是女媧鍊五色石以補蒼天 女媧陰帝佐虙戲治者也三皇時天不足西北故補之師說如是 斷鼇足以立四極 鼇大龜天廢頓以鼇足柱之楚詞曰鼇載山下其何以安之是也○文典謹按初學記天部上引注頓作傾 殺黑龍以濟冀州 黑龍水精也力牧太稽殺之以止雨濟朝也冀九州中謂今四海之內 積蘆灰以止淫水 蘆葦也生于水故積聚其灰以止淫水平地出水爲淫水 蒼天補四極正淫水涸冀州平狡蟲死 蟲狩也 顓民生背方州抱圓天 方州地也 和春陽夏殺秋約冬枕方寢繩 方榘四寸也寢繩直身而臥也 陰陽之所壅沈不通者竅理之逆氣戾物傷民厚積者絕止之 逆氣亂氣也傷害民物之積財 故絕止之○王念孫云陰陽之所壅沈不通者當依文子精誠篇作陰陽所擁（擁壅古字通）沈滯不通者今本所上衍之字沈下脫滯字則句法參差且與下文不對（若以壅沈二字連讀則文不成義） 當此之時臥倨倨興眄眄 倨倨臥無思慮也倨讀虛田之虛眄眄然視無智巧貌也○王念孫云眄眄當爲盱盱盱字本作盱形與眄相近故誤爲眄（脩務篇以身解於陽盱之河今本盱誤作眄晉書陸機傳豪士賦序偃仰瞪盱文選盱作眄）莊子應帝王篇其臥徐徐其覺于于司馬彪曰于于無所知貌正與高注無智巧之意相合盜跖篇曰臥居居起于于于與盱聲近而義同也說文盱張目也俶眞篇曰萬民睢睢盱盱然莫不竦身而載聽視魯靈光殿賦鴻荒朴略厥狀睢盱張載曰睢盱質朴之形劇秦美新曰天地未袪睢睢盱盱故高云盱盱然視無智巧貌也若眄爲邪視則與無智巧之意不合矣且莊子以徐于爲韻居于爲韻此以倨盱爲韻若作眄則失其韻矣○洪頤煊云眄眄當是盱盱之譌盱說文作盱與眄字形相近倨盱合韻莊子寓言篇老子曰而睢睢而盱盱而誰與居廣雅釋訓睢睢盱盱氣也 一自以爲馬一自以爲牛其行蹎蹎其視瞑瞑 蹎讀塡寘之塡 侗然皆得其和莫知所由生浮游不知所求魍魎不知所往 ○文典謹按北堂書鈔十五引作浮游不知所來罔兩不知所往來往對文於義爲長 當此之時禽獸蝮蛇無不匿其爪牙藏其螫毒 ○王念孫云蝮蛇本作蟲蛇此後人妄改之也禽獸蟲蛇相對爲文所包者甚廣改蟲蛇爲蝮蛇則舉一漏百且與禽獸二字不類矣文子精誠篇正作禽獸蟲蛇韓子五蠹篇亦云人民不勝禽獸蟲蛇 無

有攫噬之心。考其功烈，上際九天，下契黃壚。上與九天交接，下契至黃壚。黃泉下壚土也。壚讀繩纑之纑。○文典謹按：注黃泉下壚土也，文選曹子建責躬詩注引作黃泉下壚山。有名聲被後世，光暉重萬物。使萬物有煇光也。○王念孫云：重字義不可通。爾雅釋魚疏引此作光煇熏萬物，是也。熏猶熏炙也。謂光煇熏炙萬物。（韓詩外傳曰：名聲足以光薰炙之。薰與熏同。）故高注曰：使萬物有煇光也。乘雷車，○陶方琦云：御覽九百三十引作乘雲車。又引許注云：雲雷之車。服駕應龍，驂青虯。駕應德之龍，在中爲服，在旁爲驂。有角爲龍，無角爲虯。一說應龍有翼之龍也。○王念孫云：服應龍、驂青虯相對爲文。故高注曰：在中爲服，在旁爲驂。服下不當有駕字。此後人據高注旁記駕字，因誤入正文也。不知高注駕應德之龍，是解服應龍三字，非正文內有駕字也。一切經音義一、太平御覽鱗介部二及爾雅疏引此俱無駕字。○陶方琦云：御覽九百三十引許注：服，轅中也。應龍，有翼之龍。青虯，青龍。按高注所云一說，多爲許注，與御覽引正合。說文：服，一曰車右騎，衛策捎驂，無笞服。韋注：轅中曰服。蓋與許注淮南同。廣雅：有翼曰應龍。大荒東經：應龍處南極。郭注：應龍，龍有翼者也。說文：虯，龍子有角者。高作無角，說亦異。援絕瑞，席蘿圖，殊絕之瑞應，援而致之也。羅列圖籍以爲席蓐。一說：蘿圖，車上席也。○王念孫云：援絕瑞本作援絕應，此亦涉注文而誤也。案正文作絕應，故注釋之曰殊絕之瑞應。若正文本作絕瑞，則無庸加應字以釋之矣。爾雅疏引此作絕瑞，則所見本已誤。御覽引此正作絕應。○陶方琦云：御覽九百三十引許注：蘿圖，車上席也。按高注一說卽許義也，與上同。蘿圖爲車上席，未詳。或疑席是飾字之誤。黃雲絡，前白螭，後奔蛇。絡讀道路之路，謂車之垂絡也。黃雲之氣絡其車，白螭導在于前，奔蛇騰蛇也，從在于後，皆瑞應也。○陶方琦云：御覽九百三十引黃雲絡作雲黃路。又引許注云：雲黃所乘路車。按爾雅疏引作雲黃路，路卽路字，乘字疑作垂，謂所垂路車上也。續博物志引作震黃路。又按御覽前白螭下引許注云：白螭先道，後奔蛇。御覽引作後貢蛇，貢與奔同。許注本作貢。爾雅釋蟲疏引許注：奔蛇，馳蛇也。許以馳字釋奔，與高注文略異。○俞樾云：黃雲絡當作絡黃雲，方與上下文句法一律。高注曰：黃雲之氣絡其車，正說絡黃雲之義。猶下注曰：白螭導在于前，是說正文前白螭之義；奔蛇騰蛇也，從在于後，是說正文後奔蛇之義。非正文作白螭前、奔蛇後也。後人因注文絡字在黃雲之下，輒改正文作黃雲絡以合之，謬矣。浮游消搖，道鬼神，登九天，九天，八方中央。朝帝於靈門，在朝于上帝靈門也。宓穆休于太祖之下。宓，寧也。穆，和也。休，息也。太祖，道之太宗也。然而不彰其功，不揚其聲，彰揚皆明也。隱眞人之道，以從天地之固然。隱，藏也。眞人，眞德之人，固自然也。何則？道德上通，而智故消滅也。智故，巧詐。逮至夏桀之時，○文典謹按：北堂書鈔百五十八引夏桀作桀紂。

主闇晦而不明。道瀾漫而不修。仁義道不復修飾之，故曰瀾漫。棄捐五帝之恩刑。推蹶三王之法籍。○文典謹按：北堂書鈔四十一引無捐字。推蹶作壞。是以至德滅而不揚。帝道揜而不興。興，舉也。舉事戾蒼天。發號逆四時。戾，反也。○文典謹按：北堂書鈔二十一引蒼作食。春秋縮其和。天地除其德。縮，藏也。言和氣不復行也。言其所施曰惡，不自知也，故曰除其德也。仁君處位而不安。大夫隱道而不言。不爲民所安，隱仁義之道，不正諫直言也。論語曰：國無道，危行言遜也。羣臣準上意而懷當。準，望。懷，思。當，合也。取合主意，不復以道正諫也。○俞樾云：懷當二字甚爲不辭，高注亦曲說耳。懷當乃壞常之誤，言羣臣皆準上意而敗壞其典常也。文子上禮篇作羣臣推上意而壞常，是其明證。疏骨肉而自容。邪人參耦比周而陰謀。陰謀，私謀也。居君臣父子之間。而競載驕主而像其意。像，猶隨也。亂人以成其事。是故君臣乖而不親。骨肉疏而不附。植社槁而𤩽裂。言不禮於神也。○王念孫云：說文、玉篇、廣韻、集韻皆無𤩽字，𤩽當爲㻯，隸書之誤也。（隸書虖字或作雩，雩字或作𩃬，二形相近，故虖誤爲雩。漢書王子侯表虖葭康侯澤，史記作雩殷。又匈奴傳郎中係虖淺，史記作係雩淺。說文㻯，木也，今作𣟍。玉篇嫭，胡故切，好皃，或作㜳，皆其例也。）說文㻯，裂也。又曰：𡑋，坼也。𡐦、罅古字通。賈子耳痺篇作置社槁而分裂。容臺振而掩覆。容臺，行禮容之臺。言不能行禮，故天文振動而敗也。犬羣嘷而入淵。言將滅壞，犬失其主，故嘷而入淵也。一說：言犬禍也。豕銜蓐而席澳。豕銜其蓐，席入之澳，言豕禍也。一說：銜蓐自藏。美人挐首墨面而不容。挐首，亂頭也。草與髮并編爲挐首，不修容飾也。曼聲呑炭內閉而不歌。曼聲，善歌也。見世亂衰將滅，故呑炭自敗音聲，閉氣不復動也。喪不盡其哀。獵不聽其樂。言時亂禮壞，不盡在哀。樂崩，故不復聽田獵之樂。○俞樾云：高注曰：樂崩，故不復聽田獵之樂。是此樂字是喜樂字，而非音樂字，乃言不聽於義未安。聽疑德字之誤。家語本命篇：効匹夫之聽。王注曰：聽，宜爲德字。是其例也。德與得通，不德其樂，即不得其樂。言雖田獵而不得其樂也。正與上句喪不盡其哀，文義一律。後人不知德爲得之叚字，遂臆改爲聽耳。西老折勝。黃神嘯吟。西王母折其頭上所戴勝，爲時無法度。黃帝之神傷道之衰，故嘯吟而長嘆也。○孫詒讓云：老當作姥。廣韻十姥云：姥，老母。古書多以姥爲母，故西王母亦稱西姥。○陶方琦云：占經七十四引許注：鬼神失其臨。按：臨者或即鑒臨之意。○文典謹按：北堂書鈔四十二引折勝作折䐜。飛鳥鎩翼。走獸廢腳。鎩，創夷也。縱翼也。廢腳，跛蹇也。言桀無道，田獵煩數，鳥獸悉被。○文典謹按：北堂書鈔百五十八引廢腳作廢足。

文選於安城答靈運詩注、江文通雜體詩注引許君注：鏦，殘羽也。山無峻幹，澤無注水。峻幹，美材也。注水，淳水。言山澤不以時故也。狐狸首穴，馬牛放失，田無立禾，路無莎蘋。莎草名也。莎蘋，讀猿猴躋噪之躋。狀如葴，葴如葭也。〇王引之云：莎蘋本作蘋莎，故高注先釋蘋，後釋莎。道藏本誤作莎蘋（洪興祖楚辭九歌補注引此已誤），注內蘋上又衍一莎字。劉績不能是正，反移莎字之注於前，以就已誤之正文，斯爲謬矣（莊本同）。莎與禾、蠃、施爲韻（各本蠃作理，乃後人所改，辯見下注。施字古讀若婆娑之娑，說見唐韻正），若作莎蘋，則失其韻矣。金積折廉，壁襲無理。金氣積聚，折其鋒廉也。壁，文；襲，重；言用之煩數，皆鈍無復文理也。壁讀辟也。〇孫詒讓云：王充論衡量知篇云：銅未鑄鑠曰積，石是積爲礦樸之名。金積即金樸也。高釋爲金氣積聚，望文生訓，與折廉之文不相貫矣。〇王引之云：高解壁襲無理曰：壁，文；襲，重；言用之煩數，皆鈍無復文理也。文子上禮篇無理作無蠃。案蠃當作蠃。淮南原文當亦是蠃字，非理字。本經篇冠無觚蠃之理，高彼注云：蠃讀指端蠃文之蠃（今本蠃字皆誤爲蠃，莊本改爲蠃，是也）。晏子春秋諫篇觚蠃作觚蠃，蠃字古亦讀若蠃，故與蠃通也。本經篇又曰：蠃鏤雕琢，詭文回波，蠃鏤亦謂轉刻如蠃文也。故彼注云：蠃鏤，文章鏤。今本蠃字亦誤爲蠃。指端蠃文，今人猶有此語，謂其文之旋轉如蠃也。壁形圓，故謂其文曰蠃，久而漫滅，故曰無蠃。此注壁文上當有蠃字。蠃壁文，是釋蠃字之義；襲重，是釋襲字之義；言用之煩數，皆鈍無復文理也，是統釋壁襲無蠃四字之義。文子作無蠃，而此注言無文理，故知其字之本作蠃也。後人不解蠃字之義，又見注內有無文理之語，遂改蠃爲理，而不知注內壁文二字正釋蠃字也。且蠃與禾、莎、施爲韻，改蠃爲理，則失其韻矣。磬龜無腹，磬，空也。象磬數鑽以卜，故空盡無腹也。言桀爲無道，不修仁德，但數占龜，莫得吉兆也。詩曰：握粟出卜，自何能穀。又曰：我龜既厭，不我告猶。是也。蓍策日施。易曰：再三瀆，瀆則不告也。晚世之時，七國異族，諸侯制法，各殊習俗。晚世，春秋之後，戰國之末。七國，齊、楚、燕、趙、韓、魏、秦也。齊姓田，楚姓羋，燕姓姚，趙姓趙，韓姓韓，魏姓魏，秦姓嬴，故異族也。縱橫間之，舉兵而相角。蘇秦約縱，張儀連橫。南與北合爲縱，西與東合爲橫。故曰縱成則楚王，橫成則秦帝也。攻城濫殺，覆高危安，掘墳墓，揚人骸。大衝車，高重京。衝車，大鐵著其轅端，馬被甲，車被兵，所以衝于敵城也。古者伐不敬，取其鯨鯢，收其骸尸，聚土而瘞之，以爲京觀，故曰高重疊京觀也。〇王念孫云：高重京，京當爲疊。注云故曰高重疊，即其證也。注京觀也上當更有一疊字。疊，京觀也，四字即承上注言之。今本正文疊作京，涉注文京觀而誤，注內又脫一疊字。文子上禮篇作高重疊，是其明證矣。高以上文言濫殺，故謂重疊爲京觀。今案衝車所以攻，重疊所以守，此二句別爲一義。高重疊，即所謂深溝高疊，非京觀之謂也。除戰道，便死路，犯嚴敵，殘不義，百往一反，名聲苟盛也。

（言百人行戰皆死，一人得還反也。一說：百人行伐，一反得勝爾。○文典謹按：注一說百人行伐一反得勝爾，人當作往，涉上百人而誤也。蓋前說以人數言之，後說以往反之次數言之也。若作百人，則非其指矣。）是故質壯輕足者爲甲卒，（甲，鎧也。在車曰士，步曰卒。）千里之外，家老羸弱，悽愴於内，廝徒馬圉，輣車奉饟，（廝，役。徒，衆也。牛曰牧，馬曰圉。輣，推也。饟，資糧也。輣讀楫拊之拊也。）道路遼遠，霜雪亟集，短褐不完，（短褐，遽器物之人也。褐，毛布，如今之馬衣也。不完，言民窮也。○陶方琦云：後漢書王望傳注引短作裋。後漢書注、列子釋文又引許注：楚人謂袍曰裋。按說文：裋，豎使布長襦也。从衣，豆聲。徐廣曰：裋一作短，小襦也。廣雅：袍，長襦也。說文以襦爲短衣，茲曰長襦，乃稍長于襦，因別言之。袍與裋皆長于襦，故漢書貢禹傳注：裋者，謂僮豎所著布長襦也。與說文裋訓長襦同。○文典謹按：裋本字，短叚字也。史記孟嘗君列傳而士不得短褐，索隱：短音豎。豎褐，謂褐衣而豎裁之，以其省文而便事也。文選王命論：思有短褐之襲。漢書短作裋。蓋短裋皆從豆得聲，故得通用也。）人羸車弊，泥塗至膝，相攜於道，奮首於路，（攜，引也。奮首，民疲于役，頓仆于路，僅能搖頭耳，言疲困也，故曰奮首。○俞樾云：高說極爲迂曲。原文本作奮於首路。首猶嚮也。漢書司馬遷傳北首爭死敵，師古曰：首，嚮也。是其義也。相攜於道，奮於首路，言不得已自奮勉而嚮路也。兵略篇曰：百姓之隨逮肆刑，挽輅首路死者，一旦不知千萬之數。正以首路連文，可證此篇之誤。）身枕格而死。（格，榜牀也。言收民役賦不畢者，榜之於格上，不得下，故曰枕格而死也。○王念孫云：高說枕格之義非也。格音胡格反，與輅同，謂輓車之橫木也。晏子春秋外篇曰：擁轅執輅。漢書婁敬傳：敬脫輓輅。應劭曰：輅，謂以木當胸以輓輦也。（見文選西京賦注）孟康音胡格反。身枕格而死，謂困極而仆，身枕輓車之木而死也。兵略篇曰：百姓之挽輅首路死者，一旦不知千萬之數。高彼注曰：輅，輓輦橫木也。挽輅首路而死，即此所謂奮首於路，身枕格而死也。人閒篇又曰：羸弱服格於道，病者不得養，死者不得葬。兵略篇作輅，此及人閒篇作格，字異而義同也。奮首於路，身枕格而死，皆承上人羸車弊而言。若以身枕格句爲死於榜掠，則與上文全不相屬矣。）所謂兼國有地者，伏尸數十萬，破車以千百數，傷弓弩矛戟矢石之創者，扶舉於路，故世至於枕人頭，食人肉，菹人肝，飲人血，甘之于芻豢。（甘猶嗜也。○文典謹按：御覽三百三十九引芻豢下有牛羊二字。又引注云：芻，牛肉；豢，豕肉。）故自三代以後者，天下未嘗得安其情性，而樂其習俗，保其脩命，天而不夭於人虐也。（虐，害。）所以然者何也？諸侯力征，天下合而爲一家。（○王念孫云：天而不夭於人虐也，天字與上下文義不相屬，此因上文天下而誤衍也。太平御覽兵部七十引此無天字。天下合而爲一家，合上脫不字。太平御覽引此有不字，文子上禮篇同。逮至當今之時，天子在上位，（天子，漢孝武皇帝。）持以道德，輔以仁義，近者獻其智，遠者懷其德，拱揖指麾而四海賓服，春秋冬夏皆獻其貢職，天下混而爲一，（混，同。）子孫相代，此五帝之所以迎天德也。夫聖人者，不能生時，時至而弗失也。輔佐有能，黜讒佞之端，息巧辯之說，除刻削之法，去煩苛之事，屏流言之迹，塞朋黨之門，消知能，（消除知巧之能。）脩太常，隳肢體，絀聰明，（去其小聰明，并大利欲者也。）大通混冥，解意釋神，漠然若無魂魄，使萬物各復歸其根，則是所脩伏犧氏之迹，而反五帝之道也。（反，復。）夫鉗且、大丙不施轡銜，而以善御聞於天下；伏戲、女媧不設法度，而以至德遺於後世。何則？至虛無純一，而不嘍喋苛事也。（嘍喋，猶深算也。言不采取煩苛之事。）周書曰：「掩雉不得，更順其風。」（言掩雉雖不得，當更從其上風，順其道理也。言可行與不，猶當以道德爲本。喻申韓之法失之也。）今若夫申韓、商鞅之爲治也，（申，申不害也。韓，韓非也。商鞅，公孫鞅。三子之術，皆爲刻削之法也。）挬拔其根，蕪棄其本，而不窮究其所由生，何以至此也？鑿五刑，爲刻削，乃背道德之本，而爭於錐刀之末，（錐刀之末，謂小利，言盡爭之也。）斬艾百姓，殫盡太半，（斬艾百姓，以草木喻也。不養之也。殫，病也。太半，過半也。○莊逵吉云：凡數三分有二爲太半，有一爲少半。韋昭說也。）而忻忻然常自以爲治，（忻忻，猶自喜得意之貌也。）是猶抱薪而救火，鑿竇而出水。（○王念孫云：出當爲止，字之誤也。欲止水而鑿竇，則水從竇入而愈不可止。若鑿竇而出水，則固其宜耳。文子精誠篇：鑿渠而止水，抱薪而救火。即用淮南之文。又說林篇若被蓑而救火，毀瀆而止水，毀當爲鑿（太平御覽火部一引此已誤），俗書鑿字或作鑿，因誤而爲毀（顏氏家訓書證篇說俗字云：鼓外設皮，鑿頭生毀），瀆與竇同。意林引此正作被蓑救火，鑿瀆止水。今據說林之止水以正出字之誤，并據此篇之鑿竇以正說林毀字之誤。）夫井植生梓而不容甕，溝植生條而不容舟，不過三月必死。（植，謂材也。橡杙于溝邊，因生爲條木也。以喻申韓商鞅之所爲法，比于梓條也。○王念孫云：梓當爲榟，榟古櫱字也。說文：櫱，伐木餘也。商書曰：若顛木之有甹櫱，或作䯝，古文作榟（榟字從木辛聲。說文：辛，小羊也。從羊大聲，或省作辛）。爾雅：枿，餘也。李巡曰：

櫱木之餘也。釋文櫱本或作枿。盤庚若顛木之有由櫱。釋文櫱又作枿。馬云顛木而肄生曰枿。魯語山不槎櫱。韋注曰以株生曰櫱。櫱枿巘並與栓同。是枿爲伐木更生之名。故本經篇高注曰枿滋生也。又說文𠷎木生條也。商書曰若顛木之有𠷎枿。是條與枿義相近。故此篇云井植生枿溝植生條。俶眞篇百事之莖葉條枿。高注云枿讀詩頌苞有三櫱同。是其明證矣。又俶眞篇十人養之一人拔之。（今本十誤作一一誤作十。辯見俶眞）則必無餘枿。高注亦讀枿爲櫱。枿字篆文作粹。隸變作梓。形與梓相似。因誤爲梓矣。

所以然者何也。皆狂生而無其本者也。河九折注於海。而流不絕者。昆侖之輸也。折曲。○王念孫云。藝文類聚水部上初學記地部中太平御覽地部二十六及文選海賦注引此並云河水九折注海而流不絕者有昆崙之輸也。較今本爲長。○文典謹按。白帖六引河下亦有水字。

潦水不泄。瀇瀁極望。旬月不雨。則涸而枯澤。受瀷而無源者。瀷。雨濆疾流者。故曰無源。瀷讀燕人強春言敕同也。○莊逵吉云。強春疑當作強秦。○俞樾云。者當作也。澤字絕句。如而古通用。涸而枯澤者。涸如枯澤也。此言潦水雖瀇瀁極望。然旬月不雨。則涸如枯澤矣。所以然者。以其受瀷而無源也。與上文河九折注於海而流不絕者。昆侖之輸也。正相對成義。句末也字誤作者。則文義轉似不了矣。○陶方琦云。文選江賦郭璞注引作潦水旬月不雨則涸而枯澤受瀷而無源者也。又引許注瀷湊漏之流也。按管子宙合泉踰瀷而不盡注瀷湊漏之流也。江賦磴之以瀷瀷皆同許義。

譬若羿請不死之藥於西王母。姮娥竊以奔月。姮娥。羿妻。羿請不死之藥於西王母。未及服之。姮娥盜食之。得仙。奔入月中。爲月精也。奔月或作坌肉。藥坌肉以爲死畜之肉復可生也。○莊逵吉云。姮娥諸本皆作恆。唯意林作姮。文選注引此作常。淮南王當諱恆。不應作恆。疑意林是也。○洪頤煊云。歸藏云。昔常娥以不死之藥服之。遂奔爲月精。恆改爲常。是漢人避諱字。張衡靈憲作姮娥。說文無姮字。後人所造。○陶方琦云。文選郭璞遊仙詩注初學記引爲許注。常娥。羿妻也。逃月中。蓋上虛夫人是也。初學記引正文尚有託身於月是謂蟾蜍而爲月精十二字。許高異本也。許作常。常與恆義同。淮南王當諱恆字。許本是也。初學記文選補亡詩注御覽皆引淮南注有月一名夜光。月御曰望舒。亦曰纖阿。疑即此處許氏注文。

悵然有喪。無以續之。言羿悵然失志。若有所喪亡。不能復得不死藥以續之也。何則。不知不死之藥所由生也。羿不知不死之藥所由生也。申韓商鞅之等。不得治之根本。如乞藥矣。一說羿謂命在藥。不知命自在天也。故或欲得知不死藥之所由出生也。

是故乞火不若取燧。寄汲不若鑿井。

卷七

精神訓

精者人之氣。神者人之守也。本其原。說其意。故曰精神。因以題篇。

古未有天地之時。惟像無形。惟。思也。念天地未成形之時。無有形。生有形。故天地成焉。○俞樾云。惟乃惘字之誤。隸書罔字或作罒。故惘與惟相似而誤也。惘像。即罔象也。文選思玄賦。䫋汨灦戾沛以罔象兮。亦作象罔。莊子天地篇。乃使象罔。象罔得之。是也。罔象乃疊韻字。與下文澒濛鴻洞一律。皆無形之象。故曰罔象無形。今作惟像無形。義不可通。乃高注訓惟為思。則其誤久矣。窈窈冥冥。芒芠漠閔。澒濛鴻洞。莫知其門。皆未成形之氣也。芒讀王莽之莽。芠讀校滅之校。閔讀閔子騫之閔。澒讀項羽之項。鴻讀子贛之贛。洞讀同游之同也。皆無形之象。故曰莫知其門也。○文典謹按。御覽一引作幽幽冥冥。茫茫昧昧。幕幕閔閔。三百六十引與今本合。蓋許高本各異也。有二神混生。經天營地。二神。陰陽之神也。混生。俱生也。孔乎莫知其所終極。滔乎莫知其所止息。孔。深貌。滔。大貌。於是乃別為陰陽。離為八極。剛柔相成。萬物乃形。離。散也。八極。八方之極。剛柔。陰陽也。煩氣為蟲。煩。亂也。精氣為人。是故精神。天之有也。而骨骸者。地之有也。精神入其門。而骨骸反其根。精神無形。故能入天門。骨骸有形。故反其根。歸土也。我尚何存。言人死各有所歸。我何猶常存。是故聖人法天順情。不拘於俗。不誘於人。誘猶惑也。以天為父。以地為母。陰陽為綱。四時為紀。天靜以清。地定以寧。萬物失之者死。法之者生。夫靜漠者。神明之宅也。虛無者。道之所居也。是故或求之於外者。失之於內。有守之於內者。失之於外。譬猶本與末也。從本引之。千枝萬葉。莫不隨也。夫精神者。所受於天也。而形體者。所稟於地也。故曰一生二。二生三。三生萬物。一謂道也。二曰神明也。三曰和氣也。或說。一者元氣也。生二者。乾坤也。二生三。三生萬物。天地設位。陰陽通流。萬物乃生。萬物背陰而抱陽。沖氣以為和。萬物以背為陰。以腹為陽。身中空虛。和氣所行。為陰。故脅雙。為陽。故心特。陰陽與和。共生物形。君臣以和。致太平也。故曰一月而膏。始育如膏也。○文典謹按。御覽三百六十三引。膏作氣。二月而胅。○文典謹按。御覽胅作血。三月而胎，四月而肌，〇王念孫云：文子九守篇作一月而膏，二月而脈，三月而胚，四月而胎。廣雅釋親作一月而膏，二月而脂，三月而胎，四月而胞，與此或同或異。又爾雅釋詁釋文及文選江賦注引此並作三月而胚，亦與今本異。〇文典謹按：御覽肌作胞。五月而筋，六月而骨，七月而成，八月而動，九月而躁，十月而生。形體以成，五藏乃形。是故肺主目，肺象朱雀，朱雀火也，火外景，故主目。腎主鼻，腎象龜，龜水也，水所以通溝，鼻所以通氣，故主鼻。膽主口，膽，勇者決所以處，故主口。肝主耳，肝，金也，金內景，故主耳。〇王念孫云：文子作肝主目，腎主耳，脾主舌，肺主鼻，膽主口，說肝腎肺之所主，與此互異，而多脾主舌一句。按此言五藏之主五官，不當獨缺脾與舌，下文膽爲雲，肺爲氣，脾爲風，腎爲雨，肝爲雷，即承此文言之，則此當有脾主舌一句，但未知次於何句之下耳。白虎通義亦曰脾繫於舌。外爲表而內爲裏，開閉張歙，各有經紀。歙讀脅也。故頭之圓也象天，足之方也象地。天有四時、五行、九解，四時，春夏秋冬。五行，金木水火土也。九解，謂九十爲一解，一說九解，六一之所解合也，一說八方中央，故曰九解。〇俞樾云：高注九解有三說，當以八方中央之義爲塙。天文篇：天有九野，中央曰鈞天，東方曰蒼天，東北曰變天，北方曰玄天，西北方曰幽天，西方曰顥天，西南方曰朱天，南方曰炎天，東南方曰陽天，即此九解矣。解者，分也。謂分周天三百六十五度四分度之一而爲九也。〇文典謹按：高注之一說多，即許注。御覽三百六十引注云：九解者，八方中央也。與高注第三說正同，即許君注也。三百六十六日。人亦有四支、五藏、九竅、三百六十六節。〇王念孫云：三百六十六日，三百六十六節，本作三百六十日，三百六十節，後人以堯典言朞三百有六旬有六日，故於上句加六字，因併下句而加之也。不知三百六十日，但舉大數言之，繫辭傳曰：乾坤之策凡三百有六十，當期之日是也。若人之骨節，則諸書皆言三百六十節。呂氏春秋本生篇曰：三百六十節皆通利矣。達鬱篇曰：三百六十節，九竅五藏六府。太平御覽人事部一引公孫尼子曰：人有三百六十節，當天之數也。皆其證矣。春秋繁露人副天數篇曰：天以終歲之數成人之身，故小節三百六十分（今本分作六，亦是後人所改。上文云：人有三百六十節，偶天之數也。即其證。今依上文改），副日數也；大節十二分，副月數也。淮南天文篇亦曰：天有十二月，以制三百六十日；人亦有十二肢，以使三百六十節。此皆以十二統三百六十，猶十二律之統三百六十音也（見天文篇），不得言三百六十六明矣。太平御覽引此已誤。文子九守篇正作三百六十日，三百六十節。天有風雨寒暑，人亦有取與喜怒。故膽爲雲，膽，金也，金石雲之所出，故爲雲。肺爲氣，肺，火也，故爲氣。肝爲風，肝，木也，木爲風生，故爲風。〇王念孫云：肝爲風，本作脾爲風。注：肝，木也，本作脾，木也。脾爲雷，本作肝爲雷，皆後人改之也。上注曰：肝，金也。是高不以肝爲木也。時則篇春祭先脾，注引一說曰：脾屬木，自用其藏也。是脾爲木也（說詳經義述聞月令）。脾屬木，而木爲風生，故曰脾爲風。脾爲風，則肝爲雷矣。五行大義論人配五行篇及御覽人事部一引此，並作脾爲風，肝爲雷。文子九守篇同。腎爲雨，腎，水也。因水故雨。雨或作電。腎，水也。水爲光，故爲電。脾爲雷，以與天地相參也，而心爲之主。心，土也，故爲四行之主。是故耳目者日月也，血氣者風雨也。日中有踆烏，踆猶蹲也，謂三足烏。踆讀踆巍之踆。○文典謹按：藝文類聚一引注云：踆，趾也。謂三足烏也。北堂書鈔百四十九引趾作止，餘同（趾止古通用）。疑亦許君注也。而月中有蟾蜍。蟾蜍，蝦蟆。日月失其行，薄蝕無光。薄者，迫也。薄讀享薄之薄。○莊逵吉云：享薄，御覽作厚薄，古字厚與享形近而誤。○文典謹按：傳寫宋本享正作厚。風雨非其時，毀折生災。五星失其行，州國受殃。五星，熒惑、太白、歲星、辰星、鎮星也。今熒犯角亢，則州國受其殃也。餘準此。夫天地之道，至紘以大，尚猶節其章光，愛其神明，人之耳目，曷能久熏勞而不息乎？息，止。○俞樾云：熏當爲勳，勳勞二字連文，古人常語。主乎勳而言之，則勞亦勳也。禮記明堂位篇：成王以周公爲有勳勞於天下。言有勳勞於天下也。主乎勞而言之，則勳亦勞也。此文曰曷能久熏勞而不息乎，言不能久勞而不息也。文子九守篇作何能久燻而不息，蓋由後人不達古語而改之。○孫詒讓云：熏勞無義，熏當作勤，勤挩其半爲堇，又譌作熏，遂不可通。文子九守篇襲此文作何能久燻而不息，亦非。御覽三百六十三引文子作人之耳目何能久勤而不愛，文亦有譌，而勤字可正文子及淮南此文之誤。精神何能久馳騁而不既乎？既，盡。是故血氣者，人之華也；而五藏者，人之精也。夫血氣能專於五藏專，一。而不外越，則胷腹充而嗜欲省矣。胷腹充而嗜欲省，則耳目清、聽視達矣。耳目清、聽視達，謂之明。五藏能屬於心而無乖，則教志勝而行不僻矣。敎志勝，言己之敎志也。僻，邪也。勝或作遯。教志勝而行之不僻，則精神盛而氣不散矣。精神盛而氣不散則理，理則均，均則通，通則神，神則以視無不見，以聽無不聞也，以爲無不成也。是故憂患不能入也，而邪氣不能襲。襲猶因也，亦入。故事有求之於四海之外而不能遇，遇，得。或守之於形骸之內，心無欲也。而不見也。○俞樾云：守當作得，言求之於四海之外而不能遇者，或得之於形骸之內也。求與得文義相應。下文曰：故所求多者所得少。正承此而言。今作守之，失其義矣。一切經音義一引衞宏古文官書曰：孨、得二字同體，孨與守相似，故誤爲守耳。故所求多者所得少，所見大者所知小。夫孔竅者，精神之戶牖也；而氣志者，五藏之使候也。○王念孫云：氣可言五藏之使候，志不可言五藏之使候。氣志當爲血氣，此涉下文氣志而誤也。上文曰：血氣能專於五藏而不外越，則胷腹充而嗜欲省矣。下文曰：五藏搖動而不定，則血氣滔蕩而不休矣，故曰血氣者五藏之使候。文子九守篇正作血氣。耳目淫於聲色之樂，則五藏搖動而不定矣。○莊逵吉云：不定，本亦作不寧。下同。五藏搖動而不定，則血氣滔蕩而不休矣；血氣滔蕩而不休，則精神馳騁於外而不守矣。多情欲，故神不內守。精神馳騁於外而不守，則禍福之至，雖如丘山，無由識之矣。丘山，諭大。識，知也。使耳目精明玄達而無誘慕，氣志虛靜恬愉而省嗜慾，五藏定寧充盈而不泄，精神內守形骸而不外越，則望於往世之前，而視於來事之後，猶未足爲也，猶，尚也。爲，治也。豈直禍福之間哉！故曰：其出彌遠者，其知彌少，言難以道故也。以言夫精神之不可使外淫也。是故五色亂目，使目不明；不明，視而昏也。五聲譁耳，使耳不聰；不聽，無聞也。五味亂口，使口爽傷；爽，病傷滋味也。○王念孫云：使口爽傷，本作使口厲爽。注本作厲爽，病傷滋味也。大雅思齊箋曰：厲，病也。逸周書謚法篇曰：爽，傷也。（廣雅同。）故云厲爽，病傷滋味也。後人以韻書爽在上聲，與明聽揚三字音不相協，故改厲爽爲爽傷。不知爽字古讀若霜，正與明聽揚爲韻。（衞風氓篇：女也不爽，與湯裳行爲韻。小雅蓼蕭篇：其德不爽，與讓兄忘爲韻。楚辭招魂：厲而不爽，與方粱行芳羹漿鶬餭鶬涼妨爲韻。案爽字古皆讀若霜，毛詩楚辭而外，不煩縷舉。）故老子五味令人口爽，亦與盲聾狂妨爲韻，而莊子天地篇：五色亂目，使目不明；五聲亂耳，使耳不聰；五味濁口，使口厲爽；趣舍滑心，使性飛揚。即淮南所本也。且爽即是傷，若云使口爽傷，則是使口傷傷矣。）文子九守篇作使口生創，亦是後人所改。乃既改正文之厲爽爲爽傷，又改注文之厲爽爲爽病，甚矣其謬也。（諸書無訓爽爲病者。又高注不明，視而昏也；不聽，無聞也；厲爽，病傷滋味也；飛揚，不從軌度也；皆先列正文而後釋其義。今改厲爽爲爽病，則與上下注文不類矣。）趣舍滑心，使行飛揚；滑，亂也。飛揚，不從軌度也。此四者，天下之所養性也，性，生也。然皆人累也。故曰：嗜欲者使人之氣越，而好憎者使人之心勞，弗疾去則志氣日耗。越，失。

勞，病，耗，猶亂也。夫人之所以不能終其壽命，而中道夭於刑戮者，何也？以其生生之厚。夫惟能無以生爲者，則所以脩得生也。言生生之厚者，何必極嗜欲，淫濫無猒，以傷耳目情性，故不終其壽命，中道夭殞，以刑辟之戮也。無以生爲者，輕利害之鄉，除情性之欲，則長得生矣。○俞樾云：脩得生本作得脩生，得脩生者，得長生也。淮南以父諱長，故變長言脩耳。文子九守篇正作得長生，是其證。今作脩得生，則文不成義矣。高注曰：無以生爲者，輕利害之鄉，除情性之欲，則長得生矣。長得生亦當作得長生，後人依既倒之正文而改之耳。夫天地運而相通，萬物總而爲一。總，合。一，同也。萬物合同，統於一道。能知一，則無一之不知也；不能知一，則無一之能知也。上一，道也。下一，物也。譬吾處於天下也，亦爲一物矣。不識天下之以我備其物與？與，邪詞也。且惟無我而物無不備者乎？然則我亦物也，物亦物也。物之與物也，又何以相物也？物亦物也，何相名爲物也。雖然，其生我也將以何益？言生我自然之道，亦當以何益乎。其殺我也將以何損？損，減。夫造化者既以我爲坯矣，將無所違之矣。言既以我爲人，無所離之，喻不求亦不避也。吾安知夫刺灸而欲生者之非惑也，又安知夫絞經而求死者之非福也？或者生乃徭役也，而死乃休息也。天下茫茫，孰知之哉？○王念孫云：孰知下有脫文。劉本作孰知之哉，此以意補，不可從。其生我也不彊求已，已，止也。言不惡生也。其殺我也不彊求止。言不畏死。欲生而不事，事，治。憎死而不辭，唯義所在，故不辭也。賤之而弗憎，貴之而弗喜，人有惡賤己者，己不憎也；人有尊己者，己不喜也。隨其天資而安之不極。資，時也。一曰性也。極，急也。喻道人不急求生也。吾生也有七尺之形，吾死也有一棺之土。○文典謹按：北堂書鈔九十二引棺作槨。意林引作生有七尺之形，死爲一棺之土。吾生之比於有形之類，猶吾死之淪於無形之中也。然則吾生也物不以益衆，吾死也土不以加厚，吾又安知所喜憎利害其間者乎？不知喜生之利，不知憎死之害，守其正性也。夫造化者之攫援物也，攫，攝也。援，引也。譬猶陶人之埏埴也。○陶方琦云：文選長笛賦注引作陶人之克埏埴，又引許注：挻，抒也。抒當是揉之壞文。說文作煣，云屈申木也。揉之本字即柔。說文：柔，木曲直也。字林：挻柔也。墼類。挻，柔也。蕭該漢書音義引許注作挻，抑也。抑亦揉之譌。文埴之訓土。說文，埴，黏土也。老子河上注，埴，土也。釋文引杜弼曰，埴，黏土也。司馬曰，埴，土可以為器。字林，埴，土也。黏土為埴。兵略訓，陶人之化埴。許注，陶人復變為埴土，不能化埴土也。亦以土訓埴。文選注引許注作埴土為也，恐即黏土為埴之敚文。其取之地而已為盆盎也，與其未離於地也無以異。其已成器而破碎漫瀾而復歸其故也，陶人作瓦器之官也。頓泥坯，取之于地，以為器，無以異于土也。明人不當惡死。死復歸其未生之故耳。譬猶瓦器之破而復反於土也。與其為盆盎亦無以異矣。夫臨江之鄉，居人汲水以浸其園，江水弗憎也。〇文典謹按，藝文類聚六十五引浸作溉，憎作減。苦洿之家，決洿而注之江，洿水弗樂也。是故其在江也，無以異其浸園也；其在洿也，亦無以異其在江也。道尚空虛，貴無形。江水大，去不可消，就易，故不憎也。窊水小，去易小消，就不消，故不樂也。洿水猶潨水也。苦猶疾也。一說，言各自安其處也，及其轉易亦無憎樂也。〇陶方琦云，御覽三百七十一引許注，洿，潨水也。按此高承許說，或即羼入之許注。說文，洿，濁水不流也。一曰窊下也。廣雅，洿，深也。與注同。字或作窪。說文注，深池也。又窪曰窊也。與洿之訓窊同。潨水之訓潨，乃窪之誤字。潨或作瀿，與窪相似。方言，洿，洼也。大戴禮少問篇，洿池土察注，洿，窪也。老子釋文顧注，窪，洿也。並作窪。御覽所引亦据誤本。是故聖人因時以安其位，當世而樂其業。業，事也。夫悲樂者，德之邪也；而喜怒者，道之過也；好憎者，心之暴也。〇王念孫云，暴當依文子九守篇作累，字之誤也。上文曰，好憎者使人之心勞，故曰好憎者心之累也。作暴則非其指矣。原道篇曰，喜怒者，道之邪；憂悲者，德之失也；好憎者，心之過也；嗜欲者，性之累也。語意略與此同。故曰：其生也天行，似天氣也。其死也物化。如物之變化也。靜則與陰俱閉，動則與陽俱開。〇王念孫云，與陰俱閉，與陽俱開，本作與陰合德，與陽同波。後人以原道篇云與陰俱閉，與陽俱開，故據彼以改此也。不知波與化為韻（自其生也天行至不敢越也，皆隔句用韻），若如後人所改，則失其韻矣。文子九守篇，靜即與陰合德，動即與陽同波，即用淮南之文。莊子天道篇，其生也天行，其死也物化，靜而與陰同德，動而與陽同波（刻意篇同），又淮南所本也。精神澹然無極，不與物散，而天下自服。極，盡也。散，雜亂貌。自服，服於德也。故心者，形之主也；而神者，心之寶也。形勞而不休則蹶，蹶，顚。精用而不已則竭。是故聖人貴而尊之，不敢越也。夫有夏后氏之璜者，匣匱而藏之，寶之至也。半璧曰璜，珍玉也。夫精神之可寶也，非直夏后氏之璜也。直猶但也。是故聖人以無應有，必究其理；以虛受實，必窮其節；恬愉虛靜，以終其命。是故無所甚疏，而無所甚親，抱德煬和，以順于天。煬，炙也。向火中炙和氣，以順天道也。煬讀供養之養。與道為際，與德為鄰。際，合也。鄰，比也。不為福始，不為禍先。魂魄處其宅，而精神守其根，死生無變於己，故曰至神。變，動。所謂真人者，性合于道也。真人者，伏羲、黄帝、老聃是也。故有而若無，實而若虛；處其一，不知其二；治其內，不識其外。治其內，守精神也。不識其外，不好憎也。明白太素，無為復樸，體本抱神，以游于天地之樊，樊，崖也。樊讀麥飯之飯也。芒然仿佯于塵垢之外，芒讀王莽之莽。而消搖于無事之業，浩浩蕩蕩乎，機械知巧弗載於心。是故死生亦大矣，而不為變。不為變者，同死生也。雖天地覆育，亦不與之抮抱矣。抮抱，猶持著也。言不以天地養育萬物故強與持著，守其純熟也。審乎無瑕，而不與物糅。瑕，猶釁也。其見利欲之來也，能審順之，故不與物相雜糅。見事之亂，而能守其宗。見事亂者，止之；亂不能眩惑，故能守其宗。宗，本也。若然者，正肝膽，遺耳目。言精神內守也。○王念孫云：正當為亡，字之誤也。亡與忘同。忘肝膽，遺耳目，遺亦忘也。若云正肝膽，則義與下句不類矣。莊子大宗師篇：忘其肝膽，遺其耳目。即淮南所本。俶真篇又云：忘肝膽，遺耳目。心志專于內，通達耦于一。一者，道也。居不知所為，行不知所之，言志意無所繫。渾然而往，逯然而來。渾，轉行貌。逯謂無所為，忽然往來也。逯讀詩綠衣之綠。渾讀大珠渾渾之渾也。○莊逵吉云：說文解字：逯，行謹逯逯也，與此義近。別本或誤作逮，非是。形若槁木，心若死灰。槁木無氣，死灰無熱，喻無為也。忘其五藏，損其形骸，不學而知，不視而見，不為而成，不治而辯，感而應，迫而動，迫，切，不得不動，然後乃動也。不得已而往，如光之燿，如景之放。○王念孫云：劉績依文子九守篇改放為效，案劉改是也。如景之效，謂如景之效形也。效與燿為韻，若作放則失其韻矣。○王紹蘭云：放當為敫，字之誤也。說文放部：敫，光景流也。从白从放，讀若龠。敫从白，故為光；景从放，故為流。然則淮南本作如景之敫，謂如景之流。許解敫為光景流，正取此文為義也。文子九守篇亦本作敫，傳寫者多見效，寡見敫，又以效與燿韻，因誤敫為效，不知敫讀若龠，正與燿為韻。邶風簡兮篇：左手執籥，右手秉翟。即其明證矣。是知劉本放爲效放固失之而效亦未爲得也以道爲紃，有待而然。紃者法也以道待萬物故曰有待而默默如是抱其太清之本而無所容與，無所容與於情欲也而物無能營。營惑也一曰亂也廓惝而虛，清靖而無思慮。不勞精神大澤焚而不能熱，河漢涸而不能寒也，大雷毀山而不能驚也，大風晦日而不能傷也。言體道之人閉情守虛雖此四者之大不能感也是故視珍寶珠玉猶石礫也，視至尊窮寵猶行客也，視毛嬙西施猶䫏醜也。至尊謂帝王也故曰窮寵也行客猶行路過客毛嬙西施皆古之美人䫏頭也方相氏黃金四目衣赭稀世之䫏貌非生人也但其像耳目䫏醜言極醜也○莊逵吉云䫏頭見周禮說文解字有䫏云醜也又有娸杜林亦以爲醜○王引之云石礫本作礫石說文礫小石也逸周書文傳篇云礫石不可穀楚辭惜誓相與貴夫礫石王注云相與貴重小石也韓詩外傳云太山不讓礫石江海不辭小流皆其證也石與客魌爲韻若作石礫則失其韻矣（古韻石在鐸部礫在藥部兩部絕不相通此非精於三代秦漢之音者不能辯也）䫏醜本作倛魌此魌誤爲醜（醜與魌草書相似）後人又改倛爲䫏耳後人以荀子非相篇面如蒙倛楊倞曰倛方相也周官方相氏注云如今魌頭（魌與䫏倛同）遂誤以倛爲倛頭之倛又以說文倛頭字作䫏故改倛爲䫏不知倛醜本作倛魌乃請雨之土人非逐疫之䫏頭也倛魌一作欺魌又作欺䫏列子仲尼篇若欺魌爲而不可與接張湛曰欺魌土人也釋文曰魌片各反字書作欺䫏文選應璩與岑文瑜書注曰淮南子曰視西施毛嬙猶倛魌也高誘曰倛魌請雨土人也皆其明證矣視毛嬙西施如倛魌者謂視如土偶非謂視如䫏頭也且魌與石客爲韻若作䫏醜則失其韻矣集韻倛字注云淮南祈雨土偶人曰倛但言倛而不言倛魌似所見本魌字已誤作醜然倛字尚未改作䫏且高氏請雨土人之注亦未嘗改也今則正文既改而高注亦非其舊矣以死生爲一化，以萬物爲一方。方類也○俞樾云文子九守篇作以千生爲一化當從之言生之數雖有千而以爲一也以千生爲一化以萬物爲一方兩文相儷而意亦相準若作死生則不類矣且以死生爲一化義亦未安當據文子訂正同精於太清之本，而游於忽區之旁。忽區忽怳無形之區旁也有精而不使，有神而不行。不濁其精不勞其神此之謂也契大渾之樸，而立至清之中。樸猶質也渾不散之貌渾讀揮章之揮是故其寢不夢，其智不萌，其魄不抑，其魂不騰。其寢不夢神內守也其智不萌無思念也魄陰神魂陽神陰不沈抑陽不飛騰各守其宅也反覆終始，不知其端緒。甘瞑太宵之宅，而覺視于昭昭之宇。○文典謹按甘瞑下當有于字始與下句覺視于昭昭之宇一律文選辛丑歲七月．赴假還江陵夜行塗口詩注引作甘暝于大霄之宅．文雖小異．然足補今本敓失．休息于無委曲之隅．而游敖于無形埒之野．太宵．長夜之中也．言其直暝于大道之處．冥視昭昭矣．無委曲之隅．無形埒之野．冥冥無形象之貌也．居而無容．處而無所．言其人居無形容可得見也．處無常所．其動無形．其靜無體．無形無體．道之容也．存而若亡．生而若死．出入無間．役使鬼神．言耐化也．人不與鬼同形．而耐使之者．道也．天神曰神．人神曰鬼也．淪於不測．入於無間．以不同形相嬗也．嬗．傳也．萬物之形不同．道以相傳生也．終始若環．莫得其倫．倫．理也．道也．人莫能得焉．此精神之所以能登假於道也．假．至也．上至于道也．或作蝦蟇雲氣．是故眞人之所游．○俞樾云．是故眞人之所游．本作是眞人之游也．乃結上之辭．文子九守篇．亦有此文．大略相同．結之曰．此眞人之游也．乃其明證也．下文曰．若吹呴呼吸．吐故納新．熊經鳥伸．鳧浴蝯躩．鴟視虎顧．是養形之人也．不以滑心．高注曰．是非眞人之道也．若如今本作是故眞人之所游．則下文云云．皆爲眞人之道矣．其謬殊甚．不可不正．若吹呴呼吸．吐故內新．熊經鳥伸．鳧浴蝯躩．鴟視虎顧．是養形之人也．不以滑心．游．行也．經．動搖也．伸．頻伸也．若此養形之人．導引其神．屈伸跳跟．是非眞人之道也．滑．亂也．言此養形者耳．不足以亂眞人之心也．使神滔蕩而不失其充．日夜無傷而與物爲春．充．實也．體道人同日夜．喻賊害也．無傷．無所賊害也．與物爲春．言養物也．則是合而生時于心也．若是者．合于道．生四時．化其心也．言不干時害物也．○劉績云．文子作則是合而生時於心者也．莊子作是接而生時於心者也．則干乃于字之誤．○王念孫云．高注．生四時．化其心也．當作生四時之化于其心也．此是釋生時于心之義．生時于心．而與物爲春．則是順時以養物．故注又云．言不干時害物也．今本正文于字作干．卽涉注文干時而誤．○文典謹按．劉王說是也．宋本干正作于．且人有戒形而無損於心．戒．備也．人形體備具．戒或作革．革．改也．言人形骸有改更而作化也．心喻神．神不損傷也．有綴宅而無耗精．綴宅．身也．精神居其宅則生．離其宅則死．言人雖死．精神終不耗滅．故曰無耗精也．○王念孫云．無損於心．於衍字也．戒形與損心．綴宅與耗精．皆相對爲文．則損下不當有於字．莊子大宗師篇．且彼有駭形而無損心．有旦宅而無情死．卽淮南所本．夫癩者趨不變．狂者形不虧．神將有所遠徙．孰暇知其所爲．言病癩者．形生神在．故趨不變也．或作介．介．被甲者．禮介者不拜．而能趨于步．故曰不變也．狂體具存．故曰不虧．但精神散越耳．故曰神有所遠徙也．○莊逵吉云．錢別駕云．癩或作介者．介卽兀字．莊子有兀者王駘．或作介是也．雖于高注之外闕一解，與本文義更覺切近。故形有摩而神未嘗化者，以不化應化，千變萬抮而未始有極。摩，滅，猶死也。神變歸於無形，故曰未嘗化。化，猶死也。化者復歸於無形也，不化者與天地俱生也。不化者，精神；化者，形骸。死者形爲灰土，爲日化也。夫木之死也，青青去之也。夫使木生者豈木也？使木生者，天地，故曰豈木也。猶充形者之非形也。充形者氣也，故曰非形也。故生生者未嘗死也，其所生則死矣。生生者道。喻道之人，若天氣未嘗死也。下所生者，萬物矣。化物者未嘗化也，其所化則化矣。化物者道也，道不化，故未嘗化也。所化者萬物也，萬物有變，故曰則化。輕天下則神無累矣。輕薄天下寵勢之權者，許由是也，故其精神無留累于物也。細萬物則心不惑矣。以萬物爲小事而弗欲，故心不惑物也。齊死生則志不懾矣。齊，等也。不畏義死，不樂不義生，其志意無所懾懼，故曰等也。同變化，則明不眩矣。眩，惑。衆人以爲虛言，吾將舉類而實之。實，明。人之所以樂爲人主者，以其窮耳目之欲，而適躬體之便也。〇文典謹按：藝文類聚十一引「人主」作「天子」。今高臺層榭，人之所麗也。四方而高曰臺，加木曰榭。麗，美也。而堯樸桷不斲，素題不枅。樸，采也。桷，椽也。不斲削，加宓石之。素題者，不加采飾。不枅者，不施欂櫨。枅讀雞枅，或作刮也。〇王念孫云：如高注，則樸爲樣之誤也。隸書樸或作樸，樣或作樣，二形相近，故樣誤爲樸。樣即今橡栗字也。說文曰：「樣，栩實。」又曰：「栩，柔也，其實草（今借用皁字，俗作皂），一曰樣。」又曰：「草，斗櫟實，一曰樣斗。」高注呂氏春秋恃君篇曰：「樣，皁斗也，其狀似栗。」應劭注漢書司馬相如傳曰：「樣，采木也。」韓子五蠹篇曰：「堯之王天下也，茅茨不翦，采椽不斲。」史記太史公自序索隱引韋昭漢書注曰：「采椽，櫟榱也。」合觀諸說，樣一名栩，一名柔，一名采，其實謂之皁，亦謂之樣，是樣爲采實而非采也。然司馬彪注莊子齊物論篇云「芧，橡子也」（芧與柔同），則采亦謂之樣矣。故韓子言「采椽不斲」，此言「樣桷不斲」，而高注亦訓樣爲采也。又案說文樣字，今書傳皆作橡，蓋後人所改也。此樣字若不誤爲樸，則後人亦必改爲橡矣。〇文典謹按：文選魯靈光殿賦注引「素題」作「桁題」。珍怪奇異。〇莊逵吉云：奇異，本皆作奇味，唯藏本作異。〇王念孫云：作味者是也。上文「高臺層榭」指宮室言之，與「樸桷素題」相對；下文「文繡狐白」指衣服言之，與「布衣鹿裘」相對；此文「珍怪奇味」指飲食言之，與「糲粢藜藿」相對。若云「珍怪奇異」，則不專指飲食，失其指矣。藝文類聚帝王部一、太平御覽皇王部五、百穀部六、文選劉琨荅盧諶詩注引此並作「奇味」。〇文典謹按：王說是也。北堂書鈔百四十二引作「怪味」，則同也。人之所美也，而堯糲粢之飯，藜藿之羹。糲，粗也。粢，稷也。糲讀賴恃之賴。粢讀齊褻之齊。○王紹蘭云：粢當爲秶。說文米部無粢字，禾部：齋，稷也。从禾齊聲。秶，齋或从次。是秶即齋之或字。於穀爲稷，故高注粢，稷也。古者以稷食爲疏食，故秶與粗糲之糲對文。說文：糲，粟重一秳，爲十六斗大半斗。舂爲米一斛曰糲。从米萬聲。作糲者，今字也。經典齍盛之齍通作粢，其字从米，非糲秶之義。此文粢字，據注訓稷，知高誘所據舊本原作从禾之秶。後人多見粢，寡見秶，遂併注文皆改从米耳。注中褻亦衰之譌也。文繡狐白，人之所好也，而堯布衣揜形，鹿裘御寒，養性之具不加厚，而增之以任重之憂，任讀任俠之任。故舉天下而傳之於舜。傳，禪。若解重負然。○文典謹按：藝文類聚十一引若解重負作若釋負然。非直辭讓，誠無以爲也。此輕天下之具也。禹南省方，濟于江。巡狩爲省，省，視四方也。濟，渡也。黃龍負舟，舟中之人五色無主。禹乃熙笑而稱曰：我受命于天，竭力而勞萬民，勞，憂也。生寄也，死歸也，何足以滑和。視龍猶蝘蜓，人壽蓋不過百年，故曰寄；死滅沒化不見，故曰歸。滑，亂也。和，適也。蝘蜓，蜥蜴也。或曰守宮。東方朔射覆，對武帝曰：謂爲龍無有角，謂爲蛇而有足，蹊蹊脈脈喜緣壁，非守宮即蜥蜴。是也。顏色不變。龍乃弭耳掉尾而逃。逃，去。禹之視物亦細矣。鄭之神巫相壺子林，見其徵，神在男曰覡，在女曰巫。巫能占骨法吉凶之氣，故見其兆徵。徵，應也。告列子。列子行泣報壺子。列子，鄭之隱士。壺子，弟子也。報，白也。壺子持以天壤。言精神天之有也，形骸地之有也，死自歸其本，故曰持天壤矣。名實不入，機發於踵。名，爵號之名。實，幣帛貨財之實。不入者，心不恤也。機，喻疾也。謂命危殆，不旋踵而至，猶不恐懼。○陶方琦云：列子釋文引許注：機發不旋踵。按所引非全文。說文：主發謂之機。从木，幾聲。壺子之視死生亦齊矣。齊，等。子求行年五十有四而病傴僂，脊管高于頂，腸下迫頤，兩脾在上，燭營指天。子求，楚人也。傴僂，脊管下竅也。高于頂，出頭上也。腸，肝胷也。迫，薄至于頤也。兩脾下在上，脅正員也。腸讀精神歇越無之歇也。燭，陰華也。營，其竅也。上指天也。燭營讀曰括撮也。○俞樾云：子求當作子來，字之誤也。子來事見莊子大宗師篇。其文曰：子祀、子輿、子犂、子來四人相與友。又曰：俄而子輿有病，子祀往問之。曰：偉哉！夫造物者將以予爲此拘拘也。曲僂發背，上有五管，頤隱於齊，肩高於項，句贅指天。又曰：俄而子來有病，喘喘然將死。淮南所見莊子，其子輿有病、子來有病兩文蓋與今本互易，故以傴僂之病屬之子來也。莊子釋文引崔譔云：淮南作子永。抱朴子博喻篇亦云子永歎天倫之偉。顧氏千里以作永爲是。誠知其當爲子來，則求與永並屬形似之誤，求固非，而永亦未是也。說互詳莊子。○孫詒讓云：

注腸肝脅也古無此訓腸肝當作䯏骬廣雅釋親云䯏骬䫂也靈樞經骨度篇云結喉以下至缺盆長四寸缺盆以下至䯏骬長九寸是䯏骬正當脅間故高云䯏骬脅也但據靈樞則缺盆䯏骬並雙字爲名不當單舉䯏言之且頤在䯏骬上而云下迫於義亦乖竊疑正文本作腸肝迫頤注腸肝即述正文也肝或挩肉形作于又譌爲下遂不可通耳匍匐自闚於井曰偉哉造化者其以我爲此拘拘邪偉哉猶美哉也造化謂天也拘拘好貌此其視變化亦同矣故覩堯之道乃知天下之輕也以其禪舜觀禹之志乃知天下之細也以其視龍猶蝘蜓也○王念孫云天下之細天下當爲萬物此涉上天下之輕而誤也上文云輕天下則神無累矣細萬物則心不惑矣又云堯舉天下而傳之於舜若解重負然此輕天下之具也禹視龍猶蝘蜓龍乃弭耳掉尾而逃禹之視物亦細矣此文知天下之輕承上堯輕天下而言知萬物之細則承上禹細萬物而言今本萬物作天下則與上文不合原壺子之論乃知死生之齊也論持以天壤也見子求之行乃知變化之同也行匍匐窺于井此之謂也夫至人倚不拔之柱行不關之塗倚于不可拔搖之柱行于不可關閉之塗言無不通稟不竭之府學不死之師無往而不遂往而遂也無至而不通至而通也生不足以挂志死不足以幽神屈伸俛仰抱命而婉轉抱天命而婉轉不離違也禍福利害千變萬紾紾轉孰足以患心若此人者抱素守精蟬蛻蛇解游於太淸輕舉獨住忽然入冥○王念孫云住當爲往謂輕舉而獨行也若作住則與忽然入冥句義不相屬矣隸書從彳從亻從生從主之字多相亂故往誤爲住鳳凰不能與之儷而況斥鷃乎儷偕也斥澤之鷃雀飛不出頃畮喻弱也○陶方琦云文選七啓注引斥作尺又引許注鷃雀飛不過一尺言其劣弱也按說文鴳雀也从鳥安聲許注飛不過一尺正釋尺之義與高本作斥異文選宋玉對楚王問尺澤之鯢注尺澤言小也夏侯湛抵疑尺鷃不能陵桑楡亦作尺然尺斥古字通莊子釋文斥鷃笑之司馬注小澤也本亦作尺一切經音義二十二尺鷃下云鷃長惟尺即以名焉一作斥小澤也勢位爵祿何足以槩志也不足以槩至人之志晏子與崔杼盟臨死地而不易其義晏子名嬰字平仲齊大夫也崔杼殺齊莊公盟諸侯曰不唯崔慶是從者如此盟晏子曰嬰所不唯忠於君而利社稷者是從亦如之故曰臨死地而不易其義者也殖華將戰而死莒君厚賂而止之不改其行殖杞梁華周皆齊士爲君伐莒莒人圍之壯其勇力厚賂而止之不可遂戰而死故曰不改其行也故晏子可迫以

仁。而不可刦以兵。晏子不從崔杼之盟，將見殺，晏子曰：句戟何不句，直矛何不摧，不撓不義，故曰不可刦以兵也。殖華可止以義。而不可縣以利。縣，視也。言不爲利動也。君子義死。而不可以富貴留也。義爲。而不可以死亾恐也。彼則直爲義耳。而尚猶不拘於物。又況無爲者矣。堯不以有天下爲貴。故授舜。公子札不以有國爲尊。故讓位。札，吳壽夢之少子延州來季子也。讓位，不受兄國。春秋賢之。諸侯之子稱公子也。子罕不以玉爲富。故不受寶。子罕，宋戴公六世之孫，西卿士之子司城樂喜也。宋人或得玉以獻子罕，子罕不受。獻玉者曰：以示玉人，玉人以爲寶，故敢獻之。子罕曰：我以不貪爲寶，子以玉爲寶，若與我，是皆喪寶也。不如人有其寶。稽首告曰：小人懷寶，不可以越鄉，納此以請死。子罕置諸其里，使玉人爲之攻之，富而後使復其所，故曰不受寶也。務光不以生害義。故自投於淵。務光，湯時隱士也。湯伐桀，讓天下於務光。人謂務光曰：湯殺其君，將歸不義之名於子。務光因抱石自投於深淵而死。由此觀之。至貴不待爵。以至德見貴，許由、務光是也。故曰不待爵也。至富不待財。以至德見富，若楚狂接輿是也。王聞其賢，使使者齎金百溢聘之，欲以爲相，而不受，故曰至富不待財也。天下至大矣。而以與佗人。堯是也。身至親矣。而棄之淵。務光是也。外此。其餘無足利矣。外，猶除也。利，猶貪利也。或作私，私，獨受也。此之謂無累之人。無累之人。不以天下爲貴矣。上觀至人之論。深原道德之意。以下考世俗之行。乃足羞也。攷，觀。故通許由之意。金縢豹韜廢矣。金縢、豹韜，周公、太公陰謀圖王之書。許由輕天下不受，焉用此書爲，故曰廢矣。延陵季子不受吳國。而訟閒田者慙矣。訟閒田者，虞芮及暴桓公、蘇信公是也。子罕不利寶玉。而爭券契者媿矣。務光不汚於世。而貪利偷生者悶矣。故不觀大義者。不知生之不足貪也。不聞大言者。不知天下之不足利也。大義，死君親之難也。大言，體道無欲之言。今夫窮鄙之社也。叩盆拊瓴。相和而歌。自以爲樂矣。窮鄙之社，窮巷之小社也。盆瓴，瓦器，叩之有音聲，故曰自以爲樂也。○文典謹按：窮鄙，北堂書鈔八十七、一百十一，藝文類聚三十九，御覽五百三十二、五百八十四引並作窮鄉。唯四百八十六、七百五十八引作窮鄙，與今本合。疑古本作窮鄉，後人據已誤之本改御覽，而未能遍耳。嘗試爲之擊建鼓。撞巨鐘。乃性仍仍然。知其盆瓴之足羞也。仍仍不得志之貌。仍仍或作聆聆，猶聞也。○莊逵吉云：乃性仍仍然，性本皆作始。○王念孫云：性字義不可通，性當為始。古人多以乃始二字連文（俶眞篇曰：乃始昧昧楙楙，皆欲離其童蒙之心，而覺視於天地之間。又曰：儒墨乃始列道而議，分徒而訟。管子版法篇曰：外之有徒，禍乃始牙。莊子馬蹄篇曰：民乃始踶跂好知，爭歸於利。在宥篇曰：之八者，乃始臠卷傖囊而亂天下也，而天下乃始尊之惜之。荀子儒效篇曰：狂惑戇陋之人，乃始率其羣徒，辯其談說，明其辟稱。韓子外儲說右篇曰：王自聽之，亂乃始生。呂氏春秋禁塞篇曰：雖欲幸而勝，禍乃始長）。乃始猶然後也。藝文類聚禮部中、太平御覽人事部一百二十七、禮儀部十一、樂部二十二、器物部三引此並作乃始。又本經篇：愚夫惷婦，皆有流連之心，悽愴之志，乃使始為之撞大鍾，擊鳴鼓，吹竽笙，彈琴瑟，失樂之本矣。案乃始二字之間不當有使字，此因始使聲相亂而誤衍也。主術篇曰：故民至於焦脣沸肝，有今無儲，而乃始撞大鍾，擊鳴鼓，吹竽笙，彈琴瑟，失樂之所由生矣。是其證。藏詩書，修文學，而不知至論之旨，則揜盆叩瓴之徒也。夫以天下為者，學之建鼓矣。建鼓，樂之大者。○王念孫云：夫以天下為者，以上當有無字。無以天下為者，承上文許由而言。學之建鼓，對揜盆叩瓴而言。言無以天下為者，其於世俗之學者，猶建鼓之於盆瓴也。今本以天下上脫無字，則義不可通。文子九守篇正作無以天下為者。尊勢厚利，人之所貪也。尊勢窮位，厚利重祿。使之左據天下圖而右手刎其喉，愚夫不為。由此觀之，生尊於天下也。天下至大，非手所據，故不言手也。使得據天下之圖籍，行其權勢，而刎喉殺身，雖愚者不肯為也。故曰生貴于天下矣。○王念孫云：尊本作貴，此涉上文尊埶厚利而誤也。此言生貴而天下賤，非言生尊而天下卑。高注故曰生貴於天下，即其證。呂氏春秋知分篇注引此亦作貴，泰族篇亦云身貴於天下。聖人食足以接氣，衣足以蓋形，適情不求餘。接，續也。蓋，覆也。餘，饒也。無天下不虧其性，有天下不羨其和。虧，損。羨，過。和，適也。有天下，無天下，一實也。實，等。今贛人敖倉，予人河水，贛，賜也。敖，地名。倉者，以之常滿倉也。在今滎陽縣北。飢而餐之，渴而飲之，其入腹者不過簞食瓢漿，則身飽而敖倉不為之減也。減，少。腹滿而河水不為之竭也。竭，盡。有之不加飽，無之不為之飢。與守其篅笮，有其井，一實也。篅笮，受穀器。井，家人之井水也。篅讀顓孫之顓也。○莊逵吉云：說文解字笮，篅也。篅以判竹圜以盛穀也。急就篇所云笮篅箯筥籅箄簍是也。與注義合。人大怒破陰，大喜墜陽。已說在原道訓。大憂內崩，大怖生狂。除穢去累，莫若未始出其宗，乃為大通。清目而不以視。清明。靜耳而不以聽。鉗口而不以言。委心而不以慮。棄聰明而反太素。休精神而棄知。故覺而若眛。以生而若死。眛，暗也。厭也。楚人謂厭為眛。喻無知也。○王引之云：眛與厭義不相近。眛皆當為眯(音米)字之誤也。注中暗也二字，乃後人所加。說文：𥨍，寐而厭也。字通作眯。西山經：鵸鵌服之，使人不眯。郭璞曰：不厭夢也。引周書王會篇云：服者不眯。莊子天運篇：彼不得夢，必且數眯焉。司馬彪曰：眯，厭也。是眯與厭同義，故高注亦云：眯，厭也。楚人謂厭為眯。後人不知眛為眯之譌，而誤讀為暗昧之昧，遂於注內加暗也二字。何其謬也。且眯與死體為韻，若作眛則失其韻矣。終則反本未生之時，而與化為一體。言人之未生時，欲同死生也。故曰與化為一體也。死之與生，一體也。今夫繇者揭钁臿，負籠土，繇，役也。今河東謂治道為繇道。揭，舉也。钁，斫也。臿，鏵也。青州謂之鏵。有刃也。三輔謂之鍤也。籠，受土籠也。○莊逵吉云：鏵，說文解字作茉鍤，即鑼字。解字又曰：鑼，相屬。讀若嫣，蓋因讀鑼為嫣，因之誤為鍤也。○文典謹按：御覽三百八十七引钁作錢。說文：錢，銚也。古田器。詩周頌：痔乃錢鎛。傳：錢，銚也。鹽汗交流，喘息薄喉。白汗鹹如鹽，故曰鹽汗。薄，迫也。氣衝喉也。當此之時，得茠越下，則脫然而喜矣。茠，蔭也。三輔人謂休華樹下為茠也。楚人樹上大本小，如車蓋狀，為越，言多蔭也。脫，舒也。言繇人之得休息，則氣得舒，故喜也。越，讀經無重越之越也。○文典謹按：北堂書鈔百五十八引許君注云：楚謂兩樹交會，其陰曰越。玉篇：楚謂兩木交陰之下曰樾。即用此注也。越、樾古同字。(孫輯許注未收此條)巖穴之間，非直越下之休也。病疵瘕者，捧心抑腹，膝上叩頭，抑，按也。叩，或作跔。跔讀車軥之軥。○孫詒讓云：疵與病義複，疑是疝之誤。急就篇云：疝瘕顛疾狂失響。踡跼而諦，通夕不寐。○文典謹按：文選長笛賦：通旦忘寐，不能自禦。注引夕作旦。當此之時，噲然得臥，則親戚兄弟歡然而喜。夫脩夜之寧，非直一噲之樂也。謂得安臥極夜者，樂于一噲之樂。然不得比長夜之樂也。故知宇宙之大，則不可刧以死生。刧，迫。知養生之和，則不可縣以天下。養生之和，謂正道也。已脩正道，不惑，故不可示以天下之窮勢而移也。知未生之樂，則不可畏以死。樂其未生之時，雖懼之以死，不能使之畏死。言不畏死。知許由之貴於舜，則不貪物。言不貪利欲之物也。牆之立，不若其偃也。又況不為牆乎。冰之凝，不若其釋也。又況不為冰乎。不如未為牆冰之時，偃凝能變也。自無蹠有，自有蹠無。自無蹠有，從無形至有形也。自有蹠無，從有形至無形也。至無形，謂死生變化也。終始無端莫知其所萌非通于外內孰能無好憎好憎情欲無外之外至大也無內之內至貴也言天無有垠外而能爲之外喻極大也無內言其小小無內而能爲之內道尙微妙故曰至貴也能知大貴何往而不遂大貴謂無內之內也言道至微能出入于無間故曰何往而不遂遂通也衰世湊學不知原心反本湊趨也趨其末不脩稽古之典苟徼名號耳故曰不知原心反本也直雕琢其性矯拂其情以與世交直猶但也雕琢其天性拂戾其本情以合流俗與世人交接也故目雖欲之禁之以度心雖樂之節之以禮趨翔周旋詘節卑拜肉凝而不食酒澄而不飲外束其形內總其德○王念孫云總字義不可通總當爲愁愁與揫同（鄉飲酒義秋之爲言愁也鄭注愁讀爲揫揫斂也）說文揫束也外束其形內揫其德其義一也俶眞篇內愁五藏外勞耳目義亦與此同俗書總字或作揔又作愁與愁相似愁誤爲愁後人因改爲總耳文子上禮篇正作外束其形內愁其德鉗陰陽之和而迫性命之情故終身爲悲人悲哀也謂衰世之學達至道者則不然理情性治心術養以和持以適樂道而忘賤安德而忘貧性有不欲無欲而不得言其守虛執持不欲之情性則無有所欲而不得也心有不樂無樂而不爲言其志正不樂邪淫之樂則無有正樂而不爲樂言皆爲之樂也無益情者不以累德而便性者不以滑和滑亂○莊逵吉云諸本作無益於情者不以累德不便於性者不以滑和○王念孫云便於性二句義不可通且與上文不對劉績依文子九守篇改爲無益於情者不以累德不便於性者不以滑和當是也故縱體肆意而度制可以爲天下儀縱放也肆緩也儀法也今夫儒者不本其所以欲而禁其所欲本所以欲謂正性恬漠也所欲謂情欲驕奢權勢也不原其所以樂而閉其所樂是猶決江河之源而障之以手也障蔽也言不能掩也夫牧民者猶畜禽獸也不塞其囿垣使有野心系絆其足以禁其動而欲脩生壽終豈可得乎夫顏回季路子夏冉伯牛孔子之通學也然顏淵夭死季路葅於衛顏淵十八而卒孔子曰回不幸短命死矣故曰夭也季路仕于衛衛君父子爭國季路死孔子曰若由不得其死然言不得以壽命終也故曰然衛人醢之以爲醬故曰葅子夏失明冉伯牛爲厲子夏學于西河喪其子而失明曾子哭之伯牛有疾孔子自牖執其手曰斯人也而

有斯疾也。此皆迫性拂情而不得其和也。○文典謹按文選王康琚反招隱詩注引作顏回天死季由葅於衛皆迫性命之情而不得天和者也。故子夏見曾子。一臞一肥。曾子問其故。曰出見富貴之樂而欲之。入見先王之道又說之。兩者心戰。故臞。先王之道勝。故肥。道勝不惑懸于富貴精神內守無思慮故肥也。推此志非能貪富貴之位不便侈靡之樂。此志子夏之志。直宜迫性閉欲以義自防也。直猶但也○王念孫云貪上當有不字直下不當有宜字宜即直之誤而衍者也高注宜字亦當爲直直之言特也言子夏非能不貪富貴不樂侈靡特以義自強耳特但一聲之轉故云直猶但也。雖情心鬱殪形性屈竭猶不得已自強也。故莫能終其天年。義以自防故情心鬱殪不通形性屈竭也以不得止而自勉強故無能終其天年之命也。若夫至人量腹而食。度形而衣。容身而游。適情而行。餘天下而不貪。委萬物而不利。委棄也不以萬物爲利矣。處大廓之宇。游無極之野。廓虛也極盡也。登太皇馮太一玩天地於掌握之中。太皇天也馮依也太一天之形神也玩弄也。夫豈爲貧富肥臞哉。故儒者非能使人弗欲而能止之。言不能使人無情欲也已雖欲之能以義自已也。非能使人勿樂而能禁之。言不能使人無樂富貴能以禮自禁止之。論語曰不義而富且貴於我如浮雲也。夫使天下畏刑而不敢盜。豈若能使無有盜心哉。越人得髯蛇以爲上肴。中國得而棄之無用。髯蛇大蛇也其長數丈俗以爲上肴○文典謹按御覽九百三十三引髯作蚺注同。故知其無所用。貪者能辭之。不知其無所用。廉者不能讓也。夫人主之所以殘亡其國家。損棄其社稷。身死於人手。爲天下笑。未嘗非爲非欲也。夫仇由貪大鐘之賂而亡其國。仇由近晉之狄國晉智襄子欲伐之先賂以大鐘仇由之君貪開道來受鐘爲和親智伯因是以兵滅取其國也仇讀仇餘之仇也○陶方琦云史記集解七十一引許注仇猶夷狄之國按說文厹字下云臨淮有厹猶縣字亦作猶與此注作猶正合國策作厹由高誘注曰厹由狄國亦同作由呂覽權勳作內繇注云或作仇酋酋即猶字故高注云或作也。虞君利垂棘之璧而擒其身。晉大夫荀息謀于獻公以屈產之馬垂棘之璧假道於虞以伐虢虞公貪璧馬假晉道既滅虢還館于虞遂襲虞滅之君死位曰滅故曰擒其身也。獻公豔驪姬之美而亂四世晉獻公伐驪戎得驪姬及其娣好色曰美好體曰豔豔其色而嬖之生奚齊其娣生卓子遂爲殺太子申生而立奚齊殺適立庶故曰亂四世者奚齊卓子惠公夷吾懷公圉也桓公甘易牙之和而不以時葬齊桓好味易牙蒸其首子而進之遂見信用專任國政亂嫡庶桓公卒五公子爭立六十日而殯蟲流出戶五月不葬故曰不以時葬也胡王淫女樂之娛而亡上地胡西戎之君也秦穆公欲伐之先遺女樂以淫其志其臣由余諫不從去戎來適秦秦伐戎得其上地上地美地也使此五君者適情辭餘以己爲度不隨物而動豈有此大患哉五君仇由虞公晉獻齊桓胡王也適猶節也動猶惑也故射者非矢不中也學射者不治矢也不治矢言不爲而得用之然則爲者不得用之御者非轡不行學御者不爲轡也知冬日之箑夏日之裘無用於己則萬物之變爲塵埃矣箑扇也楚人謂扇爲箑故以湯止沸沸乃不止誠知其本則去火而已矣已止也

卷八

本經訓

本始也經常也本經造化出于道治亂之由得失有常故曰本經因以題篇

太清之始也和順以寂漠清靜也太清無爲之始者謂三皇之時和順不逆天暴物也寂漠不擾民○王念孫云太清之始始當爲治字之誤也自和順以寂漠以下二十三句皆言太清之治如此也高注當云太清(句)無爲之治也(句)今本作太清無爲之始者文不成義後人所改也文選東都賦注後漢書班固傳注引此並作太清之化又引高注曰太清無爲之化也治字作化避高宗諱也則其字之本作治明矣太平御覽天部十五引作太清之始亦後人依誤本改之其竹部一引正作太清之治文子下德篇作清靜之治者和順以寂寞質眞而素樸是其明證矣○文典謹按王說是宋本始正作治質眞而素樸閑靜而不躁推移而無故質性也眞不變也素樸精不散也閑靜言無欲也不躁擾故常也在內而合乎道出外而調于義在內者志在心平欲故能合于道出于外者身所履行也行不越規矩故能調義義或作德也發動而成於文行快而便於物發作也動行也文文章也便利也物事也○俞

（遞云：快當爲決。周易文言傳鄭注謂古書傳作立心與水相近，決快相亂，正由此矣。說文水部：決，行流也。是決有行義。上句曰發動而成於文，發亦動也。此云行決而便於物，決亦行也。）其言略而循理，其行侻而順情。（略，約要也。侻，簡易也。侻讀射侻取不覺之侻。○莊逵吉云：侻取不覺義，當是敓字。敓，今之奪字也。）其心愉而不僞，其事素而不飾。（愉，和也。僞，虛詐也。素，樸也。飾，巧也。）是以不擇時日，不占卦兆，（擇，選也。卦，八卦也。兆，契龜之兆也。世所以占吉凶也。）不謀所始，不議所終，安則止，激則行，通體于天地，同精於陰陽，一和于四時，（一，同也。）明照于日月，與造化者相雌雄。（造化，天地也。雌雄，猶和適也。）是以天覆以德，地載以樂，（樂，生也。）四時不失其叙，風雨不降其虐，日月淑清而揚光，（光，明也。）五星循軌而不失其行。（五星，熒惑、太白、鎮、辰、歲星也。軌，道也。循，順也。）當此之時，玄元至碭而運照。（玄，天也。元，氣也。碭，大也。言盛德之君，恩仁廣大，徧照四海也。○王紹蘭云：說文石部：碭，文石也。無大誼。口部：唐，大言也。啺，古文唐，从口昜。是淮南假碭爲啺也。○俞樾云：高注曰：玄，天也。元，氣也。分兩字爲兩義，殊不可通。疑正文及注均誤。正文本曰玄光至碭而運照，注文本曰玄，天也。光，氣也。俶眞篇曰：弊其玄光而求知之於耳目。此玄光二字見於本書者。高彼注曰：玄光，內明也。一曰：玄，天也。然則此曰玄，天也，正與彼注同。疑彼亦有光氣也三字，而今脫之也。）鳳麟至，蓍龜兆，（鳳麟，聖德之世至于門庭。蓍，四十九策。兆，信也。善言臧否也。）甘露下，竹實滿，流黃出，而朱草生，（滿，成也。流黃，玉也。朱草生于庭，皆瑞應也。）機械詐僞莫藏於心。（莫，無也。）逮至衰世，鐫山石，（鐫，猶鑿也。求金于也。）鍥金玉，擿蚌蜃，（鍥，刻金玉以爲器也。擿，猶開也，開以求珠也。○桂馥云：擿當爲摘。說文：摘，有拓義。增韻：拓，席開也。揚雄甘泉賦：拓迹開統。拓亦借字，當爲袥。字書：袥，張衣令大也。太玄：天地開闢，宇宙祏袓。）消銅鐵，而萬物不滋。（不滋，長也。言盡物類也。）刳胎殺夭，麒麟不游。（胎，獸胎也。夭，麋子也。爲類見害，故不來游。）覆巢毀卵，鳳凰不翔。（鳥未毈曰卵也。）鑽燧取火，構木爲臺，焚林而田，竭澤而漁。（田，獵也。竭澤，漏池也。）人械不足，畜藏有餘。（械，器用也。畜藏餘，府庫實也。）而萬物不繁兆，萌牙卵胎而不成者，處之太半矣。積壤而丘處，糞田而種穀，掘地而井飲，疏川而爲利，（疏，通。）築城而爲固，拘獸以爲畜，則陰陽繆戾，四時失叙，雷霆毀折，電霰降虐。（○王念孫云：電霰不同類，且電亦不得言降虐，電當爲雹，草書之譌。）

也電霆爲一類雹霰爲一類呂氏春秋仲夏篇云雹霰傷穀故言降虐也文子上禮篇作雹霜爲害是其證○文典謹按王說是今正。氛霧霜雪不霽，霽止也。而萬物燋夭。霜雪之害不止則萬物燋夭不繁茂也。菑榛穢聚埒畝。茂草曰菑木聚曰榛積之於疆畝○俞樾云高此注殊失其義菑者殺草之名爾雅釋地田一歲曰菑孫炎曰菑始災殺其草木也榛穢連文其義相同漢書揚雄傳注曰榛榛梗穢貌是也菑榛穢聚埒畝皆三字爲句言榛穢之區皆災殺之而集成埒畝也下云芟野莢長苗秀是此四句皆言治田之事菑榛穢故聚埒畝芟野莢故長苗秀也下文曰草木之句萌銜華戴實而死者不可勝數正見其殺草之多若從高注則與下文不貫矣。芟野莢，長苗秀。芟殺也莢草也苗稼也不榮而實曰秀也○王引之云野草多矣不應獨言莢莢當爲莽隸書莽字作奔與莢極相似故誤爲莢說文作茻衆艸也故野草謂之野莽下文野莽白素楚辭九歎遵壄莽以呼風是也（壄與野同）注莢草也亦當作莽草也泰族篇注莽草也正與此同。草木之句萌銜華戴實而死者，不可勝數。乃至夏屋宮駕，縣聯房植。夏屋大屋也縣聯受雀頭著桷者一曰辟帶也房室也植戶植也○莊逵吉云縣聯即櫋字辟帶之義見楚詞九歌○王念孫云縣皆當爲緜字之誤也（隸書緜縣二字相似說見原道旋縣一條下）說文櫋屋櫋聯也又曰櫋秦名屋櫋聯也齊謂之檐楚謂之梠方言屋梠謂之櫺郭璞曰即屋檐也亦呼爲連緜（連緜猶緜聯語之轉耳）釋名梠旅也連旅旅也或謂之櫋櫋緜也緜連榱頭使齊平也上入曰爵頭形似爵頭也皆足與高注相證櫋與緜聯與連並字異而義同太平御覽人事部一百三十四引此正作緜聯○孫詒讓云駕當爲架之誤後文云大構駕興宮室注云駕材木相乘駕也文選鮑照蕪城賦李注引彼文駕作架此宮駕字誤與彼同。橑檐榱題，橑椽橑也檐屋垂也榱桷也題頭也。雕琢刻鏤，喬枝菱阿，夫容芰荷，阿曲屋夫容蒲華也芰菱角交荇也荷夫渠也○俞樾云高注曰阿曲屋不說菱字之義疑高氏所據本菱字作淩言橑檐榱題之上雕刻樹木故其屋喬枝上淩於曲阿也淩字之義易明故不煩訓釋後人因下句言芰荷遂改淩作菱以配之則義不可通矣。五采爭勝，流漫陸離，流漫采色相參和也陸離美好貌。脩掞曲挍，夭矯曾橈，芒繁紛挐，皆屋飾也芒讀麥芒之芒挐讀上谷茹縣之茹○陶方琦云文選吳都賦注引許注挐亂也按說文挐牽引也牽引即有亂義。以相交持。公輸、王爾無所錯其剞劂削鋸。公輸巧者一曰魯班之號也王爾古之巧匠也剞巧刺畫盡頭黑邊箋也劂鐫尺削兩刃句刀也剞讀技尺之技劂讀詩蹶角之蹶削讀綃頭之綃也○莊逵吉云原道訓注云剞巧工鉤刀也劂者規度刺畫墨邊箋也所以刻鏤之具也與此注異錢別駕云剞劂二字古無定解說文解字以剞劂爲曲刀應劭曰剞曲刀劂曲鑿又與許君不同淮南書高許二家注本相溷故多前後互異歟。然猶未能澹人主之欲也。是以松柏箘露夏槁。松柏根茂，箘露竹箭，皆冬生難殺之木，當是時夏槁死也。刺君作事不時，陰陽失序。箘讀似綸，露讀南陽人言道路之路。○莊逵吉云：箘露之露當作簬。○王念孫云：藝文類聚治政部上引此夏槁上有宛而二字。案松柏箘露宛而夏槁，江河三川絕而不流，四句相對爲文，則有宛而二字者是也。宛與苑同，俶眞篇形傷於寒暑燥溼之虐者形苑而神壯，高注曰：苑，枯病也。苑讀南陽宛之宛。莊子天地篇釋文云：苑本亦作宛。是苑宛古字通。素問四氣調神大論：惡氣不發，風雨不節，白露不下，則菀槁不榮。菀亦與苑同。唐風山有樞篇：宛其死矣。毛傳曰：宛，死號。義與此宛字亦相近。江河三川絕而不流。三川，涇渭汧也，出于岐山。絕，竭也。故曰不流。國語曰：河竭而商亡也。夷羊在牧。夷羊，土神，殷之將亡，見於商郊牧野之地。○陶方琦云：占經一百十九引許注：夷羊，大羊也。時在商牧野。按說文：夷，平也。从大从弓。夷之訓大，从形而得義。飛蛩滿野。蛩，蟬蠛蠓之屬也。一曰蝗也。沇州謂之螣。螣讀近殆。緵氣言之蛩，讀詩小珙之珙。○陶方琦云：御覽九百四十五引蛩作蟲，御覽及占經一百二十又引許注：蟁，飛蟲蠛蠓。按高注蛩蟬下蠛蠓之屬四字，乃許注屬入。爾雅釋蟲：蠓，蠛蠓。孫炎注：蠛蠓細小于蚊。說文：蠓，蠛蠓也。史記周紀飛鴻滿野，索隱又引高注：蛩鴻，蠛蠓也。言飛蟲盈田蔽野，故爲災。此卽許注誤爲高本也。唐宗聖觀碑作飛蛬滿野，亦因蛩而誤。天旱地坼。坼，燥裂也。鳳皇不下。句爪居牙戴角出距之獸於是鷙矣。句爪，鷹鸇之屬也。居牙，熊虎之屬也。距讀拒守之拒。○文典謹按：居牙，文選吳都賦注、七命注引並作鋸牙，鷙並作摯。民之專室蓬廬無不歸宿。專，特小室也。蓬廬，蓬篨覆也。言小有賓客，歸之無所庇宿也。凍餓飢寒死者相枕席也。言其衆也。及至分山川谿谷，使有壤界。計人多少衆寡，使有分數。築城掘池，設機械險阻以爲備。飾職事，制服等。等，差也。異貴賤，差賢不肖，經誹譽，行賞罰。經，書也。誹，惡。譽，善。賞可賞，罰可罰也。○王念孫云：差賢不下本無肖字。不與否同。貴賤、賢不、誹譽、賞罰，皆相對爲文。後人不知不爲否之借字，故又加肖字耳。則兵革興而分爭生。民之滅抑夭隱，虐殺不辜而刑誅無罪，於是生矣。抑，沒也。言民有滅沒夭折之痛。天地之合和，陰陽之陶化萬物，皆乘人氣者也。天地合和其氣，故生陰陽，陶化萬物。○莊逵吉云：乘人氣本作乘一氣，唯藏本作人。是故上下離心，氣乃上蒸。離者，不和也。君臣不和，五穀不爲。不爲，不成也。距日冬至四十六日，天含和而未降，地懷氣而未揚。自立冬到冬至，皆未動也。陰陽儲與，呼吸浸潭，包裹風俗。儲與猶倘佯，無所主之貌。一曰褒大貌，浸潭廣衍也，故曰包裹風俗。斟酌萬殊，旁薄衆宜，旁，並；薄，近也。衆物宜適也。以相嘔咐醞釀，而成育羣生。醞釀猶和調也。是故春肅秋榮，冬雷夏霜，皆賊氣之所生。由此觀之，天地宇宙，一人之身也；六合之內，一人之制也。○王念孫云：制字義不可通，制當爲刑，字之誤也。刑與形同。一人之形，即承一人之身言之。文子下德篇正作一人之形。又主術篇：是故任一人之力者，則烏獲不足恃；乘衆人之制者，則天下不足有也。制亦當爲刑。刑與形同。文子自然篇作乘衆人之勢，勢亦形也。劉績依文子改制爲勢，義則是而文則非矣。是故明於性者，天地不能脅也；脅，恐也。審於符者，怪物不能惑也。審，明也。符，驗也。怪物非常，人所疑惑也。故聖人者由近知遠，而萬殊爲一。殊，異也。一，同也。古之人同氣于天地，與一世而優游。優游猶委從也。○俞樾云：古之人三字衍文也。四句一氣相屬，皆蒙故聖人者爲文。若有古之人三字，則文義不貫矣。此文本云：故聖人者由近而知遠，以萬殊爲一同，氣蒸於天地，與一世而優游。今本而字脫去，校者誤補於遠字之下，遂誤刪以字，一同與萬殊本相對爲文，今衍古之人三字，遂以同字下屬，而誤刪蒸字，皆非其舊。文子下德篇作聖人由近以知遠，以萬里爲一同，烝蒸乎天地，宜據以訂正。彼云由近以知遠，即由近而知遠也；以萬里爲一同，即以萬殊爲一同也。彼云烝蒸乎天地，故知此脫蒸字矣。上文云氣乃上蒸，即此蒸字之義也。當此之時，無慶賀之利，刑罰之威。○陳觀樓云：賀當爲賞，字之誤也。慶賞與刑罰相對，不當言慶賀。禮義廉恥不設，毀譽仁鄙不立，而萬民莫相侵欺暴虐，猶在于混冥之中。混，大也。大冥之中，謂道也。逮至衰世，人衆財寡，事力勞而養不足，於是忿爭生，是以貴仁。仁鄙不齊，比周朋黨，設詐諝，懷機械巧故之心，而性失矣。諝，謀也。性失，失其純樸之性也。是以貴義。陰陽之情莫不有血氣之感，男女羣居雜處而無別，是以貴禮。禮以別也。性命之情淫而相脅，脅，迫也。以不得已則不和，是以貴樂。樂以和之。是故仁義禮樂者，可以救敗，而非通治之至也。夫仁者，所以救爭也；義者，所以救失也；禮者，所以救淫也；樂者，所以救憂也。神明定於天下而心反其初，心反其初而民性善。初者，始也，未有情也。未有情欲，故性善也。民性善而天地陰陽從而包之，則財足而人濳矣。貪鄙忿爭。不得生焉。由此觀之。則仁義不用矣。道德定於天下。而民純樸。則目不營於色。（營。惑。）耳不淫於聲。坐俳而歌謠。被髮而浮游。雖有毛嬙西施之色。不知說也。（言尙德也。）掉羽武象。不知樂也。（掉羽。初舞也。武象。周武王樂也。）淫泆無別。不得生焉。由此觀之。禮樂不用也。是故德衰然後仁生。行沮然後義立。（沮。敗也。）和失然後聲調。禮淫然後容飾。是故知神明。然後知道德之不足爲也。知道德。然後知仁義之不足行也。（道德本。仁義末。）知仁義。然後知禮樂之不足脩也。（仁義大也。禮樂小也。）今背其本而求其末。釋其要而索之于詳。未可與言至也。（至。至德之道也。）天地之大。可以矩表識也。（矩。度也。表。影表。識。知也。）星月之行。可以歷推得也。（歷。術也。推。求也。○文典謹按。意林引作天地雖大。可以矩表知之。星月之形。可以律歷知之。）雷震之聲。可以鼓鐘寫也。（寫。猶放斆也。○王念孫云。雷震當爲雷霆。字之誤也。天地。星月。雷霆。風雨。相對爲文。太平御覽天部十三引此正作雷霆。文子下德篇同。）風雨之變。可以音律知也。（律知陰陽。）是故大可覩者。可得而量也。明可見者。可得而蔽也。（蔽。或作察。）聲可聞者。可得而調也。色可察者。可得而別也。夫至大。天地弗能含也。至微。神明弗能領也。（領。理也。）及至建律歷。別五色。異清濁。（清。商。濁。宮。）味甘苦。則樸散而爲器矣。立仁義。脩禮樂。則德遷而爲僞矣。（脩。設也。遷。移也。）及僞之生也。飾智以驚愚。設詐以巧上。（巧。欺上也。）天下有能持之者。有能治之者也。（有能持之者。桀紂之民。有能治之者。湯武之君也。○王念孫云。天下有能持之者也。當作未有能治之者也。言詐僞並起。天下有能以法持之者。未有能以道治之者也。其能治之者。必待至人。下文至人之治也云云是也。文子下德篇作天下有能持之。而未有能治之者也。是其證。高所見本蓋脫未字。）昔者蒼頡作書。而天雨粟。鬼夜哭。（蒼頡始視鳥迹之文。造書契。則詐僞萌生。詐僞萌生。則去本趨末。棄耕作之業。而務錐刀之利。天知其將餓。故爲雨粟。鬼恐爲書文所劾。故夜哭也。鬼或作兔。兔恐見取豪作筆。害及其軀。故夜哭。○陶方琦云。意林引許注。倉頡。黃帝史臣也。造文字則詐僞生。故鬼哭也。按說文敍云。黃帝之史倉頡。與注淮南說同。）伯益作井。而龍登玄雲。神棲昆侖。

伯益佐舜，初作井，鑿地而求水，龍知將決川谷，漉陂池，恐見害，故登雲而去，棲其神于昆侖之山也。○文典謹按：高注「登雲而去，棲其神子昆侖之山」，據此，則神者龍之神也，殊失其義矣。「龍登玄雲，神棲昆侖」相對爲文，謂龍登於玄雲，神棲於昆侖也。論衡感虛篇曰：「傳書又言伯益作井，龍登玄雲，神棲昆侖。言龍井有害，故龍神爲變也。夫言龍登玄雲，實也；言神棲昆侖，又言爲作井之故，龍登神去，虛也。」又曰：「所謂神者何神也？百神皆是。百神何故惡人爲井？」是神者百神，非龍之神也，明矣。高注失之。能愈多而德愈薄矣。愈，益也。○王念孫云：太平御覽鱗介部一引此「能愈多」作「智愈多」。案當作「智能愈多」。智能二字總承上文言之，今本脫智字，御覽脫能字。文子下德篇作「智能彌多而德滋衰」，是其證。故周鼎著倕，使銜其指，以明大巧之不可爲也。倕，堯之巧工也。周鑄鼎，著倕像於鼎，使銜其指，假令倕在，見之，伎巧不能復踰，但當銜齧其指，故曰以明巧之不可爲也。一說，周人鑄鼎，畫象鑄倕身于鼎，使自銜其指，以戒後世，明不當大巧爲也。故至人之治也，心與神處，形與性調，靜而體德，動而理通，隨自然之性，而緣不得已之化，洞然無爲而天下自和，憺然無欲而民自樸，無禨祥而民不夭，不忿爭而養足，兼包海內，澤及後世，不知爲之者誰何。道無姓名，自當然也，故曰不知誰何也。是故生無號，死無謚，實不聚而名不立。實，財也。道不名，故名不立。施者不德，受者不讓。施者不以爲恩德，振不足而已；受者不讓之，則受之，不飾辭讓也。德交歸焉，而莫之充忍也。忍，不忍也。○王念孫云：高蓋誤讀「忍也」二字爲句，訓忍爲「不忍」，於正文無當也。今案「充忍」二字當連讀，忍讀爲牣。大雅靈臺篇「於牣魚躍」，毛傳曰：「牣，滿也。」「德交歸焉，而莫之充滿」，所謂大盈若虛也。鄭風將仲子、大雅抑及周官山虞釋文，忍字並音刃，忍有刃音，故又與牣通。史記殷本紀「充仞宮室」，後漢書章八王傳「充牣其第」，牣、仞、忍並同聲而通用。故德之所總，道弗能害也。總，一也。○俞樾云：總字無義，乃利字之誤。利古文作秎，總俗作㹅，其上半相似，因而致誤。周書大匡篇「及其利害」，今本利亦誤作總，是其證也。「德之所利，道弗能害」，利與害義相應。○文典謹按：下文「德之所總要」，注「總，凡也」，與此文及注誼皆相類，且高氏所據本已作總，安得有俗書之㹅與古文之秎以形似致誤乎？俞說鑿矣。智之所不知，辯弗能解也。有智謀者尚不能知，但口辯者何能解也。不言之辯，不道之道，若或通焉，謂之天府。或，有也。有能通不言之辯、不道之道者，入天之府藏。取焉而不損，損，減。酌焉而不竭，酌，猶予。竭，盡也。莫知其所由出，是謂瑤光。瑤光者，資糧萬物者也。瑤光，謂北斗杓第七星也。居中而運，歷指十二辰，擿起陰陽以殺生萬物也。一說，瑤光，和氣之見者也。振困窮，補不足，則名生。名，仁名也。興利除害，伐亂禁暴，則功成。功，武功也。世無災害，雖神無所施其德；上下和輯，雖賢無所立其功。昔容成氏之時，道路鴈行列處，容成，黃帝時造歷術者。鴈行，長幼有差也。託嬰兒於巢上，置餘糧於畮首，虎豹可尾，虺蛇可蹍，而不知其所由然。虎豹擾人，無害人之心，故可牽尾；虺蛇不螫毒，故可蹍履也。時人謂自當然耳，故曰不知其所由然。○莊逵吉云：擾人之擾，當作懮，古柔字也。逮至堯之時，十日竝出，焦禾稼，殺草木，而民無所食。猰貐、鑿齒、九嬰、大風、封豨、脩蛇皆為民害。猰讀車軋履人之軋，貐讀疾除瘉之瘉。猰貐，獸名也。狀若龍首，或曰似貍，善走而食人，在西方也。鑿齒，獸名，齒長三尺，其狀如鑿，下徹頷下，而持戈盾。九嬰，水火之怪，為人害。大風，風伯也，能壞人屋舍。封豨，大豕，楚人謂豕為豨也。脩蛇，大蛇，吞象三年而出其骨之類。○王念孫云：漢書揚雄傳應劭注、文選辯命論注、太平御覽皇王部五、兵部三十六引此，鑿齒皆在封豨下，各本誤在猰貐下。又案道藏本、劉本、朱本猰貐以下六者之注，本分見於下文六句之下（文選王融曲水詩序注、辯命論注、太平御覽皇王部五、兵部三十六、羽族部十四所引皆如是），故鑿齒之獸名云云本在下文誅鑿齒於疇華之澤之下。自茅本始移六者之注於此文下，而次鑿齒之注於猰貐之下、九嬰之上，則是以已誤之正文改不誤之注文也。莊本從之，謬矣。○俞樾云：高注曰「大風，風伯也，能壞人屋舍」，此下當有「一曰鷙鳥」四字，而今脫之。文選劉孝標辨命論注引高誘曰「大風，鷙鳥」，是其證也。下文繳大風於青丘之澤，注曰「羿于青丘之澤繳遮使不為害也，一曰以繳繫矢射殺之」。繳遮之說以風言也，繳射之說以鳥言也。堯乃使羿誅鑿齒於疇華之野，羿，善射，堯使羿射殺之。疇華，南方澤名。○洪亮吉云：當即國語之依疇、歷華二地名。殺九嬰於凶水之上，北狄之地有凶水。繳大風於青丘之澤，羿于青丘之澤繳遮使不為害也，一曰以繳繫矢射殺之。青丘，東方之澤名也。○王念孫云：疇華之野，野本作澤，故高注云南方澤名。青丘之澤，澤本作野。時則篇云「東至青丘樹木之野」，是也。高注本作「青丘，東方丘名也」。今本正文澤、野二字互誤，高注東方丘名，丘字又誤作澤。文選王融三月三日曲水詩序注引此作青丘之澤，亦後人依誤本改之。辯命論注引此正作疇華之澤、青丘之野。又北堂書鈔地部一、太平御覽地部十八、皇王部五、兵部三十六、資產部十二引此，並作疇華之澤、青丘之野。又皇王部五、資產部十二引高注，並作青丘東方丘。論衡感類篇亦云「堯繳大風於青丘之野」。○俞樾云：王氏念孫謂疇華之野野本作澤，青丘之澤澤本作野，引北堂書鈔、太平御覽為證。然劉孝標辨命論曰「鑿齒奮於華野」，華野者，疇華之野也。若本作疇華之澤，何不曰華澤而曰華野乎？然則古本自作疇華之野。青丘之澤。類書所引殆不足據。上射十日。而下殺猰貐。十日並出。羿射去九。○文典謹按。北堂書鈔百四十九引。作命羿射十日。中九烏皆死。墮羽翼。藝文類聚一所引略同。斷脩蛇於洞庭。禽封豨於桑林。洞庭。南方澤名。桑林。湯所禱旱桑山之林。萬民皆喜。置堯以為天子。於是天下廣陝險易遠近。始有道里。舜之時。共工振滔洪水。以薄空桑。共工。水官名也。柏有之後。振。動也。滔。蕩也。欲壅防百川。滔高堙庳。以害天下者。薄。迫也。空桑。地名。在魯也。龍門未開。呂梁未發。江淮通流。四海溟涬。民皆上丘陵。赴樹木。龍門。河之隘也。在左馮翊夏陽北。禹所鑿也。呂梁在彭城呂縣。石生水中。禹決而通之。民所由得度也。故曰呂梁也。未發之時。水道不通。江淮合流。四海溟涬。無岸畔也。○莊逵吉云。呂梁有兩說。一說在西河司馬彪曰。呂梁在離石縣西。是也。水經注云。河水左合一水。出善無縣故城西南八十里。其水西流。歷于呂梁之山。而為呂梁洪。昔呂梁未闢。河出孟門之上。蓋大禹所闢以通河也。今離石縣西歷山尋河。並無過巘。至是乃為巨險。即呂梁矣。在離石北以東。百有餘里。道元雖駁正郡國志。然亦非西河之說矣。一說在彭城。即注是也。云石在水中者。說文解字。砅。履石渡水也。考詩在彼淇梁。在彼淇厲。以例推之。厲亦即砅字。梁砅俱置石水中。以渡行旅之義。段國沙州記云。吐谷渾于河上作橋。謂之河砅。亦其事矣。毛鄭注詩。恐未得其解。舜乃使禹疏三江五湖。闢伊闕。導廛澗。伊闕。山名也。禹所開以通伊水。故曰闢伊闕。在洛陽西南九十里。廛澗兩水名。廛讀裹纏之纏。○文典謹按。御覽八十一引闢作決。平通溝陸。流注東海。○文典謹按。御覽八十一引。作通溝瀆。注之東海。鴻水漏。九州乾。萬民皆寧其性。是以稱堯舜以為聖。晚世之時。帝有桀紂。為琁室瑤臺。象廊玉牀。琁瑤石之似玉。以飾室臺也。用象牙飾廊殿。以玉為牀。言淫役也。琁或作旋。瑤或作搖。言室施機關。可轉旋也。臺可搖動。極土木之巧也。○陶方琦云。文選班固西都賦注。引許注。廊。屋也。後漢申屠剛傳注。廊。殿下屋也。漢書司馬相如傳。高廊四注。注。堂下四周屋也。史記龜策傳。教為象郎。集解引許君注。象牙郎。當亦是此處注文。○王念孫云。為琁室上脫桀字。大戴禮少閒篇注。北堂書鈔帝王部二十。太平御覽皇王部七。引此。為上皆有桀字。紂為肉圃酒池。紂積肉以為園圃。積酒以為淵池。今河內朝歌。紂所都也。城西有糟丘酒池處是也。燎焚天下之財。○俞樾云。天下之財。不當言燎焚。燎焚當作撩聚。古人書聚字或作冣。漢書古今人表。冣子。師古注曰。冣。聚字也。俗書焚字作焚。兩形相似而誤。冣誤為焚。自然改撩為燎矣。廣雅釋詁。撩。取也。聚與取。古字通。周易萃象傳。聚以正也。釋文曰。聚。荀作取。漢書五行志。內取茲為禽。師古曰。取讀如禮記聚麀之聚。並其證也。撩聚即撩取。謂撩取天下之財也。龍苦萬民之力，刳諫者，剔孕婦，王子比干，紂之諸父也，數諫紂，紂之無道，紂剖其心而觀之，故曰刳諫者。孕婦，姙身將就草之婦也，紂解剔觀其胞裏，故曰剔孕婦也。攘天下，虐百姓。於是湯乃以革車三百乘伐桀於南巢，放之夏臺，革車，兵車也。南巢，今廬江巢縣是也。夏臺，大臺，故作宮也。武王甲卒三千，破紂牧野，殺之于宣室。武王，周文王之子發也。在車曰士，步曰卒。牧野，南郊地名，在朝歌城外。宣室，殷宮名，一曰宣室獄也。天下寧定，百姓和集，是以稱湯武之賢。由此觀之，有賢聖之名者，必遭亂世之患也。今至人生亂世之中，含德懷道，拘無窮之智，鉗口寢說，遂不言而死者衆矣，至人，至德之人。○王念孫云：拘字義不可通，劉本作抱，是也。含懷抱三字同意。然天下莫知貴其不言也。無有貴鉗口不言而死也。故道可道，非常道，至道無名，不可道，故曰可道者，非常道也。名可名，非常名。眞人之名，不可得名也。著於竹帛，鏤於金石，可傳於人者，其粗也。五帝三王，殊事而同指，異路而同歸。五帝，黃帝、顓頊、帝嚳、帝堯、帝舜。三王，夏禹、商湯、周文王。同歸，同歸修仁義也。晚世學者，不知道之所一體，德之所總要，總，凡也。要，約也。○陶方琦云：文選殷仲文桓公九井詩注、盧諶贈劉琨詩注、潘岳河陽詩注引許注：猥，凡也。當附此處。許本必作德之所總猥。廣雅：猥，衆也。漢書溝洫志：水猥盛。注：猥，多也。董仲舒傳：勿猥勿并。注：猥，積也。是猥又通委，委亦衆多義。凡，說文云：冣撮也。三倉：凡，數之總名也。冣撮亦總其緜多之謂，凡義亦與緜近。小爾雅：凡，多也。廣雅：緜，衆也。人物志效難篇：相與分亂于總猥之中。是總與猥正連訓。取成之迹，相與危坐而說之，鼓歌而舞之，故博學多聞，而不免於惑。○陳觀樓云：取成之迹，當依文子精誠篇作取成事之迹。詩云：不敢暴虎，不敢馮河。人知其一，莫知其他。此之謂也。無兵搏虎曰暴虎，無舟檝而渡曰馮河。言小人而爲政，不可不敬，不敬則危，猶暴虎馮河之必死，人皆知暴虎馮河立至害也，故曰知其一；而不知當畏愼小人危亡也，故曰莫知其佗。此不免于惑，此之謂也。帝者體太一，體，法也。太一，天之刑神也。王者法陰陽，霸者則四時，君者用六律。秉太一者，牢籠天地，彈壓山川，牢讀屋霤，楚人謂牢爲霤。彈山川，令出雲雨，復能壓止之也。含吐陰陽，伸曳四時，伸曳，猶伸引和調之也。○文典謹按：藝文類聚十一引伸曳作申洩。紀綱八極，經緯六合。○王念孫云：秉太一者，秉字後人所加。下文體太一者云云，是釋上文體太一之義；此文太一者云云，是專釋太一二字之義。太一者之上不當有衆字也。且下文陰陽者。四時者。六律者。皆與此文同一例。加一衆字。則與下文不合矣。藝文類聚帝王部一引此作體太一者。亦與下文相複。文選魏都賦文賦注引此皆作太一者。無衆字。亦無體字。覆露照導。普氾無私。普。太也。氾。衆也。無私愛憎。言皆公也。○文典謹按。文選王元長三月三日曲水詩序注引照導作昭道。又按藝文類聚十一引普氾下有而字。蠉飛蝡動。莫不仰德而生。○文典謹按。藝文類聚十一引蠉飛作翾飛。集韻。蠉。蟲行皃。爾雅釋蟲蜎蠉注。井中小赤蟲也。皆與飛字義不相屬。說文。翾。小飛也。當以作翾者爲是。即原道篇蠉飛蝡動字。亦當作翾。陰陽者。承天地之和。形萬殊之體。○文典謹按。藝文類聚十一引萬殊作萬類。含氣化物。以成埒類。埒。形也。贏縮卷舒。淪於不測。贏。長也。縮。短也。卷。屈也。舒。散也。淪。入也。測。深也。入于不可測盡之深。終始虛滿。轉於無原。轉化歸於無窮之原本也。○王念孫云。正文言無原。不言無窮之原。高說非也。原。度也。量也。言陰陽之化。轉於無量也。廣雅。量。度也。源。度也。源與原通。宋玉神女賦。志未可乎得原。韓子主道篇。掩其跡。匿其端。下不能原。皆謂不可量度也。漢書王莽傳。功亡原者賞不限。言有無量之功。則有不限之賞也。（顏師古注。無原。謂不可測其本原。失之。）是古謂無量爲無原。淪於不測。轉於無原。其義一也。四時者。春生夏長。秋收冬藏。取予有節。出入有時。○王念孫云。有時本作有量。此涉上文四時而誤也。取予有節。出入有量。量與節義相近。若作時。則非其指矣。且量與長藏爲韻。若作時則失其韻矣。文子正作出入有量。開闔張歙。不失其敘。歙讀曰脅。敘。次也。○文典謹按。御覽十九引注作歙讀曰翕。又藝文類聚十一引歙作斂。疑非。喜怒剛柔。不離其理。理。道也。六律者。生之與殺也。賞之與罰也。予之與奪也。予。布施也。奪。取收也。非此無道也。則四時用六律之君。非用此上事。其餘無他道也。故謹於權衡準繩。審乎輕重。足以治其境內矣。權衡。平也。準。法也。繩。直也。是故體太一者。明於天地之情。通於道德之倫。聰明燿於日月。精神通於萬物。動靜調於陰陽。喜怒和於四時。德澤施於方外。施。延。延于遠方之外。名聲傳于後世。後世傳聞之也。法陰陽者。德與天地參。明與日月竝。竝。併也。精與鬼神總。總。合也。戴圓履方。抱表懷繩。圓。天也。方。地也。表。正也。繩。直也。內能治身。外能得人。能得人之歡心。發號施令。天下莫不從風。風。化也。○王念孫云。外能得人。本作外得人心。高注能得人之歡心。正釋得人心三字。今本作外能得人。即涉注內能得人而誤。此文以繩心風爲韻（蒸侵二部古或相通。秦風小戎篇以膺弓滕與音爲韻大雅大明篇以林與心爲韻生民篇以登升歆今爲韻魯頌閟宮篇以乘縢弓綅增膺懲承爲韻管子小匡篇子大夫受政寡人勝任子大夫不受政寡人恐崩心術篇專於意一於心耳目端知遠之證淮南本經篇上下離心氣乃上蒸說山篇欲學歌謳者必先徵羽樂風欲美和者始於陽阿采菱皆其證也古音風字在侵部弓字在蒸部說見唐韻正若作外能得人則失其韻矣文子正作內能治身外得人心則四時者柔而不脆剛而不鞼鞼折也寬而不肆肆緩雖寬不緩過齊非也肅而不悖肅急也雖急不促悖優柔委從以養羣類類物類也其德含愚而容不肖無所私愛私邪也用六律者伐亂禁暴進賢而退不肖扶撥以爲正撥任也扶治也壞險以爲平矯枉以爲直矯正也枉曲也明於禁舍開閉之道乘時因勢以服役人心也役使也帝者體陰陽則侵爲諸夏所侵陵王者法四時則削爲諸夏所侵削傳曰諸侯侵犯王略也霸者節六律則辱爲鄰國所侮辱君者失準繩則廢爲臣所廢更立賢君故小而行大則滔窕而不親滔窕不滿密也不爲下所親附也大而行小則陿隘而不容行小則政陿隘而不容包臣下貴賤不失其體而天下治矣不失其體大行大小行小也天愛其精地愛其平精光明也平正也○俞樾云詩黍苗篇原隰既平毛傳曰土治曰平此平字之義也高注曰平正也未得其旨人愛其情情性也天之精日月星辰雷電風雨也地之平水火金木土也人之情思慮聰明喜怒也故閉四關止五遁則與道淪四關耳目心口遁逸也淪入也是故神明藏於無形精神反於至眞眞身也○王念孫云精神與神明意相複神字即涉上句而誤精神當爲精氣淮南一書多以神與氣對文也文子下德篇正作精氣反於至眞則目明而不以視耳聰而不以聽心條達而不以思慮委而弗爲和而弗矜矜自大也冥性命之情而智故不得襍焉襍糅也精泄於目則其視明泄猶通也在於耳則其聽聰留於口則其言當當合也集於心則其慮通故閉四關則身無患百節莫苑苑病也苑讀南陽之宛也○王念孫云身無患當依文子下德篇作終身無患終身無患百節莫苑相對爲文下二句亦相對爲文脫去終字則句法參差不協矣莫死莫生莫虛莫盈是謂眞人言守其常凡亂之所由生者皆在

流遁。流遁之所生者五。流放也。遁逸也。大構駕，興宮室。構，連也。駕，材木相乘駕也。○陶方琦云：文選蕪城賦注引駕作架。蕪城賦注及謝朓銅雀臺詩注並引許注云：皆屋攡飭也。飾、飭古通，故文選引許注，下云：飭一作飾。○文典謹按：初學記居處部引駕亦作架。延樓棧道，雞棲井幹。延樓，高樓也。棧道，飛閣複道相通。雞棲井幹，複屋熒井也，刻花置其中也。標株欂櫨，標、株，柱類。欂，栟也。櫨，柱上拊，即梁上短柱也。以相支持。木巧之飾，盤紆刻儼。盤，盤龍也。紆，曲屈。刻儼，浮首虎頭之屬。皆屋飾也。儼讀儼儼然之儼也。羸鏤雕琢，詭文回波。羸鏤，文章鏤雕畫也。玉曰琢。皆巧飾也。詭文，奇異之文也。回波，若水波也。淌游瀷淢，菱杼紾抱。淌游瀷淢，皆文畫擬象水勢之貌。菱，芰。杼，采實。紾，戾也。抱，轉也。皆壯采相銜持貌也。淌讀平敞之敞。瀷讀燕人強春言敕之敕。淢讀郁乎文哉之郁。杼讀楚言杼。紾讀紾結之紾。抱讀岐嶷之嶷。○王引之云：菱杼皆水草也。杼讀為芧，字亦作茡。漢書司馬相如傳上林賦蔣芧青薠。張揖曰：芧，三棱也。文選芧作茡。張衡南都賦曰：其草則藨苧薠莞，蔣蒲蒹葭，藻茆菱芡，芙蓉含華。是芧為水草也。作茡者，或字。作杼者，借字耳。（莊子山木篇食杼栗，徐無鬼篇作芧栗，是芧與杼通。）畫為菱杼在水波之中，故曰淌游瀷淢菱杼紾抱也。高以杼為采實。采實即橡栗，與菱為不類矣。芒繁亂澤，巧偽紛挐，以相摧錯。此遁於木也。皆采色形象文章貌。挐讀人性紛挐不解之挐。鑿汙池之深，肆畛崖之遠。肆，極也。崖，垠也。來谿谷之流，飾曲岸之際，積牒旋石，以純脩碕。飾，治也。牒，累。純，緣也。以玉石致之水邊為脩碕。或作旋石。旋石，切以牒累流水邊為脩碕，曲中水所當處也。○陶方琦云：文選吳都賦注、江賦注、注引許注：碕，長邊也。按：碕即埼。漢書司馬相如傳：激堆埼。又通隑。相如傳：臨曲江之隑州。注引張揖曰：隑，長也。與許注長邊義同。蓋碕从奇，奇、奇美、奇羸皆有長義。說文：垂下云：遠邊也。崖下云：高邊也。碕為長邊，訓義相類。○文典謹按：積牒旋石，文選吳都賦注引作積疊琁玉。抑淢怒瀨，以揚激波。抑，止也。淢，怒水也。瀨，急流也。而抑止，故激揚之波起也。○俞樾云：高注曰：淢，怒水也。淢既為怒水，何以又云怒瀨乎？高說非也。淢者，逆也。言抑而逆之以揚其波也。莊子天下篇：其風窢然。郭注曰：逆風所動之聲。水逆謂之淢，猶風逆謂之窢。曲拂邅迴，以像滈浯。拂，戾也。邅迴，轉流也。滈，番隅。浯，蒼梧之二國。多水，江湖環之，故多象渠池，以自邅迴。故法而象之也。滈讀懸纍之懸也。○莊逵吉云：錢別駕云：浯，靈門水名。滈，邢國水名。亦通。○文典謹按：文選王元長三月三日曲水詩序注引滈浯作偶語。又引高注作拂戾邅迴水流也。益樹蓮菱，以食鼈魚。樹，種也。蓮，藕實也。菱，芰也。皆可以養魚鼈。蓮讀蓮羊魚之蓮也。鴻鵠鷫鷞，稻粱饒餘。龍舟鷁首，浮吹以娛。此遁於水也。鷫鷞，雁類。一曰鳳之別類。龍舟，大舟也。刻為龍文，以為飾也。鷁，大鳥也。畫其像著船頭，故曰鷁首。於舟中吹籟與竽以爲樂，故曰浮吹以娛。○文典謹按：北堂書鈔百三十七、藝文類聚七十一、文選西都賦注、江文通雜體詩注、顔延年三月三日曲水詩序注引，娛竝作虞。

高築城郭，設樹險阻，崇臺榭之隆，設，施也。樹，立也。一說：種樹木以爲險阻，令難攻易守也。積土高丈曰臺，加木曰榭也。侈苑囿之大，以窮要妙之望。侈，廣也。有牆曰苑，無牆曰囿，所以畜禽獸也。盡極要之觀望也。魏闕之高，上際青雲，大廈曾加，擬於昆侖。門闕高崇嵬嵬然，故曰魏闕。大廈，大屋也。曾，重。架，材木相架也。其高與昆侖山相擬象。脩爲牆垣，甬道相連。甬道，飛閣複道也。甬讀踊躍之踊。道讀道布之道也。殘高增下，積土爲山。殘，墮也。增，益也。接徑歷遠，直道夷險，接，疾也。徑，行也。道之阨者正直之。夷，平也。終日馳騖而無蹪蹈之患。此遁於土也。○王念孫云：接徑歷遠，當在直道夷險之下。此以垣連山遠患爲韻，若移直道夷險於下，則失其韻矣。高注：接，疾也。徑，行也。亦當在夷平也之下。蓋正文爲寫者誤倒，後人又改注以從之耳。文選謝惠連秋懷詩注引此，已作接徑歷遠，直道夷險，則其誤久矣。又案：蹪蹈當爲蹪陷，字之誤也（俗書陷字作陷，又因蹪字而誤從足）。蹪與隤同。高注原道、說山、說林、脩務並云：蹪，躓也。楚人謂躓爲蹪。玉篇：蹈，隤也。原道篇曰：先者隤陷，則後者以謀。又曰：蹪陷（今本陷字亦誤作蹈）於污壑穽陷之中。皆其證也。

大鐘鼎，美重器，鐘，音之君也。重器，大器。蓋鐘鼎也。華蟲疏鏤，以相繆紾。書曰：山龍華蟲藻火粉米。繆紾，相纏結也。寢兕伏虎，蟠龍連組，兕，獸名。寢伏，各有形也。蟠龍詰屈，相連，文錯如織組文也。焜昱錯眩，照燿煇煌，錯，雜也。眩，惑也。照燿煇煌，焜光澤色貌也。偃蹇寥糾，曲成文章，雕琢之飾，鍛錫文鐃，乍晦乍明，雕，畫也。緣錯錫鐃，文如脂膩不可刷，如連珠不可掇，故曰乍晦乍明也。○莊逵吉云：鐃，說文解字作鐃，鐵也。抑微滅瑕，霜文沈居，若簟籧篨，言劍之理美，沒滅其瑕，文鐃如霜，皆沒身中，故曰沈居。簟，竹席。籧篨，葦席。取其邪文夾鈠。劍鐃若此也。○孫詒讓云：抑微無注，以義審之，疑微當讀爲釁，聲近字通。周禮鬯人鄭司農注云：釁讀爲徽。此借微爲釁，與禮注讀釁爲徽正同。國語晉語章注云：釁，隙也。抑微亦謂抑杜其釁隙，與滅瑕文相對也。纏錦經穴，似數而疏。劍文相句連，纏如綺，經先如錦，似數如疏。文鐃美眩人目。此遁於金也。

煎熬焚炙，○文典謹按：北堂書鈔百四十二引炙作燔。調齊和之適，以窮荊吳甘酸之變，荊、楚，言二國善酸鹹之和，而窮盡之。焚林而獵，燒燎大木，鼓橐吹埵，以銷銅鐵，鼓，擊也。橐，冶鑪排橐也。埵，銅橐口。鐵筩埵入火中吹火也，故曰吹埵。銷，鑠。靡流堅鍛，無猒足目。○莊逵吉云：盧詹事云：無猒足目，別本作足日。

山無峻幹，林無柘梓，峻幹，長枝也。柘，桑，梓，滋生也。○孫詒讓云：王云梓當爲榫，榫，古欒字也。案王說是也。惟柘梓與峻幹文不相對，柘疑當爲碩之叚字（柘碩聲類同），碩榫，爲萌櫱之大者。
燎木以爲炭，燔草而爲灰，野莽白素，不得其時。莽，草也。白，素也。上掩天光，下殄地財，此遁於火也。殄，盡也。殄讀曰典也。此五
者，一足以亡天下矣。五者之中有一，則足以滅亡也。是故古者明堂之制，下之潤溼弗能及，上之霧露弗能入，四方之風
弗能襲。明堂，王者布政之堂，上圓下方，堂四出，各有左右房，謂之个，凡十二所。王者月居其房，告朔朝歷，頒宣其令，謂之明堂。其中可以序昭穆，謂之太廟。其上可以望氛祥，書雲物，謂之靈臺。其外圓，似
辟雍。諸侯之制半天子，謂之泮宮。詩云「矯矯虎臣，在泮獻馘」是也。土事不文，質也。木工不斲，樸而已。斲或作琢，不雕畫也。金器不鏤。不錯鏤設文飾也。鏤讀婁之婁。○莊逵吉
云：婁之者，字從毋中女，即婁處子之義也。此讀從之。衣無隅差之削，隅，角也。差，邪也。古者質，皆全幅爲衣裳，無有邪角。邪角，削殺也。冠無觚贏之理。觚贏之理，謂若馬目籠相連干
也。言無者，冠文取平直而已也。贏讀指端贏文之贏也。堂大足以周旋理文，堂，明堂，所以升降揖讓，脩禮容，故曰周旋理文。理，政事文書也。靜潔足以享上帝、禮鬼
神，以示民知儉節。孝經曰：宗祀文王于明堂，以配上帝也。○文典謹按：藝文類聚三十八、初學記禮部上引，並作示人知節也。夫聲色五味，遠國珍怪，瓌異奇
物，足以變心易志，搖蕩精神，感動血氣者，不可勝計也。夫天地之生財也，本不過五。不過五行之數。聖人節五行，
則治不荒。五行，金木水火土也。水屬陰行，火爲陽行，木爲燠行，金爲寒行，土爲風行，五氣常行，故曰五行。凡人之性，心和欲得則樂，心和，不喜不怒，欲得，無違耳。○文典謹按：
羣書治要引心和作心平。樂斯動，動斯蹈，蹈斯蕩，蕩斯歌，歌斯舞，歌舞節則禽獸跳矣。○王念孫云：歌舞節，當作歌舞無節。○俞樾云：此本作舞則禽
獸跳矣，與下文動則手足不靜，發怒則有所釋憾矣，文義一律。歌字節字，皆衍文也。下文曰：故鐘鼓管簫干鏚羽旄，所以飾喜也，是此時所謂舞者，尚未有干鏚羽旄之飾，不過手之舞之足之蹈之而已。其去禽
獸跳跟無幾也。今衍歌字節字，義不可通。王氏謂當作歌舞無節，不知節與不節，尚非所論於此也。人之性，心有憂喪則悲，悲則哀，有憂，艱難也。喪，亡也。亡失所離愛則悲，悲則傷。
哀斯憤，憤斯怒，怒斯動，動則手足不靜。靜，寧也。擗踊哭泣，哀以送之也。人之性，有侵犯則怒，怒則血充，人性有侵犯則怒，盛氣血充盈以成

其勢。○文典謹按：羣書治要引侵犯上有所字。血充則氣激。氣激則發怒。發怒則有所釋憾矣。釋，解也。憾，恨也。故鐘鼓管簫。干鏚羽旄。所以飾喜也。衰經苴杖。苴，麻之有實者。衰讀曰崔杼之崔也。○陶方琦云：羣書治要引許注苴，屮。按說文苴，履中艸。說正同。哭踊有節。所以飾哀也。爲哀所容，故曰飾也。兵革羽旄。金鼓斧鉞。所以飾怒也。必有其質。乃爲之文。古者聖人在上。○文典謹按：羣書治要引聖人作聖王，宋本同。政教平仁愛洽。上下同心。君臣輯睦。衣食有餘。家給人足。○文典謹按：羣書治要引作家足人給。父慈慈，柔。子孝。兄良弟順。生者不怨。死者不恨。有道之世，人得其志，故生者不怨也。皆終其天命，故死者不恨。天下和洽。人得其願。夫人相樂。無所發貺。故聖人爲之作樂以和節之。夫人，衆人也。但中心相樂，無以發其恩賜也。故聖人爲之作樂以節之。猶通制也。○文典謹按：羣書治要引樂上有禮字。末世之政。田漁重稅。關市急征。澤梁畢禁。網罟無所布。耒耜無所設。民力竭於徭役。財用殫於會賦。會計，計人口數，責其稅斂也。○陶方琦云：羣書治要引許注，會計。按說文，計，會也。說正同。居者無食。行者無糧。老者不養。死者不葬。贅妻鬻子。以給上求。猶弗能澹。贅，從嫁也。或作質妻。○文典謹按：羣書治要引作猶不能贍其用。澹、贍古通用。愚夫惷婦。皆有流連之心。悽愴之志。流連，猶瀾漫，失其職業也。悽愴，傷悼之貌。惷讀近貯益之胵戇，籠口言之也。○文典謹按：羣書治要引志作意。乃使始爲之撞大鐘。擊鳴鼓。吹竽笙。彈琴瑟。失樂之本矣。○文典謹按：乃使始爲之不辭。羣書治要引無使字，是也。主術篇而乃始撞大鐘云云，亦無使字。古者上求薄而民用給。給，足。君施其德。臣盡其忠。父行其慈。子竭其孝。竭，盡也。善事父母曰孝也。各致其愛而無憾恨其間。無憾恨，各得其願也。夫三年之喪。非強而致之。非強行致孝子之情也，情自發于中。○王念孫云：非強而致之，強下當有引字。高注當作非強引致孝子之情。今本正文脫引字，注內引字又誤作行。羣書治要引此正作非強引而致之。聽樂不樂。食旨不甘。思慕之心。未能絕也。三年之思，思慕之心，未能自絕於哀戚也。○文典謹按：羣書治要引絕作弛，於義爲長。晚世風流俗敗。嗜慾多。禮義廢。君臣相欺。父子相疑。怨尤充胷。思心盡亡。盡喪其忠孝思慕之心也。被衰戴絰。

戲笑其中雖致之三年失喪之本也。本在哀戚。○文典謹按：羣書治要引也作矣，當從之。古者天子一畿，諸侯一同。方千里爲畿，方百里爲同。○陶方琦云：羣書治要引許注：畿，千里地，同，百里也。按說文：畿，天子千里地。與注淮南訓合。各守其分，不得相侵。分，猶界也。有不行王道者，暴虐萬民，爭地侵壤，亂政犯禁，召之不至，令之不行，言不行上令者。行讀行馬之行。禁之不止，誨之不變，誨，教也。變，更也。乃舉兵而伐之，戮其君，易其黨，封其墓，類其社，有賢者受惡君之誅，則封殖其墓，若武王伐紂封比干之墓是也。祭社曰類，以事類祭之也。詩云：是類是禡也。卜其子孫以代之。卜，擇立其子孫之賢也。天子不滅國，諸侯不滅姓，古之政也。○陶方琦云：羣書治要引許注：天子不滅同姓，諸侯不滅國，自古之正也。按此許注屬入高注中者。古之政，蓋古禮也。論語：興滅國，天子事也。公羊：衞侯燬何以名？絕。曷爲絕之？爲滅同姓也。諸侯事也。許注當乙轉。晚世務廣地侵壤，并兼無已，舉不義之兵，伐無罪之國，殺不辜之民，絕先聖之後，辜，罪也。民皆帝王之後，故曰絕先聖之後。大國出攻，小國城守，驅人之牛馬，傒人之子女，傒，繫四之。繫讀曰雞。毀人之宗廟，遷人之重寶，血流千里，暴骸滿野，○王念孫云：血流當爲流血。流血與暴骸相對爲文。羣書治要引此正作流血。兵略篇亦云：流血千里，暴骸盈場。以澹貪主之欲，非兵之所爲生也。言兵爲禁暴整亂設，不爲作亂生也。○文典謹按：羣書治要引生作主。故兵者所以討暴，非所以爲暴也。言兵討人之暴亂，非所以自爲暴亂也。樂者所以致和，非所以爲淫也。樂蕩人之邪志，存人之正性，致其中和而已，非所爲自淫過也。喪者所以盡哀，非所以爲僞也。喪，踊哭泣，所以盡孝子之哀情也，非所以爲詐僞佯哀戚而已也。故事親有道矣，而愛爲務；道，孝道，務在愛敬其親。朝廷有容矣，而敬爲上；朝廷之容，濟濟也。父子主愛，君臣主敬，故以敬爲上也。處喪有禮矣，而哀爲主；處，居也。喪禮，三年之禮也。論語曰：喪與其易也寧戚，故曰以哀爲主也。用兵有術矣，而義爲本。術，數也。陰陽天生虛實之數也。傳曰：天生五材，民並用之，廢一不可，誰能去兵？兵之所由來久矣。聖人以興，亂人以亡，廢興存亡昏明之術也。故曰以義爲本。本立而道行，本傷而道廢。本立，義立也。本傷，義喪也，故曰道廢。○文典謹按：羣書治要引廢下有矣字。

萬有文庫
第一集一千種
王雲五主編

淮南鴻烈集解

（三）

劉文典著

商務印書館發行

萬有文庫

第一集一千種

總編纂者
王雲五

商務印書館發行

淮南鴻烈集解

（三）

劉文典著

國學基本叢書

淮南鴻烈集解

卷九

主術訓主，君也。術，道也。君之宰國，統御臣下，五帝三王以來，無不用道而興，故曰主術，因以題篇。

人主之術，處無爲之事，而行不言之教，教，令也。謂不言而事辦也。清靜而不動，一度而不搖，○文典謹按：羣書治要引「度」作「動」。因循而任下，責成而不勞。成辦而不自勞。是故心知規而師傅諭導，規，謀也。師者，所從取法則者也。傅，相也。諭導以正道。○文典謹按：治要引「導」作「道」。「諭道」與下文「稱辭」對文，於義爲長，當從之。今本作「導」者，涉下文「先導」而誤耳。口能言而行人稱辭，足能行而相者先導，相，儀也。耳能聽而執正進諫。諫，或作謀也。○孫詒讓云：「正與政聲同，古通。後文『執正營事』同。」○文典謹按：孫說是也。治要引「正」作「耳能聽而執政者進諫」。是故慮無失策，謀無過事，過，猶誤也。○王念孫云：「謀」本作「舉」，此後人以意改之也。舉，猶動也。「慮無失策」，以謀事言之；「舉無過事」，以行事言之。若改「舉」爲「謀」，則與「無過事」三字義不相屬，且與上句相複矣。羣書治要引此正作「舉無過事」。賈子保傅篇「是以慮無失計，而舉無過事」，即淮南所本（大戴禮保傅篇同）。文子自然篇「謀無失策，舉無過事」，又本於淮南也。言爲文章，○文典謹按：治要引「爲」作「成」。行爲儀表於天下，爲天下人所法則也。○俞樾云：「於天下」三字衍文也。涉高注曰「爲天下人所法則也」，故誤衍此三字。進退應時，動靜循理，不爲醜美好憎，不爲賞罰喜怒，名各自名，類各自類，事猶自然，○文典謹按：治要引「猶」作「由」。猶、由古通用。莫出於己。故古之王者，冕而前旒，所以蔽明也；冕，王者冠也。前旒，前後垂珠飾，天子玉，縣十二，公侯桂珠九，卿點珠六，伯子各應隨其命數也。○陶方琦云：羣書治要引許注：「冕，冠也。前旒，冕前珠飾也。」按說文「冕」下云：「冕，大夫以上冠也。邃延垂瑬紞纊。」又「瑬」下云：「垂玉也。冕飾。」黈纊塞耳，所以掩聰；黈，不欲其妄聞也。黈讀而買黈蓋之黈也。○陶方琦云：羣書治要引許注：「黈纊，所以塞耳。」按說文「冕」下作「紞纊」，「紞」下云：「冕冠塞耳者也。」說正同。天子外屏，所以自障。

屏，樹垣也。門內之垣謂之樹。論語曰：國君樹塞門。諸侯在內，天子在外，故曰所以自障也。故所理者遠，則所在者邇；○文典謹按：治要引邇作近。所治者大，則所守者少。○王念孫云：少當爲小字之誤也。羣書治要引此正作小。夫目妄視則淫，耳妄聽則惑，○文典謹按：治要引聽作聞。口妄言則亂。夫三關者，不可不愼守也。若欲規之，乃是離之；言嗜欲有所規合，乃是離散也。若欲飾之，乃是賊之。飾，好也。賊，敗也。天氣爲魂，地氣爲魄，反之玄房，各處其宅，守而勿失，上通太一。太一之精，通於天道。○王念孫云：通於天道本作通合於天。今本脫合字，衍道字。（道字涉下句天道玄默而衍）文子自然篇正作通合於天。天與精爲韻。（天字合韻讀若汀。小雅節南山篇不弔昊天，與定生寧醒成政姓爲韻。大雅雲漢篇瞻卬昊天，與星贏成正寧爲韻。瞻卬篇瞻卬昊天，與寧定爲韻。乾彖傳乃統天，時乘六龍以御天，與形成命貞寧爲韻。坤彖傳乃順承天，與生爲韻。乾文言時乘六龍以御天也，與精情平爲韻。楚辭九章瞭杳杳而薄天，九辯瞭冥冥而薄天，並與名爲韻。凡周秦用韻之文，天字多有入耕部者，詩易楚辭而外，不可枚舉。）若作通於天道，則失其韻矣。此文上下十八句皆用韻。天道玄默，無容無則，大不可極，深不可測，測，盡。尚與人化，知不能得。天道至大，非人智慮所能得也。昔者神農之治天下也，神不馳於胷中，言釋神安靜，不躁動也。智不出於四域，信身在中。懷其仁誠之心。懷，思。甘雨時降，○文典謹按：御覽七十八引甘雨時降作甘雨以時。五穀蕃植，蕃，茂。植，長。春生夏長，秋收冬藏，月省時考，歲終獻功，以時嘗穀，穀，新穀也。薦之明堂，嘗之也。○文典謹按：北堂書鈔二十八引獻功作報功。祀于明堂。明堂之制，有蓋而無四方，風雨不能襲，寒暑不能傷。○文典謹按：御覽七十八引寒暑作燥濕。遷延而入之，養民以公。遷延，猶偝佯也。已說在本經也。其民樸重端慤，端，直也。慤，誠也。不忿爭而財足，不勞形而功成，因天地之資，而與之和同。是故威厲而不殺，○王念孫云：殺本作試。此後人以意改之也。荀子議兵宥坐二篇及史記禮書並云威厲而不試，刑錯而不用。不試，猶不用也。若云不殺，則非其指矣。太平御覽皇王部三引此正作不試。文子精誠篇同。刑錯而不用，法省而不煩，省，約也。煩，多也。故其化如神。其地南至交阯，北至幽都，幽冥之都。東至暘谷，暘谷，日所出也。西至三危，三危，西極之山。莫不聽從。當此之時，法寬刑緩，囹圄空虛，而天下一俗。其俗一同。莫懷姦心。末世之政則不然。上好取而無量。下貪狼而無讓。民貧苦而忿爭。事力勞而無功。智詐萌興。盜賊滋彰。上下相怨。號令不行。執政有司。不務反道。矯拂其本。而事修其末。事，治。削薄其德。曾累其刑。而欲以爲治。無以異於執彈而來鳥。揳棁而狎犬也。亂乃逾甚。逾，益。○莊逵吉云：棁，說文解字云：木杖也。故禰衡埶棁以罵曹操。亦是杖。此揳棁義當從之。○陳觀樓云：說山篇作執彈而招鳥，揮棁而呼狗，則揳字當爲揮字之譌。說文：揮，奮也。○陶方琦云：意林、御覽九百五、事類賦引許注：揮，挾棁杖也。按說文：棁，木杖也。說正同。說文：挾，俾持也。○文典謹按：御覽九百五引，揳作袖。夫水濁則魚噞。魚短氣出口於水，喘息之諭也。○文典謹按：文選吳都賦注、長笛賦注引，噞下皆有喁字。政苛則民亂。言無聊也。○莊逵吉云：說文解字：喁，魚口上見。論語素王受命讖曰：莫不喁喁延頸歸德。蓋亦衆口上向之義。水濁則魚喁，政苛則民亂，十字出韓詩外傳。淮南之文博采通人，信而有證。此乃改喁爲噞。噞喁古音相近，古字無即異文與。故夫養虎豹犀象者。爲之圈檻。供其嗜欲。適其飢飽。違其怒恚。然而不能終其天年者。形有所劫也。是以上多故則下多詐。故，巧。○洪頤煊云：原道訓：不設智故，而方圓曲直弗能逃也。高注：智故，巧飾也。俶眞訓：不以曲故是非相見。高注：曲故，曲巧也。本經訓：懷機械巧故之心，而性失矣。俶眞訓：巧故萌生。呂氏春秋下賢篇：空空乎其不爲巧故也。故當訓爲巧，不爲詐也。上多事則下多態。上煩擾則下不定。不定，不知所從也。上多求則下交爭。不直之於本。而事之於末。譬猶揚堁而弭塵。抱薪以救火也。堁，塵壓也。楚人謂之堁。堁動塵之貌。弭，止也。○陶方琦云：文選宋玉風賦注引許注：堁，塵壓也。按此許注羼入高注本者。說文：壓，塵也。廣雅釋詁：堁，塵也。故聖人事省而易治。求寡而易澹。澹，給。不施而仁。不言而信。不求而得。不爲而成。塊然保眞。抱德推誠。誠，實。天下從之。如響之應聲。景之像形。其所修者本也。詹何曰：未聞身治而國亂。故曰：其所修者本也。刑罰不足以移風。殺戮不足以禁姦。唯神化爲貴。至精爲神。夫疾呼不過聞百步。志之所在。踰于千里。踰，猶過也。冬日之陽。夏日之陰。萬物歸之。而莫使之然。冬日仁，物歸陽；夏日猛，物歸陰。莫使之，自然如是也。故至精之像。弗招而自來。不麾而自往。窈窈冥冥。不知爲之者誰。而功自成。智者弗能誦。辯者弗能形。昔孫叔敖恬臥。而郢人無所害其鋒。郢。楚國都也。孫叔敖。楚大夫也。蓋乘馬三年。不知其牝牡。言其賢也。但恬臥養德。折衝千里之外。敵國不敢犯害。故郢人不舉兵出伐。無所害其鋒于四方也。○王念孫云。害其鋒三字義不相屬。害當爲用。字之誤也。（隸書害字作害。其上半與用相似）高注亦當作故郢人不舉兵出伐。無所用其鋒於四方。莊子徐無鬼篇作孫叔敖甘寢秉羽而郢人投兵。投兵亦謂無所用之也。又繆稱篇夜行瞑目而前其手。事有所至而明有不害。案不害二字義不可通。害亦當爲用。夜行者瞑目而前其手。是不用目而用手。故曰明有不用也。說林篇曰。夜行者掩目而前其手。涉水者解其馬載之舟。事有所宜而有所不施。施亦用也。（見原道脩務二篇注）○俞樾云。害字無義。王氏念孫謂是用字之誤。然用與害字形不似。無緣致誤也。害蓋容字之誤。容亦用也。釋名釋姿容曰。容。用也。合事宜之用也。是其義也。無所容其鋒。卽無所用其鋒。老子曰。兵無所容其刃。此淮南所本也。市南宜遼弄丸。而兩家之難。無所關其辭。宜遼姓也。名熊。勇士。居楚市南。楚平王太子建爲費無忌所逐。奔鄭。鄭人殺之。其子勝在吳。令尹子西召之。以爲白公。請伐鄭以報讎。子西許之。而未出師。晉人伐鄭。子西救之。勝怒曰。鄭人在此。讎不遠矣。欲殺子西。其臣石乞曰。市南熊宜遼得之。可以當五百人。乃往視之。告其故。不從。舉之以劍而不動。而弄丸不輟。心志不懼。曰。不能從子爲亂。亦不泄子之事。白公遂殺子西。故兩家雖有難。不怨宜遼。故曰無所關其辭也。○莊逵吉云。應云。宜遼名也。姓熊。鞅鞈鐵鎧。○孫詒讓云。鞅爲馬頸靼。於甲義無取。此疑當爲韇。草書央貴二形近。因而致誤。國語齊語云。輕罪贖以韇盾一戟。韋注云。韇盾。綴革有文如績也。說文革部云。韇。革繡也。荀子議兵篇云。楚人鮫革犀兕以爲甲。鞈如金石。楊注云。鞈。堅貌。考工記有合甲。此韇鞈亦言合綴革札爲甲也。瞋目扼掔。○莊逵吉云。掔卽腕字。本或作擥者非。其於以御兵刃縣矣。縣。遠也。比于德。不及之遠。券契束帛刑罰斧鉞。其於以解難薄矣。薄于德也。待目而照見。待言而使令。其於爲治難矣。蘧伯玉爲相。子貢往觀之。曰何以治國。曰。以弗治治之。蘧伯玉。衛大夫。蘧瑗也。子貢。衛人也。姓端木。名賜。孔子弟子也。簡子欲伐衛。使史黯往覿焉。簡子。晉卿趙鞅也。史黯。史墨也。覿。觀之也。○王念孫云。覿訓爲見。不訓爲觀。覿皆當爲覘。廣雅曰。覘。覗視也。玉篇。覘。七亦切。觀也。義皆本於高注。後人多見覿。少見覘。故覘誤爲覿矣。還報曰。蘧伯玉爲相。未可以加兵。以其賢也。固塞險阻。何足以致之。致猶勝也。故皋陶瘖而爲大理。天下無虐刑。有貴于言者也。雖瘖。平獄理訟。能得人之情。故貴於多言者也。師曠聾而爲太宰。晉無亂政。有貴于見者也。雖盲而大治晉國。使無有亂政。故貴於有所見。故不言之令。不視之見。不言之令。皐陶瘖也。不視之見。師曠瞽也。此伏犧神農之所以爲師也。故民之化也。○王念孫云。民之化也本作民之化上也。下句其字正指上而言。脫上字。則義不相屬。文子精誠篇正作民之化上。不從其所言。而從所行。故齊莊公好勇。不使鬬爭。而國家多難。其漸至于崔杼之亂。莊公。齊靈公之子光。崔杼。齊大夫也。亂。殺莊公也。頃襄好色。不使風議。而民多昏亂。其積至昭奇之難。楚頃襄王。昭奇。楚大夫也。故至精之所動。若春氣之生。秋氣之殺也。雖馳傳騖置。不若此其亟。亟。疾。故君人者。其猶射者乎。於此豪末。於彼尋常矣。故愼所以感之也。夫榮啓期一彈。而孔子三日樂。感于和。鄒忌一徽。而威王終夕悲。感于憂。徽。鶩彈也。威王。齊宣王之父也。在春秋後。徽讀紛麻縩車之縩也。○陶方琦云。文選陸機文賦注。劉孝標廣絕交論注。陸機弔魏武文注引許注。鼓琴循絃謂之徽。悲雅俱有所以成樂。直雅而無悲則不成。按二注文異。漢書揚雄傳高張急徽注。徽。琴徽也。然循絃之說。義與揮同。琴賦云。伯牙揮手是也。悲雅下當有誤文。疑是悲絃俱有所以成樂。直絃而無悲則不成樂。雍門周善彈琴。以哭見孟嘗君。即此意也。齊俗訓。徒絃則不能悲。故絃悲之具也。而非所以爲悲。許注即本此。動諸琴瑟。形諸音聲。而能使人爲之哀樂。哀。威王也。樂。孔子也。縣法設賞。而不能移風易俗者。其誠心弗施也。甯戚商歌車下。桓公喟然而寤。甯戚飯牛車下。叩角商歌。齊桓公悟之。用以爲相。○陶方琦云。王子淵四子講德論注。陶淵明夜行塗口詩注引許注。甯越衞人。聞齊桓公興霸。無因自達。將車自往。商。秋聲也。按二注文異。許本作甯越。甯越乃周威王師。非是。越當是戚。說文。戚。戉也。當是古本或作戉。遂加蚤爲戚也。今道應訓亦作甯戚。均誤。道應訓。甯越欲干齊桓公。因窮無以自達。於是爲商旅。將任車以商於齊。許即用此文。文選嘯賦注亦引淮南子注。甯戚衞人。商。金聲。清。故以爲曲。當並是許注。至精入人深矣。故曰。樂聽其音則知其俗。見其俗則知其化。○王念孫云。樂字與下文義不相屬。當有脫文。文子精誠篇作聽其音則知其風。觀其樂即知其俗。見其俗即知其化。孔子學鼓琴於師襄。師襄。魯樂太師也。而諭文王之志。見微以知明矣。諭。教。教之鼓文王操也。延陵季子聽魯樂。而知殷夏之風。論近以識遠也。作之上古。施及千歲而文不滅。況於竝世化民乎。湯之時。七年旱。○文典謹按。初學記天部下引。七年作九年。以身禱於桑林之際。而四海之雲湊。湊。會也。或作蒸。蒸。升也。千里之雨至。抱質效誠。感動天地。神諭方外。令行禁止。豈足爲哉。古聖王至精形於內。而好憎忘於外。形見好憎。情欲以充。出言以副情。發號以明旨。陳之以禮樂。風之以歌謠。業貫萬世而不壅。貫。通。壅。塞也。○王念孫云。業當爲葉。聲之誤也。葉。聚也。積也。貫。累也。言積累萬世而不壅塞也。方言曰。葉。聚也(廣雅同)楚通語也。楚辭離騷。貫薜荔之落蘂。王注曰。貫。累也(廣雅同)荀子王霸篇。貫日而治詳。楊倞曰。貫日。積日也。是葉貫皆積累之意也。俶眞篇曰。枝解葉貫。萬物百族。義與此葉貫同。原道篇曰。大渾而爲一。葉累而無根。葉累猶葉貫也。俶眞篇曰。橫廓六合。揲貫萬物。揲貫猶葉貫也(彼言橫廓六合。猶此言橫扃四方。彼言揲貫萬物。猶此言葉貫萬世。故廣雅云。揲。積也)高注訓貫爲通。失之矣。橫扃四方而不窮。禽獸昆蟲與之陶化。化。從。昆蟲。或作鬼神。又況於執法施令乎。

故太上神化。其次使不得爲非。其次賞賢而罰暴。暴。虐亂也。衡之於左右。無私輕重。故可以爲平。衡。銓衡也。繩之於內外。無私曲直。故可以爲正。人主之於用法。無私好憎。故可以爲命。夫權輕重不差蟁首。蟁首。猶微細也。扶撥枉橈。不失鍼鋒。直施矯邪。不私辟險。姦不能枉。讒不能亂。德無所立。立。見。怨無所藏。是任術而釋人心者也。故爲治者不與焉。治在道。不在智。故曰不與。○王念孫云。不與上當有智字。老子曰。以智治國。國之賊。不以智治國。國之福。故曰爲治者智不與焉。脫去智字。則文不成義。高注曰。治在道。不在智。故曰不與焉。則有智字明矣。文子下德篇正作知不與焉。夫舟浮於水。車轉於陸。此勢之自然也。木擊折轉。○文典謹按。意林引轉作軸。水戾破舟。不怨木石。而罪巧拙者。罪御者刺舟者之巧拙也。○俞樾云。水戾破舟。當作石戾破舟。故云不怨木石。今作水戾。則下句石字無著矣。巧字疑功字之誤。功與工通。周官肆師職。凡師不功。故書功爲工。是也。不罪木石而罪工拙。工即工人之工。言不罪木石而罪作舟車者之拙也。高注曰。罪御者刺舟者之巧拙也。是其所據本已誤。○文典謹按。意林引巧拙者下有何也二字。知故不載焉。言木石無巧詐。故不怨也。○文典謹按。意林引作智有不周。是故道有智則惑。言道智則惑也。德有心則險。心有目則眩。眩於物也。兵莫憯於志。

而莫邪爲下。陶方琦云：史記集解引許注：莫邪，大戟也。按說文鏌字下云：鏌鋣也。集解引文，當是許注。淮南本，故作莫邪。漢書揚雄傳：杖鏌邪。注亦云：鏌邪，大戟也。倫務訓：而不期于墨陽莫邪。高注美劍名，正與許異。寇莫大於陰陽，而枹鼓爲小。小細。憯猶利也。以智意精誠伐人爲利。老子曰：重積德則無不克。故以莫邪爲下也。寇亦兵也。推陰陽虛實之道爲大，故以枹鼓爲小也。今夫權衡規矩，一定而不易，不爲秦楚變節，不爲胡越改容，常一而不邪，方行而不流，一日刑之，萬世傳之，而以無爲爲之。言無所爲爲之，爲自爲之。故國有亡主，而世無廢道，亡主，桀紂是也。湯武以其民王，故曰無廢道也。人有困窮，而理無不通。理，道。由此觀之，無爲者道之宗。宗，本。故得道之宗，應物無窮；任人之才，難以至治。才，智也。湯武聖主也，而不能與越人乘幹舟，而浮於江湖。幹舟，小船也。危險，越人習水，自能乘之，故湯武不能也。一曰大舟也。○王念孫云：古無謂小船爲幹者。幹當爲舲，字之誤也。舲與舲同，字或作艫。廣雅曰：艫，舟也。玉篇：舲與艫同，小船有屋也。楚辭九章：乘舲船余上沅兮。王注曰：舲船，船有牕牖者。俶眞篇：越舲蜀艇，不能無水而浮。高注曰：舲，小船也。越人所便習。正與此注相同。藝文類聚舟車部、太平御覽舟部引此並作舲舟。御覽又引高注：舲舟，小船也。皆其證矣。○文典謹按：王說是也。羣書治要引此文幹作舼，文雖小異，然幹之爲誤字益明矣。伊尹賢相也，而不能與胡人騎騵馬而服騊駼。黃馬白腹曰騵。詩云：駟騵彭彭。騊駼，野馬也。胡人所習。伊尹雖賢，不能與服也。○陶方琦云：羣書治要引許注：原，國名。在益州西南，出千里馬。騊駼，北野馬。按二注正異。許作國名，即隱十一傳溫原絺樊之原，與高作騵解異也。說文亦無騵字。騊下云：騊駼，北野之良馬。與此作北野馬正同。孔墨博通，而不能與山居者入榛薄險阻也。孔，孔子也。墨，墨翟也。聚木爲榛，深草爲薄。山居者所習，故孔墨者不能也。阻或作塗。○王念孫云：險阻上脫出字。入榛薄出險阻，與騎騵馬、服騊駼相對爲文。羣書治要引此有出字。由此觀之，則人知之於物也淺矣，而欲以偏照海內，存萬方。○文典謹按：照海內、存萬方相對爲文，加一偏字，則句法參差不齊。偏字疑衍文也。羣書治要引此文無偏字。下文如此而欲照海內存萬方，是猶塞耳而聽清濁，掩目而視青黃也，亦無偏字，皆其證也。不因道之數，而專己之能，則其窮不達矣。○王念孫云：道之數本作道理之數，此後人以意刪之也。下文曰：不循道理之數。又曰：拂道理之數，詭自然之性。原道篇曰：循道理之數，因天地之自然。皆其證也。羣書治要引此正作道理之數。文子下德篇同。則其窮不達矣，達當爲遠，字之誤也。其窮不遠，謂其窮可立而待也。文子下德篇正作遠。氾論篇人章道息，則危不遠矣。語意略與此同。故智不足以治天下也。桀之力，制觡伸鉤，索鐵歙金，椎移大犧，水殺黿鼉，陸捕熊羆。觡，角也。索，絞也。歙讀協。○陶方琦云：史記正義八、御覽八十二又九百三十二引許注：戲，大旗也。按高無注，今高本作大犧，亦小異。戲通麾。說文作麾，曰：旌旗所以指麾也。周禮建大麾，鄭注：大麾不在九旗中。孫氏晏子音義以謂大戲當是人名，此古說之互異，然淮南本義不作人名解。○文典謹按：御覽八十二引制觡作別觡，四百三十七引歙金作揉金，捕作搏，九百三十二引歙金作操金。然湯革車三百乘，困之鳴條，擒之焦門。焦或作巢。○莊逵吉云：焦與巢古字通。由此觀之，勇力不足以持天下矣。○王念孫云：力字因勇字而衍。勇不足以持天下，與上文智不足以治天下相對爲文，不當有力字。羣書治要及太平御覽人事部七十六引此，皆無力字。下文勇不足以爲強，亦無力字。智不足以爲治，勇不足以爲强，則人材不足任明也。○文典謹按：羣書治要引作則人才不足以任明矣。而君人者不下廟堂之上，而知四海之外者，因物以識物，因人以知人也。故積力之所舉，則無不勝也；衆智之所爲，則無不成也。埳井之無黿鼉，隘也；園中之無脩木，小也。夫舉重鼎者，力少而不能勝也，及至其移徙之，不待其多力者。故千人之羣無絕梁，萬人之聚無廢功。夫華騮綠耳，一日而至千里，然其使之搏兔，不如豺狼，伎能殊也。殊，異。○王引之云：太平御覽獸部八引此豺狼作狠契。按狠契皆犬名也。廣雅曰：狠、狐、狂、獷，犬屬也。玉篇：猰，公八切，雜犬也。（廣韻同。）猰與契通。犬能搏兔而馬不能，故曰搏兔不如狠契也。後人不知狠契爲犬名，而改爲豺狼。豺狼可使搏兔，所未聞也。鴟夜撮蚤蚊，察分秋豪，晝日顛越，不能見丘山，形性詭也。鴟，鵂鶹也，謂之老菟，夜鳴人屋上也。夜則目明，合聚人爪以著其巢中，故曰察分秋豪。晝則無所見，故曰形性詭也。○王引之云：莊子秋水篇：鴟夜撮蚤，察豪末，晝出瞋目而不見邱山。司馬本蚤作蚤，云：鴟夜取蚤食。崔本作爪，云：鵂鶹夜聚人爪於巢中也。爪蚤通用，故崔本作爪。蚤蚤字形相似，故司馬本作蚤。然則蚤蚤二字不得而並存矣。淮南作蚤，故高氏但言合聚人爪，而不言食蚤。後人乃取司馬本之蚤字，增於此處蚤字之下，其失甚矣。秋水篇釋文曰：淮南子：鴟夜聚蚤，察分豪末。許慎云：鴟夜聚食蚤蝨不失也。李善注文選演連珠曰：淮南子曰：鴟夜撮蚤，察分豪末，晝出瞋目而不見邱山。高誘曰：鴟鵂謂之老菟。據二書所引，則許高本俱無蚤字明矣。顛越二字與不見邱山意不相屬，且高注但言晝無所見而不言顯越文選注引此正作瞋目而不見邱山與莊子同疑瞋目二字譌作顯目而後人遂改爲顯越也撮蚤之說許高異義揆之事理則許注爲雅馴耳○陶方琦云莊子釋文引許注鴟夜聚食蚤蝨不顯失也按二注文義並異許本訓爲蚤蝨之蚤高本作指爪解是顯異也說文蚤跳蟲齧人也莊子司馬注曰鴟鵂鶹夜取蚤食崔譔本作爪太平廣記四百八十二引感應經云鵂鶹食人遺爪非也蓋鵂鶹夜能拾蚤蝨爪蚤音近故誤云也纂文云鵂鶹一名忌欺白日不見人夜能拾蚤蝨也蚤爪音相近俗人云鵂鶹食人棄爪相其吉凶妄說也據纂文所云則許本作蚤蝨解爲長。夫螣蛇游霧而動。應龍乘雲而舉。○王念孫云上句本作騰蛇游霧而騰後人以騰與螣同音因妄改爲動耳不知螣是蛇名而騰爲升義本不相複騰與舉亦同義故下句云應龍乘雲而舉改騰爲動則文不成義矣太平御覽鱗介部一引此正作騰說苑說叢篇同（說苑作騰蛇遊霧而騰龍乘雲而舉今本騰上有升字此後人誤以騰字屬下句讀因妄加升字也）大戴禮勸學篇亦云螣蛇無足而騰。猨得木而捷。魚得水而騖。騖疾也。故古之爲車也。漆者不畫。鑿者不斲。工無二伎。士不兼官。各守其職。不得相姦。姦亂也。人得其宜。物得其安。是以器械不苦。而職事不嫚。苦讀盬嫚捕器嫚讀慢緩之慢。夫責少者易償。○文典謹按意林引責作債。職寡者易守。寡少也。任輕者易權。權謀也○俞樾云文子下德篇作任輕易勸也勸字之義視權字爲長言任輕則易舉故人皆相勸而爲之也高注曰權謀也其所據本已誤。上操約省之分。下效易爲之功。是以君臣彌久而不相猒。猒欺也。君人之道。其猶零星之尸也。尸祭主也尸食飽以知神之食亦飽詩曰公尸燕飮在宗載考。儼然玄默。而吉祥受福。尸不言語故曰玄默○文典謹按北堂書鈔九十引零作靈吉祥作翺而。是故得道者。不爲醜飾。不爲僞善。不飾爲美亦不枉爲善也○王念孫云此本作不僞醜飾不僞善極僞卽爲字也（古爲字多作僞說見史記淮南衡山傳爲僞下）不僞醜飾不僞善極相對爲文故高注云不飾爲美亦不極爲善也（道藏本劉本朱本茅本皆如是莊改不極爲不枉謬甚）後人誤讀僞爲詐僞之僞而改上句僞字作爲又改下句作不爲僞善則既與上句不對而又與高注不合矣且極與飾爲韻若作不爲僞善則失其韻矣。一人被之而不襃。襃大也。萬人蒙之而不褊。蒙冒褊小也。是故重爲惠若重爲暴。則治道通矣。通猶順也○王念孫云本無重爲惠若重爲暴若字後人以詮言篇云重爲善若重爲非故加若字也不知彼文是言爲善者必生事故曰重爲善若重爲非此言惠暴俱不可爲則二者平列不得云重爲惠若重爲暴也下文爲惠者生姦爲暴者生亂卽承此文言之，則惠暴平列明矣。文子自然篇作是故重爲惠，重爲暴，即道達矣，無若字。爲惠者，尚布施也。無功而厚賞，無勞而高爵，則守職者懈於官，而游居者亟於進矣。爲暴者，妄誅也。無罪者而死亡，行直而被刑，則修身者不勸善，而爲邪者輕犯上矣。言不可不愼也。故爲惠者生姦，而爲暴者生亂。姦亂之俗，亡國之風。風，化。是故明主之治國，有誅者而主無怒焉，因法而行，故不怒也。朝有賞者而君無與焉。因功而行，故不與也。誅者不怨君，罪之所當也。賞者不德上，功之所致也。民知誅賞之來皆在於身也，故務功脩業，不受贛於君。贛，物也。是故朝廷蕪而無迹，田野辟而無草。故太上下知有之。言太上之世，下知之人，皆能有此術。橋直植立而不動，俛仰取制焉。橋，桔皋上衡也。植，柱也。權衡者，行之俛仰，取制於柱也。以諭君也。人主靜漠而不躁。躁，動也。百官得脩焉。譬而軍之持麾者。○陶方琦云：宋蘇頌淮南校題序：許本如作而。按蘇氏曰：許于卷內多用叚借，如以而爲如之類。此譬如作譬而，當是許本，高本當作譬如。御覽三百四十一引高本此注，正作譬如，古而如通也。妄指則亂矣。慧不足以大寧，智不足以安危，與其譽堯而毀桀也，不如掩聰明而反脩其道也。不足以大寧者，小惠也。不足以安危者，小智也。如此人者，欲譽堯而毀桀，以成善善惡惡之名，人猶有強知之人爾，不如掩聰明而本脩大道，成名之速也。人君之道，亦如此也。清靜無爲，則天與之時；廉儉守節，則地生之財。人君德行如此，故天與之時，地生之財。天與之時，湯武是也。地生之財，神農后稷也。處愚稱德，則聖人爲之謀。若伊尹爲湯謀，傅說爲高宗謀。是孟子曰：伊尹，聖之任。國語曰：武丁以象旁求聖人，得傅說于傅巖也。是故下者萬物歸之，虛者天下遺之。遺，與也。夫人主之聽治也，清明而不闇，虛心而弱志，是故羣臣輻湊並進，無愚智賢不肖，莫不盡其能。於是乃始陳其禮，建以爲基。建，立也。基，業也。是乘衆勢以爲車，御衆智以爲馬，雖幽野險塗，則無由惑矣。幽，深也。險，猶遠也。人主深居隱處以避燥溼，閨門重襲以避姦賊。○王念孫云：下避字當作備，俗讀備避聲相亂，又涉上避字而誤也。（呂氏春秋節喪篇：姦邪盜賊寇亂之患，慈親孝子備之者，得葬之情矣。俗本備作避，亦因上文而誤。重門所以防賊，故言備作避，則義不可通矣。文選西京賦注引此正作備。內不知閭里之情，外不知山澤之形。帷幕之外，目不能見十里之前，耳不能聞百步之外，天下之物無不通者，通，知。○文典謹按：治要作然天下之物無所不通者。其灌輸之者大，而斟酌之者衆也。是故不出戶而知天下，不窺牖而知天道。乘衆人之智，則天下之不足有也；專用其心，則獨身不能保也。保，猶守也。○文典謹按：治要保作守。是故人主覆之以德，不行其智，而因萬人之所利。夫舉踵天下而得所利，故百姓載之上弗重也，錯之前弗害也，舉之而弗高也，推之而弗猒。尊重，舉之不自覺高也。推，求也。奉也。主道員者，運轉而無端。端，匡也。化育如神，虛無因循，常後而不先也。○文典謹按：治要先下有者字。臣道員者，運轉而無方。○王念孫云：臣道員者，運轉而無方者，本作臣道方者。其員者運轉而無六字，則因上文而誤衍也。羣書治要引無此六字。文子上義篇亦無。主道員，臣道方，方員不同道，故下文云君臣異道則治，同道則亂也。呂氏春秋圜道篇亦云主執圜，臣執方，方圜不易，其國乃昌。論是而處當，為事先倡，守職分明，以立成功也。是故君臣異道則治，不易奪，言相和。同道則亂。君所謂可，臣亦曰可。君所謂否，臣亦曰否。是同也。莫相匡弼，故曰亂也。各得其宜，處其當，則上下有以相使也。君得君道，臣得臣道，故曰得其宜也。○文典謹按：治要處下有得字。

夫人主之聽治也，虛心而弱志，清明而不闇。是故羣臣輻湊並進，無愚智賢不肖莫不盡其能者，則君得所以制臣，臣得所以事君，治國之道明矣。文王智而好問，故聖；好問，欲與人同其功。武王勇而好問，故勝。勝，殷也。夫乘衆人之智，則無不任也；用衆人之力，則無不勝也。○俞樾云：無不任也，當作無不聖也。上文曰：文王智而好問，故聖；武王勇而好問，故勝。此即承上文而言。說文耳部：聖，通也。無不聖，即無不通也。後人不達聖字之義，疑無不聖也於文難通，故臆改為任字。不知任即勝也，勇當言勝，智當言聖，若亦言任，則與勝義複，而無以為智勇之別矣。千鈞之重，烏獲不能舉也。千鈞，三萬斤也。烏獲，秦武王之力士也。武王試其力，使舉大鼎，臏脫而不任，故曰不能舉也。衆人相一，則百人有餘力矣。是故任一人之力者。則烏獲不足恃。不能勝，故不恃也。乘衆人之制者。則天下不足有也。人衆力強，以天下爲小，故曰不足有也。禹決江疏河。以爲天下興利。而不能使水西流。稷辟土墾草。以爲百姓力農。然不能使禾冬生。豈其人事不至哉。其勢不可也。夫推而不可爲之勢。而不脩道理之數。推，行。○王念孫云：推而不可爲之勢，而字涉下文而衍。雖神聖人不能以成其功。而況當世之主乎。夫載重而馬羸。雖造父不能以致遠。造父，周穆王之善御臣也。車輕馬良。雖中工可使追速。○文典謹按：車輕下當有而字，始與上文載重而馬羸一律。羣書治要及御覽七百四十六引並作車輕而馬良。又按：致遠，御覽作追急，追速作致遠。是故聖人舉事也。○文典謹按：羣書治要引聖人下有之字。豈能拂道理之數。詭自然之性。拂，戾也。詭，違也。以曲爲直。以屈爲伸哉。未嘗不因其資而用之也。是以積力之所舉。無不勝也。而衆智之所爲。無不成也。聾者可令嗺筋。○王紹蘭云：攷工記弓人曰：筋欲敝之敝。鄭司農云：嚼之當執。是治筋有嚼之一法。說文：噍，齧也。重文作嚼，云：噍或从爵。爵雀古通用。魏晉以後，俗趨簡易，書嚼爲嗺。玉篇：嚼，噍嚼也。嗺，同上。是其證。當時淮南子蓋有作嗺者。傳寫之徒不知嗺爲嚼之俗體，別作嗺字。玉篇：嗺，撮口也。淮南因作嗺筋，但撮筋於口，不得爲嚼。寫易林者以嗺非正字，直改从手作摧，轉輾承譌，皆不足據也。由是覈之，嗺俗字，嗺因嗺而變，摧又因嗺而變。據先鄭注，漢時淮南易林舊本當是噍筋（此條不載諸書雜記，乃王紹蘭與王引之書中語也）。○孫詒讓云：玉篇口部云：嗺，撮口也。筋不可以言嗺，嗺當爲嚼之譌。考工記弓人云：筋欲敝之敝。注鄭司農云：嚼之當執。賈疏云：筋之椎打嚼齧，欲得勢敝。是嚼筋爲漢時常語，即謂椎打之使柔熟以纏弓弩也。嚼俗作嗺，與嗺形近，因而致譌。易林展轉傳寫，又譌作摧，益不可通矣。而不可使有聞也。瘖者可使守圉。而不可使言也。○王念孫云：不可使言，本作不可使通語。今本語譌作言，又脫通字。筋聞爲韻，圉語爲韻。如今本則失其韻矣。太平御覽疾病部三引此，正作不可使通語。形有所不周。而能有所不容也。是故有一形者處一位。有一能者服一事。力勝其任。則舉之者不重也。能稱其事。則爲之者不難也。○文典謹按：意林能稱作智能。毋小大修短。各得其宜。則天下一齊。無以相過也。聖人兼而用之。故無棄才。人主貴正而尚忠。忠正在上位。執正營事。營，典。○王引之云：諸書無訓營爲典者，營當爲管字之誤也。（隸書管字或作菅，俗書營字作营，二形相似而誤。）管事與執政義相近。史記李斯傳曰管事二十餘年，是也。管、典皆主也，故訓管爲典。秦策：淖齒管齊之權，高彼注曰：管，典也。（見史記范睢傳索隱）正與此注同。則讒佞姦邪無由進矣。譬猶方員之不相蓋，而曲直之不相入。入，中。夫鳥獸之不可同羣者，其類異也。○王念孫云：不可同羣，可字後人所加。鳥獸不同羣，虎鹿不同游，相對爲文，則上句內不當有可字。後人熟於鳥獸不可與同羣之文，因加可字耳。虎鹿之不同遊者，力不敵也。是故聖人得志而在上位，讒佞姦邪而欲犯主者，譬猶雀之見鸇，而鼠之遇狸也，亦必無餘命矣。是故人主之一舉也，○王念孫云：此謂舉賢不可不愼，舉上不當有一字，蓋因下文一舉而衍。不可不愼也。所任者得其人，則國家治，上下和，羣臣親，百姓附。附，從。所任非其人，則國家危，上下乖，羣臣怨，百姓亂。故一舉而不當，終身傷。傷，病也，亦敗也。得失之道，權要在主。是故繩正於上，木直於下，非有事焉。事，治也。非治之使宜。所緣以修者然也。故人主誠正，則直士任事，而姦人伏匿矣。人主不正，則邪人得志，忠者隱蔽矣。夫人之所以莫抓玉石而抓瓜瓠者，何也？玉石堅，抓不耐入，故不抓。○王念孫云：抓皆當爲摦，字之誤也。廣雅：摦，裂也。曹憲音必麥反。（字從手，辰聲。辰，匹卦反。）摦之言劈也。瓜瓠可劈，而玉石不可劈，故曰玉石堅，摦不能入也。方言：鉳摦，裁也。梁益之閒裁木爲器曰鉳，裂帛爲衣曰摦。郭璞音劈歷之劈。義亦與摦同。若作抓，則非其義矣。（玉篇：抓，古華切，引也，擊也。字從爪。）○文典謹按：夫人之所以莫抓玉石，莊本作夫人主之所以莫抓玉石。主字涉上下文人主而衍，今據宋本刪。無得於玉石，弗犯也。使人主執正持平，如從繩準高下，則羣臣以邪來者，猶以卵投石，以火投水。故靈王好細要，而民有殺食自飢也。靈王，楚靈王。殺食，省食。越王好勇，而民皆處危爭死。越王，句踐。由此觀之，權勢之柄，其以移風易俗矣。○王念孫云：其以移風易俗矣，文義未足。下文曰：權勢之柄，其於化民易矣。則此亦當曰：權勢之柄，其以移風易俗易矣。蓋上易爲變易之易，下易爲難易之易。漢書禮樂志：其感人深，其移風易俗易。（今樂記脫下易字，辯見經義述聞。）顏師古曰：易音弋豉反。是其證也。今本無下易字者，後人誤以爲複而刪之耳。堯爲匹夫，不能仁化一里。桀在上位，令行禁止。由此觀之，賢不足以爲治，而勢可以易俗明矣。書曰：一人有慶，萬民賴之。此之謂也。天下多眩於名聲，而寡察其實。寡，少也。察，明也。實，眞僞之實。是故處人以譽尊，處人，隱居也。以名譽見尊也。而游者以辯顯，游行之人以辯辭自顯達。察其所尊顯無他故焉，人主不明分數利害之地，而賢衆口之辯也。治國則不然，然，如是也。言事者必究於法，而爲行者必治於官。上操其名以責其實，臣守其業業，事。以效其功，效，致。言不得過其實，行不得踰其法。羣臣輻湊，莫敢專君。專，制。事不在法律中而可以便國佐治，必參五行之，陰考以觀其歸，並用周聽以察其化。不偏一曲，不黨一事，是以中立而徧，運照海內。中，正。羣臣公正，莫敢爲邪。公，方正直。百官述職，務致其公迹也。主精明於上，官勸力於下，姦邪滅迹，庶功日進，庶，衆。是以勇者盡於軍。盡力於軍功也。○俞樾云：此下當有智者云云，而今闕之。下文云：爲智者務於巧詐，爲勇者務於鬪爭，亦以智勇並舉，是其證也。亂國則不然，有衆咸譽者無功而賞，守職者無罪而誅，主上闇而不明，羣臣黨而不忠，說談者游於辯，脩行者競於往。往，自益也。○孫詒讓云：往當爲任，形之誤也。後詮言訓云：君好智則倍時而任己。宋本任亦誤往，可與此互證。主上出令則非之以與，法令所禁則犯之以邪。與，黨與也。以黨與非謗上令。邪，姦也。爲智者務於巧詐，爲勇者務於鬪爭，大臣專權，下吏持勢，朋黨周比以弄其上。國雖若存，古之人曰亡矣。且夫不治官職而被甲兵，不隨南畝，○俞樾云：脩務訓：隨山栞木。注曰：隨，循也。不隨南畝者，不循南畝也。王氏念孫以隨爲脩字之誤，非。而有賢聖之聲者，非所以都於國也。騏驥騄駬，天下之疾馬也，驅之不前，引之不止，雖愚者不加體焉。加猶止也。○王念孫云：而被甲兵，而當爲不，與上下兩不字文同一例。作而者，字之誤耳。不隨南畝，隨當爲脩，謂不治南畝也。隸書隨字或作隨（見漢司隸校尉楊渙石門頌），其右畔與脩相似，故脩誤爲隨。（史記趙世家：脩下而馮，脩或作隋。李斯傳：隨俗雅化，隨俗一作脩俗，皆以右畔相似而誤。）非所以都於國也，都字義不可通，當是教字之譲（教部草書相似）（韓子外儲說右篇曰．不服兵革而顯．不親耕耨而名．非所以教於國也．今有馬於此．如驥之狀者．天下之至良也．然而驅之不前．却之不止．則臧獲雖賤．不託其足．卽淮南所本也．）今治亂之機．轍迹可見也．而世主莫之能察．此治道之所以塞．（塞．猶閉也．）權勢者．人主之車輿．爵祿者．人臣之轡銜也．是故人主處權勢之要．而持爵祿之柄．審緩急之度．而適取予之節．是以天下盡力而不倦．夫臣主之相與也．非有父子之厚．骨肉之親也．而竭力殊死．不辭其軀者．何也．勢有使之然也．昔者豫讓．中行文子之臣．（文子．晉大夫中行穆子之子．荀寅也．）智伯伐中行氏．幷吞其地．豫讓背其主而臣智伯．智伯與趙襄子戰於晉陽之下．身死爲戮．國分爲三．（韓魏趙三分而有之．）豫讓欲報趙襄子．（欲爲智伯報讎．殺趙襄子．）漆身爲厲．吞炭變音．擿齒易貌．夫以一人之心而事兩主．或背而去．或欲身徇之．豈其趨捨厚薄之勢異哉．人之恩澤使之然也．紂兼天下．朝諸侯．人迹所及．舟檝所通．莫不賓服．然而武王甲卒三千人．擒之於牧野．豈周民死節．而殷民背叛哉．其主之德義厚而號令行也．夫疾風而波興．木茂而鳥集．（○王念孫云．疾風當爲風疾．風疾木茂．相對爲文．意林引此．正作風疾．）相生之氣也．（○文典謹按．意林氣作勢．）是故臣不得其所欲於君者．君亦不能得其所求於臣也．君臣之施者．相報之勢也．是故臣盡力死節以與君．君計功垂爵以與臣．是故君不能賞無功之臣．臣亦不能死無德之君．君德不下流於民．而欲用之．如鞭蹏馬矣．是猶不待雨而求熟稼．必不可之數也．（數．術也．）君人之道．處靜以修身．儉約以率下．靜則下不擾矣．儉則民不怨矣．下擾則政亂．民怨則德薄．政亂則賢者不爲謀．德薄則勇者不爲死．是故人主好鷙鳥猛獸．珍怪奇物．（金玉爲珍．詭異爲怪．非常爲奇．）狡躁康荒．（康．安．荒．亂也．）不愛民力．馳騁田獵．出入不時．如此則百官務亂。事勤財匱，（勤，勞。匱，乏也。）萬民愁苦，生業不脩矣。人主好高臺深池，雕琢刻鏤，黼黻文章，絺綌綺繡，寶玩珠玉，（白與黑爲黼，青與赤爲黻。絺綌，葛也。精曰絺，麤曰綌。五采具曰繡也。）則賦斂無度，而萬民力竭矣。堯之有天下也，非貪萬民之富而安人主之位也，以爲百姓力征，強凌弱，衆暴寡。（○莊逵吉云：御覽引作百姓力屈，強弱相乘，衆寡相暴。）於是堯乃身服節儉之行，而明相愛之仁，以和輯之。是故茅茨不翦，采椽不斷，大路不畫，（大路，上路，四馬車也。天子駕六馬。不畫，不文飾也。○莊逵吉云：御覽引翦作剗，是古字。○王念孫云：斷當爲斲，字之誤也。精神篇作「樸桷不斲」。（高注：樸，采也。桷，椽也。）晉語曰：「天子之室，斲其椽而礱之，加密石焉；諸侯礱之；大夫斲之；士首之。」以采爲椽而又不斲，儉之至也。太平御覽皇王部五引此正作斲。韓子五蠹篇、史記李斯傳並同。）越席不緣，（越，結蒲爲席也。）大羹不和，（不致五味。○俞樾云：高注曰「不致五味」，疑本作「大羹不致」，故高注云然。桓二年左傳曰「大羹不致」，杜注亦曰「不致五味」，卽本諸此。）粢食不毇。（毇，細也。○莊逵吉云：御覽引作粢飯不鑿。）巡狩行教，勤勞天下，周流五嶽，豈其奉養不足樂哉？舉天下而以爲社稷，非有利焉。（○俞樾云：此本作「以爲社稷，非有利焉」，言皆以爲社稷，而非自以爲利也。涉下文「舉天下而傳之舜」句，衍此四字，當刪。）年衰志憫，（衰，老也。憫，憂也。）舉天下而傳之舜，猶却行而脫蹝也。（言甚易也。○莊逵吉云：文選作許春注，甚作其。○陶方琦云：文選孔稚圭北山移文注引許注「言其易也」，按此許注竄入高注本者，其卽甚字之譌。○文典謹按：北堂書鈔百三十六引作「堯舉天下而傳之舜，猶却行而釋屣」。舜猶却之。）衰世則不然。一日而有天下之富，處人主之勢，則竭百姓之力以奉耳目之欲，志專在于宮室臺榭，陂池苑囿，猛獸熊羆，玩好珍怪。是故貧民糟糠不接於口，而虎狼熊羆猒芻豢，百姓短褐不完，而宮室衣錦繡。人主急茲無用之功，百姓黎民（黎，齊。）顦顇於天下。是故使天下不安其性。（不得安其正性，詐僞生也。○王念孫云：此注後人所改。性之言生也，（性與生義同，而字亦相通，說見經義述聞周語。）不安其生，卽承上黎民顦顇言之。昭八年左傳曰：「今宮室崇侈，民力彫盡，怨讟並作，莫保其性。」義與此同。高注當云「性，生也」，後人熟於「性，卽理也」之訓，故妄改高注耳。下文「近者安其性」，高注曰「性，生也」，故知此注爲後人所改。）人主之居也，如日月之明也。天下之所同側目而視，側耳而聽，延頸舉踵而望也。是故非澹薄無以明德，○文典謹按：御覽七十七引「側耳」作「傾耳」，「澹薄」作「淡漠」。非寧靜無以致遠，非寬大無以兼覆，非慈厚無以懷衆，非平正無以制斷。是故賢主之用人也，猶巧工之制木也。制，裁也。○文典謹按：治要引「工」作「匠」。大者以爲舟航柱梁，舟，船也。方兩小舡，並與共濟爲航也。小者以爲楫楔，○王念孫云：「楫楔」本作「椄槢」，此後人以意改之也。椄槢並在葉韻，楫在緝韻，楔在薛韻，椄槢疊韻字也，楫楔則非疊韻矣。椄槢謂梁之小者，對上文大者爲柱梁而言。莊子在宥篇「吾未知聖知之不爲桁楊椄槢也」，釋文：「崔云：椄槢，桎梏梁也。淮南曰：大者爲柱梁，小者爲椄槢。」案小梁謂之椄槢，故桎梏之梁亦謂之椄槢。集韻：「椄槢，梁也。淮南子：大者爲柱梁，小者爲椄槢。」蓋高注以椄槢爲梁，而今本脫之也。據集韻引此作椄槢，則北宋本尚未誤。修者以爲櫩榱，櫩，屋垂。榱，隱也。短者以爲朱儒枅櫨。朱儒，梁上戴蹲跪人也。枅，讀如雞也。無小大脩短，各得其所宜，規矩方圓，各有所施。○王念孫云：羣書治要引此，「各有所施」下有「殊形異材，莫不可得而用也」二句，今本脫去。下文「天下之物，莫凶於奚毒，然而良醫橐而藏之，有所用也」，卽承「莫不可得而用」言之，則原有此二句明矣。凡治要所引之書，於原文皆無所增加，故知是今本遺脫也。天下之物，莫凶於雞毒，雞毒，烏頭也。○王念孫云：「雞毒」當爲「奚毒」（注同），此涉上文注內「枅讀如雞」而誤也。廣雅、本草並作「奚毒」。羣書治要、意林及太平御覽藥部七引淮南亦作「奚毒」（急就篇補注引作「奚毒」，則南宋本尚不誤），無作「雞毒」者。○陶方琦云：羣書治要、御覽九百九十、意林引許注：「奚毒，附子。」按御覽引許注作「附子」，與高注亦異。廣雅：「蘸奚，附子也。」（玉篇：「蒵毒，附子也。」）一歲爲前子，二歲爲烏喙，三歲爲附子，四歲爲烏頭，五歲爲天雄。說文：「前，烏喙也。」然而良醫橐而藏之，有所用也。是故林莽之材，猶無可棄者，而況人乎。○文典謹按：治要引作「是故竹木草莽之材，猶有不棄者，而又況人乎」。今夫朝廷之所不舉，鄉曲之所不譽，○文典謹按：治要「曲」作「邑」。非其人不肖也，其所以官之者，非其職也。鹿之上山，獐不能跂也，○文典謹按：治要引作「麋之上山也，大獐不能跂也」。及其下，牧豎能追之，才有所修短也。是故有大略者不可責以捷巧，路，行道也。有小智者不可任以大功。人有其才，物有其形，有任一而太重，或任百而尚輕。是故審豪釐之計者，必遺天下之大數。遺，失。○文典謹按：「豪釐之計」、「天下之數」相對爲文，加一「大」字則文不一律，「大」字疑涉下文不失小物之選者惑於大數之舉而術。羣書治要引。作必遺天地之數。不失小物之選者。惑於大數之舉。譬猶狸之不可使搏牛。虎之不可使搏鼠也。○文典謹按。搏牛搏鼠。於辭爲複。治要引作捕鼠。當從之。今人之才。或欲平九州。并方外。存危國。繼絕世。○王引之云。并本作從。從猶服也(襄十年左傳注。從猶服也)言使方外之國服從也。原道篇曰。從裸國。納肅慎。人間篇曰。王若欲從諸侯。不若大城城父。而令太子建守焉。以來北方。司馬相如難蜀父老曰。朝冄從駹。定筰存邛。皆是也。後人不達從字之意。遂改從爲并。不知平九州。從方外。存危國。繼絕世。皆謂撫柔中外。非謂吞并之也。羣書治要引此。正作從方外。志在直道正邪。決煩理挐。而乃責之以閨閤之禮。奧窔之間。○文典謹按。治要引。奧窔作人事。或佞巧小具。諂進愉說。隨鄉曲之俗。○文典謹按。治要引。隨作脩。卑下衆人之耳目。而乃任之以天下之權。治亂之機。機。理。是猶以斧劗毛。以刀抵木也。劗。翦也。劗讀驚攢之攢。○王念孫云。木當言伐。不當言抵。蓋伐誤爲氐。後人因加手旁耳。說山篇云。刀便剃毛。至伐大木。非斧不尅。是其證。羣書治要引此。正作以刀伐木。皆失其宜矣。宜。適。人主者。以天下之目視。以天下之耳聽。以天下之智慮。以天下之力爭。○王念孫云。爭本作動。動謂舉事也。慮則用羣策。動則用羣力。故曰以天下之智慮。以天下之力動。今本動作爭者。後人依文子上仁篇改之耳。藝文類聚帝王部一。太平御覽皇王部二引此。並作動。是故號令能下究。而臣情得上聞。聞。猶達也。百官脩同。羣臣輻湊。羣臣歸君。若輻之湊轂。故曰輻湊。○王念孫云。劉本作脩同。云同一作通。莊本從劉本作同。案作通者是也。藝文類聚引此作脩道。道即通之誤。太平御覽引此。正作脩通。文子上仁篇同。韓子難篇。百官脩通。羣臣輻湊。即淮南所本。管子任法篇亦云羣臣脩通輻湊。以事其主。喜不以賞賜。怒不以罪誅。懼。失當也。是故威立而不廢。○莊逵吉云。本皆作威厲立而不廢。聰明先而不蔽。蔽。闇。○王念孫云。先與不蔽義不相屬。先當爲光。字之誤也。光。明也。太平御覽皇王部二引此正作光。法令察而不苛。察。明也。苛。煩也。耳目達而不闇。善否之情。日陳於前。而無所逆。是故賢者盡其智。而不肖者竭其力。德澤兼覆而不偏。羣臣勸務而不怠。怠。解也。近者安其性。遠者懷其德。性。生也。懷。歸也。所以然者何也。得用人之道。而不任己之才者也。故假輿馬者。足不勞而致千里。假。或作駕。

乘舟楫者，不能游而絕江海。絕，猶過也。○文典謹按：不能游，意林引作不假游。夫人主之情，莫不欲總海內之智，盡衆人之力，然而羣臣志達效忠者，希不困其身。困，猶危也。○王念孫云：志達當爲達志，寫者誤倒耳。達志效忠，相對爲文。氾論篇不能達善效忠，即其證。使言之而是，雖在褐夫芻蕘，猶不可棄也；言雖賤，當也，故曰不可棄也。使言之而非也，雖在卿相人君，揄策于廟堂之上，未必可用。人君，謂國君也。揄，出。策，謀也。言之而非，雖貴，罰也。是非之所在，不可以貴賤尊卑論也。是明主之聽於羣臣，其計乃可用，不羞其位；不羞其位卑而不用。其言可行，而不責其辯。不責其辯口美辭也。○王念孫云：劉本作其言可行而不責其辯。案此當作其言而可行，不責其辯。其計乃可用，其言而可行，相對爲文，乃、而皆如也。道藏本作其主言可行，主字因上下文而衍，又脫而字。劉本而字在可行下，皆非也。文子上仁篇作其言可行，不責其辯。○文典謹按：治要引作其計可用也，不羞其位，其言可行也，不責其辯。闇主則不然，所愛習親近者，雖邪枉不正，不能見也；疏遠卑賤者，竭力盡忠，不能知也。○文典謹按：竭力盡忠上當有雖字，乃與上文雖邪枉不正一律。治要引正作雖竭力盡忠，不能知也。有言者窮之以辭，有諫者誅之以罪，如此而欲照海內，存萬方，是猶塞耳而聽清濁，商音清，宮音濁。掩目而視青黃也，其離聰明，則亦遠矣。離，去。法者，天下之度量，而人主之準繩也。縣法者，法不法也。○王念孫云：縣法者法不法也，上二法字皆當爲罰，與設賞者賞當賞也相對爲文。下文中程者賞，缺繩者誅，謂罰不法也。今本二罰字作法，後人依文子上義篇改之耳。設賞者，賞當賞也。○俞樾云：設賞者賞當賞也七字疑衍文。下文法定之後，中程者賞，缺繩者誅，即承縣法者法不法也而言。文子上義篇正作縣法者法不法也，法定之後，中繩者賞，缺繩者誅，可據以訂正。王氏念孫謂上句當作縣罰者罰不法也，與下句對。若然，何不竟改爲罰當罰，與下句不尤對乎。法定之後，中程者賞，缺繩者誅，尊貴者不輕其罰，而卑賤者不重其刑，言平也。犯法者雖賢必誅，中度者雖不肖必無罪，是故公道通而私道塞矣。公，正也。私，邪也。塞，閉也。古之置有司也，有司，蓋有理官士也。所以禁民使不得自恣也。恣，放恣也。其立君也，所以剬有司，使無專行也。專，擅。法籍禮義者。所以禁君使無擅斷也。人莫得自恣。則道勝。道勝而理達矣。故反於無為。無為者。非謂其凝滯而不動也。以其言莫從己出也。○王念孫云。以其言當作以言其。與非謂其相對為文。今本言其二字誤倒。則文不成義。文子上義篇正作言其。夫寸生於秝。秝生於日。日生於形。形生於景。此度之本也。秝。禾穗秝孚榆頭芒也。十秝為一分。十分為一寸。十寸為一尺。十尺為一丈。政謂之本也。○莊逵吉云。秝古累黍字。○王引之云。說文玉篇廣韻集韻皆無秝字。秝當為𥝩字之誤也。𥝩與秒同。說文。秒。禾芒也。字或作蔈。通作漂。又通作翲。天文篇曰。秋分而禾𥝩定。𥝩定而禾孰。律之數十二。故十二𥝩而當一分（今本誤作十二蔈而當一粟。十二粟而當一寸。辯見天文）。律以當辰。音以當日。日之數十。故十分而為寸。十寸而為尺。十尺而為丈。彼注云。蔈。禾穗䉶孚榆之芒也。古文作秒。宋書律志曰。秋分而禾𥝩定。𥝩定而禾孰。注云。𥝩。禾穗芒也（玉篇𥝩亡紹切。集韻秒禾芒也。或作𥝩）。皆其明證矣。又齊策曰。象牀之直千金。傷此若髮漂。賣妻子不足償之。史記太史公自序。閒不容翲忽。正義曰。翲字當作秒。秒。禾芒表也。然則𥝩蔈漂翲四字並與秒同。而秝為𥝩之誤明矣。字彙補乃於禾部增入秝字。音粟。引淮南子寸生於秝。秝生於日。甚矣其謬也。莊以秝為古累黍字。尤不可解。○俞樾云。王氏引之以秝為𥝩字之誤。𥝩與秒同。其說是也。惟𥝩生於日。義不可通。疑本作寸生於𥝩。𥝩生於形。形生於景。景生於日。與下文樂生於音。音生於律。律生於風。文義一律。言度之本生於日。聲之宗生於風也。傳寫錯亂其文耳。樂生於音。音生於律。律生於風。此聲之宗也。宗亦本也。法生於義。義生於眾適。眾適合於人心。此治之要也。要約也。故通於本者。不亂於末。覩於要者。不惑於詳。惑眩。法者。非天墮。非地生。發於人間。而反以自正。反還。是故有諸己。不非諸人。有諸己。己有聽明也。不非諸人。恕人行也。無諸己。不求諸人。言己雖無獨見之明。不求加罪于人也。所立於下者。不廢於上。人主所立法禁于民。亦自修之不廢于上。言以法也。所禁於民者。不行於身。不正之事。不獨行之于身。言其正己以正人也。所謂亡國。非無君也。無法也。變法者。非無法也。有法者而不用。與無法等。等同。○王念孫云。有法者而不用。者字當在上文所謂亡國下。與變法者相對為文。今誤入此句內。則文不成義。是故人主之立法。先自為檢式儀表。表正。○王念孫云。先自為檢式儀表。當作先以身為檢式儀表。言以身為度。則令無不行也。下文引孔子曰。其身正。不令而行。是其明證矣（上下文身字凡四見）。今本身誤為自。自上又脫以字。文子上義篇作先自為檢式亦身之誤。唯以字未脫。故令行於天下。孔子曰。其身正。不令而行。其身不正。雖令不從。故禁勝於身。則令行於民矣。禁勝於身。不敢自犯禁也。故能令行於民也。聖主之治也。其猶造父之御。齊輯之于轡銜之際。而急緩之于脣吻之和。正度于胷臆之中。而執節于掌握之間。節。策也。內得於心中。外合於馬志。○王念孫云。心中當爲中心。中心與馬志相對爲文。太平御覽治道部五。獸部八。引此並作中心。列子湯問篇。文子上義篇皆同。是故能進退履繩。繩。直正也。而旋曲中規。曲。屈規。圜。取道致遠。而氣力有餘。誠得其術也。是故權勢者。人主之車輿也。大臣者。人主之駟馬也。體離車輿之安。而手失駟馬之心。而能不危者。古今未有也。是故輿馬不調。王良不足以取道。君臣不和。唐虞不能以爲治。執術而御之。則管晏之智盡矣。明分以示之。則蹠蹻之姦止矣。蹠。孔子時人。蹻。莊蹻。楚威王之將軍。能大爲盜也。夫據除而窺井底。○王引之云。階除不得有井。除當爲榦。字之誤也。莊子秋水篇。吾跳梁乎井榦之上。司馬彪曰。井榦。井欄也。漢書枚乘傳。單極之統斷榦。晉灼曰。榦。井上四交之榦。說文作韓。云井垣也。此言據井之欄。以窺井底耳。○文典謹按。王說是也。宋本正作榦。雖達視猶不能見其睛。睛。目瞳子也。借明於鑑以照之。則寸分可得而察也。鑑。鏡也。分。毛也。一曰疵。是故明主之耳目不勞。精神不竭。物至而觀其象。事來而應其化。近者不亂。遠者治也。○王念孫云。物至而觀其象。象當爲變。草書之誤也。變與化同義。觀其變。亦謂觀其變而應之也。作象則非其指矣。文子上義篇。正作物至而觀其變。氾論篇亦曰。物動而知其反。事萌而察其變。近者不亂。遠者治也。文子作近者不亂。卽遠者治矣。亦於義爲長。是故不用適然之數。而行必然之道。故萬舉而無遺策矣。今夫御者。馬體調于車。御心和于馬。則歷險致遠。進退周游。莫不如志。○文典謹按。御覽七百四十六引。作進退周旋。無不如意。雖有騏驥騄駬之良。臧獲御之。則馬反自恣。而人弗能制矣。臧獲。古之不能御者。魯人也。○文典謹按。御覽引。臧獲作烏獲。恣下。引注云。恣。郤行也。而人弗能制矣。作而人不御也。故治者不貴其自是。而貴其不得爲非也。故曰。勿使可欲。毋曰弗求。勿使可奪。毋曰不爭。如此。則人材釋而公道行矣。美者正於度。而不足者建於用。故海內可一也。○王念孫云。美當爲羡。正當爲止。建當爲逮。皆字之誤也。(文選陸雲爲顧彥先贈婦詩。佳麗良可羡。今本羡誤作美。玉臺新詠載此詩。正作羡。)羡謂才有餘也。羡者止於度而不足者逮於用。謂人主有一定之法。則才之有餘者止於法度之中。而不得過其不足者亦可逮於用。而不患其不及也。羡與不足正相反。文子上義篇作有餘者止於度。不足者逮於用。是其明證矣。夫釋職事而聽非譽。棄公勞而用朋黨。公正。則奇材佻長而干次。奇材。非常之材。佻長。卒非純賢也。故曰干次也。守官者雍遏而不進。如此。則民俗亂於國。而功臣爭於朝。奇材佻長之人。干超其次。功勞之臣反不顯列。故爭於朝。故法律度量者。人主之所以執下。執。制。釋之而不用。不用法律度量也。是猶無轡銜而馳也。羣臣百姓。反弄其上。是故有術則制人。無術則制於人。爲人所禽制也。吞舟之魚。蕩而失水。則制於螻蟻。離其居也。魚能吞舟。言其大也。其居。水也。猨狖失木。而擒於狐狸。非其處也。其處。茂木。君人者。釋所守而與臣下爭。則有司以無爲持位。無所爲。以持其位也。守職者以從君取容。隨君之欲。以取容媚。是以人臣藏智而弗用。不用智謀。佐其上也。反以事轉任其上矣。賢臣見其不肯爲謀。故轉任其上。令自制之。詩云。仲山甫既明且哲。以保其身。○王念孫云。與臣下爭。當作與臣下爭事。唯君與臣爭事。是以臣藏智弗用。而以事轉任其上也。脫去事字。則文義不明。文子上仁篇。正作與臣爭事。夫富貴者之於勞也。達事者之於察也。驕恣者之於恭也。勢不及君。君人者不任能。而好自爲之。不任用臣智能也。則智日困而自負其責也。數窮於下。則不能伸理。行墮於國。則不能專制。智不足以爲治。威不足以行誅。則無以與天下交也。○王念孫云。與天下交。當作與下交。下謂羣臣也。(下字上下文凡四見。)上文曰。法律度量者。人主之所以執下。舍是。則智不足以爲治。威不足以行誅矣。故曰無以與下交。(大學曰。與國人交。)下上不當有天字。文子上仁篇。有天字。亦後人依誤本淮南加之。羣書治要引文子無天字。喜怒形於心者。欲見於外。○王念孫云。者當爲書。字之誤也。書欲與喜怒相對爲文。文子上仁篇作嗜欲。是其證。則守職者離正而阿上。有司枉法而從風。賞不當功。

誅不應罪。上下離心。而君臣相怨也。是以執政阿主。阿曲從也。而有過則無以責之。有罪而不誅。則百官煩亂。智弗能解也。毀譽萌生。而明不能照也。不正本而反自然。則人主逾勞。人臣逾逸。是猶代庖宰剝牲。而爲大匠斲也。與馬競走。筋絕而弗能及。上車執轡。則馬死于衡下。○陳觀樓云。死字義不可通。文子上仁篇作馬服於衡下。是也。死本作𣦵。服或作𠬝。下半相似而誤。故伯樂相之。王良御之。明主乘之。無御相之勞。而致千里者。乘於人資以爲羽翼也。資。才也。是故君人者。無爲而有守也。有爲而無好也。無所私好。○王念孫云。有爲與無爲正相反。且下二句云。有爲則讒生。有好則諛起。則不當言有爲明矣。有爲本作有立。有立而無好。謂有所建立而無私好也。高注無所私好。今本作有爲者。涉下句有爲而誤。文子上仁篇正作有立而無好。有爲則讒生。有好則諛起。讒諛之人。乘志而起。昔者齊桓公好味而易牙烹其首子而餌之。桓公。諸兒之子小白。虞君好寶而晉獻以璧馬釣之。釣。取。胡王好音而秦穆公以女樂誘之。誘。惑。是皆以利見制於人也。制。猶禽也。故善建者不拔。言建之無形也。○王念孫云。此六字乃正文。非注文也。故善建者不拔者。引老子語也。言建之無形也者。釋其義也。精神篇曰。故曰其出彌遠者其知彌少。以言夫精神之不可使外淫也。亦是引老子而釋之。後人誤以此六字爲注文。故改入注耳。文子正作故善建者不拔。言建之無形也。夫火熱而水滅之。金剛而火銷之。木強而斧伐之。水流而土遏之。唯造化者物莫能勝也。故中欲不出謂之扃。外邪不入謂之塞。○莊逵吉云。呂覽作外欲不入謂之閉。據下中扃外閉云云。則此句疑當如呂覽。○王念孫云。扃與閉皆以門爲喩。閉字是也。文子上仁篇亦作閉。中扃外閉。何事之不節。外閉中扃。何事之不成。弗用而後能用之。弗爲而後能爲之。精神勞則越。越。散。耳目淫則竭。竭。滅。故有道之主。滅想去意。清虛以待。不伐之言。不奪之事。循名責實。使有司。○王念孫云。不伐之言。伐當爲代。不代之言。不奪之事。謂臣所當言者。君不代之言。臣所當行者。君不奪之事也。呂氏春秋知度篇代字亦誤作伐。案上文云。是猶代庖宰剝牲而爲大匠斲也。呂氏春秋云。是君代有司爲有司也。則皆當作代明矣。使自司（道藏本如是）當從呂氏春秋作官使自司。謂使百官自司其事，而君不與也。故下文云如此則百官之事各有所守。此文上下皆以四字爲句，脫去官字，則不成句矣。劉本作使有司，文子上仁篇作使自有司，皆於義未安。莊從劉本作使有司，非也。任而弗詔，責而弗教，以不知爲道，道常未知。以柰何爲寶。道貴無形，無形不可奈何，道之所以爲貴也。如此則百官之事各有所守矣。有所守，言不離局也。攝權勢之柄，其於化民易矣。衛君役子路，權重也。衛君，出公輒也。景桓公臣管晏，位尊也。管仲輔相桓公，晏嬰相景公。二君位尊故也。○王念孫云：公字後人所加。衛君役子路、景桓臣管晏，相對爲文，景桓下加公字，則文不成義矣。又人間篇：故蔡女蕩舟，齊師侵楚（今本侵楚上衍大字，辯見人間），兩人搆怨，廷殺宰予，簡公遇殺，身死無後，陳氏代之，齊乃無呂；兩家鬬雞，季氏金距，郈公作難，魯昭公出走。案魯昭公之公亦後人所加，自蔡女蕩舟以下，皆四字爲句，魯昭下加公字，則累於詞矣。又泰族篇：闔閭伐楚，五戰入郢，燒高府之粟，破九龍之鍾，鞭荊平王之墓，舍昭王之宮。案荊平王之王亦後人所加，燒高府之粟以下皆五字爲句，荊平下加王字，則累於詞矣。（呂氏春秋胥時篇：鞭荊平之墳，亦無王字。）○俞樾云：此本作桓景臣管晏，言桓臣管，景臣晏也。因傳寫誤作桓公，後人遂加景字於桓字之上，先景後桓，與管晏不相當，而景桓公臣管晏與上文衛君役子路，句法又參差不一律，足知其非矣。怯服勇而愚制智，其所託勢者勝也。故枝不得大於榦，末不得強於本，則輕重大小有以相制也。若五指之屬於臂，搏援攫捷，莫不如志，言以小屬於大也。○王念孫云：則輕重小大有以相制也，本作言輕重小大有以相制也。此釋上之詞，與下言以小屬於大也文同一例。後人不達而改言爲則，上言則不得，下言則文義不相承接矣。文子上義篇正作言輕重大小有以相制也。是故得勢之利者，所持甚小，其存甚大；○王念孫云：其存甚大，本作所任甚大。所持甚小，所任甚大，即下文所謂十圍之木持千鈞之屋也。今本所任作其存者，其字因與上下三甚字相似而誤，任誤爲在，後人因改爲存耳。文子作所在甚大，亦任之誤。羣書治要引文子正作所任甚大。所守甚約，約，要也。少也。所制甚廣。是故十圍之木，持千鈞之屋；○文典謹按：意林持上有能字。五寸之鍵，制開闔之門。○王念孫云：制開闔三字，文義未足。說苑說叢篇作而制開闔，文子作能制開闔。能亦而也（而字古通作能，說見經義述聞能不我知下），二書皆本於淮南，則淮南原文本作五寸之鍵而制開闔明矣。道藏本脫而字，劉績不能攷正，乃於制開闔下加之門二字，而諸本及莊本皆從之，謬矣。（上言持千鈞之屋，若無之屋二字，則文不成義。此言制開闔，則其義已明，無庸加之門二字。）○文典謹按：意林制上有能字。豈其材之巨小足哉。所居要也。○文典謹按：意林作非材有巨細，所居要耳。孔丘、墨翟修先聖之術，通六藝之論，口道其言，身行其志，慕義從風。風，化。而爲之服役者不過數十人。役，事。使居天子之位，則天下徧爲儒墨矣。徧猶盡也。○文典謹按：意林作使孔墨爲天下，天下盡儒墨，得其要也。

楚莊王傷文無畏之死於宋也，奮袂而起，衣冠相連於道，遂成軍宋城之下，權柄重也。莊王，楚穆王商臣之子旅也。使申舟聘于齊，不假道於宋。無畏曰：宋必襲殺我。王曰：殺汝，伐宋。見犀而行。不假道於宋，華元曰：過我而不假道，鄙我也。鄙我，亾也。以兵殺其使者，亦亾也。遂殺之。莊王聞之怒，故投袂而起，成軍亾宋城，故曰權柄重也。楚文王好服獬冠，楚國效之。文王，楚武王熊達之子熊庛也。獬豸之冠，如今御史冠。○陶方琦云：御覽六百八十四引作楚莊王好觟冠，楚國効之也。御覽、藝文類聚服飾部一、事類賦冠部並引許注：觟冠，今力士冠。按說文角部：觟，牝牂羊生角者也。玉篇：觟，角皃。廣韻三十五馬觟下云：楚冠名。韻會引淮南觟冠，或云觟冠即解字。王充論衡：觟𧣾者，一角之羊也。觟𧣾即解豸，觸邪神羊也。後漢輿服志：獬豸神羊，能別曲直，楚王嘗獲之，以爲冠。注引異物志云：東北荒中有獸名獬豸，一角，性忠，見人鬬則觸不直者，聞人論則咋不正者。楚執法者所服也。今冠兩角，非豸也。許云力士冠，疑即武弁大冠。○文典謹按：初學記服食部引文王亦作莊王。趙武靈王貝帶鵕鸃而朝，趙國化之。趙武靈王，出春秋後，以大貝飾帶，胡服。鵕鸃讀曰私鈚頭，二字三音也。曰郭洛帶粒銚鏑也。○莊逵吉云：藏本如是，本或作曰郭洛帶係銚鏑也，文義皆難通，疑有譌字。○陶方琦云：文選吳都賦注引許注：鵕鸃，鷩雉也。史記索隱二十六、二十七引許注作鷩鳥，鳥乃雉字之譌。爾雅鷩雉注：似山雞而小冠，背毛黃，腹下赤，項綠色鮮明。說文鳥部鵕字下：鵕鸃，鷩也。鸃下：鵕鸃也。秦漢之初，侍中冠鵕鸃冠。玉篇：鵕鸃，鷩雉也。即用許注淮南說。○孫詒讓云：此注文難通。戰國趙策：武靈王賜周紹胡服衣冠具帶黃金師比。史記匈奴傳作黃金胥紕，索隱張晏云：鮮卑郭落帶，瑞獸名也，東胡好服之。延篤云：胡革帶鉤也。班固與竇憲牋云：賜犀比黃金頭帶也。漢書匈奴傳作犀毗，師古云：犀毗，胡帶之鉤也。亦曰鮮卑，亦謂師比，總一物也，語有輕重耳。此注私鈚頭即史記之師比、漢書之胥紕犀毗。郭洛帶即張晏所謂郭落帶也。郭洛帶粒銚鏑也，義未詳，疑當作郭洛帶私鈚鉤也。使在匹夫布衣，雖冠獬冠，帶貝帶鵕鸃而朝，則不免爲人笑也。夫民之好善樂正，不待禁誅而自中法度者，萬無一也。下必行之令，從之者利，逆之者凶，日陰未移而海內莫不被繩矣。繩，正也。故握劍鋒以離北宮子、司馬蒯蕢，不使應敵。北宮子齊人孟子所謂北宮黝也司馬蒯蕢其先程伯休父宣王命以爲司馬因爲司馬氏蒯蕢其後也周衰適他國蒯蕢在趙以善擊劍聞應猶擊也操其觚。招其末。則庸人能以制勝。觚劍拊招舉也○王念孫云握劍鋒以之下脫去一字離字與上下文皆不相屬當是雖字之誤隸書離字或作𨿅（說見天文篇禹以爲朝晝昏夜下）形與雖相近故雖誤爲離不使應敵使上當有可字言手握劍鋒則雖北宮黝司馬蒯蕢亦不可使應敵若操其本而舉其末則庸人亦能以制勝也可使與能以文相正對○王紹蘭云離爲雖誤使上有可字是也以字當在雖字下謂握劍鋒雖以北宮子司馬蒯蕢亦不可使應敵此文以雖誤倒耳故握劍鋒爲句雖以二字下屬之文義自明則劍鋒下無脫字○俞樾云王氏念孫謂離是雖字之誤使上應有可字皆是也疑握劍鋒以之下有脫文則尙未盡得此當於鋒字絕句操其觚招其末之下更無他文則握劍鋒下亦不必更有何字矣以字本在雖字之下其文曰故握劍鋒雖以北宮子司馬蒯蕢不可使應敵因雖字誤作離遂移以字於上使成句耳今使烏獲藉蕃從後牽牛尾。尾絕而不從者。逆也。烏獲藉蕃皆多力人。若指之桑條以貫其鼻。則五尺童子牽而周四海者。順也。夫七尺之橈而制船之左右者。以水爲資。橈刺船櫂也資用也橈讀煩嬈之嬈也天子發號令行禁止。以衆爲勢也。○文典謹按北堂書鈔一百三十八引作七尺之檝而制大舟者因水爲資也君發一言之號而令行於民者因衆爲勢也又御覽七百七十一引制作動勢作資夫防民之所害。開民之所利。威行也若發城決唐。城水城也唐隄也皆所以畜水○莊逵吉云唐古塘字故循流而下易以至。背風而馳易以遠。因其勢也桓公立政。去食肉之獸。食粟之鳥。係罝之網。三舉而百姓說。桓齊桓公紂殺王子比干而骨肉怨。斮朝涉者之脛。而萬民叛。再舉而天下失矣。故義者。非能偏利天下之民也。利一人而天下從風。暴者。非盡害海內之衆也。害一人而天下離叛。故桓公三舉而九合諸侯。紂再舉而不得爲匹夫。故舉錯不可不審。三舉去食肉之獸食粟之鳥係罝之網再舉殺比干斮朝涉之脛也人主租斂於民也。必先計歲收。量民積聚。知饑饉有餘不足之數。然後取車輿衣食供養其欲。○王念孫云羣書治要引此饑饉作饒饉案作饒饉者原文作饑饉者後人所改也饒與饉有餘與不足皆相對爲文若作饑饉則與有餘不足之文不類矣此言人主必知民積聚之多寡然後可以取於民若上言饑饉則下不得言取車輿衣食供養其欲矣後人熟於饑饉之文遂以意改之而不知其與下文相抵牾也高臺層榭接屋連閣非不麗也然民
有掘穴狹廬所以託身者明主弗樂也不樂其大麗也○王念孫云掘穴本作堀室堀古窟字昭二十七年左傳吳公子光伏甲於堀室而享王史記吳世家作窟室是也
因堀誤爲掘後人遂妄改爲掘穴耳窟室與狹廬事相類若云掘穴狹廬則文不成義矣羣書治要引此正作窟室又引注云窟室土室太平御覽木部七引此亦作窟室又案民無掘穴狹廬所以託身者（道藏
本如是）劉本作民有掘穴狹廬無所託身者此依下文改也案下文云民有糟糠菽粟不接於口者又云民有處邊城犯危難澤死暴骸者此云民無堀室狹廬所以託身者文與下二條異不當據彼以改此且
既有狹廬則不得言無所託身羣書治要太平御覽引此並作民無窟室狹廬則劉改非也莊依劉本作民有掘穴狹廬又依道藏本作所以託身者兩無所據矣○陶方琦云羣書治要引許注窟穴土室按說
文穴土室也與此注正同肥醲甘脆非不美也○文典謹按治要引美作香然民有糟糠菽粟不接於口者則明主弗甘也不甘其肥醲也
匡牀蒻席非不寧也匡安也蒻細也○文典謹按治要引蒻作衽然民有處邊城犯危難澤死暴骸者明主弗安也不安其匡床蒻席也
故古之君人者其憯怛於民也○文典謹按治要引作甚憯怛於民也國有飢者食不重味民有寒者而冬不被裘與同飢寒歲
登民豐○文典謹按治要引作歲豐穀登乃始縣鐘鼓陳干戚登成也年穀豐熟也君臣上下同心而樂之國無哀人言皆樂也故古之
爲金石管絃者所以宣樂也金鐘石磬管簫也絃琴瑟也兵革斧鉞者所以飾怒也觴酌俎豆酬酢之禮所以效善也
效致○王念孫云效善當爲效喜字之誤也此以喜怒哀樂相對作善則義不可通羣書治要引此正作喜衰經菅屨辟踊哭泣所以諭哀也諭明此皆有充於
內而成像於外充實○文典謹按治要外下有者也二字及至亂主取民則不裁其力裁度求於下則不量其積男女不得事耕
織之業以供上之求事治業事力勤財匱君臣相疾也故民至於焦脣沸肝有今無儲有今日之食而無明日之儲也而乃始
撞大鐘擊鳴鼓吹竽笙彈琴瑟是猶貫甲冑而入宗廟被羅紈而從軍旅○文典謹按治要羅紈作綺羅失樂之所由生

矣。夫民之為生也。一人蹠耒而耕。不過十畝。蹠，蹈。中田之獲。卒歲之收。○俞樾云：既言之獲，又言之收，重複無謂，疑本作中田卒歲之收，無之獲二字。故文子上仁篇作中田之收，蓋省卒歲二字耳。若使本作中田之獲，卒歲之收，而文子省其一句，則何不曰中田之獲，而必變獲言收乎。不過畝四石。妻子老弱仰而食之。時有涔旱災害之患。涔，久而水潦也。無以給上之徵賦車馬兵革之費。○王念孫云：有以之有，各本多作無，惟道藏本及茅本作有。有字是也。有讀為又，言終歲之收，僅足供一家之食，既時有水旱之災，而又以此給上之徵賦也。後人不知有為又之借字，而改有為無，斯為謬矣。莊刻仍從諸本作無，故特辯之。由此觀之，則人之生憫矣。憫，憂。無樂。夫天地之大計。三年耕而餘一年之食。率九年而有三年之畜。十八年而有六年之積。積，委也。二十七年而有九年之儲。雖涔旱災害之殃。民莫困窮流亡也。故國無九年之畜。謂之不足。無六年之積。謂之憫急。憫，憂；急，病也。無三年之畜。謂之窮乏。故有仁君明王。其取下有節。自養有度。則得承受於天地。而不離饑寒之患矣。若貪主暴君。撓於其下。侵漁其民。以適無窮之欲。則百姓無以被天和而履地德矣。天和，氣也。地德，所生植也。食者。民之本也。民者。國之本也。國者。君之本也。是故人君者。○王念孫云：君字當在人字上。羣書治要引此，正作君人者。上因天時。下盡地財。中用人力。是以羣生遂長。五穀蕃植。教民養育六畜。○陶方琦云：說文畜字下引許注，玄田為畜。按說文引淮南子曰，玄田為畜，即引其注文，與芸字蝹字下同例。說文，畜，田畜也，即周官牧人，掌牧六牲而阜蕃其物之義。王氏筠曰：玄田，當作玆田。从叀之古文叀。叀部疐下云：从叀，引而止之也。漢書景帝詔農桑毄畜注，食養之畜。毄古繫字，繫之者，恐其逸也。是其證。以時種樹。務修田疇，滋植桑麻。肥墝高下。各因其宜。丘陵阪險不生五穀者。以樹竹木。春伐枯槁。夏取果蓏。有核曰果，無核曰蓏。秋畜疏食。菜蔬曰疏，穀食曰食。冬伐薪蒸。大者曰薪，小者曰蒸。以為民資。資，用。是故生無乏用。死無轉尸。轉，棄也。故先王之法。畋不掩羣。掩，猶盡也。不取麛夭。鹿子曰麛，麋子曰夭。不涸澤而漁。涸澤，漉池也。不焚林而獵。為盡物也。豺未祭獸。罝罘不得布於野。（十月之時，豺殺獸，四面陳之，世謂之祭獸也。未祭獸，罝罘不得施也。）獺未祭魚，網罟不得入於水。（獺，獱也。明堂月令孟春之月，獺祭魚，取鯉，四面陳之水邊也，世謂之祭魚。未祭，不得捕也。）鷹隼未摯，羅網不得張於谿谷。（立秋，鷹摯矣。未立秋，不得施下。鷹或作雁。）草木未落，斤斧不得入山林。（九月草木節解，未解，不得伐山林也。）昆蟲未蟄，不得以火燒田。（十月蟄蟲備藏，未蟄，不得用燒田也。○王念孫云：正文燒字，因注內燒田而衍。不得以火田，謂田獵不得用火。爾雅曰：火田爲狩，是也。高注不得用燒田，燒讀去聲。管子輕重甲篇齊之北澤燒，尹知章注曰：獵而行火曰燒，式照反，是也。燒字正釋火字，若云以火燒田，則不詞矣。王制及賈子容經篇並云昆蟲未蟄，不以火田（說苑脩文篇同），此即淮南所本。文子上仁篇亦作不得以火田。）孕育不得殺，鷇卵不得探，魚不長尺不得取，彘不期年不得食。（皆爲蠱物。）是故草木之發若蒸氣，（發，生。）禽獸之歸若流泉，飛鳥之歸若煙雲，有所以致之也。故先王之政，四海之雲至而脩封疆，（立春之後，四海出雲。○文典謹按：御覽九百二十二引注，立春作春分。）蝦蟇鳴，燕降而達路除道，（三月之時。○文典謹按：御覽九百二十二引注，作春分之後。）陰降百泉，則修橋梁。（十月之時。）昏張中，則務種穀。（三月昏，張星中于南方。張，南方朱鳥之宿也。○文典謹按：御覽八百二十三引，張作弧，又引注作二月昏時，弧星中於南方，朱雀之宿也。）大火中，則種黍菽。（大火，東方蒼龍之宿，在四月建巳，中南方。菽，豆也。）虛中，則種宿麥。（虛，北方玄武之宿，八月建酉，中于南方也。）昴中，則收斂畜積，伐薪木。（昴星，西方白虎宿也。季秋之月，收斂畜積也。）上告于天，下布之民。先王之所以應時修備，富國利民，實曠來遠者，其道備矣。（實，滿也。曠，空也。○文典謹按：治要引富國利民作富利國民。）非能目見而足行之也，欲利之也。欲利之也不忘於心，則官自備矣。心之於九竅四支也，不能一事焉，然而動靜聽視皆以爲主者，不忘於欲利之也。故堯爲善而衆善至矣，桀爲非而衆非來矣。善積則功成，非積則禍極。（極，至。）凡人之論，心欲小而志欲大，智欲員而行欲方，能欲多而事欲鮮。所以心欲小者，慮患未生，備禍未發，戒過慎微，不敢縱其欲也。（詩云：惟此文王，小心翼翼，昭事上帝，聿懷多福。此之謂也。）志欲大者，兼包萬國。一齊殊俗。并覆百姓。若合一族。是非輻湊。而爲之轂。（轂以諭王。○莊逵吉云。不轂之訓。古皆云轂善。錢別駕云。道德經。侯王自稱孤寡不轂。河上本作轂。注云。不轂。不爲輻所湊也。又別一解。與此轂以諭王之注正同。知古兩義並有。後人但識轂善。而不知有輻轂之訓矣。）智欲員者。環復轉運。終始無端。（若順運環。故曰無端。）旁流四達。淵泉而不竭。萬物並興。莫不響應也。（應。和。）行欲方者。直立而不撓。（撓。弱也。）素白而不汙。窮不易操。通不肆志。（肆。放。）能欲多者。文武備具。動靜中儀。舉動廢置。曲得其宜。無所擊戾。（擊。掌也。戾。破也。○洪頤煊云。荀子脩身篇。行而俯項。非擊戾也。尚書益稷。戛擊鳴球。文選長楊賦作拮隔。韋昭曰。古文隔爲擊。擊戾即隔背。高注非。）無不畢宜也。事欲鮮者。執柄持術。得要以應衆。執約以治廣。處靜持中。（○俞樾云。文子微明篇作處靜以持躁。當從之。靜躁對文。與上文得要以應衆。執約以治廣。文義一律。）運於璇樞。以一合萬。若合符者也。（符。約也。）故心小者。禁於微也。志大者。無不懷也。（多所容也。）智員者。無不知也。行方者。有不爲也。（非正道不爲也。）能多者。無不治也。（治。猶作也。）事鮮者。約所持也。（約。要也。）古者天子聽朝。公卿正諫。博士誦詩。瞽箴。師誦。庶人傳語。史書其過。宰徹其膳。猶以爲未足也。故堯置敢諫之鼓。（欲諫者擊其鼓。○文典謹按。治要敢作欲。）舜立誹謗之木。（書其善否於表木也。）湯有司直之人。（司直。官名。不曲也。）武王立戒慎之鞀。（欲戒君令慎疑者搖鞀鼓。○文典謹按。治要立作有。鞀作銘。）過若豪氂。而既已備之也。（備。具也。）夫聖人之於善也。無小而不舉。（舉。用。）其於過也。無微而不改。（改。更。）堯舜禹湯文武。皆坦然天下而南面焉。（背屏而朝諸侯。○王念孫云。次句當作皆坦然南面而王天下焉。今本顛倒不成文理。劉本刪去王字。尤非。）當此之時。鼛鼓而食。（鼛鼓。王者之食樂也。詩云。鼓鐘伐鼛。○王念孫云。鼛鼓而食。當爲伐鼛而食。今作鼛鼓者。涉注文而誤也。周官大司樂曰。王大食三侑。皆令奏鐘鼓。奏鐘鼓而食。故曰伐鼛而食。高注引詩鼓鐘伐鼛。正釋伐鼛二字之義。若云鼛鼓而食。則文不成義矣。且伐鼛而食。奏雍而徹。相對爲文。荀子正論篇曰。曼而饋。伐皋而食（今本伐誤作代。辯見荀子。）皋與鼛同。考工記。韗人爲皋鼓。是也）雍而徹乎五祀。即淮南所本也。玉海音樂部樂器類引此。正作伐鼛而食。）奏雍而徹。（雍。已食之樂也。）已飯而祭竈。行不用巫祝，言其率德蹈政，無求於神。鬼神弗敢崇，山川弗敢禍，可謂至貴矣。至德之可貴也。然而戰戰慄慄，日慎一日。由此觀之，則聖人之心小矣。詩云：惟此文王，小小翼翼，昭事上帝，聿懷多福。其斯之謂歟。武王伐紂，○王念孫云：伐紂本作克殷。此後人妄改之也。（下文解箕子之囚高注武王伐紂赦其囚，執伐紂二字亦後人所加。）下文所述六事，皆在克殷以後，若改克殷爲伐紂，則自孟津觀兵以後，皆是伐紂之事，與下文不合矣。羣書治要引此正作武王克殷。又齊俗篇：昔武王執戈秉鉞以伐紂勝殷，搢笏杖殳以臨朝。伐紂二字亦後人所加。執戈秉鉞以勝殷，搢笏杖殳以臨朝，相對爲文，加入伐紂二字，則文不成義，且與下句不對矣。太平御覽兵部八十四引此無伐紂二字，蓋後人熟於武王伐紂之語，遂任意增改，而不顧文義，甚矣其妄也。發鉅橋之粟，散鹿臺之錢，鉅橋，紂倉名也。一說：鉅鹿漕運之橋。鹿臺，紂錢藏府所積也。武王發散以振疲民。○陶方琦云：史記集解三、漢書張晏傳注、後漢地理志引許注：鉅鹿之大橋有漕粟也。按二注文義異，所云一說，即是許義，與集解、漢書注引合。水經注十引許慎曰：鉅鹿水之大橋也。亦即此注。呂氏春秋愼大高注：巨橋，紂倉名。與此注前一說正同。封比干之墓，比干，紂諸父也。諫紂之非，紂殺之，故武王封崇其墓，以旌仁也。表商容之閭，商容，殷之賢人，老子師，故表顯其里。穆稱篇又云：老子業于商容，見舌而知守柔矣。是也。○陶方琦云：世說新語一引許注：商容，殷之賢人，老子師。按此許注竄入高注中，故同。蘇氏淮南子敘云：高氏注每篇下皆曰訓。今本皆用高氏，故皆稱訓。茲所曰穆稱篇，穆繆古通，稱篇乃許氏之本也。繆稱篇許注亦云：商容，賢人也。朝成湯之廟，成湯，殷受命之王。言聖人以類相宗。解箕子之囚，箕子，紂之庶兄。論語云：箕子爲之奴。武王伐紂，赦其囚，執問以洪範，封之于朝鮮也。使各處其宅，田其田，無故無新，惟賢是親，○文典謹按：治要引是作之。用非其有，使非其人，晏然若故有之。○文典謹按：治要引若下有其字。由此觀之，則聖人之志大也。○文典謹按：則聖人之志大也，與上文則聖人之心小矣，下文則聖人之智員矣，則聖人之行方矣，不一律，也當作矣。治要引正作則聖人之志大矣。文王周觀得失，偏覽是非，堯舜所以昌，桀紂所以亡者，皆著於明堂，著猶圖也。於是略智博問，以應無方。由此觀之，則聖人之智員矣。成康繼文武之業，守明堂之制，觀存亡之迹，見成敗之變，非道不言，非聖人之意不敢言。非義不行，非仁義不敢履行也。言不苟出，行不苟爲，擇善而後從事焉。由此觀之，則聖人之行方矣。孔子之通，智過於萇弘，勇服於孟賁，足躡郊菟，力招城關，能亦多矣。萇弘，周大夫，敬王臣也。孔子號知大道。孟賁，勇士也。孔子皆能招舉也，以一手招城門關端，能舉之，故曰亦能多也。○陶方琦云：羣書治要引許注：萇弘，周景王之史。行通天下，鬼方之術也。按春秋文曜鉤云：高辛受命，重黎說天，成周改號，萇弘分官。又羣書治要、後漢書鄭太傳注引許注：孟賁，衛人。按漢書淮南王傳：奮諸、賁之勇，應劭曰：吳專諸，衛孟賁也。與許說同。然而勇力不聞，人不聞其為勇力也。伎巧不知，人不知其有伎巧也。專行教道，○文典謹按：治要引教作孝。以成素王，事亦鮮矣。春秋二百四十二年，亡國五十二，弒君三十六，采善鉏醜，以成王道，論亦博矣。然而圍於匡，顏色不變，絃歌不輟。匡，宋邑也，今陳留襄邑西匡亭是也。孔子曰：天生德於予，匡人其如予何，故顏色不變，絃歌不止也。臨死亡之地，犯患難之危，據義行理而志不懾，分亦明矣。犯，猶遭也。懾，猶懼也。然為魯司寇，聽獄必為斷，為魯定公司寇。作為春秋，不道鬼神，不敢專己。夫聖人之智固已多矣，其所守者有約，故舉而必榮。愚人之智固已少矣，其所事者多，○王念孫云：其所事者多，多上亦當有有字。其所守者有約，其所事者有多，兩有字皆讀為又。又與固已文義相承。羣書治要引此正作其所事者又多。（荀子王霸篇引孔子曰：知者之知固已多矣，有以守少能無察乎？愚者之知固已少矣，有以守多能無狂乎？此即淮南所本。）故動而必窮矣。吳起、張儀智不若孔、墨，而爭萬乘之君，此其所以車裂支解也。夫以正教化者，易而必成；以邪巧世者，難而必敗。凡將設行立趣於天下，捨其易成者，○王念孫云：捨其易成者，當作捨其易而必成者。今本脫而必二字，則與上文不合。文子微明篇正作捨其易而必成。而從事難而必敗者，愚惑之所致也。凡此六反者，不可不察也。六反，謂孔、墨、萇宏、孟賁、吳起、張儀也。其行相反，故曰六反。○俞樾云：高注曰：六反謂孔、墨、萇宏、孟賁、吳起、張儀也。其行相反，故曰六反。此注大謬。上文雖有此六人，然非舉以相較，萇宏、孟賁不過謂孔子之智勇過此二人耳，初非言其相反也。六反者，即上文所謂心欲小而志欲大，智欲員而行欲方，能欲多而事欲鮮也。小與大反，員與方反，多與鮮反，是謂六反。徧知萬物而不知人道，不可謂智；徧愛羣生而不愛人類，不可謂仁。仁者愛其類也，智者不可惑也。仁者雖在斷割之中，其所不忍之色可見也。不忍智斷割之色見于顏色也。智者雖煩難之事，其不闇之效可見也。內恕反情，心之所欲，其不加諸人。由近知遠，由己知人，此仁智之所合而行也。小有教而大有存也，小有誅而大有寧也，小教之以正，故大有存也。小責之以義，牧大有寧也。非正則不存，非義則不寧。唯惻隱推而行之，此智者之所獨斷也。故仁智錯，有時合。○王念孫云：故仁智錯，有時合，當作故仁智有時錯，有時合。合者爲正，錯者爲權，其義一也。府吏守法，君子制義，法而無義，亦府吏也，不足以爲政。○孫詒讓云：吏，並當爲史，形之誤也。周禮諸官皆有府史胥徒。鄭注云：府治藏，史掌書者。凡府史皆其官長所自辟除。耕之爲事也勞，織之爲事也擾。擾勞之事，而民不舍者，知其可以衣食也。人之情不能無衣食，衣食之道，必始於耕織，萬民之所公見也。物之若耕織者，始初甚勞，終必利也。衆愚人之所見者寡，事可權者多，愚之所權者少，此愚者之所多患也。○王念孫云：事可權者多二句，當作事之可權者多（對上文物之若耕織者，始初甚勞，終必利也。衆），愚人之所權者少（對上文愚人之所見者寡），各本脫之字人字，則文義不明。此愚者之所多患，劉本作此愚者之以多患也。案當作此愚人者之所以多患也（對下文此智者所以寡患也），道藏本脫以字也字，劉本脫所字。○俞樾云：此有脫誤，當云物之可備者，衆愚人之所備者寡，事之可權者多，愚人之所權者少，此愚者之所以多患也。下文曰：物之可備者，智者盡備之，可權者盡權之，此智者所以寡患也，與此文反覆相明，是其證也。衆上脫物之可備者五字。王氏念孫遂欲以衆字屬上句讀，然上文云物之若耕織者，始初甚勞，終必利也，其文義已足，必綴衆字於句末，轉爲不詞矣。物之可備者，智者盡備之；可權者，盡權之。此智者所以寡患也。故智者先忤忤，逆。而後合，愚者始於樂而終於哀。今日何爲而榮乎？旦日何爲而義乎？此易言也。今日何爲而義？旦日何爲而榮？此難知也。問瞽師曰：白素何如？曰：縞然。曰：黑何若？曰：黮然。援白黑而示之，則不處焉。人之視白黑以目，言白黑以口，瞽師有以言白黑，無以知白黑，故言白黑與人同，其別白黑與人異。入孝於親，出忠於君，無愚智賢不肖，皆知其爲義也。使陳忠孝行而知所出者鮮矣。凡人思慮，莫不先以爲可而後行之。其是或非，此愚智之所以異。凡人之性，莫貴於仁，莫急於智。仁以爲質，智以行之。兩者爲本，而加之以勇力辯慧，捷疾劬錄，巧敏遲利。〇王念孫云：遲利二字，義不相屬。遲當爲犀，字之誤也。犀亦利也。漢書馮奉世傳：器不犀利。如淳曰：今俗刀兵利爲犀。自勇力以下，皆兩字同義。聰明審察，盡衆益也。身材未修，伎藝曲備，而無仁智以爲表幹，而加之以衆美，則益其損。故不仁而有勇力果敢，則狂而操利劍；狂，猶亂也。不智而辯慧懷給，則棄驥而不式。不智之人，辯慧懷給，不知所裁之，猶棄驥而或不知所詣也。懷，佞也。〇王念孫云：懷與佞義不相近，懷皆當爲儇，字之誤也。儇與儇同，字或作譞。方言曰：儇，慧也。說文同。又曰：譞譞，慧也。廣雅曰：辯，儇慧也。即此所云辯慧懷給也。楚辭九章：忘儇媚以背衆兮。王注曰：儇，佞也。正與高注同。棄驥而不式，本作乘驥而或。因乘誤爲棄（隸書乘或作乘，棄或作弃，二形相似），或誤爲式（草書或式相似），後人遂於式上加不字耳。或與惑同。故高注云：不智之人，辯慧懷給，不知所裁之，猶乘驥而或不知所詣也。呂氏春秋當務篇曰：辯而不當論，信而不當理，勇而不當義，法而不當務，或而乘驥也，狂而操吳干將也。春秋繁露必仁且知篇曰：不仁而有勇力材能，則狂而操利兵也；不知而辯慧儇給，則迷而乘良馬也。是皆其明證矣。儇亦與儇同。雖有材能，其施之不當，其處之不宜，適足以輔僞飾非；伎藝之衆，不如其寡也。故有野心者，不可借便勢；野，外。有愚質者，不可與利器。老子曰：國之利器，不可以假人。魚得水而游焉則樂，塘決水涸，則爲螻蟻所食；有掌修其隄防，補其缺漏，則魚得而利之。掌，主。國有以存，人有以生。國有人存，若魚得水也。國厚，故人道生也。國之所以存者，仁義是也；人之所以生者，行善是也。國無義，雖大必亡；桀紂是也。人無善志，雖勇必傷。論語曰：勇而無禮則亂，亂則傷也。治國上使不得與焉。使不得與亡傷之危，是上術也。〇俞樾云：高注曰：使不得與亡傷之危，是上術也。此蓋屬上文讀之，然文義迂迴，不可從也。此當屬下文讀之。下文曰：孝於父母，弟於兄嫂，信於朋友，不得上令而可得爲也。釋己之所得爲，而責于其所不得制，悖矣。是不得、可得兩文反覆相明。疑治國下脫非字，本云治國非上使不得與焉。蓋上文言國無義雖大必亡，人無善志雖勇必傷，此言國之有義無義，乃治國之事，治國之事，非上使我爲之，我不得與焉。若人上令而可得爲正與非上使不得與相對高所據本已脫非字故失其解矣之有善無善則在我而已故曰不得上令而可得爲也上令卽上使也不得孝於父母。弟於兄嫂。信於朋友。不得上令而可得爲也。釋己之所得爲而責于其所不得制。悖矣。士處卑隱。欲上達。必先反諸己。上達有道。名譽不起。而不能上達矣。取譽有道。不信於友。不能得譽。信於友有道。事親不說。不信於友。不能說親。朋友不信之也。說親有道。修身不誠。不能事親矣。誠身有道。心不專一。不能專誠。○王念孫云。以上文例之。則不能專誠。當作不能誠身。據高注云。不倄其本而欲得悅親誠身之名。皆難也。則正文本作不能誠身明矣。今作不能專誠者。涉上文心不專一而誤。中庸作誠身有道。不明乎善。不誠乎身矣。次句雖異義。而首句三句則同。道在易而求之難。易謂反己先倄其本也。不倄其本而欲得說親誠身之名。皆難也。故曰道在易而求之難。驗在近而求之遠。故弗得也。驗。効也。近謂本。遠謂末也。故不能得之也。

卷十

繆稱訓

繆異之論。稱物假類。同之神明。以知所貴。故曰繆稱。○莊逵吉云。此下三篇標目下皆無因以題篇四字。注又簡略。蓋亦不全者也。但各本皆同。缺無據證。並仍其舊。不敢妄有增加也。○文典謹按。此篇序目無因以題篇字。又宋本此篇與要略篇題作淮南鴻烈閒詁。其爲許注本無疑。

道至高無上。至深無下。平乎準。直乎繩。圓乎規。方乎矩。包裹宇宙而無表裏。洞同覆載而無所礙。礙。挂也。是故體道者。不哀不樂。不喜不怒。其坐無慮。其寢無夢。物來而名。事來而應。主者國之心。心治則百節皆安。○陶方琦云。羣書治要引許注。治。猶理也。節。猶事也。以體喻也。按今注無。當補。說文。理。治玉也。解亦同。心擾則百節皆亂。故其心治者。支體相遺也。○陶方琦云。羣書治要引許注。遺。忘。按今注無。當補。說文。遺。忘也。與注淮南同。其國治者。君臣相忘也。○陶方琦云。羣書治要引許注。各得其所。無所思念。按今注無。當補。說文。忘。不識也。卽無思念。黃帝曰。芒芒昧昧。從天之道。與元同氣。案○王念孫云。道本作威。今作道者。後人不解威字之義。而妄改之也。威者德也。言從天之德也。廣雅曰。威。德也。周頌有客篇。既有淫威。降福孔夷。正義曰。言有德故易福。風俗通義十反篇曰。書曰。天威棐諶。言天德輔誠也。是古謂德爲威也。後秦族篇。及呂氏春秋應同篇。並云黃帝曰。芒芒昧昧。因天之威。與元同氣。文子上仁篇。因天之威。與元同氣。用泰族篇文也。（上下文皆出泰族篇。）符言篇。從天之威。與元同氣。用此篇文也。（下文故至德言同略。事同指。云云。皆出此篇。）然則泰族作因天之威。此作從天之威。雖因與從不同。而威字則同矣。故至德者。言同略。事同指。上下一心。無岐道旁見者。遏障之於邪。開道之於善。而民鄉方矣。故易曰。同人于野。利涉大川。言能同人道至于野。則可以濟大川。大川。大難也。道者。物之所導也。德者。性之所扶也。仁者。積恩之見證也。義者。比於人心而合於衆適者也。故道滅而德用。德衰而仁義生。故上世體道而不德。中世守德而弗壞也。末世繩繩乎唯恐失仁義。○俞樾云。文子微明篇。作中世守德而不懷。此文壞字。亦懷字之誤。懷即懷來之懷。言中世守德。未知仁義之爲美。猶無意乎懷來之也。字誤作壞。失其旨矣。君子非仁義無以生。失仁義則失其所以生。小人非嗜欲無以活。失嗜欲則失其所以活。故君子懼失仁義。小人懼失利。○王念孫云。三仁字。皆原文所無。此後人依上文加之也。不知此八句與上異義。上文是言仁義不如道德。此文是言君子重義。小人重利。故以義與利欲對言。而仁不與焉。太平御覽人事部六十二。義下引此。無三仁字。文子微明篇同。○文典謹按。王說是也。羣書治要引此文。亦無三仁字。觀其所懼。知各殊矣。易曰。即鹿無虞。惟入于林中。君子幾不如舍。往吝。即就也。鹿以諭民。虞欺也。幾終也。就民欺之。即入林中。幾終不如舍之。使之不終。如其吝也。其施厚者其報美。其怨大者其禍深。薄施而厚望。畜怨而無患者。古今未之有也。是故聖人察其所以往。則知其所以來者。聖人之道。猶中衢而致尊邪。道六通謂之衢。尊。酒器也。○莊逵吉云。六通應作四通。字之誤也。○王念孫云。致尊當爲設尊。字之誤也。藝文類聚雜器物部。太平御覽居處部二十三。器物部六。引此並作設尊。○陶方琦云。意林引許注。衢。六通。尊。酒器。按意林所引。同文少約耳。益知八篇皆許注本。故引亦同。六通當作四達。說文。四達謂之衢。又尊字下云。尊。酒器也。與淮南注並同。過者斟酌。多少不同。各得其所宜。是故得一人，所以得百人也。一人來，得其心，百人來，亦得其心。人以其所願於上，以交其下，誰弗戴？以其所欲於下，以事其上，誰弗喜？詩云：媚茲一人，應侯愼德。愼德大矣，一人小矣，能善小，斯能善大矣。君子見過忘罰，故能諫；見賢忘賤，故能讓；見不足忘貧，故能施。情繫於中，行形於外。凡行戴情，雖過無怨；不戴其情，雖忠來惡。戴，心所感也。情，誠也。○洪頤煊云：下文上意而民載，誠中者也，高注：上有意而未言，則民皆載而行之。古字載戴通用。凡行戴情，謂行載其情。高注非。○俞樾云：高注曰戴心所感也，此未得戴字之義。戴當讀爲載。釋名釋姿容曰：戴，載也，載之於頭也。是戴載聲近義通。下文曰：其載情一也，施人則異矣。可證此文戴之當爲載矣。下文又曰：義載乎宜之謂君子，亦與此載字同。后稷廣利天下，猶不自矜；禹無廢功，無廢財，自視猶觖如也。觖，不滿也。滿如陷，陷，少也。實如虛，盡之者也。凡人各賢其所說，而說其所快。○陶方琦云：羣書治要引許注：賢其所悅者，更悅其所行之快性也。按今注無，當補。說文有說字，無悅字。世莫不舉賢，○陶方琦云：羣書治要引許注：人無不舉與己同者以爲賢也。按今注無，當補。或以治，或以亂，非自遁，遁，欺。○文典謹按：羣書治要引遁下有也字，又引許注作遁失。求同乎己者也。己未必得賢，而求與己同者，而欲得賢，亦不幾矣。○○王念孫云：己未必得賢，得字因下文得賢而衍，羣書治要引此無得字。陶方琦云：羣書治要引許注：幾，近也。按今注無，當補。爾雅釋詁：幾，近也。使堯度舜，則可；使桀度堯，是猶以升量石也。今謂狐狸，則必不知狐，又不知狸。俱不知此二獸。非未嘗見狐者，必未嘗見狸也。狐狸非異，同類也，而謂狐狸，則不知狐狸。是故謂不肖者賢，則必不知賢；謂賢者不肖，則必不知不肖者矣。聖人在上，則民樂其治；在下，則民慕其意。小人在上位，如寢關曝纊，寢，謂臥。關上之不安。纊，繭也。曝繭，蛹動搖不休，死乃止也。不得須臾寧。故易曰：乘馬班如，泣血漣如。諭乘馬班如，雖也，故有泣血之憂。言小人處非其位，不可長也。物莫無所不用，○王念孫云：此當作物莫所不用，莫卽無也。無字蓋涉下文無所不用而衍。天雄烏喙，藥之凶毒也，良醫以活人；侏儒瞽師，人之困慰者也，慰，可厭也。

一曰慰極。○莊逵吉云：困慰，本或作困慰。注並同。疑作慰者是。人主以備樂。是故聖人制其剟材，無所不用矣。剟，疏殺也。勇士一呼，三軍皆辟。其出之也誠，故倡而不和，意而不戴。意，恚聲。戴，嗟也。○王念孫云：高說非也。戴讀爲載。鄭注堯典曰：載，行也。言上有其意，而不行於下者，誠不足以動之也。下文云：上意而民載，誠中者也。高注曰：上有意而未言，則民皆載而行之。是其證矣。文子精誠篇正作意而不載。○洪頤煊云：意而不戴，謂上有意，民不載而行之。是必中心之不合也。高注非。中心必有不合者也。故舜不降席而王天下者，求諸己也。○王念孫云：王當爲匡，字之誤也。匡，正也。正己而天下自正，故曰舜不降席而匡天下者，求諸己也。己不正，則不能正人，故下文曰：身曲而景直者，未之聞也。下文又曰：故舜不降席，而天下治。彼言天下治，此言匡天下，其義一也。今本作王天下，則非其指矣。文子精誠篇作不下席而匡天下。韓詩外傳及新序雜事篇並作不降席而匡天下。故上多故，則民多詐矣。身曲而景直者，未之聞也。說之所不至者，容貌在焉。說之粗，不如容貌精微，入人深也。容貌之所不至者，感忽至焉。○王念孫云：感忽者，精誠之動人者也。故下文曰：感乎心，明乎智，發而成形，精之至也。可以形勢接，而不可以昭諰。（廣雅：諰，告也。）荀子議兵篇曰：善用兵者，感忽悠闇，莫知其所從出。義與此相近。感乎心，明乎智，發而成形，精之至也。可以形勢接，而不可以照諰。戎翟之馬，皆可以馳驅，或近或遠；唯造父能盡其力。三苗之民，皆可使忠信，或賢或不肖；唯唐虞能齊其美，必有不傳者。心敎之微眇，不可傳也。中行繆伯手搏虎，中行繆伯，晉臣也。力能搏生虎，而不能生也。力能殺虎，而德不能服之。蓋力優而克不能及也。克，猶能也。○王念孫云：克不能及，當爲克不及。克，能也。言搏虎之力雖優，而服虎之能則不及也。優與不及義正相對，則上不當有能字。高注克猶能也，是指上句能字而言。正文能字，即因上句能字而衍。○俞樾云：高注曰：克猶能也。則是克不能及爲能不能及矣。於義難通。王氏念孫以能爲衍字。然力優而克不及，義亦未安。今按此文蓋有錯誤。此注本亦後人竄入，非高氏原文也。克當作悳，及當作𠬝，皆以形似而誤。悳者，悳之古文，與德字通。𠬝者，服之本字也。古書服字每作𠬝，而傳寫多誤爲及。尚書呂刑篇何度非及，大戴記王言篇及其明德也，及並𠬝字之誤。說詳羣經平議。此文本云：蓋力優而悳不能𠬝也。高注於上文注曰：力能殺虎，而德不能服之。本當注於此句之下，德不能服四字即本正文，因悳誤作克，𠬝誤作及，遂移注於上文，又竄入克猶能也四字，爲此句之注，而文義俱晦矣。用百人之所能，則得百人之力；舉千人之所愛則得千人之心。辟若伐樹而引其本千枝萬葉則莫得弗從也。慈父之愛子非爲報也。不可內解於心。聖人之養民非求用也。性不能已。若火之自熱冰之自寒。夫有何修焉。及恃其力賴其功者若失火舟中。言舟中之人同心救火不相爲賜也。○文典謹按御覽八百六十九引注不相爲賜也作其用爲易。故君子見始斯知終矣。媒灼譽人而莫之德也。取庸而強飯之莫之愛也。雖親父慈母不加於此有以爲則恩不接矣。故送往者非所以迎來也。施死者非專爲生也。誠出於己則所動者遠矣。錦繡登廟貴文也。登猶入也。圭璋在前尚質也。以玉祭之者質也。文不勝質之謂君子。故終年爲車無三寸之鎋不可以驅馳。匠人斲戶無一尺之楗不可以閉藏。○文典謹按一尺意林引作五寸。當以意林爲是。本書主術訓五寸之鍵制開闔之門。楗卽鍵也。故君子行斯乎其所結。結要終也。○王念孫云斯當爲期字之誤也。言君子行事必期其所終也(高注結要終也)。又下文釋近斯遠塞矣斯亦當爲期。釋近期遠塞矣謂道在邇而求諸遠則必塞也。文子精誠篇作舍近期遠是其證。心之精者可以神化而不可以導人。導教也。目之精者可以消澤而不可以昭諰。昭諰誠也。不可以教導戒人。○洪頤煊云上文可以形勢接而不可以照諰。齊俗訓日月之所照諰。鹽鐵論相刺篇天設三光以照記。昭照古字通用。諰卽記字。高注失之。在混冥之中不可諭於人。混冥人心中也。故舜不降席而天下治桀不下陛而天下亂蓋情甚乎叫呼也。言雖叫呼大語不如心行眞直也。無諸己求諸人古今未之聞也。同言而民信信在言前也。同令而民化誠在令外也。聖人在上民遷而化情以先之也。動於上不應於下者情與令殊也。故易曰亢龍有悔。仁君動極在上故有悔也。三月嬰兒未知利害也而慈母之愛諭焉者情也。故言之用者昭昭乎小哉。不言之用者曠曠乎大哉。身君子之言信也。身君子之言體行君子之言也。中君子之意忠也。忠信形於內感動應於外。故禹執干戚舞於兩階之間而三苗服。（三苗畔禹，禹風以禮樂而服之也。）鷹翔川，魚鼈沈，（禹以德服三苗，猶鷹翔川上，魚鼈恐皆潛。）飛鳥揚，（鳥見鷹而揚去。）必遠害也。（鷹懷欲害之心，故鳥魚知其情實，故遠之。○王念孫云：遠害本作遠實，此後人以意改之也。據高注云：鷹懷欲宍（宍與肉同，欲肉者，欲食肉也。各本宍字皆誤作害，辯見原道篇。欲宍之心下）之心，鳥魚知其情實，故遠之，則本作遠實明矣。太平御覽鱗介部四引此正作遠實。此承上文忠信行於內，感動應於外而言。言禹有忠信之實，故舞干戚而三苗服；鷹有欲肉之實，故魚鳥皆遠之。若無其實而能動物者，則未之有也。後人改遠實爲遠害，失其指矣。）子之死父也，臣之死君也，世有行之者矣，非出死以要名也，恩心之藏於中而不能違其難也。故人之甘甘，非正爲蹠也，（人之甘甘，猶樂樂而爲之。臣之死君，子之死父，非以求蹠蹠也。）而蹠焉往。（言蹠乃往至也。）君子之慘怛，非正爲僞形也，諭乎人心。非從外入，自中出者也。義尊乎君，仁親乎父，故君之於臣也，能死生之，不能使爲苟簡易；（君不能使臣爲苟合易行之義。○王念孫云：簡字後人所加。高注云：君不能使臣爲苟合易行之義，則無簡字明矣。下文曰：父之於子也，能發起之，不能使無憂尋，與此相對爲文，加一簡字，則文不成義，且與下文不對矣。）父之於子也，能發起之，不能使無憂尋。（憂尋，憂長也。仁念也。仁念父毋，不樂子之如此，然不能止。）故義勝君，仁勝父，則君尊而臣忠，父慈而子孝。聖人在上，化育如神。太上曰：我其性與！（太上皇德之君也，我性自然也。）其次曰：微彼其如此乎！（其次五帝時也。其民如此，故我治之如彼。）故詩曰：執轡如組。易曰：含章可貞。動於近，成文於遠。夫察所夜行，周公慙乎景，故君子慎其獨也。（○王念孫云：慙上當有不字。方與下意相屬。文子精誠篇作聖人不慙於景。）釋近斯遠，塞矣。聞善易，以正身難。夫子見禾之三變也，（夫子，孔子也。三變始於粟，粟生於苗，苗成於穗也。）滔滔然曰：狐鄉丘而死，我其首禾乎！（禾穗垂而向根，君子不忘本也。○文典謹按：文選思玄賦注引滔滔然曰作乃歎曰。）故君子見善則痛其身焉，（痛己身善，惡自在也。）身苟正，懷遠易矣。（懷，來。）故詩曰：弗躬弗親，庶民弗信。小人之從事也曰苟得，君子曰苟義。所求者同，所期者異乎！擊舟水中，魚沈而鳥揚，同聞而殊事，其情一也。僖負羈以壺餐表其閭，（僖負羈，曹臣。晉重耳出過曹，負羈遺以壺餐，重耳反晉，伐曹，令兵不入其閭。趙宣孟以束脯免其軀，趙宣孟，晉卿，以束脯活靈輒，後免其難也。禮不隆，隆，多也。而德有餘，仁心之感，恩接而憯怛生，故其入人深。俱之叫呼也，在家老則為恩厚，其在責人則生爭鬭。故曰兵莫憯於意志，莫邪為下；寇莫大於陰陽，枹鼓為小。聖人為善，非以求名，而名從之；名不與利期，而利歸之。故人之憂喜，非為蹠蹠焉往生也，言非為冀幸往生利意也。故至至不容。至道之人，不飾容也。○王念孫云：劉本改至至為至人，又下文故至至之人，不可過奪也。高注曰：言至道之人，其心先定，不可臨以利，奪其志也。劉本又改至至為至道。案：劉不解至至二字之意，又見高注兩言至道之人，故或改為至人，或改為至道，不知至至即至道也。至至之人，即至道之人也。下文云：故聖人栗栗乎其內，而至乎至極矣。至乎至極，即所謂至至也。本經篇：未可與言至也。高注亦曰：至，至德之道也。是道之至極，即謂之至至乎。道之至極，即謂之至至。故此兩注皆以至至為至道也。劉不曉注意，而以注文改正文，謬矣。下文又云：至至之人（唯此至至二字，劉本未改），不慕乎行，不慙乎善。至至二字前後三見，何不察之甚也。故若眯而撫，眯，芥入目也。撫，捫之。從中發，非為觀容也。若跌而據。跌，仆也。聖人之為治，漠然不見賢焉，終而後知其可大也。若日之行，騏驥不能與之爭遠。今夫夜有求，與瞽師併，東方開，斯照矣。言人見照，用瞽者猶闇而無為，人而以治事，用思也。動而有益，則損隨之。益所以為損也。故易曰：剝之不可遂盡也，故受之以復。言物剝落而復生也。積薄為厚，積卑為高，故君子日孳孳以成煇，小人日怏怏以至辱。其消息也，離朱弗能見也。文王聞善如不及，宿不善如不祥，非為日不足也，其憂尋推之也。憂尋，憂深也。故詩曰：周雖舊邦，其命維新。新國者也。懷情抱質，天弗能殺，地弗能薶也。聲揚天地之間，配日月之光，甘樂之者也。苟鄉善，雖過無怨；苟不鄉善，雖忠來患。故怨人不如自怨，求諸人不如求諸己得也。聲自召也，貌自示也，名自命也，文自官也，無非己者。操銳以刺，操刃以擊，何怨乎人？故筦子文錦也，雖醜登廟。筦仲相齊，明法度，審國刑，不能及聖，猶文錦，雖惡，宜以升廟也。○文典謹按：御覽四百四十七引注相桓公以霸功成事衣文錦之服大書在明堂故曰雖醜登廟也子產練染也美而不尊子產相鄭先恩而後法猶練染為衣溫厚而非宗廟服也〇文典謹按御覽引練作絹又絹染者以子產喻母人月令曰命婦官染絹則御覽所引殆高注也又八百十五引練染引注云子產相鄭以乘車濟朝涉者孟子曰惠而不知為政溫暖其民如人之母也二注與今注迴異繆稱訓乃許注本作練帛注云雖不及聖猶文錦也子產先思後去如綵帛雖溫不堪為宗廟服與今注略同知御覽前後兩引為許高二本矣家語子思子曰管仲績錦也雖惡而登廟子產練絲也雖美而不尊即本此文也

虛而能滿淡而有味被褐懷玉者故兩心不可以得一人一心可以得百人男子樹蘭美而不芳蘭芳草艾之美芳也男子樹之蓋不芳〇文典謹按御覽九百八十三引注艾之美芳也作女之美芳色傳寫宋本艾亦作女繼子得食肥而不澤繼子有假母也情不相與往來也〇文典謹按御覽引情作精生所假也死所歸也故弘演直仁而立死弘演衛懿公臣狄人攻衛食懿公其肝在弘演剖腹以盛之也王子閭張掖而受刃楚白公欲立王子閭為王不可刺之以兵子閭不受不以所託害所歸也故世治則以義衛身世亂則以身衛義死之日行之終也故君子慎一用之無勇者非先懾也難至而失其守也貪婪者非先欲也見利而忘其害也虞公見垂棘之璧而不知虢禍之及己也故至至之人不可遏奪也言至道之人其心先定不可臨以利奪其志也人之欲榮也以為己也於彼何益聖人之行義也其憂尋出乎中也於己何以利故帝王者多矣而三王獨稱貧賤者多矣而伯夷獨舉以貴為聖乎則聖者眾矣以賤為仁乎則賤者多矣何聖仁之寡也獨專之意樂哉忽乎日滔滔以自新忘老之及己也始乎叔季歸乎伯孟必此積也言自少而至長不身遁斯亦不遁人遁隱也已不自隱身之行亦不隱之於人故也〇王念孫云不身遁身當為自字之誤也上文非自遁也高注云遁欺也（廣雅同遁字亦作遯脩務篇審於形者不可遯以狀高注曰遯欺也）此言自遁亦謂自欺也不自欺斯不欺人故下二句云若行獨梁不為無人不兢其容謂不自欺也古者謂欺為遁管子法禁篇曰遁上而遁民者聖王之禁也謂上欺君而下欺民也賈子過秦篇曰姦偽並起而上下相遁史記酷吏傳序曰姦偽萌起其極也上下相遁皆

謂上下相欺也。故若行獨梁，不爲無人不兢其容。獨梁，一木之水橋也。行其上常兢兢，恐陷也。故使人信己者易，而蒙衣自信者難。及身不信，故難。情先動，動無不得，無不得則無莙發，莙而後快。言人君以情動導民也。動盡得人心也。無莙結發動也。雖莙結，快民心。○莊逵吉云：莙本或作簪。故唐虞之舉錯也，非以偕情也，快己而天下治；桀紂非正賊之也，快己而百事廢。喜憎議而治亂分矣。下有喜議而國治，有憎議而國亂也。○俞樾云：高注曰下有喜議而國治，有憎議而國亂也。此未得議字之旨。議當讀爲儀。周易繫辭傳：議之而後言。釋文曰：議，陸、姚、桓元、荀柔之本作儀。國語鄭語：伯翳能議百物。漢書地理志議作儀。是議、儀古通用。廣雅釋詁：儀，見也。喜憎儀，謂喜憎見也。俶眞篇：是非無所形。高注曰：形，見也。儀與形同，故廣雅形與儀並訓見。齊俗篇曰：是非形則百姓眩矣。此云喜憎儀而治亂分矣，句法一律。乃諸書多以形爲見，少以儀爲見，而此又段議爲之，其義益晦，宜表出之，以存古訓也。聖人之行，無所合，無所離，譬若鼓，無所與調，無所不比。絲筦金石，小大脩短有叙，異聲而和；君臣上下，官職有差，殊事而調。夫織者日以進，織帛者進。耕者日以却，却謂耕者却行。事相反，成功一也。申喜聞乞人之歌而悲，出而視之，其母也。申喜亾其母，母乞食於道。艾陵之戰也，夫差曰：夷聲陽，句吳其庶乎。艾陵之戰，吳王夫差與齊戰於艾陵也。夷謂吳。陽，吉也。句吳，夷語不正，言吳加以句也。庶，幾也。○莊逵吉云：陽，吉也，本或誤作告也。攷易陽爲吉，陰爲凶，故訓陽爲吉，作告非是。同是聲，而取信焉異，有諸情也。故心哀而歌不樂，心樂而哭不哀。夫子曰：絃則是也，其聲非也。閔子騫三年之喪畢，援琴而彈，其絃是也，其聲切切而哀。○王引之云：上文申喜遇母及艾陵之戰，皆直敍其事，此未敍其事而忽云夫子曰弦則是也，其聲非也，則不知所指爲何事矣。疑閔子騫三年之喪畢援琴而彈十二字本是正文，在夫子曰上，而寫者誤入注也。文者，所以接物也；情繫於中而欲發外者也。以文滅情則失情，以情滅文則失文，文情理通，則鳳麟極矣。言至德之懷遠也。輸子陽謂其子曰：良工漸乎矩鑿之中。漸，習也。矩鑿之中，固無物而不周。聖王以治民，造父以治馬，醫駱以治病，醫駱，越醫。同材而各自取焉。自，從也。矩鑿之中，各取法度，或以治民，或以治馬，或以治病，同材而各往從取治法之也。

上意而民載，誠中者也。上有意而未言，則民皆載而行之，志或發中之於大。未言而信，弗召而至，或先之也。愱於不己知者，不自知也。愱，急也。○莊逵吉云：急字從及下心，此作心旁及，字本同耳。矜怚生於不足。怚，驕也。不足，知不足也。○王念孫云：慘怚之怚無訓為驕者，怚皆當為怚字之誤也。說文：怚，驕也。字從且，不從旦。玉篇秦呂、子御二切。廣雅曰：憍（通作驕）怚，傲侮慢傷（通作易）也。高注氾論篇曰：䮛，驕怚也。並與此注同義。怚訓為驕，故言矜怚也。又呂氏春秋審應篇：使人戰者嚴䮛也。高注曰：嚴，尊也。䮛，驕也。說文又云：嫭，驕也。文選嵇康幽憤詩：恃愛肆姐，不訓不師。怚、嫭、姐、䮛並字異而義同。華誣生於矜，誠中之人樂而不愱，如鴞好聲。忠信之人，自樂為之，非愱也。如鴞自好為聲耳。熊之好經。經，動。導引。夫有誰為矜。各任自性，非徒矜也。○文典謹按：御覽九百八引愱作彶，無不字，鴞作鵩，矜作䂢。春女思，秋士悲，春女感陽則思，秋士見陰而悲。○文典謹按：北堂書鈔百五十四引作春女悲，又引注云：周禮仲春之月，令媒氏會男女，一升成於夫家，骨肉相離，故悲之也。繆稱篇乃許注本，書鈔所引殆高注也。又藝文類聚三引亦作春女悲，秋士哀。而知物化矣。號而哭，嘰而哀，而知聲動矣。容貌顏色，理詘伸倨佝。○劉績云：後有倨句詘伸（見兵略篇），疑此作詘伸倨句，衍理字。○王念孫云：劉說是也。倨句，猶曲直也。樂記曰：倨中矩，句中鉤。伸誤為俛，句誤為佝（因倨字而誤加人旁），理字因下文循理而衍。各本佝字又誤為徇，而莊本從之，謬矣。知情偽矣。故聖人栗栗乎其內，而至乎至極矣。功名遂成天也，循理受順人也。太公望、周公旦天非為武王造之也，崇侯、惡來天非為紂生之也。崇侯，紂時諸侯也。惡來，紂之臣，秦之先也。有其世，有其人也。教本乎君子，小人被其澤；利本乎小人，君子享其功。昔東戶季子之世，東戶季子，古之人君。道路不拾遺，耒耜餘糧宿諸晦首，使君子小人各得其宜也。故一人有慶，兆民賴之。凡高者貴其左，天道左旋。故下之於上曰左之，臣辭也。臣道左君。下者貴其右，故上之於下曰右之，君讓也。君謙讓，佑助臣。故上左遷則失其所尊也，左，臣詞也。君以再還，故失其尊也。臣右還則失其所貴矣。右，君詞也。而臣以再還，故失其貴也。小快害道，斯須害儀。斯須，近也。子產騰辭，騰，傳也。子產作刑書，有人傳詞詰之。獄繁而無邪，繁，多也。獄雖益多而下無邪也。失諸情者則塞於辭矣。失事之情，則為世人辭所窮塞。

也。

成國之道，工無僞事，農無遺力，士無隱行，官無失法。譬若設網者，引其綱而萬目開矣。○文典謹按：藝文類聚五十二引，成作盛，隱作諂，萬目開矣作萬目張。意林引作治國者若設網，引其綱，萬目張。舜禹不再受命，受命於人，不受于天。堯舜傳大焉，先形乎小也。形，見也。先見微小以知大。刑於寡妻，至于兄弟，禪於家國，而天下從風。禪，傳也。言堯舜禹相傳，天下服之也。○王念孫云：刑於寡妻本作施於寡妻，此後人依大雅改之也。不知施於寡妻，禪於家國，皆用詩意而小變其文，與直引詩詞者不同，無煩據彼以改此也。文選漢高祖功臣頌注引此正作施於寡妻。施讀若施于孫子之施。故戎兵以大知小，若湯武以義伐不義，從大伐小。人以小知大。大人，謂天下從風者也。堯舜之民，以小知堯大也。○俞樾云：戎兵以器言，猶曰器以大知小，人以小知大耳。兵器有大小，如考工記所載弓與劍，皆有上制、中制、下制是也。知上制，如干則等而下之皆可知矣，故曰戎兵以大知小。高氏以湯武說上句，堯舜說下句，殊非其旨。君子之道，近而不可以至，卑而不可以登，無載焉而不勝。萬物載之，皆勝其任。大而章，遠而隆。遠○王念孫云：大而章，大當爲久字之誤也。此言君子之道，始於卑近，而終於高遠，是以久而彌章，遠而彌隆。上文云聖人之爲治，漠然不見賢焉，終而後知其可大也。意正與此同。若云大而章，則義與下句不類矣。文選答賓戲「時暗而久章者，君子之眞也」，李善注引此文云「君子之道，久而章，遠而隆」，是其明證矣。知此之道，不可求於人，斯得諸己也。釋己而求諸人，去之遠矣。君子者，樂有餘而名不足；小人樂不足而名有餘。觀於有餘不足之相去，昭然遠矣。含而弗吐，在情而不萌者，未之聞也。言懷其情而必萌見也。君子思義而不慮利，小人貪利而不顧義。子曰：鈞之哭也，子，孔子。鈞，等也。曰：子予奈何兮乘我何，其哀則同，其所以哀則異。故哀樂之襲人情也深矣。鑿地漂池，人或有鑿穿，或有墳池，言用心異也。非止以勞苦民也，各從其蹠而亂生焉。蹠，願也。○王念孫云：如高注，則漂池當作湮池。湮訓爲塞，故注言墳池也。非止以勞苦民也，止疑當作正。上文曰：故人之甘甘，非正僞蹠也（僞與爲同）而蹠焉往。君子之憯怛，非正僞形也，而諭乎人心。語意與此相似。其載情一也，施人則異矣。施於人有善惡。故唐虞日孳孳以致於王，桀紂日怏怏以致於死，不知後世之譏己也。凡人情說其所苦即樂，失其所樂則哀。故知生之樂。必知死之哀。有義者不可欺以利。有勇者不可劫以懼。如飢渴者不可欺以虛器也。人多欲虧義。欲則貪，貪損義。多憂害智。貪憂閉塞，故害智也。多懼害勇。○文典謹按：意林引害作妨。嫚生乎小人。嫚，倨。蠻夷皆能之。嫚，蠻夷之行也。善生乎君子。誘然與日月爭光。誘，美稱也。天下弗能遏奪。故治國樂其所以存。亡國亦樂其所以亡也。金錫不消釋則不流。刑。刑，法。上憂尋不誠則不法民。憂尋不在民則是絕民之繫也。繫所以拘維民。君反本而民繫固也。至德小節備。大節舉。齊桓舉而不密。齊桓有大節，小節疏也。晉文密而不舉。晉文有小節，大節廢也。晉文得之乎閨內。失之乎境外。閨內修，而境外亂也。齊桓失之乎閨內。而得之本朝。閨內亂，而朝廷治也。水下流而廣大。君下臣而聰明。君不與臣爭功而治道通矣。管夷吾百里奚經而成之。百里奚，虞人，秦相也。齊桓秦穆受而聽之。聽用二臣之謀。照惑者以東爲西。惑也。照，曉。見日而寤矣。衛武侯謂其臣曰。小子無謂我老。武侯蓋年九十五矣。而羸我。羸，劣也。有過必謁之。是武侯如弗羸之必得羸。故老而弗舍。通乎存亡之論者也。人無能作也。有能爲也。有能爲也而無能成也。人之爲。天成之。終身爲善。非天不行。終身爲不善。非天不亡。故善否我也。禍福非我也。非我也，天所爲也。故君子順其在己者而已矣。性者所受於天也。命者所遭於時也。有其材。不遇其世。天也。太公何力。比干何罪。循性而行指。或害或利。○王念孫云：循性而行指，謂率其性而行其志也。呂氏春秋行論篇，布衣行此指於國，高注曰，指，猶志也。劉本改指爲止，而諸本從之，謬矣。求之有道。得之在命。故君子能爲善而不能必其得福。不忍爲非。而未能必免其禍。○王念孫云：必其得福，當依文子符言篇作必得其福，與必免其禍相對爲文。君根本也。臣枝葉也。根本不美。枝葉茂者。未之聞也。○文典謹按：御覽六百二十引，美作善，未之聞也作不聞也。有道之世。以人與國。若堯以天下與舜也。無道之世。以國與人。○莊逵吉云：御覽此下有注云：以賢人而與之國，堯舜是也。以國與人，桀紂與湯武是也。堯王天下而憂不解，授舜而憂釋。○文典謹按：御覽八十引「釋」上有「乃」字。憂而守之，而樂與賢終，不私其利矣。凡萬物有所施之，無小不可為；無所用之，不知其所用也。碧瑜糞土也。瑜，玉也。不知用之，則為糞土也。○文典謹按：文選子虛賦注引高誘淮南子注曰：碧，青石也。疑即此處注也。人之情，於害之中爭取小焉，於利之中爭取大焉。故同味而嗜厚膊者，厚膊，厚切肉也。○王念孫云：說文：膊，薄脯，膊之屋上也。非切肉之義。膊皆當為膞字之誤也。說文：膞，切肉也。玉篇：旨兖切。廣雅：膞，臠也。（說文：臠，切肉臠也。）字從專。不從專。膞之言剸也。鄭注文王世子曰：剸，割也。故高注以膞為切肉。鍾山札記以膊為肸字之誤，非也。必其甘之者也。同師而超羣者，必其樂之者也。弗甘弗樂，而能為表者，未之聞也。表，立見也。君子時則進，得之以義，何幸之有；不時則退，讓之以義，何不幸之有。故伯夷餓死首陽之下，伯夷，孤竹君之子，讓國與弟，不食周粟，故餓也。猶不自悔，棄其所賤，得其所貴也。求仁而得仁也。福之萌也緜緜，禍之生也分分。福禍之始萌微，故民嫚之。○王念孫云：分分，當為介介，字之誤也。介介，微也。豫六二：介于石。繫辭傳：憂悔吝者存乎介。虞注並云：介，纖也。齊策曰：無纖介之禍。是介為微小之稱。禍之生也介介，與憂悔吝者存乎介，意正相近。緜緜介介，皆微也。故曰福禍之始萌微。文子微明篇作禍之生也紛紛，則後人妄改之耳。唯聖人見其始而知其終。故傳曰：魯酒薄而邯鄲圍。魯與趙俱朝楚，獻酒於楚，魯酒薄，而趙酒厚。楚之主酒吏求酒於趙，不與，楚吏怒，以趙所獻酒獻於楚王，易魯薄酒。楚王以為趙酒薄，而圍邯鄲。一曰：趙魯獻之于周也。事見莊子。○陶方琦云：莊子釋文、御覽八百四十五引許注：楚會諸侯，魯趙俱獻酒于楚王，魯酒薄而趙酒厚。楚之主酒吏求酒于趙，趙不與，吏怒，乃以趙厚酒易魯薄酒奏之。楚王以趙酒薄，故圍邯鄲也。按：今注較莊子釋文、御覽引微詳，引書家多約文也。羊羹不斟而宋國危。宋將華元與鄭戰，殺羊食士，不及其御。及戰，御馳馬入鄭軍，華元以獲也。○錢大昕云：宣二年，宋華元殺羊食士，其御羊斟不與。據後文，羊斟兩見，是羊斟為人姓名。案淮南繆稱訓云：魯酒薄而邯鄲圍，羊羹不斟而宋國危。則羊斟為斟酌之義，當以羊為其御之名，斟不與三字為句，細玩下文，其御字叔牂，正與羊羹名不相應，則淮南說亦可通。傳文後兩斟字，或後人所加。○俞樾云：方言曰：斟，益也。凡相益而又少謂之不斟，然則羊羹不斟，謂羹少也。上句魯酒薄而邯鄲圍，酒薄羹少，其事正相類。宣二年左傳：其御羊斟不與。羊斟自是人名。此云羊羹不斟，自謂羹少，必并爲一談，則皆失之矣。明主之賞罰，非以爲己也，以爲國也。適於己而無功於國者，不施賞焉；逆於己便於國者，不加罰焉。故楚莊謂共雍曰：共雍，楚臣。有德者受吾爵祿，有功者受吾田宅。是二者女無一焉，吾無以與女。可謂不踰於理乎？踰，越。其謝之也，猶未之莫與。謝，謂遣共雍也。莫，勉之也。周政至，至于道也。殷政善，善，施教。未至于道也。夏政行。行，尚麤也。行政善，善未必至也。至至之人，不慕乎行，不慙乎善。○王念孫云：行政善善未必至也，當作行政善，善未必至也。今本上句脫未必二字，下句脫政字，則文義不明。高注夏政行曰：行，尚粗也，是行政未必善也。又注殷政善曰：善施教，未至於道也，是善政未必至也。又注周政至曰：至於道也，故曰至至之人，不慕乎行，不慙乎善。（至至即至道，說見上文至下）。含德履道，而上下相樂也，不知其所由然。有國者多矣，而齊桓、晉文獨名。泰山之上，有七十壇焉，封乎泰山，蓋七十二君也。而三王獨道。君不求諸臣，臣不假之君，脩近彌遠，而後世稱其大；不越鄰而成章，而莫能至焉。故孝己之禮可爲也，而莫能奪之名也，必不得其所懷也。孝己，殷高宗之子也。蓋放逐而不失禮，人不能與孝己爭名者，不得孝己之所懷也。義載乎宜之謂君子，宜遺乎義之謂小人。通智得而不勞，通智，達道之人。其次勞而不病，其下病而不勞。古人味而弗貪也，古人知其味，而不貪其食。今人貪而弗味。孔子，魯人之學也。歆之而已，莫之能味也。歌之脩其音也，此言樂所以移風易俗，歌長其音。音之不足於其美者也。此音不足以致美化也。金石絲竹助而奏之，猶未足以至於極也。極，治化之至也。人能尊道行義，喜怒取予，如此，即其化民，適于樂也。欲如草之從風。草上之風，必偃。召公以桑蠶耕種之時，弛獄出拘，召公，周太保也。使百姓皆得反業修職。文王辭千里之地，而請去炮烙之刑。紂拘文王，文王獻寶於紂，紂賞以千里之地，文王不受，願去炮烙之刑。故聖人之舉事也，進退不失時，若夏就絺綌，上車授綏之謂也。老子學商容，見舌而知守柔矣。商容，神人也。商容吐舌示老子，老子知舌柔齒剛。列子學壺子，觀景柱而知持後矣。先有形而後有影，形可亾而影不可傷。故聖人不爲物先，而常制之。其類若積薪樵，後者在上。人以義愛，以黨羣，以羣強。是故德之所施者博，則威之所行者遠；義之所加者淺，則武之所制者小矣。鐸以聲自毀，鐸，大鈴，出於吳。○梁處素云：矣當爲吳，字之誤也。吳鐸二字連讀。故高注云：鐸，大鈴，出於吳。鹽鐵論利議篇：吳鐸以其舌自破。是其證。太平御覽人事部一百引此，正作吳鐸以聲自毀。膏燭以明自鑠，虎豹之文來射，猨狖之捷來措。措，刺也。○文典謹按：意林引之，並作以措作刺。故子路以勇死，死衞侯輒之難。萇弘以智困。欲以術輔周，周人殺之。能以智知而未能以智不知也。故行險者不得履繩，出林者不得直道，夜行瞑目而前其手，事有所至而明有所害。○俞樾云：至當作宜，害當作容，皆字之誤也。容，用也。說見主術篇。容與庸通。莊子胠篋篇容成氏，六韜大明篇作庸成氏。庸爲用，故容亦爲用也。夜行者不用目而用手，是事之宜也。故曰事有所宜而明有不容也。說林篇曰：夜行者掩目而前其手，涉水者解其馬載之舟。事有所宜而有所不施。可證此文至字之誤。不施亦即不用也。人能貫冥冥入于昭昭，可與言至矣。

鵲巢知風之所起，歲多風，則鵲作巢卑。獺穴知水之高下，水之所及，則獺避而爲穴。暉目知晏，暉目，鴆鳥也。晏，無雲也。天將晏靜，暉目先鳴。○莊逵吉云：暉目疑當作暉日。說文解字：鴆，運日也。廣雅：雄曰運日，雌曰陰諧。晏，無雲也。當是晏字。封禪書作曣。並同。○陶方琦云：史記索隱四引許注：晏，無雲也。文選羽獵賦注引許注：晏，無雲之處也。按說文：晏，天清也。又日部：曣下曰：星無雲也。知晏、曣義並通。漢書天文志：日晡時天星晏（星即晴字）。又郊祀志作曣。如淳曰：三輔俗謂日出清濟爲晏。○文典謹按：莊校是也。宋本暉目正作暉日，注同。陰諧知雨，陰諧，暉目雌也。天將陰雨則鳴。○朱芹云：羅願爾雅翼：鴆，毒鳥也。雄名運日，雌名陰諧。天晏靜無雲，則運日先鳴；天將陰雨，則陰諧鳴之。故淮南子云：運日知晏，陰諧知雨也。或曰：取蛇虺時，呼同力數十聲，石起蛇出。故江東人呼爲同力鳥。又廣南異物志曰：檀雞，鴆鳥之別名。案：暈日二字，合音爲鴆。諧陰二字，合音亦爲鴆。則運日陰諧，皆鴆字之切音也。故以名之。爲是謂人智不如鳥獸，則不然。故通於一伎，察於一辭，可與曲說，未可與廣應也。甯戚擊牛角而歌，桓公舉以大政，○王念孫云：舉以大政，本作舉以爲大田。此後人以意改之也。文選江淹雜體詩注引此作舉以爲大田。又引高注曰：大田，官也。（當作大田，田官也。）今則既改正文，又刪去高注矣。高注詮言篇曰：甯戚疾商歌以干桓公，桓公舉以爲大田。晏子春秋問篇曰：桓公聞甯戚歌擧以爲大田此皆其明證也又齊俗篇后稷爲大田師奚仲爲工師字當在工字下（後人不知大田爲官名故又移師字於大田之下太平御覽皇王部五引此已誤）大田田官之長也工師工官之長也文子自然篇作后稷爲田疇奚仲爲工師是其證雍門子以哭見孟嘗君涕流沾纓○俞樾云孟嘗君下當更有孟嘗君三字而今脫之覽冥篇曰昔雍門子以哭見於孟嘗君已而陳辭通意撫心發聲孟嘗君爲之增欷歍唈流涕狼戾不可止彼文再言孟嘗君故知此亦當同不然則涕流沾纓仍屬雍門子而不屬孟嘗君不見其感人之至矣○文典謹按俞說是也論衡感虛篇雍門子哭對孟嘗君孟嘗君爲之於邑論衡所引儒者傳書之言多同淮南知此文亦必重孟嘗君三字矣又按文選陸士衡於承明作與士龍詩注引此文作雍門子以琴見孟嘗君涕流霑纓漢書景十三王傳雍門子壹微吟孟嘗君爲之於邑蘇林云六國時人名周善鼓琴母死無以葬見孟嘗君而微吟也如淳云雍門子以善鼓琴見孟嘗君先說萬歲之後高臺既已顛曲池又已平墳墓生荆棘牧豎游其上孟嘗君亦如是乎孟嘗君喟然歎息也說苑善說篇所說略同文選注所引琴字似非誤字繆稱訓乃許注本疑高本自作琴也歌哭衆人之所能爲也一發聲入人耳感人心情之至者也故唐虞之法可效也其諭人心不可及也簡公以懦殺簡公齊君也以柔懦田成子殺之子陽以猛劫子陽鄭相也尚刑而劫死皆不得其道者也故歌而不比於律者其清濁一也雖清濁失和故不中律全繩之外與繩之內皆失直者也紂爲象箸而箕子嘰嘰唬也知象箸必有玉杯爲杯必極滋味魯以偶人葬而孔子歎偶人桐人也嘆其象人而用之也見所始則知所終故水出於山入於海稼生乎野而藏乎倉聖人見其所生則知其所歸矣水濁者魚噞令苛者民亂城峭者必崩岸崝者必陀崝峭也陀落也○陶方琦云文選長笛賦注謝靈運七里瀨詩注引許注陗峻也陀落也按今注峭應作陗說文𨸏部陗陖也从𨸏肖聲陖下亦云陗高也崝因峭字而譌當是峻字太玄陵崢岸陗陀注陗峻也陀卽陀字說文作陊落也又陀下云小崩也小崩亦落義故商鞅立法而支解商鞅爲秦孝公立治法百姓怨之以罪支解吳起刻削而車裂吳起相楚設貴臣相坐之法卒車裂也治國譬若張瑟大絃組組急也○王念孫云組皆當爲縆字之誤也縆讀若互字本作𢘅又作縆說文互引急也又曰縆急也楚辭九歌縆瑟兮交鼓王注曰縆急張弦也縆卽縆之省文馬融長笛賦云縆瑟促柱是也意林及太平御覽治道部五引此並作大弦縆是其證泰族篇云故張瑟者小弦縆而大弦緩義與此同也○文典

謹按意林引瑟上有琴字則小絃絕矣故急轡數策者非千里之御也有聲之聲不過百里無聲之聲施於四海是故祿過其功者損名過其實者蔽情行合而名副之禍福不虛至矣身有醜夢不勝正行國有妖祥不勝善政是故前有軒冕之賞不可以無功取也後有斧鉞之禁不可以無罪蒙也素脩正者弗離道也君子不謂小善不足爲也而舍之小善積爲而大善不謂小不善爲無傷也而爲之小不善積而爲大不善是故積羽沈舟羣輕折軸故君子禁於微壹快不足以成善積快而爲德壹恨不足以成非積恨而成怨故三代之善千歲之積譽也桀紂之謗千歲之積毁也○王念孫云積恨而成怨怨本作惡桀紂之謗謗亦本作惡皆後人妄改之也壹快不足以成善積快而爲德者德亦善也言一爲善而快於心不足以成善多爲善則積快而爲德矣壹恨不足以成非積恨而成惡者恨悔也非亦惡也言一爲不善而悔於心不足以成非多爲不善則積悔而成惡矣快與恨對善與非對德與惡對皆謂已之善惡非謂人之恩怨也後人誤以德爲恩德恨爲怨恨故改惡爲怨耳三代之善千歲之積譽也桀紂之惡千歲之積毁也善與惡對譽與毁對改惡爲謗則既與善字不對又與毁字相複矣文選運命論注引此正作桀紂之惡天有四時人有四用何謂四用視而形之莫明於目聽而精之莫聰於耳重而閉之莫固於口含而藏之莫深於心目見其形耳聽其聲口言其誠而心致之精則萬物之化咸有極矣地以德廣人君以德廣益其土地也君以德尊上也地以義廣君以義尊次也地以強廣君以強尊下也故粹者王駁者霸無一焉者亾昔二皇鳳皇至於庭○王念孫云此本作昔二皇鳳至於庭道藏本皇字倒在鳳字下因誤而爲鳳劉本補皇字而未刪凰字皆非也文選長笛賦注藝文類聚祥瑞部下太平御覽羽族部二及爾雅翼玉海祥瑞部引此並作二皇鳳至於庭無凰字三代至乎門周室至乎澤德彌麤所至彌遠德彌精所至彌近君子誠仁施亦仁不施亦仁道無爲而民蒙純此所謂不施而仁小人誠不仁施亦不仁不施亦不仁善之由我與其由

人若仁德之盛者也。故情勝欲者昌。欲勝情者亾。欲知天道。察其數。（謂律歷之數也。）欲知地道。物其樹。（五土之宜。各有所樹生之木。）欲知人道。從其欲。（君子欲于道。小人欲于利。）勿驚勿駭。萬物將自理。勿撓勿攖。（攖。纓。）萬物將自清。（言治天下。各順其情。）察一曲者。不可與言化。（一曲。一事也。）審一時者。不可與言大。（猶蟬不知寒也。）日不知夜。月不知晝。日月爲明而弗能兼也。唯天地能函之。能包天地。曰唯無形者也。驕溢之君無忠臣。口慧之人無必信。交拱之木。無把之枝。（拱。抱也。把。握也。）尋常之溝無吞舟之魚。根淺則末短。本傷則枝枯。福生於無爲。患生於多欲。害生於弗備。穢生於弗耨。聖人爲善若恐不及。備禍若恐不免。蒙塵而欲毋眯。涉水而欲無濡。不可得也。是故知己者不怨人。知命者不怨天。福由己發。禍由己生。聖人不求譽。不辟誹。正身直行。衆邪自息。今釋正而追曲。倍是而從衆。是與俗儷走。而內行無繩。（繩。所以彈曲者也。）故聖人反己而弗由也。道之有篇章形埒者。（形埒。兆朕也。）非至者也。嘗之而無味。視之而無形。不可傳於人。大戟去水。亭歷愈張。用之不節。乃反爲病。物多類之而非。唯聖人知其微。善御者不忘其馬。善射者不忘其弩。善爲人上者不忘其下。誠能愛而利之。天下可從也。弗愛弗利。親子叛父。天下有至貴而非勢位也。有至富而非金玉也。有至壽而非千歲也。原心反性則貴矣。適情知足則富矣。明死生之分則壽矣。言無常是。行無常宜者。小人也。察於一事。通於一伎者。中人也。兼覆蓋而幷有之。度伎能而裁使之者。聖人也。（裁。制也。度其伎能而裁制使之。○王念孫云。正文本作兼覆而幷有之。伎能而裁使之。注本作度其能而裁制使之。伎之言支也。支。度也。注言度其能而裁制使之。度字正釋伎字。今本注文作度其伎能者。涉正文而衍伎字也。正文作度伎能者。又涉注文而衍度字也。因正文衍度字。後人又於上句加蓋字。以對下句。兼覆蓋而幷有之。斯爲不詞矣。太平御覽人事部一引此正作兼覆而幷有之技能而裁使之（技與伎同）文子符言篇同又齊俗篇若以聖人爲之中則兼覆而幷之案彼文幷下當有有字兼覆而幷有之文與此同也又兵略篇必擇其人技能其才使官勝其任人能其事案技能其才能字涉下文能其事而衍技其才亦謂度其才也擇其人技其才官勝其任人能其事皆相對爲文則技下不當有能字且能即是才若云技能其才則是技能其能矣

卷十一

齊俗訓 齊一也四字之風世之衆理皆混其俗令爲一道也故曰齊俗○文典謹按此篇敘目無因以題篇字乃許愼注本

率性而行謂之道，得其天性謂之德。性失然後貴仁，道失然後貴義。是故仁義立而道德遷矣，禮樂飾則純樸散矣，是非形則百姓眩矣，珠玉尊則天下爭矣。凡此四者，衰世之造也，末世之用也。夫禮者，所以別尊卑、異貴賤；義者，所以合君臣、父子、兄弟、夫妻、朋友之際也。今世之爲禮者，恭敬而忮；忮害也爲義者，布施而德。君臣以相非，骨肉以生怨，則失禮義之本也。故搆而多責。搆謂以權相交權盡而交疏搆搆然也夫水積則生相食之魚，土積則生自宂之獸，禮義飾則生僞匿之本。（）王念孫云御覽禮儀部二引此僞匿之本作僞慝之儒又引注曰僞詐慝姦案慝匿古字通本當爲士僞匿之士與相食之魚自肉之獸相對爲文若云僞匿之本則與上文不類矣御覽作僞慝之儒儒亦士也隸書士字或作本與本相似又涉上文禮義之本而誤○文典謹按御覽□百二十三引作夫水積則生相食之蟲注云言大魚食小魚土積則生食肉之獸禮飾則生僞慝之儒三句皆以八字爲句句法一律今本多一義字句法遂參差不齊義字疑衍文也又按說文魚水蟲也是相食之蟲義亦可通夫吹灰而欲無眯，涉水而欲無濡，不可得也。古者民童蒙，不知東西，貌不羨乎情，而言不溢乎行，其衣致煖而無文，其兵戈銖而無刃。楚人謂刃頓爲銖○莊逵吉云頓即鈍字故頑頓即頑鈍是○洪頤煊云說文殊死也从歺朱聲漢令蠻夷長有罪當殊之漢書高帝紀其赦天下殊死以下銖即殊段借字。○王念孫云：此本作「其衣𦆉而無文，其兵銖而無刃」，後人於𦆉上加致字，於義無取；戈爲五兵之一，言兵而戈在其中，不當更加戈字。且「其衣致𦆉」與「其兵戈銖」不對，明是後人所改。文子道原篇正作「其衣𦆉而無采，其兵鈍而無刃」。○俞樾云：王氏念孫謂致與戈皆衍文，其說是也。高解銖字曰：楚人謂刃頓爲銖，是銖與無刃一意也；𦆉與無文則非一意矣。疑𦆉當爲緩，緩者縵之叚字也。說文糸部曰：縵，繒無文。國語晉語曰：乘縵不舉。韋注曰：縵，車無文也。是凡無文者皆謂之縵。故曰其衣縵而無文，正與其兵銖而無刃同義。縵與緩古音相同，得以通用。廣雅釋詁：慢、謾並訓緩，故緩亦通作縵也。後人不知緩爲縵之叚字，因其言衣，輒改作𦆉，似是而實非矣。○文典謹按：洪云銖即殊叚借字，殊，死也。如洪說則是其兵戈死而無刃，此說豈復可通耶。高注明言楚人謂刃頓爲銖，廣雅銖，鈍也，即本此注。其歌樂而無轉。其哭哀而無聲。鑿井而飲，耕田而食，無所施其美，亦不求得。親戚不相毀譽，朋友不相怨德。及至禮義之生，貨財之貴，而詐僞萌興，非譽相紛，怨德竝行，於是乃有曾參、孝己之美，而生盜跖、莊蹻之邪。故有大路龍旂，羽蓋垂緌，大路，天子車也。交龍爲旂。結駟連騎，則必有穿窬拊楗抽箕踰備之姦。抽，握也。備，後垣也。○王引之云：抽箕當爲扫墓。高注「抽，握也」，當作「扫，掘也」。扫字本作搰。說文曰：搰，掘也。或作扫。廣雅曰：扫，掘也。荀子正論篇曰：扫人之墓。是也。呂氏春秋節喪篇：葬淺則狐狸扫之。高注曰：扫讀曰掘。是扫與掘聲相近，字亦相通也。今本扫墓作抽箕者，抽與扫字相似，故扫誤作抽；墓與基字亦相似，墓以形誤爲基，基又以聲誤爲箕耳。穿窬拊楗扫墓踰備之姦，皆謂盜賊也。楗謂戶牡也。拊楗謂搏取戶楗也。呂氏春秋異用篇云：跖與企足得飴，以開閉取楗，是也。備與培同。下文鑿培而遁之，高注曰：培，屋後牆也。故此注云：備，後垣也。又兵略篇：毋扣墳墓。扣亦扫字之誤，本或作抉者，後人以意改之耳。有詭文繁繡，弱緆羅紈，弱緆，細布也。羅，縠。紈，素也。○文典謹按：藝文類聚八十五引緆作錫。儀禮大射儀：冪用錫若絺。鄭注：錫，細布也。說文：緆，細布也。錫緆通用。必有菅屩跐踦，短褐不完者。菅，茅也。跐，偶也。踦，適也。楚人謂袍爲短褐大布。○陶方琦云：後漢書王望傳注引許注：楚人謂袍曰裋。此條已見上覽冥訓，重列之者，見許注今注之同。故高下之相傾也，短脩之相形也，亦明矣。夫蝦蟇爲鶉，鶉，鵪也。水蠆爲𧌒莣，青蛉也。○王念孫云：水蠆爲𧌒莣本作水蠆爲蟌。玉篇：蟌，千公切，蜻蛉也。廣韻引淮南子：蝦蟇爲鶉，水蠆爲蟌。太平御覽蟲豸部六所引與廣韻同。又引注云：老蝦蟇化爲鶉，水中蠆蟲化爲蟌。蟌者，蜻蜓也。（此蓋許注）說林篇：水蠆爲蟌。高注曰：水蠆化爲蟌，蟌，青蜓也。皆其明證矣。今本作水蠆爲𧌒莣者，𧌒爲蟌之誤，（蟌字從虫悤聲，隸書悤或作怱，又作怣，其上半與每相近蟌或作蠅。因誤爲蠅耳。廣雅釋草。薑蕼。蕙也。今本蕙作蕙。又藜蘆。蕙葪也。今本蕙作蕙。皆其證也）蕙爲蕙之誤。蕙俗書蕙字也。與蟌同音。校書者記蕙字於蟌字之旁。而寫者因誤合之耳。又案高注青蛉也下各本皆有音矛音務四字。蓋蟌蕙二字既誤爲蟌蕙。後人遂妄加音釋耳。字彙補乃於虫部收入蟌字。音矛。又於艸部蕙字下注云。音務。引淮南子水蠆爲蟌蕙。甚矣其惑也。皆生非其類。唯聖人知其化。其化。視陰入陽。從陽入陰。夫胡人見黂。黂。麻子也。不知其可以爲布也。越人見毳。不知其可以爲旃也。故不通於物者。難與言化。○文典謹按。難與言化。北堂書鈔百三十四引作不可與言俗。昔太公望周公旦受封而相見。太公問周公曰。何以治魯。周公曰。尊尊親親。尊尊親親。仁者弱也。太公曰。魯從此弱矣。周公問太公曰。何以治齊。太公曰。舉賢而上功。周公曰。後世必有劫殺之君。舉賢上功則民競。故劫殺。其後齊日以大。至於霸。二十四世而田氏代之。齊臣田氏奪其君位代之。魯日以削。至三十二世而亡。魯祿去公室。至楚考烈王滅之。○文典謹案。二疑四誤。魯自伯禽至頃公雖適三十四世。呂覽長見篇。韓詩外傳。二竝作四。故易曰。履霜堅冰至。聖人之見終始微言。○孫詒讓云。言當作矣。故糟丘生乎象櫡。紂爲長夜之飲。積糟成丘者。起于象櫡。炮烙生乎熱斗。庖人進羹于紂。熱。以爲惡。以熱斗殺之。趙國斗可以殺人。故起炮烙。○陶方琦云。北堂書鈔引作炮烙始于熱斗。注云。熱斗。熨斗也。紂見熨斗爛人手。遂作炮烙之刑矣。御覽七百十二引許注。熱斗。熨斗也。熱人手。遂作炮烙之形也。按今注無此條。致文也。應補在庖人進羹上。呂氏春秋順民篇高注。紂常熨爛人手。因作銅烙。布火其下。令人走其上。以爲娛樂。與此注文亦異。帝王世紀曰（御覽八十三引）紂欲重刑。乃先爲大熨斗。以火爇之。使人舉。輒爛手。不能勝。紂怒。乃更爲銅柱。以膏塗之。加于爇炭之上。使有罪者緣焉。足滑跌墮火中。紂與妲己笑爲樂。名曰炮烙之刑。與許注義相同。說文。熨下所以熨申繒也。即熨斗之說。○文典謹按。生乎象櫡。生乎熱斗。兩生字於辭爲複。北堂書鈔四十一。一百三十五兩引此文。下生字竝作始。又御覽服用部十四。事物記原卷八引帝王世紀。與許注義亦正同。足證陶說。按子路撜溺而受牛謝。撜。舉也。拼出溺人。主謝以牛也。○陶方琦云。羣書治要引許注。拯。舉也。二注正同。益知八篇實許注也。說文。拼。上舉也。說與注淮南正合。氾論訓。拼其髮而拯。高注。拯。升也。注亦異。孔子曰。魯國必好救人於患。○文典謹按。救人於患下當有矣字。與下文孔子曰魯國不復贖人矣一律。羣書治要引此文患下有矣字。子贛贖人而不受金於府。魯國之法。贖人於他國者。受金於府。○陶方琦云。羣書治要引許注。與今注正同。孔子曰。魯國不復贖人矣。子路受而勸德。子贛讓而止善。孔子之明。以小知大。以近知遠。通於論者也。由此觀之。廉有所在。而不可公行也。○文典謹按。羣書治要引在上有不字。於義爲長。故行齊於俗。可隨也。事周於能。易爲也。矜僞以惑世。伉行以違衆。聖人不以爲民俗。廣廈闊屋。連闥通房。人之所安也。鳥入之而憂。○文典謹按。意林引闕作弘。高山險阻。深林叢薄。虎豹之所樂也。人入之而畏。川谷通原。積水重泉。黿鼉之所便也。人入之而死。○文典謹按。御覽八百九十二、九百三十二引泉並作淵。咸池承雲。（皆黃帝樂。）九韶。（舜樂。）六英。（帝顓頊樂。）人之所樂也。鳥獸聞之而驚。深谿峭岸。峻木尋枝。猨狖之所樂也。人上之而慄。形殊性詭。所以爲樂者。乃所以爲哀。所以爲安者。乃所以爲危也。乃至天地之所覆載。日月之所照認。使各便其性。安其居。處其宜。爲其能。故愚者有所脩。智者有所不足。柱不可以摘齒。○莊逵吉云。御覽引摘作剌。筐不可以持屋。筐。小簪也。○王念孫云。太平御覽居處部十五引作蓬。不可以持屋。案筐與蓬。皆筳字之誤也。筳讀若庭。又讀若挺。庭挺皆直也。（爾雅。庭。直也。考工記弓人注曰。挺。直也。）小簪形直。故謂之筳。柱與筳大小不同。而其形皆直。故類舉之。若筐與蓬。則非其類矣。玉篇。筳。徒丁切。小簪也。義即本於高注。此言大材不可小用。小材不可大用。故柱可以持屋而不可以摘齒。小簪可以摘齒而不可以持屋也。筳字隸書或作莛。形與蓬相似。筐與筳草書亦相似。故筳誤爲筐。又誤爲蓬矣。馬不可以服重。牛不可以追速。鉛不可以爲刀。銅不可以爲弩。鐵不可以爲舟。木不可以爲釜。各用之於其所適。施之於其所宜。即萬物一齊。而無由相過。夫明鏡便於照形。其於以函食不如簞。○王念孫云。函食不如簞。本作承食不如竹箄。（箄。博計反。）今本承誤爲函。箄誤爲簞。（箄誤爲篳。又誤而爲簞。）又脫去竹字耳。說文。箄。蔽也。所以蔽甑底。承讀爲烝之浮浮之烝。謂用以烝食也。（漢書地理志長沙國承陽。師古曰。承音烝。續漢書郡國志作烝陽。是烝與承通。太平御覽器物部引此作蒸食。）今人猶謂甑中蔽爲箄子。世說云。客詣陳太丘宿。太丘使元方季方炊。二人委而竊聽。炊忘箸箄。飯落釜中。是也。說山篇云。弊箄甑瓾。在旃茵之上。雖貪者不搏。是箄爲物之賤者。

然明鏡雖貴，若用以蔽甑底，則氣不上升，而食不熟；竹箅雖賤，而可以烝食。故下文云物無貴賤，因其所貴而貴之，物無不貴；因其所賤而賤之，物無不賤也。鏡形圓，箅形亦圓，故連類而及之。若簞笥之屬，則其儗之不於其倫矣。且箅與蜧為韻，（蜧音戾。）若作箄，則失其韻矣。太平御覽服用部鏡下引淮南子明鏡便於照形，承食不如竹箄，雖承字不誤，而箄字已與今本同。然器物部箅下又引淮南子明鏡可鑑形，蒸食不如竹箅。是則服用部作箄者，後人據誤本淮南改之耳。北堂書鈔服飾部鏡下引作承食不如竹箄，箄亦箅之誤。又案說山篇弊箅甑瓾，今本箅作箄，非也。說文箅，蔽也，所以蔽甑底，從竹畀聲。玉篇博計切。急就篇云笆篅簁筥籅箅篝是也。說文又云箄，簁箄也，從竹卑聲。玉篇必匙、必是二切。急就篇云簁箄箕帚筐篋簍是也。此言弊箅甑瓾，則是甑箅之箅，非簁箄之箄，字不當從卑。

犧牛粹毛，宜於廟牲。其於以致雨，不若黑蜧。黑蜧，神蛇也，潛於神淵，蓋能興雲雨。○陶方琦云：文選江賦注引許注：黑蜧，神蛇也，潛于神泉，能致雲雨。張景陽雜詩注引作高誘，誤也。其能致雲雨四字，據以補入。說文虫部：蜦，蛇屬也，潛於神淵之中，能興致雲雨。蜦或从戾作蜧。許氏說文即采用淮南注。初學記引淮南注：黑蜧神蛇，潛淵而居，將雨則躍。（御覽十引亦同。）此即許說而引文稍異。御覽九百三十三引此注：黑蜧，黑色蛇屬也。蜧潛于水，神象能致雨也。文又小異，或即許高之別。然江賦注引許注文正同今注，與說文符合，確為許說無疑。神淵作神泉，乃唐人避諱而改。（歲華紀麗亦引為許注。）○文典謹按：粹毛，文選張景陽雜詩注、御覽九百三十三引並作騂毛，知今本作粹者，誤字也。又按：白帖二引淮南子曰：黑蜧神虬，潛泉中而居，天將雨則躍，亦注文也。

由此觀之，物無貴賤。因其所貴而貴之，物無不貴也；因其所賤而賤之，物無不賤也。夫玉璞不厭厚，角觡不厭薄，角觡，刀劍羽觡之覆角也。○孫詒讓云：刀劍無羽飾，此羽疑當為削之譌。釋名釋兵云：刀其室曰削。漆不厭黑，粉不厭白，此四者相反也，所急則均，其用一也。○文典謹按：北堂書鈔百三十五引用下有則字。今之裘與蓑孰急？見雨則裘不用，升堂則蓑不御，此代為常者也。○陳觀樓云：常當為帝字之誤也。代為帝，謂裘與蓑迭為主也。說林篇曰：旱歲之土龍，疾疫之芻狗，是時為帝者也。莊子徐無鬼篇曰：堇也，桔梗也，雞廱也，豕零也，是時為帝者也。義並與此同。譬若舟車楯肆窮廬，故有所宜也。水宜舟，陸地宜車，沙地宜肆，泥地宜楯，草野宜窮廬。○莊逵吉云：錢別駕云：大禹四載，本皆異說。文解字：水行乘舟，陸行乘車，山行乘欙，澤行乘輴。史記：山行乘檋，水行乘船，陸行乘車，澤行乘橇。漢書溝洫志：山行乘梮，水行乘舟，陸行乘車，泥行乘毳。徐廣史記注又作山行乘橋，水行乘船，陸行乘車，澤行乘䡈。呂不韋書：山用樏，水用舟，陸用車，塗用楯。又有沙用鳩。本書脩務訓又云：山行乘蔂，水行乘舟，沙行乘鳩，澤行乘楯。與此而七。其字各殊。考之欙爲正字。蔂欙皆變字之別也。肆字音與欙相近。通用。䡊榻亦同聲。橋又𩊓字之轉聲。樄乃駕馬大車。橋卽俗轎字也。鳩車聲相轉。然古別有一種車名鳩。蓋小車。輴䡔楯三字同類。欙毳䨏三字同類。周禮曰。弧乘夏軸。又下棺車亦曰軸。古字無䡔楯。乃以闌楯借用耳。僞孔傳尚書本不足據。其見于諸書者。因以別駕所肆。攷而坿詳之如是。〇盧文弨云。今本淮南騑譌作肆。唯葉林宗本作騑。从長从求。案文子自然篇水用舟。沙用騑。泥用楯。山用欙。欙音云。騑乃鳥切。推版具。今檢玉篇無騑字。有騑字。从長从十从小。音正同。云駣騠長不勁。蓋與𡠹嫋同義。廣韻則从長从亦。三字不同。案求字亦有求音。當以从求爲正。又脩務訓沙之用騑。葉本亦譌作肆。而別本有作鳩者。案呂氏春秋愼勢篇作沙用鳩。字書九與糾通。則音亦可通轉。卽以鳩從文子。淮南讀其亦可也。〇王念孫云。肆當作騑（玉篇乃鳥切）。字相似而誤。文子自然篇正作沙用騑。朱本茅本莊本依呂氏春秋（愼勢篇）改作沙之用鳩。非也。鳩與肆形聲皆不相近。若是鳩字。不得誤爲肆矣。或又因說文無騑字。而以肆爲欙。欙與肆形聲亦不相近。且脩務篇明言沙用肆。山用蔂（與欙同）。肆欙不同物。何得以肆爲欙乎。故老子曰。不上賢者。言不致魚於木。沈鳥於淵。物各因其宜。故不須用賢。故堯之治天下也。舜爲司徒。契爲司馬。禹爲司空。后稷爲大田師。奚仲爲工。其導萬民也。水處者漁。山處者木。〇俞樾云。木乃采之壞字。謂采樵也。山處者采。與上句水處者漁。下句谷處者牧。陸處者農。一律。漁也。采也。牧也。農也。皆言其事也。若作山處者木。則上句當云水處者魚矣。文子自然篇作林處者採。可據以訂正。說林篇漁者走淵。木者走山。木亦當爲采。谷處者牧。陸處者農。地宜其事。事宜其械。械宜其用。用宜其人。澤皋織網。陸阪耕田。得以所有易所無。以所工易所拙。是故離叛者寡。而聽從者衆。譬若播棊丸於地。〇文典謹按。意林引播作翻。員者走澤。方者處高。各從其所安。夫有何上下焉。若風之遇簫。簫。籟也。〇陳觀樓云。各本過字皆誤作遇。唯道藏本不誤。文子自然篇正作若風之過簫。忽然感之。各以清濁應矣。夫猨狖得茂木。不舍而穴。狟狢得埵防。弗去而緣。狟。狟豚也。埵。水埒也。防。隄也。物莫避其所利。而就其所害。是故鄰國相望。雞狗之音相聞。而足迹不接諸侯之境。車軌不結千里之外者。皆各得其所安。故亂國若盛。治國若虛。亡國若不足。存國若有餘。虛者非無人也。皆守其職也。盛者非多人也。皆徼於末也。有餘者非多財也。欲節事寡也。不足者非無貨也。民躁而費多也。故先王之法籍。非所作也。其所因也。其禁誅。非所爲也。其所守也。凡以物治物者。不以物以睦。治睦者。不以睦以人。治人者。不以人以君。○王念孫云。凡以物治物者。以物二字因下文而衍。呂氏春秋貴當篇。文子下德篇。皆無此二字。治君者。不於君以欲。治欲者。不於欲以性。治性者。不於性以德。治德者。不以德以道。原人之性蕪濊而不得清明者。物或堁之也。堁。坋塵也。羌氏僰翟。嬰兒生皆同聲。羌。東戎。氐。南夷。僰。西夷。翟。北胡也。及其長也。雖重象狄騠。象狄騠。譯也。象。傳狄騠之語也。不能通其言。教俗殊也。今三月嬰兒生而徙國。則不能知其故俗。由此觀之。衣服禮俗者。非人之性也。所受於外也。夫竹之性浮。殘以爲牒。束而投之水則沈。失其體也。金之性沈。託之於舟上則浮。勢有所支也。夫素之質白。染之以涅則黑。縑之性黃。染之以丹則赤。人之性無邪。久湛於俗則易。易而忘本。合於若性。若性。合於他性。自若本性也。故日月欲明。浮雲蓋之。河水欲清。沙石濊之。○文典謹按。御覽七十四引沙石濊之作沙壤穢之。羣書治要引濊亦作穢。人性欲平。嗜欲害之。惟聖人能遺物而反己。夫乘舟而惑者。不知東西。見斗極則寤矣。○文典謹按。文選應休璉與從弟君苗君冑書注引作見斗極則曉然而寤矣。夫性亦人之斗極也。有以自見也。則不失物之情。無以自見。則動而惑營。譬若隴西之游。愈躁愈沈。孔子謂顏回曰。吾服汝也忘。孔子謙。自謂無知而服回。此忘行也。而汝服於我也亦忘。雖然。汝雖忘乎吾。猶有不忘者存。孔子知其本也。夫縱欲而失性。動未嘗正也。以治身則危。以治國則亂。○文典謹按。羣書治要引危作失。亂作敗。以入軍則破。是故不聞道者。無以反性。故古之聖王。能得諸己。故令行禁止。名傳後世。德施四海。是故凡將舉事。必先平意清神。神清意平。物乃可正。若璽之抑埴。璽。印也。埴。泥也。

正與之正。印正而封亦正。傾與之傾。故堯之舉舜也。決之於目。桓公之取甯戚也。斷之於耳而已矣。爲是釋術數而任耳目。其亂必甚矣。夫耳目之可以斷也。反情性也。聽失於誹譽。而目淫於采色。而欲得事正則難矣。夫載哀者聞歌聲而泣。〇文典謹按。意林引載作戴。下同。載樂者見哭者而笑。〇文典謹按。羣書治要引見作聞。哀可樂者。笑可哀者。〇王念孫云。哀可樂者。者字因下句而衍。〇文典謹按。羣書治要引此。下有何者二字。載使然也。是故貴虛。虛者心無所載於哀樂也。〇陶方琦云。羣書治要引許注。虛者無所載于哀樂。故水擊則波興。氣亂則智昏。智昏不可以爲政。波水不可以爲平。〇王念孫云。水擊當爲水激。擊之誤也。羣書治要引此。正作激。氾論篇亦云。水激興波。智昏不可以爲政。智昏當爲昏智。昏智與波水相對。謂既昏之智不可以爲正。已波之水不可以爲平也。今本作智昏者。蒙上句而誤。文子下德篇正作昏智不可以爲正。故聖王執一而勿失。萬物之情既矣。既。盡也。〇王念孫云。既本作測。高注本作測。盡也。今本正文注文皆作既。後人以意改耳。羣書治要引此正作測。原道篇。水大不可極。深不可測。主術篇。天道大不可極。深不可測。呂氏春秋下賢篇。昏乎其深而不測也。高注並云。測。盡也。後人但知既之訓爲盡。而不知測之訓爲盡。遂以其所知改其所不知。謬矣。且測與服爲韻（服字古讀蒲北反。說見唐韻正）。若作既。則失其韻矣。四夷九州服矣。夫一者至貴。無適於天下。聖人託於無適。故民命繫矣。爲仁者必以哀樂論之。爲義者必以取予明之。目所見不過十里。而欲遍照海內之民。哀樂弗能給也。無天下之委財。而欲遍澹萬民。利不能足也。且喜怒哀樂。有感而自然者也。故哭之發於口。涕之出於目。〇莊逵吉云。御覽引目作鼻。疑是。〇王紹蘭云。陳風澤陂篇。涕泗滂沱。毛傳。自目曰涕。自鼻曰泗。泗即洟之借字。說文。洟。鼻液也。易萃上六。齎咨涕洟。釋文引鄭。自目曰涕。自鼻曰洟（虞翻同）。然則目涕之義古矣。王褒僮約云。目淚下落。鼻涕長一尺。非經訓也。莊氏疑御覽引目作鼻爲是。失之。〇俞樾云。莊說非也。周易萃上六。齎咨涕洟。釋文引鄭注曰。自目曰涕。自鼻曰洟。然則涕出乎目。非出乎鼻。不得據御覽之誤字。以改淮南之不誤者也。〇文典謹按。王俞說是也。藝文類聚八十引與今本合。明御覽作鼻。必爲誤字。此皆憤於中而形於外者也。譬若水之下流。烟之上尋也。〇文典謹按。尋讀爲覃（古侵覃通爲一部）。即古燂字。說文火部。

燂，火熱也。字亦作燖，又與爇通。儀禮有司徹：乃爇尸俎。鄭注：爇，溫也。古文爇皆作燖，記或作燖。（左哀十二年傳若可尋也，此注引作燖。）天文篇火上蕁，高注：蕁讀葛覃之覃，亦同爲燖。夫有孰推之者？故強哭者雖病不哀，強親者雖笑不和，情發於中而聲應於外。故釐負羈之壺餐，愈於晉獻公之垂棘；獻公以垂棘滅虞虢。趙宣孟之束脯，賢於智伯之大鐘。智伯以大鐘滅仇由。故禮豐不足以效愛，而誠心可以懷遠。故公西華之養親也，若與朋友處；曾參之養親也，若事嚴主烈君；其於養一也。公西華，孔子弟子也。與朋友處，睦而少敬。烈，酷也。曾參事親，其敬多。故胡人彈骨，越人契臂，中國歃血也，所由各異，其於信一也。胡人之盟約，置酒人頭骨中，飲以相詛。刻臂出血。殺牲歃血，相與爲信。○莊逵吉云：御覽引契作齧。列子釋文乃作契，引許愼注云：契，刻臂出血也。歃，御覽引作唼，唼、歃之別字也。○陶方琦云：今注文略媘節。刻臂上應有契字。釋名釋書契：契，刻也。爾雅：契，絕也。郭注：今江東以刻斷物爲契斷。三苗鬊首，羌人括領，中國冠笄，越人劗鬋，其於服一也。三苗之國，在彭蠡洞庭之野。鬊，以枲束髮也。括，結。笄，簪。鬋，斷也。帝顓頊之法，婦人不辟男子於路者，拂之於四達之衢。拂，放也。○莊逵吉云：御覽引拂作祓，有注云：除其不祥。今之國都，男女切踦，踦，足也。肩摩於道，其於俗一也。故四夷之禮不同，皆尊其主而愛其親，敬其兄；獫狁之俗相反，獫狁，北胡也。其俗物與中國相反也。皆慈其子而嚴其上。夫鳥飛成行，獸處成羣，有孰教之？故魯國服儒者之禮，行孔子之術，地削名卑，不能親近來遠。越王句踐劗髮文身，無皮弁搢笏之服，皮弁以爲爵冠也。搢，佩紟笏。佩玉也。長三尺，抒上終葵首。拘罷拒折之容，拘罷，圜也。拒折，方也。然而勝夫差於五湖，南面而霸天下，泗上十二諸侯皆率九夷以朝。○胡鳴玉云：史天官書：太微宮垣有匡衛十二星。注正義云：十二諸侯之府也。乃知天有十二次，日月之所躔也。地有十二州，王侯之所國也。舉十二州以該天下之諸侯，非謂十二國也。胡貉匈奴之國，縱體拖髮，拖，縱也。箕倨反言，而國不亡者，未必無禮也。楚莊王裾衣博袍，裾，裒也。衣裾也。令行乎天下，遂霸諸侯。晉文君大布之衣，大布，粗布也。牂羊之裘，韋以帶劍，威立於海內，豈必鄒魯之禮之謂禮乎。鄒，孟軻邑。魯，孔子邑。是故入其國者從其俗，入其家者避其諱，不犯禁而入，不忤逆而進，雖之夷狄徒倮之國，徒倮，不衣也。○俞樾云：廣雅釋詁：徒，袒也。徒倮猶袒倮。徒與袒一聲之轉。呂氏春秋異用篇：非徒網鳥也，高注曰：徒猶但也。袒與但同。結軌乎遠方之外，而無所困矣。禮者，實之文也。仁者，恩之效也。故禮因人情而爲之節文，而仁發恲以見容。恲，色也。禮不過實，仁不溢恩也，治世之道也。夫三年之喪，是强人所不及也，而以僞輔情也。三月之服，是絕哀而迫切之性也。三月之服，夏后氏之禮。夫儒墨不原人情之終始，而務以行相反之制，五縗之服。五縗，謂三年、朞年、九月、五月、三月服也。悲哀抱於情，葬薶稱於養，不强人之所不能爲，不絕人之所能已。○陳觀樓云：能已上亦當有不字。文子上仁篇正作不絕人所不能已。度量不失於適，誹譽無所由生。古者非不知繁升降槃還之禮也，蹀采齊肆夏之容也，采齊、肆夏，皆樂名也。以爲曠日煩民而無所用，故制禮足以佐實喻意而已矣。古者非不能陳鐘鼓，盛筦簫，揚干戚，奮羽旄，以爲費財亂政，制樂足以合歡宣意而已，喜不羨於音。非不能竭國麋民，虛府殫財，含珠鱗施，綸組節束，鱗施，玉匣也。綸，絮也。束，纏也。追送死也，以爲窮民絕業而無益於槁骨腐肉也，故葬薶足以收斂蓋藏而已。昔舜葬蒼梧，市不變其肆；舜南巡狩，死蒼梧，葬洽道九疑山，不煩於市，有所廢。禹葬會稽之山，農不易其畝，禹會羣臣於會稽，葬山陰之陽，不煩農人之田畝。明乎生死之分，通乎侈儉之適者也。亂國則不然，言與行相悖，情與貌相反，禮飾以煩，樂優以淫，○王念孫云：文子上仁篇優作擾，於義爲長。擾亦煩也。俗書擾字作擾，與優相似而誤。崇死以害生，久喪以招行，是以風俗濁於世，而誹譽萌於朝，是故聖人廢而不用也。義乎循理而行宜也，禮者體情制文者也。義者宜也，禮者體也。○王引之云：上二句即是訓義爲宜，訓禮爲體，不須更云義者宜也，禮者體也矣，疑後人取中唐禮器之文記於旁，而寫者因誤入正文也。文典謹按：御覽五百二十三引體情下有而字。○昔有扈氏爲義而亾，有扈，夏啓之庶兄也。以堯舜舉賢，禹獨與子，故伐啓，啓亾之。知義而不知宜也。魯治禮而削，知禮而不知體也。有虞氏之祀，○王念孫云：有虞氏之祀，祀當爲禮，此涉下文祀中霤而誤也。有虞氏之禮，總下三事而言，不專指祭祀。下文夏后氏之禮（今本脫之禮二字，據下文補）、殷人之禮、周人之禮，皆其證。其社用土，封土爲社。祀中霤，葬成畝，田畝而葬。其樂咸池、承雲、九韶，舜兼用黃帝樂。九韶，舜所作也。其服尚黃。舜，土德也。夏后氏其社用松，所樹之木，皆所生地之所宜也。祀戶，春祭先戶，夏木德也。葬牆置翣，翣，棺衣飾也。其樂夏籥、九成、六佾、六列、六英。九成，變也。六列，六六爲行列也。六英，禹兼用顓頊之樂也。其服尚青。木德，故尚青也。殷人之禮，其社用石，以石爲社主也。祀門，秋祭先門，殷金德也。葬樹松，其樂大濩、晨露，大濩、晨露，湯所作樂。其服尚白。金德，故尚白也。周人之禮，其社用栗，祀竈，夏祭先竈。周火德也。鄒子曰：五德之次，從所不勝。故虞土，夏木，殷金，周火。葬樹柏，其樂大武、三象、棘下，三象、棘下，武象樂也。其服尚赤。火德，故尚赤也。禮樂相詭，服制相反，然而皆不失親疏之恩，上下之倫。今握一君之法籍，以非傳代之俗，譬由膠柱而調瑟也。故明主制禮義而爲衣，分節行而爲帶。衣足以覆形，從典墳，虛循撓，便身體，適行步，不務於奇麗之容，隅眥之削。○洪頤煊云：眥當作些。本經訓：衣無隅差之削。高注：隅，角也；差，邪也。些、差聲相近。晏子春秋諫下篇：衣不務於隅肶之削。肶即眥之譌字。帶足以結紐收衽，束牢連固，不亟於爲文句疏短之鞻。○孫詒讓云：短疑當爲矩，文句者，圜文也（說文句部云：句，曲也）。疏矩者，方文也。鞻字疑誤。說文革部云：鞻，革生鞮也。此上文並說帶，不宜忽及鞮屨，此必有譌挩也。故制禮義，行至德，而不拘於儒墨。所謂明者，非謂其見彼也，自見而已。所謂聰者，非謂聞彼也，自聞而已。所謂達者，非謂知彼也，自知而已。是故身者道之所託，身得則道得矣。道之得也，以視則明，以聽則聰，以言則公，以行則從。故聖人裁制物也，猶工匠之斲削鑿枘也，宰庖之切割分別也，曲得其宜而不折傷。拙工則不然，大則塞而不入，小則窕而不周，動於心，枝於手，而愈醜。夫聖人之斲削物也，剖之判之，離之散之，已淫已失，復揆以一，既出其根，復歸其門，已雕已琢，還反於樸，合而為道德，離而為儀表，其轉入玄冥，其散應無形，禮義節行，又何以窮至治之本哉。世之明事者，多離道德之本，曰禮義足以治天下，此未可與言術也。所謂禮義者，五帝三王之法籍風俗，一世之迹也。譬若芻狗土龍之始成，芻狗，束芻為狗，以謝過求福。土龍以請雨。○陶方琦云：意林引許注：芻狗事以謝過，土龍事以請雨。文以青黃，○文典謹按：意林引作則衣以文繡。絹以綺繡，○俞樾云：絹當為羂。漢書司馬相如傳羂要褭，師古注曰：羂謂羅繫之也。文選上林賦李善注引聲類曰：羂，係取也。羂以綺繡，謂以綺繡繫之。作絹者，不從网耳。太平御覽皇王部引作飾以綺繡，殆由不得其義而臆改也。纏以朱絲，尸祝袀袨，袀，純服。袨，墨齋衣也。大夫端冕，端冕，冠也。以送迎之。及其已用之後，則壤土草薊而已。○莊逵吉云：御覽薊作芥。芥正字，薊奇字。○王念孫云：各本薊下有音出二字。案音出二字，後人所加。高注皆言讀某字，無言音某者。考說文、玉篇、廣韻、集韻，皆無薊字。或音出，或以為芥之奇字，皆不知何據。余謂薊者，壞字也。草薊即草芥。史記賈生傳細故薊兮，索隱曰：薊音介。漢書作蒂芥，是芥薊古字通，故此作薊，御覽作草芥也。○文典謹按：意林引作及其用畢，則棄之土壤。夫有孰貴之。言棄之不貴也。○莊逵吉云：御覽作誰貴之哉。故當舜之時，有苗不服，於是舜修政偃兵，執干戚而舞之。禹之時，天下大雨，禹令民聚土積薪，擇丘陵而處之。○王念孫云：天下大雨，雨本作水。此後人妄改之也。唯天下大水，是以令民聚土積薪而處丘陵。若作大雨，則非其指矣。後人改水為雨者，以與舞處二字為韻耳。不知此文但以舞處為韻，餘皆不入韻也。要略正作禹之時天下大水。武王伐紂，載尸而行，武王伐紂，伯夷曰：父死未葬，爰及干戈，可謂孝乎。海內未定，故不為三年之喪始。言始於武王也。禹遭洪水之患，陂塘之事，故朝死而暮葬。○王念孫云：遭，文選海賦注、應休璉與從弟君苗君胄書注、太平御覽禮儀部三十四引並作有。道藏本不為三年之喪始，下注云：三年之喪於武王。案故不為三年之喪始，當作故為三年之喪。高注當作三年之喪始於武王。藏本始字誤入正文，正文為三年之喪上又衍不字，則正文注文皆不可讀矣。且上文以舞處為韻，此以行喪葬為韻，若喪下有始字，則失其韻矣。此言武王為三年之喪，而禹則朝死暮葬與武王不同，非謂武王不爲三年之喪也。下文云「脩干戚而笑钁插，知三年而非一日」（今本非上脫而字，據上句補），干戚二字承上文舜舞干戚而言，钁插二字承禹令民聚土而言，一日二字承禹朝死暮葬而言，三年二字則承武王爲三年之喪而言。若云不爲三年之喪，則與下文相反矣。要略云：「武王誓師牧野，以踐天子之位。天下未定，海內未輯，武王欲昭文王之令德，使夷狄各以其賄來貢，遼遠未能至，故治三年之喪，殯文王於兩楹之間，以俟遠方。」彼言武王治三年之喪，正與此同。若云不爲三年之喪，則又與要略相反矣。道應篇述武王之事，亦云爲三年之喪，令類不蕃。以上三篇，皆謂武王始爲三年之喪。故高注云：「三年之喪始於武王也。」藏本作「三年之喪於武王者」，始字誤入正文耳。劉績不知是正，又改注文爲「三年之喪於武王廢」，朱本又改爲「言始廢於武王也」，皆由正文誤作「不爲三年之喪」，故又改注文以從之耳。○文典謹按：御覽五百五十五引陂塘之事下有注云：「陂，蓄水；塘，池也。」此皆聖人之所以應時耦變，見形而施宜者也。○文典謹按：御覽五百五十五引作「此皆聖人之所以應時設教，見而施宜者也」。今之修干戚而笑钁插，钁，斫屬。知三年非一日，是從牛非馬，以徵笑羽也。以此應化，無以異於彈一弦而會棘下。棘下，樂名。一弦，會之不可成也。夫以一世之變，欲以耦化應時，譬猶冬被葛而夏被裘。夫一儀不可以百發，儀，弩招頭也。射百發，遠近不可皆以一儀也。一衣不可以出歲。儀必應乎高下，衣必適乎寒暑。是故世異則事變，時移則俗易。故聖人論世而立法，隨時而舉事。尚古之王，封於泰山，禪於梁父，七十餘聖，法度不同，非務相反也，時世異也。是故不法其已成之法，而法其所以爲法。所以爲法者，與化推移者也。夫能與化推移爲人者，至貴在焉爾。○王念孫云：「夫能與化推移者」，乃復舉上文之詞。推移下不當有爲人二字，蓋涉下文「與造化爲人」而衍。故狐梁之歌可隨也，其所以歌者不可爲也。○孫志祖云：狐梁無注，或疑即「有狐綏綏，在彼淇梁」之詩。案蜀志郤正傳「瓠梁託絃以流聲」，注引淮南子「瓠巴鼓瑟而鱏魚聽之」（今本說山訓作「淫魚出聽」），又引此文作「瓠梁之歌」，蓋瓠與狐通也，與衛詩無涉。梁曜北云：梁字何解？豈巴又名梁耶？○文典謹按：孫說是也。北堂書鈔一百六歌篇二引狐正作瓠，又引注云：「瓠梁，善歌之人也。」藝文類聚四十三引注善歌上多一古字，餘同，皆足證孫說。聖人之法可觀也，其所以作法不可原也。辯士言可聽也，其所以言不可形也。淳均之劍不可愛也，而歐冶之巧可貴也。今夫王喬、赤誦子，吹嘔呼吸，吐故內新，遺形去智，抱素反眞，以游玄眇，上通雲天。今欲學其道，不得其養氣處神，而放其一吐一吸，時詘時伸，其不能乘雲升假亦明矣。王喬，蜀武陽人也，爲柏人令，得道而仙。赤誦子，上谷人也，病癘入山，導引輕舉。假，上也。○莊逵吉云：俗本赤誦作赤松，蓋誤改之。古字誦與松同聲通用。五帝三王，輕天下，細萬物，齊死生，同變化，抱大聖之心，以鏡萬物之情，上與神明爲友，下與造化爲人。今欲學其道，不得其清明玄聖，而守其法籍憲令，不能爲治亦明矣。故曰：得十利劍，不若得歐冶之巧；得百走馬，不若得伯樂之數。樸至大者無形狀，道至眇者無度量。故天之圓也不得規，地之方也不得矩。○俞樾云：兩得字皆當爲中。周官師氏掌國中失之事，故書中爲得，是其例也。文子自然篇正作天圓不中規，地方不中矩。往古來今謂之宙，四方上下謂之宇，道在其間，而莫知其所。故其見不遠者，不可與語大；其智不閎者，不可與論至。昔者馮夷得道，以潛大川；馮夷，河伯也。華陰潼鄉隄首里人，服八石，得水仙。鉗且得道，以處昆侖。鉗且得仙道，升居昆侖山。○莊逵吉云：莊子大宗師篇：堪坏襲昆侖。陸德明釋文云：堪坏，神人，人面獸形。淮南作欽負。是唐本鉗且作欽負也。字形近，故誤耳。程文學據山海經云：是與欽䲹殺祖江于昆侖之陽。後漢書注引作欽駓。古駓䲹本一字。錢別駕云：古丕與負通。故尚書丕子之責，史記作負子。丕與負通，因之從丕之字亦與負通也。堪欽亦同聲。○王念孫云：程、錢、莊說皆是。扁鵲以治病，扁鵲，盧人，姓秦，名越人，趙簡子時人。造父以御馬，羿以之射，倕以之斲。倕，堯時巧工也。所爲者各異，而所道者一也。○文典謹按：意林引作得道一也。夫稟道以通物者，無以相非也。譬若同陂而溉田，其受水均也。今屠牛而烹其肉，或以爲酸，或以爲甘，煎熬燎炙，齊味萬方。○王念孫云：兩爲字皆後人所加。北堂書鈔酒食部四、太平御覽資產部八、飲食部十一引此皆無兩爲字。齊味當爲齊咊，字之誤也。齊讀若劑。咊即今和字也。讀若甘受和之和。舊本北堂書鈔及太平御覽引此並作齊和，萬方和與齊義相近。鄭注周官鹽人云：齊事和五味之事。又注少儀云：齊謂食羹醬飲有齊和者也。高注呂氏春秋本味篇云：齊和分也。本經篇云：煎熬焚炙，調齊和之適。鹽鐵論通有篇云：庖宰烹殺胎卵，煎炙齊和，窮極五味。新序雜事篇云：管仲善斷割之，隰朋善煎熬之，賓胥無善齊和之。漢書藝文志云：調百藥齊和之所宜。皆其證也。又案：和字說文本作咊，今經傳皆作和，從隸變也。此咊字若不書誤爲味，則後人亦必改爲和矣。〇文典謹按：燎，北堂書鈔一百四十五引作臑，御覽八百六十三引作轉。齊味，意林引作劑一味。其本一牛之體。伐梗柟豫樟而剖梨之，剖，判。梨，分也。或爲棺槨，或爲柱梁，披斷撥檖。披，解也。撥，析理也。檖，順也。〇王念孫云：如高注，則檖字本作遂，故訓爲順也。今作檖者，因上文棺槨柱梁等字而誤耳。茅本並注文亦改爲檖，而莊本從之，謬矣。所用萬方，然一木之樸也。故百家之言，指奏相反，其合道一體也。譬若絲竹金石之會樂同也。〇王念孫云：體字因下文不失於體而衍。合道一與會樂同文正相對，則一下不當有體字。下文又云其知馬一也，其得民心鈞也，皆與此文同一例。其曲家異而不失於體。伯樂、韓風、秦牙、管青，四子皆古善相馬者。所相各異，其知馬一也。故三皇五帝，法籍殊方，其得民心均也。故湯入夏而用其法，武王入殷而行其禮，桀紂之所以亾，而湯武之所以爲治。故剞𠜾銷鋸陳，非良工不能以制木；鑪橐埵坊設，鑪橐埵，皆治具。坊，土刑也。非巧冶不能以治金。〇文典謹按：御覽九百五十二引工作匠。屠牛吐一朝解九牛，而刀以剃毛。屠牛吐，齊之大屠。剃，截髮也。〇莊逵吉云：御覽吐作坦，疑垣字之訛。〇王念孫云：刀下當有可字。刀可以剃毛，賈子所謂芒刃不頓也。脫去可字，則文義不明。白帖十三、太平御覽兵部七十七、資產部八引此皆有可字。庖丁用刀十九年，而刀如新剖硎。庖丁，齊屠伯也。新剖，始製也。硎，磨刀石。〇王念孫云：劉本於剖下增硎字。案劉增是也。據高注云硎，磨刀石，則有硎字明矣。下刀本字當作刃，刃刀字相似，又涉上刀字而誤也。刃如新剖硎，言刀刃不頓也。莊子養生主篇：今臣之刀十九年矣，而刀刃若新發於硎。呂氏春秋精通篇：宋之庖丁好解牛，用刀十九年，而刃若新磨研。皆其證也。太平御覽資產部八引此作刃如新砥硎，雖砥與剖不同，而字亦作刃。〇文典謹按：御覽八百二十八引注作庖丁，宋人。砥，磨也。齊俗訓乃許注本，御覽所引疑是高注。何則？游乎衆虛之閒。衆虛之閒，剖中理也。〇文典謹按：御覽八百二十八引閒作門。若夫規矩鉤繩者，此巧之具也，而非所以巧也。〇王念孫云：巧也上當有所爲字。下文云故弦，悲之具也，而非所以爲悲也，與此相對爲文。太平御覽工藝部九引此正作非所以爲巧。文子自然篇同。故瑟無絃，雖師文不能以成曲。師文，樂師。徒絃則不能悲，故絃悲之具也。而非所以爲悲也。若夫工匠之爲連鐖運開陰閉眩錯。連鐖，鐖發也。運開，相通也。陰閉，獨閉也。眩，因而相錯也。入於冥冥之眇。神調之極。游乎心手衆虛之閒。○王念孫云：衆虛二字，因上文游乎衆虛之閒而誤衍也。上文說庖丁解牛，批郤導窾，游刃有餘，故曰游乎衆虛之閒。此是說工匠爲連鐖之事，不當言衆虛也。且心手之閒，謂心與手之閒也，則不當有衆虛二字明矣。文子作遊於心手之閒，無衆虛二字。而莫與物爲際者。父不能以敎子。瞽師之放意相物。寫神愈舞。而形乎絃者。兄不能以喻弟。今夫爲平者準也。爲直者繩也。若夫不在於繩準之中。可以平直者。此不共之術也。故叩宮而宮應。彈角而角動。此同音之相應也。其於五音無所比。而二十五絃皆應。此不傳之道也。故蕭條者形之君。蕭條，深靜也。而寂寞者音之主也。微音生於寂寞。天下是非無所定。世各是其所是。而非其所非。所謂是與非各異。○文典謹按：羣書治要引作所謂是與所謂非各異。文義較今本爲完。皆自是而非人。由此觀之。事有合於己者。而未始有是也。有忤於心者。而未始有非也。故求是者。非求道理也。求合於己者也。去非者。非批邪施也。施，微曲也。去忤於心者也。忤於我。未必不合於人也。合於我。未必不非於俗也。至是之是無非。至非之非無是。此眞是非也。若夫是於此而非於彼。非於此而是於彼者。此之謂一是一非也。此一是非。隅曲也。夫一是非。宇宙也。今吾欲擇是而居之。擇非而去之。不知世之所謂是非者。不知孰是孰非。○陳觀樓云：不知孰是孰非，不知二字，因上句而衍。○王念孫云：羣書治要引此無不知二字。老子曰：治大國若烹小鮮。爲寬裕者曰勿數撓。裕，饒也。爲刻削者曰致其醎酸而已矣。晉平公出言而不當。師曠舉琴而撞之。跌衽宮壁。跌衽至平公衣衽，中宮壁。○俞樾云：跌衽宮壁，於文未明。高注曰：跌衽至平公衣衽，中宮壁。疑本作跌衽中壁。跌，猶越也。言越過平公之衽，而中於壁也。今作宮壁，卽涉注而誤。左右欲塗之。欲塗師曠所敗壁也。平公曰：舍之。於此爲寡人失。孔子聞之曰平公非不痛其體也欲來諫者也韓子聞之曰韓子韓公子非羣臣失禮而弗誅是縱過也有以也夫平公之不霸也故賓有見人於宓子者宓子子賤也○文典謹按羣書治要作客有見人於季子者注與今注正同意林引作客有見子賤注宓子御覽四百五引賓亦作客宓作孚賓出宓子曰子之賓獨有三過望我而笑是攓也攓慢也○文典謹按羣書治要引子之賓作子之所見客攓作僊注同意林及御覽四百五引攓竝作慢蓋許高本之異也談語而不稱師是返也○文典謹按羣書治要引返作反意林引此句在交淺而言深句下師作名返亦作反御覽四百五引語作論返作叛交淺而言深是亂也賓曰望君而笑是公也談語而不稱師是通也交淺而言深是忠也故賓之容一體也或以爲君子或以爲小人所自視之異也○文典謹按羣書治要引視作見御覽四百五引作從視之異故趣舍合即言忠而益親身疏即謀當而見疑○王念孫云趣謂志趣也（七句反）趣舍與身疏相對爲文則趣下不當有舍字蓋即合字之誤而衍者也文子道德篇正作趣合○文典謹按羣書治要引兩即字竝作則親母爲其子治扢禿而血流至耳見者以爲其愛之至也使在於繼母則過者以爲嫉也事之情一也所從觀者異也從城上視牛如羊視羊如豕所居高也○文典謹按羊與豕大小不甚相遠視牛如羊視羊不得如豕大也此疑本作從城上視牛如羊如豕御覽八百九十九引此文即無視羊二字窺面於盤水則員於杯則隋○文典謹按羣書治要引作於杯水即橢御覽七百五十八引作於杯水則脩面形不變其故有所員有所隋者所自窺之異也今吾雖欲正身而待物庸遽知世之所自窺我者乎若轉化而與世競走譬猶逃雨也無之而不濡常欲在於虛則有不能爲虛矣爲者失之執者敗之若夫不爲虛而自虛者性自然也此所慕而不能致也○王念孫云此所慕而不能致也義不可通不能致當作無不致上文欲在於虛則不能爲虛高注以爲爲者失之執者敗之是也聖人無爲故無敗無執故無失故曰若夫不爲虛而自虛者此所慕而無不致也所慕無不致猶言所欲無不得精神篇曰達至道者性有不欲無欲而不得義與此同也今本作不能致者涉上文不能爲虛而誤文子道德篇正作此所欲而无不致也○俞樾云此言欲爲虛則不能

爲虛。若夫不爲虛而自虛。則又慕之而不能致也。蓋性之自然。非可勉強。故慕之而不能致。文子道德篇作此所欲而無不致也。於義不可通。王氏念孫反據以訂正淮南。殊爲失之。故通於道者如車軸。不運於己。而與轂致千里。轉無窮之原也。不通於道者若迷惑。告以東西南北。所居聆聆。聆聆。意曉解也。一曲而辟。辟。小邪僻也。然忽不得復迷惑也。○王念孫云。然忽不得。當作忽然不得。故終身隸於人。辟若俔之見風也。俔候風者也。世所謂五兩。○莊逵吉云。文選注引俔作綄。見作候。許眘注云。綄。候風也。楚人謂之五兩。攷古完與見因字形相近。本多譌別。故論語莞爾之莞。陸德明又作莧爾。此字義當作綄爲是。○王念孫云。莊以俔爲綄之譌。是也。道藏本朱本注竝作俔候風雨也。雨乃羽字之譌。劉本改爲候風雨者。茅本又改爲候風者也。而莊本從之。誤矣。廣韻。綄。船上候風羽。北堂書鈔舟部二十引注云。綄者。候風之羽也。太平御覽舟部四引許注云。綄。候風羽也(今本羽譌作扇)則高注雨字明是羽字之譌。文選江賦注引許注作候風也者。傳寫脫羽字耳。○陶方琦云。俔乃綄字之譌。雨乃羽字之譌。玉篇。綄。候風五兩也。廣韻二十六桓。綄。船上候風羽。楚人謂之五兩。又二十四緩綄下云。候風羽。出淮南子。是許注舊本作綄明矣。御覽引作候風扇也。扇乃之羽二字壞文。○文典謹按。記纂淵海卷二引北堂書鈔云。候風之羽。楚人曰五兩。與今本書鈔所引許注小異。而與廣韻正同。必宋人所見眞本如此也。無須臾之閒定矣。故聖人體道反性。不化以待化。則幾於免矣。無爲以待有爲。近於免世難也。治世之體易守也。其事易爲也。其禮易行也。其責易償也。○王念孫云。治世之體。羣書治要引此體作職。是也。俗書職字作軄。體字作軆。軄誤爲軆。又改爲體耳。職易守。事易爲。禮易行。責易償。四者義竝相近。若作體。則與守字義不相屬。且與下三句不類矣。文子下德篇亦作職易守。下文云。萇弘師曠。不可與衆同職。又其一證矣。是以人不兼官。官不兼事。士農工商。鄉別州異。是故農與農言力。士與士言行。工與工言巧。商與商言數。是以士無遺行。農無廢功。工無苦事。商無折貨。各安其性。不得相干。故伊尹之興土功也。修脛者使之跖钁。長脛以蹋插者。使入深。○王念孫云。太平御覽地部二、器物部九引此钁竝作鏵。案鏵字是也。鏵卽臿也。跖。蹋也。(文選舞賦注引淮南許注如此)故高注言蹋插。說文。莯(玉篇胡瓜切)兩刃臿也。宋魏曰莯。或作釫。玉篇云。今爲鏵。方言云。臿。宋魏之閒謂之鏵。高注精神篇云。臿。鏵也。青州謂之鏵。釋名云。鍤或曰鏵。鏵。刳也。刳地爲坎也。莯釫鏵字異而義同(臿鍤插亦同)今人謂臿爲鏵鍬。是也。使長脛者蹋臿。則入地深而得土多。故高注曰。長脛以蹋插者。

使入深也。後人不識譯字，遂妄改爲鑼（埤雅引此作鑼，則所見本已然）。案說文：鑼，大鉏也。鉏以手揮，非以足蹋，不得言跖鑼。且高注明言蹋插，不言蹋鑼。○陶方琦云：羣書治要引許注脚作脛。按說文：脛，脚也。今注作長脚，是御覽七百六十四引注亦作長脚。又入深作入土深。**强脊者使之負土，**脊，強者，任負重。○陶方琦云：羣書治要引許注正同。**眇者使之準，**目不正，因令睎。**傴者使之塗，**傴人塗地，因其俛也。○陶方琦云：羣書治要引許注正同。按新論亦作僂者使之塗地。**各有所宜，而人性齊矣。**○文典謹按：羣書治要引所宜作所以。**胡人便於馬，越人便於舟，異形殊類，易事而悖，失處而賤，得勢而貴。聖人總而用之，其數一也。夫先知遠見，達視千里，人才之隆也，而治世不以責於民。**言民不以己求備于下也。**博聞强志，口辯辭給，人智之美也，而明主不以求於下。敖世輕物，不汙於俗，士之伉行也，而治世不以爲民化。神機陰閉，剞劂無迹，人巧之妙也，而治世不以爲民業。故萇弘、師曠，先知禍福，言無遺策，而不可與衆同職也。公孫龍折辯抗辭，別同異，離堅白，**公孫龍，趙人，好分析詭異之言，以白馬不得合爲一物，離而爲二也。**不可與衆同道也。北人無擇非舜而自投清泠之淵，**北人無擇，古隱士也。非舜，非其德之衰也。**不可以爲世儀。魯般、墨子以木爲鳶而飛之，三日不集，而不可使爲工也。**○文典謹按：御覽羽族部鵶條下引鳶作鵶，必本亦如此也。**故高不可及者，不可以爲人量；行不可逮者，不可以爲國俗。夫挈輕重不失銖兩，聖人弗用，而縣之乎銓衡；**○文典謹按：羣書治要引銓作權。**視高下不差尺寸，明主弗任，而求之乎浣準。**浣準，水望之平。○孫詒讓云：泰族訓云：人欲知高下而不能，教之用管準則說。管浣音近段借字（凡从官聲完聲字古多通用，管或作筦，是其比例）。管所以視遠，準所以水平，非一物也。李筌太白陰經水攻具篇載爲水平槽，鑿三池，浮木立齒，注水眇目視之，三齒齊平，以爲準，是其遺法。但彼不用管，與古異耳。○陶方琦云：羣書治要引許注與今注正同。案說文：水，準也。準，平也。說正同。**何則？人才不可專用，而度量可世傳也。故國治可與愚守也，而軍制可與權用也。夫待騕褭、飛兔而駕之，則世莫乘車。**騕褭，良馬。飛兔，其子。褭兔走，蓋皆一日萬里也。○陶方琦云：羣書治要引許注：要褭、飛兔，皆一日千里者也。按治要所引，乃約文。呂覽高注：要褭飛兔，皆馬名。馳若兔之飛，因以爲名。與許君說亦有異。原道訓：騁要褭。注亦當是許注，羼入高注者。○文典謹按：御覽八百九十六引兔作莬，車下有矣字，與下文終身不家矣一律。又引注云：腰褭飛莬，皆行萬里，其行若飛，因曰飛莬也。待西施毛嬙而爲配，則終身不家矣。西施毛嬙，古好女也。○王念孫云：羣書治要引此作西施絡慕。又引注：西施絡慕，古好女也。太平御覽獸部八引作落慕。案廣韻及元和姓纂：絡落皆姓也。慕蓋其名。治要御覽所引者，原文也。今本作毛嬙者，後人不知絡慕所出，又見古書多言毛嬙西施，故改之耳。不知他書自作毛嬙，此自作絡慕，不必同也。○陶方琦云：御覽八百九十六引作西施落纂。落纂即絡慕。元和姓譜：絡落皆姓也。今本乃後人習于西施毛嬙之說而改之。然非待古之英俊而人自足者，因所有而竝用之。○王念孫云：羣書治要引此竝作遂。於義爲長。遂，卽也。言因所有而卽用之。故不待古之英俊，而人自足也。今本作竝者，後人依文子下德篇改之耳。○文典謹按：意林引作待古英俊而用之，則無人矣。夫騏驥千里，一日而通；駑馬十舍，旬亦至之。旬，十日也。由是觀之，人材不足專恃，而道術可公行也。亂世之法，高爲量而罪不及，重爲任而罰不勝，危爲禁而誅不敢。○王念孫云：危爲禁，本作危爲難，危爲難而誅不敢者，危猶高也（見緇衣鄭注）。高爲艱難之事，而責之以必能，及畏難而不敢爲，則從而誅之。正與上二句同意。後人不察，而改難爲禁。禁之正，欲其不敢，何反誅之乎？文子下德篇正作危爲難而誅不敢。莊子則陽篇：匿爲物而愚不識，大爲難而罪不敢，重爲任而罰不勝，遠其塗而誅不至。呂氏春秋適威篇：煩爲教而過不識，數爲令而非不從，巨爲危而罪不敢，重爲任而罰不勝。文義並與此同。民困於三責，則飾智而詐上，犯邪而干免。干，求也。故雖峭法嚴刑，不能禁其姦。○文典謹按：峭法嚴刑，意林引作峻刑嚴法。何者？力不足也。故諺曰：鳥窮則噣，獸窮則觸，人窮則詐。此之謂也。道德之論，譬猶日月也，江南河北，不能易其指；馳騖千里，不能易其處。○王念孫云：下易字本作改。此因上易字而誤也。意林及文選月賦注、鮑照翫月城西門解中詩注引此下易字並作改。趨舍禮俗，猶室宅之居也。東家謂之西家，西家謂之東家，雖皋陶爲之理，不能定其處。故趨舍同，誹譽在俗；意行鈞，窮達在時。湯武之累行積善，可及也；其遭桀紂之世，天授也。今有湯武之意，而無桀紂之時，而欲成霸王之業，亦不幾矣。昔武王執戈秉鉞以伐紂勝殷.搢笏杖殳.(殳.木杖也.)以臨朝.武王既沒.殷民叛之.周公踐東宮.履乘石.(人君升車有乘石也.)攝天子之位.負扆而朝諸侯.(戶牖之間謂之扆.)放蔡叔.誅管叔.(周公兄也.)克殷殘商.(殘.誅紂子祿父.)祀文王于明堂.七年而致政成王.夫武王先武而後文.非意變也.以應時也.周公放兄誅弟.非不仁也.以匡亂也.故事周於世則功成.務合於時則名立.昔齊桓公合諸侯以乘車.退誅於國以斧鉞.晉文公合諸侯以革車.退行於國以禮義.桓公前柔而後剛.文公前剛而後柔.然而令行乎天下.權制諸侯鈞者.審於勢之變也.顏闔.魯君欲相之.(顏闔.魯隱士也.)而不肯.使人以幣先焉.鑿培而遁之.(培.屋後牆也.)為天下顯武.(楚人謂士為武.)使遇商鞅.申不害.刑及三族.又況身乎.世多稱古之人而高其行.並世有與同者而弗知貴也.非才下也.時弗宜也.故六騏驥.四駃騠.(駃騠.北翟之良馬也.)以濟江河.不若窾木便者.(窾.空也.)處世然也.○王念孫云.處世本作處勢.古者謂所居之地曰處勢.窾木.謂舟也.言乘良馬濟江河.不若乘舟之便者.處勢使然也.莊子山木篇曰.王獨不見夫騰猿乎.得柘棘枳枸之間.危行側視.振動悼慄.處勢不便.未足以逞其能也.新序雜事篇曰.玄蝯在枳棘之中.恐懼而悼慄.危視而蹟行.處勢不便故也.史記蔡澤傳曰.翠鵠犀象.其處勢非不遠死也.漢書陳湯傳曰.故陵因天性.據眞土.處埶高敞.又史記楚世家曰.處既形便.勢有地利.(有與又同.)淮南俶眞篇曰.處便而勢利.處勢或曰勢居.逸周書周祝篇曰.勢居小者不能為大.賈子過秦篇曰.秦地被山帶河以為固.自繆公以來.至於秦王.二十餘君.常為諸侯雄.其勢居然也.淮南原道篇曰.故橘樹之江北.則化而為橙.鴝鵒不過濟.貈渡汶而死.形性不可易.勢居不可移也.或言處.或言勢.或言處勢.或言勢居.其義一也.後人不識古義.而改處勢為處世.其失甚矣.○文典謹按.王說是也.宋本.處世正作處勢.是故立功之人.簡於行而謹於時.今世俗之人.以功成為賢.以勝患為智.以遭難為愚.以死節為戇.吾以為各致其所極而已.王子比干非不知箕子被髮佯狂以免其身也.然而樂直行盡忠以死節.故不為也.○王念孫云.箕子二字.因下文從箕子視比干而衍.下文曰.伯夷叔齊非

不能受祿任官。以致其功也。許由善卷。非不能撫天下寧海內。以德民也。豫讓要離。非不知樂家室安妻子。以偷生也。皆與此文同一例。若有箕子二字。則文不成義。且與下文不對矣。伯夷叔齊。非不能受祿任官以致其功也。然而樂離世伉行以絕衆。故不務也。許由善卷。非不能撫天下寧海內以德民也。然而羞以物滑和。故弗受也。豫讓要離。豫讓。智伯臣。要離。吳王闔閭臣。非不知樂家室安妻子以偷生也。然而樂推誠行必以死主。故不留也。今從箕子視比干。則愚矣。從比干視箕子。則卑矣。從管晏視伯夷。則戇矣。從伯夷視管晏。則貪矣。趨舍相非。嗜欲相反。而各樂其務。將誰使正之。曾子曰。擊舟水中。鳥聞之而高翔。魚聞之而淵藏。○文典謹按。御覽九百十四引。淵藏作沉淵。故所趨各異。而皆得所便。故惠子從車百乘。以過孟諸。惠子名施。仕爲梁相。從車百乘。志尚未足。孟諸。宋澤。莊子見之。弃其餘魚。莊子名周。蒙人。隱而不仕。見惠施之不足。故弃餘魚。鵜胡飲水數斗而不足。鵜胡。汙澤鳥。鱓鮪入口若露而死。鱓鮪。魚名。○孫詒讓云。鱓鮪生於水。無入口若露而死之理。竊疑此鱓鮪當作蟬蜎。鱓蟬古字通用。周書王會篇。歐人蟬蛇。彼以蟬爲鱓。與此以鱓爲蟬可互證。說文虫部云。蜎。蟬也。或从舟作蜎。與鮪形近。因而致誤。死當爲飽。亦形之誤(艸書二字相似)。墬形訓云。蟬飲而不食。荀子大略篇。亦云飲而不食者蟬也。是蟬蜎雖飲而不多。故云入口若露而飽也。然許注已以魚名爲釋。或後人所增竄與。智伯有三晉而欲不澹。三晉。智伯兼范中行地。澹。足也。林類榮啓期。衣若縣衰。而意不慊。林類榮啓期。皆隱士。慊。恨也。○文典謹按。御覽六百八十九引衰作蓑。由此觀之。則趣行各異。何以相非也。夫重生者不以利害己。立節者見難不苟免。貪祿者見利不顧身。而好名者非義不苟得。此相爲論。譬猶冰炭鉤繩也。何時而合。○文典謹按。白帖十六引注云。冰寒炭熱。無時得合。若以聖人爲之中。則兼覆而幷之。未有可是非者也。夫飛鳥主巢。狐狸主穴。巢者巢成而得棲焉。穴者穴成而得宿焉。趨舍行義。亦人之所棲宿也。○文典謹按。御覽九百十四引。人上有主字。各樂其所安。致其所蹠。謂之成人也。蹠。至。故以道論者。總而齊之治國之道。上無苛令。〇文典謹按。羣書治要引苛作苟。官無煩治。士無僞行。工無淫巧。其事經而不擾。〇文典謹按。羣書治要引經作任。其器完而不飾。亂世則不然。爲行者相揭以高。揭。舉。〇文典謹按。羣書治要引揭作揚。注同。爲禮者相矜以僞。車輿極於雕琢。器用逐於刻鏤。〇文典謹按。羣書治要引逐作遽。求貨者爭難得以爲寶。詆文者處煩撓以爲慧。〇文典謹按。羣書治要引作調文者遽於煩繞以爲慧。爭爲佹辯。久稽而不訣。〇文典謹按。羣書治要及宋本並作久積而不決。無益于治。工爲奇器。歷歲而後成。不周於用。故神農之法曰。丈夫丁壯而不耕。天下有受其飢者。婦人當年而不織。天下有受其寒者。故身自耕。妻親織。以爲天下先。其導民也。不貴難得之貨。不器無用之物。是故其耕不強者。無以養生。其織不強者。無以揜形。〇文典謹按。其耕不強。其織不強。兩強字。於辭爲複。羣書治要引作其耕不力。其織不力。宋本同。有餘不足。各歸其身。衣食饒溢。〇文典謹按。羣書治要引溢作裕。姦邪不生。安樂無事。而天下均平。故孔丘曾參無所施其善。孟賁成荊無所行其威。成荊。古勇士也。〇陶方琦云。史記集解七十九及羣書治要引許注。成荊。古勇士。按史記范雎蔡澤列傳成荊孟賁王慶忌夏育之勇也而死。呂覽論威成荊致死于韓王。古荊慶字通。成荊或作成慶。漢書景十三王傳。其殿門有成慶畫。師古注。成慶。古勇士。見淮南子。是淮南舊本或作成慶。衰世之俗。以其知巧詐僞。飾衆無用。貴遠方之貨。珍難得之財。不積於養生之具。澆天下之淳。澆。薄也。淳。厚也。〇陶方琦云。文選陸機招隱詩注。王元長永明策秀才文注。劉孝標廣絕交論注引許注。澆。薄也。按文選注引澆與澆同。非許原注。莊子繕性澆醇散樸。釋文本作澆。澆同磽。孟子則地有肥磽。趙注。磽。薄也。析天下之樸。牿服馬牛以爲牢。滑亂萬民。以清爲濁。性命飛揚。皆亂以營。貞信漫瀾。人失其情性。於是乃有翡翠犀象。黼黻文章。以亂其目。芻豢黍粱。荊吳芬馨。以嚂其口。荊。吳國也。芬。珍味也。嚂。貪求也。鐘鼓管簫。絲竹金石。以淫其耳。趨舍行義。禮節謗議。以營其心。於是百姓糜沸豪亂。暮行逐利。煩挐澆淺。淺。薄也。既薄尚澆也。法與義相非。行與利相反。雖十管仲弗能治也。且富人則車輿衣纂錦。纂、繪也。馬飾傅旄象。帷幕茵席。綺繡絛組。青黃相錯。不可爲象。貧人則夏被褐帶索。○文典謹按、則夏與下文冬則羊裘解札不一律。初學記人部中、御覽四百八十五引並作夏則、二十三引作則夏、疑後人據已誤之本改之也。含菽飲水以充腸。以支暑熱。○莊逵吉云、御覽兩引一支作止、一引仍作支。冬則羊裘解札。解札、裘敗解也。○莊逵吉云、御覽兩引一引解札作蔽體、一引仍作解札、有注云、解札爲裘、如鎧甲之札、言其破壞也。當是異本、故兩引兩異耳。短褐不掩形。而煬竈口。煬、炙也。○莊逵吉云、御覽引注作煬、炙也、於竈口自溫煬。讀高尚之尚也。解讀甚精、當是今本脫之。故其爲編戶齊民無以異。然貧富之相去也。猶人君與僕虜。不足以論之。○王念孫云、論當爲諭字之誤也。諭或作喻。太平御覽人事部一百二十六引此作不足以喻之。又引注云、喻猶方也。是其證。○文典謹按、羣書治要引論作倫。夫乘奇技僞邪施者。自足乎一世之閒。守正修理不苟得者。不免乎飢寒之患。○文典謹按、守正修理、文選東都賦注、東京賦注、鷦賦注引並作守道順理。羣書治要引苟得上有爲字。而欲民之去末反本。由是發其原而壅其流也。○王念孫云、由是當爲是由、由與猶同。羣書治要引此正作是猶。○文典謹按、王說是也。文選東都賦注、東京賦注引亦並作是猶。夫雕琢刻鏤。傷農事者也。○文典謹按、羣書治要引琢作文。錦繡纂組。害女工者也。農事廢。女工傷。則飢之本而寒之原也。○文典謹按、羣書治要引作農事廢業、饑之本也。女功不繼、寒之原也。夫飢寒竝至。能不犯法干誅者。古今之未聞也。○文典謹按、古今之未聞也、不詞。羣書治要引及宋本竝作古今未之聞也。故仕鄙在時不在行。利害在命不在智。○陳觀樓云、仕鄙當爲仁鄙、字之誤也。仁與鄙相反、利與害相反。論衡命祿篇引此正作仁鄙。本經篇曰、毀譽仁鄙不立。漢書董仲舒傳曰、性命之情、或夭或壽、或仁或鄙。夫敗軍之卒。勇武遁逃。將不能止也。勝軍之陳。怯者死行。懼不能走也。故江河決沉一鄉。父子兄弟相遺而走。爭升陵阪。上高丘。輕足先升。不能相顧也。○王念孫云、沈當爲流字之誤也（荀子勸學篇、瓠巴鼓瑟、而流魚出聽。大戴禮作沈魚）江河決流爲句、一鄉二字下屬爲句、非以沈一鄉爲句。江河之決、所沈非止一鄉也。羣書治要引此正作江河決流。又輕足先升、升字與上文相複。羣書治要引作輕足者先無升字。於義爲長。世樂志平。見鄰國之人溺。尚猶哀之。又況親戚乎。故身安則恩及鄰國。志爲之滅。身危則忘其親戚。而人不能解也。游者不能拯溺。手足有所急也。灼者不能救火。身體有所痛也。夫民有餘即讓。不足則爭。讓則禮義生。爭則暴亂起。扣門求水。莫弗與者。所饒足也。○王念孫云。此用孟子語。則水下當有火字。羣書治要意林引此皆作求水火。林中不賣薪。湖上不鬻魚。所有餘也。○文典謹按。意林引賣作貨。御覽九百三十五引所有餘也作有所餘也。故物豐則欲省。○文典謹按。羣書治要引豐作隆。求澹則爭止。秦王之時。或人葅子。利不足也。生子殺葅之。○俞樾云。或人。即國人也。說文戈部。或。邦也。口部。國。邦也。或國古通用。劉氏持政。獨夫收孤。財有餘也。劉氏謂漢也。故世治則小人守政。而利不能誘也。○文典謹按。羣書治要引政作正。政正古通用。世亂則君子爲姦。而法弗能禁也。○文典謹按。羣書治要引法作刑。

卷十二

道應訓　道之所行。動物而應。考之禍福。以知驗符也。故曰道應。○曾國藩云。此篇雜徵事實。而證之以老子道德之言。意以已驗之事。皆與昔之言道者相應也。故題曰道應。每節之末。皆引老子語證之。凡引五十二處。○文典謹按。此篇敍目無因以題篇字。乃許慎注本。

太清問於無窮曰。子知道乎。無窮曰。吾弗知也。太清。元氣之清者也。無窮。無形也。又問於無爲曰。子知道乎。無爲無爲。有形而不爲也。曰。吾知道。無爲有形。故知道也。子之知道。亦有數乎。無爲曰。吾知道有數。曰。其數柰何。無爲曰。吾知道之可以弱。可以强。可以柔。可以剛。可以陰。可以陽。可以窈。可以明。○俞樾云。窈讀爲幽。故與明相對。禮記玉藻篇。再命赤韍幽衡。鄭注曰。幽讀爲黝。窈之通作幽。猶幽

〔之通作黝也。〕可以包裹天地，可以應待無方。此吾所以知道之數也。太清又問於無始〔無始，未有之氣也。〕曰：鄉者吾問道於無窮，無窮曰：吾弗知之。又問於無為，無為曰：吾知道。曰：子之知道，亦有數乎？無為曰：吾知道有數。曰：其數柰何？無為曰：吾知道之可以弱，可以強，可以柔，可以剛，可以陰，可以陽，可以窈，可以明，可以包裹天地，可以應待無方。吾所以知道之數也。若是，則無為知與無窮之弗知，孰是孰非？無始曰：弗知之深，而知之淺；弗知內，而知之外；弗知精，而知之粗。〔○王念孫云：弗知之深之字，當在上文無為下。無為之知與無窮之弗知，相對為文。今本無為下脫之字，則文不成義；弗知下衍之字，則與下二句不對。莊子知北遊篇作若是則無窮之弗知與無為之知，孰是而孰非乎？無始曰：弗知深矣，知之淺矣；弗知內矣，知之外矣。是其證。〕太清仰而歎曰：然則不知乃知邪？知乃不知邪？孰知知之為弗知，弗知之為知邪？無始曰：道不可聞，聞而非也；道不可見，見而非也；道不可言，言而非也。孰知形之不形者乎？〔○王念孫云：形之不形，當依莊子作形形之不形。郭象曰：形自形耳，形形者竟無物也。少一形字，則義不可通。列子天瑞篇亦云：形之所形者實矣，而形形者未嘗有。〕故老子曰：天下皆知善之為善，斯不善也。故知者不言，言者不知也。白公問於孔子曰：人可以微言？〔白公，楚平王之孫，太子建之子勝也。建見殺，白公怨而欲復讎，故問微言也。〕孔子不應。〔知白公有陰謀，故不應也。〕白公曰：若以石投水中，何如？〔○俞樾云：中字衍文。列子說符篇、呂氏春秋精諭篇並作若以石投水。〕曰：吳越之善沒者能取之矣。曰：若以水投水，何如？孔子曰：菑澠之水合，易牙嘗而知之。〔菑澠，齊二水名。○文典謹按：文選琴賦注引易牙作狄牙。〕白公曰：然則人固不可與微言乎？孔子曰：何謂不可？誰知言之謂者乎？〔○王念孫云：誰當為唯字之誤也。言唯知言之謂者，乃可與微言也。呂氏春秋精諭篇作唯知言之謂者為可耳，列子說符篇作唯知言之謂者乎（文子微明篇同），是其證。〕夫知言之謂者，不以言言也。〔不以言，心知之。〕爭魚者濡，逐獸者趨，非樂之也。故至言去言，至為無為。夫淺知之所爭者末矣。白公不得也。故死於浴室。楚殺白公於浴室之地也。故老子曰。言有宗。事有君。夫唯無知。是以不吾知也。白公之謂也。惠子爲惠王爲國法。惠王，梁惠王。惠子，惠施也。○陶方琦云：羣書治要引許注：惠王，魏惠王也。惠子，惠施也。已成而示諸先生。○文典謹按：御覽六百二十四引，示下有之字。又有注云：示，爲國法。先生皆善之。○王念孫云：先生二字於義無取。呂氏春秋淫辭篇先生皆作民人。集韻類篇民字古作兇，人字唐武后作玊。疑兇誤爲先，玊誤爲生也。○兪樾云：先生乃長老有德者之稱。惠子爲國法而示諸先生，乃就正有道之意。呂氏春秋淫辭篇先生皆作民人，舊校云一作艮人，此當以艮人爲是。序意篇艮人請問十二紀，高注曰：艮人，君子也。然則諸艮人即諸先生也。若是民人，則惠子豈能一一示之？且使民人皆以爲善，則其可行也必矣。下文翟煎何以云善而不可行乎？王氏念孫反以民人爲是，而欲改淮南以從之，誤矣。○文典謹按：兪說是也。先生乃周季恆言。莊子天下篇：其在於詩書禮樂者，鄒魯之士，搢紳先生多能明之。韓非子五蠹篇：夫離法者罪，而諸先生以文學取。所謂先生者，皆指長老有德者而言。辭本明顯，無可致疑。王氏乃欲改之，其失也鑿矣。奏之惠王。惠王甚說之。以示翟煎。曰善。○王念孫云：曰善上當更有翟煎二字。以示翟煎，翟煎曰善，與上文示諸先生，先生皆善之，奏之惠王，惠王甚說之，文同一例。今本翟煎二字不重寫者，脫之也。太平御覽引此已誤。羣書治要引此作以示翟煎，翟煎曰善。呂氏春秋作以示翟翦，翟翦曰善也。皆其證。○文典謹按：御覽六百二十四引翟煎作翟璜。惠王曰。善可行乎。翟煎曰。不可。惠王曰。善而不可行何也。翟煎對曰。今夫舉大木者。前呼邪許。後亦應之。○桂馥云：魏子才曰：關西方言致力於一事爲所。李獻吉曰：西七人謂著力幹此事，則呼爲所。馥謂所、許聲相近。詩伐木許許，說文引作所所，云伐木聲也。此舉重勸力之歌也。豈無鄭衛激楚之音哉。然而不用者。不若此其宜也。治國有禮。不在文辯。○王念孫云：有禮當爲在禮，字之誤也。在與不在相對爲文。羣書治要引此正作在禮。故老子曰。法令滋彰。盜賊多有。此之謂也。田駢以道術說齊王。田駢，齊臣。王應之曰。寡人所有齊國也。○文典謹按：御覽六百二十四引作寡人之治齊國也。道術難以除患。願聞國之政。田駢對曰。臣之言無政。而可以爲政。譬之若林木。無材而可以爲材。願王察其所謂。而自取齊國之政焉已。雖無除其患害。天地之間。六合之內。可陶冶而變化也。齊國之政。何足問哉。此老聃之所謂無狀之狀。無物之象者也。若王之所問者齊也。田駢所稱者材也。材不及林。林不及雨。雨然後材乃得生也。雨不及陰陽。陰陽不及和。和不及道。白公勝得荆國。不能以府庫分人。七日。白公篡得楚國。貪其財而不分人也。得積七日也。石乙入曰。石乙。白公之黨。○王念孫云。石乙當爲石乞。字之誤也。乞卽气之省文。非從乙聲。不得通作乙。人閒篇及哀十六年左傳。史記楚世家。伍子胥傳。墨子非儒篇。呂氏春秋分職篇。皆作石乞。不義得之。又不能布施。患必至矣。不能予人。不若焚之。毋令人害我。白公弗聽也。九日。葉公入。葉公。楚大夫子高。自方城之外入。殺白公。乃發大府之貨以予衆。出高庫之兵以賦民。因而攻之。十有九日而擒白公。葉公殺白公也。夫國非其有也。而欲有之。可謂至貪也。不能爲人。又無以自爲。可謂至愚矣。譬白公之嗇也。何以異於梟之愛其子也。梟子長。食其母。○陶方琦云。御覽九百二十七引許注。梟子大。食其母。按大應作長。詩流離之子。陸璣疏曰。自關以西。謂梟爲流離。其子適長大。還食其母。呂氏春秋分職篇高注亦云。梟愛養其子。子長而食其母也。意林引桓子新論。梟生子。子長。食其母。乃能飛。並作長字。故老子曰。持而盈之。不如其已。揣而鋭之。不可長保也。

趙簡子以襄子爲後。董閼于曰。無䘏賤。今以爲後。何也。董閼于。趙氏臣。無䘏。襄子之名。簡子之庶子也。簡子曰。是爲人也。能爲社稷忍羞。襄子能柔。能忍耻也。異日。知伯與襄子飲。而批襄子之首。大夫請殺之。襄子曰。先君之立我也。曰能爲社稷忍羞。豈曰能刺人哉。處十月。知伯圍襄子於晉陽。襄子疏隊而擊之。疏。分也。隊。軍二百人爲一隊。分斯隊卒擊之。大敗知伯。破其首以爲飲器。飲。溺器。椑榼也。○莊逵吉云。左傳行人執榼承飲。造于子重。褚少孫補大宛傳曰。飲器。韋昭說。飲器。椑榼也。皆爲酒器。非溺器也。疑此酒字譌溺。故老子曰。知其雄。守其雌。其爲天下谿。

齧缺問道於被衣。齧缺。被衣。皆堯時老人也。被衣曰。正女形。壹女視。天和將至。攝女知。正女度。神將來舍。德將來附若美。而道將爲女居。惷乎若新生之犢。而無求其故。○王念孫云。德將來附若美。本作德將爲若美。此後人因上句

（神將來舍而妄改之也若亦女中德後人將爲若美道將爲女居相對爲文若改爲德將來附則若美二字文不成義矣此文以度舍居故爲韻後人不知舍字之入韻（舍古讀若庶故與度居故爲韻後人讀舍爲始夜反故不入韻）故改此句爲德將來附以與度爲韻不知古音在御部附在候部（說見六書音均表）附與度非韻也莊子知北遊篇作德將爲女美而道將爲女居文子道原篇作德將爲女容道將爲女居皆其證○曾國藩云惷乎莊子知北遊篇作瞳焉瞳焉者目灼灼不瞬之貌此作惷乎亦近之）言未卒，齧缺繼以讎夷。（讎夷熟視不言貌）被衣行歌而去曰：形若槁骸，心如死灰，直實不知，以故自持。（○王念孫云直實知三字文不成義當從莊子文子作眞其實知今本眞誤爲直又脫其字主術篇注曰故巧也眞其實知不以故自持莊子所謂去智與故循天之理也漢魏叢書本改爲直實不知以故自持而莊本從之斯爲謬矣）墨墨恢恢，無心可以謀。彼何人哉！故老子曰：明白四達，能無以知乎。趙襄子攻翟而勝之，取尤人、終人。（尤人終人翟之二邑○王念孫云攻翟上當有使字襄子使新稚狗攻翟而未親往故下文言使者來謁也羣書治要引此有使字晉語曰智襄子使新稚穆子伐狄列子說符篇同是其證尤人終人句與上句義不相屬莊據列子於句首加取字理或然也）使者來謁之，襄子方將食而有憂色。左右曰：一朝而兩城下，此人之所喜也。今君有憂色，何也？襄子曰：江河之大也，不過三日。（三日而滅○陶方琦云羣書治要引許注三日而滅也）飄風暴雨，日中不須臾。（言其不終日也○俞樾云飄風暴雨下脫不終朝三字老子曰飄風不終朝驟雨不終日是其義也日中不須臾乃日中則仄之義今脫不終朝三字則若飄風暴雨亦不須臾者失其義矣列子說符篇正作飄風暴雨不終朝日中不須臾可據以訂正呂氏春秋愼大篇亦脫不終朝三字○陶方琦云羣書治要引許注言其不能終日按呂覽愼大日中不須臾高注易曰日中則仄故曰不須臾其說與許亦異）今趙氏之德行無所積，今一朝兩城下，亾其及我乎！（○王念孫云今一朝兩城下本作一朝而兩城下此後人嫌其與上文相複而改之也不知此是復舉上文之詞當與前同不當與前異若云今一朝兩城下則與上句今字相複矣羣書治要引此正作一朝而兩城下列子呂氏春秋並同）孔子聞之曰：趙氏其昌乎！夫憂所以爲昌也，而喜所以爲亾也。勝非其難也，（○王念孫云劉本於此下增入持之其難者也一句云舊本無此句案列子呂氏春秋皆有此句羣書治要引淮南亦有此句則劉增是也莊本作持之者其難也則與上句不對非是）持之者其難也。賢主以此持勝，故其福及後世，齊楚吳越皆嘗勝矣，然而卒取亾焉。不通乎持勝也。唯有道之主能持勝。孔子勁杓國門之關，杓引也。古者縣門下從上杓引之者難也。○王念孫云：列子釋文引此作許注，今高注有之者，蓋後人以許注竄入也。又案：杓當爲扚，字從手不從木。玉篇：扚，甫遙、都歷二切，斗柄也。又市若切。扚，丁激切，引也。廣韻：杓，甫遙切，北斗柄。扚，都歷切，引也。許注訓扚爲引，則其字當從手。玉篇、廣韻訓扚爲引，卽本於許注，其證一也。史記天官書「用昏建者杓」，索隱：說文杓，斗柄，音匹遙反。又下文「扚雲如繩者」，索隱：扚，說文音丁了反。許愼注淮南云：扚，引也。是扚音丁了反而訓爲引，與杓字不同，其證二也。晉書天文志「扚雲如繩」，何超音義：扚音鳥，鳥與丁了同音，其證三也。而今本淮南及列子釋文、史記、漢書扚字皆誤作杓（晉書又誤作杓），與玉篇、廣韻不合，世人多見杓，少見扚，遂莫有能證其失者矣。○洪頤煊云：杓當作扚。說文：扚，疾擊也，从手勺聲。兵略訓「爲人扚者死」，高注：扚，所擊也。史記天官書「扚雲如繩者，居前亘天」，索隱：說文音丁了反，許愼注淮南云：扚，引也。今諸本皆譌作杓。○陶方琦云：列子釋文引許注：杓，引也。古者縣門下从上杓引之者難也。史記索隱但引「扚，引也」三字。扚字从手不从木。說文：扚，疾擊也。摽，擊也。一曰挈闟牡也。扚卽同摽。玉篇：扚，丁激反，引也。廣韻：扚，都歷反，引也。訓皆本淮南許注，故索隱引說文扚音丁了反，而卽引淮南注扚引之訓，知此字定當从手。主術訓「孔子之通，力招城關」，高注：以一手招城門關。端能舉之。呂氏春秋愼大覽「孔子之勁，舉國門之關，而不肯以力聞」，高注：勁，強也。以一手捉城門關，顯而舉之，不肯以力聞也。捉亦招字之誤。是高作招，與許作扚正異。道應訓爲許注本，故作扚。列子說符「孔子之勁，能拓國門之關」，張注：拓，舉也。拓亦招字。文選吳都賦引列子正作招，云與翹同。顏氏家訓誡兵篇「孔子力翹門關，不以力聞」。而不肯以力聞。墨子爲守攻，公輸般服，而不肯以兵知善持勝者，以強爲弱。故老子曰：道沖而用之，又弗盈也。惠孟見宋康王，蹀足謦欬疾言曰：寡人所說者，勇有功也，不說爲仁義者也。○王念孫云：蹀足上當更有康王二字，今本脫去，則文義不明。列子黃帝篇作「惠盎見宋康王，康王蹀足謦欬疾言」，是其證。有功當爲有力，字之誤也。勇有力對下句仁義而言，若作有功，則非其指矣。下文皆言有力不言有功，列子及呂氏春秋順說篇並作勇有力，是其證。客將何以教寡人？惠孟對曰：臣有道於此，人雖勇，刺之不入；雖巧有力，擊之不中。○王念孫云：人雖勇上當有使字。下文曰「臣有道於此，使人雖勇弗敢刺，雖有力不敢擊」，又曰「使人本無其意」，又曰「使天下丈夫女子莫不歡然皆欲愛利之」，皆其證也。今本脫使字，則與上句義不相屬。列子、呂氏春秋皆有使字。又案：有力上本無巧字，此後人以文子道德篇加之也。案文子云「雖巧有力，擊之不中」，文各不同，加巧（字於有力之上。則文不成義矣。下文云。雖有力不敢擊。亦無巧字也。列子呂氏春秋皆無巧字。）大王獨無意邪。宋王曰。善。此寡人之所欲聞也。惠孟曰。夫刺之而不入。擊之而不中。此猶辱也。臣有道於此。使人雖有勇弗敢刺。雖有力不敢擊。夫不敢刺。不敢擊。非無其意也。臣有道於此。使人本無其意也。夫無其意。未有愛利之心也。臣有道於此。使天下丈夫女子莫不歡然皆欲愛利之心。（○王念孫云。愛利之下。不當有心字。此因上文未有愛利之心而誤衍也。文子列子呂氏春秋皆無心字。下文云。天下丈夫女子。莫不延頸舉踵。而願安利之。亦無心字。）此其賢於勇有力也。四累之上也。大王獨無意邪。（此下凡四事。皆累于世。而男女莫不歡然爲上也。○曾國藩云。累者。層累也。刺不入。擊不中。一層也。弗敢刺。弗敢擊。二層也。無其意。三層也。無歡然愛利。四層也。故曰四累之上。高注失之。）宋王曰。此寡人所欲得也。惠孟對曰。孔墨是已。孔丘墨翟無地而爲君。無官而爲長。（無地爲君。以道富也。無官爲長。以德尊也。）天下丈夫女子莫不延頸舉踵而願安利之者。今大王萬乘之主也。誠有其志。則四境之內皆得其利矣。此賢於孔墨也遠矣。宋王無以應。惠孟出。宋王謂左右曰。辯矣。客之以說勝寡人也。故老子曰。勇於不敢則活。（○王念孫云。老子曰下。脫勇於敢則殺一句。兩句相對爲文。單引一句。則文不成義。文子道德篇亦有此句。）

由此觀之。大勇反爲不勇耳。昔堯之佐九人。（禹皋陶稷契伯夷倕益夔龍也。）舜之佐七人。（皆與堯同臣其七人也。）武王之佐五人。（謂周公召公太公畢公毛公也。）堯舜武王於九七五者不能一事焉。然而垂拱受成功者。善乘人之資也。故人與驥逐走則不勝驥。託於車上。則驥不能勝人。北方有獸。其名曰蹷。鼠前而兔後。（鼠前足短。兔後足長。故謂之蹷。）趨則頓。走則顛。常爲蛩蛩駏驉取甘草以與之。（蛩蛩駏驉。前足長。後足短。故能乘虛而走。不能上也。）蹷有患害。蛩蛩駏驉必負而走。（○莊逵吉云。爾雅曰。西方有比肩獸焉。與卬卬岠虛比。爲卬卬岠虛齧甘草。卽有難。卬卬岠虛負而走。其名謂之蟨。攷此獸。唯爾雅作西方。呂不韋書及說苑皆云北方。說文解字與爾雅同。郭璞注之曰。今雁門廣武縣夏屋山中。有獸形如兔而大。相負）

一共行。土俗名之爲蟨鼠。錢別駕云。周書王會篇。稱獨鹿邛邛距虛。獨鹿卽涿鹿。史記五帝本紀注。徐廣曰。作濁鹿。古字獨濁涿相通。故借用之。廣武涿鹿地居西北相近。故一稱北方。一稱西方也。解字蟨作蟨。從虫。距驉作巨虛。邛作蛩。字爲正。然則作邛者省。作歫者借。作蟨及距驉者別也。此以其能。託其所不能。故老子曰。夫代大匠斲者。希不傷其手。

薄疑說衛嗣君以王術。嗣君。衛國君也。嗣君應之曰。予所有者千乘也。願以受教。薄疑對曰。烏獲舉千鈞。又況一斤乎。杜赫以安天下說周昭文君。昭文君。周衰。分爲西東。各自立其君也。文君謂杜赫曰。○王念孫云。文君謂杜赫曰。上脫昭字。當依上句及呂氏春秋務大篇補。願學所以安周。赫對曰。臣之所言不可。則不能安周。臣之所言可。則周自安矣。此所謂弗安而安者也。故老子曰。大制無割。故致數輿無輿也。

魯國之法。魯人爲人妾於諸侯。○王念孫云。呂氏春秋察微篇。說苑政理篇。家語致思篇。妾上俱有臣字。於義爲長。有能贖之者。取金於府。子贛贖魯人於諸侯。來而辭不受金。孔子曰。賜失之矣。夫聖人之舉事也。可以移風易俗。而受教順可施後世。○王念孫云。教順上本無受字。此因上文不受金而誤衍也。教順卽教訓也。(訓順古多通用。不煩引證。)教訓上有受字。則與下四字義不相屬矣。說苑家語竝作教導可施於百姓。是其證。非獨以適身之行也。今國之富者寡而貧者衆。贖而受金。則爲不廉。不受金則不復贖人。自今以來。魯人不復贖人於諸侯矣。孔子亦可謂知禮矣。故老子曰。見小曰明。○王念孫云。知禮。本作知化。謂知事理之變化也。見子贛之不受金。而知魯人之不復贖人。達於事變。故曰知化。(齊俗篇曰。唯聖人知其化。呂氏春秋驕恣篇曰。智短則不知化。知化篇曰。凡智之貴也。貴知化也。)非謂其知禮也。俗書禮字或作礼。形與化相近。化誤爲礼。後人因改爲禮耳。齊俗篇述此事。而論之曰。孔子之明。以小知大。以近知遠。卽此所謂知化也。故下文引老子見小曰明之語。呂氏春秋論此事曰。孔子見之以細。觀化遠也。說苑曰。孔子可謂通於化矣。此皆其明證。

魏武侯問於李克曰。李克。武侯之相。吳之所以亾者何也。李克對曰。數戰而數勝。武侯曰。數戰數勝。國之福。其獨以亾。何故也。對曰。數戰則民罷。數勝則主憍。以憍主使罷民。而國不亾者。天下鮮矣。憍則忿忿則極物，罷則怨，怨則極慮，上下俱極，吳之亡猶晚矣，夫差之所以自剄於干遂也。[越伐吳，夫差所以自殺也。]故老子曰：功成名遂身退，天之道也。甯越欲干齊桓公，困窮無以自達，於是爲商旅，將任車，[任，載也。詩曰：我任我輦。]以商於齊，暮宿於郭門之外。桓公郊迎客，夜開門，辟任車，爝火甚盛，[爝，炬火也。]從者甚衆，甯越飯牛車下，望見桓公而悲，擊牛角而疾商歌。[○莊逵吉云：疾，太平御覽一引作習，一引作疾。]桓公聞之，撫其僕之手曰：異哉，歌者非常人也。[○俞樾云：呂氏春秋舉難篇歌者上有之字，當從之。之，猶是也。之歌者，即是歌者也。無之字，則文不備。新序雜事篇作此歌者，由亦猶是也。]命後車載之。桓公及至，[○王念孫云：及當爲反，字之誤也。反至，謂桓公反而至於朝也。呂氏春秋舉難篇、新序雜事篇並作反至。]從者以請，桓公贛之衣冠而見，說以爲天下。桓公大說，將任之。羣臣爭之曰：客衛人也，衛之去齊不遠，君不若使人問之，問之而故賢者也，用之未晚。桓公曰：不然，問之，患其有小惡也。以人之小惡而忘人之大美，此人主之所以失天下之士也。凡聽必有驗，一聽而弗復問，合其所以也。[合己聽知之意，所以用之。]且人固難合也，權而用其長者而已矣。[○王念孫云：合當爲全，言用人不可求全也。全合字相近，又因上文合其所以而誤。呂氏春秋、新序並作全。]當是舉也，桓公得之矣。故老子曰：天大，地大，道大，王亦大，域中有四大，而王處其一焉。以言其能包裹之也。大王亶父居邠，翟人攻之，事之以皮帛珠玉而弗受，曰：翟人之所求者地，無以財物爲也。大王亶父曰：與人之兄居而殺其弟，與人之父處而殺其子，吾弗爲，皆勉處矣。爲吾臣與翟人奚以異？[○文典謹按：爲吾臣與翟人奚以異，莊子讓王篇作爲吾臣與爲狄人臣奚以異，語意較完。]且吾聞之也，不以其所養害其養。杖策而去，民相連而從之，遂成國於岐山之下。[岐山，今之美陽北山也。其下有周地，因是以爲天下號也。]大王亶父可謂能保生矣。雖富貴不以養傷身，雖貧賤不以利累形。今受其先人之爵祿，則必重失之。所自來者久矣，而輕失之，豈不惑哉。○王念孫云：所自來者上當有生之二字。此承上文保生而言。言人皆重爵祿而輕其生也。脫去生之二字，則文不成義。莊子讓王篇、呂氏春秋審爲篇、文子上仁篇，皆有生之二字。故老子曰：貴以身爲天下，焉可以託天下；愛以身爲天下，焉可以寄天下矣。中山公子牟中山，鮮虞之國。謂詹子曰：身處江海之上，心在魏闕之下，爲之柰何。江海之上，言志在于己身；心之魏闕也，言內守。詹子曰：重生。重生則輕利。重生，己之性也。中山公子牟曰：雖知之，猶不能自勝。詹子曰：不能自勝則從之，從之，神無怨乎。言不勝己之情欲，則當縱心意，則己神無怨也。不能自勝而強弗從者，此之謂重傷。重傷之人無壽類矣。故老子曰：知和曰常，知常曰明，益生曰祥，心使氣曰強。是故用其光，復歸其明也。楚莊王問詹何曰：治國柰何。對曰：何明於治身，而不明於治國。楚王曰：寡人得立宗廟社稷，○俞樾云：立字無義，疑主字之誤。○文典謹按：列子說符篇及藝文類聚五十二引本書，並作寡人得奉宗廟社稷，可據以訂正。俞說非。願學所以守之。詹何對曰：臣未嘗聞身治而國亂者也，未嘗聞身亂而國治者也。故本任於身，不敢對以末。○王念孫云：任當爲在字之誤也。呂氏春秋執一篇作爲國之本在於爲身，列子說符篇作故本在身，皆其證。楚王曰：善。故老子曰：脩之身，其德乃眞也。桓公讀書於堂，桓公，齊君。輪人斲輪於堂下，釋其椎鑿而問桓公曰：君之所讀者何書也。桓公曰：聖人之書。輪扁曰：其人在焉。輪扁，人名。問作書之人何在也。○王念孫云：輪人當依莊子天道篇作輪扁。輪扁之名當見於前，不當見於後也。高注輪扁人名四字，本在此句之下，因扁誤爲人，後人遂移置於下文輪扁曰云云之下耳。○陳觀樓云：其人在焉，當作其人焉在，故高注云問作書之人何在。○俞樾云：焉猶乎也。儀禮喪服傳曰：野人曰父母何算焉。禮記檀弓篇曰：子何觀焉。論語子路篇曰：又何加焉。皆是也。其人在焉，猶曰其人在乎，故桓公告之曰已死矣。莊子天道篇作聖人在乎，與此文異而義同。桓公曰：已死矣。輪扁曰：是直聖人之糟粕耳。糟，酒滓也。粕，已漉之精也。○陶方琦云：莊子釋文引許注作粕已漉粗糟也。今注之精二字，即粗糟之誤。一切經音義引作已盞糟曰粕也。盞即漉字。糟上敓一(粗字。又倒易其文耳。說文。糟粕酒滓也。釋名。酒滓曰糟。浮米曰粕。)桓公悖然作色而怒曰寡人讀書工人焉得而譏之哉有說則可無說則死輪扁曰然有說臣試以臣之斲輪語之大疾則苦而不入(苦急意也)大徐則甘而不固(甘緩意也)不甘不苦應於手厭於心而可以至妙者臣不能以教臣之子而臣之子亦不能得之於臣是以行年七十老而爲輪今聖人之所言者亦以懷其實窮而死獨其糟粕在耳故老子曰道可道非常道名可名非常名昔者司城子罕相宋謂宋君曰夫國家之安危百姓之治亂在君行賞罰(○俞樾云君字衍文涉下文君自行之而衍此但言行賞罰下乃分別言之曰夫爵賞賜予民之所好也君自行之殺戮刑罰民之所怨也臣請當之若此文有君字則下文不可通矣○文典謹按說苑君道篇韓詩外傳並有君字俞說未諦)夫爵賞賜予民之所好也君自行之殺戮刑罰民之所怨也臣請當之宋君曰善寡人當其美子受其怨寡人自知不爲諸侯笑矣國人皆知殺戮之專制在子罕也大臣親之百姓畏之居不至期年子罕遂却宋君而專其政(○王念孫云却當爲劫字之誤也韓子外儲說右篇作劫宋君而奪其政是其證二柄篇又云宋君失刑而子罕用之故宋君見劫史記李斯傳亦云司城子罕劫其君又說林篇知已者不可誘以物於死生者不可却以危却亦當爲劫繆稱篇曰有義者不可欺以利有勇者不可劫以懼是其證)故老子曰魚不可脫於淵國之利器不可以示人王壽負書而行見徐馮於周(上壽古好書之人徐馮周之隱者也○俞樾云韓非子喻老篇周下有塗字是也行而見之則必在道塗之間故曰見徐馮於周塗周塗猶周道也)徐馮曰事者應變而動變生於時故知時者無常行書者言之所出也言出於知者知者藏書於是王壽乃焚書而舞之(自喜焚其書故舞之也○王念孫云知者藏書本作知者不藏書與知時者無常行相對爲文今本脫不字則與上下文不相屬矣太平御覽學部十三引此有不字韓子喻老篇同焚書而舞之御覽引焚下有其字韓子同據高注云自喜焚其書故舞之也則正文本有其字)故老子曰多言數窮不如守中令尹子佩請飲莊王(子佩楚莊王之相請飲。請置酒也。莊王許諾。○王念孫云：太平御覽人事部一百九引莊王許諾下有子佩具於京臺莊王不往明日共十二字，今本脫去，當補入。文選應璩與滿寵書注引此，子佩作子瑕，亦云子瑕具於京臺。莊王不往。京、強二字古同聲而通用，故今本京臺作強臺。子佩疏揖北面立於殿下。疏，徒跣也。揖，舉手也。○王念孫云：太平御覽人事部一百九引正文疏作跣，與高注徒跣合，當據改。曰：昔者君王許之，今不果往，果，誠也。○陶方琦云：文選謝宣遠于安城答靈運詩注、繁欽與魏文帝箋注、魏文帝與鍾大理書注引許注：果，誠也。按誠一本作成，論語行必果，皇疏引繆協注：果，成也。意者臣有罪乎？莊王曰：吾聞子具於強臺。強臺者，南望料山以臨方皇。料山，山名。方皇，水名。一曰山名。○莊逵吉云：料山，太平御覽引作獵山。左江而右淮，其樂忘死，若吾薄德之人，不可以當此樂也，恐留而不能反。○文典謹按：文選應休璉與滿公琰書注引此文作令尹子瑕請飲，莊王許諾。子瑕具於京臺，莊王不往，曰：吾聞京臺者，南望獵山，北臨方皇，左江右淮，其樂忘歸。若吾薄德之人，不可以當此樂也，恐沛而不能自反。又引高注：京臺，高臺也。方皇，大澤也。故老子曰：不見可欲，使心不亂。晉公子重耳出亾，過曹，無禮焉。曹共公聞重耳駢脅，使袒而捕魚，設薄以觀之。釐負羈之妻謂釐負羈曰：君無禮於晉公子，吾觀其從者，皆賢人也，從者，狐偃、趙衰之屬也。若以相夫子反晉國，必伐曹，子何不先加德焉？釐負羈遺之壺餕而加璧焉，重耳受其餕而反其璧。及其反國，起師伐曹，剋之，令三軍無入釐負羈之里。故老子曰：曲則全，枉則直。越王句踐與吳戰而不勝，國破身亡，困於會稽，忿心張膽，氣如涌泉，選練甲卒，赴火若滅，然而請身為臣，妻為妾，親執戈為吳兵先馬走，果擒之于干遂。先馬走，先馬前而走也。○王念孫云：為吳兵先馬走，當作為吳王先馬，今本吳王作吳兵，涉下文襄子起兵而誤，其走字則涉注文而衍也。據注云先馬（句）走先馬前，則正文無走字明矣。為吳王先馬，即上文所謂身為臣也，若作吳兵，則非其指矣。越語曰：其身親為夫差前馬。韓子喻老篇曰：身執戈為吳王洗馬。（先、洗古字通）皆其證。故老子曰：柔之勝剛也，弱之勝強也，天下莫不知，而莫之能行。越王親之，故霸中國。趙簡子死，未葬，中牟入齊。中牟自入臣於齊也。已葬五日，襄子起兵攻圍之，未合而城自壞者十丈。○王念孫云：此當作襄子起兵攻之，（句）圍未合而城自壞者十丈。今本之圍二字誤倒，則文不成義。太平御覽兵部四十九引此不誤。韓詩外傳作襄子興師而攻之，圍未帀而城自壞者十丈。新序雜事篇作襄子率師伐之，圍未合而城自壞者十堵。襄子擊金而退之。軍法，鼓以進衆，鉦以退之。軍吏諫曰：君誅中牟之罪，而城自壞，是天助我，何故去之？襄子曰：吾聞之叔向曰：君子不乘人於利，不迫人於險。○文典謹按：意林引於作之。使之治城，城治而後攻之。中牟聞其義，乃請降。故老子曰：夫唯不爭，故天下莫能與之爭。秦穆公謂伯樂曰：子之年長矣，子姓有可使求馬者乎？子姓，謂伯樂子。對曰：良馬者，可以形容筋骨相也。相天下之馬者，若滅若失，若亡若滅，其相不可見也。若失，作入作出也。若亾，髣髴不及也。其一。○王引之云：此當以若亡其一爲句。莊子徐無鬼篇：天下馬有成材，若卹若失，若喪其一。陸德明曰：言喪其耦也。齊物論篇：嗒焉似喪其耦。司馬彪曰：耦，身也。身與神爲耦。此言若亾其一，亦謂精神不動，若亾其身也。高讀至若亾爲句，則其一二字上下無所屬矣。且一與失徹爲韻，如高讀，則失其韻矣。若此馬者，絕塵弭轍。絕塵，不及也。弭徹，引迹疾也。臣之子皆下材也，可告以良馬，而不可告以天下之馬。臣有所與供儋纏采薪者九方堙，纏，索也。九方堙，人姓名。○王念孫云：供當爲共，此因儋字而誤加人旁也。蜀志郤正傳注引此正作共。列子說符篇同。纏字之義，諸書或訓爲繞（說文）或訓爲束（廣雅），無訓爲索者。纏當爲纆，字之誤也。說文作纆，云索也。字或作纆。坎上六係用徽纆。馬融曰：徽纆，索也。劉表曰：三股曰徽，兩股曰纆。故高注云：纆，索也。若作儋纏，則義不可通矣。列子及郤正傳注、白帖九十六纆字亦誤作纏。蓋世人多見纏，少見纆，故傳寫多誤耳。（管子乘馬篇：鎌纆得入焉。今本纆字亦誤作纏，唯宋本不誤。韓子說疑篇：或在囹圄縲紲纆索之中。今本亦誤作纏。）唯道藏本列子釋文作纆，音墨，足正今本之誤。又說林篇：龜紐之璽，賢者以爲佩；土壤布在田，能者以爲富。予溺者金玉，（今本溺上有拯字，乃涉注文而衍。此謂與溺者金玉，不如與之繩索，使得援之以出水，非謂與拯溺者也。高注自謂：金玉非拯溺之具，亦非謂與拯溺者金玉也。太平御覽珍寶部九引此有拯字，亦後人依誤本加之。其人事部三十七引此無拯字。文子上德篇亦無。今據刪。）不若尋常之纆索。（案：尋常之纆索，本作尋常之纆，其索字則後人所加也。（高注同。）此文以佩、富、纆爲韻，若作纆索，則失其韻矣。（文子作不如與之尺索，亦改淮南而失其韻。）太平御覽人事部三十七、珍寶部九引此並作尋常之纆，雖纆誤爲纏，而纏下俱無索字。此其於馬，非臣之下也。請見之。穆公見之，使之求馬。三月而反報曰。已得馬矣。在於沙丘。穆公曰。何馬也。對曰。牡而黃。使人往取之。牝而驪。穆公不說。召伯樂而問之曰。敗矣。子之所使求者。○王念孫云。求下脫馬字。郤正傳注、及白帖引此並有馬字。列子同。毛物牝牡弗能知。又何馬之能知。伯樂喟然大息曰。一至此乎。是乃其所以千萬臣而無數者也。若堙之所觀者。天機也。得其精而忘其粗。在內而忘其外。○王念孫云。在下本有其字。後人以意刪之也。爾雅曰。在、察也。察其內、卽得其精也。忘其外、卽忘其粗也。後人不知在之訓爲察。故刪去其字耳。郤正傳注引此正作在其內而忘其外。列子同。白帖引作見其內而忘其外。雖改在爲見。而其字尚存。見其所見而不見其所不見。視其所視而遺其所不視。若彼之所相者。乃有貴乎馬者。馬至而果千里之馬。故老子曰。大直若屈。大巧若拙。吳起爲楚令尹。適魏。問屈宜若曰。屈宜若。楚大夫。亾在魏者也。○王念孫云。此許注也。宜若當爲宜告。字之誤也。史記六國表、韓世家並作宜臼。集解引淮南許注云。屈宜臼、楚大夫。亾在魏者也。正與此注同。說苑指武篇亦作屈宜臼。櫨謀篇作屈宜告。是臼告古字通。屈宜臼之爲宜告。亦猶平王宜臼之爲宜告也。○陶方琦云。史記集解四十五引許注。屈宜臼。楚大夫。在魏者也。按宜若當是宜告之譌。史記韓世家作宜臼。引許注亦正作宜臼。古本多作宜臼也。說苑指武篇亦作屈宜臼。櫨謀篇作屈宜告。告臼音近。古通。舅犯亦作告犯。若乃告之誤文。王不知起之不肖。而以爲令尹。先生試觀起之爲人也。○王念孫云。爲人、本作爲之。此後人以意改之也。爲之、謂爲楚國之政也。下文。將衰楚國之爵。而平其制祿云云。正承此句言之。若作爲人。則與上下文全不相涉矣。說苑指武篇正作爲之。屈子曰。將柰何。吳起曰。將衰楚國之爵。而平其制祿。損其有餘。而綏其不足。砥礪甲兵。時爭利於天下。○王念孫云。時上當有以字。謂因時而動。與天下爭利也。脫去以字。則文義不明。說苑有以字。屈子曰。宜若聞之。昔善治國家者。不變其故。不易其常。今子將衰楚國之爵。而平其制祿。損其有餘。而綏其不足。是變其故。易其常也。行之者不利。宜若聞之曰。怒者逆德也。兵者凶器也。爭者人之所本也。○俞樾云。本字無義。乃去字之誤。下文。始人之所本。逆之至也。說苑指武篇作殆人所棄。逆之至也。彼作棄。此作去。文異而義同。惟始字亦不可通。說苑作殆尤爲無義始乃治字之誤吳起欲砥礪甲兵故屈子以爲治人所去言取人之所去者而治之也文子下德篇作治人之亂逆之至也治字不誤可據以訂正今子陰謀逆德好用凶器始人之所本逆之至也本者謂兵爭也且子用魯兵不宜得志於齊而得志焉起爲魯將伐齊敗之子用魏兵不宜得志於秦而得志焉起爲魏西河守秦兵不敢東下也宜若聞之非禍人不能成禍吾固惑吾王之數逆天道戾人理至今無禍差須夫子也差須猶意須也○俞樾云此本作嗟(句)須夫子也嗟乃歎辭說苑指武篇作嘻且待夫子也是其證也嗟字闕壞高注遂以差須連讀而釋之曰猶意須也失之甚矣吳起惕然曰尚可更乎屈子曰成形之徒不可更也成形之徒形禍已成于衆子不若敦愛而篤行之老子曰挫其銳解其紛和其光同其塵晉伐楚三舍不止大夫請擊之莊王曰先君之時晉不伐楚及孤之身而晉伐楚是孤之過也若何其辱羣大夫曰先臣之時晉不伐楚今臣之身而晉伐楚此臣之罪也請三擊之○文典謹按傳寫宋本三作王王俛而泣涕沾襟起而拜羣大夫晉人聞之曰君臣爭以過爲在己且輕下其臣不可伐也夜還師而歸老子曰能受國之垢是謂社稷主宋景公之時熒惑在心公懼召子韋而問焉子韋司星者也曰熒惑在心何也子韋曰熒惑天罰也心宋分野宋之分野上屬房心之星禍且當君雖然可移於宰相公曰宰相所使治國家也而移死焉不祥子韋曰可移於民公曰民死寡人誰爲君乎寧獨死耳子韋曰可移於歲公曰歲民之命歲饑民必死矣爲人君而欲殺其民以自活也其誰以我爲君者乎是寡人之命固已盡矣子韋無復言矣○王念孫云韋字因上下文而衍呂氏春秋制樂篇新序雜事篇論衡變虛篇皆作子無復言矣無韋字子韋還走北面再拜曰敢賀君天之處高而聽卑君有君人之言三天必有三賞君○王念孫云次句有字因下文故有三賞而衍呂氏春秋新序論衡皆作天必三賞君無有字今夕星必徙三舍君延

年二十一歲。公曰。子奚以知之。對曰。君有君人之言三。故有三賞。星必三徙舍。舍行七里。三七二十一。故君移年二十一歲。○王念孫云。七里當爲七星。字之誤也。古謂二十八宿爲二十八星。七星七宿也。呂氏春秋。新序。論衡。皆作舍行七星。又新序論衡。舍行七星下。皆有星當一年四字。於義爲長。舍行七星。三舍則行二十一星。星當一年。故延年二十一歲也。呂氏春秋亦云星一徙當七年。臣請伏於陛下以伺之。星不徙。臣請死之。公曰。可。是夕也星果三徙舍。故老子曰。能受國之不祥。是謂天下王。昔者公孫龍在趙之時。謂弟子曰。人而無能者。龍不能與遊。有客衣褐帶索而見曰。臣能呼。公孫龍顧謂弟子曰。門下故有能呼者乎。對曰。無有。公孫龍曰。與之弟子之籍。後數日。往說燕王。至於河上。而航在一汜。汜。水厓也。○文典謹按。北堂書鈔百三十八。御覽七百七十引並作北。藝文類聚七十一作水。使善呼者呼之。一呼而航來。故曰。聖人之處世。不逆有伎能之士。○王念孫云。故下曰字。因下文故老子曰而衍。此因述公孫龍納善呼者一事。而言聖人不棄伎能之士。非引古語爲證。不當有曰字。下文故老子曰云云。方引老子之言以證之耳。下文曰。故伎無細。而能無薄。在人君用之耳。(今本故下有曰字。誤與此同。)又曰。故人主之嗜欲見於外。則爲人臣之所制。又曰。故周鼎著倕而使齕其指。先王以見大巧之不可爲也。又曰。故大人之行。不掩以繩。至所極而已矣。其下皆引書爲證。與此文同一例。而故下皆無曰字。故老子曰。人無棄人。物無棄物。是謂襲明。子發攻蔡。踰之。子發。楚宣王之將。踰。越。勝之也。宣王郊迎。列田百頃。而封之執圭。楚爵功臣。賜以圭。謂之執圭。比附庸之君。子發辭不受。曰。治國立政。諸侯入賓。此君之德也。發號施令。師未合而敵遁。此將軍之威也。兵陳戰而勝敵者。此庶民之力也。夫乘民之功勞。而取其爵祿者。非仁義之道也。故辭而弗受。故老子曰。功成而不居。夫惟不居。是以不去。晉文公伐原。原。周邑。襄王以原賜文公。原叛。伐之。與大夫期三日。三日而原不降。文公令去之。軍吏曰。原不過一二日將降矣。君曰。吾不知原三日而不可得下也。以與大夫期。盡而不罷。失信得原。吾弗為也。原人聞之曰。有君若此。可弗降也。遂降。溫人聞。亦請降。時周人以溫予文公。溫人相連皆叛。故老子曰。窈兮冥兮。其中有精。其精甚眞。其中有信。故美言可以市。尊美行可以加人。公儀休相魯。公儀休。故魯博士也。而嗜魚。一國獻魚。公儀子弗受。其弟子諫曰。夫子嗜魚。弗受何也。答曰。夫唯嗜魚。故弗受。夫受魚而免於相。雖嗜魚。不能自給魚。毋受魚而不免於相。則能長自給魚。此明於為人為己者也。故老子曰。後其身而身先。外其身而身存。非以其無私邪。故能成其私。一曰。知足不辱。狐丘丈人謂孫叔敖曰。丈人。老而杖于人者。人有三怨。子知之乎。孫叔敖曰。何謂也。對曰。爵高者士妬之。官大者主惡之。祿厚者怨處之。孫叔敖曰。吾爵益高。吾志益下。吾官益大。吾心益小。吾祿益厚。吾施益博。是以免三怨。可乎。○王念孫云。是以當依列子說符篇作以是。故老子曰。貴必以賤為本。高必以下為基。大司馬捶鉤者。年八十矣。而不失鉤芒。捶。鍛擊也。鉤。釣鉤也。大司馬曰。子巧邪。有道邪。曰。臣有守也。臣年二十。好捶鉤。於物無視也。非鉤無察也。是以用之者。必假於弗用也。而以長得其用。而況持無不用者乎。物孰不濟焉。故老子曰。從事於道者。同於道。文王砥德修政。三年而天下二垂歸之。砥。礪也。文王三分天下有其二也。紂聞而患之。曰。余夙興夜寐。與之競行。則苦心勞形。縱而置之。恐伐余一人。崇侯虎曰。周伯昌行仁義而善謀。○俞樾云。行字衍文也。下云。太子發勇敢而不疑。中子旦恭儉而知時。若此句有行字。則與下兩句不一律矣。蓋涉上文與之競行而衍。太子發勇敢而不疑。中子旦恭儉而知時。若與之從。則不堪其殃。縱而赦之。身必危亾。冠雖弊。必加於頭。及未成。請圖之。屈商乃拘文王於羑里。屈商。紂臣也。羑里。地名。在河內湯陰。於是散宜生乃以千金求天下之珍怪。得騶虞雞斯之乘。騶虞。白虎。黑文而仁。食自死之獸。日行千里。雖斯神馬也。玄玉百工。三玉爲一工也。大貝百朋。五貝爲一朋也。○俞樾云：三玉爲一工，他無所見，疑本作玄玉百玨。注本作二玉爲一玨也。說文玨部：二玉相合爲一玨，是也。莊十八年左傳賜玉五瑴，僖三十年傳納玉於王與晉侯皆十瑴，襄十八年傳獻子以朱絲係玉二瑴，國語魯語行玉二十瑴，穆天子傳於是載玉萬瑴，杜預、韋昭、郭璞注並以雙玉說之。瑴即玨之或體，是古人用玉率以玨計，未聞其以工計也。蓋玨字闕壞而爲工，後人因改爲工，又改高注二玉爲三玉，以別異於玨耳。至朋之訓五貝，本詩菁菁者莪篇鄭箋。然正義曰：五貝者，漢書食貨志以爲大貝、壯貝、幺貝、小貝、不成貝爲五也。言爲朋者，爲小貝以上四種各二貝爲一朋，而不成者不成朋，鄭因經廣解之，言有五種之貝，貝中以相與爲朋，非總五貝爲一朋也。然則高氏泥鄭箋五貝之說以注此文，殊非塙詁。古者實以二貝爲一朋。周易損六五十朋之龜，李鼎祚集解引崔憬曰：雙貝曰朋。得之矣。詩七月篇朋酒斯饗，毛傳曰：兩樽曰朋。貝以兩爲朋，猶樽以兩爲朋也。此云玄玉百玨、大貝百朋，玨也朋也，皆以兩計。玄玉百玨者，玉二百也。大貝百朋者，貝二百也。其數正相當矣。玄豹、黃羆、青豻、豻，胡地野犬。白虎文皮千合，以獻於紂，因費仲而通。費仲，紂佞臣也。紂見而說之，乃免其身，殺牛而賜之。文王歸，○文典謹按：御覽八十四引作文王歸自商。乃爲玉門，築靈臺，相女童，擊鍾鼓，玉門，以玉飾門，爲柱楣也。相女童，相視之。一曰相匠也。以待紂之失也。紂聞之曰：周伯昌改道易行，吾無憂矣。乃爲炮烙，剖比干，剔孕婦，殺諫者。文王乃遂其謀。故老子曰：知其榮，守其辱，爲天下谷。成王問政於尹佚曰：尹佚，史佚也。吾何德之行而民親其上。對曰：使之時而敬順之。王曰：其度安在。曰：如臨深淵，如履薄冰。○王念孫云：使之時而敬順之（順與愼同），時上當有以字，說苑政理篇、文子上仁篇並作使之以時，是其證。其度安至，劉本改至爲在，而莊本從之。案其度安至者，謂敬愼之度何所至，猶言當如何敬愼也。下文如臨深淵，如履薄冰，正言敬愼之度所至也。若云其度安在，則謬以千里矣。太平御覽皇王部九引此正作其度安至，說苑同。王曰：懼哉王人乎。尹佚曰：天地之間，四海之內，善之則吾畜也，不善則吾讎也。昔夏商之臣反讎桀紂而臣湯武，宿沙之民皆自攻其君而歸神農。伏羲、神農之間有共工、宿沙霸天下者也。此世之所明知也。如何其無懼也。故老子曰：人之所畏，不可不畏也。跖之徒問跖曰：盜亦有道乎。跖曰：奚適其無道也。夫意而中藏者聖也。入先者勇也。出後者義也。分均者仁也。知可否者智也。○王念孫云：奚適其無道也，本作奚適其有道也。適與啻同。（孟子告子篇「則口腹豈適爲尺寸之膚哉」，秦策「疑臣者不適三人」，適並與啻同。史記甘茂傳作「疑臣者非特三人」。）言豈特有道而已哉，乃聖勇義仁智五者皆備也。後人不知適之讀爲啻，而誤以爲適齊適楚之適，故改有爲無耳。莊子胠篋篇本作「何適其有道邪」，適亦與啻同。今本作「何適而無有道邪」，而無二字亦後人所改，唯有字尚存。呂氏春秋當務篇正作「奚啻其有道也」。五者不備而能成大盜者，天下無之。由此觀之，盜賊之心必託聖人之道而後可行。故老子曰：絕聖棄智，民利百倍。楚將子發好求技道之士。○莊逵吉云：御覽此下有注云：士有術者無不養。楚有善爲偷者，往見曰：聞君求技道之士，臣偷也。○王念孫云：臣偷也，本作臣楚市偷也。下文「市偷進請曰」，即承此句言之。今本脫楚市二字。太平御覽人事部一百十六、一百四十引此並作臣楚市偷也。願以技齎一卒。齎，備；卒，足也。○莊逵吉云：御覽作技該一卒，注：該，備也；卒，一人。子發聞之，衣不給帶，冠不暇正，出見而禮之。左右諫曰：偷者天下之盜也，何爲之禮？○王念孫云：之禮當爲禮之。上文「出見而禮之」，即其證。蜀志郤正傳注引此正作何爲禮之。君曰：此非左右之所得與。後無幾何，齊興兵伐楚，子發將師以當之，兵三卻。楚賢良大夫皆盡其計而悉其誠，齊師愈強。於是市偷進請曰：臣有薄技，願爲君行之。子發曰：諾。不問其辭而遣之。偷則夜解齊將軍之幬帳而獻之。○王念孫云：郤正傳注及北堂書鈔衣冠部一、太平御覽人事部一百十六、一百四十、服章部五、服用部九引此，夜下俱有出字，於義爲長。子發因使人歸之，曰：卒有出薪者，得將軍之帷，使歸之於執事。明又復往取其枕。○文典謹按：北堂書鈔百二一七引枕作魷。子發又使人歸之。明日又復往取其簪，子發又使歸之。○王念孫云：明又、明日又，兩又字皆當爲夕。夕、又字相近，又因下句又字而誤。（若以又復二字連讀，則明字文不成義。）後人不知又爲夕之誤，故又加日字耳。偷以夜往，故言夕。上文曰「偷則夜出」是也。舊本北堂書鈔衣冠部一引此作「明夕取枕，明夕取簪」。（陳禹謨依俗本，於取簪上加又字，而夕字尚未改。）太平御覽四引皆作「明夕復往取其枕」，「明夕復往取其簪」。齊師聞之，○莊逵吉云：御覽作於是齊師聞之。大駭。將軍與軍吏謀曰：今日不去，楚君恐取吾頭，乃還師而去。〇王念孫云：楚君當爲楚軍，聲之誤也。鄒正傳注、太平御覽引此，並作楚軍。則還師而去（道藏本如是），則與卽同。鄒正傳注、太平御覽引此，並作卽還師（卽則古多通用，不煩引證）。劉績不曉則字之義，改則爲乃，而諸本從之（莊本同），斯爲謬矣。故曰無細而能薄，在人君用之耳。〇王念孫云：故曰無細而能薄，本作故伎無細而能無薄。君能用人，則細伎薄能，皆得效其用也。今本衍曰字（曰字因下文故老子曰而衍，說見前故曰下），又脫伎字及下無字，遂致文不成義。太平御覽兩引此文，並作故伎無細能無薄。故老子曰：不善人，善人之資也。顏回謂仲尼曰：回益矣。仲尼曰：何謂也？曰：回忘禮樂矣。回忘禮樂，絕聖棄智，入於無爲也。仲尼曰：可矣，猶未也。異日復見，曰：回益矣。仲尼曰：何謂也？曰：回忘仁義矣。仲尼曰：可矣，猶未也。異日復見，曰：回坐忘矣。言坐自忘其身，以至道也。仲尼遽然曰：何謂坐忘？顏回曰：隳支體，黜聰明，離形去知，洞於化通，是謂坐忘。仲尼曰：洞則無善也，化則無常矣。而夫子薦賢。薦，先也。回入賢。丘請從之後。故老子曰：載營魄抱一，能無離乎？專氣至柔，能如嬰兒乎？秦穆公興師，將以襲鄭。蹇叔曰：不可。臣聞襲國者，以車不過百里，以人不過三十里，爲其謀未及發泄也，甲兵未及銳弊也，糧食未及乏絕也，人民未及罷病也，皆以其氣之高與其力之盛至，是以犯敵能威。〇俞樾云：威乃威字之誤，威讀爲滅，言能滅之也。呂氏春秋悔過篇正作滅。又按呂氏春秋此句下，今有去之能速四字，高注曰：故進能滅敵，去之能速也。此文無此四字，則於文爲不備，疑寫者脫去之。行數千里，又數絕諸侯之地以襲國，臣不知其可也。君重圖之。穆公不聽。蹇叔送師，衰絰而哭之。師遂行，過周而東。鄭賈人弦高矯鄭伯之命，以十二牛勞秦師而賓之。三帥乃懼而謀曰：吾行數千里以襲人，未至而人已知之，其備必先成，不可襲也。還師而去。當此之時，晉文公適薨，未葬，先軫言於襄公曰：先軫，晉大夫也。襄公，晉文公子。昔吾先君與穆公交，天下莫不聞，諸侯莫不知。今吾君薨未葬，而不弔吾喪，而不假道，是死吾君，而弱吾孤也。請擊之。襄公許諾。先軫舉兵而與秦師遇於殽。大破之。擒其三帥以歸。穆公聞之。素服廟臨。以說於衆。說，解也。故老子曰。知而不知。尚矣。不知而知。病也。齊王后死。王欲置后而未定。使羣臣議。薛公欲中王之意。薛公，田嬰也。○陶方琦云：羣書治要引許注與今注正同。因獻十珥。而美其一。旦日。因問美珥之所在。因勸立以爲王后。齊王大說。遂尊重薛公。○王念孫云：遂尊重薛公，本作遂重薛公。重卽尊也。（秦策請重公於齊，高注：重，尊也。又西周策、齊策注，呂氏春秋勸學、節喪二篇注，禮記祭統注竝同。）古書無以尊重二字連用者。（戰國策、史記、漢書及諸子書皆但言重，無言尊重者。）唯俗語有之。羣書治要引此無尊字。蓋後人所加也。故人主之意欲見於外。則爲人臣之所制。○王念孫云：古書無以意欲二字連用者。此涉上文欲中王之意而誤也。意欲本作嗜欲。主術篇曰：君人者喜怒形於心。耆欲見於外。（耆與嗜同。）則守職者離正而阿上。是其證。羣書治要引此正作嗜欲。故老子曰。塞其兌。閉其門。終身不勤。盧敖游乎北海。盧敖，燕人。秦始皇召以爲博士。使求神仙。亾而不反也。經乎太陰。入乎玄闕。太陰，北方也。玄闕，北方之山也。至於蒙轂之上。蒙轂，山名。見一士焉。深目而玄鬢。淚注而鳶肩。淚，水。○王念孫云：淚注當爲渠頸。高注淚水當爲渠大。皆字之誤也。（俗書渠字或作淚，淚字或作淚。二形相似，故渠誤爲淚。廣韻：淚，強魚切。引方言云：杷，宋魏之間謂之淚挐。淚卽渠字。玉篇云：淚，俗淚字。皆其證也。）頸誤爲注者，注字右邊主爲頸字左邊巠之殘文。又因淚字而誤加水旁耳。若高注內大字，今作水，則後人以淚字從水而妄改之。）渠頸，大頸也。渠之言巨也。史記蔡澤傳：先生曷鼻巨肩。徐廣曰：巨，一作渠。彼言渠肩，猶此言渠頸矣。杜子春注周官鍾師引呂叔玉云：肆夏、繁遏、渠，皆周頌也。渠，大也。言以后稷配天，王道之大也。荀子彊國篇：是渠衝入穴而求利也。楊倞曰：渠，大也。渠衝，攻城之大車也。漢書吳王濞傳：膠西王、膠東王爲渠率。顏師古亦云：渠，大也。是渠與大同義。故高注訓渠爲大也。太平御覽地部二引作淚注而戴肩。則所見本已誤。蜀志郤正傳注引作戾頸而戴肩。戾亦傳寫之誤。論衡道虛篇作鳶頸而戴肩。鳶字則後人以意改之。唯頸字皆不誤。藝文類聚靈異部上引作渠頸而戴肩。又引注云：渠，大也。斯爲確據矣。豐上而殺下。軒軒然方迎風而舞。顧見盧敖。慢然下其臂。遯逃乎碑。慢然，止舞也。匿於碑陰。○王念孫云：碑下脫去下字。碑或作崥。太玄增上九：崔嵬不崩，賴彼峽崥。（玉篇：峽，於兩切。崥，方爾切。）范望曰：峽崥，山足也。下者，後也。（見大雅下武箋、周語注。）遯逃乎山足之後。故高注曰：匿於碑陰也。太平御覽引此已脫下字。藝文類聚纂引作嵲下蜀志注引作碑下論衡同 盧敖就而視之方倦龜殼而食蛤梨 楚人謂倨爲倦龜殼龜甲也蛤梨海蚌也 盧敖與之語曰唯敖爲背羣離黨窮觀於六合之外者非敖而已乎敖幼而好游至長不渝 〇莊逵吉云御覽此下有注云渝解也〇王念孫云此本作至長不渝解今本無解字者後人不曉渝解二字之義而削之也不知渝與解同義太玄格次三裝格鞶鉤渝范望曰渝解也字亦作愉呂氏春秋勿躬篇百官愼職而莫敢愉綎高注曰愉解也綎緩也又方言揄摴脫也解輸脫也郭璞曰挩猶脫耳文選七發揄弃恬怠輸寫淟濁李善注引方言揄脫也輸亦解也渝愉揄輸並聲近而義同太平御覽引作至長不渝解蜀志注引作長不喻解論衡作至長不偷解字雖不同而皆有解字 周行四極唯北陰之未闚今卒睹夫子於是子殆可與敖爲友乎若士者䶑然而笑曰嘻子中州之民寧肯而遠至此此猶光乎日月而載列星 言太陰之地尙見日月也 陰陽之所行四時之所生其比夫不名之地猶窔奧也 言我所游不可字名之地以盧敖所行比之則如窔奧奧室中也 若我南游乎岡㝗之野北息乎沉墨之鄉西窮窅冥之黨 〇莊逵吉云黨所也方言云〇盧云昭云黨當訓所案釋名上黨黨所也在山上其所最高故曰上黨又公羊文十三年傳云往黨衞侯會公于沓至得與晉侯盟反黨鄭伯會公于斐何休注黨所也所猶時齊人語史記齊世家萊人歌曰師乎師乎何黨之乎集解服虔曰黨所也言公子徒衆何所適也案此亦齊人語然上黨在晉而亦以所爲黨則不獨齊人爲然矣 東開鴻濛之光此其下無地而上無天聽焉無聞視焉無眴 〇王念孫云東開鴻濛之光開當爲闓闓字俗書作開（唐顏玄孫干祿字書曰開闓上俗下正）開字俗書作開二形相似故闓誤爲開（莊子秋水篇今吾無所開吾喙釋文開本亦作闓楚策大闓天下之匈今本闓誤作開漢書西南夷傳皆棄此國而關蜀故徼史記闓誤作開說文管十二月之音物闓地而牙故謂之闓管今本亦誤作開）闓與貫同（雜記輪人以其杖闓轂而輠輪闓轂即貫轂漢書王嘉傳大臣括髮闓械闓械即貫械今人言闓通即貫通鄉射禮不貫不釋古文貫作闓大戴禮子張問入官篇察一而闓於多家語入官篇闓作貫史記儒林傳履雖新必闓於足漢書闓作貫）東貫鴻濛之光謂東貫日光也（見上注）司馬相如大人賦貫列缺之倒景義與此貫字同太平御覽楚辭補注引此作東開鴻濛之光則所見本已誤論衡作東貫澒濛之光蜀志注引此作東貫鴻濛之光貫闓古字通則開爲闓之誤明矣視焉無眴本作視焉則眴眴與眩同司馬相如大人賦云視眩泯而亾見揚雄甘泉賦云目冥眴而亾見其義一也楚辭遠遊云下峥嶸而無地兮上寥廓而無天視儵

忽而無見兮聽惝怳而無聞此云下無地而上無天聽焉無聞視焉則詾義本遠遊也蜀志注引此正作視焉則眴論衡作視焉則營營與眴古字通也（詾字從目旬聲大雅江漢篇來旬來宣鄭箋曰旬當作營
史記天官書旬始徐廣曰旬一作營旬之通作營猶詾之通作營矣）道藏本作視焉無眴者涉上句無字而誤太平御覽所引已與道藏同後人不知無眴爲則眴之誤遂改眴爲矚而莊本從之案廣韻矚視也
是矚與視同義視焉無視斯爲不詞矣且眴與天爲韻若作矚則失其韻矣此其外猶有汏沃之汜汏沃四海與天之際水流聲也汜涯也其餘一舉而千萬里
千萬里汏氾之外也吾猶未能之在吾尚未至此地今子游始於此乃語窮觀豈不亦遠哉然子處矣吾與汗漫期于九垓
之外汗漫不可知之也九垓九天之外吾不可以久駐○王念孫云九垓之外本作九垓之上高注本作九垓九天也俶眞篇徙倚於汗漫之宇高注引此文云吾與汗漫期於九垓之上
漢書禮樂志郊祀歌專精厲意逝九閡如淳曰閡亦陔也淮南子曰吾與汗漫期乎九陔之上陔重也謂九天之上也司馬相如傳封禪文上暘九垓如淳注所引亦與前同又論衡及蜀志注太平御覽文選郭
璞遊仙詩注張協七命注並引作九垓之上（李白盧山謠先期汗漫九垓上願接盧敖遊太清卽用此篇之語則李所見本亦作九垓之上）御覽又引高注云九垓九天也此皆其明證矣後人既改九垓之上爲
九垓之外復於注內加之外二字以曲爲附會甚矣其妄也又案吾不可以久駐駐字亦後人所加論衡作吾不可久蜀志注文選注太平御覽並引作吾不可以久則久下原無駐字明矣若士舉
臂而竦身遂入雲中盧敖仰而視之弗見乃止駕止其所駕之車柸治楚人謂恨不得爲柸治也悖若有喪也○王念孫云止柸治之止當爲
心隸書心字作㣺止字或作㞢二形相似又涉上句止字而誤也乃止駕爲句心柸治爲句悖若有喪也爲句柸治疊韻字言其心柸治然也（高注楚人謂恨不得爲柸治也）論衡作乃止喜（喜當爲嘉嘉駕古字
通）心不怠恨若有喪不怠卽柸治之借字則止爲心字之誤明矣莊本刪去止字非是○俞樾云王氏念孫謂止柸治之止乃心字之誤是也柸治之義高注曰楚人謂恨不得爲柸治也其實柸治卽不怡也不
怡二字本於虞書古人習用之國語晉語曰主色不怡太史公報任少卿書曰聽朝不怡此言心不怡非必楚語因聲誤而爲柸治其義始晦矣論衡道虛篇作乃止喜（句）心不怠卽乃止駕心不怡也喜者嘉字
之誤駕之叚字也怠者怡之叚字也曰吾比夫子猶黃鵠與壤蟲也壤蟲蟲之幼也終日行不離咫尺八寸爲咫十寸爲尺而自以爲遠豈不
悲哉故莊子曰小年不及大年小知不及大知朝菌不知晦朔朝菌朝生暮死之蟲也生水上狀似蠶蛾一名孳母海南謂之蟲邪○王念孫云朝

舊本作朝秀(高注同)今作朝菌者。後人據莊子逍遙遊篇改之也。文選辯命論朝秀晨終。李善注引淮南子朝秀不知晦朔。太平御覽蟲豸部茲母下引淮南子朝秀不知晦朔。又引高注云。朝秀朝生暮死之蟲也。生水上。似蠶蛾。一名茲母。廣雅釋蟲。朝蟜(曹憲音秀)孳母也。義本淮南注。是淮南自作朝秀。與莊子異文。不得據彼以改此也。○陶方琦云。文選注御覽引正文及許注。俱作朝秀。今本作朝菌。乃因莊子而改。莊子逍遙遊朝菌不知晦朔。釋文引司馬注。菌。大芝也。兩書古注互異。不必強同。今許注既解爲蟲。當作朝秀。秀卽蟜字。廣雅朝秀。孳母也。卽本許注。玉篇蟜。思又弋久二切。朝生莫死蟲也。生水上。狀如蠶蛾。一名孳母。卽引淮南許氏注文。蟪蛄不知春秋。蟪蛄。蛁蟟也。此言明之有所不見也。季子治亶父三年。季子。子賤也。○王念孫云。羣書治要引此季子作宓(音伏)子。呂氏春秋具備篇同。案。諸書無謂宓子賤爲季子者。季當爲孚。字之誤也。孚與宓聲相近。宓子之爲孚子。猶宓犧之爲庖犧也。齊俗篇賓有見人於宓子者。太平御覽人事部四十六引作孚子。羣書治要作季子。故知宓通作孚。孚誤作季也。○陶方琦云。羣書治要引許注。宓子。子賤也。與今注正同。而巫馬期絻衣短褐。巫馬期。孔子弟子也。○陶方琦云。羣書治要引許注。巫馬期。孔子弟子也。與今注正同。史記呂覽並作巫馬旗。易容貌。往觀化焉。易服而往。微以視之。○陶方琦云。羣書治要引許注。微視之。是約文。見得魚釋之。○王念孫云。太平御覽鱗介部七引作見夜魚者釋之。羣書治要引作見夜漁者得魚則釋之。案。羣書治要所引是也。呂氏春秋作見夜漁者得則舍之。家語屈節篇作見夜漁者。得魚輒舍之。是其證。泰族篇亦云見夜漁者得小卽釋之。巫馬期問焉曰。凡子所爲魚者。欲得也。今得而釋之。何也。漁者對曰。季子不欲人取小魚也。古者魚不盈尺不上俎也。○文典謹按。羣書治要引人下有之字。與呂覽具備篇合。所得者小魚。是以釋之。巫馬期歸。以報孔子曰。季子之德至矣。使人闇行若有嚴刑在其側者。季子何以至於此。孔子曰。丘嘗問之以治。言曰。誠於此者刑於彼。○王念孫云。各本及莊本誠字皆誤作誡。唯道藏本不誤。羣書治要引此正作誠。呂氏春秋家語並同。季子必行此術也。故老子曰。去彼取此。罔兩問於景曰。罔兩。水之精物也。景。日月水光晷也。昭昭者。神明也。罔兩。恍惚之物。見景光明。以爲神也。景曰。非也。罔兩曰。子何以知之。景曰。扶桑受謝。日照宇宙。扶桑。日所出之木也。受謝。扶桑受日且澤出之也。昭昭之光。輝燭四海。闔戶塞牖。則無由入矣。若神明四通竝流。無所不及。上際於天。下蟠於地。化育萬物而不可爲象。俛仰之間。而撫四海之外。昭昭何足以明之。故老子曰。天下之至柔。馳騁天下之至堅。光耀問於無有。（光耀可見。而無有至虛者。）曰。子果有乎。其果無有乎。（有形生于無形。何以能生物。故問果有乎。其無有也。）無有弗應也。光耀不得問。而就視其狀貌。（○王念孫云。就視當依莊子知北遊篇。作孰視。字之誤也。孰與熟同。）冥然忽然。視之不見其形。聽之不聞其聲。搏之不可得。望之不可極也。光耀曰。貴矣哉。孰能至于此乎。予能有無矣。未能無無也。（言我能使形不可得。未能殊無形也。）及其爲無無。又何從至於此哉。故老子曰。無有入于無間。吾是以知無爲之有益也。白公勝慮亂。（白公將爲父復讎。起兵亂。因思慮之也。○文典謹按。爾雅釋詁。廣雅釋詁四。慮。謀也。呂氏春秋安死篇高注。慮。謀也。國策秦策注。慮。計也。白公勝慮亂。猶言白公勝謀亂也。慮當訓謀。訓計。不當訓思。）罷朝而立。倒杖策。錣上貫頤。（策。馬捶。端有針以刺馬。謂之錣。倒杖策。故錣貫頤也。）血流至地而弗知也。鄭人聞之曰。頤之忘。將何不忘哉。（白公之父死。鄭人預之。故懼之。）此言精神之越於外。智慮之蕩於內。則不能漏理其形也。（漏。補空也。）是故神之所用者遠。則所遺者近也。（近。謂身也。）故老子曰。不出戶以知天下。不窺牖以見天道。其出彌遠。其知彌少。此之謂也。秦皇帝得天下。恐不能守。發邊戍。築長城。修關梁。設障塞。具傳車。置邊吏。然劉氏奪之。若輔閉錘。（閉錘。格也。上之錘。所以編薄席。反覆之易。）昔武王伐紂。破之牧野。乃封比干之墓。表商容之閭。柴箕子之門。（紂死。箕子亾之朝鮮。舊居空。故柴護之也。○莊逵吉云。柴護之者。設軍士護之也。柴即俗寨字。○曾國藩云。後漢書楊震傳。柴門謝客。三國志。以萬兵柴道。與此柴字義同。即塞也。）朝成湯之廟。發鉅橋之粟。散鹿臺之錢。破鼓折枹。弛弓絕絃。去舍露宿。以示平易。解劍帶笏。以示無仇。於此天下歌謠而樂之。諸侯執幣相朝。三十四世不奪。故老子曰。善閉者無關鍵而不可開也。善結者無繩約而不可解也。尹需學御。三年而無得焉。私自苦痛。常寢想之。（寢堅思之。）

○文典謹按：御覽七百四十六引注，堅作臥。中夜夢受秋駕於師。秋駕，善御之術。明日往朝，師望之謂之曰：○王念孫云：望之謂之，當作望而謂之。今本而作之，因下謂之而誤。太平御覽工藝部三引此，正作望而謂之。呂氏春秋博志篇同。吾非愛道於子也，恐子不可予也。今日教子以秋駕。尹需反走，北面再拜曰：臣有天幸，今夕固夢受之。故老子曰：致虛極，守靜篤，萬物並作，吾以觀其復也。昔孫叔敖三得令尹，無喜志；三去令尹，無憂色。延陵季子，吳人願一以為王而不肯。許由讓天下而弗受。晏子與崔杼盟，臨死地，不變其儀。此皆有所遠通也。精神通於死生，則物孰能惑之？荊有佽非，得寶劍於干隊。干，國，在今臨淮，出寶劍，蓋為莫邪洞鄂之形也。還反度江，至於中流，陽侯之波，兩蛟挾繞其船。蛟，龍屬也。魚滿二千五百斤，蛟來為之主也。佽非謂枻船者曰：枻，櫂也。嘗有如此而得活者乎？○俞樾云：嘗下脫見字。下文對曰未嘗見也，嘗見字與此相應。呂氏春秋知分篇作子嘗見有兩蛟繞船能兩活者乎，正有見字。能兩活當作而能活，說見呂氏春秋。對曰：未嘗見也。於是佽非瞑目教然，攘臂拔劍。○王念孫云：瞑目二字與攘臂拔劍事不相類，瞑目當為瞋目。隸書眞或作真，冥或作真，二形相似而誤。又案：教然二字當在瞋目之上，而以教然瞋目攘臂拔劍作一句讀。曰：武士可以仁義之禮說也，不可劫而奪也。此江中之腐肉朽骨，棄劍而已，○俞樾云：已乃人己之己。己上當有全字。呂氏春秋正作棄劍而全己。余有奚愛焉！赴江刺蛟，遂斷其頭，船中人盡活，風波畢除。荊爵為執圭。孔子聞之曰：夫善載腐肉朽骨棄劍者，佽非之謂乎！○俞樾云：載當作哉，聲之誤也。哉下脫不以二字。呂氏春秋正作夫善哉，不以腐肉朽骨而棄劍者，其次非之謂乎。故老子曰：夫唯無以生為者，是賢於貴生焉。齊人淖于髡以從說魏王，魏王辯之，約車十乘，將使荊，辭而行，人以為從未足也，復以衡說，其辭若然。從說，說諸侯之計，當相從也。衡說，從之非是，當橫更計也。○孫詒讓云：此人當作又，又以為從未足也句斷。呂氏春秋離謂篇作有以橫說魏王，有與又同。魏王乃止其行，而疏其身，失從心志，而又不能成衡之事。○王念孫云：失從心志，當作失從之志今本之作心者因志字而誤有與又同此言魏王既不能合從又不能連衡也呂氏春秋離謂篇作失從之意又失橫之事是其證漢魏叢書本改有爲又而莊本從之則昧於假借之義矣。是其所以固也。夫言有宗，事有本，失其宗本，技能雖多，不若其寡也。故周鼎著倕而使齕其指，先王以見大巧之不可也。王念孫云不可下脫爲字呂氏春秋作先王有以見大巧之不可爲也是其證本經篇亦云故周鼎著倕使銜其指以明大巧之不可爲也。故慎子曰：匠人知爲門能以門，所以不知門也，故必杜然後能門。慎子名到齊人不知門不知門之要也門之要在門外○孫詒讓云今本慎子殘缺無此文義亦難通文子精誠篇襲此云故匠人智爲不以能以時閉不知閉也故必杜而後開彼文亦有譌說參合校繹此似當云不能以閉所以不知門也故必杜然後能開言門以開閉爲用若匠人爲門但能開而不能閉則終未知爲門之要也文子開閉二字尚未譌可據以校正。

墨者有田鳩者，田鳩學墨子之術也。欲見秦惠王，約車申轅，申束也○陶方琦云文選七發注謝玄暉京路夜發注引許注裝束也按文選引許君淮南注作裝束也當卽此處注或舊本作裝又文選謝惠連西陵遇風詩注引作裝飾也思玄賦簡元辰而俶裝注亦曰裝束也詩出車箋裝載物而往義同。留於秦，周年不得見。○文典謹按意林引周作三以下文吾留秦三年覈之則作三是也。客有言之楚王者，往見楚王，楚王甚悅之，○文典謹按意林引作一至楚楚王說之。予以節。使於秦，至因見，予之將軍之節，惠王見而說之。○陳觀樓云呂氏春秋首時篇云楚王說之與將軍之節以如秦至因見惠王則此亦當云至因見惠王而說之其予之將軍之節六字乃是上文予以節句注語今誤入此句中文義遂不可曉○王念孫云陳說是也莊本又加見字於而說之之上非是。出舍，喟然而歎，告從者曰：吾留秦三年不得見，不識道之可以從楚也。物故有近之而遠，遠之而近者。故大人之行，不掩以繩，掩猶揮也○俞樾云掩字無義高注曰掩猶揮也義亦未詳掩乃扶字之誤管子宙合篇曰千里之路不可扶以繩是其證也下文此所謂筦子梟飛而維繩者王氏念孫引陳觀樓說謂當作此筦子所謂鳥飛而準繩者按鳥飛準繩本管子宙合篇其曰千里之路不可扶以繩萬家之都不可平以準卽說鳥飛準繩之義也然則此云大人之行不扶以繩亦本管子掩字之誤無疑矣宙合篇又曰夫繩扶撥以爲正卽此扶字之義因扶字闕壞止存扶形淺人遂以意補成掩字耳○文典謹按意林引作故大丈夫之行不可掩是其殆誤已在唐代矣。至所極而已矣。此所謂筦子梟飛而維繩者。言爲士者上下無常進退無恆不可繩也以喻飛梟從下繩維之而欲翱翔則不可也〇陳觀樓云此所謂堯子當作此堯子所謂梟飛而維綱當作鳥飛而準繩案管子宙合篇曰鳥飛準繩此言大人之義也云云大意謂鳥飛雖不必如繩之直然意南而南意北而北總期於還山集谷而後止則亦與準於繩者無異所謂苟大意得不以小缺爲傷也故此云大人之行不掩以繩至所極而已矣此堯子所謂鳥飛而準繩者今本鳥誤作梟準誤作維（準字俗省作准又因下繩字而誤從糸）則義不可通注內梟字亦鳥字之誤而云從下繩維之則高所見本已誤作維矣 澧水之深千仞而不受塵垢投金鐵鍼焉則形見於外〇王念孫云金鐵下不當有鍼字鍼卽鐵之誤也（鐵或省作銕形與鍼相近）今作金鐵鍼者一本作鐵一本作鍼而後人誤合之耳文選沈約貽京邑游好詩注太平御覽珍寶部十二引此皆無鍼字文子上禮篇作金鐵在中形見於外（羣書治要所引如是今本文子金鐵作金石乃後人所改）非不深且清也魚鼈龍蛇莫之肯歸也是故石上不生五穀禿山不游麋鹿無所陰蔽隱也〇王念孫云隱字蓋蔽字之注而誤入正文者（廣雅蔽隱也）文子無隱字是其證 昔趙文子問於叔向曰晉六將軍六將軍韓趙魏范中行智伯也其孰先亡乎對曰中行知氏文子曰何乎對曰其爲政也以苛爲察以切爲明以刻下爲忠以計多爲功譬之猶廓革者也廓之大則大矣裂之道也故老子曰其政悶悶其民純純其政察察其民缺缺景公謂太卜曰子之道何能對曰能動地動震也晏子往見公公曰寡人問太卜曰子之道何能對曰能動地地可動乎晏子默然不對出見太卜曰昔吾見句星在房心之間地其動乎句星客星也房駟句星守房心則地動也〇王念孫云劉本注文房星作駟房（朱本漢魏叢書本並同）案正文本作句星在駟心之間注本作駟（句）房星（句）句星守房心則地動也道藏本注文房星上脫駟字劉本房下脫星字若正文之駟心作房心則涉注文守房心而誤也莊伯鴻不知正文房爲駟之誤又改注文之駟房爲房駟以就之斯爲謬矣駟爲房之別名故須訓釋若房心爲二十八宿之正名則不須訓釋（爾雅天駟房也以房釋天駟不以天駟釋房）高注釋駟而不釋心卽其證也晏子春秋外篇作昔吾見鉤星在四心之間卽淮南所本（鉤與句同四與駟同） 太卜曰然晏子出太卜走往見公曰臣非能動地地固將動也田子陽聞之田子陽齊臣也曰晏子默然不對者不欲太卜之死往見

太卜者。恐公之欺也。晏子可謂忠於上而惠於下矣。故老子曰。方而不割。廉而不劌。魏文侯觴諸大夫於曲陽。飲酒酣。文侯喟然歎曰。吾獨無豫讓以爲臣乎。豫讓事知伯。而死其難。故文侯思以爲臣。蹇重舉白而進之。蹇重。文侯臣。舉白。進酒也。曰。請浮君。浮。罰也。以酒罰君。君曰。何也。對曰。臣聞之。有命之父母。不知孝子。有道之君。不知忠臣。夫豫讓之君。亦何如哉。豫讓相其君。而君見殺。亦何如。不足貴也。文侯受觴而飲。釂不獻。釂。盡也。曰。無管仲鮑叔以爲臣。故有豫讓之功。故老子曰。國家昏亂。有忠臣。孔子觀桓公之廟。桓公。魯君。有器焉。謂之宥巵。宥在坐右。孔子曰。善哉。予得見此器。顧曰。弟子取水。水至。灌之。其中則正。中。水半巵也。其盈則覆。孔子造然革容曰。善哉。持盈者乎。子貢在側曰。請問持盈。曰。益而損之。○王念孫云。揖與挹同。（集韻。挹或作揖。荀子議兵篇。拱揖指麾。富國篇作拱揖。）文選爲幽州牧與彭寵書注引蒼頡篇云。挹。損也。挹與損義相近。故曰挹而損之。作揖者借字耳。劉績不達。而改揖爲益。莊本從之。斯爲謬矣。後漢書杜篤傳注引此。正作挹而損之。荀子宥坐篇。說苑敬慎篇。並同。韓詩外傳作抑而損之。抑與挹聲亦相近。故諸書或言抑損。或言挹損也。曰。何謂益而損之。曰。夫物盛而衰。樂極則悲。日中而移。月盈而虧。是故聰明睿智。守之以愚。多聞博辯。守之以陋。武力毅勇。守之以畏。富貴廣大。守之以儉。○王念孫云。劉本改儉爲陋。陋爲儉。而莊本從之。案說文。儉。約也。廣雅。儉。少也。正與多聞博辯相對。不當改爲陋。說文。陋。陝也。（俗作狹）楚辭七諫注曰。陋。小也。亦與富貴廣大相對。不當改爲儉。杜篤傳注引此。正作多聞博辯守之以儉。富貴廣大守之以陋。與道藏本同。文子九守篇作多聞博辯。守以儉。富貴廣大。守以狹。狹亦陋也。德施天下。守之以讓。此五者。先王所以守天下而弗失也。反此五者。未嘗不危也。故老子曰。服此道者不欲盈。夫唯不盈。故能弊而不新成。武王問太公曰。寡人伐紂天下。是臣殺其主而下伐其上也。吾恐後世之用兵不休。鬭爭不已。爲之柰何。太公曰。甚善。王之問也。夫未得獸者。唯恐其創之小也。獵禽恐不能殺。故恐其創小也。已得之。唯恐傷肉之多也。○文典謹按。意林引作未得獸者。唯恐創少。已得獸者。唯恐創多。王若欲久持之。則塞民於兌。兌。耳目鼻口也。老子曰。塞其兌。是也。道全爲無用之事煩擾之教。○俞樾云：全乃令字之誤。令猶使也。道與導同，謂導使爲無用之事煩擾之教也。彼皆樂其業，供其情。○王念孫云：供當爲佚，佚與逸同，安也。逸樂義相近，若云供其情，則與上句不類矣。隸書佚或作供，與供相似而誤。昭昭而道冥冥，於是乃去其督而載之木。督，被髮也。木，鷸鳥冠也。知天文者冠鷸。○王引之云：載與戴同。木當爲朮，字之誤也。朮即鷸字也。高注當作「朮，鷸鳥冠也。知天文者冠鷸」。今本鷸作鷩者，鷸鷩字相近，又涉上文督字而誤也（爾雅翼引此已誤）。說文：鷸，知天將雨鳥也。禮記曰：知天文者冠鷸。莊子天地篇「皮弁鷸冠，搢笏紳脩」，釋文鷸尹必反，徐音述。玉篇及爾雅釋文、漢書五行志注鷸字並聿、述二音。匡謬正俗曰：案鷸，水鳥，天將雨即鳴，古人以其知天時，乃爲冠象此鳥之形，使掌天文者冠之。鷸字音聿，亦有術音，故禮之衣服圖及蔡邕獨斷謂爲術氏冠，亦因鷸音轉爲術耳（以上匡謬正俗）。莊子釋文曰：鷸又作遹。續漢書輿服志引記曰：知天者冠述。說苑脩文篇作冠鉥。蓋鷸字本作述音，故其字或作遹，或作述，或作鉥，又通作朮耳。朮與笏爲韻，若作木則失其韻矣。鷸卽翠鳥，故古人以其羽飾冠，冠鷸帶笏，皆所以爲飾。故莊子亦言鷸冠搢笏。若鷩無文采，則不可以爲飾矣。且鷸知天雨，故使知天文者冠之。若鷩則義無所取矣。諸書皆言知天文者冠鷸，無言冠鷩者。○王紹蘭云：王氏引之改木爲朮，鷩爲鷸，是也。正文督亦謬字。古無訓督爲被髮者。若云借督爲髳，說文髟部：髳，髮至眉也。引詩曰：紞彼兩髳。與淮南此文無涉。且去其被髮，亦文不成義。若云借督爲旄，既與被髮之解相違，又與戴鷸之文不配。蓋督卽鍪之譌借字。說文冃部：冑，兜鍪也。謂去其鍪而戴之鷸，與下文解劍帶笏相對成文，示天下不復用兵也。汜論訓：古者有鍪而綣領以王天下者矣。高彼注云：一說鍪，放髮也。鍪訓放髮，與督訓被髮，未之前聞。於此文去字尤不可通。高注非是。○俞樾云：高注曰：督，被髮也。木，鷩鳥冠也。知天文者冠鷩。王氏引之以木爲朮字之誤，朮卽鷸字也，引匡謬正俗鷸字音聿，亦有術音，蔡氏獨斷謂爲術氏冠爲證，其說洵塙不可易矣。惟未說督字之義。督當爲鍪。鍪者，兜鍪也。說文兜部：兜，兜鍪，首鎧也。從省言之，則止曰鍪。汜論篇：古者有鍪而綣領。高注曰：鍪，頭著兜鍪帽是也。去其鍪而載之朮，謂去其首鎧而戴之鷸鳥之冠，正與解其劍而帶之笏文義一律。作督者，叚字耳。高注以被髮說之，夫被髮豈可言去，足知其非矣。解其劍而帶笏。之笏。爲三年之喪，令類不蕃。高辭卑讓，使民不爭。酒肉以通之，竽瑟以娛之，鬼神以畏之，繁文滋禮以弇其質，厚葬久喪以亶其家，含珠鱗施綸組以貧其財，深鑿高壟以盡其力，家貧族少，慮患者貧，以此移風，可以持天下弗失。故老子曰：化而欲作，吾將鎮之以無名之樸也。

民国首版学术经典

淮南鸿烈集解【下册】

刘文典 著

上海科学技术文献出版社
Shanghai Scientific and Technological Literature Press

萬有文庫

第一集一千種

王雲五主編

淮南鴻烈集解

（四）

劉文典著

商務印書館發行

萬有文庫

第一集一千種

總編纂者

王雲五

商務印書館發行

淮南鴻烈集解

（四）

劉文典著

國學基本叢書

淮南鴻烈集解

卷十三

氾論訓

博說世間古今得失，以道爲化，大歸於一，故曰氾論，因以題篇。

古者有鍪而綣領，以王天下者矣。古者蓋三皇以前也。鍪，頭著兜鍪帽，言未知制冠也。綣領，皮衣屈而紩之，如今胡家韋襲反褶以爲領也。一說：鍪，放髮也；綣，繞頸而已，皆無飾。○文典謹按：初學記帝王部引鍪下有頭字，又引注紩作紩，胡家作朝，褶作攝。其德生而不辱，刑措不用也。予而不奪，予，予民財也。不奪，無所徵求於民也。○王念孫云：不辱本作不殺，故高注云刑措不用。今作辱者，後人妄改之也。殺與生相對，奪與予相對，若改殺爲辱，則非其指矣。且殺與奪爲韻，若作辱，則失其韻矣。太平御覽皇王部二引此已誤作辱。張載魏都賦注及舊本北堂書鈔衣冠部三引此並作殺。文子上禮篇同。晏子春秋諫篇：古者嘗有紩衣攣領而王天下者矣，其義好生而惡殺。荀子哀公篇：古之王者有務而拘領者矣，其政好生而惡殺。此皆淮南所本。天下不非其服，同懷其德。非，猶譏呵也。懷，歸也。當此之時，陰陽和平，風雨時節，萬物蕃息，政不虐生，無夭折也。烏鵲之巢可俯而探也，禽獸可羈而從也。從，猶牽也。豈必褒衣博帶，句襟委章甫哉。褒衣，謂方與之衣，如今吏人之左衣也。博帶，大帶。詩云：垂帶若厲。句襟，今之曲領褒衣也。委，委貌冠。章甫亦冠之名也。○文典謹按：御覽七十七引委下有貌字。古者民澤處復穴，處，居也。復穴，重窟也。一說：穴，毀隄防崖岸之中以爲窟室。○莊逵吉云：復穴之復應作複。○文典謹按：御覽百七十四引注作鑿崖岸之腹以爲密室，與高注後說略同。高注之一說多即許注，則御覽所引殆許注也。冬日則不勝霜雪霧露，夏日則不勝暑熱蟁蝱。蝱讀詩云言采其蝱之蝱也。聖人乃作爲之，作，起也。築土構木以爲宮室，構，架也，謂材木相乘架也。○王念孫云：高說非也。作爲之三字連讀。下文曰而作爲之，揉輪建輿，駕馬服牛。又曰而作爲之，鑄金鍛鐵，以爲兵刃，皆其證也。又案：以爲宮室本作以爲室屋，淺學人多聞宮室，寡聞室屋，故以意改之也。案月令曰：毋發室屋。管子八觀篇曰：宮營大而室屋寡。荀子禮論篇曰：壙壠其額象室屋。

也。呂氏春秋懷寵篇曰：不焚室屋。史記周本紀曰：營築城郭室屋（俗本亦有改爲宮室者）。天官書曰：城郭室屋門戶之潤澤，則室屋固古人常語。且此二句以木屋爲韻，下三句以宇雨暑爲韻，若作宮室，則失其韻矣。太平御覽居處部二引此正作室屋。上棟下宇，以蔽風雨，棟，屋欃也；宇，屋之垂。以避寒暑，而百姓安之也。安，樂也。伯余之初作衣也，伯余，黃帝臣也。世本曰：伯余制衣裳。一曰伯余黃帝。緂麻索縷，手經指挂，其成猶網羅。緂，銳；索，功也。緂讀恬然不動之恬。○王念孫云：高訓緂爲銳，則與麻字義不相屬。今案緂者續也，緝而續之也。方言：繝，續也（廣雅同）。秦晉續折木謂之繝。郭璞音剡。人閒篇曰：婦人不得剡麻攷縷。繝剡並與緂通。索，如胥爾索綯之索，謂切撚之也。高云：索，功也。功即切字之誤。顏師古注急就篇曰：索，謂切撚之令緊者也。廣雅曰：紉，索也。紉與切通。後世爲之機杼勝複，以便其用，而民得以揜形御寒。揜，蔽；御，止。古者剡耜而耕，摩蜃而耨，剡，利也。耜，臿屬。蜃，大蛤，摩令利，用之耨。耨，除苗穢也。木鉤而樵，抱甀而汲，鉤，鎌也。鉤讀濟陰句陽之句。樵，薪蒸。甀，武，今兗州曰小武爲甀，幽州曰瓦。○文典謹按：御覽七百五十八引甀作缾。民勞而利薄。後世爲之耒耜耰鉏，斧柯而樵，桔槔而汲，耰讀曰優。櫌，塊椎也。三輔謂之儓，所以覆種也。民逸而利多焉。古者大川名谷，衝絕道路，不通往來也，乃爲窬木方版，以爲舟航。窬，空也。方，並也。舟相連爲航也。故地勢有無，得相委輸，運所有，輸所無。乃爲靻蹻而超千里，肩荷負儋之勤也。靻蹻，靻，靸也。勤，勞也。○王念孫云：靻皆當爲靼，字從旦，不從且。說文：靼，柔革也（玉篇多達、之列二切）。屩，屩也。靸，小兒屩也。釋名云：靸，韋屩深頭者之名也。今正文言靻蹻（與屩同），注文言靻靸，皆是韋屩之名，則字當從旦。廣韻：靻，則古切，靻，勒名，字從且。兩字聲義判然。茅一桂不知靻爲靼之誤，輒加音祖二字，其失甚矣。下文蘇秦靻蹻贏蓋，靻亦靼字之誤。又案爲靻蹻之爲，音于僞反。爲靻蹻而超千里，肩負儋之勤也，乃起下之詞，非承上之詞。爲上不當有乃字，此因上文乃爲窬木方版而誤衍也。下文云：爲鷙禽猛獸之害傷人，而無以禁御也，而作爲之鑄金鍛鐵以爲兵刃。爲上無乃字，是其證。肩負儋之勤，道藏本、劉本及諸本並同。漢魏叢書本於負儋上加荷字，而莊本從之，斯爲謬矣。而作爲之楺輪建輿，駕馬服牛，民以致遠而不勞。代負儋，故不勞也。爲鷙禽猛獸之害傷人，而無以禁御也，而作爲之鑄金鍛鐵，以爲兵刃，猛獸不能爲害。以兵刃備之，故不得爲人害也。故民迫其難，則求其便；困其患，則造其備。人各以其所知，去其所害，就其所利。○王念孫云：人各以其所知當作人各以其知知與智同言各用其智以去害而就利也今本知上有所字者涉下兩所字而衍文子上禮篇正作各以其智去其所害就其所利常故不可循。器械不可因也。循隨也當時之可改則改之故曰不可也則先王之法度有移易者矣。古之制，婚禮不稱主人。當婚者之身不稱其名也稱諸父兄師友○文典謹按意林引不稱主人下有必稱父母兄弟六字○陶方琦云此許注然入正文者舜不告而娶，非禮也。堯知舜賢以二女妻舜不告父父頑常欲殺舜舜知告則不得娶也不孝莫大于無後故孟子曰舜不告猶告爾○文典謹按意林引不告下有瞽叟二字立子以長。文王舍伯邑考而用武王，非制也。伯邑考武王之兄廢長立聖以庶代嫡聖人之權爾禮三十而娶。文王十五而生武王，非法也。三十而娶者陰陽未分時俱生於子男從子數左行三十年立於巳女從子數右行二十年亦立於巳合夫婦故聖人因是制禮使男三十而娶女二十而嫁其男子自巳數左行十得寅故人十月而生於寅故男子數從寅起女自巳數右行得申亦十月而生於申故女子數從申起歲星十二歲而周天天道十二而備故國君十二歲而冠冠而娶十五生子重國嗣也不從故制也○莊逵吉云甲寅庚申也甲者陽正寅亦陽正也庚者陰正申亦陰正也義並詳王逸楚詞注說文解字中又難經曰男立于寅寅爲木陽女立于申申爲金陰亦是○文典謹按北堂書鈔八十四引注周天下有爲一紀三字冠而下有后字夏后氏殯於阼階之上。禮飯于牖下小斂于戶內大斂于阼階在牀曰尸在棺曰柩殯于賓位祖于庭葬于墓也于阼階猶在主位未忍也以賓道遠之殷人殯於兩楹之間。楹柱也記曰殷殯之于堂上兩柱之間賓主共周人殯於西階之上。蓋以賓道遠之此禮之不同者也。有虞氏用瓦棺。有虞氏舜世也瓦棺陶瓦夏后氏堲周。夏后氏禹世無棺槨以瓦廣二尺長四尺側身累之以蔽土曰堲周殷人用椁。用柏爲椁厚之宜以棺爲制也周人牆置翣。此葬之不同者也。周人兼用棺椁故牆設翣狀如今要扇畫文插置棺車箱以爲飾多少之差各從其爵命之數也夏后氏祭於闇。於室中中夜祭之也殷人祭於陽。於堂上日平旦祭也周人祭於日出以朝。于日出時祭於庭中朝者庭也○俞樾云高注首句曰於室中中夜祭之也二句曰於堂上日平旦祭也三句曰於日出時祭於庭中朝者庭也所說皆未得其義此文本禮記祭義篇其文曰郊之祭大報天而主日配以月夏后氏祭其闇殷人祭其陽周人祭日以朝及闇鄭注曰闇昏時也陽讀爲曰雨曰暘之暘謂日中時也朝日出時也夏后氏大事以昏殷人大事以日中周人大事以日出亦謂此郊祭也以朝及闇謂終日有事正義曰此郊之祭禮經止明郊祭之禮郊之祭者謂夏正郊天然則此文所說本屬郊祭郊祭必爲壇初非廟祭有何室中堂上庭中之分乎祭於闇者於中夜時祭也祭於陽者於日中時祭也祭於日出卽是祭以朝朝者日出也因周人尙文郊祭終日有事日出而祭及闇而畢故曰以朝及闇淮南引此文不連及闇二字者意在明三代之祭不同若言闇則疑與夏同且周人初非有取於闇直以禮繁不得不及闇耳檀弓篇止言大事以日出其無取於闇明矣故淮南省此二字也高氏誤以朝爲庭中遂幷上文亦以室中堂上言之與祭義不合不可從也

此祭之不同者也。堯大章。堯樂也 舜九韶。舜樂也書曰簫韶九成是也 禹大夏。禹樂也 湯大濩。湯樂也 周武象。武王樂也 此樂之不同者也。故五帝異道而德覆天下。三王殊事而名施後世。此皆因時變而制禮樂者。譬猶師曠之施瑟柱也。所推移上下者。無寸尺之度。而靡不中音。故通於禮樂之情者能作音。有本主於中。而以知榘矱之所周者也。榘方也矱度法也○王念孫云音當爲言此承上句而釋其義也今作音者涉上文中音而誤 魯昭公有慈母而愛之。死爲之練冠。故有慈母之服。慈母者父所命養己者也此大夫之妾士之妻爲之女母禮爲緦麻三月昭公獨練言其記禮之所由與也○孫詒讓云此本禮記曾子問注女母當作如母儀禮喪服云慈母如母是也但以禮經攷之注文必有舛譌蓋注云慈母者父所命養子已者也此喪服之慈母也其服父卒則爲之齊衰三年注又云此大夫之妾士之妻此據內則云國君世子生卜士之妻大夫之妾使食子則喪服之乳母(內則又云大夫之子有食母鄭注云喪服所謂乳母也案諸侯所使食子者亦卽食母也)下又云禮爲之緦麻三月卽據喪服乳母之服也撰之禮服慈母乳母輕重懸殊不可幷爲一談高氏旣根據經記不宜踳駁至此竊謂此注當云慈母者父所命養己者也爲之如母(此先舉禮經慈母之正名正服也)此大夫之妾士之妻禮爲之緦麻三月(此明魯昭公之慈母實卽之禮經之乳母非父命養己者其服不得如母也)今本傳寫錯互移爲之如母四字著此大夫之妾士之妻下遂錯互不可通矣但曾子問孔子曰古者男子外有傳內有慈母君命所使教子也何服之有則非乳母甚明故鄭釋之云大夫士之子爲庶母慈己者服小功蓋謂卽喪服小功章所云君子子爲庶母慈己者高義與記文顯迕又喪服慈母及庶母慈己三者之服並據大夫以下言之諸侯則咸不服而高猶援乳母緦麻三月之服以爲釋壹若昭公於乳母宜服緦者亦與禮經不相應皆不足據耳 陽侯殺蓼侯而竊其夫人。故大饗廢夫人之禮。陽侯陽陵國侯也蓼侯皐陶之後偃姓之國侯也今在廬江古者大饗飲酒君執爵夫人執豆陽侯見蓼侯夫人美豔因殺蓼侯而娶夫人由是廢夫人之禮記所由廢也 先王之制。不宜則廢之。末世之事。善則著之。是故禮樂未始有常也。故聖人制禮樂。而不制於禮樂。（聖人能作禮樂。不爲禮樂所制。）治國有常。而利民爲本。（本、要。）政教有經。而令行爲上。（經、常也。上、最也。）苟利於民。不必法古。苟周於事。不必循舊。（舊、常也。傳曰、舊不必良。或作告也。○文典謹按、意林引舊作常。）夫夏商之衰也。不變法而亾。（亾謂桀紂。）三代之起也。不相襲而王。（三代、禹湯武也。襲、因也。）故聖人法與時變。禮與俗化。（化、易。）衣服器械。各便其用。法度制令。各因其宜。故變古未可非。而循俗未足多也。（循、隨也。俗、常也。○文典謹按、意林引未足作不足。）百川異源。而皆歸於海。（以海爲宗。）百家殊業。而皆務於治。（業、事也。以治爲要也。○文典謹按、意林引殊作異。）王道缺而詩作。（詩所以刺王道。）周室廢禮義壞而春秋作。（春秋所以貶絕不由禮義也。）詩春秋學之美者也。皆衰世之造也。儒者循之。以教導於世。豈若三代之盛哉。以詩春秋爲古之道而貴之。又有未作詩春秋之時。夫道其缺也。不若道其全也。誦先王之詩書。不若聞得其言。聞得其言。不若得其所以言。（聞聖人之言。不如得其未言時之本意。○王念孫云、誦先王之詩書、詩字因上文詩春秋而衍。先王之書、泛指六蓺而言、非詩書之書也。不若聞得其言、聞得其言、兩得字皆因下句得字而衍。高注云、聞聖人之言、不如得其未言時之本意、則聞下無得字明矣。文子上義篇正作誦先王之書、不若聞其言、聞其言、不若得其所以言。）得其所以言者。言弗能言也。（聖人所言微妙。凡人雖得之口。不耐以言。）故道可道者。非常道也。（常道言深隱幽冥。不可道也。猶聖人之言微妙不可言。）周公事文王也。行無專制。（專、獨。制、斷也。）事無由己。（請而後行。）身若不勝衣。言若不出口。有奉持於文王。洞洞屬屬。而將不能。恐失之。（洞洞屬屬、婉順貌也。而將不能勝之。恐失之、愼之至也。洞讀挺挏之挏。屬讀犂擉之擉也。○俞樾云、而將不能、恐失之、義不可通。高注曰、而將不能勝之、恐失之、愼之至也。疑本文作而將不能勝之、而與如古通用、謂如將不能勝之也。恐失之三字、高氏自解如不能勝之義、此三字誤入正文、而轉脫去勝之二字、於是文不成義矣。○文典謹按、御覽六百二十一引作有所奉持於前、洞洞屬屬、如不能、如將失之。俞說近塙。）可謂能子矣。武王崩。成王幼少。周公繼文王之業。履天子之籍。聽天下之政。（籍、圖籍也。政，治也。籍或作阼。○王念孫云：籍猶位也。言周公履天子之位也。若圖籍，則不可以言履矣。下文云：成王既壯，周公屬籍致政，亦謂屬位於成王也。荀子儒效篇曰：周公屨天子之籍（今本天子誤作天下，據宋本改。楊倞注以籍爲圖籍，誤與高注同）。聽天下之斷。又曰：周公歸周，反籍於成王。此皆淮南所本。彊國篇曰：夫桀紂，聖王之後子孫也，有天下者之世也，埶籍之所存，天下之宗室也。埶籍，即埶位。是籍與位同義也。韓詩外傳作履天子之位，聽天下之政，尤其明證矣。又下文履天子之圖籍，造劉氏之貌冠，本作造履天子之籍，造劉氏之冠。史記高祖紀曰：高祖爲亭長，以竹皮爲冠。及貴，常冠，所謂劉氏冠乃是也。故曰造劉氏之冠（漢書高祖紀詔曰：爵非公乘以上，毋得冠劉氏冠。蔡邕獨斷：高祖冠以竹皮爲之，謂之劉氏冠）。今本作履天子之圖籍，造劉氏之貌冠者，貌字涉高注委貌冠而衍。後人又誤以籍爲圖籍，遂於籍上加圖字，以與貌冠相對，而不知貌爲衍文，且圖籍不可言履也。○文典謹按：御覽六百二十一引，籍作國。平夷狄之亂，平夷狄猾夏，除之也。誅管蔡之罪，管叔，周公兄也。蔡叔，周公弟也。二叔監殷而導紂子祿父爲流言，欲以亂周，周公誅之，爲國故也。傳曰：大義滅親也。負扆而朝諸侯，負，背也。扆，戶牖之間。言南面也。誅賞制斷，無所顧問，決之于心。威動天地，聲懾四海，懾，服也。服四海之內。可謂能武矣。成王既壯，周公屬籍致政，北面委質而臣事之，以圖籍付屬成王，致猶歸也。北面委玉帛之質，執臣之禮也。請而後爲，復而後行，每事必請，復白。無擅恣之志，無伐矜之色，不自伐其功勞也，不自矜大其善也。可謂能臣矣。故一人之身而三變者，所以應時矣。何況乎君數易世，國數易君，人以其位達其好憎，人以其寵位行其所好，憎其所憎也。以其威勢供嗜欲，○王念孫云：供嗜欲當作供其嗜欲，與達其好憎相對。而欲以一行之禮，一定之法，應時偶變，其不能中權亦明矣。一行之禮，非隨時禮也。一定之法，非隨時法也。故曰不能中權。權，權則因時制宜，不失中道也。故聖人所由曰道，所爲曰事。道猶金石，一調不更；事猶琴瑟，每絃改調。金石，鐘磬也。故曰調而不更。琴瑟絃有數急，柱有前却，故調事亦如之也。故法制禮義者，治人之具也，而非所以爲治也。言法制禮義，可以爲治之基耳，非所以爲治。治在其人之德，猶弓矢，射之具也，非耐必中也，中在其人之功。○王念孫云：人字後人所加，高注云：言法制禮義可以爲治之基耳，非所以爲治，則無人字明矣。文子上義篇無人字。泰族篇曰：故法者，治之具也，而非所以爲治也。亦無人字。故仁以爲經，義以爲紀，此萬世不更者也。若乃人考其才，而時省其用，雖日變可也。言人能考度其才，時省其行，擇其善者而崇用之，不必循常，故曰雖日變可也。唯仁義不可改耳，故萬世不更。天下豈有常法哉。隨其時，于其宜。當於世事，得於人理，順於天地，祥於鬼神，則可以正治矣。當，合也。祥，順也。古者人醇工龐，商樸女重。醇，厚，不虛華也。工龐，器堅緻。商樸，不爲詐也。女重，貞正無邪也。○洪頤煊云：大戴禮王言篇民敦工璞商愨女憧，重卽童字，童憧古通用，謂憧愿無知之貌。○俞樾云：重本作童，大戴記王言篇民敦工璞商愨女憧，卽淮南所本也。童與憧通，今作重者，形聲相似而誤。是以政教易化，風俗易移也。今世德益衰，民俗益薄，欲以樸重之法治既弊之民，是猶無鏑銜橜策錣而御馯馬也。鏑，銜口中央鐵，大如雞子中黃，所制馬口也。錣，揣頭箴也。馯馬，突馬也。○莊逵吉云：殷敬順列子釋文引許愼注云：錣，馬策端有利鋒，所以刺不前也。與此義解同。○王念孫云：銜下本無橜字。高注曰：鏑，銜口中央鐵。言鏑銜而不言橜，則無橜字明矣。鏑銜下有橜字，則文不成義，此後人熟於銜橜之語而妄加之耳。昔者神農無制令而民從，無制令，結繩以治也。唐虞有制令而無刑罰，有制令，煥乎其有文章也。其政常仁義，民無犯法干誅，故曰無刑也。夏后氏不負言，言而信也。殷人誓，以言語要誓，亦不違。周人盟。有事而會，不協而盟。盟者，殺牲歃血以爲信也。逮至當今之世，謂淮南王作此書時。忍詢而輕辱，貪得而寡羞，欲以神農之道治之，則其亂必矣。詢讀夏后之后也。○莊逵吉云：說文解字詬或作詢，此用或字，故讀如后。伯成子高辭爲諸侯而耕，天下高之。伯成子高蓋堯時人也。今時之人辭官而隱處爲鄉邑之下，豈可同哉。古之兵，弓劍而已矣。槽矛無擊，脩戟無刺。槽，柔木矛也。無擊，無鐵刃也。刺，鋒也。槽讀領如蟦蠐之蟦也。○王念孫云：莊依漢魏叢書本改柔爲矛。案矛各本皆作柔，太平御覽兵部二引此亦作柔，說苑說叢篇言人之惡痛於柔戟，字亦如此。蓋矛柔聲相近，故古書有借柔爲矛者，不宜輒改也。晚世之兵，隆衝以攻，渠幨以守，隆，高也。衝，所以臨敵城，衝突壞之。渠，壍也。一曰甲名，國語曰奉文渠之甲是也。幨，幰，所以禦矢也。連弩以射，銷車以鬭。連車弩，通一弦，以牛挽之，以刃著左右，爲機關發之，曰銷車。銷讀紺綃之綃也。○文典謹按：御覽二百七十一引注連車弩作連弓弩，機關作機開。古之伐國，不殺黃口，不獲二毛。黃口，幼也。二毛，有白髮者。○文典謹按：御覽二百七十一引注幼下有少字。於古爲義，於今爲笑。古之所以爲榮者，伯成子高。今之所以爲辱也。爲鄉邑之下。古之所以爲治者。今之所以爲亂也。夫神農伏羲不施賞罰而民不爲非。然而立政者不能廢法而治民。（不能及神農伏羲。○文典謹按。御覽二百七十一引立作莅。）舜執干戚而服有苗。（舜時有苗叛。舜執干戚而舞于兩階之間。有苗服從之。以德化懷來也。）然而征伐者不能釋甲兵而制彊暴。（不耐及舜。）由此觀之。法度者所以論民俗而節緩急也。器械者因時變而制宜適也。夫聖人作法而萬物制焉。（制。猶從也。○文典謹按。而萬物制焉。疑本作而萬民制焉。羣書治要引正作萬民制焉。下文云。制法之民。不可與遠舉。卽承此而言。）賢者立禮而不肖者拘焉。（拘。猶檢也。）制法之民不可與遠舉。拘禮之人不可使應變。（○文典謹按。羣書治要引使作以。）耳不知清濁之分者不可令調音。心不知治亂之源者不可令制法。必有獨聞之耳。（○王念孫云。劉本耳作聽。是也。文子上義篇正作獨聞之聽。○文典謹按。王說是也。羣書治要引耳作聽。文雖小異。耳之爲壞字益明矣。）獨見之明。然後能擅道而行矣。（○文典謹按。羣書治要矣作也。）夫殷變夏。周變殷。春秋變周。（變。改也。）三代之禮不同。何古之從。大人作而弟子循。（循。遵也。）知法治所由生。則應時而變。不知法治之源。雖循古終亂。今世之法籍與時變。禮義與俗易。爲學者循先襲業。據籍守舊教。以爲非此不治。是猶持方枘而周員鑿也。欲得宜適致固焉。則難矣。今儒墨者稱三代文武而弗行。是言其所不行也。（不耐行。但言之而已。○胸方琦云。羣書治要引許注。儒墨之所言。今皆不行也。按二注正異。氾論訓乃高注本。故治要只引二則。便均異。）非今時之世而弗改。是行其所非也。稱其所是。行其所非。是以盡日極慮而無益於治。勞形竭智而無補於主也。（○文典謹按。羣書治要引智作精。）今夫圖工好畫鬼魅而憎圖狗馬者何也。鬼魅不世出而狗馬可日見也。（○文典謹按。羣書治要引不世出作無信驗。可日見作切於前。）夫存危治亂。非智不能道。而先稱古。雖愚有餘。（○王念孫云。道字當在而字下。道先稱古。與存危治亂相對。羣書治要引此正作道先稱古。）故不用之法。聖王弗行。不驗之言。聖王弗聽。（聽。受。○文典謹按。聖王弗聽與上聖王弗行相復羣書治要引作明主弗聽當從之 天地之氣莫大於和 和故能生萬物 和者陰陽調日夜分而生物春分而生秋分而成 ○俞樾云下言春分而生上言日夜分而生物文義重複且春分秋分皆日夜分也日夜分而生物於秋分而成義亦不合文子上仁篇作和者陰陽調日夜分故萬物春分而生秋分而成然則此亦當同上而生二字乃故萬之誤 生之與成必得和之精 精氣 故聖人之道寬而栗嚴而溫柔而直猛而仁 言剛柔寬猛相濟也 太剛則折太柔則卷聖人正在剛柔之間乃得道之本 本原也 積陰則沉積陽則飛陰陽相接乃能成和夫繩之為度也可卷而伸也引而伸之可直而睎 睎望也○王念孫云可卷而伸劉本作可卷而懷是也此言繩之為物可曲可直故先言卷而懷後言引而伸且懷與睎為韻若作伸則失其韻矣文子上仁篇正作可卷而懷 故聖人以身體之 體行 夫脩而不橫短而不窮直而不剛久而不忘者其唯繩乎故恩推則懦懦則不威 推猶移也 嚴推則猛猛則不和愛推則縱縱則不令 縱放也 刑推則虐虐則無親 虐害也喜害人人無親之

昔者齊簡公釋其國家之柄而專任大臣 簡公悼公陽生之子任也往不解曰簡大臣陳成子 一將相攝威擅勢私門成黨而公道不行 黨羣○王引之云大臣將相四字當連讀將相即大臣也釋其國家之柄專任大臣將相皆以六字為句攝威擅勢私門成黨公道不行皆以四字為句若以將相屬下讀則句法參差不齊矣且柄相黨行四字為韻(柄古讀若方行古讀若杭並見唐韻正)讀大臣絕句則失其韻矣 故使陳成田常鴟夷子皮得成其難 難殺簡公之難○錢大昕云淮南以鴟夷子皮為田常之黨他書所未見按田常弒君之年越未滅吳范蠡何由入齊此淮南之誤也○王引之云陳成田常本作陳成常陳其氏也成其謚也常其字也恆其名也人間篇正作陳成常呂氏春秋愼勢篇同吳越春秋夫差內傳作陳成恆韓子外儲說右篇作田成恆田與陳古字通言陳則不言田矣後人又加田字謬甚又說山篇陳成子恆之劫子淵捷也子字亦後人所加○王紹蘭云田衍文常即恆是其名也漢人諱恆故經典或稱常或稱恆耳左氏作恆公羊作常哀六年傳諸大夫皆在朝陳乞曰常之母有魚菽之祭何休解詁曰常陳乞子重難言其妻故云爾常之母猶曰恆之母若常是字陳乞與諸大夫言不當字其子於朝曲禮疏引五經異義公羊說臣子先死君父猶名之孔子云鯉也死是已死而稱名左氏說既沒稱字而不名穀梁同左氏說然則從公羊之說父於子死猶名則生名可知從左氏穀梁之說沒稱字則

生名亦可知也。戍子生存，而僖子呼之曰常，明常是名，非字矣。使呂氏絕祀，而陳氏有國者，太公姓呂，簡公其後也。絕祀，陳氏代之也。此柔懦所生也。鄭子陽剛毅而好罰，子陽，鄭君也。一曰鄭相。其於罰也，執而無赦。舍人有折弓者，畏罪而恐誅，則因猘狗之驚，以殺子陽，舍人，家臣也。國人逐猘狗以亂，人因之以殺子陽，畏其嚴也。此剛猛之所致也。今不知道者，見柔懦者侵，則矜為剛毅；見剛毅者亾，則矜為柔懦。○王念孫云：矜皆當為務（務矜二字，隸書往往譌溷，管子小稱篇「務為不久」，韓子難篇作「矜偽不長」，呂氏春秋勿躬篇「務性命之情」，務誤作矜）。言不知道者，中無定見，故見柔懦者侵，則務為剛毅，見剛毅者亾，則務為柔懦也。主術篇曰「為智者務為巧詐（道藏本、劉本、茅本並同，朱本改為作於，非；莊本同），為勇者務於鬬爭」，是其證也。又案此文本作「見柔懦者侵則務為剛毅，見剛毅者亾則務於柔懦」。於下本無為字，於亦為也，為亦於也。務為剛毅，務於剛毅也；務於柔懦，務為柔懦也。僖二十年穀梁傳曰「謂之新宮，則近為禰宮」，言近於禰宮也。秦策曰「魏為逢澤之遇，朝為天子」，言朝於天子也。是為與於同義。郊特牲曰「郊之祭也，掃地而祭，於其質也」，言為其質，不為其文也。又曰「祭天，掃地而祭焉，於其質而已矣」。大戴禮曾子本孝篇曰「故孝子之於親也，生則有義以輔之，死則哀以莅焉，祭祀則莅之以敬，如此而已矣」，言如此而後成為孝子也。晉語曰「祁奚辭於軍尉」，言辭為軍尉也。文六年穀梁傳曰「閏月者，附月之餘日也，積分而成於月者也」，言積分而成為月也。是於與為亦同義，為於同義，故二字可以互用。晉語曰「稱為前世（韋注曰：言見稱譽於前世），義於諸侯」，韓詩外傳曰「民不親不愛，而求為己用，為己死，不可得也」，皆以為於互用。此云見柔懦者侵則務為剛毅，見剛毅者亾則務於柔懦，亦以為於互用。主術篇曰「為智者務為巧詐，為勇者務於鬬爭」，即其明證也。又史記孟嘗君傳「君不如令弊邑深合於秦」，西周策於作為。張儀傳「韓梁稱為東藩之臣」，趙策為作於。蓋為於聲近而義同，故字亦相通也。然則務於柔懦即務為柔懦。道藏本於下復有為字者，後人不知為於之同義，故又加為字耳（劉本、朱本同）。茅本不刪為字，而刪於字，斯為謬矣（莊本同）。此本無主於中，而見聞舛馳於外者也。○陳觀樓云：本無主於中，當作無本主於中。上文云「有本主於中，而以知榘彠之所周」，正與此無本主於中相對。下文亦云「中有本主以定清濁」。故終身而無所定趨。舛，乖也。定，安。趨，歸也。譬猶不知音者之歌也，濁之則鬱而無轉，鬱，湮也。轉，讀傳譯之傳也。清之則燋而不謳。燋，悴也。謳，和也。○陳觀樓云：謳當作調，故注訓為和，今作謳者，因下句謳字而誤。及至韓娥、秦青、薛談之謳，三人皆善謳者。侯同、曼聲之歌，二人善歌，一曰曼長。憤於志，積於內，盈而發音，則莫不比於律，而和於人心。何則？中有本主，以定清濁，不受於外，而自爲儀表也。今夫盲者行於道，人謂之左則左，謂之右則右，遇君子則易道，○文典謹按：意林引作「遇君子則得其平易」。遇小人則陷溝壑。○文典謹按：御覽七百四十引作「蹈於溝壑」。何則？目無以接物也。接，見也。故魏兩用樓翟、吳起，而亾西河。魏文侯任樓翟、吳起，不用他賢，秦伐，喪其西河之地。○陶方琦云：史記集解八十七、文選七發注引許注：樓季，魏文侯之弟也。按史記李斯列傳：是故城高五丈，而樓季不輕犯也。鹽鐵論：是猶跛夫之欲及樓季也。舊注亦引許慎注。高作樓翟，顧千里曰：樓翟乃二人，樓爲樓虞，翟爲翟強。韓非難一云：魏兩用樓翟而亡西河，即此所本。吳起二字乃衍文。或許本作樓季、吳起，亦爲二人。湣王專用淖齒，而死于東廟。湣讀汶水之汶。湣王，田常之後，代呂氏爲齊侯。春秋之後，僭號稱王。淖齒，楚將，奔齊爲臣。湣王無道，淖齒殺之，擢其筋，懸廟門之梁，三日而死。見戰國策。無術以御之也。文王兩用呂望、召公奭而王。呂望，太公呂尚也，善用兵謀。奭，召康公，用理民物，有甘棠之歌也。楚莊王專任孫叔敖而霸。孫叔敖，楚大夫蔿賈伯盈子，或曰童子也。任其賢，故致于伯也。有術以御之也。夫弦歌鼓舞以爲樂，盤旋揖讓以修禮，厚葬久喪以送死，孔子之所立也，而墨子非之。非，猶譏也。兼愛、尚賢、右鬼、非命，墨子之所立也，而楊子非之。兼三老五更，是以兼愛；選士大夫射，是以上賢；宗祀嚴父，是以右鬼；右，猶尊也。順四時而行，是以非命：皆楊子所不貴，故非也。全性保眞，不以物累形，楊子之所立也，而孟子非之。全性保眞，謂不拔骭毛以利天下弗爲，不以物累己身形也。孟子受業于子思之門，成唐虞三代之德，敘詩書孔子之意，塞楊墨淫詞，故非之也。趨捨人異，各有曉心。故是非有處，得其處則無非，失其處則無是。丹穴、太蒙、反踵、空同、大夏、北戶、奇肱、脩股之民，是非各異，習俗相反。丹穴，南方，當日下之地。太蒙，西方，日所入處也。反踵，國名，其人南行，武迹北向。空同，戴勝極下之地。大夏在西方。北戶在南方。奇肱、脩股之民，在西南方。凡此八者，皆九州之外，八寅之域者也。君臣上下，夫婦父子，有以相使也。此之是，非彼之是也；此之非，非彼之非也。此，近，諭諸華也。彼，遠，諭八寅也。於諸夏之所是，八寅之所非，而廢也。于諸華所非，八寅所是而行也。譬若斤斧椎鑿之各有所施也。施，宜也。禹之時，以五音聽治，禹，顓頊後五世，鯀之子也。

名文命，受禪成功曰禹。五音，宮商角徵羽也。○文典謹按：聽治，初學記樂部下、白帖六十二、御覽五百七十六引竝作聽政。懸鐘鼓磬鐸，置鞀，以待四方之士，爲號曰：○文典謹按：爲號曰，白帖作爲銘於簨簴曰，與鬻子合，疑是許本。教寡人以道者擊鼓，道和陰陽，鼓一聲以調五音，故擊之。諭寡人以義者擊鐘，鐘，金也。義者斷割，故擊之。告寡人以事者振鐸，鐸，鈴，金口木舌，合爲音聲。事者非一品，故振之。語寡人以憂者擊磬，磬，石也。聲急，憂亦急務，故擊之。○文典謹按：語，初學記樂部下引作告。有獄訟者搖鞀。獄亦訟。訟一辯於事，故取小鞀搖也。○文典謹按：初學記樂部下引作有獄訟告寡人者搖鞀。當此之時，一饋而十起，一沐而三捉髮，饋者，食也。以勞天下之民。勞猶憂也。勞讀勞勑之勞。此而不能達善效忠者，則才不足也。當此之時，不耐達其善、效致其忠，是爲無有其材也。秦之時，高爲臺榭，大爲苑囿，遠爲馳道，鑄金人，秦皇帝二十六年初兼天下，有長人見於臨洮，其高五丈，足迹六尺，放寫其形，鑄金人以象之，翁仲君何是也。○文典謹按：遠爲馳道，御覽八十六引作造馳道數千里，又三百二十七引注秦皇帝作秦始皇。發適戍，入芻稾，戍守長城也。入芻稾之稅，以供國用也。○文典謹按：適戍，御覽八十六引作邊戍，三百二十七引作謫戍。頭會箕賦，輸於少府。頭會，隨民口數，人責其稅。箕賦，似箕然斂民財，多取意也。少府，官名，如今司農。丁壯丈夫，西至臨洮狄道，臨洮，隴西之縣。洮水出洮北，狄道漢陽之縣。東至會稽浮石，會稽，山名。浮石，隨水高下，言不沒，皆在遼西界。一說會稽山在太山下，封于太山，禪於會稽是也。會稽或作滄海。○孫詒讓云：高謂會稽浮石在遼西界，今無攷。竊謂會稽卽揚州鎮山，周禮職方氏及呂氏春秋有始覽並云東南曰揚州，則會稽於方位自得爲東。莊子外物篇云：蹲乎會稽，投竿東海，明今浙東之海亦爲東海，不必別求之遼西及太山下也。楚辭九思傷時云：超五嶺兮嵯峨，觀浮石兮崔嵬。王注云：東海有浮石之山。然則浮石在五嶺之東，準之地望，其不在遼西明矣。南至豫章桂林，豫章，豫章郡。桂林，鬱林郡。○文典謹按：豫章，御覽八十六引作象郡，三百二十七引與今本同，或卽許高之異也。北至飛狐陽原，飛狐，在代郡南，飛狐山也。陽原，蓋在太原。或曰代郡廣昌東五阮關是也。道路死人以溝量。言滿溝也。當此之時，忠諫者謂之不祥，○文典謹按：御覽八十六引忠諫者上有有字。而道仁義者謂之狂。逮至高皇帝，存亡繼絕，漢高祖劉季也。○文典謹按：高氏漢人，不當言劉季，劉季二字後人所加也。御覽三百二十七引注無此二字。舉天下之大義，身自奮袂執銳，以爲百姓請命于皇天。執利兵，伐無道。

以求百姓之命，祈之于皇天也。當此之時，天下雄儁豪英暴露于野澤，才過千人爲儁，百人爲豪，萬人爲英。前蒙矢石而後墮谿壑，出百死而給一生，以爭天下之權，墮，入也。給，至也。給讀仍代之代也。奮武厲誠，以決一旦之命。當此之時，豐衣博帶而道儒墨者，以爲不肖。言尙武也。逮至暴亂已勝，勝暴亂也。○文典謹按：御覽三百二十七引已作以，已以古通用。海內大定，繼文之業，立武之功，繼文王受命之業，武王誅無道之功。履天子之圖籍，造劉氏之貌冠，高祖于新豐所作竹皮冠也。一曰委貌冠。○莊逵吉云：錢別駕云：竹皮冠，應劭以爲即鵲尾冠，以始生竹皮爲之，即劉氏冠也。總鄒魯之儒墨，通先聖之遺教，戴天子之旗，乘大路，建九斿，撞大鐘，擊鳴鼓，奏咸池，揚干戚。周禮，天子五路，大路，上路也。王者功成作樂，故撞鐘擊鼓。咸池，黃帝樂。干，楯。戚，斧也。春夏舞者所執。○文典謹按：御覽三百二十七引戴作載，大路作泰輅。當此之時，有立武者見疑。疑，怪也。一世之間而文武代爲雌雄，有時而用也。今世之爲武者則非文也，爲文者則非武也，文武更相非，而不知時世之用也。此見隅曲之一指，而不知八極之廣大也。隅曲，室中之區隅，言狹小。八極，八方之極，言廣大也。故東面而望，不見西牆；南面而視，不覩北方；唯無所嚮者，則無所不通。無所向，則可以見四方，故曰無所不通。○文典謹按：意林引通下有也字。國之所以存者，道德也；道德施行，民悅其化，故國存也。○俞樾云：德當爲得字之誤也。文子上仁篇正作得。國之所以存者，道得也，與下句家之所以亡者理塞也正同一律。高注曰：理，道也。然則道理一也，得則存，塞則亡矣。高注此句曰：道德施行，民悅其化，故國存也。蓋以道德本屬恆言，故加德字以足句，非正文本作道德也。下文曰：存在得道而不在於大也，亡在失道而不在於小也。正與此文相應。疑此塞字亦即失字之誤，故高氏無注矣。家之所以亡者，理塞也。理，道也。堯無百戶之郭，舜無置錐之地，○莊逵吉云：御覽引置作植，蓋古字通用。以有天下；禹無十人之衆，湯無七里之分，以王諸侯；文王處岐周之間也，地方不過百里，而立爲天子者，有王道也。堯舜禹湯文王皆王有天下。孟子曰：以德行仁者王，王不待大，是也。夏桀殷紂之盛也，人跡所至，舟車所通，莫不爲郡縣，然而身死人手，而爲天下笑者，有亡形也。孟子曰：惡死亡，樂不仁，不仁必死亡，故曰有亡形也。故聖人見化以觀其徵。徵，成也。德有盛衰，風先萌焉。風，氣也。萌，見也。有盛德者，謂文王也。伯夷、太公先見之。有衰德者，謂桀紂也。太史令終古及向藝先去之也。故得王道者，雖小必大，湯武是也。有亡形者，雖成必敗。桀紂是也。夫夏之將亡，太史令終古先奔於商，三年而桀乃亡。湯滅之也。殷之將敗也，太史令向藝先歸文王，朞年而紂乃亡。武王滅之。終古、向藝，二賢人名。故聖人之見存亡之迹，成敗之際也，非待鳴條之野、甲子之日也。湯伐桀，禽於鳴條；武王誅紂，以甲子剋之。今謂彊者勝，則度地計衆；富者利，則量粟稱金。若此，則千乘之君無不霸王者，而萬乘之國無不破亡者矣。○王念孫云：無不霸王、無不破亡，兩不字皆後人所加。此言千乘小而萬乘大，若彊者必勝，富者必利，則是千乘之君必無霸王者，萬乘之國必無破亡者矣。而不知國之興亡在得道與失道，不在大與小也。故下文曰：存在得道，而不在於大；亡在失道，而不在於小。後人不曉文義，而妄加兩不字，其失甚矣。○文典謹按：王謂無不破亡之不為後人所加，是也。然上無不霸王之不則實非衍文，蓋上句言千乘之君之必興，下句則言萬乘之國之不敗，下不字乃涉上不字而衍耳。羣書治要引此文有上不字，無下不字，是其證。存亡之迹，若此其易知也，愚夫惷婦皆能論之。惷，亦愚，無知之貌也。趙襄子以晉陽之城霸，智伯以三晉之地擒，襄子，無恤也。智伯，智瑤。三晉，智氏兼有范、中行氏。智伯帥韓、魏之君圍趙襄子于晉陽，趙襄子使張孟談與韓、魏通謀，韓、魏反而擊之，大破智伯之軍，獲其首以為飲器，故曰以三晉之地擒也。湣王以大齊亡，為淖齒所殺也。田單以即墨有功。燕伐齊而滅之，得七十城，唯即墨未下。田單以市吏率即墨市民以擊燕師，破之，故曰有功也。故國之亡也，雖大不足恃；大猶亡，智伯是。道之行也，雖小不可輕。湯以七十里，文王以百里，皆有天下，故雖小不可輕。由此觀之，存在得道，而不在於大也；得道之君，雖小為善，而耐王天下，故曰不在于大也。亡在失道，而不在於小也。無道之君，以為惡無傷而弗革，積必亡，故曰不在于小也。詩云：乃眷西顧，惟此與宅。言去殷而遷于周也。紂治朝歌，在東；文王國于岐周，在西。天乃眷然顧西土，此唯居周，言我宅也。故曰去殷而遷于周也。故亂國之君，務廣其地，而不務仁義；務高其位，而不務道德；是釋其所以存，而造其所以亡也。○文典謹按羣書治要引造作就。故桀囚於焦門，而不能自非其所行，不自非行之惡。而悔不殺湯於夏臺；悔，恨也。臺，或作宮。紂居於宣室，而不反其過，反，悔。○文典謹按：羣書要引居作拘。而悔不誅文王於羑里。羑里，今河內湯陰是也。羑，古牖字。○文典謹按：羣書治要引羑作牖。二君處彊大勢位，修仁義之道，湯武救罪之不給，何謀之敢當！二君，桀紂也。當其君也彊大之勢，不能自知所行之非也。假令能修仁義之道，則湯武不敢生誅之謀也。○王念孫云：處彊大勢位，本作處彊大之勢，與脩仁義之道相對爲文。今本脫之字，衍位字（位字因上文務高其位而衍），則與下句不對。高注云：當其居彊大之勢，不能自知所行之非，則勢下無位字明矣。羣書治要引此正作處強大之勢。又案何謀之敢當，當字義不可通，羣書治要引作何謀之敢慮，是也。慮字隸書或作慮，因誤而爲當。○兪樾云：當字無義，羣書治要作慮，然謀即慮也，何謀之敢慮，義亦難通，當疑蓄字之誤。言救罪且不給，不暇更蓄他謀也。若上亂三光之明，下失萬民之心，三光，日月星辰也。失萬民心，施民所惡也。○莊逵吉云：文選注引作三光日月星也，無辰字，以爲許愼注。雖微湯武，孰弗能奪也！言遭人能奪之，不必湯武也。今不審其在己者，而反備之于人，言不愼行己之德，而乃反備天下之人來誅也。○文典謹按：羣書治要引之于作諸乎。天下非一湯武也，殺一人，則必有繼之者也。○文典謹按：羣書治要引作殺一人，即必或繼之者矣。且湯武之所以處小弱而能以王者，以其有道也。○文典謹按：羣書治要引以王作著。桀紂之所以處彊大而見奪者，以其無道也。○文典謹按：羣書治要引見奪上有終字。今不行人之所以王者，而反益己之所以奪，是趨亡之道也。武王克殷，欲築宮於五行之山，五行山，今太行山也，在河內野王縣北上黨關也。○文典謹按：御覽八十四引注關作間。周公曰：「不可。夫五行之山，固塞險阻之地也。使我德能覆之，則天下納其貢職者迴也；迴，迂難也。迴或作固，固，必也。使我有暴亂之行，則天下之伐我難矣。」周公言我有暴亂之行，則天下當來伐我，無爲于五行之山，使天下來伐我者難也。言其依德不恃險也。此所以三十六世而不奪也。周公可謂能持滿矣。滿而不溢也。昔者周書有言曰：周史之書。上言者下用也，下言者上用也。可否相濟。上言者常也，爲君常也。下言者權也。此存亡之術也。權，謀也。謀度事宜，不失其道也。唯聖人爲能知權言而必信期而必當天下之高行也直躬其父攘羊而子證之直躬楚葉縣人也葉公子高謂孔子曰吾黨有直躬者其父攘羊而子證之孔子曰吾黨之直者異于是父爲子隱子爲父隱直在其中矣凡六畜自來而取之曰攘也尾生與婦人期而死之尾生魯人與婦人期于梁下水至溺死也○人文典謹按文選琴賦注引高注水至溺死也作不至而水溺死直而證父信而溺死雖有直信孰能貴之○王念孫云信而溺死本作信而死女言信而爲女死則信不足貴也今本死女作溺死者涉上注水至溺死而誤直而證父信而死女相對爲文且女與父爲韻若作溺死則文既不對而韻又不諧矣文子道德篇正作信而死女夫三軍矯命過之大者也秦穆公興兵襲鄭過周而東以兵伐國不擊鼓密聲曰襲周者王城也公羊傳曰王城者何西周也鄭賈人弦高將西販牛道遇秦師於周鄭之間乃矯鄭伯之命犒以十二牛賓秦師而却之以存鄭國非君命也而稱君命曰矯酒肉曰享牛羊曰犒共其枯槁也秦師日行千里而襲之遠主有備而師無繼不如還遂還師而去也故曰却之故事有所至信反爲過誕反爲功信爲過者尾生是誕爲功者弦高是何謂失禮而有大功昔楚恭王戰於陰陵恭王與晉厲戰於陰陵呂錡射恭王中目因而擒之過而能改故曰恭也○莊逵吉云古聲陰鄢同故以鄢陵爲陰陵非九江之陰陵也潘尫養由基黃衰微公孫丙相與篡之四子楚大夫篡晉取恭王衰讀繩之維徵讀抜滅之抜也○兪樾云高解相與篡之句曰四子楚大夫篡晉取恭王夫上文並無恭王見禽於晉之事即云相與篡之於文不備據戰於陰陵下有高注曰恭王與晉厲戰於陰陵呂錡射恭王中目因而禽之疑此二十字是正文本在昔楚二字之下因此二十字誤作注文後人遂於昔楚下補恭王戰於陰陵六字耳恭王懼而失體威儀不如常坐不能起也黃衰微舉足蹵其體恭王乃覺怒其失禮奮體而起四大夫載而行失禮謂舉足蹵君也昔蒼吾繞娶妻而美以讓兄此所謂忠愛而不可行者也蒼吾繞孔子時人以妻美好推與其兄兄則愛矣而違親迎曲顧之誼故曰不可行也是故聖人論事之局曲直與之屈伸偃仰無常儀表○王念孫云此言屈伸偃仰皆因乎事之曲直直上不當有局字蓋衍文也文子道德篇無局字時屈時伸卑弱柔如蒲韋非攝奪也剛强猛毅志厲青雲非本矜也○王念孫云本當爲夸夸矜與攝奪相對爲文夸字或書作夲形與本相似因誤爲

本。文選甘泉賦注引此正作夸。又案蒲韋皆柔弱之物。故曰時屈時伸。弱柔如蒲韋。弱柔上不當有卑字。此涉下文屈膝卑拜而誤衍也。荀子不苟篇云。言己之光美。擬於舜禹。參於天地。非夸誕也。與時屈伸。柔從若蒲韋。非懾怯也。剛彊猛毅。靡所不信。非驕暴也。語意略與此同。柔從若蒲韋之上。亦無卑字。以乘時應變也。夫君臣之接。屈膝卑拜。以相尊禮也。至其迫於患也。則舉足蹙其體。天下莫能非也。是故忠之所在。禮不足以難之也。孝子之事親。和顏卑體。奉帶運履。運。正迴也。至其溺也。則捽其髮而拯。拯。升也。出溺曰拯。○文典謹按。捽。意林御覽三百九十六引。並作攬。非敢驕侮。以救其死也。故溺則捽父。祝則名君。孟子曰。嫂溺而不拯。是豺狼也。而況父兄乎。故溺則拯之。祝則名君。周人以諱事神。敬之至也。勢不得不然也。此權之所設也。故孔子曰。可以共學矣。而未可以適道也。適。之也。道。仁義之善道。可與適道。未可以立也。立德。立功。立言。可以立。未可與權。權者聖人之所獨見也。故忤而後合者。謂之知權。忤。逆。不合也。權。因事制宜。權量輕重。無常形勢。能令醜反善。合于宜適。故聖人獨見之也。合而後舛者。謂之不知權。不知權者。善反醜矣。故禮者實之華。而僞之文也。方於卒迫窮遽之中也。則無所用矣。無所用于禮也。是故聖人以文交於世。而以實從事於宜。不結於一迹之塗。凝滯而不化。是故敗事少而成事多。號令行于天下。而莫之能非矣。結。猶衆也。猩猩知往而不知來。猩猩。北方獸名。人面獸身。黃色。禮記曰。猩猩能言。不離走獸。見人狂走。則知人姓字。此知往也。又嗜酒。人以酒搏之。飲而不耐息。不知當醉。以禽其身。故曰不知來也。乾鵲知來而不知往。乾鵲。鵲也。人將有來事憂喜之徵則鳴。此知來也。知歲多巢于木枝。人皆探其卵。故曰不知往也。乾讀乾燥之乾。鵲讀告退之告。此脩短之分也。昔者萇弘。周室之執數者也。萇弘。周宣王之大夫。數。歷術也。天地之氣。日月之行。風雨之變。律歷之數。無所不通。然而不能自知車裂而死。晉范中行氏之難。以叛其君也。周劉氏與晉范氏世爲婚姻。萇弘事劉文公。故周人助范氏。至敬王二十八年。晉人讓周。周爲殺萇弘以釋之。故曰。不能自知車裂而死也。○王念孫云。太平御覽刑法部十一引此同。案左傳國語皆言周殺萇弘。而不言車裂。他書亦無車裂之事。案莊子胠篋篇。萇弘胣。釋文。崔云。胣。裂也。淮南子曰。萇弘鈹裂而死。據此則古本本作鈹裂。今作車裂者涉下文蘇秦車裂而誤也。注內車裂同。蘇秦匹夫徒步之人也，靻蹻嬴蓋，經營萬乘之主，服諾諸侯，然不自免於車裂之患。蘇秦洛陽人也。嬴，籯囊也。蓋，步蓋也。蘇秦相趙，趙封之爲武安君。初帶嬴囊禮步蓋，歷說萬乘之君，合東山之從，利病之勢，無所不下，使諸侯服從，無有不服諾者。故曰服諾諸侯，不自免于車裂之患。說在詮言之篇。徐偃王被服慈惠，身行仁義，陸地之朝者三十二國，然而身死國亾，子孫無類。偃王于衰亂之世，脩行仁義，不設武備，楚王滅之，故身死國亾也。七諫篇曰：荊文寤而徐亾是也。大夫種輔翼越王句踐，而爲之報怨雪恥，擒夫差之身，開地數千里，然而身伏屬鏤而死。種佐句踐報怨于吳王夫差，獲千里之地，而越王終已疑之，賜屬鏤以死。屬鏤，利劍也。一曰長劍。劚施鹿盧，鋒曳地，屬鏤而行之也。此皆達於治亂之機，機，要也。而未知全性之具者。故萇弘知天道而不知人事，蘇秦知權謀而不知禍福，徐偃王知仁義而不知時，大夫種知忠而不知謀。不知爲身謀也。聖人則不然，論世而爲之事，權事而爲之謀，是以舒之天下而不窕，內之尋常而不塞。不窕，在大能大也。八尺曰尋，倍尋曰常。在小能小，不塞急也。使天下荒亂，禮義絕，綱紀廢，彊弱相乘，力征相攘，臣主無差，貴賤無序，甲胄生蟣蝨，乘，加也。攘，平除。生蟣蝨，不離體也。燕雀處帷幄，而兵不休息，幄，幕也。處，猶巢也。而乃始服屬臾之貌，謹也。恭儉之禮，則必滅抑而不能興矣。天下安寧，政教和平，百姓肅睦，上下相親，而乃始立氣矜，矜，自大也。奮勇力，則必不免於有司之法矣。是故聖人者，能陰能陽，能弱能彊，隨時而動靜，因資而立功，物動而知其反，事萌而察其變，化則爲之象，運則爲之應，是以終身行而無所困。故事有可行而不可言者，有可言而不可行者，有易爲而難成者，有難成而易敗者。〇文典謹按：羣書治要引作「或易爲而難成者，或難成而易敗者」。所謂可行而不可言者，趨舍也；可言而不可行者，僞詐也；易爲而難成者，事也；難成而易敗者，名也。〇文典謹按：羣書治要引名作治。此四策者。聖人之所獨見而留意也。○文典謹按：羣書治要引見作視，意作志。誳寸而伸尺，聖人爲之。寸小，尺大。小枉而大直，君子行之。枉，曲也。直，直其道也。周公有殺弟之累，誅管蔡也。齊桓有爭國之名。自莒先入，殺子糾也。然而周公以義補缺，謂翼成王，以致太平。七年歸政，北面爲臣，故曰以義補缺也。桓公以功滅醜，立九合一匡之功，以滅爭國之惡也。而皆爲賢。今以人之小過揜其大美，則天下無聖王賢相矣。故目中有疵，不害於視，不可灼也。疵，贅。灼，燃也。喉中有病，無害於息，不可鑿也。鑿，穿也。河上之丘冢，不可勝數，猶之爲易也。言河上本非丘壟之處，有易之地猶多，以大言之也。以諭萬事多覆于少。水激興波，高下相臨，差以尋常，猶之爲平。雖有激波，猶以爲平。平者多也。猶橘柚冬生，人曰冬死，死者衆也。薺麥夏死，人曰夏生，生者多也。昔者曹子爲魯將兵，三戰不勝，亾地千里，使曹子計不顧後，足不旋踵，刎頸於陳中，則終身爲破軍擒將矣。然而曹子不羞其敗，恥死而無功，柯之盟揄三尺之刃，造桓公之胷，三戰所亾，一朝而反之，勇聞于天下，功立於魯國。復汶陽之田也。管仲輔公子糾而不能遂，遂，成也。不可謂智；遁逃奔走，不死其難，不死子糾之難也。不可謂勇；束縛桎梏，不諱其恥，不可謂貞。當此三行者，布衣弗友，人君弗臣。布衣之士，不可以爲益友也。人君不可以爲義臣也。然而管仲免於累紲之中，立齊國之政，九合諸侯，一匡天下，使管仲出死捐軀，不顧後圖，豈有此霸功哉。今人君論其臣也，不計其大功，總其略行，而求其小善，則失賢之數也。略，大也。小善，忠也。數，術也。故人有厚德，無問其小節；而有大譽，無疵其小故。○王念孫云：問當爲閒。方言曰：閒，非也。（襄十五年左傳：且不敢閒。論語先進篇：人不閒於其父母昆弟之言。孟子離婁篇：政不足閒也。趙岐、陳羣、孔穎達諸儒皆訓閒爲非。）疵讀爲訾。（莊子山木篇：無譽無訾。呂氏春秋必已篇作疵。荀子不苟篇：正義直指，舉人之過，非毀疵也。）無閒與無訾同義。故廣雅曰：閒、訾，諆也。（諆與毀同。）今本閒誤爲問，則非其指矣。文子上義篇正作無閒其小節。夫牛蹏之涔，不能生鱣鮪；涔，雨水也。滿牛蹏迹中，言其小也。故不能生鱣鮪也。鱣，大魚，長丈餘，細鱗黃首白身短頭口在腹下。鮪大魚，亦長丈餘，仲春二月，從西河上，得過龍門，便爲龍。先師說云也。而蜂房不容鵠卵，房，巢也。○文典謹按：御覽九百十六引鵠作鴻。小形不足以包大體也。夫人之情，莫不有所短，誠其大略是也，雖有小過，不足以爲累。誠其實，略其行。若其大略非也，雖有閭里之行，未足大舉。舉，用。夫顏喙聚，梁父之大盜也，梁父，齊邑，今屬太山。○王念孫云：喙當爲啄，字之誤也。顏啄聚，左傳哀二十七年、呂氏春秋尊師篇、韓子十過篇並作顏涿聚，韓詩外傳作顏斲聚，說苑正諫篇作顏燭趨，漢書古今人表作顏燭雛，晏子春秋外篇作顏燭鄒，並字異而義同。啄與涿、斲、燭聲並相近，喙則遠矣。喙、喙二字書傳往往相亂。而爲齊忠臣；段干木，晉國之大駔也，而爲文侯師。駔，驕怚。一曰：駔，市儈也，言魏國之大儈也。○陶方琦云：御覽八百二十八、白帖八十三引許注：駔，市儈。按二家文義並異，所謂一曰，即是許說，如俶眞訓敦圄注例也。後漢郭太傳注引說文：駔，會也，謂合兩家之買賣，如今之度市也。索隱二十八引淮南注曰：干木，度市之魁也。亦疑是許注。類篇引說文：駔，一曰市會。市會即市儈，與淮南訓正同。孟卯妻其嫂，有五子焉，然而相魏，寧其危，解其患；孟卯，齊人也，及爲魏臣，能安其危，解其患也。戰國策曰芒卯也。○莊逵吉云：古孟、芒同聲，故通用。景陽淫酒，被髮而御於婦人，威服諸侯。景陽，楚將。此四人者，皆有所短，然而功名不滅者，其略得也。略，猶道也。季襄、陳仲子立節抗行，不入洿君之朝，不食亂世之食，遂餓而死。季襄，魯人，孔子弟子。陳仲子，齊人，孟子弟子，居於陵。○王念孫云：孔子弟子無季襄，襄皆當爲哀，字之誤也。史記仲尼弟子傳：公晳哀，字季次（索隱引家語作公晳克，克亦哀之誤）。此言季哀，即季次也，故高注云然。弟子傳載孔子之言曰：天下無行，多爲家臣，仕於都，唯季次未嘗仕。游俠傳曰：季次、原憲懷獨行君子之德，義不苟合當世，終身空室蓬戶，褐衣疏食不厭。此云立節抗行，不入洿君之朝，不食亂世之食，與史記略同。不能存[入]接絕者何？小節伸而大略屈。伸，用。屈，廢也。故小謹者無成功，訾行者不容於衆，好揜人之善，揚人之短，訾毀人行，自獨卑藏，衆人所疾而不容之也。一曰：訾，毀也。行有毀缺者，不爲衆人所容。體大者節疏，蹠距者舉遠。疏，長。蹠，足距，大也。自古及今，五帝三王，未有能全其行者也。故易曰：小過亨，利貞。言人莫不有過，而不欲其大也。夫堯、舜、湯、武，世主之隆也；隆，盛。齊桓、晉文，五霸之豪英也。然堯有不慈之名，謂天下不以予子丹朱也。舜有卑父之謗。（謂瞽瞍降在庶人也。）湯武有放弒之事。（殷湯放桀南巢。周武弒紂宣室。）五伯有暴亂之謀。（齊桓、晉文、宋襄、楚莊、秦穆，德未能純，皆有爭奪之驗，故曰有暴亂之謀也。）是故君子不責備於一人。方正而不以割，廉直而不以切，博通而不以訾，文武而不以責。（文武備具，而不責備於人。）求於一人則任以人力，（任其所能任也。○王念孫云：求於一人，劉本無一字，是也。道藏本有一字者，因上文責備於一人而誤。求於人與自脩相對為文。人上不當有一字。下文責人以人力，自脩以道德，即其證。文子上義篇作於人以力，自脩以道。）自修則以道德。責人以人力易償也，自修以道德難為也。難為則行高矣，易償則求澹矣。夫夏后氏之璜不能無考，（半璧曰璜。夏后氏之珍玉也。考，瑕釁也。○洪頤煊云：考當作耇。說文：耇，老人面如點也。从老省，占聲。與玷字通用。譌脫作考。）明月之珠不能無纇。（夜光之珠，有似月光，故曰明月。纇，䊹若絲之結纇也。○陶方琦云：文選班固兩都賦注、李蕭遠運命論注引許注：夜光之珠，有似明月，故曰明月也。按此許注羼入高注本者，故同。文選兩都賦李善注曰：高誘以隨侯為明月，許慎以明月為夜光。是許高注本異。此注定為許義無疑。○文典謹按：文選辯命論注引高注：考，不平也。纇，瑕也。與此注文迥異。陶謂此為許注，是也。）然而天下寶之者何也。其小惡不足妨大美也。今志人之所短，而忘人之所修，而求得其賢乎天下，則難矣。（○王念孫云：得其賢乎天下，衍其字。藝文類聚寶部上引此無其字。）夫百里奚之飯牛，伊尹之負鼎，（伊尹負鼎俎，調五味，以干湯，卒為賢相。）太公之鼓刀，（太公，河內汲人，有屠釣之困，卒為文王佐，翼武王伐紂也。）甯戚之商歌，（甯戚，衛人也。商旅于齊，宿郭門外，疾世商歌，以干桓公。桓公夜出迎客，聞之，舉以為大田事。在道應訓也。）其美有存焉者矣。眾人見其位之卑賤，事之洿辱，而不知其大略，以為不肖。及其為天子三公，而立為諸侯賢相，乃始信於異眾也。（信，知也。）夫發于鼎俎之間，（伊尹。）出于屠酤之肆，（肆，列也。謂太公呂尚也。）解于累紲之中，（累紲，所以束縛人。謂管仲。）興于牛頷之下，（興，起也。謂百里奚也。頷，讀合索之合。）洗之以湯沐，祓之以爟火，立之于本朝之上，倚之于三公之位，（爟火，取火於日之官也。周禮司爟掌行火之政令。火，所以祓除不祥也。立，置也。本朝，國朝也。）內不慚於國家，外不愧於諸侯，符勢有以內合。（內合，合于君。）故未有功而知其賢者。堯之知舜。（〇文典謹按：羣書治要引舜下有也字。）功成事立而知其賢者，市人之知舜也。爲是釋度數而求之於朝肆草莽之中，其失人也必多矣。（爲上自任耳目聰明，以得賢人之故，不復用度量之術取人，而亟求賢于朝肆之列、草莽之中，失賢人必多矣，何可求賢也。）何則？能效其求而不知其所以取人也。夫物之相類者，世主之所亂惑也；嫌疑肖象者，衆人之所眩耀。（肖象，似也。嫌疑，謂白骨之肖象牙也。碧盧似玉，蛇牀似麋蕪也。）故狠者類知而非知，（狠者自用，像有知，非眞知。〇陶方琦云：羣書治要引許注：狠，慢也。按二注正異。說文作狠，盭也，義亦同。）愚者類仁而非仁，（愚者不能斷割，有似於仁，非眞仁也。〇文典謹按：羣書治要引兩仁字皆作君子。）戇者類勇而非勇。（戇者不知畏危難，有似於勇，非眞勇。）使人之相去也，若玉之與石，美之與惡，則論人易矣。夫亂人者，芎藭之與藁本也，蛇牀之與麋蕪也，此皆相似者。（言其相類，但其芳臭不同，猶小人類君子，但其仁與不仁異也。〇王念孫云：美之與惡，本作葵之與莧。葵與莧不相似，故易辨。此言物之不相似者，下言物之相似者，皆各舉二物以明之。若云美之與惡，則不知爲何物矣。蓋俗書美字作羙，葵字作葵，葵之上半與美相似，因誤而爲美。後人不解其故，遂改爲美之與惡耳。羣書治要及爾雅疏、埤雅、續博物志引此並作葵之與莧，是其證。又案：上既言亂人，則下不必更言相似；且正文既言相似，則注不必更言言其相類矣。爾雅疏引許注云：此四者藥草臭味之相似。然則此皆相似四字，蓋後人約記許注於正文之誤，而寫者因誤合之也。【茅本又於相似下加者字，而莊本從之，謬矣。】史記司馬相如傳索隱、爾雅疏、本草圖經、埤雅、續博物志所引皆無此四字。〇陶方琦云：爾雅釋艸正義引許注：此四者藥艸臭味之相似，惟治病則不同力。按二家注文異，足徵許、高之別。北宋時尚有許注殘本，故引文尚異。）故劍工惑劍之似莫邪者，唯歐冶能名其種；（歐冶，良工也。）玉工眩玉之似碧盧者，唯猗頓不失其情；（碧盧，或云碔砆。猗頓，晉之富人，能知玉理，不失其情也。〇俞樾云：上云劍工惑劍之似莫邪者，莫邪是良劍之名，則碧盧亦必是美玉之名。地形篇：碧樹、瑤樹在其北。高注曰：碧，青玉也。是其義也。下文云：闇主亂於姦臣小人之疑君子者。然則莫邪、碧盧是喻君子，非喻小人。高注曰：碧盧或云碔砆，失之。）闇主亂于姦臣小人之疑君子者，唯聖人能見微以知明。故蛇舉首尺，而修短可知也；象見其牙，而大小可論也。薛燭庸子見若狐甲於劍，而利鈍識矣。（薛，齊邑也。燭庸氏子，通利劍。〇俞樾云：狐甲之義不可曉。）

狐疑爪字之誤。荀子大略篇「爭利如蚤甲而喪其掌」，楊注曰：「蚤與爪同。」此爪甲連文之證。若爪甲者，言其小也，言燭庸子之於劍，止見若爪甲者而已，識其利鈍矣。下文曰：「臾兒易牙，淄澠之水合者，嘗一哈水而甘苦知矣。」一哈，言其少也。與此文正一律。臾兒、易牙，淄澠之水合者，嘗一哈水而甘苦知矣。臾兒、易牙，皆齊之知味者。哈，口也。○陶方琦云：莊子音義引許注：「愈兒，黃帝時人。狄牙即易牙，齊桓公時識味人也。」按二注文異，莊子音義又引淮南一本作臾兒，注云：「臾兒亦齊人。」即今高注。知與許注本異也。愈跗、揚雄解嘲作臾柎，愈臾古通，簡狄詩緯作簡易，狄易亦古通，大戴禮桓公任狄牙，揚子法言狄牙能喊，皆作狄牙，文選琴賦狄牙喪味注引淮南「淄澠之水合，狄牙嘗而知之」，是即許本作狄牙之證，今道應篇作易牙，亦當改正。故聖人之論賢也，見其一行而賢不肖分矣。孔子辭廩丘，終不盜刀鉤。廩丘，齊邑，今屬濟陰。齊景公養孔子，以言未見從，道未得行，不欲虛祿，辭而不受。故不復利人刀鉤也。許由讓天子，終不利封侯。許由，隱者，陽城人。堯欲以天下與之，洗耳而不就。故曰不利于封侯也。故未嘗灼而不敢握火者，見其有所燒也；未嘗傷而不敢握刃者，見其有所害也。○文典謹按：御覽八百六十九引灼下有也字，握刃作擢刃。由此觀之，見者可以論未發也，而觀小節可以知大體矣。故論人之道，貴則觀其所舉，富則觀其所施，窮則觀其所不受，賤則觀其所不爲，貧則觀其所不取。視其更難，以知其勇；動以喜樂，以觀其守；委以財貨，以論其仁；振以恐懼，以知其節；則人情備矣。古之善賞者，費少而勸衆。趙襄子行之是。善罰者，刑省而姦禁。齊威王行之是也。善予者，用約而爲德。秦繆公行之是。善取者，入多而無怨。齊桓公行之也。趙襄子圍於晉陽，罷圍而賞有功者五人，高赫爲賞首。左右曰：「晉陽之難，赫無大功，今爲賞首，何也？」智伯求地于趙襄子，不與。智伯率韓魏以圍之，三月不克。趙氏之臣張孟談潛與韓魏通謀，反智伯而殺之，張孟談之力也。故曰高赫無大功也。襄子曰：「晉陽之圍，寡人社稷危，國家殆，羣臣無不有驕侮之心，唯赫不失君臣之禮。」故賞一人而天下爲忠之臣者莫不終忠於其君，此賞少而勸善者衆也。○王念孫云：天下爲忠之臣者，當作天下之爲臣者。呂氏春秋義賞篇引孔子曰：賞一人而天下之爲人臣者莫敢失禮，即淮南所本也今本之爲二字誤倒又衍一忠字此賞少而勸善者衆也當作此賞少而勸衆者也上文云古之善賞者費少而勸衆正與此句相應下文曰此刑省而姦禁者也此用約而爲德者也此入多而無怨者也句法並與此同今本衆者二字誤倒又衍一善字(善字涉下文勸善而衍)齊威王設大鼎於庭中而數無鹽令曰子之譽日聞吾耳察子之事田野蕪倉廩虛囹圄實子以姦事我者也乃烹之齊以此三十二歲道路不拾遺此刑省姦禁者也秦穆公出遊而車敗右服失馬服中失馬〇王念孫云右服失馬馬字因注文而衍服爲中央馬則不須更言馬矣呂氏春秋愛士篇正作右服失(失與佚同)野人得之穆公追而及之岐山之陽野人方屠而食之穆公曰夫食駿馬之肉而不還飲酒者傷人吾恐其傷汝等徧飲而去之處一年與晉惠公爲韓之戰處一年者謂飲食肉人酒之明年也晉惠公夷吾倍秦納己之賂秦興兵伐晉戰於晉地韓原也晉師圍穆公之車梁由靡扣穆公之驂獲之梁由靡晉大夫扣猶牽也將獲穆公〇王念孫云高注云將獲穆公則正文獲上有將字也將獲未獲故人得而救之若已爲晉所獲則不能救矣食馬肉者三百餘人皆出死爲穆公戰於車下遂克晉虜惠公以歸此用約而爲德者也齊桓公將欲征伐甲兵不足令有重罪者出犀甲一戟犀甲取其堅也戟車戟也長丈六尺犀或作三直出三甲也有輕罪者贖以金分輕小也以金分出金隨罪輕重有分兩也〇文典謹按御覽三百三十九引注出金下有兩字訟而不勝者出一束箭不勝猶不直也箭十二爲束也百姓皆說乃矯箭爲矢治箭之笄好者也〇文典謹按御覽引注治作矢笄作竿鑄金而爲刃刃五刃也刀劍矛戟矢也以伐不義而征無道遂霸天下此入多而無怨者也故聖人因民之所喜而勸善因民之所惡而禁姦〇文典謹按御覽六百三十六引所喜作所善而禁作以禁故賞一人而天下譽之罰一人而天下畏之故至賞不費賞當賞不虛費至刑不濫刑當刑不傷善濫讀收斂之斂孔子誅少正卯而魯國之邪塞少正官卯其名也魯之詔人孔子相魯七日誅之於東觀之下刑不濫也子產誅鄧析而鄭國之姦禁鄧析詭辯姦人之雄也子產誅之故姦禁也傳曰鄭駟遄殺鄧析而用其竹刑鄧析制刑書之于竹鄭國用之

不以人廢言也。以近論遠。以小知大也。故聖人守約而治廣者。此之謂也。天下莫易於爲善。而莫難於爲不善也。爲善。靜身無欲。信仁而已。順其天性。故易。爲不善。貪欲無猒。毀人自成。戾其天性。故難也。所謂爲善者。靜而無爲也。所謂爲不善者。躁而多欲也。適情辭餘。無所誘惑。循性保眞。無變於己。○文典謹按。羣書治要引惑作慕。循作脩。隸書循脩相似。書傳多互譌也。故曰爲善易。○文典謹按。羣書治要引作故曰爲善者易也。越城郭。踰險塞。姦符節。盜管金。篡弒矯誣。○文典謹按。羣書治要引弒作殺。非人之性也。故曰爲不善難也。姦。私。亦盜也。符節。成信也。而盜取之。管。壯籥也。金。印封。亦所以爲信也。固。閉藏也。篡弒。下謀上也。矯。擅作君命。誣。以惡覆人也。皆非人本所受天之善性也。○王念孫云。如馬注。則金字當爲璽字之誤。然金與璽字不相似。璽字無緣誤爲金。蓋俗書璽字或作坌。因誤爲金矣。五音集韻云。璽俗作坌。今人所以犯囹圄之罪。而陷於刑戮之患者。由嗜慾無厭。不循度量之故也。○文典謹按。羣書治要引循作脩。何以知其然。天下縣官法曰。發墓者誅。竊盜者刑。此執政之所司也。夫法令者罔其姦邪。勒率隨其蹤跡。勒。主問吏。率。太任也。○王念孫云。法令下衍者字。法令罔其姦邪。勒率隨其蹤跡。相對爲文。○洪頤煊云。漢書主問吏無名爲勒者。勒當是鞫字之譌。張湯傳。訊鞫論報。師古曰。鞫。問也。鞫字譌脫作勒。無愚夫惷婦。皆知爲姦之無脫也。犯禁之不得免也。然而不材子不勝其欲。蒙死亾之罪。而被刑戮之羞。蒙。冒。然而立秋之後。○王念孫云。下然而二字。因上然而而衍。立秋之後五句。卽承上死亾之罪。刑戮之羞言之。不當更有然而二字。司寇之徒。繼踵於門。而死市之人。血流於路。何則。惑於財利之得。而蔽於死亾之患也。夫今陳卒設兵。兩軍相當。將施令曰。斬首拜爵。而屈撓者要斬。○王念孫云。夫今當爲今夫。斬首下脫者字。斬首者拜爵。屈撓者要斬。相對爲文。羣書治要引此有者字。然而隊階之卒。皆不能前遂斬首之功。遂。成也。○王念孫云。隊階二字義不可通。當從羣書治要所引作隊伯。字之誤也。（左畔作阝。因隊字而誤。右畔作皆。則因下文皆字而誤。）逸周書武順篇曰。五五二十五曰元卒。四卒成衞曰伯。是百人爲伯也。通典兵一引司馬穰苴曰。五人爲伍。十伍爲隊。是隊爲伯之半。故曰隊伯之卒。而後被要斬之罪。是去恐死而就必死也。故利害之反，禍福之接，不可不審也。事或欲之，適足以失之。〇文典謹按：羣書治要引事上有故字。或避之，適足以就之。楚人有乘船而遇大風者，波至而自投於水。〇王念孫云：波至而下當有恐字。下文惑於恐死而反忘生也，即承此句言之。羣書治要、意林、藝文類聚舟車部、白帖六十三、太平御覽地部三十六、舟部二，引此皆作波至而恐。〇文典謹按：羣書治要引無楚字，人有作有人。非不貪生而畏死也，惑於恐死而反忘生也。故人之嗜慾亦猶此也。〇文典謹按：意林、白帖六十三引亦猶此也並作亦復如此。齊人有盜金者，當市繁之時，至掇而走。勒問其故，曰：而盜金於市中，何也？繁，衆也。勒，主問吏。故，猶意也。而，汝也。對曰：吾不見人，徒見金耳。志所欲，則忘其爲矣。是故聖人審動靜之變，而適受與之度，理好憎之情，和喜怒之節。夫動靜得，則患弗過也。〇王念孫云：過當從劉本、朱本作遇，字之誤也。受與適，則罪弗累也。好憎理，則憂弗近也。喜怒節，則怨弗犯也。故達道之人，不苟得，不讓福。〇俞樾云：讓當爲攘，詮言篇：不能使福必來，信己之不攘也，高注曰：攘，却也。此云不攘福，義與彼同。其有弗棄，非其有弗索，常滿而不溢，恆虛而易足。虛，無欲也。〇文典謹按：羣書治要引常滿作恆盈，恆虛作常虛。今夫霤水足以溢壺榼，而江河不能實漏卮。〇文典謹按：霤，羣書治要引作溜，實，意林引作滿。故人心猶是也。〇文典謹按：羣書治要引是作此。自當以道術度量，食充虛，衣禦寒，則足以養七尺之形矣。若無道術度量而以自儉約，則萬乘之勢不足以爲尊，天下之富不足以爲樂矣。論若桀與紂，無道術度量，不得爲匹夫，何尊樂之有乎。孫叔敖三去令尹而無憂色，爵祿不能累也。不以爵祿累其身也。荊佽非兩蛟夾繞其船而志不動，怪物不能驚也。勇而不惑。聖人心平志易，精神內守，物莫足以惑之。夫醉者俛入城門，以爲七尺之閨也；超江淮，以爲尋常之溝也。酒濁其神也。〇文典謹按：意林引超江淮句在俛入城門句前。怯者夜見立表，以爲鬼也；見寢石，以爲虎也。懼揜其氣也。揜，奪也。又況無天地之怪物乎。夫雌雄相接，陰陽相薄，羽者爲雛鷇，毛者爲駒犢，柔者爲皮肉，堅者爲齒角，人弗怪也。水生蠬蜄，山生金玉，人弗怪也。老槐生火，久血爲燐，人弗怪也。血精在地暴露百日則爲燐，遥望烱烱若燃火也。○陶方琦云：詩東山正義引許注兵死之血爲鬼火。按二注文異。説文粦下云：兵死及牛馬之血爲粦。粦，鬼火也。與許注淮南説同。論衡論死篇：人之兵死也，人言其血爲燐。張華博物志雜説篇云：鬭戰死亾之地，其人馬血積年化爲燐，燐㸒與許義合。○文典謹按：御覽八百六十九引注"遥望烱烱若燃火也"作"遠望若野火也"。山出嶌陽，嶌陽，山精也。人形，長大，面黑色，身有毛，足反踵，見人而笑。○莊逵吉云：嶌陽見爾雅。程敦云：説文解字作嶌羊，陽與羊古字通也。嚴忌哀時命又作嶌楊。山海經謂之贛巨人。○文典謹按：文選上林賦注引高注作嶌羊，山精也，似遽類。水生罔象，水之精也。國語曰：龍网象也。○陶方琦云：説文虫部蛧字下引許注蛧蜽狀如三歲小兒，赤翣色，赤目，長耳，美髮。按説文所引淮南王説，當是後人記許君注淮南説于窮，與上芸艸一條例同。魯語曰：木石之怪曰夔蝄蜽，水之精曰龍网象，高作网象，故引國語，許作蝄蜽，正與高異，其實网象网兩古訓亦不甚分。法苑珠林引夏鼎志：网象如三歲兒，赤目，翣色，大耳，長臂，赤爪，索縛則可得食。訓與許説蝄蜽同，知許説必有本也。一切經音義二引淮南説狀如三歲小兒，赤翣色，赤目，赤爪，長耳，美髮，知今説文敚赤爪二字，應補。説文蝄蜽，山川之精物，又道應篇网兩問於景曰，許注：网兩，水之精物也。（玉篇作魍魎，水神，如三歲小兒，赤翣色。）左氏音義亦云：网兩，水神。此實許本水生蝄蜽之證。木生畢方，木之精也。狀如烏，青色，赤脚，一足，不食五穀。井生墳羊，土之精也。魯季子穿井，獲土缶，其中有羊是也。○文典謹按：文選思玄賦注引墳作羵。人怪之，聞見鮮而識物淺也。○文典謹按：御覽八百八十八引作"聞見鮮而所識淺也"。

天下之怪物，聖人之所獨見；利害之反覆，知者之所獨明達也；同異嫌疑者，世俗之所眩惑也。夫見不可布於海內，聞不可明於百姓，是故因鬼神禨祥而爲之立禁，禨祥，吉凶也。禁，戒也。總形推類而爲之變象。何以知其然也？世俗言曰：饗大高者而彘爲上牲，大高，祖也。一曰上帝。葬死人者裘不可以藏，相戲以刃者太祖軵其肘，軵，擠也。讀近茸，急察言之。枕戶橉而臥者，鬼神蹠其首。此皆不著於法令，而聖人之所不口傳也。夫饗大高而彘爲上牲者，非彘能賢於野獸麋鹿也，而神明獨饗之，何也？以爲彘者家人所常畜，而易得之物也，故因其便以尊之。

裘不可以藏者。非能具絺綿曼帛。溫煖於身也。世以爲裘者。難得貴賈之物也。曼帛，細帛也。裘，狐之屬也。故曰貴賈之物。而不可傳於後世。無益於死者。而足以養生。故因其資以讋之。資，用也。讋，恐也。○王念孫云：裘無益於死者，而足以養生，故曰可傳於後世。劉本作不可傳於後世，不字因上文不可以藏而衍。諸本與劉本同，唯道藏本無不字。相戲以刃。太祖軵其肘。夫以刃相戲。必爲過失。過失相傷。其患必大。無涉血之仇爭忿鬬。而以小事自內於刑戮。愚者所不知忌也。故因太祖以累其心。累，恐也。枕戶橉而臥。鬼神履其首。使鬼神能玄化。則不待戶牖之行。○王念孫云：之當作而。太平御覽居處部十二引此正作不待戶牖而行。○文典謹按：御覽一百八十四引無能字。若循虛而出入。則亦無能履也。虛，孔竅也。○莊逵吉云：御覽引作無履也，無能字。夫戶牖者。風氣之所從往來。而風氣者。陰陽相捔者也。○文典謹按：御覽一百八十四引作而風氣者陰陽之戶牖者也。離者必病。離，遭也。故託鬼神以伸誡之也。凡此之屬。皆不可勝著於書策竹帛而藏於官府者也。故以禨祥明之。爲愚者之不知其害。乃借鬼神之威。以聲其敎。所由來者遠矣。而愚者以爲禨祥。而狠者以爲非。唯有道者能通其志。今世之祭井竈門戶箕帚臼杵者。非以其神爲能饗之也。恃賴其德。煩苦之無已也。是故以時見其德。所以不忘其功也。觸石而出。膚寸而合。不崇朝而雨天下者。唯太山。崇，終也。日旦至食時爲終朝。赤地三年而不絕。流澤及百里而潤草木者。唯江河也。是以天子秩而祭之。故馬免人於難者。其死也。葬之以大車爲薦。○王念孫云：藝文類聚獸部上、太平御覽禮儀部三十四、獸部八引此並作故馬免人於難者，其死也，葬之以帷爲衾；牛有德於人者，其死也，葬之以大車之箱爲薦。今本葬之下脫去以帷爲衾四字，牛下脫去有德於人者五字，葬下脫去之字，大車下脫去之箱二字，當補入。○文典謹按：意林引此文作馬免人於難者，死葬之以蓋蒙之以衾；牛有德於人者，死葬之以大車。牛馬有功。猶不可忘。又況人乎。此聖人所以重仁襲恩。襲，亦重累。

故炎帝於火，死而爲竈。炎帝神農，以火德王天下，死託祀于竈神。禹勞天下，死而爲社。勞力天下，謂治水之功也。託祀于后土之神。后稷作稼穡，死而爲稷。稷，周弃也。○王念孫云：炎帝於火，本作炎帝作火。於字或書作於，與作相似而誤。太平御覽火部二引作於，亦後人依誤本改之。其居處部十四引此正作作。史記孝武紀索隱、藝文類聚火部、廣韻竈字注引此並作作。禹勞天下，本有力字，故高注曰：勞力天下，謂治水之功也。今本無力字者，後人誤以爲衍文而刪之耳。古者謂勤爲力。（大雅烝民箋：力猶勤也。）勞力天下，猶言勤勞天下。泰族篇曰：夙興夜寐而勞力之，是也。倒言之則曰力勞。主術篇曰：民貧苦而忿爭，事力勞而無功，是也。藝文類聚禮部中引此無力字，亦後人依誤本刪之。太平御覽禮儀部十一引正文注文並作勞力。論衡祭意篇：或曰：炎帝作火，死而爲竈；禹勞力天下，死而爲社。所引即淮南之文。后稷作稼穡，后稷本作周棄，此亦後人以意改之也。昭二十八年左傳曰：周棄亦爲稷，自商以來祀之。魯語曰：夏之興也，周棄繼之，故祀以爲稷。此者淮南所本。藝文類聚禮部中、太平御覽禮儀部十一引此並作周棄。高注當云周棄，后稷也。今本云稷周棄也，此亦後人所改。羿除天下之害，死而爲宗布。羿，古之諸侯。河伯溺殺人，羿射其左目；風伯壞人屋室，羿射中其膝；又誅九嬰、窫窳之屬，有功於天下，故死託祀於宗布。祭田爲宗布，謂出也。一曰：今人室中所祀之宗布是也。或曰：司命傍布也。此堯時羿，非有窮后羿。○孫詒讓云：此注譌挩不可通，以意求之，祭田爲宗布，謂出也，當作祭星爲布，宗布謂此也。爾雅釋天云：祭星曰布。即高所本。（今本星譌田，此譌出，又挩一布字。）但高釋宗布之義，並肌說難信。竊疑周禮黨正之祭禜，族師之祭酺（鄭注云：禜謂雩禜水旱之神，酺者爲人物裁害之神也。禜宗酺布聲近字通。禮記祭法：雩禜。禜亦作宗。）禜酺並禳除裁害之祭。羿能除害，故託食於彼，義亦正相應也。此鬼神之所以立。

北楚有任俠者，其子孫數諫而止之，不聽也。縣有賊，大搜其廬，事果發覺，夜驚而走，追道及之。其所施德者皆爲之戰，得免而遂反。語其子曰：汝數止吾爲俠，今有難，果賴而免身，而諫我，不可用也。知所以免於難，而不知所以無難。論事如此，豈不惑哉！宋人有嫁子者，告其子曰：嫁未必成也，有如出，不可不私藏。私藏而富，其於以復嫁易。其子聽父之計，竊而藏之。若公知其盜也，逐而去之。其父不自非也，而反得其計。知爲出藏財，而不知藏財所以出也。爲論如此，豈不勃哉！今夫僦載者，救一車之任，極一牛之力，爲軸之折也。有如轅軸其上以爲造。不知軸轅之趣軸折也。楚王之佩玦而逐菟。爲走而破其玦也。因珮兩玦以爲之豫。兩玦相觸。破乃逾疾。（文典謹按。御覽九百七引作楚王佩玦逐兎。馬速玦破。乃取兩玦。重而著之。其破疾愈。）亂國之治有似於此。夫鴟目大。而眎不若鼠。蚈足衆。而走不若蛇。物固有大不若小。衆不若少者。（文典謹按。御覽九百四十八引作蚈足走不及蛇。物固有小不及大也。）及至夫彊之弱。弱之彊。危之安。存之亾也。非聖人孰能觀之。大小尊卑未足以論也。唯道之在者爲貴。何以明之。天子處於郊亭。則九卿趨。大夫走。坐者伏。倚者齊。當此之時。明堂太廟。懸冠解劍。緩帶而寢。非郊亭大而廟堂狹小也。至尊居之也。天道之貴也。非特天子之爲尊也。所在而衆仰之。夫蟄蟲鵲巢。皆嚮天一者。至和在焉爾。帝者誠能包稟道。合至和。則禽獸草木莫不被其澤矣。而況兆民乎。

卷十四

詮言訓

（詮。就也。就萬物之指。以言其徵。事之所謂。道之所依也。故曰詮言。○文典謹按。此篇敘目無因以題篇字。乃許愼注本。）

洞同天地。渾沌爲樸。未造而成物。謂之太一。（太一。元神總萬物者。）同出於一。所爲各異。有鳥有魚有獸。謂之分物。方以類別。物以羣分。性命不同。皆形於有。隔而不通。分而爲萬物。莫能及宗。（謂及己之性宗。同于洞同。○王念孫云。及皆當爲反。字之誤也。宗者。本也。言莫能反其本也。下文云能反其所生。卽反宗之謂。故高注曰。反己之性宗也。說山篇曰。吾將反吾宗矣。又曰。牆之壞。愈其立也。冰之泮。愈其凝也。以其反宗。高注並云。宗。本也。是其證。分而爲萬物。文選演連珠注引作分爲萬殊。案上文既云物以羣分。此無庸復言分爲萬物。疑作萬殊者是也。今本殊作物。蓋涉下文萬物而誤。）故動而謂之生。死而謂之窮。皆爲物矣。

非不物而物物者也。物物者亾乎萬物之中。不物之物，恍惚虛無。物物者，造萬物者也。此不在萬物之中也。○王念孫云：莊本改亾爲存，正與此義相反。稽古太初，人生於無。○莊逵吉云：御覽此下有注云：當太初天地之始，人生於無形，無形生有形也。形於有，有形而制於物。○莊逵吉云：御覽此下有注云：爲物所制。能反其所生，若未有形，謂之眞人。眞人者，未始分於太一者也。聖人不爲分尸，尸，主也。不爲謀府，不爲事任，不爲智主。藏無形，行無迹，遊無朕。朕，兆也。不爲福先，不爲禍始。保於虛無，動於不得已。欲福者或爲禍，欲利者或離害。故無爲而寧者，失其所以寧則危；無事而治者，失其所以治則亂。星列於天而明，故人指之；義列於德而見，故人視之。人之所指，動則有章；人之所視，行則有迹。動有章則詞，行有迹則議。○王引之云：詞當爲訶。凡隸書可字之在旁者或作司（漢魯相史晨饗孔廟後碑：雅歌吹笙，歌作歌。冀州從事郭君碑：凋柯霜榮，柯作柯），故訶字或作詞，形與詞相似，因誤爲詞。訶，謂相譏訶也。動有章則人訶之，行有迹則人議之也。說林篇曰：有爲則議，多事固苛。高注曰：蘇秦爲多事之人，故見議見苛也。苛與訶同。議字古讀若俄（小雅北山篇：或出入風議，與爲爲韻。爲讀若譌。淮南俶眞篇：立而不議，與和爲韻。史記太史公自序：王人是議，與禾爲韻），故此及說林篇皆以訶議爲韻。若作詞，則失其韻矣。故聖人揜明於不形，藏迹於無爲。王子慶忌死於劍，王子慶忌者，吳王僚之弟子。闔閭弒僚，慶忌勇健，亾在鄭。闔閭畏之，使要離刺慶忌。羿死於桃棓。棓，大杖，以桃木爲之，以擊殺羿，由是以來，鬼畏桃也。○陶方琦云：御覽三百五十七引許注：棓，大杖，以桃木爲之，擊殺羿，是以鬼畏桃也。按說文：棓，梲也。謂大杖也。依元應引補入。通俗文：大杖曰棓。開元占經中官占引石氏曰：天棓九星，天之武備。棓者，大杖，所以打賊也。說山訓：羿死桃部，不給射。高注：桃部，地名。與許說正異（顧氏日知錄謂淮南子詮言訓作大杖解，于說山訓作地名，解一人注書而前後若此。琦按：此正許注八篇，高注十三篇之分，顧氏蓋未之知也。子路菹於衛，蘇秦死於口。蘇秦好說，爲齊所殺。人莫不貴其所有，而賤其所短。○王念孫云：貴與賤相反，長與短相反，若有與短則非相反之名。有當爲脩，字之誤也。脩，長也。言人皆貴其所長，而賤其所短也。淮南王避父諱，故不言長而言脩。然而皆溺其所貴而極其所賤。所貴者有形，所賤者無朕也。故虎豹之彊來射，蝯狖之捷來措。人能貴其所賤，賤其所貴可與言至論矣自信者不可以誹譽遷也知足者不可以勢利誘也故通性之情者不務性之所無以爲（人性之無以爲者不務也）通命之情者不憂命之所無奈何通於道者物莫不足滑其調（○王念孫云物莫不足滑其調當作物莫足滑其和滑亂也（見原道俶眞精神三篇注及周語晉語注）言通於道者物莫能亂其天和也今本莫下衍不字（因上文兩不字而衍）和字又誤作調原道篇曰不以欲滑和俶眞篇曰不足以滑其和精神篇曰何足以滑和莊子德充符篇曰不足以滑和諸書皆言滑和無言滑調者且和與爲韻（爲古讀若譌說見唐韻正）若作調則失其韻矣又兵略篇敵若反靜爲之出奇彼不吾應獨盡其調若動而應有見所爲彼持後節與之推移彼有所積必有所虧精若轉左陷其右陂敵潰而走後必可移案獨盡其調調亦當爲和（注同）和與奇爲韻（奇古音在歌部說見唐韻正）若作調則失其韻矣又泰族篇五行異氣而皆適調六藝異科而皆同道（本作五行異氣而皆和六藝異科而皆通因和誤爲調通誤爲道後人遂於道上加同字又於調上加適字以成對句而不知其謬也太平御覽學部二引作五行異氣而皆和六藝異科而皆道道字雖誤而和字不誤且上句無適字下句無同字舊本北堂書鈔藝文部一引此正作五行異氣而皆和六藝異科而皆通）泰族又云聖人兼用而財制之失本則亂得本則治其美在調其失在權水火金木土穀異物而皆任規矩權衡準繩異形而皆施丹青膠漆不同而皆用各有所適物各有宜案權其美在調調亦當爲和之治爲韻和權施宜爲韻（和施宜古音在歌部權在元部歌元二部古或相通說見泰族陰陽化一條下）若作調則失其韻矣文子上禮篇正作其美在和其失在權泰族又云今目悅五色口嚼滋味耳淫五聲七竅交爭以害其性日引邪欲而澆其身夫調身弗能治奈天下何案日引邪欲而澆其身夫調本作日引邪欲而澆其天和（即原道所云以欲滑和也文子下德篇作日引邪欲端其天和身且不能治奈天下何是其明證矣今本澆其下衍身字（因下文而衍）天誤爲夫）和誤爲調遂致文不成義且聲爭性爲韻和何爲韻若作調則失其韻矣和調二字形聲皆不相近無因致誤而以上五段和字皆誤作調殊不可解）詹何曰未嘗聞身治而國亂者也未嘗聞身亂而國治者也矩不正不可以爲方規不正不可以爲員身者事之規矩也未聞枉己而能正人者也原天命治心術理好憎適情性則治道通矣原天命則不惑禍福治心術則不妄喜怒理好憎則不貪無用適情性則欲不過節不惑禍福則動靜循理不妄喜怒則賞罰不阿不貪無用則不以欲

用害性、○王念孫云、劉本無下用字、是也、此因上用字而衍、○俞樾云、下用字衍文、文子符言篇作不貪無用、卽不以欲害性、是其證、欲不過節、則養性知足、凡此四者、弗求於外、弗假於人、反己而得矣、天下不可以智爲也、不可以慧識也、不可以事治也、不可以仁附也、不可以强勝也、五者皆人才也、德不盛、不能成一焉、德立則五無殆、五見則德無位矣、五事皆見而德無所立位、故得道則愚者有餘、失道則智者不足、渡水而無游數、雖强必沉、有游數、雖羸必遂、又況託於舟航之上乎、爲治之本、務在於安民、安民之本、在於足用、足用之本、在於勿奪時、勿奪時之本、在於省事、省事之本、在於節欲、節欲之本、在於反性、反性之本、在於去載、去浮華載於亾者也、去載則虛、虛則平、平者道之素也、虛者道之舍也、能有天下者、必不失其國、能有其國者、必不喪其家、能治其家者、必不遺其身、能脩其身者、必不忘其心、能原其心者、必不虧其性、能全其性者、必不惑於道、故廣成子曰、愼守而內、周閉而外、廣成子、黃帝時人也、多知爲敗、毋視毋聽、抱神以靜、形將自正、不得之己、而能知彼者、未之有也、故易曰、括囊無咎無譽、能成霸王者、必得勝者也、能勝敵者、必强者也、能强者、必用人力者也、能用人力者、必得人心也、能得人心者、必自得者也、能自得者、必柔弱也、强勝不若己者、至於與同、則格、言人力能與己力同也、以强加之、則戰格也、柔勝出於己者、其力不可度、故能以衆不勝成大勝者、唯聖人能之、善游者不學刺舟而便用之、勁筋者不學騎馬而便居之、輕天下者、身不累於物、故能處之、泰王亶父處邠、狄人攻之、事之以皮幣珠玉而不聽、乃謝耆老而徙岐周、百姓攜幼扶老而從之、遂成國焉、推此意、四世而有天下、不亦宜乎、四世、太王、王季、文王、武王、無以天下爲者、必能治天下者。霜雪雨露生殺萬物。天無爲焉。猶之貴天也。厭文搔法。厭，持也。搔，勞也。治官理民者有司也。君無事焉。猶尊君也。辟地墾草者后稷也。決河濬江者禹也。聽獄制中者皐陶也。有聖名者堯也。故得道以御者身雖無能。必使能者爲己用。不得其道。伎藝雖多。未有益也。方船濟乎江。有虛船從一方來。觸而覆之。雖有忮心。必無怨色。有一人在其中。一謂張之。一謂歙之。持舟檝者，謂近岸爲歙，遠岸爲張也。○文典謹按，莊子山木篇作有一人在其上，則呼張歙之。司馬注，張，開也。歙，斂也。再三呼而不應。必以醜聲隨其後。向不怒而今怒。向虛而今實也。人能虛己以遊於世。孰能訾之。釋道而任智者必危。棄數而用才者必困。有以欲多而亡者。未有以無欲而危者也。有以欲治而亂者。未有以守常而失者也。故智不足免患。○文典謹按，智不足免患，與下愚不足以至於失不一律。足下當有以字。羣書治要引正作故智不足以免患。愚不足以至於失。寧守其分。循其理。失之不憂。得之不喜。故成者非所爲也。得者非所求也。入者有受而無取。出者有授而無予。因春而生。因秋而殺。所生者弗德。所殺者非怨。則幾於道也。○文典謹按，羣書治要引幾作近。聖人不爲可非之行。不憎人之非己也。修足譽之德。不求人之譽己也。不能使禍不至。信己之不迎也。不能使福必來。信己之不攘也。攘，却也。禍之至也。非其求所生。故窮而不憂。福之至也。非其求所成。故通而弗矜。矜，自伐其功也。知禍福之制。不在於己也。故閒居而樂。無爲而治。聖人守其所以有。不求其所未得。求其所無。則所有者亡矣。修其所有。則所欲者至。○王念孫云，求其所無，本作求其所未得，脩其所有，本作脩其所已有，此皆承上文而申言之，不當有異文。今本作求其所無，脩其所有，皆後人以意改之也。羣書治要引此正作求其所未得，脩其所已有。文子符言篇同。下文亦云，不知道者，釋其所已有，而求其所未得。○文典謹按，羣書治要引至下有矣字，與上句則所有者亡矣一律。故用兵者。先爲不可勝以待敵之可勝也。治國者先爲不可奪，以待敵之可奪也。舜修之歷山而海內從化，文王修之岐周而天下移風。使舜趨天下之利，而忘修己之道，身猶弗能保，何尺地之有。文典謹按：羣書治要引「有」下有「乎」字。故治未固於不亂，治不亂之道，尚未牢固也。而事爲治者必危；行未固於無非，而急求名者必剉也。○俞樾云：襄二十七年公羊傳：我即死，女能固納公乎。秦策：王固不能行也。何休、高誘注並曰：固，必也。治未固於不亂，行未固於無非，言爲治未必不亂，爲行未必無非也。下文曰：爲義之不能相固，威之不能相必也。是可知固、必同義。高此注以尚未牢固說之，其義轉迂。禍莫大無禍，利莫美不喪。動之爲物，不損則益，動，有爲也。○陶方琦云：羣書治要引許注正同。不成則毀，不利則病，皆險也。險，言危難不可行。○陶方琦云：羣書治要引許注：險，言危難，殆不可行三字。說文：險，阻難也。說正同。道之者危。故秦勝乎戎而敗乎殽，秦穆公勝西戎，爲晉所敗於殽。楚勝乎諸夏而敗乎栢莒。楚昭王服諸夏，而吳敗之栢莒。○莊逵吉云：栢莒即栢舉，古字通用也。故道不可以勸而就利者，而可以寧避害者。○王念孫云：勸下而字，因下句而字而衍。文子符言篇無而字。故常無禍，不常有福；常無罪，不常有功。○俞樾云：常與尚通。史記衞綰傳：劍尚盛。漢書尚作常。漢書賈誼傳：尚憚以危爲安。賈子宗首篇尚作常，並其證。聖人無思慮，無設儲，來者弗迎，去者弗將。將，送也。人雖東西南北，獨立中央。故處衆枉之中不失其直，天下皆流，獨不離其壇域。故不爲善，不避醜，遵天之道；不爲始，不專己，循天之理；不豫謀，不棄時，與天爲期；不求得，不辭福，從天之則。○王念孫云：善當爲好。不爲好，不避醜，遵天之道，猶洪範言無有作好，遵王之道也。今作不爲善者，後人據文子符言篇改之耳。好、醜、道爲韻，始、己、理爲韻，謀、時、期爲韻，得、福、則爲韻。若作善，則失其韻矣。不求所無，不失所得，內無旁禍，外無旁福。○王念孫云：旁字義不可通。文子符言篇作奇禍奇福，是也。俗書奇字作奇，旁字作旁，二形相似而誤。禍福不生，安有人賊？爲善則觀，衆人之所觀也。爲不善則議，觀則生貴，議則生患。○王引之云：貴當爲責，字之誤也。此言爲善則觀之者多，觀之者多則責之者必備。下文曰：責多功鮮，無以塞之，正謂此也。文子符言篇作爲善即勸，勸即生責。故道術不可以進而求名，而可以退而修身。不可以得利。而可以離害。故聖人不以行求名。不以智見譽。法修自然。己無所與。慮不勝數。行不勝德。事不勝道。爲者有不成。求者有不得。人有窮而道無不通。與道爭則凶。故詩曰。弗識弗知。順帝之則。有智而無爲。與無智者同道。有能而無事。與無能者同德。其智也。告之者至。然後覺其勸也。使之者至。然後覺其爲也。○俞樾云、使之者至上、當有其能也三字。上文云、有智而無爲、與無智者同道。有能而無事、與無能者同德。下文云、有智若無智、有能若無能、皆以智能對舉。故知此亦當然。有智若無智。有能若無能。道理爲正也。故功蓋天下。不施其美。澤及後世。不有其名。道理通而人僞滅也。名與道不兩明。人受名。則道不用。道勝人。則名息矣。○王念孫云、受當爲愛、字之誤也。愛名則不愛道、故道不用也。文子符言篇、正作愛。又下文喜德者必多怨、喜予者必善奪、唯滅迹於無爲、而隨天地自然者、唯能勝理、而爲受名、名興則道行、道行則人無位矣。案此當作唯滅迹於無爲、而隨天地自然者、爲能勝理、而無愛名、名興則道不行、道行則人無位矣（人如人心道心之人。上文高注云、無位、無所立也）。卽上文所謂人愛名則道不用、道勝人則名息也。今本爲能誤作唯能、無愛名誤作爲受名、道不行又脫不字、則上下文皆不可通矣。韓詩外傳云、唯滅跡於人、能（與而同）隨天地自然、爲能勝理、而無愛名、名興則道不用、道行則人無位矣。是其證。勝理二字、說見後勝心一條下。道與人競長。章人者。息道者也。章、明也。息、止也。人章道息。則危不遠矣。故世有盛名。則衰之日至矣。欲尸名者必爲善。欲爲善者必生事。事生則釋公而就私。貨數而任己。○王引之云、貨當爲背、字之誤也。背數而任己、謂背自然之數、而任一己之私、與上句釋公而就私同意。文子符言篇、作倍道而任己。倍與背同。下文又云、君好智、則倍時而任己、棄數而用慮。欲見譽於爲善。而立名於爲質。則治不修故。而事不須時。○王念孫云、質當爲賢、賢質草書相似、故賢誤爲質（逸周書官人篇、有隱於仁賢者、大戴禮賢誤作質）。爲賢與爲善、義正相承。文子作見譽而爲善、立名而爲賢、是其證。又下文、無須臾忘爲質者、必困於性、百步之中不忘其容者、必累其形。案此當作無須臾忘其爲賢者、必困於性、百步之中不忘其爲容者、必累其形。今本上二句內脫其字、下二句內脫爲字（爲容與爲賢相對、百步之中而必爲儀容、則形不勝勞。故曰必累其形。脫去爲字、則文義不明）、賢字又誤爲質。此卽承上欲立名於爲賢則治不循故。事不順時言之。故高注曰。常思爲賢。不循自然。則性困也（今本高注賢字亦誤爲質）文子作夫須臾無忘其爲賢者。必困其性。百步之中。無忘其爲容者。必累其形。是其證。爲治不修故。則多責。事不須時。則無功。責多功鮮。無以塞之。則妄發而邀當。妄爲而要中。功之成也。不足以更責。更償也事之敗也。不足以獘身。○王念孫云。不足以獘身。不字涉上文而衍。此言功成則不足以償其責。事敗則適足以斃其身也。文子符言篇作事敗足以滅身。是其證。故重爲善。若重爲非。而幾於道矣。天下非無信士也。臨貨分財。必探籌而定分。探籌。捉籌也。以爲有心者之於平。不若無心者也。天下非無廉士也。然而守重寶者。必關戶而全封。○俞樾云。全字無義。乃璽字之誤。國語魯語。追而予之璽書。韋注曰。璽書。璽封書也。此璽封二字之證。時則篇曰。固封璽。封璽與璽封同。五音集韻曰。璽俗作金。與全字形相似。故誤爲全矣。汜論篇。盜管金。高注曰。金。印封所以爲信。金亦璽字之誤。彼璽誤爲金。此璽誤爲全。其誤正同。以爲有欲者之於廉。不若無欲者也。人舉其疵則怨人。舉說己之疵。則怨之。鑑見其醜則善鑑。鑑。鏡也。鏡見人之好醜。以爲美鏡也。人能接物。而不與己焉。則免於累矣。而不與己。若鏡人形。而不有好憎。公孫龍粲於辭而貿名。公孫龍以白馬非馬。冰不寒。炭不熱爲論。故曰貿也。鄧析巧辯而亂法。鄧析教鄭人以訟。訟不俱同。子產誅之也。蘇秦善說而亾。蘇秦死于齊也。國。○王念孫云。亾國當作亾身。故高注曰。蘇秦死於齊也。今本身作國者。涉下文治國而誤。又案高注本在蘇秦善說而亾身之下。今本在亾字之下。國字之上。則是以亡字絕句。而以國字下屬爲句。大謬（此句與上二句相對爲文。若讀蘇秦善說而亾爲句。則與上二句不對。下文由其道則善無章。循其理則巧無名。亦相對爲文。若讀國由其道爲句。則文不成義）由其道則善無章。循其理則巧無名。故以巧鬭力者。始於陽。常卒於陰。言智巧之所施。始之於陽善。終於陰惡也。以慧治國者。始於治。常卒於亂。使水流下。孰弗能治。激而上之。非巧不能。故文勝則質揜。邪巧則正塞之也。德可以自修。而不可以使人暴。道可以自治。而不可以使人亂。雖有聖賢之寶。不遇暴亂之世。可以全身。而未可以霸王也。○俞樾云。寶字無義。疑當作資。荀子性惡篇。離其資。楊注曰。資。材也。謂雖有聖賢之材也。資與寶形似而誤。湯武之王也。遇桀紂之暴也．桀紂非以湯武之賢暴也．湯武遭桀紂之暴而王也．故雖賢王必待遇．遇者能遭於時而得之也．非智能所求而成也．君子修行而使善無名．布施而使仁無章．故士行善而不知善之所由來．民澹利而不知利之所由出．故無爲而自治．善有章則士爭名．利有本則民爭功．二爭者生．雖有賢者弗能治．故聖人揜迹於爲善．而息名於爲仁也．外交而爲援．事大而爲安．不若內治而待時．凡事人者．非以寶幣．必以卑辭．事以玉帛．則貨殫而欲不饜．卑體婉辭．則諭說而交不結．約束誓盟．則約定而反無日．反，背叛也．雖割國之錙錘以事人．六兩曰錙，倍錙曰錘．而無自恃之道．不足以爲全．若誠外釋交之策．而愼修其境內之事．○陳觀樓云．外釋交之策．當爲釋外交之策．上文外交而爲援．是其證．盡其地力以多其積．厲其民死以牢其城．上下一心．君臣同志．與之守社稷．斆死而民弗離．則爲名者不伐無罪．而爲利者不攻難勝．此必全之道也．民有道所同道．有法所同守．民凡所道行者同道．而法度有所共守也．爲義之不能相固．威之不能相必也．故立君以一民．君執一則治．無常則亂．君道者非所以爲也．所以無爲也．何謂無爲．智者不以位爲事．勇者不以位爲暴．仁者不以位爲患．可謂無爲矣．○王念孫云．劉本患作惠．案劉本是也．不以位爲惠．謂不假位以行其惠也．爲惠與爲暴相對．主術篇曰．重爲惠．重爲暴．則治道通矣．義與此同．夫無爲則得於一也．一也者萬物之本也．無敵之道也．凡人之性．少則猖狂．壯則暴強．老則好利．一身之身既數變矣．○俞樾云．上身字當作人．氾論篇曰．故一人之身而三變者．所以應時矣．文義與此同．又況君數易法．國數易君．人以其位通其好憎．下之徑衢不可勝理．故君失一則亂甚於無君之時．故詩曰．不愆不忘．率由舊章．此之謂也．君好智則倍時而任己．棄數而用慮．天下之物博而智淺。以淺澹博。未有能者也。獨任其智。失必多矣。故好智窮術也。好勇則輕敵而簡備。自偩而辭助。自偩，自恃也。辭助，不受傍人之助也。一人之力，以禦強敵。○王念孫云：圍當為圉，字之誤也。圉與禦同。劉績改圍為禦，而莊本從之，義則是而文則非矣。不杖衆多。而專用身。才必不堪也。故好勇危術也。好與則無定分。上之分不定。則下之望無止。若多賦斂。實府庫。則與民為讎。少取多與。數未之有也。故好與來怨之道也。仁智勇力。人之美才也。而莫足以治天下。由此觀之。賢能之不足任也。而道術之可修明矣。○孫詒讓云：脩當為循。言道術可循守也。聖人勝心。心者，欲之所生也。聖人止欲，故勝其心，而以百姓為心也。衆人勝欲。心欲之而耐勝止也。○王念孫云：勝，任也。言聖人任心，衆人任欲也。耳目之官不思而蔽於物，心之官則思。聖人先立乎其大者，則其小者不能奪，故曰聖人任心也。若衆人則縱耳目之欲，而不以心制之，故曰衆人任欲也。下文曰：食之不寧於體，聽之不合於道，視之不便於性，三關交爭（高注：三關謂食、視、聽。今本正文三關作三官，注作三官三關。食、視、聽皆後人以意改之也。主術篇曰：目妄視則淫，耳妄聽則惑，口妄言則亂。夫三關者，不可不慎守也。今據以訂正）以義為制者，心也。又曰：耳目鼻口不知所取去，心為之制，各得其所。皆其證矣。說苑說叢篇曰：聖人以心導耳目，小人以耳目導心。即此所謂聖人勝心，衆人勝欲也。說文：勝，任也。任與勝聲相近，任心任欲之為勝心勝欲，猶戴任之為戴勝（月令：戴勝降于桑。呂氏春秋季春篇作戴任）。高解聖人勝心曰：心者，欲之所生也。聖人止欲，故勝其心。則誤以勝為勝敗之勝矣。如高說則是心與耳目口無以異，下文何以言三關交爭，以義為制者心乎？又解衆人勝欲曰：心欲之而能勝止也。心欲之而能勝止，則是賢人矣，安得謂之衆人乎？且下文言欲不可勝，則衆人之訓為任明矣。文子符言篇作聖人不勝其心，衆人不勝其欲。此亦未解勝字之義，而以意改之也。又下文唯滅迹於無為而隨天地自然者，為能勝理而無愛名（此句今本多誤字，辯見前受名下）。勝亦任也。言任理而不愛名也。隨天地自然，即所謂任理也。呂氏春秋適音篇：勝理以治身則生全矣。亦謂任理為勝理也。高注曰：理，事理。情欲也。勝理，去之以事理為情欲，義不可通，皆由誤以勝為勝敗之勝，故多抵牾矣。君子行正氣。小人行邪氣。○文典謹按：御覽七百二十引小人作不。內便於性。外合於義。循理而動。不繫於物者。正氣也。重於滋味。○文典謹按：御覽引重作推。淫於聲色。發於喜怒。不顧後患者。邪氣也。邪與正相傷。欲與性相害。不可兩立。一置一廢。故聖人損欲而從事於性。（○王念孫云：此本作故聖人損欲而從性。上文曰：欲與性相害，不可兩立。故此言損欲而從性也。後人改從性爲從事於性，則似八股中語矣。文子符言篇正作損欲而從性。太平御覽方術部一引此作損欲而存性。雖存與從不同，而皆無事於二字。）目好色，耳好聲，口好味，接而說之，不知利害嗜慾也。食之不寧於體，聽之不合於道，視之不便於性，三官交爭，（三官，三關，謂食、視、聽也。）以義爲制者，心也。割痤疽非不痛也，飲毒藥非不苦也，然而爲之者，便於身也。渴而飲水非不快也，飢而大飧非不澹也，然而弗爲者，害於性也。此四者，耳目鼻口不知所取去，心爲之制，各得其所。（○俞樾云：鼻字衍文也。上文云：目好色，耳好聲，口好味，接而說之，不知利害嗜慾也。食之不寧於體，聽之不合於道，視之不便於性，三關交爭，以義爲制者，心也。然則此承上文而言，亦當止言耳目口，不當兼言鼻。今衍鼻字者，蓋後人據文子符言篇增入，不知彼文上言目好色，耳好聲，鼻好香，口好味，故下言耳目鼻口；此文上言目好色，耳好聲，口好味，故下止言耳目口。兩文不同，未可據彼以增此也。）由是觀之，欲之不可勝明矣。凡治身養性，節寢處，適飲食，和喜怒，便動靜，使在己者得，而邪氣因而不生。豈若憂瘕疵之與痤疽之發而豫備之哉。（○王念孫云：邪氣因而不生，本作邪氣自不生。言治身養性皆得其道，則邪氣自然不生，非常恐其生而豫備之也。今本作邪氣因而不生者，自誤爲因，（隸書因或作回，與白字相似而誤。）後人又加而字耳。太平御覽引此正作邪氣自不生。）夫函牛之鼎沸，而蠅蚋弗敢入。（函牛，受一牛之鼎也。）昆山之玉瑱，（昆山，昆侖也。瑱，式也。）而塵垢弗能汙也。聖人無去之心而心無醜，無取之美而美不失，故祭祀思親不求福，饗賓修敬不思德，唯弗求者能有之。（言不求而所求至也。）處尊位者，以有公道而無私說，故稱尊焉，不稱賢也；有大地者，以有常術而無鈐謀，故稱平焉，不稱智也。內無暴事以離怨於百姓，外無賢行以見忌於諸侯，上下之禮襲而不離，而爲論者莫然不見所觀焉，此所謂藏無形者。非藏無形，孰能形。（形，形而言之形筮見也。）三代之所道者，因也。故禹決江河，因水也；后稷播種樹穀，因地也；湯武平暴亂，因時也．故天下可得．而不可取也．不可強取．霸王可受．而不可求也．在智則人與之訟．在力則人與之爭．○王念孫云．在智當爲任．字之誤也．言當因時而動．不可任智任力也．上文曰．失道而任智者必危．又曰．獨任其智．失必多矣．故好智窮術也．好勇危術也．皆其證．未有使人無智者．言己不能使敵國遇而無智也．有使人不能用其智於己者也．使人之智不能于己．未有使人無力者．有使人不能施其力於己者也．言己不能使人無智力．但能使人不以智力加於己．此兩者常在久見．故君賢不見諸侯不備．不肖不見則百姓不怨．百姓不怨則民用可得．諸侯弗備則天下之時可承．若湯武承桀紂而起．事所與衆同也．功所與時成也．聖人無焉．故老子曰．虎無所措其爪．兕無所措其角．蓋謂此也．鼓不滅於聲．故能有聲．鏡不沒於形．故能有形．○王念孫云．滅當爲藏．沒當爲設．皆字之誤也．(藏字俗書作滅．形與滅相似．設與沒草書亦相似．)(臧古藏字．鼓本無聲．擊之而後有聲．鏡本無形．物來而後有形．故曰鼓不藏於聲．鏡不設於形．作滅作沒．則義不可通矣．文選演連珠注引此．作鏡不設形．故能有形．文子上德篇作鼓不藏聲．故能有聲．鏡不設形．故能有形．是其證．金石有聲．弗叩弗鳴．管簫有音．弗吹無聲．○王念孫云．劉本依文子改弗聲爲無聲．而諸本皆從之．案劉改非也．白虎通義曰．聲者．鳴也．言管簫有音．弗吹弗鳴也．兵略篇曰．彈琴瑟．聲鐘竽．亦謂鳴鐘竽也．劉誤以聲爲聲音之聲．故依文子改之耳．金石有聲．管簫有音．音亦聲也．(此謂聲音之聲)弗叩弗鳴．弗吹弗聲．聲亦鳴也．(與聲音之聲異義)若云弗吹無聲．則與上文不類矣．聖人內藏．不爲物先倡．○俞樾云．先字衍文．先卽倡也．言倡不必言先．文子上德篇正作不爲物倡．無先字．事來而制．物至而應．飾其外者傷其內．扶其情者害其神．見其文者蔽其質．無須臾忘爲質者．必困於性．常思爲質．不修自然．則性困也．百步之中不忘其容者．必累其形．故羽翼美者傷骨骸．鵠鶩一舉千里．則形如塵芳．以其翮美也．枝葉美者害根莖．能兩美者．天下無之也．○孫詒讓云．莖．文子符言篇作荄．與骸之協韻是也．荄莖形近而誤．天有明．不憂民之晦也．百姓穿戶鑿牖．自取照焉．地有財．不憂民之貧也．百姓伐木芟草．自取富焉．至德道者若邱山．嵬然不動．行者以爲期也．行道之人．指以爲期．

直己而足物。己，山也。言山特自生萬物，以足百姓，不爲百姓故生之也。不爲人贛。用之者亦不受其德。故寧而能久。天地無予也。故無奪也。日月無德也。故無怨也。喜德者必多怨。喜予者必善奪。唯滅迹於無爲而隨天地自然者。唯能勝理。理，事理，情欲也。勝理，去之。而爲受名。名與則道行。道行則人無位矣。故譽生則毀隨之。善見則怨從之。〇王念孫云：劉本依文子符言篇改怨爲惡。案劉改是也。譽與毀對，善與惡對。道藏本作怨者，涉上文兩怨字而誤。利則爲害始。福則爲禍先。唯不求利者爲無害。唯不求福者爲無禍。侯而求霸者。必失其侯。霸而求王者。必喪其霸。故國以全爲常。霸王其寄也。身以生爲常。富貴其寄也。能不以天下傷其國。而不以國害其身者。焉可以託天下也。言不貪天下之利，故可以天下托也。〇王念孫云：焉，猶則也。老子：故貴以身爲天下，則可寄天下。道應篇引作焉可以託天下。是其證。（荀子禮論篇：三者偏亡，焉無安人。史記禮書作則無安人。是焉與則同義。說見老子信不足焉有不信焉下。）道藏本、劉本、朱本並作焉。茅一桂不解焉字之義，而改焉爲作爲，莊本從之，謬矣。不知道者。釋其所已有。而求其所未得也。苦心愁慮以行曲。故福至則喜。禍至則怖。神勞於謀。智遽於事。〇俞樾云：遽讀爲劇。說文力部：勞，劇也。然則劇亦勞也。劇於事謂勞於事也。遽、劇古通用。公羊宣六年傳釋文曰：劇，本作遽。禍福萌生。終身不悔。己之所生。乃反愁人。禍福皆生於己，非旁人也。〇文典謹按：御覽七百三十九引作不悔己之所生，乃反怨人。不喜則憂中未嘗平。持無所監。謂之狂生。持無所監。所監者非玄德，故爲狂生。〇王念孫云：李善注文選任昉哭范僕射詩曰：淮南子曰：臺無所監，謂之狂生。高誘曰：臺，持也。所鑒者非元德，故爲狂生。臺，古握字也。如李注所引，則今本正文及高注皆經後人刪改明矣。又案臺與握不同字。臺當爲𡎿，字之誤也。說文：𡎿，古文握。故高注云：𡎿，持也。又云：𡎿，古握字也。後人不知臺爲𡎿之誤，而改臺爲持，又改高注臺持也爲持無所監，並刪去臺古握字也五字，以滅其跡。甚矣其妄也。人主好仁。則無功者賞。有罪者釋。好刑。則有功者廢。無罪者誅。及無好者。誅而無怨。施而不德。放準循繩。身無與事。若天若地。何不覆載。故合而舍之者君也。制而誅之者法也。民已受誅。怨無所滅。謂之道。誅○王念孫云：怨無所滅，文子道德篇作無所怨憾，是也。道固當誅，故受誅者無所怨憾。今本怨字誤在無所上，憾字又誤作滅，則文不成義。道勝則人無事矣。聖人無屈奇之服，屈，短；奇，長也。服之不衷，身之災也。○王念孫云：屈奇猶瑰異耳。周官閽人：奇服怪民不入宮。鄭注曰：奇服，衣非常。屈奇之服，即奇服也。司馬相如上林賦：摧崣崛崎。義與屈奇相近。屈奇雙聲字，似不當分爲兩義也。○陶方琦云：一切經音義十二又十五引許注：屈，短也；奇，長也。按二注文正同。漢書廣川惠王越傳：謀屈奇。注：屈奇，異也。說苑君道篇：則未有布衣屈奇之士。許注以屈爲短，即說文屈無尾也之訓；以奇爲長，即漢書操其奇贏之訓。無瑰異之行，服不視，其所服，衆不觀視也。行不觀，言不議，通而不華，窮而不懾，榮而不顯，隱而不窮，異而不見怪，容而與衆同，無以名之，此之謂大通。升降揖讓，趨翔周遊，不得已而爲也，非性所有於身，情無符檢。情無符檢，非所樂也。行所不得已之事，揖讓者，不得已而爲。而不解構耳，豈加故爲哉。豈故者，遭時宜而制禮，非故爲也。故不得已而歌者，不事爲悲；不得已而舞者，不矜爲麗。歌舞而不事爲悲麗者，皆無有根心者。中無根心，強爲悲麗。善博者不欲牟，博其棋不傷爲謀也。不恐不勝，平心定意，捉得其齊。齊得其適也。○王念孫云：捉當爲投。投得其齊，謂投箸也。秦策曰：君獨不觀博者乎，或欲大投，或欲分功。行由其理，謂行棊也。楚辭招魂注曰：投六箸，行六棊，故爲六博是也。隸書投字或作投，捉字或作捉，二形相似，故投誤爲捉。太平御覽工藝部十一引此正作投。行由其理，雖不必勝，得籌必多。何則？勝在於數，不在於欲。欲，勝也。馳者不貪最先，馳，競驅也。○劉績云：馳，舍救切。○莊逵吉云：馳即騁字省文。孫編修、程文學皆說如是。○孫志祖云：玉篇馬部有馳字，除救切。廣韻在四十九宥內，注皆訓爲競馳，與高誘注正合，非騁之省文也。○王念孫云：劉注及孫頤谷說是也。玉篇、廣韻競馳之訓既本於高注，則讀馳爲冑亦必本於高注。今本高注有義無音，寫者脫之耳。馳之言逐也。（逐、馳古同聲。大畜九三：良馬逐。釋文：逐，如字，鄭本作逐逐，云兩馬走也，一音冑。海外北經：夸父與日逐走。郭注：逐音冑。）晉灼注漢書五行志曰：競走曰逐。故高注言競驅。若是騁字，則但可訓爲驅，不可訓爲競驅矣。與人競驅，故云不貪最先，不恐獨後。若但曰騁，則無先後之可言矣。孫、程必以爲騁之省文者，徒以說文無馳字故耳，不知是書之字固有說文所不收者。且馳謂之騁，競驅謂之馳，一從甹聲，一從由聲（馳從由聲，與冑宙同），不得以甲代乙也。不恐獨後，緩急調乎手，御心調乎馬，雖不能必先，載馬力必盡矣。何則？先在於數而不在於欲也是故滅欲則數勝棄智則道立矣賈多端則貧工多技則窮心不一也○文典謹按御覽八百二十九引注云賈多端非一故木之大者害其條水之大者害其深有智而無術雖鑽之不通雖有智慧鑽之彌牢無術不能達也○王念孫云通術本作達此後人以意改之也術達爲韻道守爲韻改達爲通則失其韻矣據高注云無術不能達則正文作達甚明有百技而無一道雖得之弗能守故詩曰淑人君子其儀一也其儀一也心如結也君子其結於一乎○文典謹按荀子勸學篇引此詩淑人君子其儀一兮其儀一兮心如結兮楊注引毛傳尸鳩之養七子旦從上而下暮從下而上平均如一善人君子其執義亦當如尸鳩之一執義一則用心堅固故曰心如結也(平均如一下今以爲箋文非)舜彈五絃之琴而歌南風之詩以治天下古琴五弦至周有七律增爲七弦也南風愷樂之風周公殽臑不收於前臑前肩之美也○莊逵吉云史記龜筴傳曰取前足臑骨徐廣曰臑臂說文解字云臑臂羊矢也吳人沈彤云解字誤豕爲矢令人雖解蓋謂羊豕之臂耳○王引之云大雅既醉箋殽牲體也牲體多矣不應獨言臑臑當爲腝(奴低反凡隸書從腝從需之字多相亂故腝誤爲臑)說文腝有骨醢也或作䐹爾雅肉謂之醢有骨者謂之臡周官醢人朝事之豆其實有䊧臡鹿臡麋臡是也殽俎實也腝豆實也殽腝猶言俎豆耳殽腝鍾鼓各爲一物文正相對鍾鼓不解於縣以輔成王而海內平匹夫百晦一守百晦之田一夫一婦守也不遑啓處無所移之也遑暇啓開也以一人兼聽天下日有餘而治不足使人爲之也處尊位者如尸守官者如祝宰尸雖能剶狗燒彘弗爲也弗能無虧尸不能治狗事不虧也俎豆之列次黍稷之先後雖知弗敎也弗能害也○王念孫云弗能無害謂雖弗能亦無害於事也故下文云弗能祝者不可以爲祝無害於爲尸莊本害上脫無字蓋爲劉本所誤不能祝者不可以爲祝無害於爲尸無害者可以爲尸也不能御者不可以爲僕無害於爲佐佐君位也○俞樾云高注曰佐君位也則正文及注佐字均當作左禮記曲禮篇正義曰車行則有三人君在左僕人中央勇士在右是左爲君位也今加人旁作佐則失其旨矣故位愈尊而身愈佚身愈大而事愈少譬如張琴小絃雖急大絃必緩無爲者道之體也執後者道之容也無爲制有爲術也執後之制先數

也。放於術則強。審於數則寧。今與人卞氏之璧。未受者先也。求而致之。雖怨不逆者。後也。三人同舍。二人相爭。爭者各自以爲直。不能相聽。一人雖愚。必從旁而決之。非以智。不爭也。〇莊逵吉云。吳處士江聲云。應作非以智也。以不爭也。參之下文當是。放明中立四子本。本作非以智也。以不爭也。知傳刻原有異同。但藏本如是。故不遽改。〇文典謹按。吳說是也。御覽四百九十六引作三人同行。二人相與爭。智者各目以爲直。不能相聽。一人雖遇。必從而決之。非以智也。以不爭也。文雖小異。然足正今本敓誤。兩人相鬬。一羸在側。羸。劣人也。助一人則勝。救一人則免。鬬者雖強。必制一羸。非以勇也。以不鬬也。由此觀之。後之制先。靜之勝躁。數也。倍道棄數。以求苟遇。變常易故。以知要遮。過則自非。中則以爲候。闇行繆改。終身不寤。此之謂狂。有禍則詘。有福則羸。有過則悔。有功則矜。遂不知反。此謂狂人。〇文典謹按。此謂狂人。本作此之謂狂。與上文此之謂狂一律。御覽七百三十九引此文。正作此之謂狂。是其證。員之中規。方之中矩。行成獸。有謂古禮。執羔槊鹿。取其跪乳羣而不黨也。〇洪頤煊云。行成獸。言有迹可法。〇俞樾云。成獸之文殊不成義。高注曲爲之說。非也。獸疑獻字之誤。隸書獻或作獸。見桐柏廟碑。彤與獻似。故獻或誤爲獸。周官庖人職賓客之禽獸。注曰。獻古文爲獸。杜子春云。當爲獻。是其例也。論語八佾篇。文獻不足故也。文獻對文。自有所本。行成獻。止成文者。獻。賢也。言行則成賢善。止則成文采也。字誤作獸。則不可通矣。止成文。文。謂威儀文采。可以將少。而不可以將衆。蓼菜成行。蓼菜小。皆有行列也。瓶甌有堤。堤。瓶甌下安也。量粟而舂。數米而炊。可以治家。而不可以治國。滌杯而食。洗爵而飲。浣而後饋。饋。進食也。可以養家老。而不可以饗三軍。非易不可以治大。非簡不可以合衆。大樂必易。大禮必簡。易故能天。簡故能地。大樂無怨。大禮不責。四海之內。莫不繫統。故能帝也。心有憂者。筐牀衽席。弗能安也。衽。柔弱也。菰飯犓牛。弗能甘也。菰。凋胡也。琴瑟鳴竽。弗能樂也。患解憂除。然後食甘寢寧。居安游樂。由是觀之。生有以樂也。死有以哀也。今務益性之所不能樂。而以害性之所以樂。故雖富有天下。貴爲天子。而不免爲哀之人。凡人之性。樂恬而憎憫。憫，憂有所在也。樂佚而憎勞。心常無欲。可謂恬矣。形常無事。可謂佚矣。遊心於恬。舍形於佚。以俟天命。自樂於內。無急於外。雖天下之大。不足以易其一槩。日月廋而無溉於志。廋，隱也。溉，灌也。已自隱藏，不以他欲灌其志也。故雖賤如貴。雖貧如富。大道無形。大仁無親。大辯無聲。大廉不嗛。大勇不矜。五者無棄。而幾鄉方矣。方，道也。庶幾向于道也。軍多令則亂。酒多約則辯。亂則降北。辯則相賊。故始於都者。常大於鄙。始於樂者。常大於悲。其作始簡者。其終本必調。○王念孫云：兩大字、一本字，皆義不可通。此文當作故始於都者，常卒於鄙；始於樂者，常卒於悲；其作始簡者，其終卒必調。莊子人閒世篇：且以巧鬭力者，始乎陽，常卒乎陰；以禮飲酒者，始乎治，常卒乎亂；凡事亦然，始乎諒，常卒乎鄙；其作始也簡，其將畢也必巨。卽淮南所本也。（上文曰：故以巧鬭力者，始於陽，常卒於陰；以慧治國者，始於治，常卒於亂。亦本莊子。）今本上兩卒字作大，下一卒字作本者，隸書卒字或作卒，本或作夲，二形相似，故卒誤爲本。（墨子備高臨篇：足以勞卒，不足以害城。漢書游俠傳：其陰賊著於心，卒發於睚眦。今本卒字並誤作本。）上兩本字，又脫其下半而爲大耳。○俞樾云：王說是矣，惟調之言和也，合也，與簡字之義殊不相應。調當作𦂊。玉篇多部：𦂊，丁幺切，多也，大也。其作始簡者，其終卒必𦂊，言始於少而終於多也。莊子人間世篇曰：其作始也簡，其將畢也必巨。巨者大也。大與多義相近，故玉篇𦂊訓多，亦訓大。且其字亦或從大作𡘋也。今有美酒嘉肴以相饗。卑體婉辭以接之。欲以合懽。爭盈爵之間。反生鬭。爵所以飲，爭滿不滿之間。○王念孫云：文選鮑照結客少年場行注引此，以相饗，饗上有賓字；反生鬭，反上有乃字。句法較爲完繕。鬭而相傷。三族結怨。反其所憎。此酒之敗也。詩之失僻。詩者，衰世之風也，故邪而以正，小人失其正則入于邪。樂之失刺。鄉飲酒之樂歌鹿鳴。鹿鳴之作，君有酒肴，不召其臣，臣怨而刺上者非也。禮之失責。禮無往不復，有施于人則責之。徵音非無羽聲也。羽音非無徵聲也。五音莫不有聲。而以徵羽定名者。以勝者也。徵音之中有羽聲，而以徵音名之者，羽音徵以著言者也。故仁義智勇。聖人之所備有也。然而皆立一名者。立一名，謂仁義智勇兼以聖人之言。言其大者也。陽氣起於東北。盡於西南。陰氣起於西南。盡於東北。陰陽之始。皆調適相似，日長其類，以侵相遠，言陽氣自大寒，日月長溫，以至大熱，與大寒相遠也。或熱焦沙，或寒凝水。故聖人謹慎其所積。水出於山，而入於海；稼生於野，而藏於廩。見所始則知終矣。席之先雚蕈，席之先所從生，出于雚與蕈葦也。樽之上玄酒，樽酒器，所尊者玄水。俎之先生魚，祭俎上脊以生魚也。豆之先泰羹。木豆謂之豆，所盛泰羹不調五味也。○王念孫云：此本作席之上先雚蕈，樽之上先玄酒，俎之上先生魚，豆之上先泰羹。席之上三字連讀，先雚蕈三字連讀，下三句並同。後人不曉文義，而以意刪之，或刪上字，或刪先字，所爲謬矣。藝文類聚服飾部上、太平御覽服用部十並引此席之上先雚蕈、樽之上先玄酒，初學記器物部引此豆之上先太羹，是其證。○文典謹按：初學記服食部引注云：大羹，肉湆。此皆不快於耳目，不適於口腹，而先王貴之，貴之，所祭宗廟也。先本而後末。聖人之接物，千變萬軫，必有不化而應化者。夫寒之與煖相反，大寒地坼水凝，火弗爲衰其暑；大熱鑠石流金，火弗爲益其烈。寒暑之變，無損益於己，質有之也。言人質不可變于火。○王引之云：火弗爲衰其暑，暑當爲熱；大熱鑠石流金，熱當爲暑。二字互誤。火可言熱，不可言暑。且熱與烈爲韻，若作暑則失其韻矣。下文寒暑二字，正承大寒大暑言之，若云大寒大熱，則又與下文不合矣。太平御覽火部二引此，熱暑二字互誤，已與今本同。文選演連珠注引此，正作火弗爲衰其熱。質有之也，之當爲定。言火有一定之質，故不爲寒暑損益也。定字俗書作宅，因誤而爲之。御覽引此已誤。○文典謹按：文選陸士衡演連珠注引衰其暑，作衰其勢，暴也。無大字。聖人常後而不先，常應而不唱；不進而求，不退而讓。隨時三年，時去我先；去時三年，時在我後。無去無就，中立其所。天道無親，唯德是與。有道者不失時與人，失時，失其時。非失其時以與人。無道者失於時而取人。直己而待命，時之至不可迎而反也；要遮而求合，時之去不可追而援也。故不曰我無以爲而天下遠，不曰我不欲而天下不至。古之存己者，樂德而忘賤，故名不動志；不以名移志也。樂道而忘貧，故利不動心。名利充天下，不足以概志，故廉而能樂，靜而能澹。故其身治者，可與言道矣。自身以上至於荒芒爾遠矣。身以上，從己生以前，至于荒芒。荒芒，上古時也。故遠矣。自死而天下無窮爾滔矣。從己身死之後，至天地無窮，滔，曼長也。○王念孫云：兩爾字義不可通。劉本爾作亦，是也。尒字俗書作尒，與亦相似，亦誤爲尒，後人因改爲爾矣。以數雜之壽，雜，市也。從子至亥爲一市。○莊逵吉云：太平御覽引作以數市之壽，有注云：市，猶至也。或作卒。卒，盡也。言垂盡之年，不足以憂天下之亂，猶泣不能使水多也。與此本既不同，注義又異。憂天下之亂，猶憂河水之少，泣而益之也。○文典謹按：藝文類聚九十七引作龜三千歲，蜉蝣不過三日，人以數離之壽，憂天下之亂，猶憂河水之少，而泣以益之也。龜三千歲，龜吐故納新，故壽三千歲。浮游不過三日，浮游，渠略也。生三日死也。以浮游而爲龜憂養生之具，人必笑之矣。故不憂天下之亂，而樂其身之治者，可與言道矣。君子爲善不能使福必來，不爲非而不能使禍無至。福之至也，非其所求，故不伐其功；禍之來也，非其所生，故不悔其行。內修極，極，中。而橫禍至者，皆天也，非人也。故中心常恬漠，累積其德。○王引之云：累積其德，當依文子符言篇作不累其德。累讀如負累之累，言中心恬漠，外物不能累其德也。（下二句云：狗吠而不驚，自信其情。自信其情與不累其德，文正相對。呂氏春秋有度篇曰：惡欲喜怒哀樂六者，累德者也。）寫者脫去不字，校書者又誤讀累爲積累之累，因加積字耳。狗吠而不驚，自信其情。故知道者不惑，知命者不憂。萬乘之主卒，葬其骸於廣野之中，祀其鬼神於明堂之上，廟之中謂之明堂也。神貴於形也。以人神在堂，而形骸在野。故神制則形從，神制，謂情也。情欲使不作也，而形體從心以合。形勝則神窮。形勝，謂人體躁動，勝其精神，神窮而去也。○俞樾云：文子符言篇作故神制形則從，形勝神則窮，當從之。此申明上文神貴於形之義，言可使神制形，不可使形勝神也。觀高注，則其所據本已誤。聰明雖用，必反諸神，聰明雖用于內，以守明，神安而身全。謂之太沖。沖，調也。

卷十五

兵略訓

兵，防也。防亂之萌，皆在略謀，解諭至論，用師之意也。故曰兵略。○文典謹按：此篇敘目無因以題篇字，乃許慎注本。

古之用兵者，非利土壤之廣，而貪金玉之略。略，獲得也。○文典謹按：御覽二百七十一引，略作路。將以存亡繼絕，平天下之亂，而除萬民之害也。凡有血氣之蟲，含牙帶角，前爪後距，有角者觸，有齒者噬，有毒者螫，○文典謹按：御覽九百四十四引，螫作蠚。有蹏者趹，喜而相戲，怒而相害，天之性也。人有衣食之情，而物弗能足也，故羣居雜處，分不均，求不澹，則爭。爭則强脅弱，而勇侵怯，人無筋骨之强，爪牙之利，故割革而爲甲，○文典謹按：北堂書鈔一百十三引，而作以。鑠鐵而爲刃，貪昧饕餮之人，殘賊天下，萬人搔動，○文典謹按：御覽二百七十一引，人作民。莫寧其所有。聖人勃然而起，乃討强暴，平亂世，夷險除穢，以濁爲清，以危爲寧，○文典謹按：御覽引，寧下有也字。故不得不中絕。中絕，謂若殷王中相絕滅。○俞樾云：此當作故人得不中絕，言聖人勃然而起，夷險除穢，故人類不至於中絕也。今作不得不中絕，於義難通。文子上義篇亦然，則其誤久矣。兵之所由來者遠矣。黃帝嘗與炎帝戰矣。炎帝，神農之末世也。與黃帝戰於阪泉，黃帝滅之。顓頊嘗與共工爭矣。共工與顓頊爭爲帝，觸不周山。○莊逵吉云：御覽引注，下有天柱折也四字。故黃帝戰於涿鹿之野，黃帝與蚩尤戰于涿鹿。涿鹿在上谷。堯戰於丹水之浦，堯以楚伯受命，滅不義于丹水。丹水在南陽。○文典謹按：御覽二百七十一引注，水作浦。舜伐有苗，有苗，三苗也。啓攻有扈，禹之子啓，伐有扈于甘。甘在右扶風郡。○文典謹按：御覽二百七十一引注，甘在右扶風郡，作在右扶風鄠縣也。自五帝而弗能偃也，又況衰世乎。夫兵者，所以禁暴討亂也。炎帝爲火災，故黃帝擒之；共工爲水害，故顓頊誅之。教之以道，導之以德而不聽，則臨之以威武；臨之威武而不從，則制之以兵革。故聖人之用兵也，若櫛髮耨苗，所去者少而所利者多。殺無罪之民而養無義之君，害莫大焉；殫天下之財而澹一人之欲，禍莫深焉。使夏桀殷紂有害於民而立被其患，不至於爲炮烙；晉厲宋康行一不義而身死國亡，不至於侵奪爲暴。此四君者，皆有小過而莫之討也，故至於攘天下擾亂。害百姓。肆一人之邪。而長海內之禍。此大倫之所不取也。○王念孫云、大當爲天、字之誤也。論與倫同。（王制、凡制五刑、必即天論。鄭注、論或爲倫。釋文、論音倫。）倫、理也。倫論古多通用。莊本改論爲倫。未達假借之義。）倫、道也。（見小雅正月篇毛傳、論語微子篇包咸注。）言爲天道之所不取也。文子上義篇、正作天倫。所爲立君者。以禁暴討亂也。今乘萬民之力。而反爲殘賊。是爲虎傅翼。曷爲弗除。夫畜池魚者。必去猵獺。猵獺之類、食魚者也。養禽獸者。必去豺狼。○俞樾云、主術篇、夫華騮綠耳、一日而至千里。然其使之搏兔、不如豺狼。太平御覽獸部引作狼契。王氏引之曰、狼契、皆犬名也。廣雅曰、狼、狐狂猶犬屬也。玉篇、㹩、公八切、㹩犬也。㹩與契通。犬能搏兔、而馬不能。故曰不如狼契。今以其說推之、此文豺狼、亦當作狼契。蓋猵獺能食魚、狼契能搏獸。故猵獺不可與池魚並畜、而狼契不可與禽獸同養。若豺狼、本非人之所養。又何待言去乎。○文典謹按、主術篇豺狼之當爲狼契、有御覽可證、故王氏云然。未可以彼例此。豺狼非人所養、猵獺又豈人之所養哉。俞說未安。又況治人乎。故霸王之兵。以論慮之。以策圖之。以義扶之。非以亡存也。將以存亡也。故聞敵國之君。有加虐於民者。則舉兵而臨其境。責之以不義。刺之以過行。兵至其郊。乃令軍師曰。毋伐樹木。毋抉墳墓。毋爇五穀。爇、燒也。毋焚積聚。毋捕民虜。○文典謹按、御覽引毋捕民虜、作無捕虜民。毋收六畜。○莊逵吉云、御覽此下有注云、無聚所征國民爲採取、無收其六畜以自饒利。乃發號施令曰。其國之君。○王念孫云、其當爲某、字之誤也。太平御覽兵部二引此、正作某。（司馬法仁本篇、亦云某國爲不道、征之。）傲天侮鬼。決獄不辜。殺戮無罪。此天之所以誅也。民之所以仇也。○俞樾云、兩以字、皆衍文。呂氏春秋懷寵篇、作若此者、天之所誅也、人之所讎也。無兩以字。文子上義篇同。○文典謹按、俞說是也。御覽引無兩以字、是其證。兵之來也。以廢不義而復有德也。有逆天之道。帥民之賊者。○俞樾云、帥字義不可通。呂氏春秋作衛、是也。當由衞誤作衛、因改爲帥耳。○文典謹按、御覽引帥民之賊、作率民爲賊。身死族滅。以家聽者。祿以家。以里聽者。賞以里。以鄉聽者。封以鄉。以縣聽者。侯以縣。剋國不及其民。廢其君而易其政。尊其秀士。而顯其賢良。振其孤寡。恤其貧窮。出其囹圄。賞其有功。百姓開門而待之。淅米而儲之。淅、漬也。

唯恐其不來也。此湯武之所以致王。而齊桓之所以成霸也。故君爲無道。民之思兵也。若旱而望雨。渴而求飲。夫有誰與交兵接刃乎。故義兵之至也。至於不戰而止。○莊逵吉云。御覽作至於不戰而心服。晚世之兵。君雖無道。莫不設渠塹傅堞而守。傅。守也。堞。城上女牆。攻者非以禁暴除害也。欲以侵地廣壤也。是故至於伏尸流血。相支以日。○俞樾云。相支以日。甚爲無義。文子上義篇作相交於前。當從之。交與支形似而誤。交誤爲支。因改於前爲以日。使成文義耳。而霸王之功不世出者。自爲之故也。夫爲地戰者。不能成其王。爲身戰者。不能立其功。舉事以爲人者。衆助之。舉事以自爲者。衆去之。衆之所助。雖弱必强。衆之所去。雖大必亡。兵失道而弱。得道而强。將失道而拙。得道而工。國得道而存。失道而亡。所謂道者。體圓而法方。○莊逵吉云。御覽作取圓而法方。背陰而抱陽。左柔而右剛。履幽而戴明。○莊逵吉云。御覽引明作暘。變化無常。得一之原。以應無方。是謂神明。夫圓者天也。方者地也。天圓而無端。故不可得而觀。地方而無垠。故莫能窺其門。○王念孫云。不可得而觀。本作不得觀其形。後人以形與端韻不相協。故改爲不可得而觀也。不知元耕二部古或相通。說文睘從袁聲。而唐風杕杜篇獨行睘睘。與菁姓爲韻。齊風還篇子之還兮。與閒肩儇爲韻。而漢書地理志引作子之營兮。淮南精神篇曰。以道爲紃。有待而然。抱其太淸之本。而無所容與。而物無能營。齊俗篇曰。其歌樂而無轉。其哭哀而無聲。道應篇曰。爲三年之喪。令類不蕃。高辭卑讓。使民不爭。又莊子大宗師篇曰。夫道有情有信。無爲無形。可傳而不可受。可得而不可見。逸周書時訓篇曰。蠖蠖不鳴。水潦淫漫。蚯蚓不出。嬖奪后命。王瓜不生。困於百姓。漢書貢禹傳曰。何以孝弟爲。財多而光榮。何以禮義爲。史書而仕宦。何以謹愼爲。勇猛而臨官。外戚傳悼李夫人賦曰。超兮西征。屑兮不見。太玄進矣二曰。進以中刑。大人獨見。聚測曰。鬼神無靈。形不見也。燕聚嘻嘻。樂淫衍也。宗其高年。鬼待敬也。易林姤之臨曰。禹召諸侯。會稽南山。執玉萬國。天下康寧。升之震曰。當變立權。摘解患難。渙然冰釋。大國以寧。皆以元耕二部通用。形字正與端爲韻也。人能觀天。而不能知其形。故曰不得觀其形。非謂不可得而觀也。文子自然篇正作故不得觀其形。天化育而無形象。地生長而無計量。渾渾沉沉。孰知其藏。凡物有朕。唯道無朕。言萬物可朕也。而道不可朕也。○俞樾云。高注曰。言萬物可朕也。而道不可朕也。則正文及注文朕字。皆勝字之誤。故以可不可言。若是朕字。則但當言有無。不當言可不可也。文子自然篇作夫物有勝唯道無勝。當據以訂正。所以無朕者。以其無常形勢也。輪轉而無窮。象日月之運行。若春秋有代謝。若日月有晝夜。終而復始。明而復晦。莫能得其紀。制刑而無刑。故功可成。物物而不物。○莊逵吉云。御覽引作象物而不物。故勝而不屈。刑兵之極也。至於無刑。可謂極之矣。○莊逵吉云。御覽引無之字。○王念孫云。刑並與形同。可謂極之矣。當作可謂極之極矣。形者兵之極。至於無形。故曰極之極。太平御覽引此。正作可謂極之極矣。(鈔本如是。刻本作可謂極矣。乃後人妄刪)是故大兵無創。與鬼神通。五兵不厲。天下莫之敢當。建鼓不出庫。諸侯莫不慴㥄沮膽其處。故廟戰者帝。神化者王。所謂廟戰者。法天道也。神化者。法四時也。脩政於境內。而遠方慕其德。制勝於未戰。而諸侯服其威。內政治也。古得道者。靜而法天地。動而順日月。喜怒而合四時。叫呼而比雷霆。音氣不戾八風。詘伸不獲五度。獲。誤也。五度。五行也。下至介鱗。上及毛羽。條脩葉貫。萬物百族。由本至末。莫不有序。是故入小而不偪。偪。迫也。處大而不窕。浸乎金石。潤乎草木。宇中六合。振豪之末也。或曰宇中。四宇六合。六合內。莫不順比。道之浸洽。滒淖纖微。無所不在。是以勝權多也。夫射儀度不得。則格的不中。格。射之椹質也。的。射準也。驥一節不用。而千里不至。夫戰而不勝者。非鼓之日也。鼓之日。謂陳兵擊鼓鬬之日也。素行無刑久矣。故得道之兵。車不發軔。軔。車下支。騎不被鞍。鼓不振塵。旗不解卷。卷。束也。甲不離矢。刃不嘗血。朝不易位。賈不去肆。農不離野。招義而責之。大國必朝。小城必下。因民之欲。乘民之力。而為之去殘除賊也。故同利相死。同情相成。同欲相助。○王念孫云。同欲相助。當作同欲相趨(趨七句反。向也)同惡相助。今本上句脫相趨二字。下句脫同惡二字。同欲同惡。相對爲文。且利死爲韻。情成爲韻。欲趨爲韻。惡助爲韻。欲與助則非韻矣。古韻欲趨屬侯部。惡助屬御部。故欲與助非韻)史記吳王濞傳同惡相助同好相留同情相成同欲相趨同利相死是其證（文子自然篇作同行者相助此以意改耳呂氏春秋察微篇亦云同惡固相助）順道而動，天下爲嚮，因民而慮，天下爲鬬。獵者逐禽，車馳人趍，各盡其力，無刑罰之威，而相爲斥闉要遮者，斥候也。闉塞也。同所利也。同舟而濟於江，卒遇風波，百族之子，捷捽招杼船，捷疾取也。若左右手，不以相德，其憂同也。故明王之用兵也，爲天下除害，而與萬民共享其利，民之爲用，猶子之爲父，弟之爲兄，威之所加，若崩山決塘，敵孰敢當。故善用兵者，用其自爲用也；不能用兵者，用其爲己用也。用其自爲用，則天下莫不可用也；用其爲己用，所得者鮮矣。兵有三詆，詆要事也。○文典謹按：書鈔百十三引詆作體。治國家，理境內，行仁義，布德惠，立正法，○文典謹按：書鈔引正作政。塞邪隧，○文典謹按：書鈔引隧作墜。羣臣親附，百姓和輯，上下一心，君臣同力，諸侯服其威，而四方懷其德，脩政廟堂之上，而折衝千里之外，拱揖指撝，而天下響應，此用兵之上也。地廣民衆，主賢將忠，國富兵强，約束信，號令明，兩軍相當，鼓錞相望，錞錞于，大鐘也。未至兵交接刃，而敵人奔亡，○王念孫云：兵交當爲交兵。文子上義篇正作交兵接刃。下文亦云不待交兵接刃。此用兵之次也。知土地之宜，習險隘之利，明奇正之變，察行陳解贖之數，○俞樾云：解贖當爲解續。解之言解散也，續之言連續也。解續猶言分合。下文曰出入解續，是其證。維抱綰而鼓之，綰貫。抱係於臂，以擊鼓也。○王念孫云：維抱綰而鼓之，殊爲不詞。一切經音義二十引此作綰抱而鼓之，無維字，是也。抱字本在綰字下，故高注先釋綰，後釋抱。因抱字誤在綰字上，後人又以高注言抱係於臂，因加維字耳。不知綰字已兼維係之義，無庸更言維也。○陶方琦云：一切經音義十八引許注：綰，貫也。按說文：綰，惡也。桂氏說文義證云：惡即貫之譌。文玉篇亦云：綰，貫也。白刃合，流矢接，涉血屬腸，輿死扶傷，流血千里，暴骸盈場，乃以決勝，此用兵之下也。今夫天下皆知事治其末，而莫知務脩其本，釋其根而樹其枝也。夫兵之所以佐勝者衆，而所以必勝者寡。甲堅兵利，車固馬良。畜積給足。士卒殷軫。（殷，衆也。軫，乘輪多盛貌。）此軍之大資也。而勝亡焉。（○曾國藩云：勝亡焉，猶云勝不係乎此也。全不係乎此也。）明於星辰日月之運。刑德奇賌之數。（奇賌，陰陽奇祕之要。○莊逵吉云：說文解字云：該，軍中約也。又漢書有五音奇胲。史記倉公傳作奇咳。古字賌、胲、咳皆應作該。五音奇胲，兵家書也。故許慎以爲軍中約。）背鄉左右之便。此戰之助也。而全亡焉。良將之所以必勝者。恒有不原之智。不道之道。難以衆同也。

夫論除謹。（論除，論賢除吏，謹慎也。）動靜時。吏卒辨。兵甲治。正行伍。連什伯。明鼓旗。此尉之官也。（軍尉所以鎮衆也。）前後知險易。見敵知難易。發斥不忘遺。（發有所見，斥度候視也。）此候之官也。（軍候，候望者也。○陶方琦云：史記索隱二十四引許注：斥，度候視也。候，望也。按索隱引，敚軍候二字。漢書李廣傳：遠斥候，未嘗遇害，是也。說文人部：候，伺望也。與注淮南同。）隧路亟。（隧，道也。亟，言治軍隧道疾也。）行輜治。（行輜道路，輜重也。）賦丈均。（賦，治軍壘尺丈均平也。）處軍輯。井竈通。此司空之官也。（軍司空，補空脩繕者。）收藏於後。遷舍不離。無淫輿。無遺輜。此輿之官也。（輿，衆也。候領輿衆在軍之後者。）凡此五官之於將也。猶身之有股肱手足也。（○王引之云：下言五官，而上祇有四官，寫者脫其一也。兵甲治下當有此司馬之官也一句。自論除謹至兵甲治，皆司馬之事，非尉之事。且句法亦與下不同。自正行伍以下，乃是尉之事耳。司馬也，尉也，候也，司空也，輿也，所謂五官也。左傳成二年，晉軍有司馬、司空、輿帥、候正、亞旅。襄十九年，晉軍有軍尉、司馬、司空、輿尉、候奄。官名與此略同，而其數皆五，足以相證矣。（漢書百官公卿表：衛尉，秦官。諸屯衛候司馬皆屬焉。續漢書百官志：大將軍營五部，部校尉一人，軍司馬一人。部下有曲，曲有軍候一人。通典兵類引一說曰：凡立軍，二百人立候，四百人立司馬，八百人立尉。））必擇其人。技能其才。使官勝其任。人能其事。告之以政。申之以令。使之若虎豹之有爪牙。飛鳥之有六翮。莫不爲用。然皆佐勝之具也。非所以必勝也。兵之勝敗。本在於政。政勝其民。下附其上。則兵强矣。民勝其政。下畔其上。則兵弱矣。故德義足以懷天下之民。事業足以當天下之急。選舉足以得賢士之心。謀慮足以知强弱之勢。此必勝之本也。地廣人衆。不足以爲强。堅甲利兵。不足以爲勝。高城深池。

不足以爲固，嚴令繁刑，不足以爲威。爲存政者，雖小必存；爲亾政者，雖大必亾。昔者楚人地，南卷沅湘，卷，屈取也。沅湘二水名。○文典謹按：昔者楚人地，初學記地部中引作「昔荆楚之地」。北繞潁泗，潁泗二水名也。西包巴蜀，東裹郯淮，巴蜀郯淮地名。○王念孫云：郯淮本作郯邳（注同），此後人妄改之也。淮乃水名，非地名，與高注不合。太平御覽州郡部十三引此正作郯邳。沅湘潁泗皆水名，巴蜀郯邳皆地名。漢郯縣故城在今邳州東北，下邳故城在今邳州東，二縣相連，故並言之。史記楚世家亦云鄒費郯邳。潁汝以爲洫，洫，溝也。江漢以爲池，垣之以鄧林，鄧林，沔水上險。緜之以方城，緜，落也。方城，楚北塞也，在南陽葉也。山高尋雲，谿肆無景，肆，極也。極溪之深，不見景也。○王念孫云：御覽引作「山高尋雲霓，谿深肆無景」，是也。谿深二字連讀，今本脫深字，則與上句不對。肆無景三字連讀，故高注云「肆，極也。極谿之深，不見景也」。若以谿肆連讀，則文不成義矣。晉書羊祜傳「高山尋雲霓，深谷肆無景」，即用淮南語。地利形便，卒民勇敢，蛟革犀兕以爲甲冑，修鎩短鏦，鏦，小矛也。○陶方琦云：華嚴經音義上引許注：「鏦，小矛也。」按說文：「鏦，矛也。」訓同。方言：「矛，吳揚江淮南楚五湖之間或謂之鏦。」字通獾。倉頡篇：「獾，短矛也。」短矛即小矛。齊爲前行，積弩陪後，積弩，連弩也。錯車衛旁，疾如錐矢，錐，金鏃箭羽之矢也。合如雷電，解如風雨。○王引之云：錐當爲鏃，注內箭羽當爲翦羽，皆字之誤也。爾雅：「金鏃翦羽謂之鏃。」（說文同。）方言曰：「箭，江淮之間謂之鏃。」大雅行葦篇曰：「四鍭既鈞。」周官司弓矢曰：「殺矢鍭矢，用諸近射田獵。」考工記曰：「鍭矢參分，一在前，二在後。」隱元年穀梁傳曰：「聘弓鍭矢不出竟場。」鍭字亦作翭。士喪禮記曰：「翭矢一乘，骨鏃短衞。」是其明證矣。下文云「疾如鏃矢」，鏃亦鍭之誤。（疾字隸書作疾，隹字隸書作隹，二形相似。族字隸書或作疾，形與疾亦相似。）故鏃矢之字，非誤爲錐，即誤爲鏃。齊策「疾如錐矢，戰如雷電，解如風雨」，文與此同，則錐矢亦是鏃矢之誤。高注以錐矢爲小矢，非也。史記蘇秦傳又誤作鋒矢。索隱引呂氏春秋貴卒篇「所爲貴錐矢者，爲其應聲而至」，今本呂氏春秋誤作鏃矢。莊子天下篇「鏃矢之疾」，鏃亦鍭之誤，郭象音族，非也。鶡冠子世兵篇「發如鏃矢」，鏃本或作鍭，亦當以作鏃者爲是。然而兵殆於垂沙，垂沙，地名。○陶方琦云：史記集解引許注：「垂沙，地名。」按垂沙不誤。荀子議兵篇及韓詩外傳四並作垂沙。楚策三「垂沙之事，死者以千數」。史記作垂涉，涉或作涉，與沙相似。衆破於柏舉。楚國之强，大地計衆，中分天下，○王念孫云：大當爲支字之誤也。氾論篇云「度地計衆」，度與支皆計也。大戴禮保傅篇「燕支地計衆，不與齊均」，盧辯曰：「支猶計也。」賈子胎教篇作「度地計衆」。然懷王北畏孟嘗君，畏于齊也。背社稷之守，而委身强秦，懷王入秦，秦留之藍田也。

兵挫地削，身死不還。二世皇帝，（二世，秦始皇少子胡亥也。）勢爲天子，富有天下，人迹所至，舟檝所通，莫不爲郡縣，然縱耳目之欲，窮侈靡之變，不顧百姓之飢寒窮匱也，興萬乘之駕而作阿房之宮，（阿房，地名，秦所築也。）發閭左之戍，（秦皆發閭左民，未及發而秦亡也。）收太半之賦，（貲民之三，而稅二。）百姓之隨逮肆刑，挽輅首路死者，（隨逮，應召也。肆刑，極刑。輅，輓輦橫木也。）一旦不知千萬之數，天下敖然若焦熱，傾然若苦烈，上下不相寧，吏民不相憀。（憀，賴。）戍卒陳勝興於大澤，攘臂袒右，（陳勝字涉，汝陰人也。大澤，沛蘄縣。袒右，脫右臂衣也。）稱爲大楚，而天下響應。當此之時，非有牢甲利兵，勁弩強衝也，伐棘棗而爲矜，（棘棗，酸棗也。矜，矛柄。○王念孫云：棘棗本作樕棗（注同），此亦後人妄改之也。魏風園有桃傳云：棘，棗也。說文：棘，小棗叢生者。皆不訓爲酸棗。改樕爲棘，則與高注不合矣。史記司馬相如傳枇杷樕柿，索隱：徐廣曰：樕棗也，而善反。說文曰：樕，酸小棗也。淮南子云：伐樕棗以爲矜。索隱引作樕棗，而酸小棗之訓又與高注合，則正文注文皆作樕棗明矣。下句注云撚矜以內鑽鑿，撚即樕字之誤。）周錐鑿而爲刃，（周，內也。撚矜以內鑽鑿也。）剡摲筡，奮儋钁，（摲，剡銳也。钁，斫也。）以當脩戟強弩，攻城略地，莫不降下。天下爲之麋沸螘動，雲徹席卷，方數千里。勢位至賤，而器械甚不利，然一人唱而天下應之者，積怨在於民也。武王伐紂，東面而迎歲，（太歲在寅。）至汜而水，（汜，地名。水，有大雨水也。）至共頭而墜，（共頭，山名，在河曲共山。墜，隕也。）彗星出而授殷人其柄，（時有彗星，柄在東方，可以掃西人也。）當戰之時，十日亂於上，風雨擊於中，然而前無蹈難之賞，而後無遁北之刑，白刃不畢拔而天下得矣。是故善守者無與御，而善戰者無與鬭，明於禁舍開塞之道，乘時勢，四民欲，而取天下。故善爲政者積其德，善用兵者畜其怒，德積而民可用，怒畜而威可立也。故文之所以加者淺，則勢之所勝者小；德之所施者博，而威之所制者廣。（○王念孫云：上二句當作故文之所加者淺，則勢之所服者小。今本加上衍以字，服字又誤作勝。（服勝左畔相似，又因上下文多勝字而誤。）下言威之所制者廣，威之所制，猶言勢之所服耳。服與制義相近。若作勝。則非其指矣。漢書刑法志。作文之所加者深。則武之所服者大。文子下德篇。作文之所加者深。則權之所服者大。皆其證。威之所制者廣。則我強而敵弱矣。故善用兵者。先弱敵而後戰者也。故費不半而功自倍也。湯之地方七十里而王者。修德也。智伯有千里之地而亡者。窮武也。故千乘之國。行文德者王。萬乘之國。好用兵者亡。故全兵先勝而後戰。德先勝之。而後乃戰。湯武是也。敗兵先戰而後求勝。德均則衆者勝寡。力敵則智者勝愚。勢侔則有數者禽無數。侔。等也。○王念孫云。劉本改者侔爲勢侔。案劉改非也。者當爲智。字之誤也。(者智下半相似。又因上下文者字而誤。)力敵二字。承衆者勝寡而言。言衆寡相等。則智者勝愚也。智侔二字。承智者勝愚而言。言智相等。則有數者禽無數也。劉改爲勢侔。則義與上句不相承。且與力敵相複矣。數。謂兵法也。詮言篇曰。慮不勝數。事不勝道。故曰智侔則有數者禽無數也。文子上禮篇。正作智侔則有數者禽無數。凡用兵者。必先自廟戰。主孰賢。將孰能。民孰附。國孰治。蓄積孰多。士卒孰精。甲兵孰利。器備孰便。故運籌於廟堂之上。而決勝乎千里之外矣。夫有形埒者。天下訟公也。見之。有篇籍者。世人傳學之。此皆以形相勝者也。善形者弗法也。所貴道者。貴其無形也。無形則不可制迫也。不可度量也。不可巧詐也。不可規慮也。智見者人爲之謀。形見者人爲之功。衆見者人爲之伏。器見者人爲之備。動作周還。倨句詘伸。可巧詐者。皆非善者也。善者之動也。神出而鬼行。星燿而玄逐。進退詘伸。不見朕埶。○王念孫云。逐當爲運。玄運。天運也。(後漢書張衡傳注引桓譚新論曰。玄者天也。釋名曰。天謂之玄。)言如星之燿。如天之運也。覽冥篇曰。日行而月動。星燿而玄運。電奔而鬼騰。進退屈伸。不見朕垠。是其明證也。運字古讀若云。(呂氏春秋論大篇引夏書。天子之德廣運。與文爲韻。管子形勢篇。受辭者。名之運也。與尊爲韻。越語。廣運百里。韋注曰。東西爲廣。南北爲運。西山經。廣員百里。廣員卽廣運。墨子非命上篇。譬猶運鈞之上而立朝夕者也。中篇運作員。莊子天運篇。釋文曰。天運。司馬作天員。管子戒篇。四時云下。而萬物化。云卽運字。說文。鴆一名運日。劉逵吳都賦注作雲日。)與埶爲韻。若作逐。則失其韻矣。鸞舉麟振。鳳飛龍騰。發如秋風。疾如駭龍。龍。魚也。飛之疾者也。○文典謹按。海外西經。龍魚狀如狸。一曰鰕。一曰鼈魚。當以生擊死，以盛乘衰，以疾掩遲，以飽制飢。○王念孫云：此本作發如猋風，疾如駭電，以生擊死，以盛乘衰，以疾掩遲，以飽制飢。今本猋風作秋風，字之誤也。（俗書猋字作炎，形與秋相近。）今本北堂書鈔武功部七引此作炎風，炎亦猋之誤。（陳禹謨依俗本改爲秋風。）發如猋風，言其疾也。漢書韓長孺傳：匈奴輕疾悍亟之兵也，至如猋風，去如收電。顏師古曰：猋，疾風也。故月令猋風暴雨總至，呂氏春秋孟春篇作疾風。若作秋風，則非其指矣。疾如駭電，今本作駭龍，龍字涉上文龍騰而衍。龍下當字，即電字之誤。後人誤以當字下屬爲句，（以生擊死四句之上，加一當字，則義不可通。）又於駭龍之下，妄加注釋耳。（今本注云：龍魚也，飛之疾者也。案海外西經之龍魚，不得謂之駭龍，且與上句猋風不類，明是後人妄加此注以附會駭龍二字之義，非高氏原文也。）楚辭九歌：淩驚雷以軼駭電兮。駭電與猋風事正相類，故以比用兵之神速。管子兵法篇云：追亡逐遁若飄風。（飄與猋同。月令猋風，淮南時則篇作飄風。爾雅迴風爲飄，月令注作回風爲猋。漢書蒯通傳飄至風起，顏注：飄讀曰猋。）擊刺若雷電。呂氏春秋決勝篇云：若雷電飄風暴雨。漢書云：至如猋風，去如收電，義並與此同。舊本北堂書鈔引此正作疾如駭電，無龍當二字。（陳禹謨依俗本改爲駭龍，又加當字。）若以水滅火，若以湯沃雪，何往而不遂，何之而不用達。○劉績云：衍用字。在中虛神，在外漠志，運於無形，出於不意，與飄飄往，與忽忽來，莫知其所之；與倏出，與間入，莫知其所集。卒如雷霆，疾如風雨，若從地出，若從天下，獨出獨入，莫能應圉。疾如鏃矢，何可勝偶。一晦一明，孰知其端緒。未見其發，固已至矣。故善用兵者，見敵之虛，乘而勿假也，追而勿舍也，迫而勿去也。擊其猶猶，陵其與與，疾雷不及塞耳，疾雷之聲，不暇復塞耳也。疾霆不暇掩目。善用兵，若聲之與響，若鏜之與鞈，鞈，鼓鞞聲。眯不給撫，呼不給吸。當此之時，仰不見天，俯不見地，手不麾戈，兵不盡拔，擊之若雷，薄之若風，炎之若火，淩之若波。敵之靜不知其所守，動不知其所爲。故鼓鳴旗麾，當者莫不廢滯崩阤，天下孰敢厲威抗節而當其前者。故淩人者勝，待人者敗，爲人杓者死。杓，所擊也。兵靜則固，專一則威，分決則勇，心疑則北，力分則弱。故能分人之兵，疑人之心，則錙銖有餘；不能分人之兵，疑人之心，則數倍不足。故紂之卒，百萬之心；武王之卒，三千人皆專而一。故千人同心，則得千人力；萬人異心，則無一人之用。將卒吏民，動靜如身，乃可以應敵合戰。故計定而發，分決而動，將無疑謀，卒無二心，動無墮容，口無虛言，事無嘗試，應敵必敏，發動必亟。故將以民爲體，而民以將爲心。心誠則支體親刃，心疑則支體撓北。○王念孫云：親刃二字，義不可通。劉本作親力，義亦不可通。刃當爲䵒，寫者脫其半耳。說文：䵒，黏也。引隱元年左傳：不義不䵒。或作䵒。今左傳作暱。親䵒即親暱也。支體親暱，謂從心也。支體撓北，謂不從心也。親暱之暱，古音在職部，故與北爲韻。小雅菀柳篇：無自暱焉，與息極爲韻，是其證。心不專一，則體不節動；將不誠心，則卒不勇敢。○王念孫云：誠必與專一相對爲文，勇敢與誠必相因爲義。管子九守篇曰：用賞者貴誠，用刑者貴必。荀子致士篇曰：人主之患，不在乎不言用賢，而在乎不誠必用賢。呂氏春秋論威篇曰：又況乎萬乘之國而有所誠必乎？則何敵之有矣。賈子道術篇曰：伏義誠必謂之節。枚乘七發曰：誠必不悔，決絕以諸。是古書多以誠必連文。劉本誠必作誠心，因上文心誠而誤。諸本與劉本同，唯道藏本作誠必。莊不從藏本而從諸本，謬矣。故良將之卒，若虎之牙，若兕之角，若鳥之羽，若蚈之足，蚈，馬蠸也。可以行，可以舉，可以噬，可以觸，強而不相敗，衆而不相害，一心以使之也。故民誠從其令，雖少無畏；民不從令，雖衆爲寡。故下不親上，其心不用；卒不畏將，其形不戰。守有必固，而攻有必勝，不待交兵接刃，而存亡之機固以形矣。兵有三勢，有二權。○莊逵吉云：御覽引權作鈐，下知權事權同。程文學云：鈐當作鈐爲是。有氣勢，有地勢，有因勢。將充勇而輕敵，卒果敢而樂戰，三軍之衆，百萬之師，志厲青雲，氣如飄風，聲如雷霆，誠積踰而威加敵人，此謂氣勢。硤路津關，○莊逵吉云：御覽引硤作狹。大山名塞，龍蛇蟠，宛蟠，屈也。却笠居，○莊逵吉云：御覽此下有注云：却，偃覆也。笠，簦也。羊腸道，○莊逵吉云：御覽此下有注云：羊腸一屈一伸。此二注別本亦或有之。發笱門。發笱，竹笱，所以捕魚，其門可入而不得出。○王念孫云：却笠居，後漢書杜篤傳注引作簦笠居，是也。簦笠與龍蛇相對爲文。謂山形偃覆如簦笠，故高注有偃覆之語。今本作却笠居，注云：却，偃覆也。笠，登（太平御覽引同）案却笠二字文不成義，訓却爲偃覆，亦義不可通，疑傳寫錯誤也（注內登字卽簦字之誤，疑當作偃覆如簦笠）。發笱二字於義無取，發笱當作魚笱，羊腸魚笱相對爲文。高注發笱，竹笱，所以捕魚，其門可入而不得出。發笱二字亦因正文而衍。太平御覽兵部二及後漢書注引此並作魚笱門，御覽引注文亦無發笱二字。一人守險，而千人弗敢過也，此謂地勢。因其勞倦怠亂，飢渴凍暍，推其摿摿，擠其揭揭。擠，排也。摿摿，欲臥也。揭揭，欲拔也。〇王念孫云：說文、玉篇、廣韻、集韻皆無摿字，摿當爲搖字之誤也（注同）。搖，古搖字也（考工記矢人夾而搖之，釋文搖本又作搖，漢書天文志元光中天星盡搖）。注內欲臥當爲欲仆，亦字之誤也。搖搖，動而欲仆也，因其欲仆而推之，故曰推其搖搖。武王戶銘曰若風將至，必先搖搖，意與此相近也。太平御覽兵部二引此正作推其搖搖。隸書搖字或作搖（漢書司馬相如傳消搖乎襄羊），因誤而爲摿。管子白心篇夫不能自搖者，夫或摿之，摿亦搖字之誤。蓋世人少見搖搖二字，故傳寫多差，而楊愼古音餘乃於侵韻收入摿字，引淮南子推其摿摿，擠其揭揭，不知其字而以意爲之，斯爲謬矣。此謂因勢。善用間諜，言軍之反間也。審錯規慮，設蔚施伏，草木蕃盛曰蔚。隱匿其形，〇莊逵吉云：御覽作隱遁其形。出於不意，〇莊逵吉云：御覽意作慮。敵人之兵無所適備，此謂知權。〇王念孫云：設蔚施伏，當作設施蔚伏。高注草木盛曰蔚，伏兵於其中，故曰蔚伏。可言設蔚伏，不可言設蔚也。且審錯規慮、設施蔚伏相對爲文，若作設蔚施伏，則與上句不對（太平御覽引此已誤）。下文云設規慮，施蔚伏，是其明證矣。敵人之兵無所適備，太平御覽引此敵人上有使字，於義爲長。陳卒正，前行選，進退俱，什伍摶，前後不相撚，撚，蹂蹈也。〇莊逵吉云：御覽撚作蹍，注云蹍，蹀踏也。左右不相干，受刃者少，傷敵者衆，此謂事權。權勢必形，吏卒專精，選良用才，官得其人，計定謀決，明於死生，舉錯得失，莫不振驚。〇王念孫云：失當爲時，聲之誤也。太平御覽引此正作舉錯得時。故攻不待衝隆雲梯而城拔，雲梯可依雲而立，所以瞰敵之城中。戰不至交兵接刃而敵破，明於必勝之攻也。〇王念孫云：攻當爲數，此涉上下文攻字而誤也。數，術也。太平御覽引此正作必勝之數。故兵不必勝，不苟接刃；攻不必取，不爲苟發。故勝定而後戰，鈐縣而後動。故衆聚而不虛散，兵出而不徒歸。唯無一動，動則淩天振地，抗泰山，蕩四海，鬼神移徙，鳥獸驚駭。如此，則野無校兵，敵家之兵不來相交復也。國無守城矣。靜以合躁，治以持亂。〇王念孫云：持當爲待字之誤。

也。(隸書待持二字相似。公食大夫禮左人待載，古文待爲持。大戴禮禮三本篇待年而食，荀子禮論篇作持手而食。)待猶禦也。言以治禦亂也。(待與禦同義，說見經義述聞左傳待諸乎下。)作持則非其指矣。孫子軍爭篇以治待亂，以靜待譁，即淮南所本。文選五等論以治待亂，李善注引此文云靜以合躁，治以待亂，尤其明證矣。無形而制有形，無爲而應變，雖未能得勝於敵，敵不可得勝之道也。敵先我動，則是見其形也。彼躁我靜，則是罷其力也。形見則勝可制也，力罷則威可立也。視其所爲，因與之化，觀其邪正，以制其命，餌之以所欲，以罷其足。彼若有間，急填其隙，極其變而束之，盡其節而仆之。敵若反靜，爲之出奇，彼不吾應，獨盡其調。(言我之盡調以待敵也。)若動而應，有見所爲，彼持後節。(彼謂敵，持後節，敵在後使先己。)與之推移。彼有所積，必有所虧。精若轉左，陷其右陂。(右陂，西也。)敵潰而走，後必可移。敵迫而不動，名之曰奄遲。擊之如雷霆，斬之若草木，燿之若火電，欲疾以遬，人不及步鋗，車不及轉轂。○王引之云：鋗字義不可通，鋗當作趨。趨隸書趨字作趍(見漢武都太守李翕西狹頌)，與鋗相似而誤。淮南書中趨字多有作趍者(諸本多改作趨，唯藏本未改)，故知鋗爲趍之誤。人不及步趨者，用兵神速，敵人不及走避也。趨字入聲則音促，正與上下文之遬、轂、木、角、格爲韻。兵如植木，弩如羊角，人雖衆多，勢莫敢格。諸有象者，莫不可勝也。諸有形者，莫不可應也。是以聖人藏形於無，而遊心於虛。風雨可障蔽，而寒暑不可閘閉。○王念孫云：開當爲閘。寒暑無所不入，故不可閘閉。作開則義不可通矣。俗書閘字作開，開字作開，二形相似而誤。(詳見道應篇東開鴻濛之光下。)以其無形故也。夫能滑淖精微，貫金石，窮至遠，放乎九天之上，(放，寄。)蟠乎黃盧之下，唯無形者也。善用兵者，當擊其亂，不攻其治，是不襲堂堂之寇，不擊填填之旗。(填填，旗立牢端貌。)容未可見，以數相持。彼有死形，因而制之。敵人執數，動則就陰，以虛應實，必爲之禽。虎豹不動，不入陷阱。麋鹿不動，不離罝罘。飛鳥不動，不絓網羅。魚鼈不動，不擐屢喙。物未有不以動而制者也。是故聖人貴靜。靜則能應躁。後則能應先。數則能勝疏。博則能禽缺。○俞樾云。博與缺義不相應。與上文靜則能應躁。後則能應先。數則能勝疏。不一律矣。博當作摶。字之誤也。說文手部。摶。圜也。故與缺相對為文。太玄中次六曰。月闕其摶。月之有闕有摶。即此文摶缺對文之證。故良將之用卒也。同其心。一其力。勇者不得獨進。怯者不得獨退。止如丘山。發如風雨。所淩必破。靡不毀沮。動如一體。莫之應圉。是故傷敵者衆。而手戰者寡矣。夫五指之更彈。不若捲手之一挃。挃。擣也。萬人之更進。更。代也。不如百人之俱至也。今夫虎豹便捷。熊羆多力。然而人食其肉。而席其革者。不能通其知。而壹其力也。夫水勢勝火。章華之臺燒。章華。楚之高臺。以升勺沃而救之。雖涸井而竭池。無奈之何也。舉壺榼盆盎而以灌之。其滅可立而待也。今人之與人。非有水火之勝也。而欲以少耦衆。不能成其功。亦明矣。兵家或言曰。少可以耦衆。此言所將。非言所戰也。或將衆而用寡者。勢不齊也。勢不齊。士不同力也。將寡而用衆者。用力諧也。若乃人盡其才。悉用其力。以少勝衆者。自古及今。未嘗聞也。神莫貴於天。勢莫便於地。動莫急於時。用莫利於人。○文典謹按。御覽二百七十一引。人下有和字。凡此四者。兵之幹植也。然必待道而後行。可一用也。夫地利勝天時。巧舉勝地利。勢勝人。故任天者可迷也。任地者可束也。任時者可迫也。任人者可惑也。夫仁勇信廉。人之美才也。然勇者可誘也。仁者可奪也。信者易欺也。廉者易謀也。將衆者有一見焉。則為人禽矣。由此觀之。則兵以道理制勝。而不以人才之賢。亦自明矣。是故為麋鹿者。則可以罝罘設也。麋鹿。有兵而不能以鬬。無術之軍也。為魚鼈者。則可以網罟取也。魚鼈之兵。散而不集。為鴻鵠者。則可以矰繳加也。鴻鵠之兵。高而無破。唯無形者無可奈也。是故聖人藏於無原。故其情不可得而觀。運於無形。故其陳不可得而經無法無儀來而為之宜無名無狀變而為之象深哉睭睭遠哉悠悠且冬且夏且春且秋上窮至高之末下測至深之底變化消息無所凝滯建心乎窈冥之野而藏志乎九旋之淵九旋九回之淵至深者也○陶方琦云文選江賦注莊子釋文引許注九旋之淵至深按文選注引有敓文莊子釋文引淮南許注作至深也敓文又甚說文淵回水也又淀下云回泉也雖有明目孰能窺其情兵之所隱議者天道也所圖畫者地形也所明言者人事也所以決勝者鈐勢也故上將之用兵也上得天道下得地利中得人心乃行之以機發之以勢是以無破軍敗兵及至中將上不知天道下不知地利專用人與勢雖未必能萬全勝鈐必多矣下將之用兵也博聞而自亂多知而自疑居則恐懼發則猶豫是以動為人禽矣今使兩人接刃巧拙不異而勇士必勝者何也其行之誠也夫以巨斧擊桐薪不待利時良日而後破之加巨斧於桐薪之上而無人力之奉雖順招搖挾刑德招搖斗杓也刑十二辰也德十日也而弗能破者以其無勢也故水激則悍矢激則遠夫栝淇衛箘簵栝箭栝也淇衛箘簵箭之所出也○莊逵吉云御覽引簵作簬御覽凡兩引此注一引與此同又一處引注云箘簵箭竹也出于淇地衛箭羽也程文學云釋名箭羽齊人曰衛所以導衛矢也疑是許慎注○文典謹按藝文類聚六十引注與莊氏所舉又一處引注正同今注內箘簵二字疑涉正文而衍載以銀錫載飾也飾箭以銀錫○文典謹按北堂書鈔百二十五藝文類聚六十太平御覽三百四十七引載並作飾雖有薄縞之幨縞細繒也腐荷之矰荷蓮華也矰猶矢也○洪頤煊云詩澤陂有蒲與荷鄭箋芙蕖之莖曰荷證類本草引陸璣疏亦作其莖曰荷蓮華不可以為矢高注非然猶不能獨射也○王念孫云腐荷之矰矰本作橧不能獨射射本作穿高注本作橧大楯也（說文及儒行注襄十年左傳注並同楯本作盾）此言栝淇衛箘簵而載之以銀錫則雖薄縞之幨腐荷之盾亦不能穿下文曰若假之筋角之力（各本脫若字今據舊本北堂書鈔及藝文類聚太平御覽引補）弓弩之勢則貫兕甲而徑於革盾矣正與此相反也氾論篇曰隆衝以攻渠幨以守高彼注曰幨幰也所以禦矢也韋昭注吳語曰渠楯也幨與盾皆所以禦五兵故彼言渠幨以守此言薄縞之幨腐荷之櫓猶不能穿（齊

簾云攻城之費百姓理襜蔽舉衝櫓襜與幨同）若幨則非其類矣且腐荷之櫓不能穿謂矢不能穿櫓也今本作腐荷之幨幨即是矣則其義不可通矣後人不知幨爲櫓之誤乃改不能穿爲不能獨射以牽合幨字又改高注之櫓大楯也爲幨猶矢也以牽合正文甚矣其謬也舊本北堂書鈔武功部十三引此正作腐荷之櫓（陳禹謨依俗本改櫓爲幨下不能獨穿同）太平御覽兵部八十八楯下引此同又引高注云櫓大楯也又今本不能獨射舊本北堂書鈔及藝文類聚軍器部太平御覽兵部七十八八十八珍寶部十一並引作不能獨穿今據以訂正

假之筋角之力弓弩之勢則貫兕甲而徑於革盾矣〇文典謹按北堂書鈔百二十五引假之作若不假以

夫風之疾至於飛屋折木虛舉之下大遲自上高丘虛舉不駕也風疾飛之下大遲復上高丘也〇孫詒讓云注以不駕釋虛舉則舉疑當作轝即輿之俗大遲宋本作大達疑當作大逵注同此似言疾風能飛屋折木而虛轝不能自下大逵而上高丘必藉人力推之以喻兵勢之得失注釋虛轝亦云風疾飛之則與人之有所推之文不合殆非也人之有所推也是故善用兵者勢如決積水於千仞之隄若轉員石於萬丈之谿天下見吾兵之必用也則孰敢與我戰者故百人之必死也賢於萬人之必北也況以三軍之衆赴水火而不還踵乎蹝誂合刃於天下誰敢在於上者誂卒也雖卒然合與天下爭人誰敢在其上者〇洪頤煊云說文誂相呼誘也从言兆聲廣雅釋詁誂誘也

所謂天數者左青龍右白虎前朱雀後玄武角亢爲青龍參井爲白虎星張爲朱雀斗牛爲玄武用兵軍者右參井左角亢背斗牛向星張此順北斗之銓衡也所謂地利者後生而前死左牡而右牝高者爲生下者爲死丘陵爲牡谿谷爲牝所謂人事者慶賞信而刑罰必動靜時舉錯疾此世傳之所以爲儀表者固也然而非所以生儀表者因時而變化者也是故處於堂上之陰而知日月之次序見瓶中之冰而知天下之寒暑〇俞樾云於字衍文也處堂上之陰者謂察堂上之陰也兵略篇曰相地形處次舍是處與相同義主術篇曰援白黑而示之則不處焉不處猶不察也蓋物居其所謂之處使物各得其所亦謂之處國語魯語曰夫仁者講功而知者處物是也故處卽有辨別之義後人不達而妄加於字處於堂上之陰於義殊不可通且處堂上之陰本與見瓶中之冰相對今增於字則句法亦參差不齊矣夫物之所以相形者微唯聖人達其至故鼓不與於五音而爲五

音主。水不與於五味。而爲五味調。將軍不與於五官之事。而爲五官督。故能調五音者。不與五音者也。能調五味者。不與五味者也。能治五官之事者。不可揆度者也。是故將軍之心。滔滔如春。曠曠如夏。湫漻如秋。典凝如冬。典。常。凝。正也。常正於冬也。○兪樾云。高注曰。典。常。凝。正也。此未得典字之義。典讀爲頎典之典。考工記輈人。是故輈欲頎典。鄭注曰。頎典。堅刃貌。然則典凝猶堅凝也。與上句湫漻如秋一律。若訓典爲常。則失其義矣。○文典謹按。北堂書鈔百十五引。曠曠作闊闊。湫作淋。典凝作慘惻。又有注云。滔滔寬伏。如春日之倡也。因形而與之化。隨時而與之移。夫景不爲曲物直。響不爲清音濁。觀彼之所以來。各以其勝應之。是故扶義而動。推理而行。掩節而斷割。掩。覆也。覆其節制斷割也。○文典謹按。御覽二百七十三引。注。割下有之字。因資而成功。使彼知吾所出而不知吾所入。知吾所舉而不知吾所集。始如狐狸。彼故輕來。合如兕虎。敵故奔走。夫飛鳥之摯也。俛其首。○文典謹按。書鈔百十六。御覽二百七十一引。摯並作鷙。猛獸之攫也。匿其爪。虎豹不外其爪。而噬不見齒。○王念孫云。虎豹不外其爪。與上句匿其爪相複。爪當作牙。此卽涉上句爪字而誤。噬不見齒。若仍指虎豹言之。則又與不外其牙相複。當作噬犬不見其齒。與上句相對爲文。今本脫去犬字。其字。舊本北堂書鈔武功部四引此正作虎豹不外其牙。噬犬不見其齒。(陳禹謨依俗本改爲虎豹不外其爪而噬不見齒)太平御覽兵部二同。故用兵之道。示之以柔。而迎之以剛。○莊逵吉云。御覽此下有注云。迎。逆敵家。○文典謹按。意林引。迎作乘。示之以弱。而乘之以強。爲之以歙而應之以張。○莊逵吉云。御覽此下有注云。歙。弱。張。強也。歙讀如脅。將欲西而示之以東。先忤而後合。前冥而後明。○文典謹按。北堂書鈔百十七引。明作朗。若鬼之無迹。若水之無創。故所鄉非所之也。所見非所謀也。舉措動靜。莫能識也。若雷之擊。不可爲備。○文典謹按。意林引。作若欲西者示之以東。使知吾所出。而不知吾所入。若鬼無跡。若水無創。若電之激。不可備也。所用不復。故勝可百全。與玄明通。莫知其門。是謂至神。兵之所以強者民也。○王念孫云。文子上義篇。作兵之所以強者必死也。於義爲長。下句民之所以必死者義也。卽承此句言之。上文曰。百人之必死。賢於萬人之必北。

（是兵之所以強者必死也。今本作兵之所以強者民也。民字疑涉下句而誤。○文典謹按：王說非也。兵之所以強者民也，即上文因民之欲，乘民之力，攻勝其民，下附其上，則兵強矣之義。此文兵之所以強者民也，民之所以必死者義也，義之所以能行者威也，三句相連接，而以兩民字兩義字爲之樞紐。若改民字爲必死，則句法既參差不齊，文義亦不相連貫矣。文子上義篇：國之所以強者必死也，所以死者必義也。文義本不可通，王氏顧欲據以改不誤之淮南書，其失也泥矣。兵之所以強者民也，兵家之精義，王氏未及知之耳。）民之所以必死者義也，義之所以能行者威也。是故合之以文，齊之以武，是謂必取。威儀竝行，是謂至強。（○文典謹按：儀，文子上義篇作義，當從之。）夫人之所樂者生也，而所憎者死也。然而高城深池，矢石若雨，平原廣澤，白刃交接，而卒爭先合者，彼非輕死而樂傷也，爲其賞信而罰明也。是故上視下如子，則下視上如父。（○莊逵吉云：御覽此視作事。下視上如兄、視上如父兩句同。）上視下如弟，則下視上如兄。上視下如子，則必王四海；下視上如父，則必正天下。上親下如弟，（○王念孫云：上親下如弟，親亦當爲視字之誤也。上文正作上視下如弟。○文典謹按：王說是也。御覽二百八十一引正作上視下如弟，是其證。）則不難爲之死；下視上如兄，則不難爲之亡。是故父子兄弟之寇不可與鬭者，積恩先施也。故四馬不調，造父不能以致遠；弓矢不調，羿不能以必中；君臣乖心，則孫子不能以應敵。（孫子名武，吳王闔閭之將也。）是故內脩其政，以積其德；外塞其醜，以服其威；察其勞佚，以知其飽飢；故戰日有期，視死若歸。故將必與卒同甘苦，俟飢寒，（○俞樾云：俟字義不可通，乃併字之誤。併與并通。廣雅釋詁：并，同也。併飢寒與同甘苦一律。○文典謹按：俞說未碻。此本作故將必與卒同甘苦勞佚飢寒，乃承上文察其勞佚以知其飽飢而言。御覽二百八十一引作故將必與卒同甘苦佚飢寒，敓一勞字。此文佚更譌爲俟，而義遂不可通矣。）故其死可得而盡也。故古之善將者，必以其身先之，暑不張蓋，寒不被裘，所以程寒暑也；險隘不乘，上陵必下，所以齊勞佚也。軍食孰然後敢食，軍井通然後敢飲，所以同飢渴也。合戰必立矢射之所及，（○文典謹按：意林引所及下有之處二字。）以共安危也。〇王念孫云：矢射當爲矢石，聲之誤也。（太平御覽兵部十三引此已誤。）意林引此正作矢石。劉書新論兵術篇同。上文云：所以程寒暑，所以齊勞佚，所以同飢渴，則此以共安危上，亦當有所字。〇文典謹按：王說是也。意林引有所字，是其證。故良將之用兵也，常以積德擊積怨，以積愛擊積憎，何故而不勝？主之所求於民者二：求民爲之勞也，欲民爲之死也。民之所望於主者三：飢者能食之，勞者能息之，有功者能德之。民以償其二積，而上失其三望，〇王念孫云：二積當爲二責，此因上文諸積字而誤。二責謂爲主勞、爲主死，故曰主之所求於民者二。求猶責也。太平御覽兵部十二引此正作責。〇文典謹按：御覽二百八十一引以作已。以、已古通用。國雖大，人雖衆，兵猶且弱也。若苦者必得其樂，勞者必得其利，斬首之功必全，死事之後必賞，死事，以軍事死。賞其後子孫也。四者既信於民矣，主雖射雲中之鳥，而釣深淵之魚，彈琴瑟，聲鐘竽，敦六博，敦者，致也。〇王念孫云：古無訓敦爲致者。六博言致，亦於義無取。今案敦六博，投高壺，敦亦投也。敦音都回反。邶風北門篇「王事敦我」，鄭箋曰：敦猶投擲也。是敦與投同義。投謂投箸也。楚辭招魂注曰：投六箸，行六棊，故爲六博是也。投高壺，〇文典謹按：御覽引壺作壿。兵猶且强，令猶且行也。是故上足仰則下可用也，德足慕則威可立也。將者必有三隧、四義、五行、十守。所謂三隧者：上知天道，下習地形，中察人情。凡此三事者，人所從蹊隧。所謂四義者：便國不負兵，負，程也。〇王念孫云：負與程義不相近，負當爲員，草書之誤也。（太平御覽兵部四引此已誤。）說山篇云：「春至旦不中員程。」漢書尹翁歸傳云：「責以員程。」是員與程同義。員爲程式之程，又爲程量之程。儒行曰：「鷙蟲攫搏，不程勇者；引重鼎，不程其力。」鄭注曰：「程猶量也。搏猛引重，不量勇力堪之與否也。」此言便國不員兵，亦謂不程量其兵之衆寡，故高注訓員爲程也。爲主不顧身，見難不畏死，決疑不辟罪。所謂五行者：柔而不可卷也，剛而不可折也，仁而不可犯也，信而不可欺也，勇而不可凌也。〇文典謹按：御覽二百七十三引凌作枝。所謂十守者：神清而不可濁也，謀遠而不可慕也，操固而不可遷也，知明而不可蔽也，不貪於貨，不淫於物，不嚂於辯，〇莊逵吉云：御覽引嚂作濫。不推於方，〇文典謹按：御覽引方作名。不可喜也，不可怒也，是謂至於窈窈冥冥.孰知其情.○王念孫云.於當爲旍.古書旍字或作旍.形與於相近.因誤爲旍.(續漢書天文志會稽海賊曾旍等千餘人.今本旍誤作於.)旌冥情三字爲韻.旌與精同.主術篇曰.故至精之像.窈窈冥冥.不知爲之者誰.而功自成.老子曰.窈兮冥兮.其中有精.莊子在宥篇曰.至道之精.窈窈冥冥.皆其證也.列子說符篇.東方有人焉.曰爰旌目.後漢書張衡傳注引.作爰精目.漢濟陰太守孟郁脩堯廟碑.師工旌密.卽精密.是精與旌古字通.○文典謹按.是謂至於.御覽引作是謂至矣.於義爲長.發必中銓.言必合數.動必順時.解必中揍.揍.理也.通動靜之機.明開塞之節.○文典謹按.文選永明九年策秀才文注引.通字明字下.並有乎字.審舉措之利害.若合符節.疾如彍弩.勢如發矢.一龍一蛇.動無常體.莫見其所中.莫知其所窮.攻則不可守.守則不可攻.蓋聞善用兵者.必先脩諸己.而後求諸人.先爲不可勝.而後求勝.脩己於人.求勝於敵.己未能治也.而攻人之亂.是猶以火救火.以水應水也.何所能制.今使陶人化而爲埴.則不能成盆盎.陶人化爲埴.陶人復變爲埴土.不能化埴土也.工女化而爲絲.則不能織文錦.同莫足以相治也.故以異爲奇.兩爵相與鬭.未有死者也.鸇鷹至則爲之解.以其異類也.故靜爲躁奇.有出於人.治爲亂奇.飽爲飢奇.佚爲勞奇.奇正之相應.若水火金木之代爲雌雄也.善用兵者.持五殺以應.五殺.五行.故能全其勝.拙者處五死以貪.故動而爲人擒.兵貴謀之不測也.形之隱匿也.出於不意.不可以設備也.謀見則窮.形見則制.故善用兵者.上隱之天.下隱之地.中隱之人.隱之天者.無不制也.何謂隱之天.大寒甚暑.疾風暴雨.大霧冥晦.因此而爲變者也.何謂隱之地.山陵丘阜.林叢險阻.可以伏匿而不見形者也.何謂隱之人.蔽之於前.望之於後.出奇行陳之間.發如雷霆.疾如風雨.攫巨旗.攫.卷取也.止鳴鼓.而出入無形.莫知其端緒者也.故前後正齊.四方如繩.出入解續.不相越淩.○孫詒讓云.續宋本作贖.上文亦云.察行陳解贖之數.然不知解贖何義.注亦並無

說攱釋名釋衣服云：齊人謂如衫而小袖曰侯頭，侯頭猶解瀆，臂直通之言也。疑解續卽贖解瀆義同，解贖亦往來通達之語，猶解瀆爲直通之言也。翼輕邊利，邊利翼軍之邊而利。或前或後，離合散聚，不失行伍，此善脩行陳者也。明於奇正賌、陰陽、刑德、五行、望氣、候星、龜策、禨祥，○陳觀樓云：正字後人所加。奇賌以下皆二字連讀。上文云明於刑德奇賌之數，高注奇賌陰陽奇祕之要，是其證。說文作奇侅，史記倉公傳作奇咳，漢書藝文志作奇胲，竝字異而義同。此善爲天道者也。設規慮，施蔚伏，見用水火，出珍恠，鼓譟軍，所以營其耳也。曳梢肆柴，揚塵起堨，梢，小柴也。堨，埃。○陶方琦云：文選班固西都賦注引許注：堨，埃也。按今注敚也字，依宋本補。說文：堨，壁閒隙。埃，塵也。西都賦軼堨埃之混濁。所以營其目者。此善爲詐佯者也。錞鉞牢重，固植而難恐，勢利不能誘，死亾不能動，此善爲充斡者也。充，盈。斡，強也。○陶方琦云：文選陸機辨亡論注引許注：斡，強也。按說文：彍，弓有力也。釋名釋兵：矢，其體曰斡，言挺斡也。義正相近。剽疾輕悍，勇敢輕敵，疾若滅沒，此善用輕出奇者也。相地形，處次舍，治壁壘，審煙斥，○孫詒讓云：煙、闉同聲段借字。上文云無刑罰之威而相爲斥闉要遮者，同所利也，是其證。居高陵，舍出處，此善爲地形者也。因其飢渴凍暍，勞倦怠亂，恐懼窘步，乘之以選卒，擊之以宵夜，此善因時應變者也。易則用車，易，平地也。險則用騎，涉水多弓，水中不可引弩，故以弓便。險則用弩，險可以手弩以爲距。晝則多旌，夜則多火，晦冥多鼓，此善爲設施者也。凡此八者，不可一無也，然而非兵之貴者也。夫將者必獨見獨知。○文典謹按：北堂書鈔百十五引作獨知獨見。獨見者，見人所不見也。獨知者，知人所不知也。見人所不見謂之明，知人所不知謂之神。神明者，先勝者也。先勝者，守不可攻，戰不可勝，攻不可守，虛實是也。上下有隙，將吏不相得，所持不直，卒心積不服，言積怨不服之也。所謂虛也。主明將良，上下同心，氣意俱起，所謂實也。若以水投火，所當者陷，所薄者移，牢柔不相通，而勝相奇者，虛實之謂也。故善戰者不在少，善守者不在小，勝在得威敗在失氣夫實則鬬虛則走盛則强衰則北吳王夫差地方二千里帶甲七十萬南與越戰棲之會稽北與齊戰破之艾陵西遇晉公擒之黃池晉公謂平侯也擒之服晉也此用民氣之實也其後驕溢縱欲拒諫喜諛憢悍遂過憢勇急也不可正喻大臣怨懟百姓不附越王選卒三千人擒之干隧因制其虛也夫氣之有虛實也若明之必晦也故勝兵者非常實也敗兵者非常虛也善者能實其民氣以待人之虛也不能者虛其民氣以待人之實也故虛實之氣兵之貴者也凡國有難君自宮召將詔之曰社稷之命在將軍即今國有難願請子將而應之○王念孫云即當爲身在將軍身爲句今國有難爲句隸書身字或作身與即字左半相似因誤而爲即願請子將而應之請字涉下文還請而衍藝文類聚武部太平御覽兵部五十一儀式部一引此並作社稷之命在將軍身今國有難願子將而應之是其證將軍受命乃令祝史太卜齋宿三日之太廟鑽靈龜卜吉日以受鼓旗君入廟門西面而立將入廟門趨至堂下北面而立主親操鉞持頭授將軍其柄曰從此上至天者將軍制之復操斧持頭授將軍其柄曰從此下至淵者將軍制之將已受斧鉞答曰國不可從外治也軍不可從中御也二心不可以事君疑志不可以應敵臣既以受制於前矣鼓旗斧鉞之威臣無還請願君亦以垂一言之命於臣也○王念孫云亦以垂一言之命以當爲無今作以者涉上文既以而誤軍不可從中御故曰臣無還請君亦無垂一言之命於臣兩無字相因爲義今本下無字作以則義不可通太平御覽兵部五引此正作無君若不許臣不敢將君若許之臣辭而行乃爪鬋鬋爪送終之禮去手足爪設明衣也明衣喪衣也在於闇冥故言明鑿凶門而出凶門北出門也將軍之出以喪禮處之以其必死也○陶方琦云御覽三百三十五引許注明衣送終衣也翦手足指爪者示必死也按此御覽所引乃敓文明衣下敓去十字送終衣即今注送終禮禮與衣字相似今注以其必死也其字乃示字其古作亓與示相似乘將軍車載旌旗斧鉞累若不勝其臨敵

決戰、不顧必死。〇文典謹按、北堂書鈔百十五、藝文類聚五十九引、決作攻、於義爲長。無有二心。是故無天於上、無地於下、無敵於前、無主於後、進不求名、退不避罪。〇文典謹按、北堂書鈔百十五引、避作辟。唯民是保、利合於主、國之實也、上將之道也。〇王念孫云、實當爲寶、字之誤也。孫子地形篇、故進不求名、退不避罪、唯民是保、而利合於主、國之寶也。此卽淮南所本。今作國之實、則義不可通矣。且寶與保道爲韻、若作實、則失其韻矣。(上下文皆用韻)如此、則智者爲之慮、勇者爲之鬭、氣厲青雲、疾如馳騖。是故兵未交接而敵人恐懼、若戰勝敵奔、畢受功賞、吏遷官益爵祿、割地而爲調、決於封外、卒論斷于軍。言有罪而誅。顧反於國、放旗以入斧鉞、報畢於君曰、軍無後治。乃縞素辟舍、請罪於君。君曰、赦之。退齋服。大勝三年反舍、大勝敵者、還三年、乃反故舍也。中勝二年、下勝期年。兵之所加者、必無道國也。故能戰勝而不報、取地而不反、民不疾疫、將不夭死、五穀豐昌、風雨時節、戰勝於外、福生於內。是故名必成、而後無餘害矣。

卷十六

說山訓　山爲道本、仁者所處、說道之旨、委積若山、故曰說山、因以題篇。

魄問於魂曰、道何以爲體。魄、人陰神也。魂、人陽神也。陰道祖于陽、故魄問魂、道以何等形體也。〇莊逵吉云、御覽引、作魂問於魄、下魂魄字互異。曰、以無有爲體。道無形、以無有爲體也。魄曰、無有有形乎。魂曰、無有。何得而聞也。言無有形狀、何以可得而知也。魂曰、吾直有所遇之耳。言遇遭遇知之也。〇王念孫云、何得而聞也、上本有魄曰無有四字。魄問魂曰、無有何得而聞也、故魂答曰、吾直有所遇之耳。今本脫此四字、則義不可通。(此因兩魄曰無有相亂而脫其一)藝文類聚靈異部下、太平御覽妖異部一、所引也有此四字。視之無形，聽之無聲，謂之幽冥。幽冥者，所以喻道而非道也。似道而非道也。魄曰：吾聞得之矣。得猶知也。○王念孫云：聞字涉上文而衍。乃內視而自反也。魂曰：凡得道者，形不可得而見，名不可得而揚。揚猶稱也。揚或作象。今汝已有形名矣，何道之所能乎。魄曰：言者獨何為者。魄詰魂曰：子尚無形，何故有言。吾將反吾宗矣。宗，本也。魂將反于無形。○俞樾云：吾將反吾宗矣上當有魂曰二字，此乃魂之言也。吾將反吾宗者，魂欲反其宗也。故下文曰：魄反顧魂，忽然不見。惟反其宗，所以不見也。高解反吾宗曰：魂將反于無形。則其所據本正有魂曰二字。不然，何知其是魂而非魄乎。魄反顧魂，忽然不見。不見魂也。反而自存，亦以淪於無形矣。魄返而自存，亦以入於無形之中矣。形或作有。人不小學，不大迷；小學不博，不能通道，故大迷也。不小慧，不大愚。小慧不能通物，故大愚也。○王念孫云：學當為覺字之誤也。小覺與大迷相對，小慧與大愚相對。今作小學，則非其指矣。文子上德篇正作不小覺不大迷。又案高注本作小覺不能通道，故大迷也。今本作小學不博不能通道者，覺誤為學，後人因加不博二字也。下注云小慧不能通物，故大愚也，與此相對為文，則此注原無不博二字明矣。人莫鑑於沫雨，而鑑於澄水者，以其休止不蕩也。沫雨，雨潦上覆瓮也。澄，吐水也。蕩，動也。沫雨或作流潦。詹公之釣，千歲之鯉不能避。詹公，詹何也。古得道善釣者，有精術，故能得千歲之鯉也。○王念孫云：千歲之鯉不能避，本作得千歲之鯉。高注故得千歲之鯉也，是其證。今本作千歲之鯉不能避者，句首脫去得字，則文不成義，後人不解其故，遂於句末加不能避三字耳（初學記鱗介部、太平御覽資產部十四、鱗介部八引此並作詹公之釣千歲之鯉，則所見本已脫得字，但尚無不能避三字。埤雅云詹何之釣千歲之鯉不能避，則所見本已有此三字矣）。下文引輴者為之止下又衍也字（因下文精之至也而衍）。此文以鯉、止、喜三字為韻，如今本則失其韻矣。曾子攀柩車，引輴者為之止也。曾子至孝，送親喪，悲哀攀援柩車，而挽者感之，為之止。輴，棺下輪也。輴讀若牛行輴輴之輴也。老母行歌而動申喜，精之至也。申喜，楚人也。少亡其母，聞乞人行歌聲，感而出視之，則其母也。故曰精之至。瓠巴鼓瑟，而淫魚出聽。瓠巴，楚人也，善鼓瑟。淫魚喜音，出頭於水而聽之。淫魚長頭，身相半，長丈餘，鼻正白，身正黑，口在頷下，似南獄魚而身無鱗，出江中。○陶方琦云：說文魚部鱏字下引傳曰：伯牙鼓琴，鱏魚出聽。定是淮南。玫蜀志郤正傳注及文選魏都賦注並引淮南作鱏魚，即許本也。論衡亦作鱏魚，左思魏都賦亦作感鱏魚，皆用淮南許本。高本作淫魚，與韓詩外傳同（文選洞簫賦注引淮南作淫魚，高本也）。其外荀子作流魚，大戴禮作沈魚皆由聲近得通。伯牙鼓琴，駟馬仰秣。仰秣，仰頭吹吐，謂馬笑也。介子歌龍蛇，而文君垂泣。介子，介推也。從晉文公重耳出奔翟，遭難絕糧，介子推割肌啗之。公子復國，賞從亡者，子推獨不及，故歌曰：有龍蟜蟜，而失其所，有蛇從之，而噉其口，龍既升雲，蛇獨泥處。龍以喻文公，蛇以自喻也。于是文公覺悟，求介子推不得，而號泣之。故玉在山而草木潤，玉，陽中之陰也，故能潤澤草木。淵生珠而岸不枯。珠，陰中之陽，也有光明，故岸不枯。○陶方琦云：史記集解一百二十八引許注：滋潤鍾于明珠，致令岸枯也。按二注文異。史記龜筴傳：玉處于山而木潤，淵生珠而岸不枯。徐廣曰：一本無不字。引許君說淮南云云，是淮南許本作淵生珠而岸枯也。徐爲漢後人，當親見淮南最初本，所引許注塙而可徵。○文典謹按：淵生珠與上句玉在山不相對。文子上德篇作珠生淵（惟荀子勸學篇及大戴禮並作淵生珠，與今本淮南合）。螾無筋骨之強，爪牙之利，螾，一名蜷蟺也。上食晞堁，下飲黃泉，用心一也。晞，乾也。堁，土塵也。楚人謂之堁。一，精專也。清之爲明，杯水見眸子。○文典謹按：御覽三十九引杯水下有而字。濁之爲闇，河水不見太山。視日者眩，聽雷者聾。○王念孫云：人視日則眩，聽雷則未必聾也。玉篇：聵，女江切。淮南子曰：聽雷者聵。注云：耳中聵聵然。埤蒼云：耳中聲也（廣韻與埤蒼同）。據此，則古本作聽雷者聵。今本聵作聾，而無耳中聵之注，則後人以意刪改之耳。人無爲則治，有爲則傷。道貴無爲，故治也。有爲則傷，道不貴有爲也。傷猶病也。無爲而治者，載無也。言無爲而能致治者，常載行其無爲。爲者不能有也。爲者有爲也，有謂好憎情欲，不能恬澹靜漠，故曰不能無爲也。○王念孫云：不能有也本作不能無爲也。下文不能無爲者，即承此句而申言之。高注云：好憎情欲，不能恬淡靜漠，故曰不能無爲也，是其明證矣。今本作不能有者，涉下文不能有爲而誤。文子精誠篇正作爲者不能無爲也。不能無爲者，不能有爲也。不能行清靜無爲者，不能大有所致，致其治，立其功也，故曰不能有爲也。人無言而神，無言者，道不言也。道能化，故神。有言者則傷。道貴不言，故言有傷。無言而神者載無，道貴無言，能致于神，載行也，常行其無言也。有言則傷其神。之神者，道賤有言而多反，有言，故曰傷其神。鼻之所以息，耳之所以聽，終以其無用者爲用矣。無用者，謂鼻耳中空處也。○王念孫云：無言而神，有言則傷，相對爲文，有言下不當有者字，此因上下文者字而誤衍也。下文有言則傷其神，有言下亦無者字。無言而神者載無，無下當有也字。上文云：人無爲則治，有爲則傷。無爲而治者載無也，皆與此文同一例。陳氏觀樓曰：有言則傷其神絕句（高注故曰傷其神，是以神字絕句），之神者三字，乃起下之詞，不連上句讀之，此也。言此神者，鼻之所以息，耳之所以聽也。高注道賤有言云云。本在有言則傷其神之下，後人誤以則傷其神之神者作一句讀，而移高注於之神者之下，則上下文皆不可讀矣。念孫案：文子作有言則傷其神，之神者（今本有字誤在傷字下，又脫其字）已誤讀淮南之文。後人移高注於之神者之下，即爲文子所惑也。物莫不因其所有而用其所無。以其所無用爲用也。以爲不信，視籟與竽。籟，三孔籥也。以其管孔空處以成音也。故曰：念慮者不得臥。詩曰：耿耿不寐，如有殷憂。又曰：展轉伏枕，寤寐永嘆。止念慮，則有爲其所止矣。止猶去也。強自抑去念慮，非眞無念慮，則與物所止矣。兩者俱忘，則至德純矣。兩者，念慮與不念慮也。忘二者則神內守，故至德純一也。聖人終身言治，所用者非其言也，用所以言也。非其言，非其所常言也。用所以言者，用當所治之言。歌者有詩，然使人善之者，非其詩也。善之者，善其音之清和也。不善其詩，故曰非其詩也。鸚鵡能言，而不可使長。鸚鵡，鳥名，出於蜀郡，赤喙者是，其色縹綠，能效人言。長，主也。○王念孫云：不可使長，長下當有言字。高注曰：不知所以長言。下注又曰：不能自爲長主之言，則有言字明矣。脫去言字，則文不成義。藝文類聚鳥部中、太平御覽羽族部十一引此，皆有言字。○俞樾云：藝文類聚鳥部、太平御覽羽族部引此並作不可使長言，當從之。高注曰：長，主也。又曰：不知所以長言。下注又曰：不能自爲長主之言，則未得長字之義。長，主也，則長猶典也。不可使長言，猶曰不可使典言，謂不可使典主教令也。是何則？得其所言，而不得其所以言。得其言者，知效人言也。不知所以長言教令之言也，故曰不得其所以言。故循迹者，非能生迹者也。循，隨也。隨人故迹，不能創基造制，自爲新迹。如鸚鵡知效人言，不能自爲長主之言也。神蛇能斷而復續，而不能使人勿斷也。○文典謹按：御覽九百三十三引續作屬。神龜能見夢元王，而不能自出漁者之籠。宋元王夜夢見得神龜，而未獲也。漁者豫且捕魚得龜，以獻元王，元王剝以卜，故曰能見夢元王，而不能自出漁者之籠也。四方皆道之門戶牖嚮也，在所從闚之。故釣可以教騎，騎可以教御，御可以教刺舟。此四術者，皆謹敬加順其道，故可以相教。越人學遠射，參天而發，適在五步之內，不易儀也。越人習水便舟，而不知射，射遠反直仰向天而發，矢勢盡而還，故近在五步之內。參，猶望也。儀，射法。言不曉射，故不知易去參天之法也。○文典謹按：藝文類聚七十四引適作鏑，御覽七了四十五引注言不曉射作言不曉參天之射。世已變矣，而守其故，譬猶越人之射也。言其守故，不知變也。○文典謹按：藝文類聚七十四引作今學者欲學古而不知變，是越人射也。月望，日奪其光，陰不可以乘陽也。月十五日，與日相望，東西中繩，則月食，故奪月光也。差則虧，至晦則盡，故曰陰不可以乘陽也。日出，星不見，不能與之爭光也。星，陰也，不能奪日之光也。故末不可以強於本，指不可以大於臂。下輕上重，其覆必易。一淵不兩鮫。鮫，魚之長，其皮有珠，今世以爲刀劍之口是也。一說，魚二千斤爲鮫。○王念孫云：一淵不兩蛟，即承上文言之，以明物不兩大之意，而語勢未了，其下必有脫文。太平御覽鱗介部二引此：一淵不兩蛟，下有一棲不兩雄（韓子揚權篇曰：毋弛而弓，一棲兩雄）。一則定，兩則爭。凡十一字。又引高注云：以日月不得並明，一國不可兩君也（上文一淵不兩蛟下引鮫魚之長，其支有珠云云，與今本高注同，則此所引亦是高注）。今本皆脫，當據補。文子上德篇亦云：一淵不兩蛟，一雌不二雄，一即定，兩即爭。水定可清正，動則失平，故惟不動，則所以無不動也。江河所以能長百谷者，能下之也。夫惟能下之，是以能上之。上，大也。天下莫相憎於膠漆，膠漆相持不解，故曰相憎。一說，膠入漆中則敗，漆入膠亦敗。以多少推之，故曰相憎。○陶方琦云：意林引許注：膠入桼相抱，不得還其本也。按二注異，高注上一說與許同，當即許注也。而莫相愛於冰炭。冰得炭則解歸水，復其性；炭得冰則保其炭，故曰相愛。○陶方琦云：意林引許注：仌得炭則解，故得還其本也。按今高注亦即是許義。膠漆相賊，冰炭相息也。牆之壞，愈其立也。壞，反本還爲土，故曰愈其立也。冰之泮，愈其凝也，以其反宗。泮，釋反水也。宗，本也。泰山之容，巍巍然高，去之千里，不見埵堁，遠之故也。埵堁，猶席騶也。埵讀似望，作江淮間人言，能得之也。秋豪之末，淪於不測。是故小不可以爲內者，大不可以爲外矣。小不可爲內，復小于秋豪之末，謂無有也。無有無形者，至大不可爲外也。蘭生幽谷，不爲莫服而不芳。性香。○文典謹按：御覽九百八十三引谷作宮，宋本同。舟在江海，不爲莫乘而不浮。性浮。○文典謹按：意林引海作河。君子行義，不爲莫知而止休。性仁義也。○文典謹按：止休，北堂書鈔百三十七引作止也，書鈔又引文子：君子行義，不爲莫已知而止也。今本文子上德篇作君子行道，不爲莫知而止，亦無休字，休疑衍文也。夫玉潤澤而有光，其聲舒揚，舒，緩也。揚，和也。渙乎其有似也。似君子也。渙讀人謂貴家爲腴主之腴也。無內無外，不匿瑕穢。無內無外，表裏通也。匿，藏也。近之而濡，望之而隧。夫照鏡見眸子，微察秋豪，明照晦冥。故和氏之璧，隨侯之珠，出於山淵之精，君子服之，順祥以安寧。服，佩也。君子佩而象之，無有情欲，能順善以安其身。侯王寶之，爲天下正。寶，重也。侯王重其天性，若凡民之重珠玉，故以爲天下正，無所阿私也。陳成子恒之劫子淵捷也，陳成子將弒齊簡公，使勇士十六人脅其大夫子淵捷，欲與分國。捷不從，故曰劫之也。子罕之辭其所不欲，不欲玉之寶也。而得其所欲，所欲，不貪爲寶。孔子之見黏蟬者，白公勝之倒杖策也，倒杖策，傷其頤，血流及屨，而不覺，言精有所在也。衛姬之請罪於桓公，衛姬，衛女，齊桓公夫人也。桓公有伐衛之志，衛姬望見桓公色而知之，故請公殺，贖衛之罪也。子見子夏曰，何肥也，道勝無情欲，故肥也。魏文侯見之反被裘而負芻也，知其皮盡則毛無所傅也。○王念孫云：子見子夏，當作曾子見子夏，事見韓子喻老篇。魏文侯見之反被裘而負芻也，當作魏文侯之見反被裘而負芻也。自陳成子恒之劫子淵捷也以下，皆與此文同一例。魏文侯事見新序雜事篇。兒說之爲宋王解閉結也，結不可解者而能解之，解之以不解。此皆微眇，可以觀論者。微眇，爲見始知終也。人有嫁其子而教之曰：○文典謹按：世說新語賢媛篇劉孝標注及意林引子並作女。爾行矣，慎無爲善。○文典謹按：世說新語注引作爾爲善，善人疾之。曰：不爲善，將爲不善邪？○文典謹按：世說新語注引作對曰然則當爲不善乎，意林引作女問其故。應之曰：善且由弗爲，況不善乎？○文典謹按：世說新語注引作曰善尚不可爲，而況不善乎。又文選馬汧督誄注引由作猶。此全其天器者。器猶性也。孟子曰：人性善，故曰全其天性。○文典謹按：文選注引者下有也字。拘囹圄者以日爲脩，當死市者以日爲短。○王念孫云：死市本作市死。初學記政理部、太平御覽刑法部八引此並作市死。釋名亦云：市死曰棄市。○文典謹按：意林引作拘囹圄者患日長，當死市者患日短。日之脩短有度也，有所在而短，有所在而脩也，則中不平也。中，心也。故以不平爲平者，其平不平也。嫁女於病消者，夫死則後難復處也。以女爲妨夫，後人不敢娶，故難復嫁處也。一說：女以天下人皆消，不肯復嫁之也。○文典謹按：夫死則下舊有言女妨三字，而今本脫之，故注以女爲妨夫，遂無所指。意林引正作嫁女於消渴者，夫死則言女妨。御覽七百四十三引作嫁女於疾消渴者，夫死後則難可復處。是消下尚有渴字，而今本並脫之也。故沮舍之下不可以坐，沮舍，壞也。○文典謹按：廣韻麻韻廬字下引作廬屋之下不可坐也。倚牆之傍不可以立。爲踣壓也。執獄牢者無病，執，主也。厲鬼畏之，故不病。罪當死者肥澤。計決心之無外思。一說：治當死者，罪已定，無憂。

故肥澤也。刑者多壽，必無累也。刑者宮人也。心無情欲之累，精神不耗，故多壽也。良醫者，常治無病之病，故無病。治正性神內守，故無病也。聖人者，常治無患之患，故無患也。夫至巧不用劍，巧在心手，故不用劍也。○王引之云：至巧不用劍，本作至巧不用鉤繩（高注同。原道篇曰：規矩不能方圓，鉤繩不能曲直。莊子駢拇篇曰：待鉤繩規矩而正者，是削其性也。又見下），齊俗篇曰：規矩鉤繩者，此巧之具也，而非所以爲巧也。即此所云至巧不用鉤繩也。太平御覽工藝部九引齊俗篇注云：巧存於心也（今齊俗篇脫此注），即此注所云巧在心手，故不用鉤繩也。然則今本正文及注內兩劍字皆鉤字之誤，而鉤下又脫繩字明矣。又案：御覽引此亦作至巧不用劍，而引高注則云巧在心手，故不用劍繩，然則御覽所引本作鉤繩，而今本作劍者，又後人據誤本淮南改之也。善閉者不用關楗。善閉其心，不關楗也。故淳于髡之告失火者，此其類。淳于髡，齊人也。告其鄰突將失火，使曲突徙薪，鄰人不從，後竟失火。言者不爲功，救火者焦頭爛額爲上客。刺不備豫，喩凡人不知豫閉其情欲，而思得人救其禍。以清入濁必困辱，以濁入清必覆傾。君子之於善也，猶采薪者見一芥掇之，見青蔥則拔之。言無所舍也。君子行善亦如之。天二氣則成虹，地二氣則泄藏，陰陽相干，二氣也。人二氣則成病。邪氣干正氣，故成病。陰陽不能且冬且夏，陰不能陽，陽不能陰，冬自爲冬，夏自爲夏也。月不知晝，日不知夜。言不能相兼也。善射者發不失的，善於射矣，而不善所射。所射者死，故曰不善。善釣者無所失，善於釣矣，而不善所釣。所釣者魚也，于魚不善也。故有所善，則不善矣。鍾之與磬也，近之則鍾音充，充，大也。○莊逵吉云：御覽引充作亮。遠之則磬音章。磬，石也，音清明，遠聞而章著也。物固有近不若遠，遠不若近者。今曰稻生於水，而不能生於湍瀨之流，湍，急水也。○文典謹按：御覽九百八十五引流作閒，八百三十九引又作流，疑許高本之異也。紫芝生於山，而不能生於盤石之上，根無所植也。○文典謹按：御覽九百九十六紫草條下引此文芝作草，九百八十五引無紫字。慈石能引鐵，及其於銅則不行也。行，猶使也。不能使隨也。水廣者魚大，山高者木脩。廣其地而薄其德，譬猶陶人爲器也，揲挻其土而不益厚，破乃愈疾。愈，益也。疾，速也。揲讀揲脈之揲。聖人不先風吹，不先雷毀，不得已而動，故無累。月盛衰於上，則蠃蛖應於下。

同氣相動。動感。不可以爲遠。月盛則蠃蠬內減，故曰蠃蠬應于下。月，陰精也。蠃蠬亦陰也，故曰同氣也。精能相感，故曰不可爲遠。執彈而招鳥，揮棁而呼狗，欲致之顧反走。故魚不可以無餌釣也，獸不可以虛氣召也。召猶致也。○俞樾云：氣當作器。莊子人閒世篇氣息茀然，釋文曰：向本作謥器。云器，氣也。是器氣聲近義通。大戴記文王官人篇其氣寬以柔，逸周書官人篇氣作器，此古書以器爲氣之證。獸不可以虛器召，猶上句云魚不可以無餌釣也。文子上德篇正作獸不可以空器召。剝牛皮鞹以爲鼓，正三軍之衆，然爲牛計者，不若服於軛也。狐白之裘，天子被之而坐廟堂，然爲狐計者，不若走於澤。言物貴于生也。亾羊而得牛，則莫不利失也；斷指而免頭，則莫不利爲也。故人之情，於利之中則爭取大焉，於害之中則爭取小焉。將軍不敢騎白馬，爲見識者。一說：白，凶服，故不敢騎也。傳曰：晉襄公與姜戎子墨衰敗秦師于殽。言其變凶服也，故不敢騎白馬也。亾者不敢夜揭炬，爲人見之。保者不敢畜噬狗。保，城郭居也。保，饒人也。不敢畜噬人狗也。○洪頤煊云：保，酒家傭也。鶡冠子世兵篇伊尹酒保。韓非子外儲說右上篇：宋人有酤酒者，升槩甚平，遇客甚謹，爲酒甚美，著然不售，酒酸。問其所知長者楊倩，倩曰：汝狗猛邪？曰：狗猛則酒何故而不售？曰：人畏焉。或令孺子懷錢挈壺甕而往酤，而狗迓而齕之，此酒所以酸而不售也。是說其事。高注非。○俞樾云：高注曰：保，城郭居也。然以居城郭者謂之保者，義殊未安。此保字乃阿保之保。禮記內則篇：其次爲保母。是也。保者不敢畜噬狗，恐其驚孺子也。上句云亡者不敢夜揭炬，亡者、保者皆以事言，非以地言。雞知將旦，鶴知夜半，而不免於鼎俎。鶴夜半而鳴也。以無智謀，不能免于鼎俎。以諭將軍當兼五材，不可以無權譎。山有猛獸，林木爲之不斬；園有螫蟲，藜藿爲之不采。言人畏也。○莊逵吉云：御覽一引作螫毒，一引作螫蟲，兩異。爲儒而踞里閭，儒尚禮義，踞里閭非也。爲墨而朝吹竽，墨道尚儉，不好樂。縣名朝歌，墨子不入，吹竽非也。欲滅迹而走雪中，拯溺者而欲無濡，是非所行而行所非。今夫闇飲者，非嘗不遺飲也，使之自以平，則雖愚無失矣。是故不同于和，而可以成事者，天下無之矣。和猶適也。求美則不得美，不求美則美矣。心自求美名，則不得美名也。而自損，則有美名矣。故老子曰：致數輿無輿也。求醜則不得醜，求不醜則有醜矣，不求美又不求醜，則無美無醜矣，是謂玄同。玄，天也。天無所求也。人能無所求，故以之同也。申徒狄負石自沈於淵，而溺者不可以爲抗。申徒狄，殷末人也。不忍見紂亂，故自沈於淵。抗，高也。弦高誕而存鄭，誕者不可以爲常。弦高矯鄭伯之命，以十二牛犒秦師而卻之，故曰誕而存鄭。誕非正也，故曰不可以爲常也。○王念孫云：誕下不當有者字，此涉上文溺者而誤。高注曰：誕非正也，故曰不可以爲常，則無者字明矣。泰族篇：弦高誕而存鄭，誕不可以爲常，亦無者字。事有一應，而不可循行。人有多言者，猶百舌之聲；百舌，鳥名，能易其舌，效百鳥之聲，故曰百舌。以喻人雖事多言，無益於事。人有少言者，猶不脂之戶也。言其不鳴，故不脂之諭無聲也。一說：不脂之戶，雖開閉，亦諭人少言語也。六畜生多耳目者不詳，讖書著之。詳，善也。多耳目，人以爲妖災也。諭有多言而少誠實，比之于不詳也。百人抗浮，不若一人挈而趨。抗，舉也。浮，瓠也。百人共舉，不如一人持之走便也。物固有衆而不若少者，引車者二六而後之。轅三人，兩轅六人，故謂二六。一說十二人。事固有相待而成者，兩人俱溺，不能相拯，一人處陸則可矣。故同不可相治，必待異而後成。同，謂君所謂可，臣亦曰可；君所謂否，臣亦曰否，猶以水濟水，誰能食之，是謂同，故不可以相治。異，謂濟君之可，替君之否，引之當道，是謂異也，故可以成事也。千年之松，下有茯苓，上有兔絲。茯苓，千歲松脂也。兔絲生其上而無根，一名女蘿也。○王念孫云：千年之松四字，後人所加也。此言聖人從外知內，以見知隱，故上有兔絲，則知下有伏苓；（以下二句例之，則此當云上有兔絲，下有伏苓。今云下有伏苓，上有兔絲者，變文協韻耳。）上有叢蓍，則知下有伏龜。兔絲在伏苓之上，故曰上有兔絲，非謂在松之上也。伏苓在兔絲之下，故曰下有伏苓，亦非謂在松之下也。若云千年之松，下有伏苓，上有兔絲，則是以上下爲松之上下矣。然則上有叢蓍，下有伏龜，又作何解乎？高注云：伏苓，千歲松脂也。兔絲生其上而無根。此謂松脂入地千年爲伏苓，（博物志引神仙傳曰：松脂入地千年化爲伏苓。）非謂千年之松下有伏苓也。且注云兔絲生其上，其字指伏苓而言，不指松言，則正文內本無千年之松四字明矣。呂氏春秋精通篇注、太平御覽藥部六、嘉祐本草補注、埤雅引此，皆無千年之松四字。史記龜策傳引傳曰：下有伏靈，上有兔絲。亦無千年松之語。上有叢蓍，下有伏龜。聖人從外知內，以見知隱也。喜武非俠也，俠，輕也。喜文非儒也，好方非醫也，好馬非騶也，知音非瞽也，知味非庖也。此有一槩而未得主名也。此六術者，皆善之而未純，無所適名，故曰一槩而未得主名。被甲者非爲十步之內也，百步之外，則爭深淺，深則達五藏，淺則至膚而止矣。死生相去，不可爲道里。言相遠也。楚王亡其猨，而林木爲之殘。楚王，莊王旅也。猨捷躁，依木而處，故殘林以求之。宋君亡其珠，池中魚爲之殫。殫，盡也。○文典謹按：楚王亡其猨，而林木爲之殘；宋君亡其珠，池中魚爲之殫，句法不一律。御覽九百十引作楚王亡其猨於林，木爲之殘；宋王亡其珠於池，魚爲之殫。當從之。藝文類聚八十四引作楚王亡其猨，而林木爲之殘；宋王亡其珠於池中，而魚爲之殫。白帖九十七爲之殘作爲之殊害。又引注云：言殘林木以求之。故澤失火而林憂。憂，見及也。○莊逵吉云：御覽引作林木憂。上求材，臣殘木；上求魚，臣乾谷；上求楫，而下致船。上言若絲，下言若綸。綸，大繳也。上有一善，下有二譽；上有三衰，下有九殺。衰、殺，皆喻踰也。傳曰：上之所好，下尤甚焉。故有九殺也。○文典謹按：羣書治要引注踰作儉。大夫種知所以強越，而不知所以存身。自爲越所殺也。萇弘知周之所存，而不知身所以亡。亡，爲周所殺也。○王念孫云：下二句，存上脫以字，身下脫之字。知遠而不知近。遠謂強越存周也，近謂其身也。畏馬之辟也，不敢騎；辟，旁也。懼車之覆也，不敢乘。是以虛禍距公利也。虛，空也。不孝弟者，或詈父母。生子者，所不能任其必孝也，然猶養而長之。任，保也。范氏之敗，有竊其鐘，負而走者。范氏，范吉射，范會之玄孫，范鞅獻子之子昭子也。敗者，趙簡子伐之，故人竊其鐘也。一曰：知伯滅范氏也。鎗然有聲，懼人聞之，遽掩其耳。憎人聞之，可也；自掩其耳，悖矣。悖，惑也。升之不能大於石也，升在石之中；夜之不能修其歲也，夜在歲之中；仁義之不能大於道德也，仁義在道德之包。仁義小，道德大也。在道德包裹，猶升在斛之中，夜在歲之內也。○王念孫云：脩其歲亦當作脩於歲。○王紹蘭云：其猶於也。管子大匡篇君子聞之曰：召忽之死也，賢其生也；管仲之生也，賢其死也。謂召忽死賢於生，管仲生賢於死，是其例矣。此文前後自作於，中句自作其，正見古人行文之法不拘一律也。○文典謹按：王念孫說是也。宋本其正作於。先針而後縷，可以成帷；先縷而後針，不可以成衣。針成幕，蔂成城。事之成敗，必由小生。言有漸也。幕，帷也。上曰幕，旁曰帷。縷非針無以通，故宜先也。蔂，土籠也。始一匱以上於城，故曰事之成敗，必由小生。染者先青而後黑則可，先黑而後青則不可。工人下漆而上丹則可，下丹而上漆則不可。萬事由此，〇文典謹按：御覽七百五十二、九百六十一引「萬事由此」下並有「也」字。所先後上下，不可不審。審，知也。

水濁而魚噞，魚短氣黃噞，出口于水上。形勞則神亂。形亂神不治也。故國有賢君，折衝萬里。衝，兵車也。所以衝突敵城也。言賢君德不可伐，故能折遠敵之衝車于千里之外，使敵不敢至也。魏文侯禮下段干木，而秦兵不敢至，此之謂也。〇王念孫云：「故國有賢君」二句與上意絕不相屬，蓋錯簡也。案上文云「山有猛獸，林木爲之不斬；園有螯蟲，藜藿爲之不采」，此云「故國有賢君，折衝萬里」，故字正承彼文而言。賢君當作賢臣，謂國有賢臣，則敵國不敢加兵，亦猶山之有猛獸、園之有螯蟲也。鹽鐵論崇禮篇：「故春秋傳曰：山有虎豹，葵藿爲之不採；國有賢士，邊境爲之不割。」漢書蓋寬饒傳：「臣聞山有猛獸，藜藿爲之不采；國有忠臣，姦邪爲之不起。」義並與此同。且采與里爲韻，今本下二句誤在此處，則既失其義，而又失其韻矣。且賢臣作賢君，亦與上文取譬之義不合。高注有「賢君德不可伐」之語，恐是後人依已誤之正文改之也。觀注內引魏文侯禮下段干木而秦不敢伐之事，則本作賢臣明矣。晏子春秋雜篇曰：「夫不出於尊俎之閒，而知衝千里之外，其晏子之謂也。」（知與折同，後人不曉知字之義，而刪去衝字，又於「晏子之謂也」下增「可謂折衝矣」五字，大謬。辯見晏子。）呂氏春秋召類篇曰：「夫脩之於廟堂之上，而折衝乎千里之外者，其司城子罕之謂乎！」是凡曰折衝千里者，多指賢臣言之。且國有賢臣，與山有猛獸云云同意，故鹽鐵論以虎豹喻賢士，而漢書亦以猛獸喻忠臣也。文子上德篇：「山有猛獸，林木爲之不斬；園有螯蟲，葵藿爲之不采；國有賢臣，折衝千里。」皆用淮南之文，則此二句本在上文「山有猛獸」云云之下，而賢君本作賢臣明矣。又案萬里亦當依文子作千里。敵國之遠，可言千里，不可言萬里也。據高注云「折衝車於千里之外」，則正文本作千里明矣。

因媒而嫁，而不因媒而成。媒人以禮成爲室家也。因人而交，不因人而親。以德親也。〇文典謹按：御覽五百四十一引「因媒」上有「女」字。行合趨同，千里相從。雖遠必至。行不合趨不同，對門不通。詩所謂室邇人遠，故曰對門不通也。海水雖大，不受胔芥。日月不應非其氣。陽隧取火，方諸取水，氣相應也。非此不得，故曰不應非其氣也。君子不容非其類也。〇文典謹按：意林引「君子」句在「日月」句前。不愛倕之手，而愛己之指。倕讀詩惴惴其栗之惴也。倕，堯之巧工也。雖倕巧人，不能以倕巧故愛其手也。謂倕手無益於己，故自愛其指也。不愛江漢之珠，而愛己之鉤。江漢雖有美珠，不爲己用，故不愛也。鉤，釣鉤也。可以得魚，故愛之。〇王念孫云：正文鉤字本作釣，注本作「釣，鉤也」。釣爲釣魚之釣，又爲鉤之別名，故必須訓釋；若鉤字則不須訓釋矣。古多謂鉤爲釣，故廣雅亦云「釣，鉤也」。下文云「操釣上山，揭斧入淵」，說林篇云「一目之羅，不可以得鳥；無餌之釣，不可以得魚」。

（以上兩釣字高氏皆無注者，注已見於此也。然則此注本作釣鈎也明矣。）鬼谷子摩篇云：如操釣而臨深淵。東方朔七諫云：以直鍼而爲釣兮，又何魚之能得。皆其明證矣。道藏本作愛己之鈎，注作鈎釣也。此因正文釣誤爲鈎，後人遂顚倒注文以就之耳。劉績不得其解，又改高注爲鈎釣鈎也以曲爲附會，而舊本之蹤跡遂不可尋矣。（諸本及莊本同。）淺學人但知釣爲釣魚之鈎，而不知其又爲鈎之別名，故書傳中釣本字多改爲鈎。詳見莊子鈎餌下。○文典謹按：高注非是。錘之手與己之指義正相應，江漢之珠與己之鈎義亦相應。若作釣鈎，則非其指矣。呂氏春秋重己篇：錘至巧也，人不愛錘之指，而愛己之指，有之利故也。人不愛崑山之玉、江漢之珠，而愛己之一蒼璧小璣，有之利故也。卽此文所本。蒼璧小璣、己之鈎，皆喻不好有之爲己用，故愛之也。鈎以玉爲之，故得與江漢之珠相對爲譬。釣鈎賤物，豈其類哉。以束薪爲鬼，以火煙爲氣。以束薪爲鬼，揭而走。夜行見束薪以爲鬼，故去而走。以火煙爲氣，殺豚烹狗。以火煙爲吉凶之氣，殺牲以禳之，惑也。先事如此，不如其後。此先事之人也，如此不如徐徐出其後者也。巧者善度，知者善豫。豫，備也。羿死桃部，不給射；慶忌死劍鋒，不給搏。桃部，地名。羿，夏之諸侯有窮君也，爲弟子逢蒙所殺，不及攝已而射也。搏，捷也。慶忌，吳王僚之子也，要離爲闔閭刺之，故死劍，不及設其捷疾之力。○莊逵吉云：桃部卽桃棓。詮言訓注云：桃棓，大杖，以桃木爲之。注義異。○顧炎武云：詮言訓羿死於桃棓，注云：棓，大杖，以桃木爲之，以擊殺羿。自是以來，鬼畏桃也。按部卽棓字，一人注書而前後不同若此。滅非者戶告之曰：我實不與我諛亂。謗乃愈起。止言以言，止事以事，譬猶揚堁而弭塵，抱薪而救火。止言當以默，止事當以卜，今以言止言，以事止事，猶揚堁止塵，塵愈起，抱薪救火，火愈熾也。流言雪汙，譬猶以涅拭素也。流，放也。雪，除也。涅，黑也。素，白也。○文典謹按：文選長笛賦注引高誘淮南子注：雪，拭也。矢之於十步貫兕甲，於三百步不能入魯縞。騏驥一日千里，其出致釋駕而僵。釋，稅。僵，仆也。猶矢于三百步不能穿魯縞，言力竭勢盡也。○陶方琦云：史記集解一百八引許注：魯之縞至薄。按高無注。小爾雅廣服：繒之精者曰縞。史記韓長孺傳注引漢書音義曰：縞，曲阜之地，俗善作之，尤爲輕細，故以喻之。新論愼隙篇：魯縞質薄，疊之折軸。與淮南許注義亦同。大家攻小家則爲暴，大國幷小國則爲賢。夏世不能上德，苟任勞力，而以辟土斥境、幷兼人國爲賢也。小馬非大馬之類也，小知非大知之類也。小馬不可以進道致千里，故不得與大馬同類；小知不可以治世長民，故不得與大知同類。○俞樾云：上非字衍文也。本作小馬大馬之類也，小知非大知之類也。言馬則小大同類，知則大小迥殊。正以馬之類明知之不類也。孟子告子篇曰：然則犬之性猶牛之性，牛之性猶人之性與。亦以物之同，見人之不同，與此語意相近。呂氏春秋別類篇曰：小方大方之類也，小馬大馬之類也，小智非大智之類也。即淮南所本。後人不達其旨，誤謂兩句一律，於上句亦增非字，失之矣。然觀高注曰：小馬不可以進道致千里，故不得與大馬同類。小知不可以治世長民，故不得與大知同類。則其所據本已衍非字。被羊裘而賃，固其事也。貂裘而負籠，甚可怪也。籠，土籠也。○文典謹按：意林引作被羊裘而賃，顧其事過也，衣貂裘而負籠，甚可怪也。周廣業云：賃顧者，役人而予之值也。羊裘本賤者之服，不當顧人，故曰其事過也。原文則謂被羊裘而爲人賃，宜也。鞸服而執賤役，可異矣。又按：貂裘，御覽六百九十四、七百六十四引並作狐裘。以潔白爲汙辱，譬猶沐浴而抒溷，薰燧而負彘。燒薰自香也。楚人謂之薰燧。治疽不擇善惡醜肉而并割之，農夫不察苗莠而并耘之，豈不虛哉！壞塘以取龜，發屋而求狸，掘室而求鼠，割唇而治齲，桀跖之徒，君子不與。舉事而施如是者，則桀跖之徒也，君子不與也。○文典謹按：御覽七十四引不與作不爲。殺戎馬而求狐狸，援兩鼈而失靈龜，斷右臂而爭一毛，折鏌邪而爭錐刀。○文典謹按：御覽九百三十二引，一毛作一手，錐刀作雖刀。用智如此，豈足高乎！高猶貴也。寧百刺以針，無一刺以刀；寧一引重，無久持輕；寧一月饑，無一旬餓。饑，食不足。餓，困乏也。萬人之蹪，愈於一人之隧。楚人謂躓爲蹪。愈，勝也。隧，陷也。有譽人之力儉者，舂至旦不中員呈，猶謫之，察之，乃其母也。謫，責怒也。稱譽人力儉，呈作不中科呈，而責怒也。君子視之，乃自呈作。其母以爲力挾，以此譽人，孰如毀之？故諺曰：問誰毀之，小人譽之。此之謂也。故小人之譽人，反爲損。損，毀也。東家母死，其子哭之不哀；西家子見之，歸謂其母曰：社何愛速死，吾必悲哭社。江淮謂母爲社。社讀雖家謂公爲阿社之社也。○文典謹按：御覽四百九十九引東家上有楚人三字，哭之不哀作哭而不悲，何愛作何憂。夫欲其母之死者，雖死亦不能悲哭矣；謂學不暇者，雖暇亦不能學矣。言有事務不暇學，如此曹之人，雖閒暇無務，亦不能學也。見窾木浮而知爲舟，見飛蓬轉而知爲車，見鳥迹而知著書，以類取之。窾，穴。讀曰科也。○陶方琦云：宋蘇頌校淮南題序引許注，舟作周。按蘇氏校正淮南子序云，許于篇內多用段借，以周爲舟是也。初學記二十五引此，作見窾木浮而知爲周，正作周。知初學記引乃許本也。

（攷工記曰。作舟以行水。故書舟爲周。鄭司農云。周當爲舟。許注淮南。多用古本也。〇文典謹按。初學記器用部引。見窾木上。有古人二字。北堂書鈔百三十七引注云。音款。空也。高注無云某音某者。必後人注語也。）以非義爲義。以非禮爲禮。譬猶倮走而追狂人。盜財而予乞者。竊簡而寫法律。蹲踞而誦詩書。割而舍之。鏌邪不斷肉。執而不釋。馬氂截玉。（氂。馬尾也。）聖人無止。無以歲賢昔。日愈昨也。（賢。愈。猶勝也。言今歲勝於昔歲。今日勝於昨日。喻聖人自修進也。）馬之似鹿者千金。天下無千金之鹿。玉待礛諸而成器。（礛諸。攻玉之石。言物有待賤而貴者也。礛。廉。或直言藍也。〇文典謹按。御覽八百五引礛作濫。注同。）有千金之璧。而無錙錘之礛諸。（六銖曰錙。八銖曰錘。言其賤也。）受光於隙照一隅。受光於牖照北壁。受光於戶照室中無遺物。況受光於宇宙乎。天下莫不藉明於其前矣。（四方上下曰宇。往古來今曰宙。謂四極之內。天地之間。故天下莫不借明于日月之前。）由此觀之。所受者小。則所見者淺。所受者大。則所照者博。江出岷山。河出昆侖。濟出王屋。潁出少室。漢出嶓冢。（已說在地形也。）分流舛馳。注於東海。所行則異。所歸則一。（一。同也。）通於學者若車軸。轉轂之中。不運於己。與之致千里。終而復始。轉無窮之源。不通於學者若迷惑。告之以東西南北。所居聆聆。（聆聆。猶了了。言迷解也。）背而不得。不知凡要。（背而不得。更復惑。故曰不知凡要也。）寒不能生寒。熱不能生熱。不寒不熱。能生寒熱。故有形出於無形。未有天地能生天地者也。至深微廣大矣。（未有天地生天地。故無形生有形也。）雨之集無能霑。待其止而能有濡。（集。下也。此其至未能有所霑。止者。所止。故能有濡也。）矢之發無能貫。待其止而能有穿。唯止能止衆止。（止。諭矢止乃能穿物。一曰。止己情欲。乃能止歸衆物。令不得已乎。）因高而爲臺。就下而爲池。各就其勢。不敢更爲。聖人用物。若用朱絲約芻狗。若爲土龍以求雨。芻狗待之而求福。（求。猶得也。待芻狗之靈而得福也。）土龍待之而得食。（土龍致雨。雨而成穀。故得待土龍之神而得穀食。一說。土龍待請雨之祈。得食酒肉者也。〇文典謹按。高注故得待土龍之神而得穀食。上得字衍文。文選應休璉與廣川長岑文瑜書注引，無得字，是其證。魯人身善制冠，妻善織履，往徙於越，而大困窮。○文典謹按：北堂書鈔百三十六引作魯人身善制冠，妾善織履，往從於越而大困。以其所修而遊不用之鄉。○文典謹按：北堂書鈔百二十七引作以有用遊於不用之鄉也。譬若樹荷山上，荷，水菜，夫渠也。其莖曰茄，其本曰蔤，其根曰藕，其花曰夫容，其秀曰菡萏，其實曰蓮，蓮之茂者，其花之中心曰薏。幽州總謂之光。荷讀如燕人強秦言胡同也。而畜火井中，操釣上山，揭斧入淵，欲得所求，難也。方車而蹠越，乘桴而入胡，方，出。蹠，至。桴，筏。一曰瓠。言非其所宜也。○陶方琦云：御覽七百七十引許注：桴，木筏。按：桴筏之訓，乃舊義，高注一曰，乃別解也。文亦與許注異。說文作泭，編木以渡也，與木筏義同。筏應作栰。論語乘桴浮于海，馬注：桴，編竹木，大曰栰，小曰桴。爾雅：庶人乘泭。孫注：方木置水中爲泭栰也。泭字又作𥴧，廣雅：𥴧，筏也。欲無窮不可得也。無求之處也。○文典謹按：北堂書鈔百三十八引作欲無窮而不得。楚王有白蝯，王自射之，則搏矢而熙。熙，戲也。使養由基射之，始調弓矯矢，未發而蝯擁柱號矣。由基，楚王之臣，養姓。調，張。矯，直。擁，抱。號，呼。幽通賦曰：養流睇而猨號，是也。○王念孫云：擁柱當爲擁樹，聲之誤也。文選幽通賦注引此作抱樹，太平御覽兵部八十一引作擁樹。○文典謹按：御覽七百四十五引作擁柱，與今本合。有先中中者也。有先未中必中之徵，精相動也。咼氏之璧，夏后之璜，揖讓而進之，以合歡；夜以投人，則爲怨；時與不時。不時，闇夜也。咼，古和字。○文典謹按：藝文類聚三十引時與不時下有也字。畫西施之面，美而不可說；規孟賁之目，大而不可畏。君形者亡焉。生氣者，人形之君。規畫人形，無有生氣，故曰君形亡。○文典謹按：御覽七百五十引作畫西施之面者，美而可悅；覩孟賁之目者，大而可畏。意林引規作畫，句在畫西施之面句前。人有昆弟相分者，無量。多不可計。而衆稱義焉。夫惟無量，故不可得而量也。登高使人欲望，臨深使人欲闚，處使然也。射者使人端，釣者使人恭，事使然也。端然後中，恭然後得，故曰事使然也。曰殺罷牛可以贖良馬之死，莫之爲也。殺牛，必亡之數。牛者所以植穀者，民之命，是以王法禁殺牛。民犯禁殺之者誅，故曰必亡之數。以必亡贖不必死，未能行之者矣。季孫氏劫公家，魯大夫季桓子斯，一曰康子肥。脅定公而專其政。傳曰：祿之去公室。孔子說之，先順其所爲而後與之入政，曰舉枉與直，如何而不得；舉直與枉。勿與遂往。直順其謀而從。勿遂大與同小。此所謂同汚而異塗者。衆曲不容直。衆枉不容正。故人衆則食狼。狼衆則食人。欲爲邪者。必相明正。欲爲曲者。必相達直。公道不立。私欲得容者。自古及今。未嘗聞也。此以善託其醜。託寄也。若麗姬欲殺太子申生。先僞之于獻公。然後得行其害。此其類也。衆議成林。無翼而飛。衆人皆議。平地生林。無翼之禽能飛。凡人信之。以爲實然。三人成市虎。三人從市中來。皆言市中有虎。市非虎處。而人信以爲有虎。故曰三人成市虎。一里能撓椎。撓弱。一里之人皆言能屈椎者。人則信之也。夫游沒者不求沐浴。已自足其中矣。故食草之獸。不疾易藪。疾患也。水居之蟲。不疾易水。○王念孫云。食草本作草食。與水居相對爲文。寫者誤倒耳。太平御覽蟲豸部一引此正作草食。莊子田子方篇同。行小變而不失常。小變。易水易草也。草食故食草。水居故水中。故曰不疾失其常也。信有非禮而失禮。○王念孫云。當作信有非而禮有失。下文此信之非。此禮之失。皆承此句言之。今本而禮二字誤倒。又脫一有字。衍一禮字。遂致文不成義。尾生死其梁柱之下。此信之非也。尾生。妷人。與婦人私期橋梁之下。故尊其誓。水至不去。沒休而死。故曰信之非也。孔氏不喪出母。此禮之失者。禮。庶子喪出母期。孔氏子上。名白。仲尼之曾孫。孔伋之子也。子上之母被出。卒于外。記曰。子上之母死不喪。門人問諸子思曰。子先君其喪出母乎。曰然。子不使白也何也。曰。昔我先君無所失道。道隆從而隆。道汚從而汚。伋則安能及乎。是不爲伋也妻。不爲白也母。孔氏之不喪出母。自子思始。故曰孔氏之失也。曾子立孝。不過勝母之閭。○文典謹按。御覽四百十三引曾子作孔子。文選吳季重答東阿王書注引立孝作至孝。墨子非樂。不入朝歌之邑。曾子立廉。不飲盜泉。○文典謹按。曾子立廉。本作孔子立廉。今本作曾子者。涉上文曾子立孝而誤也。水經注二十五引尸子。孔子至於暮矣而不宿於盜泉。渴矣而不飲。惡其名也。文選陸士衡猛虎行注引尸子。孔子至於勝母。暮矣而不宿。過於盜泉。渴矣而不飲。惡其名也。後漢書鍾離意傳。臣聞孔子忍渴於盜泉之水。列女傳。樂羊子妻曰。妾聞志士不飲盜泉之水。水經注引論語撰考讖並云。水名盜泉。仲尼不漱。論衡問孔篇。說苑說叢篇。皆言孔子不飲盜泉。不聞爲曾子事也。御覽四百二十六引此文。作曾子。已誤。然四百十三引曾子立孝不過勝母之閭。曾子作孔子。可考曾孔互譌之跡。所謂養志者也。紂爲象箸而箕子唏。見象箸。知當復作玉杯。有玉杯必有熊蹯豹胎。以極廣侈。故箕子爲之驚號啼也。魯以偶人葬而孔子嘆。惡其象人而用之。知後世必用殉。故孔子爲之長嘆也。故聖人見霜而知冰。見霜降，大寒至，必堅冰。有鳥將來，張羅而待之，得鳥者，羅之一目也。今爲一目之羅，則無時得鳥矣。今被甲者，以備矢之至；若使人必知所集，則懸一札而已矣。事或不可前規，物或不可慮。王念孫云：物或不可慮，文義未明，且與上句不對。文子上德篇「事或不可前規，物或不可豫慮」，即用淮南之文，今本蓋脫豫字。卒然不戒而至，故聖人畜道以待時。道能均化。無不稟受，故聖人畜養以待時，時至而應，若武王伐紂也。髡屯犂牛，既㸿以𤙖，決鼻而羈，髡屯，醜牛貌。犂牛，不純色。㸿，無角。𤙖，無尾。決鼻，羈頭而牽。生子而犧，尸祝齋戒，以沈諸河，犧者，牲也。尸，祭神之主。祝，祈福祥之辭。祀河曰沈。○王念孫云：說文、玉篇、廣韻、集韻皆無㸿𤙖二字，㸿𤙖當爲科𤙖（𤙖他果反），後人從牛作㸿𤙖，傳寫者又誤爲㸿𤙖耳。科與𤙖皆無禿貌也。故高注云「科，無角；𤙖，無尾」，其實無角亦可謂之𤙖。呂氏春秋至忠篇「荊莊哀王獵於雲夢，射隨兕」，隨與𤙖同（齊俗篇「窺面於盤水則員，於杯則隨」，隨即𤙖字），說苑立節篇作「射科雉」（雉與兕同，集韻兕或作雉，史記齊世家「蒼兕蒼兕」，徐廣曰「本或作蒼雉」，管蔡世家「曹惠伯兕」，十二諸侯年表兕作雉），隨兕、科雉，皆謂兕之無角者也。太玄窮次四「士不和，木科𤙖」，范望曰「科𤙖，枝葉不布」，集韻引宋惟榦說云「科𤙖，木首杌也」，義與此科𤙖相近。𤙖字集韻又音徒禾切，故太玄與和爲韻，此與羈、犧、河爲韻，今誤作𤙖，則失其韻矣。河伯豈羞其所從出，辭而不享哉！詩曰：「采葑采菲，無以下體。」論語曰：「犂牛之子騂且角，雖欲勿用，山川其舍諸。」得萬人之兵，不如聞一言之當。當，謂明天時地利，知人之言，可以不戰屈人之兵也。○文典謹按：藝文類聚十九引「如」作「若」，與下文一律。得隋侯之珠，不若得事之所由；得咼氏之璧，不若得事之所適。由，用。適，宜適也。○文典謹按：御覽八百六引「得事之所適」作「以事之所適」。撰良馬者，非以逐狐狸，將以射麋鹿；砥利劍者，非以斬縞衣，將以斷兕犀。故高山仰止，景行行止，鄉者其人。言有高山，我仰而止之；人有大行，我則而行之。故曰鄉者其人也。見彈而求鴞炙，彈可以彈鴞鳥，而我因其求炙也。見卵而求晨夜，雞知將旦，鶴知夜半，見其卵，因望其夜鳴，故曰求晨夜。○俞樾云：晨當作辰，淺人誤謂與夜對文，故加日作晨，不知非其義也。辰者，時也。詩東方未明篇「不能辰夜」，毛傳曰：「辰，時也。」正義曰：「不能時節此夜之漏刻。」然則辰夜即時夜也。莊子齊物論篇正作「見卵而求時夜」，蓋皆本於毛詩。淮南用其文，莊子用其義耳。見麛而求成布，雖其理哉，亦不病暮。麛，麻之有實者，可以爲布，因求其成，故曰雖其理哉，亦不病暮，言其早也。麛讀傳曰有蜚不爲災之蜚。象解其牙。不憎人之利之也。利。猶取也。死而棄其招簣。不怨人取之。招簣。稱死者浴牀上之柄也。怨亦憎。變文爾。簣讀功績之績也。人能以所不利利人則可。所不利。若子罕不利玉人之寶。利于玉人自得玉以爲寶。故曰可也。狂者東走。逐者亦東走。東走則同。所以東走則異。溺者入水。拯之者亦入水。入水則同。所以入水者則異。以異不休。故聖人同死生。愚人亦同死生。聖人之同死生通於分理。〇文典謹按。御覽四百九十九引分理下有也字。愚人之同死生。不知利害所在。〇文典謹按。御覽引作不知利害之所在也。徐偃王以仁義亡國。國亡者非必仁義。徐國。今下邳徐僮是。偃。謚。居衰亂之世。修行仁義。爲楚文王所滅。滅者多以不義。故曰亡國不必仁義。比干以忠靡其體。被誅者非必忠也。比干以忠諫紂而誅。世之見誅者多以不忠。故曰被誅者非必忠。故寒顫。懼者亦顫。此同名而異實。同名於顫。異者寒與懼。顫讀天寒凍顫之顫。字亦如此。〇王念孫云。寒下亦當有者字。上文狂者東走。逐者亦東走。與此文同一例。明月之珠出於蛖蜃。周之簡圭生於垢石。珠有夜光明月。生於蛖中。簡圭。大圭。美玉出於石中。故曰生垢石。〇文典謹按。文選西都賦注引許注。夜光之珠。有似明月。故曰明月也。初學記鱗介部引周之簡圭生於垢石。石作周人簡珪產於古石。文選應德璉侍五官中郎將建章臺集詩注引作周之簡珪產於垢土。大蔡神龜出於溝壑。大蔡。元龜之所出地名。因名其龜爲大蔡。臧文仲所居蔡是也。萬乘之主冠錙錘之冠。履百金之車。六銖曰錙。八銖曰錘。言賈值小物。有賤而在上。有貴而在下。車或作履也。牛皮爲鞁。正三軍之衆。鼓聲氣。故可以齊三軍之衆也。欲學歌謳者。必先徵羽樂風。徵。南方火。羽。北方水。五音正樂。正夫理情性。動天地。感鬼神。莫近於詩樂。風者。上以風化下。下以風刺上。故曰風也。欲美和者。必先始於陽阿采菱。陽阿采菱。樂曲之和聲。有陽阿。古之名俳。善和也。〇王念孫云。下必先二字。因上必先而衍。始於與必先相對爲文。不當更有必先二字。北堂書鈔樂部一。藝文類聚樂部一。太平御覽樂部三引此。並作始於陽阿采菱。無必先二字。〇陶方琦云。御覽五百六十五引許注。楚樂之名也。按二注文異。楚辭涉江。采菱發陽阿。王注。楚人謌曲也。與許說同。〇文典謹按。書鈔。類聚。御覽引此文。欲美和者竝作奏雅樂者。此皆學其所不學。而欲至其所欲學者。燿蟬者務在明其火。釣魚者務在芳其餌。明其火者。所以燿而致之也。芳其餌者。

所以誘而利之也。燿明，芳香也。明火香餌，則蟬魚至。以言治國明其德，美其政，天下之人如蟬魚之歸明火香餌也。欲致魚者先通水，欲致鳥者先樹木。水積而魚聚，木茂而鳥集。好弋者先具繳與矰，繳，大綸。矰，短矢。繳所以繫者。繳射之，注飛鳥。詩云：弋鳧與鴈。好魚者先具罟與罛。罟，細网。傳曰：數罟不入汙池。罛，大网。詩曰：施罛濊濊，鱣鮪潑潑，是也。未有無其具而得其利。言未見君無道而能得民心也。遺人馬而解其羈，遺人車而稅其轙。轙，所以縛衡也。所愛者少而所亡者多。故里人諺曰：烹牛而不鹽，敗所爲也。烹羹不與鹽，不成羹，故曰敗所爲。禮記曰：客絮羹，主人辭不能烹。知烹爲羹也。桀有得事，謂若作瓦以蓋屋，遺後世也。○洪亮吉云：有虞氏已有瓦棺，則瓦非自夏始。周書云：神農作瓦器。倉頡篇：陶作瓦。舜始爲陶。衆經音義：陶又通作姚。余以爲神農作瓦近之。故孟子云：舜陶於河濱。明舜時已有瓦矣。古史考云：夏昆吾作瓦。世本：夏臣昆吾更增加瓦器。昆吾係夏桀時人，故又以爲桀作瓦也。堯有遺道。遺，失。謂不能放四凶、用十六相，是也。一說：不傳丹朱而傳舜，天下有不慈之名，故曰有遺道也。嫫母有所美，嫫母，古之醜女，而行貞正，故曰有所美。嫫讀模範之模。西施有所醜。西施，古之好女，雖容儀光豔，未必貞正，故曰有所醜也。故亡國之法，有可隨者；治國之俗，有可非者。有可隨，猶嫫母有所美。有可非，猶西施有所醜。琬琰之玉，在洿泥之中，雖廉者弗釋。琬琰，美玉。釋，舍也。○文典謹按：在洿泥之中，御覽七百五十七引作汙泥土之中。弊箄甑瓾，在袡茵之上，雖貪者不搏。瓾，甑帶。搏，取也。瓾讀鼃黽之鼃也。○王念孫云：說文、玉篇、廣韻、集韻、類篇皆無瓾字，瓾當作㼖，字之誤也。說文：㼖，甑空也。（空與孔通。）玉篇：𤭛或作㼖，亦作窐，胡圭、古畦二切。甑下空也。楚辭哀時命：璋珪雜於甑窐兮。璋珪與甑窐美惡相縣，故以爲喻。此云弊箄甑㼖在袡茵之上，雖貪者不搏，亦爲其惡也。（見下文。）㼖字不得音黽，注當作㼖讀鼃黽之鼃。㼖、鼃皆從圭聲，故讀㼖如鼃。太平御覽器物部二引此已誤作瓾，洪興祖楚辭補注所引與御覽同，唯注內音鼃尙不誤。楊愼古音餘於梗韻收入瓾字，引高注瓾讀鼃黽之黽，則爲俗本所惑也。美之所在，雖汙辱，世不能賤；惡之所在，雖高隆，世不能貴。世不能賤者，喻賢者在下位卑汙之處。世不能貴者，喻小人在上位高顯之處。春貸秋賦，民皆欣；春飢而予，秋豐而收，故民欣也。春賦秋貸，衆皆怨；得失同，喜怒爲別，其時異也。爲魚德者，非挈而入淵；爲蝯賜者，非負而緣木，縱之其所而已。喻爲政官方定物，能文者居文官，能武者居武官，故曰縱之其所而已。○莊逵吉云：御覽作縱其所之而已○王念孫云縱之其所而已所下當有利字淵者魚之所利木者蝯之所利故言縱之其所利而已高注故曰縱之其利而已也利上當有所字各本正文脫利字(困學紀聞引此已誤)而注文利字尚存莊本又改利字爲所字則并注文亦無利字矣文子上德篇作縱之所利而已與高注利字合則正文原有利字明矣○文典謹按王說是也御覽四百七十七引作縱其所之利之而已矣有利字。

貉裘而雜。不若狐裘而粹。雜猶駁粹純也故人莫惡於無常行。無常行猶論語人而無恆不可作爲巫醫故曰惡也有相馬而失馬者。失猶不知也。然良馬猶在相之中。良馬有天壽骨法非能相不知故曰在相之中今人放燒。○文典謹按放燒義不可通放當爲於字之誤也御覽八百六十九引正作今人於燒是其證。

或操火往益之。或接水往救之。兩者皆未有功。而怨德相去亦遠矣。郢人有買屋棟者。求大三圍之木。郢楚都在今江陵北郢是也棟屬木材而人予車轂。○王念孫云意林及太平御覽居處部十五引此予下並有之字於義爲長跪而度之。巨雖可而修不足。巨大也修不足言其短○莊逵吉云修各本作長依太平御覽改又巨字作大○文典謹按意林引巨亦作大蘧伯玉以德化。伯玉衞大夫蘧瑗趙簡子將伐衞使史默往視之曰蘧伯玉爲政未可以加兵故曰以德化公孫鞅以刑罪。所極一也。公孫鞅衞公子叔痤之子自魏奔秦相孝公制相坐法故曰以刑罪秦封爲商君因曰商鞅商在京兆東南瑗以德化鞅以刑罪故曰所極一也。病者寢席。寢臥席蓐醫之用針石。巫之用精藉。所救鈞也。醫師在男曰覡在女曰巫石針所抵彈人雍痤出其惡血精米所以享神藉菅茅皆所以療病求福祚故曰救鈞貍頭愈鼠。雞頭已瘻。鼠齧人瘡貍愈之瘻頭腫疾雞頭水中芡幽州謂之雁頭亦愈之也○陶方琦云御覽九百十二引許注貍食鼠按二注文異鼠即癙字爾雅釋詁癙病也孫注畏之病也許高竝以貍制鼠之說相釋以癙有从鼠之義也山海經脫扈之山植楮可以已癙郭注癙病也淮南子曰貍頭已癙又御覽九百十二貍頭止癙注癙寒熱病也或亦是許注此引必係敓文(物類相感志引許君注曰貍能執鼠故愈也是全文然食作執已作愈)○文典謹按御覽七百四十二引作貍頭已癙與水經注所引合蝱散積血。○陶方琦云御覽九百四十三引作蝱散積血又引許注蝱食血按高無注說文蝱齧牛尾蟲也斲木愈齲。○文典謹按御覽七百四十引注云啄木食齲蟲也此類之推者也。推行也膏之殺鱉。鵲矢中蝟。中亦殺也。爛灰生蠅。爛腐漆見蟹而不乾。乾燥此類之不推者也。推與不推。若非而是。若是而非。孰能通其微。天下無粹白狐，而有粹白之裘，掇之衆白也。善學者若齊王之食雞，必食其蹠數十而後足。（蹠，雞足踵也。喻學取道衆多然後優。）刀便剃毛，至伐大木，非斧不尅。（尅，截。）物固有以尅適成不逮者。視方寸於牛，不知其大於羊；總視其體，乃知其大相去之遠。（遠，猶多也。○王念孫云：乃知其大，大字因上文而衍。乃知其相去之遠，文義甚明，句中不當有大字。）孕婦見兔而子缺脣，見麋而子四目。（○文典謹按：御覽三百六十引四目上有必字。）小馬大目，不可謂大馬；大馬之目眇，可謂之眇馬。物固有似然而似不然者。故決指而身死，（決，傷也。）或斷臂而顧活。（顧，反。○陶方琦云：史記索隱十六引許注：顧，反也。按此乃舊訓，故同。說林訓：倫肥其體而顧近于死。高注：顧，反也。）類不可必推。厲利劍者必以柔砥，（柔，濡。）擊鐘磬者必以濡木，轂強必以弱輻。兩堅不能相和，兩強不能相服。（○文典謹按：御覽八百五引和作加，服作伏。）故梧桐斷角，馬氂截玉。（言柔勝剛也。）媒但者非學謾也，但成而生不信。（但，猶詐也。）立慬者非學鬭爭也，慬立而生不讓。（○王念孫云：但與誕同，故高注曰：但，猶詐也。他與詑同。謾詑（玉篇湯何、達可二切）急就篇：謾詑首匿愁勿聊。顏師古曰：謾詑，巧黠不實也。或謂之詑謾。說文：謾，欺也。又曰：沇州謂欺曰詑。楚辭九章：或詑謾而不疑。他字異而義同。燕策：燕王謂蘇代曰：寡人甚不喜訑者言也。蘇代對曰：周地賤媒，爲其兩譽也。之男家曰女美，之女家曰男富。故曰：媒但者非學謾，他但成而生不信也。謾他與鬬爭相對爲文。各本謾他並誤作謾也，或又於鬬爭下加也字，以與謾也相對。其謬滋甚。惟道藏本不誤。莊刻仍依各本作謾也，又於鬬爭下加也字，故特辯之。）故君子不入獄，爲其傷恩也；不入市，爲其侳廉也。（侳，辱也。）積不可不慎者也。走不以手，縛手走不能疾；飛不以尾，屈尾飛不能遠。物之用者必待不用者。故使之見者，乃不見者也；使鼓鳴者，乃不鳴者也。（不鳴，乃無聲也。）嘗一臠肉，知一鑊之味；（有足曰鼎，無足曰鑊。）懸羽與炭，而知燥溼之氣；（燥故炭輕，溼故炭重。）以小明大。見一葉落，而知歲之將暮；睹瓶中之冰，而知天下之寒。（○俞樾云：寒下當有暑字。兵略篇曰：是故處堂上之陰，而知日月之次序，見瓶中之冰，而知天下之寒暑。彼以暑與序爲韻，此以暑與莫爲韻。今删暑字，則失其韻矣。上文曰：嘗一臠肉，知一鑊之味；懸羽與炭而知燥濕之氣，味氣爲韻，則此文亦必有韻可知，當據兵略篇補。以近論遠。論，知也。○文典謹按：藝文類聚九、御覽六十八引論竝作諭。三人比肩，不能外出戶。戶不容故也。一人相隨，可以通天下。言不竝也。○王念孫云：一人不得言相隨，一人當作二人，二人不竝行，則可以通天下，故高注云言不竝也。二足躧地而爲迹，暴行而爲影。此易而難。躧，履也。履地迹自成行，日中影自生，是其易；使迹正影直，是其難也。莊王誅里史，孫叔敖制冠浣衣。里史，佞臣。惡人死，叔敖自知當見用，故制冠浣衣。○俞樾云：制疑刷字之誤。爾雅釋詁：刷，清也。故與浣衣對文。○文典謹按：說文刀部：制，裁也。衣部：製，裁也。制冠即製冠，俞說非是。文公棄荏席，後黴黑，咎犯辭歸。晉文棄其臥席之下黴黑者，咎犯感其捐舊物，因曰：臣從君周旋，臣之罪多矣，臣猶自知之，況君乎？請從此亡。故曰辭歸。○王引之云：高讀棄荏席後黴黑爲一句，非也。棄荏席爲句，後黴黑爲句，謂於荏席則棄之，於人之黴黑者則後之也。韓子外儲說左篇云：文公反國至河，令籩豆捐之，席蓐捐之，手足胼胝、面目黧黑者後之。咎犯聞之，再拜而辭。是其證（說苑復恩篇同）。○陶方琦云：意林引許注：晉文公棄席之黑者，捐故舊也，故咎犯辭去。按：二注文微異，當是高承用許注說。韓子外儲篇、說苑復恩篇皆以棄荏席、後黴黑作二事，論衡感類篇作黴纍墨，此作一義解，與諸家異。故桑葉落而長年悲也。桑葉時將茹落，長年懼命盡，故感而悲也。○王念孫云：桑葉當爲木葉。長年見木落而悲，不當專指桑言之。庾信枯樹賦引此正作木葉。文選蜀都賦注、文賦注、太平御覽人事部一百二十九所引竝與枯樹賦同。鼎錯日用而不足貴，錯，小鼎，雖日見用，不能和五味，故不足貴。周鼎不爨而不可賤。周家大鼎，不日炊火以供味，而能和味，故曰不可賤。○王引之云：古無謂小鼎爲錯者，錯當爲鏏，鏏字本在鼎字上。鏏鼎，小鼎也。言小鼎雖日用而不足貴，周鼎雖不爨而不可賤也。說文曰：鏏，鼎也（廣雅同）。讀若彗。說林篇：水火相憎，鏏在其間，五味以和。彼注云：鏏，小鼎。正與此注相同，則錯爲鏏之譌明矣。鏏，小貌也。小鼎謂之鏏，小棺謂之槥，小星貌謂之嘒，其義一也。○文典謹按：御覽七百六十五引此文下有「掃箒日用而不足貴」八字。物固有以不用而爲有用者。不用，謂鼎不爨也。爲用，謂調五味也。地平則水不流，重鈞則衡不傾。流，行。傾，邪也。物之尤必有所感。尤，過也。輕重則衡低卬，故曰必有所感。感，動也。物固有以不用爲大用者。衡行物，物所不用，乃用之乃知物之輕重，故曰以不用爲大用也。先倮而浴則可，以浴而倮則不可。○文典謹按：以浴疑當作先浴。先祭而後饗則可，禮食必祭，示有所先。饗，猶食也。先饗而後祭則不可。爲不敬，故曰不可也。物之先後，各有所宜也。祭之日而言狗生，○俞樾云：生當作胜。說文肉部：胜，犬膏臭也。狗胜，猶言狗臭。取婦夕而言衰麻，置酒之日而言上冢，皆所不宜。渡江河而言陽侯之波。陽陵國侯溺死，其神能爲大波，爲人作害，因號陽侯之波。舟人所不欲言。或曰知其且赦也，而多殺人，不仁。或曰知其且赦也，而多活人，乃仁人也。其望赦同，所利害異。○王念孫云：兩知其且赦也，其皆當爲天。天字或作兲，其字或作亓，二形相似而誤。知天且赦而多殺人，若漢桓帝時河內張成善說風角，推占當赦，遂教子殺人是也。意林引此作或知天將赦而多殺人，或知天將赦而多活人。太平御覽刑法部十八引作或曰知天且赦也而殺人，或曰知天且赦也而活人，是其證。其望赦同，所利害異，所上亦當有其字。御覽引此正作其所利害異。故或吹火而然，或吹火而滅，所以吹者異也。烹牛以饗其里，而罵其東家母，德不報而身見殆。殆，危害也。文王汙膺鮑申傴背，以成楚國之治。文王，楚武王之子。汙膺，陷胷也。鮑申，楚相。傴背，僂。成治，言賢也。○陶方琦云：御覽三百七十一引許注：洿，虛也。按二注文異。說文：膺，胷也。義得通。洿，說文曰：窊下也。窊，下。即虛陷義。洿从夸得聲，夸有虛義（呂氏春秋本生篇非夸以爲名，高注：夸，虛也）故訓爲虛。裨諶出郭而知，以成子產之事。裨諶，鄭大夫，謀於野則獲，謀於國則否。鄭國有難，子產載如野，與議四國之事，故曰成子產之事。論語曰：裨諶草創之，世叔討論之，東里子產潤色之。朱儒問徑天高於脩人，○王念孫云：天高上不當有徑字。蓋衍文也。意林及太平御覽人事部十八引此皆無徑字。脩人曰不知，○文典謹按：意林引作長人曰吾不知也。御覽三百七十七引脩人曰下亦有吾字。曰子雖不知，猶近之於我。○文典謹按：意林引作爾去天近於我也。故凡問事必於近者。脩人，長人也。○文典謹按：意林引必於作當問。寇難至，躄者告盲者，盲者負而走，兩人皆活，得其所能也。故使盲者語，使躄者走，失其所也。○文典謹按：御覽七百四十引作使瘖者語，使躄者走，大失其所也。故郢人有鬻其母，爲請於買者曰：此母老矣，幸善食之而勿苦。郢，楚都。鬻，賣也。食，養也。○文典謹按：幸善食之而勿苦，意林引作望善飴之。御覽八百二十八引作幸善食之而無多苦也。此行大不義而欲爲小義者。介蟲之動以固，介蟲，魚鱉屬。動，行也。○文典謹按：御覽九百四十四引注作介甲龜鼈之屬，宋本藏本同。貞蟲之動以毒螫。貞蟲，細要蜂蜾蠃之屬，無牝牡之合曰貞，而有毒，故能螫。螫讀解釋之釋也。熊羆之動以攫搏，攫，搏也。熊羆多力，故能攫攫有所搏也。兕牛之動以觝觸。兕，獸名，有角。牛，犂牛也。

物莫措其所修而用其短也。（措，置也。）治國者若鎒田，去害苗者而已。今沐者墮髮，而猶爲之不止，以所去者少，所利者多。砥石不利，而可以利金。（金，刀劍之屬。）擏不正，而可以正弓。（擏，弓之掩狀，讀曰檠。）物固有不正而可以正，不利而可以利。（不正者擏，正者弓也。不利者砥，利者金也。）力貴齊，知貴捷。得之同，邀爲上；（齊讀蒜韲之韲。齊、捷皆疾。）勝之同，遲爲下。所以貴鏌邪者，以其應物而斷割也。劁靡勿釋，牛車絕轔。（劁，切。楚人謂門切爲轔。車行其上則斷之。孟子曰：城門之軌，非兩馬之力。轔讀近藺，急舌言之乃得也。）爲孔子之窮於陳蔡而廢六藝，則惑；（六藝，禮、樂、射、御、書、數。）爲醫之不能自治其病，病而不就藥，則勃矣。（不擇于事曰勃也。○俞樾云：藥當讀爲𤻲。說文疒部：𤻲，治也。或作療。古每以藥爲之。詩板篇：不可救藥。韓詩外傳作不可救療。毛用叚字，韓用正字也。病而不就藥，謂不就其療治。申鑒俗嫌篇曰：藥者，療也。）

卷十七

說林訓（木叢生曰林。說萬物承阜，若林之聚矣，故曰說林，因以題篇。）

以一世之度制治天下，譬猶客之乘舟，中流遺其劍，遽契其舟桅，（契，刻也。桅，船弦板也。墮劍於中流，刻於船弦，言識其於此下失劍也。桅讀如左傳襄王出居鄭地氾之氾也。○王念孫云：桅與氾聲不相近，徧考書傳，亦無謂船舷板爲桅者。桅當爲梔，梔與氾同聲，故讀從之。梔字本作舤。廣雅曰：舤謂之舷，謂船兩邊也。集韻、類篇並云：舤或作梔。梔字草書作梔，因譌爲桅矣。楊愼古音餘於陷韻收入桅字，引淮南子遽契其舟桅，音氾，則爲俗本所惑也。）暮薄而求之，其不知物類亦甚矣。（日暮薄岸，而求劍於其所刻桅下，故曰不知物類也。）夫隨一隅之迹，而不知因天地以游，惑莫大焉。（隨一隅之迹，刻桅之類，或無有大于此也。）雖時有所合，然而不足貴也。譬若旱歲之土龍，疾疫之芻狗，是時爲帝者也。（土龍以求雨，芻狗以求福，時見貴也。）曹氏之裂布，蛷者貴之，然非夏后氏之璜。

楚人名布爲曹。今俗間以始織布繫著其旁，謂之曹布，燒以傳蜡蛛瘡則愈，故蛛者貴之。半璧曰璜，璜以發衆，國家之寶，故曰然。非夏后氏之璜也。○俞樾云：高氏所據本疑無氏字。若有氏字，則曹是人之氏族，何得以布言之乎？今有氏字者，蓋涉下文夏后氏之璜而衍，非高本之舊也。惟高注義亦未安。若從前一說，則曹即布之異名，言曹不必更言布；若從後一說，則當以曹布連文，不當曰曹之裂布也。曹疑當讀爲褿。廣雅釋器曰：褿，褫也。玉篇巾部曰：⿰巾曹，藉也。褿即⿰巾曹之異文。又衣部曰：褓，小兒衣也。然則褿者，疑是小兒承藉菌屧之布，故亦謂之褫。褫猶席也。漢書宣帝紀注引李奇曰：緥，小兒大藉也。即其類也。褿之裂布者，說文衣部：裂，繒餘也。字通作烈。爾雅釋詁：烈，餘也。裂布即餘布，言承藉小兒其四邊所有之餘布也。是其爲物至賤，然而蛛者貴之，正上文時有所合之意。○洪亮吉云：說文胡曹作衣，曹氏或即指此。無古無今，無始無終，未有天地而生天地，至深微廣大矣。言其深微廣大，故能生天地也。足以履者淺矣，然待所不履而後行。履，履也。待所履而行者，則不得行，故曰待所不履而後行。○王念孫云：足以履，以亦當爲所。文子上德篇作足所踐，是其證。智所知者褊矣，然待所不知而後明。褊，狹。知所知，所不知以成明矣。游者以足蹷，以手𢪛，不得其數，愈蹷愈敗。愈，益也。敗，猶沒也。及其能游者，非手足者矣。不用手足，而自游也。鳥飛反鄉，兔走歸窟，狐死首丘，寒將翔水，各哀其所生。寒將，水鳥。哀，猶愛也。○俞樾云：文子上德篇作各依其所生也。哀與依古聲同，此作哀者，即依之叚字耳。高注曰哀猶愛也，非是。○陶方琦云：文選謝惠連擣衣詩注引許注：寒螿，蟬屬也。按二注文義竝異。文子上德作寒螿得木，許本當同，與高作水鳥解者正異。文選劉鑠擬古詩注亦引淮南作寒螿。爾雅釋蟲：蜺，寒蜩。郭注：寒螿也，似蟬而小，青色。莊子逍遙遊釋文司馬注：惠姑，寒蟬也，一名蝭蟧。陸云：即楚辭所云寒螿。玉篇：螿，寒蟬屬。與許注同。毋貽盲者鏡，毋予躄者履，毋賞越人章甫，非其用也。賞，遺也。章甫，冠。越人斷髮，無用冠爲。椎固有柄，不能自椓；目見百步之外，不能自見其眦。喻人能有所爲，而不能自爲也。狗彘不擇甂甌而食，偷肥其體而顧近其死。偷，取也。顧，反也。肥則烹之，故近其死也。鳳皇高翔千仞之上，故莫之能致。七尺曰仞。非聖德君不致，故曰莫之能致也。月照天下，蝕於詹諸。騰蛇游霧，而殆於蝍蛆。詹諸，月中蝦蟇，食月，故曰食于詹諸。殆，猶畏也。蝍蛆，蟋蟀，爾疋謂之蜻蛚之大腹也。上蛇，蛇不敢動，故曰殆于蝍蛆也。○莊逵吉云：殆，御覽作困。烏力勝日，而服於鵻禮，能有修短也。烏在日中而見，故曰勝日。服，猶畏也。鵻禮，爾疋謂禆笠，秦人謂之祀祝，間鷰時晨鳴。

人舍者鴻鳥皆畏之故曰能有修短也○王引之云禮當爲札札譌爲礼後人因改爲禮耳（廣雅札甲也今本札譌作禮莊子人閒世篇名也者相札也崔譔曰札或作禮）埤雅引此作離禮則所見本已誤廣雅曰車榍集札也鈔本太平御覽引廣雅作鶵札刻本作離禮亦是鈔本譌札爲礼刻本又改爲禮也今本廣雅作鶵杔杔亦札之譌鶵雛二字往往相亂說文曰雛祝鳩也昭十七年左傳注則云祝鳩鶵鳩也然則淮南之離札卽廣雅之鶵札也此六句以諸爼爲韻日札爲韻（成十六年左傳七札之札徐邈音側乙反正與日字相協）若作禮則失其韻矣

莫壽於殤子，而彭祖爲夭矣。生寄死歸殤子去所寄歸所安故曰以爲壽彭祖蓋楚先壽八百歲不早歸故以爲夭論語曰竊比于我老彭蓋謂是也一說彭祖蓋黃帝時學仙者言不如殤子早歸神明矣

短綆不可以汲深。器小不可以盛大，非其任也。任讀勘任之任

怒出於不怒，爲出於不爲。不怒乃是怒不爲乃是爲也

視於無形，則得其所見矣。聽於無聲，則得其所聞矣。言皆易恤無聲故得有聞

至味不慊，至言不文，至樂不笑，至音不叫，大匠不斲，大豆不具，大勇不鬭。慊快叫譟呼也不斲不自斲削豆籩豆之器大勇人聞自畏之不復鬭也○俞樾云大匠大勇皆以人言而大豆獨以器言且大豆不具義亦難通殆非也淮南原文本作大庖不豆呂氏春秋貴公篇曰大匠不斲大庖不豆大勇不鬭卽淮南所本高氏彼注曰但調和五味使神人享之而已不復自列簠簋籩豆也疑高氏此注亦與彼同今但存豆簠簋籩豆之器七字蓋後人刪改之以合於旣誤之正文非其舊也又按豆者剅之叚字廣雅釋詁剅裂也大庖不剅謂不自割裂與不斲不鬭一律說詳呂氏春秋

得道而德從之矣，譬若黃鐘之比宮，太簇之比商，無更調焉。更改也

以瓦鉒者全，以金鉒者跋，以玉鉒者發。鉒讀象金之銅柱餘之柱鉒者提馬雒家謂之投翩金者金步徐跋者刺跋走發者疾迅發讀射百發之發

是故所重者在外，則內爲之掘。所重謂金與玉掘律氣不安祥也○陳觀樓云掘卽拙字也莊子達生篇作凡外重者內拙是其證史記貨殖傳田農掘業徐廣曰古拙字亦作掘

逐獸者目不見太山，見獸而已

嗜慾在外，則明所蔽矣。蔽者見利之物不見其害

聽有音之音者聾，聽無音之音者聽。不聾不聽，與神明通。

卜者操龜，筮者端策，以問於數，安所問之哉。策四十九策可以占遠可以問于數數可卜筮者也

舞者舉節，坐者不期而抃皆如一，所極同也。

日出暘谷，○陶方琦云史記集解一百十七漢書司馬相如傳注引許注熱如湯也按高無注高本當作暘谷許本作湯谷也說文

㫧字下云。日初出東方湯谷所登榑桑。暘字下引商書曰。暘谷。按乃洪範曰暘若之譌。文知許氏定作湯谷也。今淮南許高注雜。正文用許本而遺𣳚其注。觀史記漢書注引許注如是。益信正文作湯谷無疑。又史記索隱引淮南子曰。日出湯谷。文選蜀都賦注及繆襲挽謌詩注。皆引淮南作日出湯谷。卽此處文也。漢書楚辭論衡諸本。竝作湯谷。與許本同。海內東經下有湯谷。注。湯谷。谷中水熱也。亦與許說同。說文。湯。熱水也。入于虞淵。莫知其動。須臾之間。俛人之頸。俛猶戾也。人莫欲學御龍。而皆欲學御馬。莫欲學治鬼。而皆欲學治人。急所用也。御龍治鬼。不益世用。故以御馬治人爲急務矣。解門以爲薪。塞井以爲臼。人之從事。或時相似。或有也。相似。似其愚。水火相憎。鐕在其間。五味以和。鐕。小鼎。又曰。鼎無耳爲鐕。鐕讀曰彗。鐕受水。而火炊之。故曰在其間。骨肉相愛。讒賊間之。而父子相危。楚平王。晉獻公是也。夫所以養而害所養。譬猶削足而適履。殺頭而便冠。所以養。諭讒賊。害所養。諭骨肉。殺亦削也。頭大冠小。不相宜。削殺其頭。以便冠也。昌羊去蚤蝨。而來蛉窮。昌羊。昌蒲。蛉窮。蝨蜒。入耳之蟲也。除小害而致大賊。欲小快而害大利。牆之壞也。不若無也。然逾屋之覆。不若其無。爲牆屋之覆。爲敗屋。牆之壞。更爲土。歸於本。故曰逾屋之覆也。璧瑗成器。礛諸之功。礛諸。治玉之石。詩云。他山之石。可以爲錯。礛讀一曰廉氏之廉。鏌邪斷割。砥礪之力。力亦功。互文也。狡兔得而獵犬烹。高鳥盡而强弩藏。烹猶殺。藏猶殘。喻不復用也。蝱與驥致千里而不飛。無糗糧之資而不飢。失火而遇雨。失火則不幸。遇雨則幸也。故禍中有福也。鬻棺者。欲民之疾病也。○文典謹按。御覽五百五十一。及八百四十引。疾病竝作疾疫。於義爲長。畜粟者。欲歲之荒饑也。荒。大饑。粟不熟。○文典謹按。御覽三十五。引注云。謂將取厚利。疑是許注。水靜則平。平則清。清則見物之形。弗能匿也。故可以爲正。匿。猶逃也。川竭而谷虛。虛。無水也。丘夷而淵塞。夷。平。塞。滿也。脣竭而齒寒。河水之深。其壤在山。言非一朝一夕。鈞之縞也。一端以爲冠。一端以爲絑。冠則戴致之。絑則蹍履之。○王念孫云。戴致二字。義不相屬。致當爲跂字之誤也。廣韻。跂。跂戴物也。跂亦戴也。蹍亦履也。跂之言跂閣也。廣雅曰。跂閣。載也。又曰。載閣。跂也。載與戴古字通。文子上德篇作冠則戴枝之。爾雅曰。支。載也。支枝與跂亦聲近而義同。太平御覽布帛部六引此。無致蹍二字。此以意删不可從。知己者不可誘以物。物不能惑。明於死生者不可卻以危。危無能懼之。故善游者不可懼以涉。涉不能溺。親莫親於骨肉。節族之屬連也。骨肉謂一人之身。故曰節族之連也。心失其制。乃反自害。言心失制度。則自害身也。況疏遠乎。疏遠喻他人也。聖人之於道。猶葵之與日也。雖不能與終始哉。其鄉之誠也。鄉仰。誠實。○文典謹按。文選求通親親表注引誠上有者字。宮池涔則溢。旱則涸。涔多水也。江水之原。淵泉不能竭。竭盡也。蓋非橑不能蔽日。輪非輻不能追疾。然而橑輻未足恃也。○文典謹按。御覽七百二引注云。橑蓋骨也。金勝木者。非以一刃殘林也。土勝水者。非以一墣塞江也。○陶方琦云。御覽三十六。又三百四十六引許注。墣塊也。按說文。墣塊也。與注淮南訓同。(御覽又引賈逵國語注曰。墣塊也。)玉篇引淮南子。非以一卝塞江。卝塊也。卽采許君舊說。○文典謹按。御覽九百五十二引注云。音朴。土塊也。淮南許高注無音某音某者。此必後人所加也。躄者見虎而不走。非勇。勢不便也。傾者易覆也。倚者易軵也。幾易助也。濕易雨也。軵讀軵濟之軵。幾近也。設鼠者機動。釣魚者泛杭。任動者車鳴也。動發也。發則得鼠。泛釣浮。杭動。動則得魚。任者輂也。詩云。我任我輂。○王念孫云。御覽獸部二十三引此杭作抗。案杭抗二字。義與動皆不相近。字當爲扤。扤誤爲抗。抗又誤爲杭耳。說文。扤動也。小雅正月篇。天之扤我。毛傳曰。扤動也。考工記輪人。則是以大扤。鄭注曰。扤搖動貌。司馬相如上林賦曰。揚翠葉。扤紫莖。扤字亦作抈。晉語。故不可抈也。韋注曰。抈動也。設鼠者機動。釣魚者泛扤。扤亦動也。機動則得鼠。泛動則得魚。故高注云。扤動。動則得魚也。○俞樾云。高說失之。黍苗篇。我任我輂。我車我牛。毛傳曰。任者。輂者。車者。牛者。鄭箋曰。有負任者。有輓輦者。有將車者。有牽牛者。是毛鄭皆以任輂爲二事。若曰任者輂也。亦將曰車者牛也。其可通乎。今按此任。卽所謂任木也。考工記輈人曰。凡任木。任正者。十分其輈之長。以其一爲之圍。衡任者。五分其長。以其一爲之圍。鄭康成說任正衡任未得其義。宋戴侗六書故曰。任正者輈也。衡任者軸也。近世學者程氏瑤田則謂必在輿下者。始足當任木之名。隧深四尺四寸。輈在四尺四寸下者。任正也。車廣六尺六寸。軸在六尺六寸下者。衡任也。金氏榜則謂凡任木。縱者皆名任正。橫者皆名衡任。任正者輈也。伏兔也。衡任者軸也。衡也。其說皆本戴氏而推之。可以說此文任動車鳴之義。猘狗能立而不能行。蛇牀似蘪蕪而不能芳。蛇牀臭。蘪蕪香。謂許由無德。烏獲無力。莫不醜於色。醜猶怒也。一曰愧也。人莫不奮于其所不足。奮厲也。以兎之走。

使犬如馬，則逮日歸風。言其疾也。○孫詒讓云：歸當爲遺，聲之誤也。呂氏春秋本味篇云：馬之美者，遺風之乘。高注云：行迅謂之遺風。○文典謹按：御覽九百七引，作以兔之走，使大如馬，則逐日追風，及其爲馬，則不走矣。實較今本爲長。及其爲馬，則又不能走矣。冬有雷電，夏有霜雪，然而寒暑之勢不易，小變不足以妨大節。黃帝生陰陽，黃帝，古天神也。始造人之時，化生陰陽。上駢生耳目，桑林生臂手，上駢、桑林，皆神名。此女媧所以七十化也。女媧，王天下者也。七十變造化。此言造化治世，非一人之功也。終日之言，必有聖之事；百發之中，必有羿逢蒙之巧。然而世不與也，其守節非也。非者，非其眞也。牛蹏彘顱亦骨也，而世弗灼，必問吉凶於龜者，以其歷歲久矣。近敖倉者不爲之多飯，臨江河者不爲之多飲，期滿腹而已。敖倉，古常滿倉，在滎陽北。蘭芝以芳，未嘗見霜。芳，香。○王念孫云：芝當爲芷，字本作茝，卽今之白芷也。隸書止與之相亂，因誤而爲芝。古人言香草者，必稱蘭芷。芝非香草，不當與蘭並稱。（古人所謂芝者，祇是木上所生，內則入君燕食有芝栭，盧植曰：芝，木芝也。庾蔚曰：無華葉而生者曰芝栭。與神農經所稱五色神芝者不同。然神農經亦但稱五色神芝爲聖王休祥，而不以爲香草也。）凡諸書中言蘭芝、言芝蘭者，皆是芷字之誤。（廣雅釋天：天子祭以鬯，諸侯以薰，大夫以茝蘭。周官鬱人疏引王度記作芝蘭。荀子宥坐篇：芷蘭生於深林，非以無人而不芳。說苑雜言篇作芝蘭。說苑雜言篇：如入蘭芷之室，久而不聞其香。家語六本篇作芝蘭。皆字形相近而誤，其他可以類推。）太平御覽天部十四引此已誤作蘭芝。文子上德篇正作蘭芷。又下文蘭芝欲脩而秋風敗之，芝亦芷之誤。又脩務篇佩玉環揄步（步上脫一字，說見脩務）雜芝若，高注曰：雜佩芝若香草。案芝亦芷之誤。司馬相如子虛賦衡蘭芷若，張揖曰：芷，白芷也；若，杜若也。故注云雜佩芷若香草。若芝則非其類矣。賈子勸學篇正作雜芷若，列子周穆王篇同。○文典謹按：御覽十四引注云：先霜刈之。疑是許注。鼓造辟兵，壽盡五月之望。鼓造蓋謂梟，一曰蝦蟇。今世人五月望作梟羹，亦作蝦蟇羹。言物不當爲用。○莊逵吉云：造卽戚字，故戚然改容亦作造然。毛詩戚施，說文解字作鼁䵷，云：詹諸也。詹諸卽蝦蟇矣。○朱芹云：鼓造二字，切音爲梟，則作梟者是。望謂五月五日也。舌之與齒，孰先礱也。礱，磨盡也。錞之與刃，孰先弊也。錞，矜下銅鐏也。錞不休，而刃先弊。錞讀頓首之頓。繩之與矢，孰先直也。矢，箭。今鱓之與蛇，蠶之與蠋，狀相類而愛憎異。人愛鱓與蠶，畏蛇與蠋，故曰異也。○文典謹按：蠋本作蜀，作蠋者，後人依韓非子內儲說上篇改之也。（說文虫部：蜀，葵中蠶也。詩東山：蜎蜎者蠋，烝在桑。）

野說文引蠋亦作蜀)廣韻燭韻蜀字下引此文正作蠶與蜀相類而愛憎異也蜀正字蠋俗字耳晉以垂棘之壁得虞虢說在齊俗篇也驪戎以美女亾晉國美女驪姬也亾猶亂聾者不謌無以自樂盲者不觀無以接物接猶見也觀射者遺其埶埶觀書者忘其愛意有所在則忘其所守古之所爲不可更則推車至今無蟬匷蟬匷車頰匷讀如孔子射于矍相之矍○莊逵吉云說文解字竹部有籆字云收餘者也方言籆榬也郭璞注所以絡絲也然則蟬匷即籆字矣依義推車之推字亦當爲縰使但吹竽使氏厭竅雖中節而不可聽但古不知吹人但讀燕言鉏同也○王念孫云高讀與燕言鉏同則其字當從且不當從旦說文但拙也從人且聲玉篇七閭祥閭二切引廣雅云但鈍也(今本廣雅但誤作但辯見廣雅疏證)廣韻但拙人也意與高注不知吹人相近又高注讀燕言鉏同與說文從人且聲及玉篇七閭祥閭二音並相近若然則但爲但之誤也使氏厭竅氏當爲工隸書工字或作互氏字或作互二形相似故工誤爲氏大戴禮帝繫篇青陽降居江水今本江誤作泜是其例也厭與壓同說文壓一指按也玉篇烏協切(泰族篇曰所以貴扁鵲者貴其壓息脈血知病之所從生也韓子外儲說右篇曰田連成竅天下善鼓瑟者也然而田連鼓上成竅擫下而不能成曲共故也楚辭九辯自壓按而學誦壓一作厭壓竅擫壓厭竝字異而義同)言使不善吹者吹竽而使樂工爲之按竅音雖中節而不可聽也文子上德篇作使工撿竅(撿與厭同義文選笙賦厭焉乃揚李善曰厭猶撿也)則氏爲工之誤明矣○兪樾云高注曰但古不知吹人此殆望文生訓且既不知吹矣又何能中節乎文子上德篇作使倡吹竽使工撿竅然則但氏二字乃倡工之誤倡也工也特爲異名以別之明非一人實則同義蓋倡與工雖善吹竽然必自吹之而自厭之若一人吹竽一人厭竅則雖中節而不可聽矣韓子外儲說右篇曰田連成竅天下善鼓瑟者也然而田連鼓上成竅擫下而不能成曲此意即淮南所本倡也工也猶曰田連也成竅也彼擧其人以實之此則不擧其人耳倡字闕壞而成但字隸書工或作互氏或作互二形相似故工誤作氏高據誤本作注曲爲之說失之矣無其君形者也君官主也與死者同病難爲良醫與亡國同道難與爲謀謀或作豫也爲客治飯而自藜藿名尊於實也尊重享仁義之名重於治飯之實也○王念孫云自藜藿本作自食藜藿今本脫食字則文義不明舊本北堂書鈔酒食部三出爲客治飯自食藜藿八字注云淮南子云爲客治飯而自食藜藿名尊於實也(陳禹謨本食字誤在藜藿下)太平御覽飲食部八引同乳狗之噬虎也伏雞之搏狸也恩之所加不量其力使景曲者形也形曲則景曲也使響濁者聲也聲濁則響濁也情泄者中易測

不閑其情欲，發泄于外，故其中心易測度知也。華不時者，不可食也。華，實，若今八九月食晚瓜，令人病瘧，此之類。故不可食，喻人多言不時，適不可聽用也。蹠越者，或以舟，或以車，雖異路，所極一也。蹠，至也。極，亦至。互文耳。一，同也。佳人不同體，美人不同面，而皆說於目。佳，美。梨橘棗栗不同味，而皆調於口。調，適。人有盜而富，富者未必盜；有廉而貧，貧者未必廉。蔐苗類絮，而不可爲絮。蔐苗，荻秀，楚人謂之蔐。蔐讀敵戰之敵。幽冀謂之荻苕也。○王念孫云：蔐本作藡（注同），故注讀如敵戰之敵。注內荻秀本作萑秀，楚人謂之蔐本作楚人謂之藡蔐。藡與荻同（玉篇藡徒歷切，萑也，或作荻）。藡苗者，荻之穗也（苗音他六徒歷二反，字從由，不從田）。荻華如絮而不溫，故曰類絮而不可以爲絮。荻或謂之萑。廣雅曰：藡，萑也。齊民要術引陸機毛詩疏曰：薍或謂之荻，至秋堅成，卽謂之萑。是萑藡一物也。其穗則謂之藡苗，故注云：藡苗，萑秀。楚人謂之藡苗（玉篇苗音他六徒歷二切。苗與苕一聲之轉，故幽冀謂之荻苕也。豳風鴟鴞傳曰：荼，萑苕也。正義曰：謂薍之秀穗也。萑苕卽荻苕，荻苕猶藡苗耳。太平御覽布帛部六百卉部七引此竝作藡苗類絮而不可以爲絮。又引高注：藡苗，萑秀也。今本藡字皆誤作蔐（說文：蔐，艸也，從艸，啇聲。玉篇舒羊切，引字書蔐陸蓫薚也，音義與此迥異）。注內楚人謂之藡，下又脫苗字（注言楚人謂萑秀爲藡苗，脫去苗字，則義不可通。太平御覽引此已誤）。萑秀又改爲荻秀，而不知荻卽藡字也。莊本改蔐爲蔐，而又不知說文玉篇廣韻集韻之皆無蔐字也。麢不類布，而可以爲布。麢，麻之有實者。麢讀左傳有蜚不爲災之蜚也。出林者不得直道，行險者不得履繩。繩，亦直也。羿之所以射遠中微者，非弓矢也；造父之所以追速致遠者，非轡銜也。海內其所出，故能大。雷雨出于海，復隨溝還入，故曰內其所出。輪復其所過，故能遠。其所過，轉不止也。羊肉不慕螘，螘慕於羊肉，羊肉羶也。醯酸不慕蚋，蚋慕於醯酸。○王念孫云：下三句當作醯不慕蚋，蚋慕於醯（句），醯酸也。與上三句相對爲文。今本醯不慕蚋句內衍一酸字，醯酸也句內又脫醯字，也字則文不成義。太平御覽蟲豸部二引此已誤，唯也字未脫。嘗一臠肉，而知一鑊之味；懸羽與炭，而知燥濕之氣；以小見大，以近喻遠。十頃之陂，可以灌四十頃，畜水曰陂。而一頃之陂可以灌四頃，大小之衰然。衰，差也。○王念孫云：可以灌四頃，當作不可以灌四頃。此言以十頃之陂，可以灌四十頃，例之，則一頃之陂，亦可以灌四頃。然而不可以灌四頃者，十頃大而一頃小，大則所灌者多，小則所灌者少，故曰大小之衰然也。下文云：百梅足以爲百人酸，一梅不足以爲一人和意與此同。今本脫去不字，則失其義矣。明月之光，可以遠望，而不可以細書；甚霧之朝，可以細書，而不可以遠望尋常之外。○莊逵吉云：御覽作不可以望尋常之外，無遠字，爲是。○王念孫云：莊說是也。遠字卽因上文遠望而衍。舊本北堂書鈔天部二引此，亦無遠字。畫者謹毛而失貌，謹悉微毛，留意於小，則失其大貌。射者儀小而遺大。儀望小處而射之，故耐中。事各有宜。治鼠穴而壞里閭，潰小皰而發痤疽，皰，面氣也。痤，疽，癰也。○文典謹按：北堂書鈔百五十八引皰作靤。若珠之有纇，玉之有瑕，置之而全，去之而虧。置其纇瑕也。榛巢者處林茂，安也；○孫詒讓云：茂疑當爲莽，形近而誤。漢書揚雄傳長楊賦云：羅千乘於林莽。窟穴者託埵防，便也。埵防，高處隄防也。王子慶忌足躡麋鹿，手搏兕虎，○文典謹按：御覽九百三十二引搏作縛。置之冥室之中，不能搏龜鼈，勢不便也。慶忌，吳王僚之子也。湯放其主而有榮名，湯，契後十三世主癸之子履。放其主，謂伐桀，爲民除害，故有榮名也。崔杼弒其君而被大謗。崔杼，齊大夫崔野之子，弒君齊莊公也。所爲之則同，其所以爲之則異。所以爲則異：湯殺君以利與民，杼以利與身，故曰異。呂望使老者奮，呂望鼓刀釣魚，年七十始學讀書，九十爲文王作師，佐武王伐紂，成王封之於齊，故老者慕之，而自奮勵。項託使嬰兒矜，以類相慕。項託年七歲，窮難孔子，而爲之作師，故使小兒之嚖自矜大也。使葉落者風搖之，使水濁者魚撓之。虎豹之文來射，虎豹以有文章來，使人射取之。蝯狖之捷來乍。蝯狖騰，仰鼻而長尾。乍，暫疾，以其操捷，來使疾擊而取之。○洪頤煊云：乍當作筰。繆稱訓：蝯狖之捷來措。漢書梁平王傳晉灼曰：許愼云：措，置，字借以爲筰耳。莊子應帝王篇：猨狙之便，執斄之狗來藉。釋文司馬云：藉，繩也。由捷見結縛也。崔云：藉，繫也。措、藉亦聲相近。○王念孫云：繆稱篇作猨狖之捷來措，高注：措，刺也。措與乍古同聲而通用，當以彼注爲是。○俞樾云：高注訓乍爲暫疾，而以疾擊取之申明其義，此曲說也。乍與作通，當讀爲斮。爾雅釋器：魚曰斮之。禮記內則篇作魚曰作之，卽其例也。成二年公羊疏引樊光曰：斮，砍也。砍乃斫之俗字，斫者擊也。猨狖之捷來斮，謂見斫擊也。方與上句虎豹之文來射文義一律。繆稱篇曰：蝯狖之捷來措。高注曰：措，刺也。刺、擊義亦相近。行一棊不足以見智，彈一弦不足以見悲，三寸之管而無當，當，猶底也。天下弗能滿。十石而有塞，百斗而足矣。以篙測江，篙終而以水爲測，惑矣。篙，擿船。以篙度江，篙沒，因以江水爲盡，故曰惑也。○陶方琦云：一切經音義十三引許注：

刺船竹長二丈，以鐵爲鏃者也。按二注文異。方言：所以刺船謂之橋。說文新坿亦有篙字，曰：所以刺船也。漁者走淵，漁讀論語之語也。木者走山，所急者存也。朝之市則走，夕過市則步，所求者亡也。走讀奏記之奏。豹裘而雜，不若狐裘之粹。粹，純。○文典謹按：豹裘襍不若狐裘粹，是豹裘貴而狐裘賤也。然豹裘安得貴於狐裘？豹當爲貉字之誤也。本書說山篇「貉裘而襍，不若狐裘而粹」，是其證。白璧有考，不得爲寶；考，釁污也。言至純之難也。戰兵死之鬼憎神巫，兵死之鬼善行病人，巫能祝劾殺之。憎，長也。○王念孫云：戰字後人所加。古人所謂兵者，多指五兵而言，兵死謂死於兵也。曲禮曰：死寇曰兵。釋名曰：戰死曰兵，言死爲兵所傷也。周官冢人曰：凡死於兵者，不入兆域。皆是也。後人謂戰士爲兵，故妄加戰字耳。兵死之鬼憎神巫，盜賊之輩醜吠狗，二句相對爲文，加一戰字，則文不成義，且與下句不對。據高注云「兵死之鬼善行病人」，則無戰字明矣。說文：兵死及牛馬之血爲粦。（論衡偶會篇：軍功之侯，必斬兵死之頭）盜賊之輩醜吠狗。醜，猶惡也。無鄉之社易爲黍肉，無國之稷易爲求福。無祀不禮于神，而卒祀之，故易爲黍肉，易爲求福也。聾無耳而目不可以瞀，精于明也。不可以瞀，瞀之則見也。瞽無目而耳不可以察，精于聽也。目無所見。不可以察，察之則聞。○王引之云：正文注文皆義不可通。正文當作「聾無耳而目不可以弊，精於明也；瞀無目而耳不可以塞，精於聽也」。注當作「不可以弊，視之則見也；不可以塞，聽之則聞也」。弊與蔽通（主術篇：聰明光而不弊。耳目塗而不闔。秦策：南陽之弊幽。高注：弊，隱也。齊語：使海於有蔽。管子小匡篇作弊。是蔽弊古字通）。今作瞀者，涉上文目字而誤（太平御覽鱗介部三引此已誤）。塞猶蔽也（鄭注郊特牲曰：管氏樹塞門。塞猶蔽也）。作察者亦字之誤。後人不知其誤，故妄改注文以從之耳。文子上德篇正作「聾無耳而目不可以蔽，精於明也；瞽無目而耳不可以蔽，精於聽也」。遺腹子不思其父，無貌于心也。不知父貌。不夢見像，無形于目也。目初不見父像，故曰無形于目也。蝮蛇不可爲足，虎豹不可使緣木。蝮蛇有毒螫人，不爲足，爲足益甚。虎猛獸，不可使能緣木。○文典謹按：御覽九百三十三引作「虎豹不可使緣木，蝮蛇不可以安足」。藝文類聚九十六引作「豹獸不可使緣木，蝮蛇不可使安足」。馬不食脂，桑扈不啄粟，非廉也。桑扈，青雀，一名竊脂。秦通崤塞而魏築城也。魏徙都于大梁，聞秦通治崤關，知欲來東兼之，故築城設守備也。飢馬在廐，寂然無聲；投芻其旁，爭心乃生。引弓而射，非弦不能發矢，引，張弓也。發，遣也。弦之爲射百分之一也。道德可常，權不可常。故遁關不可復，亾犴不可再遁逃犴獄常以機變出關塞獄犴亾逃不可復由其入故曰機不可常也環可以喻員不必以輪條可以為繶不必以紃紃亦繶婉轉數也日月不竝出狐不二雄神龍不匹猛獸不群鷙鳥不雙循繩而斲則不過懸衡而量則不差衡稱也植表而望則不惑損年則嫌于弟益年則疑于兄不如循其理若其當理道當猶實也人不見龍之飛舉而能高者風雨奉之奉助也○文典謹按御覽九百二十九引風雨奉之作風雨之奉也白帖九十五作雨奉足也蠶衆則木折隙大則牆壞懸垂之類有時而隧隧墮也枝格之屬有時而弛弛落也○莊逵吉云說文解字有挌字云枝挌也從丰各聲釋名胑枝也似木之枝格也此言人之四胑如枝格又戟格也旁有格解字言戟有枝兵也此言戈戟如枝格史記始皇本紀或走或格之者輒死魯連傳曹子以一劍之任枝桓公之心枝格殆假義歟漢書梁孝王傳義格如淳注格者枝閣不得下枝閣亦即枝格二字高無注義因為推廣之當凍而不死者不失其適死乃為失適不死故曰不失其適也當暑而不暍者不亾其適亾亦失之未嘗適亾其適亾無也言不凍不暍何適之有○王引之云未嘗適亾適當作未嘗不適亾適上言不亾其適乃亾失之亾此言亾適乃遺忘之忘（忘字古通作亾要略曰齊景公獵射亾歸韓子難二曰晉文公慕於齊女而亾歸齊策曰老婦已亾矣趙策曰秦之欲伐韓梁東闚於周室甚惟寐亾之竝與忘同荀子勸學篇怠慢忘身禍災乃作大戴禮忘作亾呂氏春秋懷勳篇是忘荊國之社稷而不恤吾衆也淮南人閒篇忘作亾）言人心有所謂適則有所謂不適當凍而不死當暑而不暍者能不失其適矣而猶未忘乎其為適也若隨所往而未嘗不適者則忘乎其為適矣莊子達生篇曰忘足屨之適也忘要帶之適也知忘是非心之適也不內變不外從事會之適也始乎適而未嘗不適者忘適之適也（郭象注識適者猶未適也）此即淮南所本高解未嘗不適亾適云亾無言不凍不暍何適之有未達正文之意然據此則正文本作未嘗不適而今本脫不字明矣湯沐具而蟣蝨相弔大廈成而燕雀相賀廈屋也憂樂別也柳下惠見飴曰可以養老盜跖見飴曰可以黏牡見物同而用之異柳下惠魯大夫展無駭之子名獲字禽家有大柳樹惠德因號柳下惠一曰柳下邑牡門戶籥牡也○莊逵吉云柳下惠義藝文類聚以為許眘注○陶方琦云藝文類聚八十九御覽九百五十七事類賦柳部引許注屬禽之家有柳樹身行惠德因号柳下惠一曰邑名按二注文略異然乃許注屬入高注中者藝文類聚引許注亦與今高注詳略不同蠶食而不飲二十二日而

化。○王念孫云：二十二當爲三十二。爾雅翼引此已誤。盧辯注大戴禮易本命篇及太平御覽資產部五、蟲豸部一並引作三十二日。蟬飲而不食，三十日而脫。○文典謹按：初學記虫部引脫作死。蜉蝣不食不飲，三日而死。人食礜石而死，蠶食之而不飢。礜石出陰山，一日能殺鼠。魚食巴菽而死，鼠食之而肥。巴菽，豆總名。類不可必推。推，猶知也。瓦以火成，不可以得火；竹以水生，不可以得水。瓦得火則破，竹得水浸則死。揚堁而欲弭塵，被裘而以翣翼，豈若適衣而已哉。堁，土塵也。楚人謂之堁。翣，扇也。楚人謂之翣也。槁竹有火，弗鑽不難；土中有水，弗掘無泉。掘，猶窮也。○王念孫云：弗掘無泉，本作弗掘不出。謂不掘則泉不出，非謂無泉也。後人改不出爲無泉者，取其與難字爲韻耳。不知此四句以火與水隔句爲韻（火古讀若毀，說見唐韻正），而鑽與難、掘與出則於句中各自爲韻。若云弗掘無泉，則反失其韻矣（太平御覽火部二引此已誤）。且泉即水也，既云土中有水，則不得又言無泉矣。文子上德篇正作土中有水，不掘不出。蠬象之病，人之寶也。蠬，大蛤，中有珠。象牙還以自疾，故人得以爲寶。○文典謹按：御覽九百四十一引注疾作病。人之病，將有誰寶之者乎。人之利欲爲病，無人寶之，故曰將有誰寶也。○文典謹按：宋本及御覽引注人之並作人，以義較長。爲酒人之利而不酤則竭，爲車人之利而不僦則不達。握火提人，反先之熱。皆一介之人，物思自守者，不欲使酒人車人得利，不酤僦而先自竭、先不達，猶以火投人，先自熱爛也。鄰之母死，往哭之；妻死而不泣，有所劫以然也。嫌於情色，故曰有所劫迫之然，如是也。西方之倮國，鳥獸弗辟，與爲一也。一，同也。倮國在西南方。一膊炭熯，掇之則爛指；萬石俱熯，去之十步而不死。一膊，挺也。百廿觔爲石。同氣異積也。大勇小勇有似於此。今有六尺之席，臥而越之，下材弗難；植而踰之，上材弗易；勢施異也。百梅足以爲百人酸，一梅不足以爲一人和。喻衆能濟少，少不能有所成也。有以飯死者而禁天下之食，有以車爲敗者而禁天下之乘，則悖矣。申生雉經，晉不絕繩；子胥自沉，吳不斷水。○王念孫云：御覽疾病部四噎下引此，飯作噎，是也。噎通作饐，因誤而爲飯。呂氏春秋蕩兵篇：夫有以饐死者，欲禁天下之食，悖。即淮南所本也。今俗語猶云因噎廢食，若云以飯死，則文不成義。釣者靜之，罧者扣舟，罩者抑之，罣者舉之，爲之異，得魚一也。

罛者以柴積水中以取魚扣擊也魚聞擊舟聲藏柴下壅而取之罛讀沙糝今兗州人積柴水中捕魚爲罛幽州名之爲涔也○莊逵吉云罛據爾雅說文解字當作罧今爾雅作槮槮謂之涔槮亦卽槮字○王念孫云說文玉篇廣韻集韻皆無罛字罛當爲罧字之誤也（注同）說文罧積柴水中以養魚從网林聲字林山沁反（見毛詩爾雅釋文）故高注云罧讀沙糝也（太平御覽飲食部八引通俗文曰沙入飯曰糝）周頌潛篇潛有多魚毛傳曰潛糝也爾雅糝謂之涔孫炎曰積柴養魚曰糝糝與罧同兗州謂之罧幽州謂之涔方俗語有輕重耳罛非取魚之具意林埤雅及初學記武部太平御覽資產部十四引此並作罾者舉之是也罩者下罩而得魚故言抑罾者舉罩而得魚故言舉○文與謹按意林引此文罛者扣舟作網者動之爲之異作爲道異見象牙乃知其大於牛見虎尾乃知其大於狸一節見而百節知也吳伐越至會稽獲骨節專車見一節大餘節不得小故曰百節知小國不鬭於大國之間畏見嫌也兩鹿不鬭於伏兕之旁畏見食也○文典謹按御覽八百九十引鹿作虎佐祭者得嘗救鬭者得傷蔭不祥之木爲雷電所撲蔭木景撲擊也○文典謹按御覽十三引電作霆九百五十二引蔭作陰又引注作陰休也或謂冢或謂隴或謂笠或謂簦頭蝨與空木之瑟名同實異也頭中蝨空木瑟其音同其實則異也○王念孫云或謂簦下當有名異實同也五字言冢與隴笠與簦名異而實同若頭蝨與空木之瑟則名同而實異也日月欲明而浮雲蓋之蓋猶蔽也蘭芝欲修而秋風敗之脩長虎有子不能搏攫者輒殺之爲墮武也墮廢也武威之也龜紐之璽賢者以爲佩龜紐之璽衣印也紐係佩服也土壤布在田能者以爲富能勤者播植嘉穀以爲饒富也予拯溺者金玉不若尋常之纆索金玉雖寶非拯溺之具故曰不如尋常之纆索○文典謹按拯字疑涉注拯溺之具而衍御覽三百九十六引無拯字視書上有酒者下必有肉上有年者下必有月以類而取之類猶事也蒙塵而眯固其理也爲其不出戶而堁之也爲不出戶而塵堁眯之非其道○王引之云如高注則正文爲其不出戶而堁之下當有非其道三字而寫者脫之也道亦理也固其理也非其道也相對爲文爲猶謂也蓋出戶而後蒙塵蒙塵而後眯若謂不出戶而堁之則無是理也今本無非其道三字則文不成義且與上文不對矣又道與理爲韻若無此三字則失其韻矣下文雖欲養之非其道亦與酒爲韻屠者羹藿爲車者步行陶者用缺盆匠人處狹廬○王念孫云羹藿本作藿羹藿羹與步行相對爲文諸書多言藿羹無言羹藿者此寫者

誤倒也。爲車者步行。本作車者步行。古者百工各以其事爲名。故考工記曰。攻木之工。輪輿弓廬匠車梓。此言車者猶考工記言車人也。後人誤以車爲車馬之車。故又加爲字耳。陶者本作陶人。與匠人相對爲文。今本人作者。因上二句而誤。盧與廬同（荀子富國篇。若盧屋妾。即廬屋。孟子屋廬子。廣韻作屋盧子）道藏本劉本竝作盧。莊改盧爲廬。未達假借之義。太平御覽器物部三。引此。正作居者蘆蘿。車者步行。陶人用缺盆。匠人處狹廬。意林引作居者食蘆蘩。爲車者多步行。陶人用缺盆。匠人處狹盧。食字爲字多字。皆馬總以意加之。餘與御覽同。爲者不必用。用者弗肯爲。爲者不得用。以利動也。用者不肯爲。以富寵也。轂立三十輻。各盡其力。不得相害。使一輻獨入。衆輻皆棄。豈能致千里哉。○俞樾云。文子上德篇。作轂虛而中立。是此文轂下。脫虛而中三字。一輻。文子作一軸。亦當從之。蓋一軸在轂中。三十輻在轂外。若一軸獨入。而三十輻皆棄。即不成爲輪矣。故不可以致千里也。夜行者掩目而前其手。涉水者解其馬載之舟。事有所宜。而有所不施。橘柚有鄉。雚葦有叢。獸同足者相從游。鳥同翼者相從翔。以類聚也。田中之潦。流入於海。附耳之言。聞於千里也。附。近也。近耳之言。謂竊語。聞於千里。千里知之。語曰。欲人不知。莫如不爲。○文典謹按。意林引潦作水。言作語。蘇秦步曰何故。步。徐行也。人問何故。趍曰何趍。馳。○王引之云。馳字非原文所有。蓋後人見字書韻書。趍趙之趍音馳。故旁記馳字。而寫者遂誤入正文也。不知此趍字（七俱反）乃趨之變體。與音馳之趍相似而實非也。步爲徐行。趨爲疾行。故先言步。後言趨。高注。步徐行也。正以別於下句之趨也。步曰何故。步與故爲韻。趨曰何趨。趨與趨爲韻。或曰。當作趍曰何馳。今知不然者。馳乃馬疾行之名。人行不得言馳也。○俞樾云。此當作蘇秦步曰何步。趨曰何趨。馳曰何馳。因首句高注有何故二字。遂誤正文何步爲何故。而馳下又脫曰何馳三字。則文不成義矣。有爲則議。多事固苛。蘇秦爲多事之人。故見譏見苛也。皮將弗覩。毛將何顧。畏首畏尾。身凡有幾。畏始畏終。中身不畏。凡有幾何。言常畏也。欲觀九州之土。足無千里之行。心無政敎之原。而欲爲萬民之上。則難。無其術。故曰難。的的者獲。提提者射。的的明也。爲衆所見。故獲。提提安也。若鳥不飛。獸不走。提提安時。故爲人所射。○王念孫云。注訓提提爲安。雖本爾雅。然非此所謂提提也。的的提提。皆明也。語之轉耳。提與題同。說文。題（音提）顯也。顯亦明也。莊子養生主篇曰。爲善無近名。爲惡無近刑。管子白心篇曰。爲善乎。毋提提。爲不善乎。將陷於刑。是提提爲明也。的的者獲。提提者射。即莊子（山木篇）所謂飾知以驚愚。脩身以明汙。昭昭乎如揭日月而行。故不免者也。故下文即云。大白若辱。大德若不足。若訓提提爲安。

（則既與上句不類，又與下文不屬矣。○俞樾云：王氏念孫謂的的提提皆明也，引管子白心篇爲善乎無提提爲證，其說得之矣。惟未說獲字之義。今按的的猶提提也，獲猶射也，兩句實止一意。儀禮鄉射禮篇：獲者坐而獲。鄭注曰：射者中則大言獲。是古謂射中爲獲。上句言獲，下句言射，變文以成辭耳。）故大白若辱，大德若不足。（若辱，自同於衆人。若不足者，實若虛之貌。○莊逵吉云：鄭康成儀禮注曰：以白造緇曰辱。辱者，汙辱也，故與白對。注家皆未得其義。）未嘗稼穡，粟滿倉；未嘗桑蠶，絲滿囊；得之不以道，用之必橫。（橫，放也。○文典謹按：御覽八百四十引無必字。）海不受流胔，太山不上小人。（骨有肉曰胔。有不義之骸流入海，海神蕩而出之，故曰不受。太山，東岳也，王者所封禪處，不令凶亂小人得上其上也。）旁光不升俎，（旁光，胞也。俎，豆之實，唯肩髀而脇肋不得升也。）騶駁不入牲。（犧牲以純色也。）中夏用箑快之，至冬而不知去；褰衣涉水，至陵而不知下，未可以應變。（○王念孫云：陵當爲陸字之誤也。陸與水相對，作陵則非其指矣。意林引此正作陸。）有山無林，有谷無風，有石無金。（林生於山，山未必皆有林。風出於谷，谷未必皆有風。金生於石，石未必皆有金。喻聖人出衆人，衆人未必皆聖賢也。）滿堂之坐，視鉤各異，（滿堂坐人，視其鉤，各異形。）於環帶一也。（鉤與環帶，一法也。類雖異，所用者同。）獻公之賢，欺於驪姬；（殺申生也。）叔孫之智，欺於豎牛。（三日不食而餓死也。）故鄭詹入魯，春秋曰：佞人來，佞人來。（鄭詹，鄭文公大夫。以齊桓公卒，不使鄭伯朝齊，而使朝於楚。齊人執之，自齊逃至魯。魯謂之佞人，以方驪姬豎牛，故曰佞人來，佞人來。）君子有酒，鄙人鼓缶，雖不見好，亦不見醜。（醜，惡也。）人性便絲衣帛，或射之，則被鎧甲，爲其所不便以得所便。（便，利也。○陳觀樓云：便絲衣帛當作便衣絲帛。衣絲帛與被鎧甲相對。文子上德篇作衣絲帛。）輻之入轂，各值其鑿，不得相通，猶人臣各守其職，不得相干。（干，亂也。）嘗被甲而免射者，被而入水；嘗抱壺而度水者，抱而蒙火，可謂不知類矣。君子之居民上，若以腐索御奔馬，（雍容恐失民之意。）若履薄冰，蛟在其下，（蛟，魚屬，皮有珠，能害人，故曰蛟在其下。）若入林而遇乳虎。（言常驚懼恐也。化不洽於民，民不附。）善用人者，若蚈之足，衆而不相害。（蚈，馬蚈，幽州謂之秦渠。蚈讀蹊徑之蹊也。）若脣之與齒，堅柔相摩而不相敗。（摩，近。敗，毀也。）清醠之美，始於耒耜。（醠，清酒。周禮醠齊，是醠讀瓮瓮之瓮也。○文典謹按：御覽八百二十三引醴作英。又引注云：清英，酒也。黼黻之美，在於杼軸。白與黑為黼，青與赤為黻，皆文衣也。布之新不如紵，紵之弊不如布。或善為新，或惡為故。善猶宜也。○王念孫云：或惡為故，本作或善為故。言紵善為新，布善為故也。今本作或惡為故者，後人不曉文義，而妄改之耳。太平御覽布帛部七引此，正作或善為故。靨酺在頰則好，在顙則醜。靨酺著頰上窒也。窒者在顙，似槃，故醜。繡以為裳則宜，以為冠則譏。詩曰：袞衣繡裳，故曰宜。譏，人譏非之也。○王念孫云：譏本作議。高注本作議，人議非之也。今本議皆作譏者，後人以議與宜韻不相協而改之，因幷改高注耳。不知宜字古讀若俄（說見唐韻正），與議字不相協，而議字古亦讀若俄（小雅北山篇或出入風議，與為為韻。為古讀若譌。淮南俶眞篇立而不議，與和為韻。詮言篇行有迹則議，與訶為韻。史記太史公自序王人是議，與禾為韻），與宜字正相協也。太平御覽布帛部二引此，正作以為冠則議。詮言篇云：行有迹則議，又其一證也。○文典謹按：御覽八百十五引裳作被，意林同。馬齒非牛蹏，檀根非椅枝，故見其一本而萬物知。知猶別也。石生而堅，蘭生而芳，少自其質，長而愈明。質，性也。明猶盛也。○王念孫云：少自其質，自當依劉本作有，字之誤也。文子上德篇作少而有之，長而逾明。扶之與提，謝之與讓，故之與先，諾之與已也，之與矣，相去千里。○俞樾云：故之與先，本作得之與失。草書得字作ㄋ，故字作攵，兩形相似。隸書失字或作失，先字或作先，兩形亦相似。因誤得為故，誤失為先耳。之與矣三字，衍文也。蓋校者見淮南舊本有得之與失句，因補注於諾之與已也下，而傳寫又脫得字，且誤失為矣耳。文子上德篇正作扶之與提，謝之與讓，得之與失，諾之與已，相去千里，可據以訂正。汙準而粉其顙，腐鼠在壇，楚人謂中庭為壇。燒薰於宮，入水而憎濡，懷臭而求芳，雖善者弗能為工。善或作巧。再生者不穫華，大旱者不胥時落。不胥時落，不待秋時而零落也。○陳觀樓云：大與太同，旱當為早，字之誤也。再生者不穫，以其不及時也；華太早者先落，以其先時也。文子上德篇作華太早者不須霜而落。毋曰不幸，甑終不墮井。抽簪招燐，有何為驚。燐，血精，似野火，招之應聲而至，血灑汙人，以簪招則不至，故曰何驚也。使人無度河可，中河使無度不可。不可言不能也。見虎一文，不知其武，見驥一毛，不知善走。水蠆為蟌，孑孑為蟁，水蠆化為蟌。蟌，青蜓也。孑孑，結蠆，水中到跂蟲，讀廉絜。兔齧為蝱。兔所齧草，靈在其心中，化為蝱。蝱讀能，而心之惡。一說，兔齧蟲名。○陶方琦云：物類相感志引許注：兔所齧沫著者為蝱，如蝓而斑色，能齧人。按高注中一說即許義。玉篇亦作蝱（廣韻同），曰：似蝱而小。

青斑色，能醫人。即引許君注也。物之所爲，出於不意。弗知者驚，知者不怪。怪，惑也。銅英青，金英黃，玉英白，黂燭捔，膏燭澤也。燭光捔澤，諭光明有明昧也。以微知明，以外知內。象肉之味，不知於口；鬼神之貌，不著於目；捕景之說，不形於心。皆所不嘗見之。冬冰可折，夏木可結，時難得而易失。木方茂盛，終日采而不知，秋風下霜，一夕而殫。殫，盡也。病熱而強之餐，救暍而飲之寒，救經而引其索，拯溺而授之石，欲救之，反爲惡。惡，猶害也。雖欲謹亡馬，不發戶轔。言馬亡不可發戶限而求。轔，戶限也。楚人謂之轔。轔讀似隣，急氣言，乃得之也。雖欲豫就酒，不懷蓐。孟賁探鼠穴，鼠無時死，必噬其指，失其勢也。孟賁，勇士。探鼠於穴，故曰失其勢。山雲蒸，柱礎潤。礎，柱下石礩也。○陶方琦云：一切經音義十八引許注：楚人謂柱碣曰礎。按二注文異。墨子（備城門篇）柱下傅舃，舃即碣字。玉篇（石部）：礎，柱碣也。即本許義。○文典謹按：文選江賦注、江文通雜體詩注、廣絕交論注引竝作「山雲蒸而柱礎潤」。伏苓掘，兔絲死。所生者亾，故死。一家失熛，百家皆燒。讒夫陰謀，百姓暴骸。論語曰：惡利口之覆邦家。故曰百姓暴骸。粟得水濕而熱，○文典謹按：御覽七百五十七引無水字，八百四十引無濕字。疑許高本異而寫者誤合之。甑得火而液。水中有火，火中有水。疾雷破石，陰陽相薄。自然之勢。○王念孫云：自然之勢四字乃是正文，非注文。言疾雷破石，此陰陽相薄，自然之勢也。太平御覽火部二引此四字在正文內，是其證。湯沐之於河，有益不多；流潦注海，雖不能益，猶愈於已。已，止也。一目之羅，不可以得鳥；無餌之釣，不可以得魚；遇士無禮，不可以得賢。兔絲無根而生，蛇無足而行，魚無耳而聽，蟬無口而鳴，有然之者也。然，如是也。○文典謹按：御覽九百四十四引此文，無足作不足，有然之者也作自然之音也。鶴壽千歲，以極其游；蜉蝣朝生而暮死，而盡其樂。修短各得其志。○文典謹按：意林引作「鶴壽千歲極其樂，蜉蝣朝生暮死亦極其樂」。紂醢梅伯，文王與諸侯構之。構，謀也。桀辜諫者，湯使人哭之。哭，猶弔也。狂馬不觸木，猘狗不自投於河，雖聾蟲而不自陷，又況人乎？聾，無知也。愛熊而食之鹽，愛獺而飲之酒，雖欲養之，非其道。熊食鹽而死。纜飲酒而敗。故曰非其道也。○文典謹按。御覽九百八引。道下有也字。心所說。毀舟爲杕。心所欲。毀鐘爲鐸。鐸。大鈴也。金口木舌爲木鐸。金舌爲金鐸也。杕。舟尾。讀詩有杕之杜也。管子以小辱成大榮。管子相子糾。不能死。爲魯所囚。是其辱。卒相桓公以至霸。是其大榮也。蘇秦以百誕成一誠。誠。信也。○文典謹按。白帖二十六引。作蘇秦以百詐成一信。御覽四百三十引。誠亦作信。質的張而弓矢集。林木茂而斧斤入。非或召之。形勢所致者也。待利而後拯溺人。亦必以利溺人矣。利溺人者。利人之溺。得其利也。○俞樾云。以字衍文。高注曰。利溺人者。利人之溺。得其利也。則其所據本。無以字。舟能沈能浮。愚者不加足。舟。船。能載浮物。愚者不敢加足。畏其沈。詩曰。汎汎揚舟。載沈載浮。是也。騏驥驅之不進。引之不止。人君不以取道里。刺我行者。欲與我交。訾我貨者。欲與我市。刺。猶非。訾。毀也。以水和水不可食。一弦之瑟不可聽。以其失和。故不可聽。刺專用也。駿馬以抑死。直士以正窮。賢者擯於朝。美女擯於宮。擯。棄也。行者思於道。而居者夢於牀。慈母吟於巷。適子懷於荊。精相往來也。○王念孫云。巷當爲燕。字之誤也。道與牀相對。燕與荊相對。今本燕作巷。則非其指矣。精相往來也五字。乃是正文。非注文。呂氏春秋精通篇。身在乎秦。所親愛在於齊。死而志氣不安。精或往來也。高彼注曰。淮南記曰。慈母在於燕。適子念於荊。言精相往來也。太平御覽人事部十九。淮南子曰。適子懷於燕。慈母吟於荊。情相往來也。詞雖小異。而字皆作燕。且精相往來句。皆與上二句連引。赤肉懸則烏鵲集。鷹隼鷙則衆鳥散。物之散聚交感以然。食其食者不毀其器。食其實者不折其枝。塞其源者竭。背其本者枯。交畫不暢。連環不解。其解之不以解。暢。達。不得達至也。交。止也。解連環。言不可解則得解也。臨河而羨魚。不如歸家織網。羨。願。○文典謹按。白帖九十八引。歸家織網。作退而結網。明月之珠。蛖之病。而我之利。○文典謹按。藝文類聚九十七引。蛖之病。作螺蚌之病。虎爪象牙。禽獸之利。而我之害。我。猶人也。易道良馬。使人欲馳。飲酒而樂。使人欲謌。是而行之。故謂之斷。非而行之。必謂之亂。斷。猶治也。矢疾不過二里也。步之遲。百舍不休。千里可致。聖人處於陰。衆人處於陽。聖人行於水。衆人行於霜。水有形而不可毀。故聖人行之無迹。霜雪履有迹。故衆人行之也。○王念孫云：此本作「聖人行於水無迹也，衆人行於霜有迹也」。今本脫「無迹也」「有迹也」六字，則文義不明。文選洛神賦注引此作「聖人足行於水無跡也，衆生行於霜有跡也」。太平御覽天部十四引此作「聖人行於水無跡，衆人行於霜有跡」，是其證。據高注云「水有形而不可毀，故聖人行之無迹」，則正文本有「無迹也」三字明矣。下注當云「霜雪有形而可毀，故衆人行之有迹」。今本云「霜雪履有迹，故衆人行之也」，則後人依已誤之正文改之耳。○俞樾云：四語相對成文，且陽霜爲韻，非有脫誤。文選洛神賦注引作「聖足行於水無迹也，衆生行於霜有迹也」。太平御覽天部引作「聖人行於水無迹，衆人行於霜有迹」，疑無迹也、有迹也，是許叔重注，引者幷注文舉之，使其意明顯耳。王氏念孫欲據以增入正文，然則「處於陰」「處於陽」下，又將增入何語乎？足知其非矣。異音者不可聽以一律，異形者不可合於一體。合，同也。農夫勞而君子養焉，君子，國君。養焉，以化澤燠休之。愚者言而智者擇焉。擇可用者而用之也。捨茂林而集於枯，不弋鵠而弋烏，難與有圖。圖，謀也。言其愚也。寅丘無壑，泉原不溥。言汙小潦水名寅。寅之丘無大壑，故泉流不得溥。○俞樾云：寅丘謂大丘也。方言：夤，大也。廣雅釋詁同。寅卽夤之叚字。言丘雖大而無壑，則泉原不溥也。下文曰：「尋常之壑，灌千頃之澤。」尋常言其小，則寅丘必言其大矣。高注以爲汙潦水名，非是。尋常之壑，灌千頃之澤。言有原也。見之明白，處之如玉石；見之闇晦，必留其謀。玉之與石，言可別也。闇晦不明，留猶思謀也。以天下之大，託於一人之才，譬若懸千鈞之重於木之一枝。言不能任。負子而登牆，謂之不祥，爲其一人隕而兩人傷。負，拖也。隕，墜也。善舉事者若乘舟而悲謌，一人唱而千人和。言能得衆人之心也。不能耕而欲黍粱，不能織而喜采裳。○文典謹按：御覽八百四十二引「喜采裳」作「意衣裳」。無事而求其功，難矣。有榮華者必有憔悴，有羅紈者必有麻蒯。言有盛必有衰。○陶方琦云：文選潘岳藉田賦注引許注：「紈，素也。」按說文：「紈，素也。」與注淮南同說。鳥有沸波者，河伯爲之不潮，畏其誠也。鳥，大鷗也。翱翔水上，扇魚令出，沸波攫而食之。故河伯深藏於淵，畏其精誠，爲不見。故一夫出死，千乘不輕。主術篇曰：「兵莫憯于志，莫邪爲下。」言匹夫志意出死必戰，雖大國兵車千乘，不輕之也。蝮蛇螫人，傅以和堇則愈。和堇，野葛，毒藥。物故有重而害反爲利者。聖人之處亂世，若夏暴而待暮。夏日中甚熱，暮涼時。言聖人居亂世，忍以待涼。桑榆之間，逾易忍也。言亂世將盡，如日在西方桑榆間，將夕，故曰易忍。

水雖平。必有波。衡雖正。必有差。尺寸雖齊。必有詭。詭。不同也。非規矩不能定方圓。非準繩不能正曲直。用規矩準繩者。亦有規矩準繩焉。準。平。繩。直。之人能平直爾。故曰亦有規矩準繩。舟覆乃見善游。馬奔乃見良御。善游。故覆舟不溺。良御。馬奔車不敗。故見之。嚼而無味者。弗能內於喉。視而無形者。不能思於心。形。象。無形于目。不能思之于心。兕虎在於後。隨侯之珠在於前。弗及掇者。先避患而後就利。隨國在漢東。姬姓之侯。出游于野。見大蛇斷在地。隨侯令醫以續傅斷。蛇得愈。去後。銜大珠報之。蓋明月之珠。因號隨侯之珠。世以爲寶也。逐鹿者不顧兎。〇文典謹按。御覽九百六引。兎上有雉字。決千金之貨者不爭銖兩之價。言在大不顧小。弓先調而後求勁。馬先馴而後求良。勁。強。馴。擾也。人先信而後求能。人非信不立也。陶人棄索。車人掇之。屠者棄銷。而鍛者拾之。所緩急異也。百星之明。不如一月之光。十牖之開。不如一戶之明。矢之於十步貫兕甲。及其極。不能入魯縞。言勢有極。太山之高。背而弗見。秋毫之末。視之可察。察。別。言用明矣。山生金。反自刻。木生蠹。反自食。人生事。反自賊。賊。敗也。害也。物自然也。巧冶不能鑄木。工巧不能斲金者。形性然也。〇孫詒讓云。工巧當作巧匠。今本匠譌爲工。而文又倒。遂不可通。泰族訓云。故良匠不能斲金。巧冶不能鑠木。是其證。白玉不琢。美珠不文。質有餘也。性自然。不復飾。故跬步不休。跛鼈千里。跬。猶咫尺也。累積不輟。可成丘阜。輟。止。城成於土。木直於下。非有事焉。所緣使然。凡用人之道。若以燧取火。疏之則弗得。疏。猶遲也。數之則弗中。數。猶疾也。正在疏數之間。得其節。火乃生。從朝視夕者移。從枉準直者虧。枉。邪。聖人之偶物也。若以鏡視形。曲得其情。偶。猶周也。楊子見逵路而哭之。爲其可以南可以北。道九達曰逵。閔其別也。〇莊逵吉云。御覽作楊朱見岐路而哭之。墨子見練絲而泣之。爲其可以黃可以黑。練。白也。閔其化也。趍舍之相合。猶金石之一調。相去千歲。合一音也。金曰鐘。石曰磬。雖久不變。故曰相去千歲合一音也。鳥不干防者。雖近弗射。鳥燕之屬是也。其當道。雖遠弗釋。當道爲作防害者。故曰不釋也。酤酒而酸。買肉而臭。然酤酒買肉。不離屠沽之家。故求物必於近之者。以詐應詐。以譎應譎。若披蓑而救火。毀瀆而止水。○文典謹按。意林引毀作繫。乃愈益多。西施毛嬙。狀貌不可同。世稱其好美鈞也。堯舜禹湯。法籍殊類。得民心一也。俱一子人。聖人者。隨時而舉事。因資而立功。潦則具擢對。旱則修土龍。擢對。貯水器也。土龍。致雨物也。臨淄之女。織紈而思。行者爲之悖戾。臨淄。齊都。悖戾。惡也。室有美貌。繒爲之纂繹。不密緻。志有感。故纂讀曰綫繹纂之纂。徵羽之操。不入鄙人之耳。徵羽正音。小人不知。不入其耳。摻和切適。舉坐而善。摻。轉也。轉其和。更作急調。激楚之音。非正樂。故舉坐而善之。○俞樾云。高注曰。摻。轉也。轉其和。更作急調。然則正文疑當作摻和適切。切者。急切也。適猶之也。往也。言轉其和平之音。而適於急切之調也。過府而負手者。希不有盜心。府。藏貨所主也。故侮人之鬼者。過社而搖其枝。侮猶病也。晉陽處父伐楚以救江。故解捽者不在於捌格。在於批伉。批。擊也。伉。推擊其要。也。○王引之云。伉。扰字之誤也。（隸書冘字或作冗。亢字或作冗。二形相似。故扰字右邊或誤爲冗。或誤爲亢。其左邊手旁。又誤爲人旁。故藏本作伉。劉本作伉也。列子攩挖挨扰釋文。扰一字。本作抗。此冘誤爲亢之證也。俗書沈字作沉。此冘誤爲冗之證也。）注內推字當爲椎。方言曰。挖扰椎也。（郭璞曰。扰都感反。亦音甚。今本方言椎字亦誤作推。一切經音義卷四卷八所引竝作椎。今據改）南楚凡相椎搏曰挖。或曰攩。列子黃帝篇曰。攩挖挨扰。說文。椎。擊也。擣。反手擊也。扰。深擊也。擣與批同。故高注云。批。擊。扰。椎矣。或謂史記孫子傳。夫解雜亂紛糾者不控捲。救鬭者不搏撠。批亢擣虛。形格勢禁。則自爲解耳。語意略與此同。此言批伉。即史記之批亢。今知不然者。史記批亢擣虛。是謂批其亢。擣其虛。（日知錄曰。亢與劉敬傳搤其肮之肮同。謂喉嚨也。）此文捌格批扰。皆兩字平列。則與史記異義。且高注訓扰爲椎。則非伉字明矣。木大者根擢。山高者基扶。其下跳也。蹠巨者志遠。體大者節疏。○王念孫云。蹠者足也。足大與志遠義不相通。志當爲走。言足大者舉步必遠也。汜論篇曰。體大者節疏。蹠距者舉遠。是其證。隸書走志相似。故走誤爲志。狂者傷人。莫之怨也。嬰兒詈老。莫之疾也。賊心亡。賊。害也。○陳觀樓云。亡字當爲亾也二字之譌。亾。無也。書狂者與嬰兒皆無賊害之心。故人莫之怨也。意林引此作無心也。蓋脫賊字。尾生之信。不如隨牛之誕。尾生效信於婦人。信之失。隨牛弦高。矯君命爲誕以存國。故不如隨牛誕也。○

俞樾云：高注曰：隨牛，弦高矯君命，爲誕以存國。然隨牛未知何人。據人閒篇注曰：蹇他，弦高之黨，未聞其有隨牛也。隨牛疑當作隨生，卽謂漢初之隨何也。生猶先生也。史記儒林傳索隱曰：自漢已來，儒者皆號生，亦先生省字呼之耳。然則稱隨何爲隨生，乃漢時常語也。隨何爲漢初辯士，故曰尾生之信不如隨生之誕。陸士衡漢高祖功臣頌曰：隨何辯達，因資於鄗，紓漢披楚，唯生之績。此卽隨何稱生之證。而又況一不信者乎。一猶常也。況常不爲信，不爲誕乎。一或作一。一猶待也。憂父之疾者子，治之者醫。論語曰：父母唯其疾之憂。故曰憂之者子。進獻者祝，治祭者庖。庖，宰也。

萬有文庫

第一集一千種

王雲五主編

淮南鴻烈集解

(五)

劉文典著

商務印書館發行

萬有文庫

第一集一千種

總編纂者

王雲五

商務印書館發行

淮南鴻烈集解

（五）

劉文典著

國學基本叢書

淮南鴻烈集解

卷十八

人閒訓（人閒之事，吉凶之中，徵得失之端，反存亡之幾也，故曰人閒。○文典謹按：此篇敘目無因以題篇字，乃許注本。）

清淨恬愉，人之性也；儀表規矩，事之制也。知人之性，其自養不勃；知事之制，其舉錯不惑。發一端，散無竟，周八極，總一筦，謂之心。（○俞樾云：總一筦三字當在周八極之上，蓋言發於一端，而散於無竟，總於一筦，而周於八極，猶下文所云執一而應萬也。兩句誤倒，失其義矣。）見本而知末，觀指而睹歸，執一而應萬，握要而治詳，謂之術。居智所爲，行智所之，事智所秉，動智所由，（○王念孫云：四智字，並讀爲知。（智字古有二音二義：一爲智慧之智，一爲知識之知。說見管子法法篇不智下。）劉本依文子微明篇改智爲知，而諸本多從之，蓋未達假借之義也。又下文曉自然以爲智，知存亡之樞機，禍福之門戶，舉而用之，陷溺於難者，不可勝計也。案然字當在曉字下，智卽知字也。不當更有知字。曉然自以爲智存亡之樞機、禍福之門戶，十六字連讀。後人不識古字，而讀曉然自以爲智絕句，故又加知字以聯屬下文耳。今本然字又誤在自字下，則更不可讀矣。）謂之道。道者，置之前而不輊，錯之後而不軒，內之尋常而不塞，布之天下而不窕。是故使人高賢稱譽己者，心之力也；使人卑下誹謗己者，心之罪也。夫言出於口者，不可止於人；行發於邇者，不可禁於遠。事者，難成而易敗也；名者，難立而易廢也。千里之隄，以螻螘之穴漏；百尋之屋，以突隙之煙焚。（突，竈突也。○莊逵吉云：突隙當作宊隙。宊音式鍼切，與犬出穴中之突字異。○王引之云：突隙之煙，不能焚屋。明是熛字之誤。說林篇曰：一家失熛，百家皆燒。是其證也。太平御覽蟲豸部四引此，正作突隙之熛。世人多見煙，少見熛，故諸書中熛字多誤作煙。說見呂氏春秋煙火下。○陶方琦云：羣書治要引許注：突，竈突也。按二注正同。說文：突，竈突也。與注淮南說正合。）堯戒曰：戰戰慄慄。日慎一日。人莫蹪於山。而蹪於蛭。蹪，躓也。蛭，螘也。○莊逵吉云：各本皆作垤。唯藏本作蛭。依義作垤爲是。○陶方琦云：羣書治要引許注：蹪，躓也。垤，螘封也。按二注正同。今注蛭乃垤字之誤。詩東山毛傳：垤，螘冢也。方言：楚郢以南，螘土謂之垤。是故人皆輕小害，易微事，以多悔。○文典謹按：羣書治要引人下有者字。以上有是字。宋本皆作者。患至而後憂之。是猶病者已惓而索良醫也。惓，劇也。○陶方琦云：羣書治要引許注：惓，劇也。按二注正同。惓，依說文作倦。倦，罷也。雖有扁鵲、俞跗之巧，猶不能生也。俞跗，黃帝時醫。○陶方琦云：羣書治要引許注：俞夫，黃帝時醫。（羣書治要引正文及注跗竝作夫。）按二注正同。史記扁鵲列傳：醫有俞跗。應劭曰：俞跗，黃帝時醫。周禮疾醫注：岐伯榆柎。韓詩外傳作踰跗。揚雄解嘲作臾跗。夫禍之來也，人自生之。福之來也，人自成之。禍與福同門，利與害爲鄰，非神聖人莫之能分。凡人之舉事，莫不先以其知規慮揣度，揣，商量高下也。而後敢以定謀。其或利或害，此愚智之所以異也。曉自然以爲智，知存亡之樞機，禍福之門戶，舉而用之，陷溺於難者，不可勝計也。使知所爲是者，事必可行，則天下無不達之塗矣。是故知慮者，禍福之門戶也。動靜者，利害之樞機也。百事之變化，國家之治亂，待而後成。是故不溺於難者成，是故不可不慎也。天下有三危：少德而多寵，一危也；才下而位高，二危也；身無大功而受厚祿，三危也。故物或損之而益，或益之而損。何以知其然也？昔者楚莊王既勝晉於河雍之間，莊王敗晉荀林父之師於邲。邲，河雍地也。歸而封孫叔敖，辭而不受。○文典謹按：北堂書鈔四十八引孫叔敖三字重。病疽將死，○王念孫云：此事又見列子說符篇、呂氏春秋異寶篇，皆不言孫叔敖病疽。病疽，當作病且。死，史記滑稽傳：孫叔敖病且死，屬其子曰。賈子胎教篇、史鰌病且死，謂其子曰。文義竝與此同。列子、呂氏春秋作孫叔敖疾將死，將亦且也。今作病疽將死者，且字因與病字相連，而誤爲疽。後人以下文謂其子曰云云，乃未死以前之事，故於死上加將字，而不知疽爲且之誤也。○俞樾云：諸書無言孫叔敖以病疽死者。疽乃疒且二字之誤。病將二字皆衍文也。說文疒部：疒，痾也。人有疾痛，象倚著之形。是古疾病字止作疒。其從矢之疾，蓋疾速字，而非疾病字也。後人叚疾爲疒，疾行而疒廢矣。疒且死，即疾且死也。其事亦見列子說符篇、呂氏春秋異寶篇。竝

作疾將死將猶且也彼作疾此作疒古今字耳因疒且二字誤合爲痽字後人乃於上加病字下加將字失之矣

謂其子曰。吾則死矣。王必封女。

則○王念孫云吾則死下本無矣字此後人不曉則字之義而妄加之也則猶若也言吾若死王必封女也列子呂氏春秋竝作爲我死爲亦若也（爲字古與若同義管子戒篇管仲寢疾桓公往問之管仲曰夫江黃之國近於楚爲臣死乎君必歸之楚而寄之是也）若我死猶言吾若死吾若死猶言吾則死也古者則與若同義三年問曰今是大鳥獸則失喪其羣匹越月踰時焉則必反巡言若失喪其羣匹也荀子議兵篇曰大寇則至使之持危城則必畔遇敵處戰則必北言大寇若至也趙策曰彼則肆然而爲帝過而遂正於天下則連有赴東海而死矣言彼若爲帝而正於天下也（史記魯仲連傳彼則作彼卽卽亦若也說見下）燕策太子丹謂荊軻曰誠得劫秦王使悉反諸侯之侵地則大善矣則不可因而刺殺之言若不可也韓詩外傳曰臣之里有夫死三日而嫁者有終身不嫁者則自爲娶將何娶焉言若自爲娶也史記項羽紀項王謂曹咎等曰謹守成皋則漢欲挑戰愼勿與戰漢書項籍傳作卽漢欲挑戰則與卽古字通而同訓爲若（漢書西南夷傳注卽猶若也）故史記高祖紀作若漢挑戰也襄二十七年公羊傳甯殖病將死謂喜曰我卽死女能固內公乎賈子胎教篇史鰌病且死謂其子曰我卽死治喪於北堂史記孔子世家季桓子病輦謂其嗣康子曰我卽死若必相魯彼言我卽死此言吾則死皆謂吾若死也吾若死之下加一矣字則文不成義矣

女必讓肥饒之地。而受沙石之間。有寢丘者。其地确石而名醜。

寢丘今汝南固始地前有垢谷後有莊丘名醜

荊人鬼。

好事鬼也

越人禨。

禨祥也○陶方琦云許本作吳人鬼越人鬾（說文鬼部寢字下）按說文鬾鬼俗也淮南傳曰吳人鬼越人鬾是許舊注本如是也今本作荆作禨乃後人因呂氏春秋異寶篇而改（列子說符亦作楚人鬼越人禨）禨祥之訓亦呂覽高注文也列子盧重元注引淮南亦作吳人鬼越人鬾漢書趙王彭祖傳注引淮南亦作越人鬾（玉篇鬾鬼俗也吳人鬼越人鬾廣韻七尾亦引作吳人鬼越人鬾）唐以前人猶見許注完本故皆與說文所引同

人莫之利也。

○王引之云受沙石下有脫文此當作女必讓肥饒之地而受沙石之地楚越之間有有寢之丘者其地确而名醜云云今本沙石下脫之地二字之間上又脫楚越二字有有寢之丘者又脫一有字及之字确下又衍石字下文云孫叔敖請沙石之地則此當作受沙石之地明矣列子云楚越之間有寢丘者呂氏春秋云楚越之間有有寢之丘者則此亦當作楚越之間故下文云荆人鬼越人禨也有有寢之丘者今本作有寢丘者涉注文而誤也注但言寢丘者詳言之則曰有寢之丘略言之則曰寢丘故列子作寢丘而呂氏春秋作有寢之丘（今本亦脫有字唯之字未脫）下文云其子請有寢之丘又云孫叔敖請有寢之丘則此亦當作有寢之丘明矣地确謂瘠薄之地墨子親士篇曰墝埆者其地不育是也（墝埆與磽确同）不專指石而言且地确名醜相對爲文确下尤不當有石

字。此因上文沙石而誤衍耳。孫叔敖死，王果封其子以肥饒之地，其子辭而不受，請有寑之丘。楚國之俗，功臣二世而爵祿，惟孫叔敖獨存。○王引之云：俗當爲法。隸書去谷二字相似，（隸書去字或作公，形與谷相似，故從去之字或誤爲谷。廣雅：渡，去也。去誤爲谷。袪，開也。袪誤爲裕，皆其類也。列子說符篇：白公遂死於浴室，呂氏春秋精諭篇作法室，亦以相似而誤。）法誤爲浴，後人因改爲俗耳。此謂楚國之法，如是，非謂其俗也。功臣二世而爵祿，文不成義，當有脫誤。韓子喻老篇作楚邦之法，祿臣再世而收地，唯孫叔敖獨在。○俞樾云：二世而爵祿，文義未完，疑本作二世而奪祿。下文曰：夫孫叔敖之請有寑之丘，沙石之地，所以累世不奪也。奪字即承此而言。因奪與爵草書相似，又以文在祿上，故奪誤爲爵耳。夫所謂孫叔敖獨存者，存其寑丘之地也，祿也，非爵也，不當兼言爵。韓子喻老篇作楚邦之法，祿臣再世而收地，亦言祿不言爵，則爵字之誤無疑矣。此所謂損之而益也。何謂益之而損？昔晉厲公南伐楚，東伐齊，西伐秦，北伐燕，兵橫行天下而無所綣，綣，屈也。威服四方而無所詘。○王念孫云：兵行天下，威服四方，相對爲文。橫字蓋後人所加。遂合諸侯於嘉陵，氣充志驕，淫侈無度，暴虐萬民，內無輔拂之臣，外無諸侯之助，戮殺大臣，親近導諛。明年出遊匠驪氏，欒書中行偃劫而幽之。欒書、中行偃，皆大夫。諸侯莫之救，百姓莫之哀，三月而死。夫戰勝攻取，地廣而名尊，此天下之所願也，然而終於身死國亾，此所謂益之而損者也。夫孫叔敖之請有寑之丘，沙石之地，所以累世不奪也；晉厲公之合諸侯於嘉陵，所以身死於匠驪氏也。衆人皆知利利而病病也，唯聖人知病之爲利，知利之爲病也。夫再實之木根必傷，掘藏之家必有殃。掘藏，謂發冢得伏藏，無功受財。以言大利而反爲害也。張武教智伯奪韓魏之地而擒於晉陽。張武，智伯臣也。擒于晉陽，爲趙襄子所殺。申叔時教莊王封陳氏之後而霸天下。申叔時，楚大夫。莊王滅陳，已乃復之。孔子讀易至損益，未嘗不憤然而歎，○王念孫云：憤然非歎貌，憤當爲嘳。嘳與喟同。嘳誤爲噴，（隸書賁字或作貴，形與貴相近，故從賁從貴之字，或相亂。莊子天運篇：乃憤吾心，憤本又作憒。潛夫論浮侈篇：懷憂憒憒，後漢書王符傳作憤憤，是其例也。）後人又改爲憤耳。太平御覽學部三引此作喟然而歎，說苑敬慎篇、家語六本篇並云孔子讀易至於損益，喟然而歎，是其明證矣。說文：喟，太息也。或作嘳。徐鍇曰：韓詩外傳嘳然太息作此字。文選舞賦嘳息激昂，李善亦引外傳云魯哀公嘳然太息，今外傳嘳作喟，後人改之也。又晏子雜篇晏子嘳然而歎，亦作此嘳字。曰：益損者，其王者之事與！事或欲以利之，適足以害之；或欲害之，乃反以利之。利害之反，禍福之門戶，不可不察也。○王念孫云：或欲利之，或欲害之，相對爲文。利之上不當有以字，此因下句以字而誤衍也。太平御覽學部三引此，無以字。禍福之門戶，戶字亦因上文禍福之門戶而衍。利害之反、禍福之門，相對爲文，則戶字可省。覽冥篇利害之路，禍福之門，卽其證。太平御覽引此無戶字，文子微明篇同。陽虎爲亂於魯，陽虎，季氏之臣也。陽虎季氏專魯國也。魯君令人閉城門而捕之，得者有重賞，失者有重罪。○莊逵吉云：御覽引作得者有賞，失者夷族。圍三市而陽虎將舉劍而伯頤。伯，迫也。○莊逵吉云：御覽引作圍三市矣，陽虎將舉劍而自刎頸。門者止之曰：天下探之不窮，不窮，言深遠。○王念孫云：門者止之曰下，不當有天下探之不窮六字，蓋錯簡也。（高注同）太平御覽兵部八十二引此作門者止之曰：我將出子，無天下探之不窮六字。我將出子。陽虎因赴圍而逐，揚劍提戈而走。○莊逵吉云：御覽引作左持劍，右提戈赴圍而走。門者出之，顧反取其出之者，以戈推之，攘祛薄腋。祛，袂也。出之者怨之曰：我非故與子反也，○王念孫云：我非故與子反也，反當爲友，言素與陽虎無交，而爲之蒙死被罪也。今作反者，涉上下文反字而誤。爲之蒙死被罪，而乃反傷我，宜矣其有此難也。魯君聞陽虎失，大怒，問所出之門，使有司拘之，以爲傷者受大賞，而不傷者被重罪。○王念孫云：以爲二字與下文義不相屬，太平御覽引此作以爲傷者戰鬬者也，不傷者爲縱之者，傷者受厚賞，不傷者受重罪，是也。今本無傷者戰鬬以下十三字，此因兩傷者相亂，故寫者誤脫之耳。此所謂害之而反利者也。○王念孫云：利下脫之字，太平御覽引此有之字。上文云或欲害之，乃反以利之，是其證。又下文此所謂與之而反取者也，取下亦脫之字，上文云或與之而反取之，是其證。何謂欲利之而反害之？楚恭王與晉人戰於鄢陵，戰酣，晉人，晉厲公也。恭王傷而休。晉人射恭王中目。司馬子反渴而求飲，豎陽穀奉酒而進之。豎，小使也。陽穀，其名。子反之爲人也，嗜酒而甘之，不能絕於口，遂醉而臥。恭王欲復戰，使人召司馬子反。辭以心痛。〇王念孫云：心痛本作心疾。此後人以意改之也。後漢書文苑傳注引此作辭以疾，蓋脫心字。呂氏春秋權勳篇、韓子十過飾邪二篇、說苑敬慎篇並作辭以心疾。王駕而往視之，入幄中而聞酒臭。恭王大怒曰：今日之戰，不穀親傷，不穀，不祿也。人君謙以自稱也。所恃者司馬也，而司馬又若此，是亡楚國之社稷，而不率吾衆也。〇王念孫云：亡與忘同。率當爲恤，聲之誤也。呂氏春秋、韓子、說苑並作不恤吾衆。不穀無與復戰矣。於是罷師而去之，斬司馬子反爲僇。〇王念孫云：後漢書注引此爲僇上有以字，是也。今本脫以字，則詞意不完。呂氏春秋、韓子、說苑皆有以字。故豎陽穀之進酒也，非欲禍子反也，誠愛而欲快之也，而適足以殺之。此所謂欲利之而反害之者也。夫病溼而強之食，病暍而飲之寒，此衆人之所以爲養也，而良醫之所以爲病也。〇王念孫云：劉本溫誤作濕，莊本又改爲溼，皆非也。病溫者不可以食，若作病溼，則非其指矣。文子微明篇作病溫而強餐之，熱病暍而強飲之寒。說林篇云：病熱而強之餐，救暍而飲之寒。熱亦溫也。又案強之食，食當依說林篇作餐，字之誤也。餐寒爲韻，養病爲韻（病古音蒲浪反，說見唐韻正），若作食則失其韻矣。悅於目，悅於心，愚者之所利也，然而有道者之所辟也。〇王念孫云：劉本依文子改有論爲有道，而莊本從之，非也。有論謂有知也。對上文愚者而言。言悅目悅心，愚者之所欲，而有知者不以此傷性。若作有道，則非其指矣。古或謂知爲論。說山篇：以小明大，以近論遠。呂氏春秋直諫篇：凡國之存也，主之安也，必有以也。不知所以，雖存必亡，雖安必危，所以不可不論也。高注並云：論，知也。大戴禮保傅篇：天子不論先聖王之德，不知君國畜民之道。論亦知也。荀子解蔽篇：坐於室而見四海，處於今而論久遠。謂知久遠也。又脩務篇：故夫攣子之相似者，唯其母能知之。玉石之相類者，唯良工能識之。書傳之微者，唯聖人能論之。論與知識同義。彼注訓論爲敘，失之。故聖人先忤而後合，衆人先合而後忤。有功者人臣之所務也，有罪者人臣之所辟也。或有功而見疑，或有罪而益信，何也？則有功者離恩義，有罪者不敢失仁心也。魏將樂羊攻中山，樂羊，文侯之將。其子執在城中。城中縣其子以示樂羊。樂羊曰：君臣之義，不得以子爲私。攻之愈急。中山因烹其子而遺之鼎羹與其首。樂羊循而泣之。〇陶方琦云：宋蘇頌校淮南題序引許本揗作循。按蘇氏云：許于卷內多有叚借用字。以揗爲循。亦叚借也。說文手部。揗。摩也。又彳部。循。順也。廣雅釋詁。循。摩順也。漢書李陵傳。數數自循其刀鐶。注。循。摩順也。以揗爲循。古字叚借之例。齊俗訓。虛循撓。循亦揗之叚借。曰。是吾子已。爲使者跪而啜三杯。使者歸報中山。曰。是伏約死節者也。不可忍也。遂降之。爲魏文侯大開地有功。自此之後。日以不信。此所謂有功而見疑者也。何謂有罪而益信。孟孫獵而得麑。孟孫。魯大夫。使秦西巴持歸烹之。麑母隨之而嗁。秦西巴弗忍。縱而予之。孟孫歸。求麑安在。秦西巴對曰。其母隨而嗁。臣誠弗忍。竊縱而予之。孟孫怒。逐秦西巴。居一年。取以爲子傅。左右曰。秦西巴有罪於君。今以爲子傅。何也。孟孫曰。夫一麑而不忍。又何況於人乎。此謂有罪而益信者也。故趨舍不可不審也。此公孫鞅之所以抵罪於秦。而不得入魏也。公孫鞅。商君也。爲秦伐魏。欺魏公子卬而殺之。後有罪走魏。魏人不入也。功非不大也。然而累足無所踐者。不義之故也。事或奪之而反與之。或與之而反取之。智伯求地於魏宣子。宣子弗欲與之。○俞樾云。弗欲與之。本作欲弗與之。下文求地而弗與。卽承此而言。戰國趙策。作魏桓子欲勿與。任登曰。智伯之强。威行於天下。求地而弗與。是爲諸侯先受禍也。不若與之。宣子曰。求地不已。爲之奈何。任登曰。與之使喜。必將復求地於諸侯。諸侯必植耳。植耳。竦耳而聽也。與天下同心而圖之。一心所得者。非直吾所亡也。魏宣子裂地而授之。又求地於韓康子。韓康子不敢不予。諸侯皆恐。又求地於趙襄子。襄子弗與。於是智伯乃從韓魏圍襄子於晉陽。三國通謀。禽智伯而三分其國。此所謂奪人而反爲人所奪者也。何謂與之而反取之。晉獻公欲假道於虞以伐虢。遺虞垂棘之璧。與屈產之乘。虞公惑於璧與馬。而欲與之道。宮之奇諫。宮之奇。虞臣也。曰。不可。夫虞之與虢。若車之有輪。輪依於車。車亦依輪。○王念孫云。輪本作輔。此後人妄改之也。韓子十過篇云，夫虞之有虢也，如車之有輔，輔依車，車亦依輔。呂氏春秋權勳篇同。此皆淮南所本。僖五年左傳亦云輔車相依。虞之與虢相恃而勢也。若假之道，虢朝亡，而虞夕從之矣。〇俞樾云：勢字義不可通，疑本作相恃而存也。呂氏春秋權勳篇曰：夫虢之不亡也恃虞，虞之不亡也亦恃虢也。若假之道，則虢朝亡而虞夕從之矣。卽淮南所本。虢不亡恃虞，虞不亡恃虢，故曰相恃而存也。今本誤作勢者，蓋因呂氏春秋此文之上有虞虢之勢是也句，韓子十過篇亦有虞虢之勢正是也句，疑淮南不當無此句，因以意竄改，非其舊矣。虞公弗聽，遂假之道。荀息伐虢，遂克之。荀息，晉大夫。還反伐虞，又拔之。此所謂與之而反取者也。聖王布德施惠，非求其報於百姓也。郊望禘嘗，郊，祭天。望，祭日月星辰山川也。禘嘗，祭宗廟也。非求福於鬼神也。山致其高而雲起焉，水致其深而蛟龍生焉，〇王念孫云：雲下脫雨字。雲雨、蛟龍相對爲文。太平御覽鱗介部二引此正作雲雨起焉。說苑貴德篇、文子上德篇及論衡龍虛篇引傳竝同。荀子勸學篇：積土成山，風雨興焉；積水成淵，蛟龍生焉。亦以風雨、蛟龍相對。君子致其道而福祿歸焉。夫有陰德者必有陽報，有陰行者必有昭名。〇王念孫云：陰行本作隱行，此涉上文陰德而誤也。陰與陽相對，隱與昭相對。今本隱作陰，則非其指矣。說苑、文子竝作隱行。下文有陰德也、有隱行也，卽承上文言之。古者溝防不修，水爲民害，禹鑿龍門，辟伊闕，平治水土，使民得陸處。百姓不親，五品不愼，〇莊逵吉云：御覽愼作順。契敎以君臣之義，父子之親，夫妻之辨，〇莊逵吉云：御覽辨作別。長幼之序。田野不脩，民食不足，后稷乃敎之辟地墾草，糞土種穀，令百姓家給人足。故三后之後，謂夏殷周。無不王者，有陰德也。周室衰，禮義廢，孔子以三代之道敎導於世，其後繼嗣至今不絕者，有隱行也。秦王趙政兼吞天下而亡。趙政，始皇。生於趙，故名趙政。智伯侵地而滅，商鞅支解，李斯車裂。李斯，上蔡人也，爲秦相，趙高譖之二世，車裂之于雲陽。三代種德而王，齊桓繼絕而霸。故樹黍者不獲稷，樹怨者無報德。〇文典謹按：御覽八百四十二引作三代積德而王，齊桓繼絕而霸，故樹黍者無不穫稷，樹恩者無不報德。宋本覽亦作穫。昔者宋人好善者，〇王念孫云：好善上脫有字。列子說符篇作宋人有好行仁義者，論衡福虛篇作宋人有好善行者，皆有有字。三世不解。家無故而黑牛生白犢。以問先生。先生曰。此吉祥。以饗鬼神。先生，凡先人生者也。以享鬼神，白犢純色，可以爲犧牲也。○俞樾云：吉祥下脫也字。列子說符篇、論衡福虛篇並作此吉祥也，當據補。居一年。其父無故而盲。牛又復生白犢。其父又復使其子以問先生。其子曰。前聽先生言而失明。今又復問之。奈何。其父曰。聖人之言先忤而後合。其事未究。固試往復問之。其子又復問先生。先生曰。此吉祥也。復以饗鬼神。歸致命其父。其父曰。行先生之言也。居一年。其子又無故而盲。其後楚攻宋。圍其城。楚莊王時圍宋八月。○陶方琦云：列子釋文引許注：楚莊王圍宋九月。按今本八月當作九月。左傳宣十四年秋九月，楚子圍宋；十五年夏，楚子去宋。杜注：在宋積九月。呂覽愼勢篇：莊王圍宋九月。宋本淮南正作九月。當此之時。易子而食。析骸而炊。丁壯者死。老病童兒皆上城。牢守而不下。楚王大怒。城已破。諸城守者皆屠之。此獨以父子盲之故。得無乘城。軍罷圍解。則父子俱視。視，復明也。夫禍福之轉而相生。其變難見也。近塞上之人有善術者。○莊逵吉云：御覽作北塞之人有善道者。○王念孫云：近塞本作北塞，此後人以意改之也。北塞謂北方之塞，若改爲近塞，則不知爲何方之塞矣。漢書敘傳北叟頗識其倚伏，顏師古注引此正作北塞上之人。後漢書蔡邕傳得北叟之後福，李賢注云：北叟，塞上叟也。藝文類聚禮部下、獸部上，太平御覽禮儀部四十、獸部八引此並作北塞上之人。下文近塞之人死者十九，亦本作塞上之人。漢書、後漢書注及藝文類聚、太平御覽、文選幽通賦注並引作塞上之人。○俞樾云：近，謂近時也。此蓋淮南舉近事言之，故曰近，非連塞字爲義也。班孟堅幽通賦北叟頗識其倚伏，即用此事，而云北叟者，以下文言胡人大入塞，故知是北方之塞耳。乃顏師古注漢書敘傳引此文作北塞上之人，蓋涉正文北叟而誤，非顏注之舊。是以李善注文選幽通賦止云塞上之人。若使本作北塞，則正宜引之以證北叟之義，安得刪去之？惟其是近字，故可有可無也。後漢書蔡邕傳得北叟之後福，李賢注曰：北叟，塞上叟也。但言塞上，不言北塞上，然則淮南子原文不作北塞明甚。而藝文類聚、太平御覽引此文並作北塞上之人，則爲漢書注所誤。王氏念孫反據以訂正淮南，謬矣。下文近塞之人死者十九，則當作塞上之人。漢書、後漢書注、文選注及諸類書所引無作近塞者，可知近字之非。然亦無作北塞者，又可見此文作北塞上之誤矣。馬無故亡而入胡。○莊逵吉云：御覽作其馬無故亡入胡中。人皆弔之。其父曰。此何遽不爲福乎。○莊逵吉云御覽作此何知乃不爲福下爲禍爲福二句同○王念孫云何遽不爲福本作何遽不能爲福能與乃同（乃能古字通說見漢書谷永傳能或滅之下）言何遽不乃爲福也下文曰此何遽不能爲禍乎即其證此及下文兩何遽不爲福藝文類聚禮部太平御覽禮儀部並引作何遽不乃爲福又何遽不能爲禍亦引作何遽不乃爲禍居數月其馬將胡駿馬而歸人皆賀之其父曰此何遽不能爲禍乎家富良馬○王念孫云良馬本作馬良與家富相對爲文漢書後漢書注藝文類聚太平御覽引此並作家富馬良其子好騎墮而折其髀人皆弔之其父曰此何遽不爲福乎居一年胡人大入塞○莊逵吉云御覽作胡夷大出塞丁壯者引弦而戰○王念孫云引本作控此亦後人以意改之也文選幽通賦注太平御覽禮儀部引此並作控弦而戰漢書注及藝文類聚禮部獸部太平御覽獸部並引作皆控弦而戰藝文類聚又引注云控張也則本作控明矣近塞之人○莊逵吉云御覽作塞上之人死者十九此獨以跛之故父子相保故福之爲禍禍之爲福化不可極深不可測也或直於辭而不害於事者或虧於耳以忤於心而合於實者○王念孫云不害當爲不周隸書害作周與周相似而誤（道應篇周鼎著倕而使齕其指文子精誠篇周誤作害宣六年公羊傳靈公有周狗謂之獒爾雅釋畜注誤作害）楚辭離騷雖不周於今之人兮王注曰周合也氾論篇曰苟周於事不必循舊謂合於事也此言不周於事亦謂不合於事也此言直於辭而不周於事下言虧於耳忤於心而合於實合亦周也下文高陽魋命匠人爲室之言所謂直於辭也室成而終敗所謂不周於事也若云不害於事則與此意相反矣劉績不知害爲周之誤故刪去不字耳又下文此所謂直於辭而不可用者也不可用亦當作不周於事凡言此所謂者皆復舉上文之詞不當有異此因周誤作用後人遂改爲不可用而不知其與上文不合也又下文仁者百姓之所慕也義者衆庶之所高也然世或用之而身死國亡者不同於時也同亦當爲周不周於時不合於時也齊俗篇曰事周於世則功成務合於時則名立是也文子微明篇正作不周於時隸書害用同三字並與周相似故傳寫多誤高陽魋或曰高陽魋宋大夫將爲室問匠人匠人對曰未可也木尙生加塗其上必將撓以生材任重塗今雖成後必敗○文典謹按今雖成本作今雖善下文今雖惡後必善及其始成竘然善也而後果敗皆承此而言呂氏春秋別類篇及御覽九百五十二引此文並作今雖善皆其證也高陽魋曰不然夫木枯則益勁塗乾則益輕以勁材任輕塗今雖惡後必善匠人窮於辭無以對受令而

爲室。其始成，竘然善也。竘，高壯貌。而後果敗。此所謂直於辭而不可用者也。何謂虧於耳忤於心而合於實。靖郭君將城薛。靖郭君，齊威王之子也，封於薛。賓客多止之，弗聽。靖郭君謂謁者曰：無爲賓通言。齊人有請見者曰：臣請道三言而已。過三言，請烹。靖郭君聞而見之。賓趨而進，再拜而興，因稱曰：海大魚。則反走。靖郭君止之曰：願聞其說。賓曰：臣不敢以死爲熙。熙，戲也。靖郭君曰：先生不遠道而至此，爲寡人稱之。賓曰：海大魚，網弗能止也，釣弗能牽也，蕩而失水，則螻蟻皆得志焉。今夫齊，君之淵也。君失齊，則薛能自存乎。靖郭君曰：善。乃止不城薛。此所謂虧於耳忤於心而得事實者也。夫以無城薛止城薛，其於以行說，乃不若海大魚。故物或遠之而近，或近之而遠。或說聽計當而身疏，或言不用計不行而益親。何以明之。三國伐齊，圍平陸。三國，韓魏趙也。括子以報於牛子。括子、牛子，齊臣。曰：三國之地不接於我，踰鄰國而圍平陸，利不足貪也。然則求名於我也。請以齊侯往。牛子以爲善。括子出，無害子入。無害子，亦齊臣。牛子以括子言告無害子。無害子曰：異乎臣之所聞。牛子曰：國危而不安，患結而不解，何謂貴智。〇王念孫云：謂與爲同。（爲、謂古字通，說見秦策蘇代僞爲齊王曰下。）國危而不安，患結而不解，本作國危不而安，患結不而解。不而者，不能也。能、而古聲相近，故能或作而。（原道篇：而以少正多。高注：而，能也。能以寡統衆。又注呂氏春秋去私、不屈、士容三篇並云：而，能也。逸周書皇門篇曰：譬若衆畋，常扶予險，乃而予于濟。墨子尚同篇曰：故古者聖王唯而審以尚同，以爲正長，是故上下情通。又曰：天下之所以治者何也，唯而以尚同一義爲政故也。非命篇曰：不而矯其耳目之欲。莊子逍遙遊篇曰：知效一官，行比一鄉，德合一君，而徵一國。荀子哀公篇曰：君以此思哀，則哀將焉而不至矣。楚辭九章曰：不逢湯武與桓繆兮，世孰云而知之。齊策：管燕謂其左右曰：子孰而與我赴諸侯乎。又：秦始皇使遺君王后玉連環，曰：齊多知而解此環不。而字並與能同。故鄭注屯卦云：而，讀爲能。堯典：柔遠能邇。漢督郵班碑作深遠而邇。皋陶謨：能哲而惠。衛尉衡方碑作能悊能惠。史記夏本紀作能知能惠。論語憲問篇：愛之能勿勞乎。鹽鐵論授時篇能作而。呂氏春秋不侵篇能治可爲管商之師，齊策能作而。又禮運正義曰：劉向說苑能字皆作而。今說苑中能字無作而者，皆後人改之也。唯論衡之感虛篇、亂龍、講瑞、指瑞、感類、定賢諸篇能字多作而。其作能者，亦是後人所改。後人不曉而字之義，故改不而爲而不耳。此言所貴乎智者，國危能安，患結能解也。若國危不能安，患結不能解，則何爲貴智乎。下文張孟談對趙襄子曰：亡不能存，危弗能安，無爲貴智。語意正與此同。吳語：危事不可以爲安，死事不可以爲生，則無爲貴智矣。不可猶不能也。後人改爲國危而不安，患結而不解，非也。若謂國不安，患不解，則與何爲貴智四字義不相屬。若謂國危而不安之，患結而不解之，則是不仁，而非不智矣。

無害子曰：臣聞之，有裂壤土以安社稷者，聞殺身破家以存其國者，不聞出其君以爲封疆者。○王念孫云：首句本作臣聞裂壤土以安社稷者，與下二句文同一例。因臣聞下衍之字，後人遂於之下加有字，而句法參差不協矣。牛子不聽無害子之言，而用括子之計，三國之兵罷，而平陸之地存。自此之後，括子日以疏，無害子日以進。故謀患而患解，圖國而國存，括子之智得矣。無害子之慮，無中於策，謀無益於國，然而心調於君，有義行也。○俞樾云：調當爲周，楚辭離騷：雖不周於今之人兮。王逸注曰：周，合也。心周於君，謂心合於君也。作調者，古字通用。文子微明篇正作心周於君。今人待冠而飾首，待履而行地，冠履之於人也，寒不能煖，溫，煖。風不能障，暴不能蔽也。然而冠冠履履者，其所自託者然也。夫咎犯戰勝城濮，而雍季無尺寸之功，然而雍季先賞而咎犯後存者，其言有貴者也。故義者，天下之所賞也。○王念孫云：賞當爲貴，此承上句其言有貴者也言之。文子微明篇作仁義者，天下之尊爵也，是其證。今本貴作賞者，涉上文雍季先賞而誤。百言百當，不如擇趨而審行也。或無功而先舉，或有功而後賞。何以明之？昔者文公將與楚戰城濮，問於咎犯曰：爲奈何？○文典謹按：奈何上敓之字。韓非子難一、及御覽三百十三引此文，竝作爲之奈何。咎犯曰：仁義之事，君子不厭忠信；戰陳之事，不厭詐僞。○文典謹按：仁義之事，戰陳之事，不厭忠信，不厭詐僞，相對爲文，不當有君子二字。御覽三百十三引此文作仁義之軍，不厭忠信；戰陳之戎，不厭詐僞。無君子二字。今本有此二字者，後人依韓非子難一加之，而不知其不可通也。呂氏春秋義賞篇作繁禮之君，不足於文；繁戰之君，不足於詐，亦四字爲句。君其詐之而已矣。辭咎犯。問雍季。雍季對曰。焚林而獵。愈多得獸。後必無獸。以詐僞遇人。雖愈利。後無復。〇莊逵吉云。御覽此下亦有利字。〇俞樾云。愈當爲愉。古偷字也。周官大司徒職。以俗教安。則民不愉。釋文云。愉音偷。是其證也。愉利卽偷利。謂雖偷取利。而後不可復也。呂氏春秋義賞篇曰。雖今偷可。後將無復。君其正之而已矣。於是不聽雍季之計。而用咎犯之謀。與楚人戰。大破之。還歸賞有功者。先雍季而後咎犯。左右曰。城濮之戰。咎犯之謀也。君行賞先雍季何也。文公曰。咎犯之言。一時之權也。雍季之言。萬世之利也。吾豈可以先一時之權。而後萬世之利也哉。〇王念孫云。此本作吾豈可以一時之權。而先萬世之利也哉。先音悉薦反。後人誤讀爲悉前反。遂改爲先一時之權而後萬世之利。失之矣。太平御覽兵部四十四引此。正作吾豈可以一時之權。而先萬世之利哉。呂氏春秋義賞篇作焉有以一時之務。先百世之利者乎。皆其證。智伯率韓魏二國伐趙。圍晉陽。決晉水而灌之。城下緣木而處。縣釜而炊。〇王念孫云。太平御覽兵部五十二引此。城下作城中。是也。趙策。及韓子十過篇。史記趙世家。竝作城中。襄子謂張孟談曰。城中力已盡。糧食匱乏。大夫病。〇王念孫云。糧食匱乏。太平御覽引此無乏字。是也。今本乏字。蓋高注之誤入正文者耳。（高注主術要略二篇竝云。匱乏也。此處脫去注文乏字。又誤入正文耳。）力盡糧匱。士大夫病。盡匱病相對爲文。則匱下不當有乏字。韓子趙策。皆無乏字。是其證。大夫病。御覽引作武夫病。案此本作武大夫病。淮南一書通謂士爲武。韓子作士大夫羸。趙策作士大夫病。此作武大夫病。一也。下文中行穆伯攻鼓。餽閒倫曰。請無罷武大夫。而鼓可得也。是其明證矣。御覽作武夫病者。不解武大夫之語。而刪去大字也。今本作大夫病者。亦不解武大夫之語。而刪去武字也。士大夫皆病。而但言大夫。則偏而不舉矣。爲之奈何。張孟談曰。亡不能存。危不能安。無爲貴智士。〇王念孫云。劉本依趙策。改智伯爲智士。非也。此謂亡不能存。危不能安。則無爲貴智士。上文牛子謂無害子曰。國危不能安。患結不能解。何謂貴智。智下亦無士字。吳語亦云。危事不可以爲安。死事不可以爲生。則無爲貴智矣。趙策誤衍士字。而劉據之以改本書。謬矣。太平御覽引此。作無爲貴智。韓子作則無爲貴智矣。皆無士字。臣請試潛行。潛行。伏行也。見韓魏之君而約之。乃見韓魏之君。說之曰。臣聞之。脣亡而齒寒。今智伯率二君而伐趙。趙將亡矣。趙亡則君爲之次矣。〇王念孫云。君爲之次。君上脫二字。（太平御覽引此已誤。）

上下文皆作二君。韓子趙策。亦云趙亡。則二君爲之次。又下文。言出君之口。入臣之耳。君上亦脫二字。太平御覽引此。正作言出二君之口。韓子趙策。作謀出二君之口。及今而不圖之。禍將及二君。二君曰。智伯之爲人也。粗中而少親。我謀而泄。事必敗。爲之奈何。張孟談曰。言出君之口。入臣之耳。人孰知之者乎。且同情相成。同利相死。君其圖之。二君乃與張孟談陰謀與之期。〇王念孫云。太平御覽引此。作二君乃與張孟談謀(句)陰與之期。是也。陰與之期。謂陰約舉事之期也。趙策作陰約三軍。與之期日夜。是其證。今本陰字誤入上句謀字上。則非其指矣。張孟談乃報襄子。至其日之夜。〇俞樾云。其當作期。謂所期之日之夜也。韓子十過篇。正作至於期日之夜。趙氏殺其守隄之吏。決水灌智伯。〇王念孫云。智伯下。當有軍字。下句智伯軍救水而亂。即承此句言之。太平御覽引此。已脫軍字。韓子趙策。皆作灌智伯軍。智伯軍救水而亂。韓魏翼而擊之。襄子將卒犯其前。大敗智伯軍。殺其身而三分其國。襄子乃賞有功者。而高赫爲賞首。羣臣請曰。晉陽之存。張孟談之功也。而赫爲賞首。何也。襄子曰。晉陽之圍也。寡人國家危。社稷殆。羣臣無不有驕侮之心者。唯赫不失君臣之禮。吾是以先之。由此觀之。義者人之大本也。雖有戰勝存亡之功。不如行義之隆。故君子曰。美言可以市尊。美行可以加人。〇王念孫云。君子本作老子。此淺學人改之也。今老子作美言可以市。尊行可以加人。無下美字。而以市字絕句。尊字下屬爲句。道應篇引老子。亦有下美字。則所見本異也。或有罪而可賞也。或有功而可罪也。西門豹治鄴。西門豹。文侯臣。廩無積粟。府無儲錢。庫無甲兵。官無計會。人數言其過於文侯。文侯身行其縣。果若人言。文侯曰。翟璜任子治鄴而大亂。子能道則可。不能。將加誅於子。〇王念孫云。子能道。太平御覽治道部八引。作子能變道是也。變道。謂易其道也。晏子春秋雜篇。崔杼謂晏子曰。子變子言。則齊國吾與子共之。子不變子言。戟既在脰。劍既在心。唯子圖之。語意與此相似。今本脫去變字。則文不成義。西門豹曰。臣聞王主富民。霸主富武。亡國富庫。今王欲爲霸王者也。〇王念孫云。今王當爲今君。此涉上下文王字而誤也。魏自惠王始稱王。此對文侯言之。不當稱王。下文云君以爲不然，則本作君明矣。太平御覽引此正作君。臣故稸積於民，君以爲不然。臣請升城鼓之，甲兵粟米可立具也。於是乃升城而鼓之，一鼓，民被甲括矢，甲，鎧也。括，箭也。操兵弩而出；再鼓，負輦粟而至。服，駕牛也。輦，擔也。○王念孫云：太平御覽引此作服擔載粟而至，是也。據高注云服駕牛也，則負本作服，今作負者，聲之誤耳。一切經音義十一引此作擔載粟米而至，與御覽所引小異，而皆有載字，則今本脫載字明矣。擔與輦同，謂人挽車也。服輦載粟而至者，或服或輦載粟而至也。管子海王篇曰：行服連軺輂者，必有一斤一鋸一椎一鑿，若其事立。連亦與輦同。（周禮鄉師注：故書輦作連。鄭司農云：連讀爲輦。巾車：連車組輓。釋文：連本亦作輦。）服輦皆車名，故管子、淮南皆並稱服輦。許、高注皆訓輦爲擔，於義少疏矣。（許注見一切經音義。）○陶方琦云：一切經音義引作擔載粟米而至，又引許注：擔，擔也。按故書輦作連，周禮鄉師鄭注：連讀爲輦。擔字說文不收，當即連字。說文：連，負車也。（各本作負連，誤，此依段說。）與輦義通。管子海王篇：行服連軺輂者。服連即服擔。玉篇：擔，運也。廣韻：擔，擔運物也。南史何遠傳：擔水還之。義亦近。擔，元應曰：擔，今皆作輦。知淮南今本輦字乃後人所改，注訓爲擔，則然同。（御覽六百二十七引作再鼓服擔載粟而至，擔乃擔之形似而誤。）文侯曰：罷之。西門豹曰：與民約信，非一日之積也。一舉而欺之，後不可復用也。燕常侵魏八城，臣請北擊之，以復侵地。遂舉兵擊燕，復地而後反。此有罪而可賞者也。解扁爲東封，解扁，魏臣。治東封者。上計而入三倍，有司請賞之。文侯曰：吾土地非益廣也，人民非益衆也，入何以三倍？對曰：以冬伐木而積之，於春浮之河而鬻之。文侯曰：民春以力耕，○莊逵吉云：御覽作寒以力耕。暑以强耘，秋以收斂，冬閒無事，以伐林而積之，○王念孫云：暑以强耘，當從齊民要術所引作夏以强耘。夏與春秋冬相對，變夏言暑，則與上下文不類矣。以伐林而積之，當從太平御覽所引作又伐林而積之。又字承上春耕夏耘秋收而言，今本又作以，則義不可通矣。（此因上文云以字而誤。）負輗而浮之河，是用民不得休息也。民以敝矣，○文典謹按：御覽引敝作弊，宋本同。雖有三倍之入，將焉用之？此有功而可罪者也。賢主不苟得，忠臣不苟利。何以明之？中行穆伯攻鼓，弗能下。中行穆伯，晉大夫。鼓，北翟。○陶方琦云：羣書治要引許注：中行繆伯，晉大夫。鼓，北翟。按二注正同。繆、穆古通。餽聞倫曰：鼓之嗇夫，聞倫知之。餽聞倫，晉人也。○文典謹按：羣書治要引餽聞倫作餽聞倫(注同)注晉人也作晉大夫。請無罷武大夫而鼓可得也。穆伯弗應。左右曰。不折一戟。不傷一卒。而鼓可得也。君奚爲弗使。○文典謹按。治要引使作取。穆伯曰。聞倫爲人佞而不仁。若使聞倫下之。吾可以勿賞乎。若賞之。是賞佞人。佞人得志。是使晉國之武舍仁而後佞。○俞樾云。後字義不可通。乃從字之誤。佞人得志。故晉國之士皆舍仁而從佞也。晉國之武。即晉國之士。淮南一書。通謂士爲武。雖得鼓將何所用之。攻城者欲以廣地也。得地不取者。見其本而知其末也。秦穆公使孟盟舉兵襲鄭。孟盟。伯里奚之子也。過周以東。鄭之賈人弦高蹇他蹇他。弦高之黨。相與謀曰。師行數千里。數絕諸侯之地。○莊逵吉云。御覽作又數過諸侯之地。其勢必襲鄭。凡襲國者。以爲無備也。今示以知其情。必不敢進。乃矯鄭伯之命。以十二牛勞之。○文典謹按。御覽三百七引勞之作爲勞。三率相與謀三率。白乙。孟明。西乞。曰。凡襲人者。以爲弗知。今已知之矣。守備必固。進必無功。乃還師而反。晉先軫舉兵擊之。先軫。晉大夫也。大破之殽。鄭伯乃以存國之功賞弦高。○莊逵吉云。御覽功作賞。弦高辭之曰。誕而得賞。則鄭國之信廢矣。爲國而無信。是俗敗也。賞一人而敗國俗。仁者弗爲也。以不信得厚賞。義者弗爲也。遂以其屬徙東夷。終身不反。故仁者不以欲傷生。知者不以利害義。聖人之思脩。愚人之思叕。叕。短也。忠臣者務崇君之德。諂臣者務廣君之地。何以明之。陳夏徵舒弒其君。楚莊王伐之。陳人聽令。莊王以討有罪。遣卒戍陳。戍。守也。守欲有陳也。大夫畢賀。申叔時使於齊。反還而不賀。○王念孫云。諸書有言還反者。無言反還者。反當爲及。謂大夫畢賀之時。申叔時尚未還。及其還而獨不賀也。太平御覽兵部三十六引此。正作及還而不賀。莊王曰。陳爲無道。寡人起九軍以討之。○莊逵吉云。御覽九軍作六軍。征暴亂。誅罪人。羣臣皆賀。而子獨不賀。○莊逵吉云。御覽無獨字。何也。申叔時曰。牽牛蹊人之田。田主殺其人而奪之牛。○王念孫云。牽牛蹊人之田。太平御覽引作人有牽牛而徑於人之田中，是也。今作牽牛蹊人之田者，後人據左傳改之耳。案宣十一年左傳，申叔時曰：夏徵舒弒其君，其罪大矣，討而戮之，君之義也。抑人亦有言曰：牽牛以蹊人之田而奪之牛云云（史記陳杞世家作鄙語有之，牽牛徑人田，田主奪之牛）。此文無夏徵舒以下四句，又無人亦有言之語，而即云牽牛以蹊人之田，則語無倫次，故必詳言之曰人有牽牛而徑於人之田中。後人不察文義，遂據彼以改此，而不自知其謬也。罪則有之，罰亦重矣。今君王以陳為無道，興兵而攻，因以誅罪人，遣人戍陳。〇莊逵吉云：御覽作舉兵而征之，因誅罪人，遣卒戍陳。〇王念孫云：興兵而攻，本作興兵而政之，政與征同（古字多以政為征，不煩引證）。今本政誤作攻，又脫之字。夏徵舒弒其君，故曰興兵而征之，若言攻，則非其指矣。太平御覽引此正作舉兵而征之。因以誅罪人，本作以誅罪人，以與已同，言莊王已誅罪人，而遣人戍陳也。下文云：諸侯聞之，以王為非誅罪人也，貪陳國也，則此本作以誅罪人，遣人戍陳明矣。上文云：莊王以討有罪，遣卒戍陳，尤其明證也。後人不知以與已同，故加因字耳。莊王之伐陳，本以誅罪人，不得言因以誅罪人也。太平御覽引此已誤。諸侯聞之，以王為非誅罪人也，貪陳國也。蓋聞君子不棄義以取利。王曰：善。乃罷陳之戍，立陳之後。諸侯聞之，皆朝於楚。此務崇君之德者也。張武為智伯謀曰：張武，晉人。晉六將軍，中行文子最弱，而上下離心，可伐以廣地。於是伐范中行，滅之矣。又教智伯求地於韓魏趙，韓魏裂地而授之，趙氏不與，乃率韓魏而伐趙，圍晉陽三年，三國陰謀同計，以擊智氏，遂滅之。此務為君廣地者也。夫為君崇德者霸，為君廣地者滅，故千乘之國，行文德者王。〇莊逵吉云：御覽作修德行者王。湯武是也。萬乘之國，好廣地者亾，智伯是也。非其事者勿仞也，非其名者勿就也，無故有顯名者勿處也，無功而富貴者勿居也。〇王引之云：無故有顯名者勿處也，義與上句無別，當即是上句之注，而今本誤入正文也。下文云：夫就人之名者廢，仞人之事者敗，無功而大利者後將為害，皆承上文言之，而此句獨不在內，則非正文明矣。夫就人之名者廢，仞人之事者敗，無功而大利者後將為害。譬猶緣高木而望四方也，雖愉樂哉，然而疾風至，未嘗不恐也。患及身，然後憂之，六驥追之，弗能及也。是故忠臣之事君也。○文典謹按、初學記政理部、白帖四十九、御覽六百三十三引、忠臣下竝有之字。今據增。計功而受賞。不爲苟得。積力而受官。不貪爵祿。○王念孫云、積力本作量力。此後人以意改之也。下文云、辭所不能、而受所能、正所謂力量而受官也。若改量力爲積力、則非其指矣。初學記政理部、白帖四十九、太平御覽治道部十四引此、皆作量力。其所能者受之勿辭也。其所不能者與之勿喜也。辭所能則匿。欲所不能則惑。辭所不能而受所能。則得無損墮之勢。而無不勝之任矣。昔者智伯驕。伐范中行而克之。又劫韓魏之君而割其地。尙以爲未足。遂興兵伐趙。韓魏反之。軍敗晉陽之下。身死高梁之東。頭爲飲器。國分爲三。爲天下笑。此不知足之禍也。老子曰。知足不辱。知止不殆。可以修久。此之謂也。或譽人而適足以敗之。或毀人而乃反以成之。何以知其然也。費無忌復於荆平王曰。費無忌、楚臣。復、白也。晉之所以霸者。近諸夏也。近諸夏、國在諸夏也。而荆之所以不能與之爭者。以其僻遠也。楚王若欲從諸侯。不若大城城父。而令太子建守焉。以來北方。○王念孫云、王上不當有楚字。此因下文楚王悅之而衍。王自收其南。是得天下也。楚王悅之。因命太子建守城父。命伍子奢傅之。居一年。伍子奢遊人於王側。伍子奢遣說於王之左側。言太子甚仁且勇。能得民心。王以告費無忌。無忌曰。臣固聞之。太子內撫百姓。外約諸侯。齊晉又輔之。將以害楚。其事已構矣。王曰。爲我太子。又尙何求。曰。以秦女之事怨王。王因殺太子建而誅伍子奢。此所謂見譽而爲禍者也。何謂毀人而反利之。唐子短陳駢子於齊威王。唐子、齊大夫。威王欲殺之。陳駢子與其屬出亡奔薛。孟嘗君聞之。孟嘗君封於薛。使人以車迎之。至而養以芻豢黍粱五味之膳。日三至。冬日被裘罽。夏日服絺紵。出則乘牢車。駕良馬。孟嘗君問之曰。夫子生於齊。長於齊。夫子亦何思於齊。對曰。臣思夫唐子者。

孟嘗君曰。唐子者非短子者耶。曰。是也。孟嘗君曰。子何爲思之。對曰。臣之處於齊也。糲粢之飲。藜藿之羹。冬日則寒凍。夏日則暑傷。自唐子之短臣也。以身歸君。食芻豢。飯黍粱。服輕煖。乘牢良。○王念孫云。粢當爲粱。此涉上文糲粢而誤。上文云。糲粢之飯。藜藿之羹。是粢爲食之粗者。賈逵注晉語云。粱。食之精者。(見文選陸機君子有所思行注)此與芻豢對文。則當言黍粱。不當言黍粢。上文云。養以芻豢黍粱五味之膳。是其明證也。且粱與良爲韻。若作粢。則失其韻矣。臣故思之。此謂毀人而反利之者也。是故毀譽之言。不可不審也。或貪生而反死。或輕死而得生。或徐行而反疾。何以知其然也。魯人有爲父報讎於齊者。刳其腹而見其心。坐而正冠。○莊逵吉云。御覽正作拭。起而更衣。徐行而出門。上車而步馬。○文典謹按。御覽四百八十二。引此文。作徐出門上車而步。顏色不變。其御欲驅。撫而止之曰。今日爲父報讎以出死。非爲生也。今事已成矣。又何去之。追者曰。此有節行之人。不可殺也。解圍而去之。使被衣不暇帶。冠不及正。蒲伏而走。上車而馳。必不能自免於千步之中矣。今坐而正冠。起而更衣。徐行而出門。上車而步馬。顏色不變。此衆人所以爲死也。而乃反以得活。此所謂徐而馳。遲於步也。夫走者。人之所以爲疾也。步者。人之所以爲遲也。今反乃以人之所爲遲者反爲疾。○王念孫云。此當作今乃反以人之所以爲遲者爲疾。上文曰。此衆人所以爲死也。而乃反以得活。卽其證。今本乃反二字誤倒。又脫一以字。衍一反字。明於分也。有知徐之爲疾。遲之爲速者。則幾於道矣。故黃帝亾其玄珠。使離朱捷剟索之。離朱。明目。捷剟。疾利。搏善拾于物。二人皆黃帝臣也。○王念孫云。剟與掇通。剟上當有攫字。脩務篇曰。離朱之明。攫掇之捷。高彼注曰。離朱。黃帝時人。明目。能見百步之外。秋毫之末。攫掇。亦黃帝時捷疾者。是也。此注當作離朱明目見物。捷疾攫剟。善於搏拾物。(高注脩務篇曰。攫。搏也。注要略曰。掇。拾也。)二人皆黃帝臣也。今本正文脫攫字。注文猶多脫誤。劉績不能釐正。乃於剟上增捷字。(諸本及莊本同。)與脩務篇不合。非也。而弗能得之也。於是使忽怳而後能得之。忽怳。黃帝臣也。忽怳善忘之人。聖人敬小慎微。

動不失時。百射重戒。射，衆也。禍乃不滋。計福勿及。慮禍過之。同日被霜。蔽者不傷。愚者有備。與知者同功。夫爝火在縹煙之中也。一指所能息也。唐漏若鼷穴。一墣之所能塞也。及至火之燔孟諸而炎雲臺。孟諸，宋大澤。雲臺，高至雲也。水決九江而漸荆州。雖起三軍之衆。弗能救也。夫積愛成福。積怨成禍。若癰疽之必潰也。所浼者多矣。浼，汚也。諸御鞅復於簡公。諸御鞅，齊臣。簡公，齊君。曰。陳成常宰予二子者甚相憎也。宰予，孔子弟子，仕於齊。臣恐其構難而危國也。君不如去一人。簡公不聽。居無幾何。陳成常果攻宰予於庭中。而弑簡公於朝。○俞樾云：攻乃殺字之誤。殺宰予，弑簡公，君臣異辭，其實一也。下文曰：廷殺宰予，是其明證。此不知敬小之所生也。魯季氏與郈氏鬬雞。季氏、郈氏，皆魯大夫。郈氏介其雞。介，以芥塗其雞翅也。○文典謹按：呂氏春秋察微篇高注：介，甲也，作小鎧著雞頭也。與此互異。昭二十五年左傳賈逵云：擣芥子爲末，播其雞翼。（史記魯世家集解引服虔說同）許君用師說耳。說文艸部：芥，菜也。亦與此注芥菜訓合。而季氏爲之金距。金距，施金芒於距也。季氏之雞不勝。季平子怒。因侵郈氏之宮而築之。郈昭伯怒。傷之魯昭公曰。傷，毀譖也。禱於襄公之廟。舞者二人而已。時魯禱先君襄公，八佾之舞庭者，凡二人也。○文典謹按：禱當爲禘（注同）字之誤也。呂氏春秋正作禘，左傳亦云將禘於襄公，皆其證。其餘盡舞於季氏。季氏之無道無上久矣。弗誅。必危社稷。公以告子家駒。子家駒，魯大夫。子家駒曰。季氏之得衆。三家爲一。三家，孟氏、叔孫、季氏。其德厚。其威强。君胡得之。昭公弗聽。使郈昭伯將卒以攻之。仲孫氏叔孫氏相與謀曰。無季氏。死亡無日矣。遂興兵以救之。郈昭伯不勝而死。魯昭公出奔齊。故禍之所從生者。始於雞定。○莊逵吉云：本或作雞足，或作雞距。唯藏本作定。定，題也。疑藏本是。○王念孫云：雞定當依劉本作雞足。字之誤也。上文云季氏與郈氏鬬雞，爲之金距，故曰禍始於雞足。且足與稷爲韻（泰族篇獄訟止而衣食足，亦與息德爲韻。老子禍莫大於不知足，與得爲韻）若作定，則失其韻矣。莊伯鴻以定爲麟之定之定，大誤。及其大也。至於亡社稷。故蔡女蕩舟。齊師大侵楚。

齊桓公與蔡姬乘舟，姬蕩舟，公懼，止之，公怒，歸之蔡，蔡人嫁之，公伐楚，至召陵而勝之也。○王念孫云：僂上不當有大字，此因上文及其大也而衍。兩人搆怨，廷殺宰予，簡公遇殺，身死無後，陳氏代之，齊乃無呂。兩家鬭雞，季氏金距，郈公作難，○俞樾云：郈昭伯，魯大夫，不得稱郈公，乃郈氏之誤。上文云郈氏介其雞，是其明證也。今作郈公者，涉下文魯昭公出走而誤。又按魯昭公出走句，王氏念孫謂衍公字，以上下文皆四字句故也。然上文云簡公遇殺，身死無後，疑此文本作昭公，昭公不稱魯，猶簡公不稱齊，後人誤加魯字，遂致句法參差，而王氏乃議刪公字，失之矣。魯昭公出走。故師之所處，生以棘楚，大荆也。禍生而不蚤滅，若火之得燥，水之得溼，浸而益大。癰疽發於指，其痛遍於體。故蠹啄剖梁柱，蟁蝱走牛羊，此之謂也。人皆務於救患之備，而莫能知使患無生。夫使患無生，易於救患，而莫能加務焉，則未可與言術也。晉公子重耳過曹，曹君欲見其駢脅，使之袒而捕魚。釐負羈止之曰：公子非常也，○王念孫云：非常下脫人字。韓子十過篇作晉公子非常人也。從者三人，皆霸王之佐也，三人，謂狐偃、趙衰、胥臣。遇之無禮，必爲國憂。君弗聽。重耳反國，起師而伐曹，遂滅之。身死人手，社稷爲墟，禍生於袒而捕魚。齊楚欲救曹，不能存也。聽釐負羈之言，則無亾患矣。今不務使患無生，患生而救之，雖有聖知，弗能爲謀耳。患禍之所由來者萬端，無方，是故聖人深居以避辱，靜安以待時。小人不知禍福之門戶，妄動而絓羅網，雖曲爲之備，何足以全其身？譬猶失火而鑿池，被裘而用箑也。且唐有萬穴，唐，堤也。言堤之有萬穴也。○文典謹按：文選海賦注引塘作溏。塞其一，魚何遽無由出？室有百戶，閉其一，盜何遽無從入？夫牆之壞也於隙，劍之折必有齧。齧，缺也。聖人見之密，故萬物莫能傷也。○陳觀樓云：密當爲蚤，字之誤也。上文禍生而不蚤滅，卽其證。太宰子朱侍飯於令尹子國，子朱、子國，皆楚大夫。○文典謹按：侍飯，北堂書鈔百四十四、御覽八百六十一引，竝作侍食。令尹子國啜羹而熱，投巵漿而沃之。○王念孫云：下既言沃之，則上不當更言投。舊本北堂書鈔酒食部三引此。投作援，是也。援，引也。謂引卮漿而沃之也。作投者，字之誤耳。太平御覽飲食部十九所引與書鈔同。唐余知古渚宮舊事亦同。明日，太宰子朱辭官而歸。其僕曰：郎尹，主郎官之尹也。○文典謹按：御覽八百六十一引作明日伏節尹怒而笞之三百。楚太宰未易得也。辭官去之，何也？子朱曰：令尹輕行而簡禮，其辱人不難。明年，伏郎尹而笞之三百。夫仕者先避之，見終始微矣。○王念孫云：夫仕者先避，當作夫上仕者先避患而後就利，先遠辱而後求名。仕與士同。（曲禮前有士師，鄭注：士或為仕。爾雅：士，察也。小雅節南山篇弗問弗仕，鄭箋：仕，察也。豳風東山篇勿士行枚，大雅文王有聲篇武王豈不仕，毛傳並云：事也。漢郎中馬江碑士喪儀宗、成陽靈臺碑故有靈臺啇夫魚師衛士，士皆作仕。）避患遠辱，謂上文太宰子朱辭官之事。今本仕上脫上字，先避下脫患而後就利先遠辱而後求名凡十二字。文子微明篇作故上士先避患而後就利，先遠辱而後求名，是其證。之見終始微矣上，當有太宰子朱四字。此亦承上文而言。子朱見令尹之輕行簡禮，而知其必將辱人，即辭官而去，可謂見其始而知其終，故曰太宰子朱之見終始微矣。夫鴻鵠之未孚於卵也，一指篾之，則靡而無形矣。○文典謹按：意林引作鴻鵠在卵也，一指蔑之則破。及至其筋骨之已就，而羽翮之既成也，○文典謹按：意林引翮作翅。則奮翼揮䎃，䎃，六翮之末也。凌乎浮雲，背負青天，膺摩赤霄，赤霄，飛雲也。○文典謹按：文選七命注引青天作蒼天。翺翔乎忽荒之上，析惕乎虹蜺之間。○莊逵吉云：各本皆作徜徉，藏本作析惕。雖有勁弩利矰微繳，蒲且子之巧，亦弗能加也。○文典謹按：意林引加作得。江水之始出於岷山也，可攓衣而越也；及至乎下洞庭，騖石城，洞庭在長沙，石城在丹陽。經丹徒，丹徒在會稽。起波濤，波者濔起，還者為濤。舟杭一日不能濟也。是故聖人者，常從事於無形之外，而不留思盡慮於成事之內，是故患禍弗能傷也。人或問孔子曰：顏回何如人也？曰：仁人也，丘弗如也。子貢何如人也？曰：辯人也，丘弗如也。子路何如人也？曰：勇人也，丘弗如也。賓曰：三人皆賢夫子，而為夫子役，何也？孔子曰：丘能仁且忍，辯且訥，勇且怯，以二子之能易丘一道，丘弗為也。孔子知所施之也。秦牛缺徑於山中，牛缺，隱士。而遇盜，奪之車馬，解其橐笥，拖其衣被。（拖，奪也。○文典謹按：說文：褫，奪衣也。讀若池。錢大昕云：說文無池字，當爲拕。易終朝三褫之，陸德明音義云：褫，鄭本作拕，徒可反。拕、奪聲亦相近也。）盜還反顧之，無懼色憂志。驪然有以自得也。盜遂問之曰：吾奪子財貨，劫子以刀，而志不動，何也？秦牛缺曰：車馬所以載身也，衣服所以揜形也。聖人不以所養害其養。盜相視而笑曰：夫不以欲傷生，不以利累形者，世之聖人也。以此而見王者，必且以我爲事也。還反殺之。此能以知知矣，而未能以知不知也；能勇於敢，而未能勇於不敢也。凡有道者，應卒而不乏，遭難而能免，故天下貴之。今知所以自行也，而未知所以爲人行也，其所論未之究者也。人能由昭昭於冥冥，則幾於道矣。詩曰：人亦有言，無哲不愚。此之謂也。事或爲之，適足以敗之；或備之，適足以致之。何以知其然也？秦皇挾錄圖，（挾，銷也。秦博士盧生使入海，還奏圖錄書于始皇帝。）見其傳曰：亾秦者，胡也。因發卒五十萬，使蒙公、楊翁子（蒙公，蒙恬也。楊翁子，秦將。）將，築脩城，西屬流沙，（起隴西臨洮縣。）北擊遼水，（遼水，遼東。○俞樾云：擊字無義，疑毉字之誤。爾雅釋詁：毉，盡也。言北盡遼水也。史記作起臨洮至遼東，至即有盡義。）東結朝鮮，（朝鮮，樂浪。）中國內郡輓車而餉之。又利越之犀角、象齒、翡翠、珠璣，（翡，赤雀。翠，青雀。圓者爲珠，䫄者爲璣。）乃使尉屠睢（尉屠睢，秦將。）發卒五十萬，爲五軍，一軍塞鐔城之嶺，（鐔城在武陵西南，接鬱林。）一軍守九疑之塞，（九疑在零陵。）一軍處番禺之都，（番禺，南海。）一軍守南野之界，（南野在豫章。）一軍結餘干之水，（餘干在豫章。）三年不解甲弛弩，使監祿無以轉餉，（監祿，秦將。）又以卒鑿渠而通糧道，（監祿，秦將。鑿通湘水、離水之渠。○王念孫云：無以二字，後人所加。此言使監祿轉餉，又使用卒鑿渠而通糧道也。史記主父傳：使監祿鑿渠運糧，深入越。是其證。使監祿下加無以二字，則文不成義矣。困學紀聞引此，無無以二字。）以與越人戰，殺西嘔君譯吁宋。（西嘔，越人。譯吁宋，西嘔君名也。）而越人皆入叢薄中，與禽獸處，莫肯爲秦虜。相置桀駿以爲將，而夜攻秦人，大破之，殺尉屠睢，伏尸流血數十萬，乃發適戍以備之。當此之時，男子不得脩農畝，婦人不得剡麻考縷，考，成也。羸弱服格於道，大夫箕會於衢，箕會，以箕於衢會斂。病者不得養，死者不得葬。於是陳勝起於大澤，奮臂大呼，天下席卷，而至於戲。戲，地名，在新豐。劉項興義兵隨而定，若折槁振落，遂失天下。禍在備胡而利越也。欲知築脩城以備亡，不知築脩城之所以亡也。發適戍以備越，而不知難之從中發也。夫鵲先識歲之多風也，去高木而巢扶枝，扶，旁也。○王念孫云：鵲上脫烏字，下文烏鵲之智，即其證。初學記天部上，太平御覽天部九，白帖二引此，皆有烏字。○陶方琦云：初學記天部一，御覽九，事類賦風部，引許注：扶，傍也。按旁當作傍。說文：傍，近也。謂近枝也。太平廣記四百六十一引淮南，去喬木，巢傍枝，亦作傍。大人過之則探鷇，嬰兒過之則挑其卵，知備遠難而忘近患。故秦之設備也，烏鵲之智也。或爭利而反強之，或聽從而反止之。何以知其然也？魯哀公欲西益宅，史爭之，以為西益宅不祥。西益宅，築舊居之西。更以為田宅。○俞正燮云：論衡云：俗有大諱四，西益宅其一。藝文類聚引風俗通，亦有西益宅不祥。新序五，及家語正論解，則云東益宅不祥。哀公作色而怒，左右數諫不聽，乃以問其傅宰折睢，宰折睢，傅名姓。○莊逵吉云：御覽作曼折曜。曰：吾欲益宅，而史以為不祥，子以為何如？宰折睢曰：天下有三不祥，西益宅不與焉。哀公大悅而喜，頃復問曰：何謂三不祥？對曰：不行禮義，一不祥也；嗜慾無止，二不祥也；不聽強諫，三不祥也。哀公默然深念，憤然自反，○俞樾云：憤然非自反之貌。憤疑隤字之誤。周易繫辭傳：夫坤隤然示人簡矣。虞注曰：隤，安也。馬注曰：柔貌。皆與自反之義合。上文孔子讀易至損益，未嘗不憤然而歎，王氏念孫謂憤然當作隤然。此誤隤為憤，猶彼誤隤為憤，皆形似而誤。○文典謹按：御覽百八十引憤作喟，於義為長。遂不西益宅。夫史以爭為可以止之，而不知不爭而反取之也。智者離路而得道，愚者守道而失路。夫兒說之巧，於閉結無不解，兒說，宋大夫也。非能閉結而盡解之也，不解不可解也。至乎以弗解解之者，可與及言論矣。或明禮義，推道體而不行或解搆妄言而反當何以明之孔子行遊馬失食農夫之稼○王念孫云孔子行遊四字文不成義此本作孔子行於東野下文野人二字卽承此句言之今本於誤作遊又脫東野二字太平御覽地部二十野下引此正作孔子行於東野呂氏春秋必己篇同（今本作孔子行道而息乃後人所改辯見呂氏春秋）野人怒取馬而擊之子貢往說之卑辭而不能得也○王念孫云子貢上脫使字太平御覽引此有使字卑當爲畢字之誤也畢辭謂竟其辭也太平御覽引此作畢辭而弗能得呂氏春秋作畢辭野人不聽皆其證孔子曰夫以人之所不能聽說人譬以大牢享野獸太牢三牲以九韶樂飛鳥也予之罪也非彼人之過也乃使馬圉往說之圉養馬者至見野人曰子耕於東海至於西海吾馬之失安得不食子之苗野人大喜解馬而與之說若此其無方也而反行事有所至而巧不若拙故聖人量鑿而正枘夫歌采菱發陽阿鄙人聽之不若此延路陽局延路陽局鄙歌曲也○莊逵吉云御覽作延路陵陽○王念孫云不若此此字因上文若此其無方而衍路本作露脫去上半耳陽局本作以和因上文發陽阿而誤爲陽阿阿又誤爲局也（左畔阝字誤爲戶右畔可字誤爲可劉本改局爲局而莊本從之謬矣）不若延露以和者言采菱陽阿曲之至美者也而鄙人聽之曾不若歌延露以相唱和（說山篇欲美和者始於陽阿采菱）所謂曲高和寡也李善注吳都賦月賦舞賦長笛賦七啓引此並作不若延露以和是其明證注中陽局二字亦隨正文而衍吳都賦注引高誘曰延露鄙歌曲也無此二字○文典謹按王說是也北堂書鈔一百六引亦無此字非歌者拙也聽者異也故交畫不暢暢申也連環不解物之不通者聖人不爭也仁者百姓之所慕也義者衆庶之所高也爲人之所慕行人之所高此嚴父之所以敎子而忠臣之所以事君也然世或用之而身死國亡者不同於時也昔徐偃王好行仁義陸地之朝者三十二國王孫厲謂楚莊王王孫厲楚臣也曰王不伐徐必反朝徐王曰偃王有道之君也好行仁義不可伐王孫厲曰臣聞之大之與小强之與弱也猶石之投卵虎之啗豚又何疑焉且夫爲文而不能達其德爲武而不能任其力

亂莫大焉楚王曰善乃舉兵而伐徐遂滅之知仁義而不知世變者也申菽杜茝申叔杜茝皆香草也美人之所懷服也及漸之於滫滫臭汁也則不能保其芳矣古者五帝貴德三王用義五霸任力今取帝王之道而施之五霸之世是由乘驥逐人於榛薄而蓑笠盤旋也今霜降而樹穀冰泮而求穫欲其食則難矣故易曰潛龍勿用者言時之不可以行也故君子終日乾乾夕惕若厲無咎終日乾乾以陽動也夕惕若厲以陰息也因日以動因夜以息唯有道者能行之夫徐偃王爲義而滅燕子噲行仁而亡子噲燕王也蘇代說子噲讓國遂專政齊伐燕大敗之噲死也哀公好儒而削哀公魯君代君爲墨而殘代君趙之別國滅亾削殘暴亂之所致也而四君獨以仁義儒墨而亾者遭時之務異也非仁義儒墨不行非其世而用之則爲之擒矣夫戟者所以攻城也鏡者所以照形也宮人得戟則以刈葵宮人宦侍也盲者得鏡則以蓋卮○文典謹按初學記器用部白帖十三引蓋卮下並有盲者不可貽以鏡亂主不可舉其疵十四字不知所施之也故善鄙不同誹譽在俗趨舍不同逆順在君○王念孫云兩不字後人所加此言善鄙同而或誹或譽者俗使然也趨舍同而或逆或順者君使然也故下文云狂譎不受祿而誅段干木辭相而顯所行同也而利害異者時使然也後人於同上加不字則義不可通矣文子微明篇作善否同非譽在俗趨行等逆順在時是其證齊俗篇云趨舍同誹譽在俗意行鈞窮達在時語意正與此同狂譎不受祿而誅狂譎東海之上人也耕田而食讓不受祿太公以爲飾虛亂民而誅段干木辭相而顯所行同也而利害異者時使然也故聖人雖有其志不遇其世僅足以容身何功名之可致也知天之所爲知人之所行則有以任於世矣○王念孫云任於世三字義不相屬任當爲徑徑行也(見本經篇注及僖二十五年左傳注)言知天知人則有以行於世也下文云知天而不知人則無以與俗交知人而不知天則無以與道遊皆謂其不可行於世也徑字或作徑因誤而爲任(詮言篇下之徑衢不可勝理文子道德篇徑衢誤作任懼)文子微明篇作即有以經於世矣經徑古字通經亦行也(莊子外物篇曰不可與

經於世」知天而不知人，則無以與俗交；知人而不知天，則無以與道遊。單豹倍世離俗，單豹，隱士。○文典謹按：文選嘯賦注、七啓注引「倍」並作「背」。巖居谷飲，不衣絲麻，不食五穀，行年七十，猶有童子之顏色，卒而遇飢虎，殺而食之。張毅好恭，張毅，好禮之人。過宮室廊廟必趨，見門閭聚衆必下，廝徒馬圉皆與伉禮，然不終其壽，內熱而死。豹養其內而虎食其外，毅修其外而疾攻其內。故直意適情，則堅強賊之；以身役物，則陰陽食之。此皆載務而戲乎其調者也。得道之士，外化而內不化。外化，所以入人也；內不化，所以全其身也。故內有一定之操，而外能詘伸、贏縮、卷舒，與物推移，故萬舉而不陷。所以貴聖人者，以其能龍變也。今捲捲然守一節，推一行，雖以毀碎滅沉，猶且弗易者，此察於小好而塞於大道也。趙宣孟活飢人於委桑之下，而天下稱仁焉；荊佽非犯河中之難，不失其守，而天下稱勇焉。○王念孫云：河當爲江，字之誤也。犯江中之難，事見道應篇及呂氏春秋知分篇。是故見小行則可以論大體矣。

田子方見老馬於道，田子方，魏人。喟然有志焉，以問其御曰：「此何馬也？」其御曰：「此故公家畜也，老罷而不爲用，出而鬻之。」田子方曰：「少而貪其力，老而棄其身，仁者弗爲也。」束帛以贖之。罷武聞之，知所歸心矣。齊莊公出獵，有一蟲舉足將搏其輪，問其御曰：「此何蟲也？」對曰：「此所謂螳螂者也。其爲蟲也，知進而不知却，不量力而輕敵。」莊公曰：「此爲人而必爲天下勇武矣。」迴車而避之。勇武聞之，知所盡死矣。故田子方隱一老馬而魏國載之，齊莊公避一螳螂而勇武歸之。湯教祝網者而四十國朝，昔湯出田，見四面張網者，湯教去其三面，祝曰：欲上者上，欲下者下，無入吾網。文王葬死人之骸而九夷歸之，文王治靈臺，得死人之骨，夜夢人呼而請葬，于旦，文王反葬以五大夫之禮。○洪亮吉云：五大夫，秦爵，殷周間何得有之？又云：因枯骸見參乞葬，且而行之，亦與他書所說異。賈誼新書又云乞葬以人君之禮。武王蔭暍人於樾下，武王哀暍者之熱，故蔭之於樾下。樾下，衆樹之虛也。○俞樾云：注曰樾下衆樹之虛也，此注未得。精神篇曰：當此之時，得茠越下，則脫然而喜矣。注曰：楚人樹上大本小如車蓋狀爲越，言多蔭也。越讀經無重越之越也。此注得之。越樾古同字，而前後異說，疑有許高之異。繆稱、齊俗、道應、詮言、兵略、人閒、泰族、要略八篇標目下無因以題篇四字，與它篇不同，或許注也。因無塙證，故不別言之。左擁而右扇之，而天下懷其德。越王句踐一決獄不辜，援龍淵而切其股，血流至足，以自罰也。而戰武士必其死。○王念孫云：御覽疾病部四引此九夷歸之作九夷順，無之字。天下懷下無其德二字。又疾病部四、刑法部五引此戰武士必其死並作戰士畢死，下有感於恩也四字。初學記帝王部引此云：武王蔭暍人於樾下，而天下懷之，感於恩也。案九夷歸、天下懷與四十國朝相對爲文，則歸下本無之字，懷下亦無其德二字。戰武士必其死下當有感於恩也四字，此四字乃總承上文言之，不專指越王，故初學記引武王事下亦有此四字也。陳氏觀樓曰：戰武士必其死，士字、其字皆後人所加。淮南一書皆謂士爲武，戰武即戰士也。故御覽引作戰士畢死，畢、必古字通。○文典謹按：北堂書鈔四十四引罰作刎，一百十八引一決作決一，援作授。故聖人行之於小，則可以覆大矣；審之於近，則可以懷遠矣。孫叔敖決期思之水，○莊逵吉云：御覽決作作，水作陂。而灌雩婁之野，雩婁，今廬江是。莊王知其可以爲令尹也。子發辯擊劇而勞佚齊，辯，次第也。擊劇，次第罷勞之賞，各有齊等也。或曰：子發辯擊之勞佚齊，子發築設勞逸之節，是以楚知可爲兵。齊，同也。楚國知其可以爲兵主也。此皆形於小微而通於大理者也。聖人之舉事，不加憂焉，察其所以而已矣。今萬人調鐘，不能比之律；誠得知者，一人而足矣。說者之論，亦猶此也，誠得其數，則無所用多矣。夫車之所以能轉千里者，以其要在三寸之轄。夫勸人而弗能使也，禁人而弗能止也，其所由者非理也。昔者衛君朝於吳，吳王囚之，衛君，衛侯輒也。吳王，夫差。欲流之於海，說者冠蓋相望而弗能止。魯君聞之，魯君，哀公。撤鐘鼓之縣，縞素而朝。仲尼入見，曰：「君胡爲有憂色？」魯君曰：「諸侯無親，以諸侯爲親；大夫無黨，以大夫爲黨。今衛君朝於吳王，吳王囚之而欲流之於海。孰意衛君之仁義而遭此難也。○王念孫云。朝於吳王。王字涉下句吳王而衍。上下文四言朝於吳。吳下皆無王字。是其證。孰。何也。言何衛君之仁義。而遭此難也。朱東光不曉孰字之義。而於孰下加意字。斯爲謬矣。吾欲免之而不能。爲奈何。仲尼曰。若欲免之。則請子貢行。魯君召子貢。授之將軍之印。子貢辭曰。貴無益於解患。在所由之道。斂躬而行。至於吳。見太宰嚭。太宰嚭甚悅之。欲薦之於王。子貢曰。子不能行說於王。奈何吾因子也。太宰嚭曰。子焉知嚭之不能也。子貢曰。衛君之來也。衛國之半曰。不若朝於晉。其半曰。不若朝於吳。然衛君以爲吳可以歸骸骨也。故束身以受命。今子受衛君而囚之。又欲流之於海。是賞言朝於晉者。而罰言朝於吳也。且衛君之來也。諸侯皆以爲蓍龜兆。以爲蓍龜。以卜朝吳之吉凶也。今朝於吳而不利。則皆移心於晉矣。子之欲成霸王之業。不亦難乎。太宰嚭入復之於王。王報出令於百官曰。比十日而衛君之禮不具者死。子貢可謂知所以說矣。魯哀公爲室而大。公宣子諫。公宣子。魯大夫。曰。室大衆與人處則譁。少與人處則悲。願公之適。公曰。寡人聞命矣。築室不輟。公宣子復見曰。國小而室大。百姓聞之。必怨吾君。諸侯聞之。必輕吾國。魯君曰。聞命矣。築室不輟。公宣子復見曰。左昭而右穆。昭穆。先君之宗廟。爲大室。以臨二先君之廟。得無害於子乎。○文典謹按。御覽百七十四引新序。子作孝。於義爲長。公乃令罷役除版而去之。魯君之欲爲室誠矣。公宣子止之必矣。然三說而一聽者。其二者非其道也。夫臨河而釣。日入而不能得一鯈魚者。非江河魚不食也。所以餌之者非其欲也。及至良工執竿。投而擐脣吻者。能以其所欲而釣者也。夫物無不可奈何。有人無奈何。言物皆可衛而治也。事有人材所不及。無奈之何也。鉛之與丹。異類殊色。而可以爲丹者。得其數也。故繁稱文辭。無益於說。審其所由而已矣。物類之相摩近而異門戶者。衆而難識也。故或類之而非。或不類之而是。或若然而不然者。或不若然而然者。〇王引之云。不若然而然。當作若不然而然。若不然而然者。謂越王句踐之事吳。請身爲臣。妻爲妾。若不叛吳。而實欲滅吳也。（見下文）若不然而然。與若然而不然。文正相對。道藏本作不若然而然。則義不可通矣。（劉本刪若字。尤非。）下文何謂不然而若然者。亦當作何謂若不然而然者。諺曰。鳶墮腐鼠。而虞氏以亡。何謂也。曰。虞氏。梁之大富人也。梁。今之陳留浚儀也。家充盈殷富。金錢無量。財貨無貲。升高樓。臨大路。設樂陳酒。積博其上。〇莊逵吉云。列子釋文作擊博其上是也。太平御覽又作蒱博。似非。游俠相隨而行樓下。博上者。〇莊逵吉云。列子釋文作樓上博者。射朋張中。反兩射朋張上棋中之以一反兩也。〇莊逵吉云。御覽反兩下有𥡳字。云音揭。諸本皆無之。而笑。飛鳶適墮其腐鼠而中游俠。游俠相與言曰。虞氏富樂之日久矣。而常有輕易人之志。吾不敢侵犯。而乃辱我以腐鼠。如此不報。無以立務於天下。務。勢也。〇王引之云。務與勢義不相近。務當爲矜。字之誤也。（矜務二字隸書往往譌溷。管子小稱篇。務爲不久。韓子難篇作矜僞不長。又管子法法篇。矜物之人。無大士焉。韓詩外傳。矜而自功。今本矜字竝誤作務。）列子說符篇。立矜作立懻。懻與矜古同聲而通用。猶穫之爲矜也。張湛注列子云。懻。勇也。此注云。矜。勢也。勢與勇亦同義。說山篇云。立懻者非學鬬爭。懻立而生不讓。氾論篇云。立氣矜。奮勇力。韓詩外傳云。外立節矜。而敵不侵擾。是立矜卽立懻也。趙策云。勇哉氣矜之隆。史記王翦傳云。李將軍果勢壯勇。是矜與勢勇竝同義。請與公僇力一志。悉率徒屬。而必以滅其家。〇王念孫云。此處敍事未畢。當有脫文。太平御覽引此滅其家下有其夜乃攻虞氏大滅其家十字。是也。上文云。鳶墮腐鼠。而虞氏以亡。此處必有此十字。方與上文相應。因兩滅其家相亂。故寫者誤脫之耳。列子作至期日之夜。聚衆積兵。以攻虞氏。大滅其家。是其證。此所謂類之而非者也。何謂非類而是。屈建告石乞屈建。楚大夫也。石乞。白公之黨。曰。白公勝將爲亂。石乞曰。不然。白公勝卑身下士。不敢驕賢。其家無筦籥之信。關楗之固。大斗斛以出。輕斤兩以內。而乃論之以不宜也。屈建曰。此乃所以反也。居三年。白公勝果爲亂。殺令尹子椒。司馬子期。子椒。子期。皆白公之季父。此所謂弗類而是者也。何謂若然而不然。子發爲上蔡令。民有罪當刑。獄斷論定。決於令尹前。〇王念孫云：尹字後人所加。決於令前，謂決於上蔡令之前，非謂令尹也。太平御覽刑法部二引此，無尹字。子發喟然有悽愴之心。罪人已刑而不忘其恩。此其後子發盤罪威王而出奔。盤辟也。發得罪辟於威王。〇俞樾云：盤罪二字，甚爲無義。盤疑本作服。服古字作艆，與般字相似，往往致誤。爾雅釋詁：服，宜，貫，公，事也。釋文曰：服又作般。荀子賦篇：讒人服矣。楊注曰：服本或作般。並其證也。服誤爲般，因又誤爲盤耳。服者，負之叚字。考工記車人注，鄭司農曰：服讀爲負。是負服一聲之轉，古得通用。服罪威王而出奔，言其負罪而出奔也。高注曰：盤辟也。是其所據本已誤。刑者遂襲恩者。恩者逃之於城下之廬。追者至。踹足而怒。踹足，躍足也。曰：子發視決吾罪而被吾刑。〇王念孫云：視當爲親，字之誤也。親決吾罪，卽上文所云決於令前也。韓子外儲說左篇載子皋出走之事，與此相似，云：子皋刖危曰：吾不能虧主之法令，而親刖子之足。彼言親刖子足，此言親決吾罪，其義一也。怨之憯於骨髓。憯，痛也。使我得其肉而食之，其知厭乎。追者以爲然，而不索其內。果活子發。此所謂若然而不然者。何謂不然而若然者。昔越王句踐卑下吳王夫差，請身爲臣，妻爲妾，奉四時之祭祀，而入春秋之貢職，委社稷，效民力，隱居爲蔽，而戰爲鋒行。〇王念孫云：隱居爲蔽，當作居爲隱蔽。言越之事吳，居則爲隱蔽，而戰則爲前行也。今本隱字誤居在爲之上，則文不成義。韓策云：韓之於秦也，居爲隱蔽，出爲鴈行。語意正與此同。禮甚卑，辭甚服，其離叛之心遠矣。然而甲卒三千人以擒夫差於姑胥。姑胥，地名。此四策者，不可不審也。夫事之所以難知者，以其竄端匿迹，立私於公，倚邪於正，而以勝惑人之心者也。若使人之所懷於內者，與所見於外者，若合符節，則天下無亡國敗家矣。夫狐之捕雉也，必先卑體彌耳，以待其來也。〇王念孫云：捕當爲搏，字之誤也。彌耳當爲弭毛，毛字因弭字而誤爲耳，後人又改弭爲彌耳。楚辭離騷注曰：弭，按也。言卑其體，按其毛，以待雉之來也。太平御覽人事部一百三十五、獸部二十一並引此云：夫狐之搏雉也，必卑體弭毛，以待其來也。高注呂氏春秋決勝篇云：若狐之搏雉，俯體弭毛。卽用淮南之文。吳越春秋句踐歸國外傳亦云：猛獸將擊，必弭毛帖伏。雉見而信之，故可得而擒也。使狐瞋目植睹，植睹，枉尾也。見必殺之勢，雉亦知驚憚遠飛，以避其怒矣。夫人僞之相欺也，○莊逵吉云：御覽作夫人僞詐相欺。以非直禽獸之詐計也。物類相似若然，而不可從外論者衆而難識矣。是故不可不察也。

卷十九

脩務訓 脩，勉；務，趨；聖人趨時，冠𢓜弗顧，履遺不取，必用仁義之道，以濟萬民，故曰脩務，因以題篇。

或曰：無爲者寂然無聲，漠然不動，引之不來，推之不往，如此者乃得道之像。或人以爲先爲術如此，乃可謂得道之法也。吾以爲不然。嘗試問之矣：以爲不如或人之言，嘗問之于聖人矣。若夫神農、堯、舜、禹、湯，可謂聖人乎？有論者必不能廢。言五人可謂聖人耶。有論者何能廢其道也。以五聖觀之，則莫得無爲明矣。言不得無爲也。古者民茹草飲水，采樹木之實，食蠃蛖之肉，時多疾病毒傷之害。害，患也。○王念孫云：疾病本作疹病，後人誤讀疹爲瘡疹之疹，以疹病二字爲不類，故改爲疾病，而不知此疹字即疢疾之疢，非瘡疹之疹也。小雅小弁篇及左傳成六年哀五年釋文並云：疢或作疹。廣雅音云：疢，今疹字也。襄二十三年左傳季孫之愛我，疾疢也，呂氏春秋長見篇注引此疢作疹。文選思玄賦思百憂以自疹，後漢書張衡傳作疢。小雅小宛釋文引韓詩云：疹，苦也。越語云：疾疹貧病，是疹與疢同也。史記貨殖傳正義、太平御覽皇王部三、資產部三、鱗介部十三引此並作疹病，是其證。又泰族篇以調陰陽之氣，以合四時之節，以避疾病之菑，亦是本作疾疹，而後人改爲疾病也。（太平御覽治道部五引此已誤）文子上禮篇作疾疢之災，是其證。於是神農乃始教民播種五穀，菽、麥、黍、稷、稻也。相土地宜，燥濕肥墝高下，相，視也。燥，乾也。墝，埆也。高，陵也。下，濕也。○王念孫云：宜上脫之字，太平御覽皇王部三引此有之字。○文典謹按：御覽八百二十三引宜作原隰，當是異本。嘗百草之滋味，水泉之甘苦，令民知所辟就。當此之時，一日而遇七十毒。此神農之爲也。○王念孫云：遇字後人所加。太平御覽皇王部三、資產部三、百卉部一及冠宗奭本草衍義序例引此並作一日而七十毒，無

遇字路史禪通紀同

堯立孝慈仁愛，使民如子弟。書雖役使其民必加仁愛遇之如己之子弟也

西教沃民，東至黑齒，北撫幽都，南道交趾。沃民西方之國黑齒東方之國陰氣所聚故曰幽都今鴈門以北是交趾南方之國四者遠裔不覩聖人之化故親往行教導撫之以仁義也

放讙兜於崇山，竄三苗於三危。放棄也讙兜堯佞臣也崇山南極之山三苗蓋謂帝鴻氏之裔子渾敦少昊氏之裔子窮奇縉雲氏之裔子饕餮三族之苗裔故謂之三苗三危西極之山名一曰放三裔苗國民於三危也○洪亮吉云今攷孟子舜流共工于幽州賈逵左傳注窮奇共工也其行窮而好奇放驩兜於崇山賈逵云渾敦驩兜也殛鯀于羽山賈逵云檮杌鯀也惟饕餮不言則竄三危者當即指饕餮耳又高注崇山南極之山羽山東極之山幽則北極獨不言西極孔安國曰三危西裔之山水經注三危山在敦煌南肅州圖經云白龍堆東倚三危北望蒲昌是爲西極要路是矣

流共工於幽州，殛鯀於羽山。堯時有共工官鯀禹父爲治水績用不成堯殛之羽山東極之山是則堯之爲鴻範曰鯀則殛死然則渾敦窮奇饕餮生至四裔可知也

舜作室，築牆茨屋，辟地樹穀。○文典謹按御覽百八十七引室作宮

令民皆知去巖穴，各有家室。○文典謹按初學記居處部白帖十一引室下並有此其始也四字御覽引亦有始也二字

南征三苗，道死蒼梧。三苗之國在彭蠡舜時不服故往征之書曰舜陟方乃死時舜死蒼梧葬于九疑之山在蒼梧馮乘縣東北零陵之南千里也

禹沐浴霪雨，櫛扶風。禹勞力天下不避風雨以久雨爲沐浴扶風疾風以疾風爲梳櫛也○莊逵吉云中立府四子本作沐浴霪雨櫛扶風○王念孫云沐下本無浴字此涉高注沐浴而誤衍也沐霪雨櫛扶風相對爲文多一浴字則句法參差矣（劉本又於櫛上加梳字以對沐浴尤非）藝文類聚帝王部一太平御覽皇王部七文選謝朓和王著作八公山詩注引此皆無俗字莊子天下篇禹沐甚雨櫛疾風此即淮南所本○兪樾云浴字衍文王氏念孫已訂正矣扶字疑即疾字之誤隸書疾字或作疾見圉令趙君碑扶字作扶見桐柏廟碑兩形相似故誤耳○陶方琦云御覽九引許注扶風奔風按扶乃疾字藝文類聚引淮南作櫛疾風是許本也周禮攷工記忿埶以奔注奔猶疾也莊子正作疾風許作疾風與高作扶風異覽冥訓降扶風高注扶風疾風也（劉子知人篇櫛奔風引用許注義）

決江疏河，決巫山令江水得東過故言決疏道東注于海故言疏

鑿龍門，闢伊闕。龍門本有水門鯀魚遊其中上行得上過者便爲龍故曰龍門禹闢而大之故言鑿伊闕山名禹開截山體令伊水得北過入洛水故曰闕也○莊逵吉云鯀一本作鯆字

脩彭蠡之防，乘四載，隨山栞木，平治水土，定千八百國。脩治也彭蠡澤名在豫章彭澤縣西防隄也四載山行用蔂水行用舟陸行用車澤行用輴隨循也栞石栞識之四海之內凡

萬國。禹定千八百國。是禹之所爲也。○文典謹按。北堂書鈔四引作鑿昆龍。開呂梁。修彭離。湯夙興夜寐。以致聰明。輕賦薄斂。以寬民氓。早起夜寐。以思萬事。能得其精。故曰以致聰明。寬猶富也。野民曰氓。布德施惠。以振困窮。弔死問疾。以養孤孀。幼無父曰孤。孀。寡婦也。維家謂寡婦曰孀婦。百姓親附。政令流行。乃整兵鳴條。困夏南巢。譙以其過。放之歷山。鳴條。地名。南巢。今廬江居巢是。譙。責也。讓夏桀之罪過也。歷山。蓋歷陽之山。是湯爲之也。此五聖者。天下之盛主。勞形盡慮。爲民興利除害而不懈。懈。惰也。奉一爵酒。不知於色。言其輕也。○文典謹按。御覽四百六十九。七百六十一引。於色並作於色。挈一石之尊。則白汗交流。言其重也。又況贏天下之憂。而海內之事者乎。○王念孫云。海內上脫任字。藝文類聚人部四。雜器物部。太平御覽人事部一百一十。器物部六。引此。皆有任字。其重於尊亦遠也。遠猶多也。○文典謹按。藝文類聚七十三。御覽七百六十一引。遠也並作遠矣。當從之。且夫聖人者。不恥身之賤。而愧道之不行。不憂命之短。而憂百姓之窮。是故禹之爲水。以身解於陽盱之河。爲治水解禱以身爲質。解讀解除之解。陽盱河。蓋在秦地。湯旱。以身禱於桑山之林。桑山之林。能興雲致雨。故禱之。○王念孫云。禹之爲水。蜀志郤正傳注。齊民要術序。文選應璩與岑文瑜書注。太平御覽皇王部七。禮儀部八。引此。並無之字。湯旱。蜀志注。齊民要術序。文選注。並引作湯苦旱。太平御覽引作湯爲旱。案爲者治也。水可言爲。旱不可言爲。作苦旱者是也。禹爲水。湯苦旱。相對爲文。今本禹下衍之字。湯下又脫苦字耳。（劉本作湯之旱。亦非。）桑山之林。蜀志注。齊民要術序。文選注。引作桑林之際。太平御覽引作桑林之下。案主術篇曰。湯以身禱於桑林之際。則作際者是也。今本作桑山之林者。涉注文而誤。（高注桑山之林。是解桑林二字。非正文本作桑山之林也。呂氏春秋順民篇。湯乃以身禱於桑林。高注亦云。桑林。桑山之林。）聖人憂民。如此其明也。○文典謹按。御覽五百二十九引。明作切。而稱以無爲。豈不悖哉。悖。繆也。且古之立帝王者。非以奉養其欲也。聖人踐位者。非以逸樂其身也。逸。安也。爲天下強掩弱。衆暴寡。詐欺愚。勇侵怯。懷知而不以相教。積財而不以相分。故立天子以齊一之。齊。等。一。同也。○莊逵吉云。藏本無一字。葉本有。太平御覽引亦有。爲一人聰明而不足以遍照海內。故立三公九卿以輔翼之。輔。正也。翼。佐也。絕國殊俗僻遠幽閒之處。不能被德承澤。故立諸侯。以敎誨之。絕。遠。殊。異。能。猶及也。立。置。以爲遠國君。是以地無不任。時無不應。官無隱事。國無遺利。言官無隱病失職之事。以利民。故無所遺亾也。所以衣寒食飢。養老弱而息勞倦也。若以布衣徒步之人觀之。則伊尹負鼎而干湯。伊尹處於有莘之野。執鼎俎。和五味以干湯。欲調陰陽行其道。詩曰。實唯阿衡。實左右商王。是也。呂望鼓刀而入周。呂望。姜姓。四岳之後。四岳佐禹治水有功。賜姓曰姜氏。呂望其後。居殷。乃屠于朝歌。故曰鼓刀入周。自殷而往。爲文王太師。佐武王伐紂。成王封之于齊也。百里奚轉鬻。百里奚。虞臣。自知虞公不可諫而去。轉行自賣於秦。爲穆公相。而秦興也。管仲束縛。管仲傅相齊公子糾。不死子糾之難。而奔魯。束縛以歸齊。桓公用之而伯也。孔子無黔突。墨子無煖席。黔。言其突竈不至於黑。坐席不至於煗。歷行諸國汲汲於行道也。〇莊逵吉云。突音深。俗本作突字誤。是以聖人不高山。不廣河。蒙恥辱以干世主。非以貪祿慕位。欲事起天下利而除萬民之害。聖人。蓋謂禹稷。不以山爲高。不以河爲廣。言必踰渡之。事。治也。〇王念孫云。事起天下利。本作事天下之利。故高注云。事。治也。今本利上脫之字。其事下起字。則後人依文子加之也。事天下之利。除萬民之害。相對爲文。事下不當有起字。藝文類聚人部四。太平御覽人事部四十二。七十二。引此竝作欲事天下之利。除萬民之害也。是其證。蓋聞傳書曰。神農憔悴。堯瘦臞。舜黴黑。禹胼胝。由此觀之。則聖人之憂勞百姓甚矣。甚。重也。〇文典謹按。藝文類聚二十。御覽四百一引。甚上竝有亦字。故自天子以下。至於庶人。四胑不動。思慮不用。事治求澹者。未之聞也。夫地勢水東流。人必事焉。然後水潦得谷行。水勢雖東流。人必事而通之。使得循谷而行也。〇俞樾云。循谷而行。謂之谷行。甚爲不辭。且水注谿曰谷。水之東流。豈必循谷而行乎。於義亦不可通。谷疑沿字之誤。沿字缺壞。止存右畔之㕣。因誤爲谷矣。荀子禮論篇。榮辱篇。楊倞注竝曰。沿。循也。然則沿行者循行也。高注本作循沿而行。蓋以循訓沿耳。又下文說申包胥事曰。於是乃贏糧跣足。跋涉谷行。夫申包胥自楚至秦。非必行於谷中。且其下說所經歷之地。曰峭山。曰深谿。曰川水。曰津關。乃獨以谷行二字冠之。則於文轉爲不備矣。谷亦沿字之誤。沿亦循也。申包胥恐爲吳軍所得。不敢從正路。循沿邊際而行。故曰沿行。楚策載此事曰。於是贏糧潛行。是其義也。禾稼春生。人必加工焉。故五穀得遂長。加功。謂是藨是蔉。耘耔之也。遂。成也。聽其自流。待其自生。則鯀禹之功不立。而后稷之智不用。

若吾所謂無爲者，私志不得入公道，嗜欲不得枉正術，循理而舉事，因資而立權，自然之勢，而曲故不得容者。曲故，巧詐也。○王念孫云：因資而立下脫一字，當依文子自然篇作因資而立功，立功與舉事相對爲文。氾論篇曰：聖人隨時而動靜，因資而立功。說林篇曰：聖人者隨時而舉事，因資而立功。皆其證也。事功二字承上文必事必加功言之，下文事成功立又承此文言之，今本脫功字，則既與上句不對，又與上下文不相應矣。權自然之勢，當依文子作推自然之勢，字之誤也。原道篇曰：天下之事不可爲也，因其自然而推之。主術篇曰：推不可爲之勢，而不循道理之數。高注：推，行也。今本推作權，則非其指矣。事成而身弗伐，伐，自矜大其善。功立而名弗有。不名有其功也。○王念孫云：事下脫成字，劉依文子補入，是也。政當爲故，字之誤也。故事成而身弗伐，功立而名弗有，乃結上之詞。劉不審文義而刪去政字，謬矣。非謂其感而不應，攻而不動者。○王引之云：攻當爲故，故今迫字也。故文子作迫而不動。原道篇云：感則能應，迫則能動。精神篇云：感而應，迫而動。莊子刻意篇云：感而後應，迫而後動。皆其證也。說文：敀，迮也。徐鍇曰：迮猶切近也。玉篇曰：敀，附也。是古迫迮字本作故，今諸書皆作迫，未必非後人所改也。此故字若不誤爲攻，則後人亦必改爲迫矣。若夫以火熯井，以淮灌山，此用己而背自然，故謂之有爲。火不可以熯井，淮不可以灌山，而以用之，非其道，故謂之有爲也。若夫水之用舟，沙之用鳩，泥之用輴，山之用蔂，夏瀆而冬陂，因高爲田，○王念孫云：田當爲山，字之誤也。因高爲山，所謂爲高必因丘陵也。若田則有高原下濕之分，不得但言因高矣。文子自然篇正作因高爲山。因下爲池，此非吾所謂爲之。此皆因其宜用之，故曰非吾所謂爲，言無爲。聖人之從事也，殊體而合于理，殊，異也。體，行也。理，道也。其所由異路而同歸，其存危定傾若一，志不忘於欲利人也。何以明之？昔者楚欲攻宋，墨子聞而悼之，墨子名翟，宋大夫。悼，傷也。自魯趍而十日十夜，足重繭而不休息，裂衣裳裹足，至於郢，見楚王。自，從。趍，走。郢，楚都也。今南郡江陵北里郢是也。○王念孫云：趍而下脫往字。北堂書鈔衣冠部三、太平御覽服章部十三、工藝部九引此皆有往字。呂氏春秋愛類篇作自魯往，皆其證。裂衣裳裹足，衍衣字。太平御覽工藝部引此有衣字，亦後人依俗本加之。舊本北堂書鈔衣冠部裳下（陳禹謨依俗本加衣字）、太平御覽服章部裳下引此皆作裂裳裹足。呂氏春秋愛類篇同。文選廣絕交論裂裳裹足，李善注引墨子公輸篇亦同。後漢書郅惲傳注引史記亦云申包胥足腫蹠盭，裂裳裹足（今見吳越春秋）。若云裂衣裳裹足，則累於詞矣。曰：臣聞大主舉兵將攻宋，計必得宋而後攻之乎。亡其苦衆勞民，頓兵挫銳，負天下以不義之名，而不得咫尺之地。猶且攻之乎。頓，罷；挫，辱；折銳精，攻無罪之宋，故負天下以不義之名，猶且必攻也。○王念孫云：漢魏叢書本改剉爲挫，而莊本從之，非也。道藏本、劉本竝作挫，太平御覽工藝部引此亦作剉，則舊本皆作剉明矣。說文：剉，折傷也。莊子山木篇、呂氏春秋必己篇竝云：廉則剉。高注呂氏春秋云：剉，缺傷也。經傳或作挫者，借字耳。後人多見挫，少見剉，遂改剉爲挫，謬矣。高注本訓剉爲折，今本折上有辱字，亦後人所加。王曰：必不得宋，又且爲不義，曷爲攻之。墨子曰：臣見大王之必傷義而不得宋。王曰：公輸，天下之巧士，作雲梯之械，設以攻宋，曷爲弗取。公輸般，魯般號，時在楚。雲梯，攻城具，高長上與雲齊，故曰雲梯。械，器。設，施也。墨子曰：令公輸設攻，臣請守之。於是公輸般設攻宋之械，墨子設守宋之備，九攻而墨子九卻之，弗能入。入，猶下也。於是乃偃兵，輟不攻宋。輟，止也。

段干木辭祿而處家，魏文侯過其閭而軾之。閭，里。周禮二十五家爲閭。軾，伏軾，敬有德。曲禮曰：軾視馬尾。又曰：兵車不軾，尚威武也。其僕曰：君何爲軾。文侯曰：段干木在，是以軾。其僕曰：段干木布衣之士，君軾其閭，不已甚乎。文侯曰：段干木不趨勢利，懷君子之道，隱處窮巷，聲施千里。聲，名也。施，行也。寡人敢勿軾乎。勿，無也。段干木光於德，寡人光於勢；段干木富於義，寡人富於財。勢不若德尊，財不若義高。干木雖以己易寡人，不爲。使干木之己賢易寡人之尊，不肯爲之也。吾日悠悠慚于影，影，形影也。子何以輕之哉。其後秦將起兵伐魏，司馬庾諫曰：段干木賢者，庾，秦大夫也。或作唐。其君禮之，天下莫不知，諸侯莫不聞，舉兵伐之，無乃妨於義乎。於是秦乃偃兵，輟不攻魏。夫墨子跌蹏而趍千里，以存楚宋。跌，疾行也。蹏，趍走也。○王引之云：書傳無訓跌爲疾行者。跌當作趹，（音決。）注當作趹蹏，疾行也；趨，走也。（見說文。）今本趹字皆誤作跌，注內蹏字又誤在趨走也之上。廣雅：趹，奔也。趹，疾也。趹、趨竝與趹通。玉篇：趹，疾也。下文救踰趹步，高彼注云：趹，趨也。（趨與趨通。）是疾行爲趹也。說文：趹，踶也。漢書武帝紀：馬或奔踶而致千里。踶亦奔也。顏師古誤訓踶爲蹋，辯見廣雅疏證。踶、蹏古字通，（集韻：蹏或作踶。）是疾行又爲蹏也。合言之則曰趹蹏。古馬之善走者，謂之駃騠。駃騠之言趹蹏也。疾行謂之趹蹏，故曰趹蹏而趨千里。段干木闔門不出，以安秦魏。夫行與止也，其勢相反，而皆可以存國，此所謂異路而同歸者也。異路，謂行與止也。同歸，謂歸于存國也。今夫救火者，汲水而趍之，或以甕瓴，或以盆盂，其方員銳橢不同，盛水各異，其於滅火鈞也。故秦楚燕魏之謳也，異轉而皆樂。轉，音聲也。○文典謹按：文選和伏武昌登孫權故城詩注引，魏作趙。九夷八狄之哭也，殊聲而皆悲，一也。東方之夷九種，北方之狄八類。夫謳者樂之徵也，哭者悲之效也。徵，應也。效，驗也。憤於中則應於外，憤，發也。故在所以感。感，發也。○俞樾云：感下本有之矣二字，傳寫脫之，則文義未完。文子精成篇正作故在所以感之矣。夫聖人之心，日夜不忘於欲利人，其澤之所及者，效亦大矣。效，功也。世俗廢衰，而非學者多。非者，不善之辭，故曰非。人性各有所脩短，若魚之躍，若鵲之駮，此自然者，不可損益。推此揆之，故不欲學。○俞樾云：非學者多下，有闕文，或是言字，或是曰字，未敢臆補。蓋人性各有所脩短云云，乃世俗非學者之說，意謂人性之自然者，非學所能損益也。下文吾以爲不然，則淮南自爲破之之說。吾以爲不然。夫魚者躍，鵲者駮也，猶人馬之爲人馬，筋骨形體所受於天不可變。以此論之，則不類矣。言人自爲人，馬自爲馬，不相類也。○文典謹按：猶人馬之爲人馬，義不可通，疑本作猶人之爲人，馬之爲馬。高注言人自爲人，馬自爲馬，是其證。夫馬之爲草駒之時，跳躍揚蹏，翹尾而走，人不能制。馬五尺以下爲駒，放在草中，故曰草駒。翹，舉也。制，禁也。齕咋足以噆肌碎骨，蹶蹏足以破盧陷匈，咋，齧也。噆，穿也。及至圉人擾之，良御教之，圉，養馬官。擾，順也。掩以衡扼，連以轡銜，則雖歷險超塹弗敢辭，○文典謹按：御覽八百九十六引，辭下有也字。七百四十六引，超作趨，弗敢辭作弗敢違戾。故其形之爲馬，馬不可化，其可駕御，教之所爲也。馬聾蟲也，蟲喻無知也。○文典謹按：御覽八百九十六引注，蟲喻作聾蟲。而可以通氣志，猶待教而成，又況人乎？且夫身正性善，發憤而成仁，帽憑而爲義，帽憑，盈滿積思之貌。○王念孫云：帽當爲悄，字之誤也。廣雅曰：悄悑，忼慨也。（悄，音謂。悑，普耕反）悄悑與帽憑，聲近而義同。悄憑而爲義，猶言抗慨而爲義耳。楚辭離騷注云：楚人名滿曰憑。故高注云：憒憑，盈滿積思之貌。又離騷：喟憑心而歷茲。王注云：喟然舒憤懣之心。喟憑與憒憑，義亦相近。性命可說，不待學問而合於道者，堯舜文王也。言有善性，命可教說者，聖人不學而知之者，堯舜文王。詩云：不識不知，順帝之則，是也。沉湎耽荒，不可教以道，不可喻以德，嚴父弗能正，賢師不能化者，丹朱、商均也。丹朱，堯子；商均，舜子。弗能化，詩云：誨爾諄諄，聽我藐藐，是其類也。曼頰皓齒，形夸骨佳，不待脂粉芳澤而性可說者，西施、陽文也。曼頰，細理也。夸，弱也。佳，好也。性，猶姿也。西施、陽文，古之好女。○陶方琦云：文選七發注、辨命論注、御覽三百八十一引許注：陽文，楚之好人也。按好人，美人也。許注多稱楚人，是其例。說文：媄，色好也。○文典謹按：藝文類聚十八引作曼容皓齒，形姱骨佳，不待傅粉芳澤而美者，西施、陽文也。啳睽哆噅，籧蒢戚施，雖粉白黛黑弗能為美者，嫫母、仳倠也。啳讀權衡之權，急氣言之。睽讀夔。哆讀大口之哆。噅讀楚蔿氏之蔿。籧蒢，偃也。戚施，僂也。皆醜貌。嫫母、仳倠，古之醜女。嫫讀如模範之模。仳讀人得風病之靡。倠讀近虺。仳倠，一說讀曰莊維也。○孫詒讓云：靡無風病之義，注靡當作痱。說文疒部云：痱，風病也。○文典謹按：詩新臺傳：籧蒢，不能俯者。戚施，不能仰者。御覽蟲豸部引薛君章句云：戚施，蟾蜍，喻醜惡。高注云醜皃，本韓詩說。韓與毛訓異而意同也。晉語：籧蒢不可使俯，戚施不可使仰。又：戚施直鎛，籧蒢蒙璆。韋昭注：籧蒢，直者。戚施，瘁者。亦與高說相近。又凡物之粗惡者曰籧蒢。說文：籧蒢，粗竹席也。方言：簟，自關而西，其粗者謂之籧蒢。夫上不及堯舜，下不及商均，○王念孫云：下不及，當為下不若。言不似商均之不肖也。比上則言不及，比下則言不若。下文美不及西施，惡不若嫫母，即其證。今作下不及者，因上句及字而誤。文選辯命論注引此正作下不若商均。美不及西施，惡不若嫫母，此教訓之所諭也，諭，導也。而芳澤之所施。且子有弒父者，然而天下莫疏其子，何也？愛父者衆也。儒有邪辟者，而先生之道不廢，何也？其行之者多也。今以為學者之有過而非學者，則是以一飽之故，絕穀不食，以一躓之難，輟足不行，惑也。躓，躓，楚人謂躓也。言以飽而不食，躓而不行，諭丹朱、商均不可教化而非學，故謂之惑也。○王念孫云：以一飽之故絕穀，義不可通。飽當為餔字之誤也。（注同）餔與噎同。說文：噎，飯窒也。字又作饐。漢書賈山傳：祝饐在前，祝鯁在後。顏師古曰：餔，古饐字。一饐而不食，與一躓而不行，（高注：躓，躓也。）事正相類。說苑說叢篇：一饐之故，絕穀不食；一蹶之故，卻足不行。語即本於淮南。今俗語猶云因饐廢食。今有良馬，不待策錣而行，○陶方琦云：御覽七百四十六引許注：錣，策端有鐵。

也。駑馬。雖兩錣之不能進。爲此不用策錣而御。則愚矣。爲其馬能自走。不復用錣。得駑馬無以行之。故曰愚也。夫怯夫操利劍。擊則不能斷。刺則不能入。及至勇武。攘捲一擣。則摺脅傷幹。武。士也。楚人謂士爲武。摺。折也。爲此棄干將鏌邪。而以手戰。則悖矣。所謂言者。齊於衆而同於俗。今不稱九天之頂。則言黃泉之底。九天。八方中央。故曰九頂。極高。底。極卑也。是兩末之端議。何可以公論乎。公。平也。夫橘柚冬生。而人曰冬死。死者衆。薺麥夏死。人曰夏生。生者衆。衆。多。○王念孫云。橘柚本作亭歷。時則篇孟夏之月。靡草死。高注曰。靡草。薺亭歷之屬也。(呂氏春秋孟夏篇注及鄭注月令引舊說並同)呂氏春秋任地篇。孟夏之昔。殺三葉而穫大麥。高注曰。三葉。薺亭歷菥蓂也。是月之季枯死。本書天文篇曰。五月爲小刑。薺麥亭歷枯。冬生草木必死。案亭歷薺麥皆冬生夏死。此言亭歷冬生。薺麥夏死者。互文耳。後人改亭歷爲橘柚。斯爲不倫矣。太平御覽藥部十亭歷下引此正作亭歷冬生。○文典謹按。宋黃震日抄引生者衆作生者多也。江河之回曲。亦時有南北者。而人謂江河東流。攝提鎭星日月東行。而人謂星辰日月西移者。以大氐爲本。歲星在寅曰攝提。鎭星。中央土星。鎭四方。故曰鎭。氐。猶更。言其餘星辰皆西行。故曰大氐爲本也。胡人有知利者。而人謂之駤。駤。忿戾。惡理不通達。胡人性皆然。亦舉多。駤讀似質。緩氣言之者。在舌頭乃得。越人有重遲者。而人謂之訬。訬。輕利急。亦以多者言。訬讀燕人言趮操善趮者謂之訬同也。以多者名之。若夫堯眉八彩。九竅通洞。而公正無私。堯母慶都。蓋天帝之女。寄伊長孺家。年二十無夫。出觀于河。有赤龍負圖而至。曰。赤龍受天下之圖。有人赤衣光面。八彩鬢冉長。赤帝起。成元寶。奄然陰雲。赤龍與慶都合而生堯。視如圖。故眉有八彩之色。洞。達。聖道也。無私。無所愛憎也。○陶方琦云。意林引許注。眉理八字也。高注乃引春秋合誠圖語。一言而萬民齊。一言。仁言也。齊。無僞。舜二瞳子。是謂重明。言能知人。舉十六相。作事成法。出言成章。作事爲後世所法。論語。舜有天下。煥乎其有文章。巍巍乎。此之謂也。禹耳參漏。是謂大通。參。三也。漏。穴也。大通。天下摧下滯之物。興利除害。疏河決江。傳曰。劉子觀于雒汭曰。微禹吾其魚乎。故曰興利除害也。○文典謹按。藝文類聚十七引作決江疏河。文王四乳。是謂大仁。乳所以養人。故曰大仁也。天下所歸。百姓所親。文王爲西伯。遭紂之虐。三分天下而有二。受命而王。故曰百姓所親也。皐陶馬喙。是謂至信。

嗛若馬口出言，皆不虛，故曰至信。決獄明白，察於人情。察猶知也。禹生於石，禹母脩已感石而生禹，折胸而出。契生於卵。契母有娀氏之女簡翟也，吞燕卵而生契。愊背而出。詩云：天命玄鳥，降而生商，是也。史皇產而能書，史皇蒼頡，生而見鳥跡，知著書，故曰史皇，或曰頡皇。羿左臂脩而善射。羿，有窮之君也。○莊逵吉云：吳處士江聲曰：羿有窮君，不得云賢者，高注非是，此乃堯時之羿耳。○文典謹按：左臂雖長，何益於射？左當爲右，字之譌也。御覽三百六十九引正作羿右臂長而善射。若此九賢者，千歲而一出，猶繼踵而生。以千歲爲近，明聖賢之難。今無五聖之天奉，堯、舜、禹、湯、周文王也。奉，助也。四俊之才難，才千人爲俊，謂皋陶、稷、契、史皇。欲棄學而循性，是謂猶釋船而欲蹍水也。蹍，履也。○王引之云：案太平御覽皇親部一引河圖著命曰：脩己見流星，意感生禹。又引禮含文嘉曰：夏姒氏祖以薏苡生。又引孝經鉤命決曰：命星貫昴，脩紀夢接生禹。是禹之生，或以爲感流星，或以爲吞薏苡，無言生於石者。史記六國表：禹興於西羌。集解引皇甫謐曰：孟子稱禹生石紐，西夷人也。蜀志秦宓傳曰：禹生石紐，今之汶山郡是也。注引譙周蜀本紀曰：禹本汶山廣柔縣人也，生於石紐，其地名刳兒坪。水經沬水注曰：廣柔縣有石紐鄉，禹所生也。是石紐乃地名，禹生石紐，猶言舜生於諸馮，文王生於岐周，非謂感石而生也。偏攷諸書，無禹生於石之說，是禹當爲啓。郭璞注中山經泰氏之山云：啓母化爲石而生啓，在此山，見淮南子。是淮南古本有作啓生於石者。及考漢書武帝紀詔曰：朕至於中嶽，見夏后啓母石。應劭曰：啓生而母化爲石。師古曰：禹治鴻水，通轘轅山，化爲熊，謂塗山氏曰：欲餉，聞鼓聲乃來。禹跳石，誤中鼓，塗山氏往，見禹方作熊，慚而去，至嵩高山下，化爲石，方生啓。禹曰：歸我子。石破北方而啓生。事見淮南子。又御覽地部十六引淮南，與師古注略同。又北堂書鈔后妃部一亦引淮南石破生啓，蓋許慎本作啓生於石。書鈔、御覽及師古注所引，即許慎之注。郭璞所云啓母化爲石而生啓，見淮南子者，亦用許本許慎注也。且此段以堯、舜、禹、文王、皋陶、契、啓、史皇、羿九人言之，故云謂之九賢，又謂之五聖四俊。若既言禹耳參漏，又言禹生於石，則僅八人，不得稱九矣。高據誤本禹生於石爲說，則九賢內少一賢，而五聖四俊亦不能如數，不得已乃據上文所稱五聖神農、堯、舜、禹、湯而取湯入五聖，又據上文言后稷之智而以稷入四俊，不知彼此各不相蒙也。且彼處五聖內有神農，何以舍之而取湯？此段九賢內有后羿，又何以不以昪與列？若此者皆不可解矣。以文義求之，五聖蓋即堯、舜、禹、文王、皋陶；四俊蓋即契、啓、史皇、羿也。夫純鈎、魚腸之始下型，擊則不能斷，刺則不能入。純鈎，利劍名。魚腸，文理屈辟若魚腸者，良劍也。型或作盧。○王念孫云：鈎皆當爲鈞，字之誤也。覽冥篇曰：區冶生而淳鈞之劍成。齊俗篇曰：淳均之劍不可愛也，而區冶之巧可貴也。皆其證。道藏本、劉本皆誤作鈎，朱本改鈎爲鈞，是也。茅本又改爲鉤，而莊本從之，且并覽冥篇亦改爲鉤，斯為謬矣舊本北堂書鈔武功部劍下三引此文皆作純鈞（陳禹謨改其一為純鈞而刪其二）越絕外傳記寶劍篇曰一曰湛盧二曰純鈞廣雅曰醇鈞劍也其字亦皆作鈞且齊俗篇作淳均若是鈞字不得與均通矣左思吳都賦吳鈞越棘純鈞湛盧上句言吳鈞下句言純鈞若作純鈞則鈞字重出矣○文典謹按北堂書鈔百二十二引磨其鋒鍔條引剸作劇初學記武部引純作淳又引注作魚腸文繞屈若魚腸

及加之砥礪摩其鋒剽則水斷龍舟龍舟大舟也陸剸犀甲言利也明鏡之始下型矇然未見形容及其粉以玄錫摩以白旃鬢眉微豪可得而察於摩微細察見○王念孫云粉以玄錫本作扢以玄錫扢者摩也高注云於摩於即扢字之誤隸書於字或作扵形與扢相似故扢誤為於廣雅曰扢磨也（磨與摩通玉篇扢柯礙何代二切摩也）淮南要略濡不給扢高注曰扢拭也漢書禮樂志郊祀歌扢嘉壇孟康曰扢摩也此云扢以玄錫摩以白旃是扢與摩同義故高注云扢摩道藏本正文扢字誤作粉注內扢字又誤作於後人不得其解遂改高注於摩為摩磨莊本又改為旃摩斯為謬矣初學記器物部九引此並作粉以玄錫亦後人依誤本淮南改之太平御覽學部一服用部十九珍寶部十一並引作扢以玄錫又高注呂氏春秋達鬱篇云鏡明見人之醜而人扢以玄錫摩以白旃即用此篇之語是其明證矣

夫學亦人之砥錫也而謂學無益者所以論之過以用也過非也知者之所短不若愚者之所脩短缺脩長也明有所足謂愚有所不昧也不賢者之所不足不若眾人之有餘眾凡也○王念孫云有餘上亦當有所字何以知其然夫宋畫吳冶刻刑鏤法亂脩曲出宋人之畫吳人之冶刻鏤刑法亂理之文脩飾之巧曲出於不意也其為微妙堯舜之聖不能及及猶如也○文典謹按御覽七百五十引注宋人之畫吳人之冶之並作工及下有也字八百三十三所引同蔡之幼女衛之稚質蔡國今南陽河曲衛故在河內後徙頓丘今東陽郡稚質亦少女也綑纂組雜奇彩抑墨質揚赤文綑叩椓纂織組邪文如今之短沒黑耳亦言其巧也○陶方琦云孫奭孟子音義引許注綑織也按說文無綑字惟綑下云綦東也孫氏引許君義當屬淮南故與高注正異○文典謹按御覽三百八十一引無綑字雜字又引注作纂組織組也如今之綬也沒黑見赤其工也禹湯之智不能逮言不能及二國之女巧也○文典謹按御覽引作湯禹之智不能逮也

夫天之所覆地之所載包於六合之內託於宇宙之間陰陽之所生血氣之精含牙戴角前爪後距奮翼攫肆蚑行蟯動之蟲喜而合怒而鬭攫搏也肆極也蚑讀車蚑之蚑蟯讀饒多之饒見利

而就。避害而去。其情一也。雖所好惡。其與人無以異。一同。人亦避害就利。有不相如。故言雖也。然其爪牙雖利。筋骨雖彊。不免制於人者。知不能相通。才力不能相一也。各有其自然之勢。勢力也。無稟受於外。無有學問受謀慮於外以益其思也。故力竭功沮。竭盡也。沮敗也。夫鴈順風。以愛氣力。銜蘆而翔。以備矰弋。未秀曰蘆。已秀曰葦。矰矢弋繳。銜蘆所以令繳不得截其翼也。○王念孫云。順風下本有而飛二字。與銜蘆而翔相對爲文。今本脫此二字。則與下文不對。藝文類聚鳥部中白帖九十四太平御覽羽族部四引此竝作從風而飛以愛氣力。說苑說叢篇作順風而飛以助氣力。皆其證。○文典謹按。以備矰弋。藝文類聚九十一御覽九百十七引竝作以備弋繳。文選蜀都賦注引作以備繒繳。鶡鴠賦注引作以備矰繳。白帖九十四引作以避繒繳。螘知爲垤。貛貉爲曲穴。○文典謹按。御覽九百十三引作猵知曲穴。與上句句法一律。虎豹有茂草。野彘有艽莦。槎櫛堀虛。連比以像宮室。○陶方琦云。文選蜀都賦注引許注。坒相連也。按本書無坒字。疑許本連比作連坒。故云坒相連也。說文土部。坒地相次比也。从土比。(廣雅。坒。次也。)許本作坒。正與高異。陰以防雨。防衛也。景以蔽日。蔽。擁也。○王引之云。景卽日之光。不得言景以蔽日。景當爲晏字之誤也。繆稱篇。暉日知晏。陰諧知雨。高注曰。晏。無雲也。(文選羽獵賦注引許注同。)說文。晏。天清也。又曰。䨓。星無雲也。䨓與晏通。字亦作曣。小雅角弓篇。見晛曰消。韓詩作曣晛。聿消。云。曣晛。日出也。荀子非相篇作晏然聿消。史記封禪書。至中山曣𣄪。漢書郊祀志。曣作晏。如淳曰。三輔謂日出清濟爲晏。韓子外儲說左篇曰。雨霽日出。視之晏陰之閒。晏與陰正相對。故曰陰以防雨。晏以蔽日。言穴居之獸。陰則有以防雨。晴則有以蔽日也。此亦鳥獸之所以知求合於其所利。今使人生於辟陋之國。辟遠。陋鄙小也。長於窮櫚漏室之下。長無兄弟。少無父母。目未嘗見禮節。耳未嘗聞先古。先古謂聖賢之道也。獨守專室而不出門。專室。小室也。○王念孫云。門下當有戶字。不出門戶。與獨守專室相對爲文。且戶與下母古寡爲韻。(下讀若戶。寡讀若古。母合韻音莫補反。竝見唐韻正。)若無戶字。則失其韻矣。使其性雖不愚。然其知者必寡矣。昔者蒼頡作書。容成造歷。容成。黃帝臣。造作歷。知日月星辰之行度。胡曹爲衣。易曰。黃帝垂衣裳。胡曹亦黃帝臣也。后稷耕稼。儀狄作酒。見世本。奚仲爲車。傳曰。奚仲爲夏車正。封于薛。此六人者。皆有神明之道。聖智之迹。故人作一事而遺後世。非能一人而獨兼有之。各悉其知。貴其所欲達。達，通也。遂爲天下備。備，猶用也。今使六子者易事。而明弗能見者何。見，猶知也。言人各有所不通。萬物至衆。而知不足以奄之。奄，蓋之也。周室以後。無六子之賢。賢，才也。而皆脩其業。當世之人。無一人之才。而知其六賢之道者。何。○王念孫云：知其六賢之道，其字涉上文脩其業而衍。敎順施續。而知能流通。施，設。續，猶傳也。由此觀之。學不可已。明矣。已，止也。今夫盲者目不能別晝夜。分白黑。然而搏琴撫弦。參彈復徽。攫援摽拂。手若蔑蒙。不失一弦。參彈，并弦。復徽，上下手也。攫援，掇也。摽拂，敷也。蔑蒙，言其疾也。徽讀縲車之縲。攫讀屈直木令句，欲句此木之句。摽讀刀摽之摽。使未嘗鼓瑟者。○俞樾云：瑟當作琴。上文云然而搏琴撫弦，此與相應，不容異文。雖有離朱之明。攫掇之捷。猶不能屈伸其指。離朱，黃帝時人，明目，能見百步之外，秋豪之末。攫掇，亦黃帝時捷疾者也。何則。服習積貫之所致。謂上不失一弦。故弓待檠而後能調。劍待砥而後能利。檠，矯弓之材，讀曰敬。砥，礪石也。玉堅無敵。鏤以爲獸。首尾成形。礛諸之功。礛諸，治玉之石。詩云：他山之石，可以爲厝。是礛讀廉氏之廉，一曰濫也。木直中繩。揉以爲輪。其曲中規。規，員之也。檃括之力。唐碧堅忍之類。猶可刻鏤。揉以成器用。唐碧，石似玉，皆堅鑽之物。又況心意乎。且夫精神滑淖纖微。倏忽變化。與物推移。推移，猶轉易也。雲蒸風行。在所設施。施，用。君子有能精搖摩監。砥礪其才。自試神明。覽物之博。通物之壅。觀始卒之端。見無外之境。所觀以遠。以逍遙仿佯於塵埃之外。塵埃，猶窈冥也。超然獨立。卓然離世。不羣於俗。此聖人之所以游心若此。而不能閒居靜思。鼓琴讀書。追觀上古。及賢大夫。學問講辯。日以自娛。講，論。辯，別然否。自娛，樂。蘇援世事。分白黑利害。蘇，猶索。援，別。分別白黑，知利害之所在也。籌策得失。以觀禍福。籌策曰視，非常曰觀。○王念孫云：分白黑利害，本作分別白黑。（高注內分別白黑四字，即本於正文。）白黑下本無利害二字。今作分白黑利害者，分下脫去別字，遂不成句，後人以高注云如利害之所在，因加利害二字以足句耳。案高注云分別白黑，知利害之所在，此是因正文而申言之，謂分別白黑則可以知利害之所在，非正文內本有利害二字也。有白黑斯有得失有得失斯有禍福。故云分別白黑，籌策得失，以觀禍福。禍福，卽高注所謂利害也。若此句先言利害，則下文不必更言禍福矣。蘇援世事，分別白黑，籌策得失，皆相對爲句，若云分白黑利害，則句法參差矣。且此段以書、夫、娛爲韻，黑、福則爲韻。若云分白黑利害，則失其韻矣。設儀立度，可以爲法則，窮道本末，究事之情，窮，盡也。究，極也。立是廢非，明示後人，是，善也。非，惡也。死有遺業，生有榮名。遺，餘，功業。榮，寵也。如此者，人才之所能逮也。逮，及。然而莫能至焉者，偷慢懈惰，多不暇日之故。偷，薄；慢，易。薄易之人，懈惰于庶幾，多言己不暇日，而不學，推此故也。○俞樾云：不字衍文。多暇日者，謂其人偷慢懈惰而不學，故多暇日也。今衍不字，失其指矣。荀子脩身篇曰：其爲人也多暇日者，其出入也不遠矣。卽淮南所本。夫瘠地之民多有心者，勞也；心向義之心也。沃地之民多不才者，饒也。饒，逸也。由此觀之，知人無務，不若愚而好學。自人君公卿至於庶人，不自彊而功成者，天下未之有也。詩云：日就月將，學有緝熙于光明。此之謂也。詩頌敬之篇。言爲善者日有所成就，月有所奉行。當學之是明，此勉學之謂也。名可務立，功可彊成。務，事也。彊，勉也。故君子積志委正，以趣明師。師所以取法則。勵節亢高，以絕世俗。不羣於衆也。何以明之？昔者南榮疇恥聖道之獨亾於己，身淬霜露，敕蹻趹，跋涉山川，冒蒙荊棘，淬，浴；敕，猶著也；蹻，履；趹，趣也。不從蹊遂曰跋涉，故觸犯荊棘。南榮，姓；疇，字。蓋魯人也。百舍重趼，不敢休息，百里一舍。趼，足胝生。○王念孫云：敕蹻趹下本有步字。趹，步。疾行也。說文：趹，馬行皃。又云：趉，蹞也。廣雅云：趹，奔也。史記張儀傳：探前趹後，蹄間三尋。索隱曰：言馬之走勢疾也。莊子齊物論篇：麋鹿見之決驟。崔譔曰：疾走不顧爲決。趹、趉、駃、決，並字異而義同，故注訓趹爲趉。莊子庚桑楚釋文引此正作敕蹻趹步。今本脫去步字，則文不成義。且自身淬霜露以下皆以四字爲句，又以露、步爲韻，棘、息爲韻。脫去步字，則句既不協，而韻又不諧矣。重趼當爲重趼字之誤也（高注同）。趼讀若繭。莊子天道篇：百舍重趼而不敢息。釋文：趼，古顯反，司馬云：胝也。許慎云：足指約中斷傷爲趼。所引許注卽此篇重趼之注也。司馬訓趼爲胝，與高注足生胝同義。劉晝新論惜時篇云：南榮之訪道，重趼而不休。卽用此篇之文，則趼爲趼之誤明矣。趼字亦作繭。賈子勸學篇云：南榮跦百舍重繭而不敢久息，是也。宋策墨子百舍重繭，高彼注云：重繭，累胝也，亦與此注同義。○陶方琦云：莊子大宗師釋文引司馬注：病不能行，故趼蹠。趼，古顯反。高作趼，誤文。高當作繭。上文足重繭而不休息，下文又云：曾繭重胝（宋策墨子聞之重繭百舍。後漢段熲傳注：繭，足下傷起形如繭也），故高以胝訓當，是高本作蹢。許本作跰也。此乃後人因許本改。南見老聃，受教一言，老聃，老子，字伯陽，楚苦縣賴鄉曲里人。今陳國東瀨鄉有祠存。據在魯南，故曰南見老子聃。一言，道合也。精神曉泠，鈍閭條達，曉，明。泠，猶了也。鈍閭，猶鈍惛也。○王念孫云：文子精誠篇作屯閔條達。案閔與惛聲相近，故高注云鈍閭猶鈍惛。方言曰：頓愍，惛也。江湘之間謂之頓愍。○陶方琦云：一切經音義十四引許注：泠然，解悟之意也。按泠同聆。齊俗訓所居聆聆許注：聆聆，意曉解也。欣然七日不食，丈夫七日不食則斃，故以七日為極。如饗太牢。三牲具曰太牢。○王引之云：七日不食上當有若字，如讀為而。言聞老聃之言，若七日不食而饗太牢也。賈子云：南榮跦既遇老聃，見教一言，若飢十日而得太牢。是其證。文子精誠篇襲用此文而改之曰：勤苦七日不食，如享太牢。失其指矣。是以明照四海，名施後世，施，延也。達略天地，達，猶通也。略，猶數也。察分秋豪，察，明。稱譽葉語，至今不休。葉，世也。言榮疇見稱譽，世傳相語，至今不止。○王念孫云：葉當為華。俗書華字作華，與葉相似而誤。華，榮也。稱譽華語，至今不休，言榮名常在人口也。高所見本已誤作葉，故訓葉為世。文子正作稱譽華語。此所謂名可彊立者。○俞樾云：彊立本作務立。上文名可務立，功可彊成，高注曰：務，事也。然則此亦當言務立。今作彊立者，乃後人據文子精誠篇改之。不知彼上文云名可強立，功可強成，與此文本不相同，不得據彼以改此也。吳與楚戰。吳王闔閭與楚昭王戰於柏舉。莫囂大心撫其御之手曰：今日距彊敵，犯白刃，蒙矢石，莫，大也。囂，眾也。主大眾之官，楚卿大夫。大心，楚成得臣子玉之孫。彊敵，謂吳。蒙，冒。石，矢弩也。一曰：發石也。○莊逵吉云：錢別駕曰：莫囂即莫敖。能矢石者，漢時謂之厥張士。厥，發石。張，挾弓也。春秋傳曰：旝動而鼓。發石是也。戰而身死，卒勝民治，全我社稷，可以庶幾乎。庶幾得安。○俞樾云：治字衍文。本作卒勝民全。此時但求民之全，不當計其治不治也。後人誤以全字屬下句讀，故妄增治字耳。楚策作社稷其庶幾乎，無全字。然則此全字上屬無疑。遂入不返，決腹斷頭，不旋踵運軌而死。言入吳不旋踵而死，勇然不如申包胥之功也。○王紹蘭云：吳楚柏舉之戰在定公四年。據左氏傳說此事云：左司馬戍敗吳師于雍澨，傷，謂其臣曰：誰能免吾首？吳句卑布裳，到而裹之，藏其身，而以其首免。與此文決腹斷頭相似，無莫囂大心戰死之事。莫囂即莫敖，楚官名。或昭王時自有名大心者為莫敖之官，死於柏舉之戰，其軼事見於它說，淮南博采舊聞，正可補傳文所未備。高注乃以大心為楚成得臣子玉之孫，致左氏僖二十八年傳云：初，楚子玉自為瓊弁玉纓，夢河神謂已：畀余，弗致也。大心與子西使榮黃諫。杜注：大心，子玉之子。傳又謂之孫伯，即大心，子玉子也。三十三年傳謂之大孫伯，文五年傳謂之成大心。計自僖二十八年（據傳稱初楚子玉，是追述之辭，則大心使榮黃諫其事，且在僖二十八年前矣）至定四年中隔文宣成襄昭五世共一百二十七年當其使榮黃諫子玉時最少亦得一二十歲柏舉之役成大心已一百三四十許人安得有距彊敵犯白刃蒙矢石遂入不返之事且又未聞其官莫敖也高氏之言斯爲不
敏矣申包胥竭筋力以赴嚴敵伏尸流血不過一卒之才在車曰士步曰卒如此者一人之功也不如約身卑辭求救於諸侯
申包胥楚大夫與伍子胥友者子胥之亡謂申包胥曰我必覆楚國申包胥曰子能覆之我必與之及昭王敗於柏舉奔隨申包胥如秦乞師故曰不如求救于諸侯○俞樾云竭筋力以下皆申包胥之言也申
包胥下當有曰吾二字而今脫之楚策曰棼冒勃蘇曰吾被堅執鋭赴強敵而死此猶一卒也不若奔諸侯是其明證於是乃嬴糧跳走跋涉谷行嬴裹也一曰躧跳走不及著履
也不蹊遂曰跋涉上峭山赴深谿游川水峭山高山深谿大壑游渡自楚至秦所經由也犯津關躐蒙籠蹶沙石蹠達膝曾繭重胝七日
七夜至於秦庭犯觸觸津關則踐躐蒙籠之山一曰葛藁所蒙籠言非人所由蹷僵蹠足達穿也幽通賦注引曰申重繭以存荊是也○王念孫云蹷訓爲僵雖本說文而此蹷字則非其義蹷者蹋也
謂足蹋沙石也蹷或作蹶說文作蹶云蹠也（主術篇注曰蹠蹈也楚辭九章注曰蹠踐也文選舞賦注引許慎淮南注曰蹠蹋也呂氏春秋知化篇子胥兩袪高蹶而出於廷高注曰蹶蹈也司馬相如上林賦蹷
石闕郭璞曰蹷蹋也漢書申屠嘉傳材官蹶張如淳曰材官之多力能腳蹋彊弩張之故曰蹶張是足蹋謂之蹷也申包胥跋涉谷行故足蹋沙石而蹠爲之穿若訓蹷爲僵則與上下文不相貫注矣○文典謹
按文選百辟勸進今牋注引曾繭作累繭上鶴跱而不食晝吟宵哭面若死灰顏色黴黑鶴跱跱立貌言不動不食黴黑其面色欲速得秦救也涕液交
集以見秦王秦王秦哀公也曰吳爲封豨脩蛇蠶食上國虐始於楚封脩皆大也豨蛇喻貪也蠶食盡無餘國中國虐害始先也言將以次至秦也上寡
君失社稷越在草茅寡君昭王越遠在于隨矣百姓離散夫婦男女不遑啓處遑暇啓跪處安也使下臣告急秦王乃發車千
乘步卒七萬屬之子虎秦大夫子車鍼虎傳曰率車五百乘以救楚凡三萬七千五百人此云千乘步卒七萬不合也○王紹蘭云左氏定五年傳申包胥以秦師至秦子蒲子虎帥車五
百乘以救楚又案文六年傳秦伯任好卒以子車氏之三子奄息仲行鍼虎爲殉是子車鍼虎殉穆公而葬矣徧考書傳未聞其死而復生也即使復生且自文六年至定五年計一百十七年秦風黃鳥篇維此
鍼虎百夫之禦當殉葬時最少亦得二十歲則秦師之救楚之年鍼虎已百三十七歲即使復生安得尚能帥師明子虎非鍼虎也高氏此注校之莫囂大心爲成大心尤爲不敏矣踰塞而東函塞

谷。一曰武關塞也。擊吳濁水之上，果大破之，以存楚國。濁水，蓋江水。傳曰：敗吳于公壻之谿。公壻之谿，楚地。烈藏廟堂，著於憲法，此功之可彊成者也。烈，功。憲，法也。夫七尺之形，心知憂愁勞苦，膚知疾痛寒暑，人情一也。一，同也。聖人知時之難得，務可趣也，苦身勞形，焦心怖肝，不避煩難，不違危殆。怖肝，猶戒懼。蓋聞子發之戰，子發，楚威王將。進如激矢，合如雷電，解如風雨，員之中規，方之中矩，破敵陷陳，莫能壅御，澤戰必克。克，勝也。攻城必下，彼非輕身而樂死，務在於前，遺利於後，故名立而不墮。名，武中寧國之名。墮，廢也。此自強而成功者也。成，猶立也。是故田者不強，囷倉不盈；強，力也。官御不厲，心意不精；精，專也。將相不強，功烈不成；烈，業也。侯王懈惰，後世無名。世，猶身也。○莊逵吉云：京房易有世應，郭璞洞林以爲身，是世身也之證。詩云：我馬唯騏，六轡如絲。詩云小雅皇皇者華之篇。六轡，四馬。如絲，言調勻也。載馳載驅，周爰諮謨。以言人之有所務也。諮，難也。詩言當馳驅以忠信往謨難事之不自專已督之，至乃聖人之務也。通於物者，不可驚以怪；通，達也。言怪物不能驚之也。喻於道者，不可動以奇；喻，明也。非常曰奇。察於辭者，不可燿以名；燿，眩也。名，虛實之名。審於形者，不可遯以狀。遯，欺也。狀，貌也。世俗之人，多尊古而賤今，故爲道者必託之於神農、黃帝而後能入說。說，言也。言爲二聖所作，乃能入其說于人，人乃用之。亂世闇主，高遠其所從來，因而貴之。爲學者蔽於論而尊其所聞，相與危坐而稱之，正領而誦之。此見是非之分不明。誦之諭，若影之隨形，響之應聲，教言之不知其理，故曰不明也。夫無規矩，雖奚仲不能以定方圓；無準繩，雖魯般不能以定曲直。是故鍾子期死而伯牙絕弦破琴，知世莫賞也。鍾，官氏。子，通稱。期，名也。達於音律。伯牙，楚人。觀世無有知音若子期者，故絕絃破其琴也。惠施死而莊子寢說言，見世莫可爲語者也。惠施，宋人，仕于梁，爲惠王相。莊子，名周，宋蒙縣人，作書卅三篇，爲道家之言。夫項託七歲爲孔子師，孔子有以聽其言也。以年之少爲閭丈人說，救敲不給，何道之能明也。閭里也。敲，橫也。丈人，長老之稱。年少爲之說事，老人敲其頭，自救不暇，何能明道也。昔者謝子見於秦惠王，惠王說之，以問唐姑梁，唐姑梁曰：謝子山東辯士，固權說以取少主。謝姓也。子通稱也。唐姓，名姑梁，秦大夫。言謝子辯士也，常發其巧說，以取少主之權。少主謝子之君。一曰謂惠王。惠王，秦孝公之子也。○說王引之云：權本作奮。奮字上半與權字右半相似，又涉注內權字而誤也。高注曰：常發其巧說以取少主之權。發字正釋奮字。史記樂書集解引孫炎樂記注曰：奮，發也。以取少主之權，乃加之權二字以申明其義。非正文有權字也。呂氏春秋去宥篇正作將奮於說以取少主。惠王因藏怒而待之，後日復見，逆而弗聽也。聽，猶是也。非其說異也，所以聽者易也。易，革也。夫以徵爲羽，非絃之罪；罪在聽也。以甘爲苦，非味之過。過在嘗也。楚人有烹猴而召其鄰人，以爲狗羹也，而甘之。召，猶請也。後聞其猴也，據地而吐之，盡寫其食。此未始知味者也。喻以惠王初說謝子，唐姑梁間之，因藏怒也。○王念孫云：鄰人下當有二字。今本脫去，則文義不明。北堂書鈔酒食部三、初學記器物部、太平御覽飲食部十九、獸部二十二引此並疊鄰人二字。盡寫其食，亦當依初學記、太平御覽引作盡寫其所食。○文典謹按：楚人有烹猴而召其鄰人，御覽九百十引作楚有烹猴者（八百六十一引亦有者字）而給其鄰人（給下有注云：徒亥切，必非誤字）。八百六十一引仍作召，疑許高之異。邯鄲師有出新曲者，託之李奇。師，樂師，瞽也。出，猶作也。新曲，非正樂也。李奇，古之名倡也。○陶方琦云：御覽五百六十五引許注：李奇，趙之善樂者也。意林引作趙之善音者。新論正賞篇：趙人有曲者，託以伯牙之聲，世人競習之。卽用此事。指爲趙人，與許說合。諸人皆爭學之。諸，衆也。後知其非也，而皆棄其曲。此未始知音者也。知非李奇所作，而皆棄之，故未始知音也。鄙人有得玉璞者，喜其狀，以爲寶而藏之。鄙人，小人。以示人，人以爲石也，因而棄之。此未始知玉者也。故有符於中，則貴是而同今古。符，驗。驗者有明也。是，實也。言中心能明實是者則貴之，古今一也，故曰同也。無以聽其說，則所從來者遠而貴之耳。言無中心明驗，無以聽人說之是否，但見其言遠古之事，便珍貴之耳。近世之事，有可貴者亦有不貴之也。此和氏之所以泣血於荊山之下。荊人和氏得美玉之璞于荊山之下，獻楚武王，武王以爲石，刖其右足；及文王卽位，復獻之，如是，乃泣血證之爲寶。文王曰：先王輕于刖足，而重剖石，遂爲剖之，果如和言，因號爲和氏之璧也。今劍或絕側羸文，齧缺卷銋而稱以頃襄之劍。則貴人爭帶之。絕無側羸無文詻齒卷鋌鈍弊無刃託之爲楚頃襄王所服劍故貴人慕而爭帶之一說頃襄王善爲劍人名鋌讀豐年之稔琴或撥刺枉橈。闊解漏越。而稱以楚莊之琴。側室爭鼓之。撥刺不正枉橈曲弱闊解壞漏越音聲散託之爲楚莊王琴則側室之寵人爭鼓之也側室或作廟堂也○孫詒讓云後泰族訓朱弦漏越許注云漏穿越琴瑟兩頭也與此注異許義爲允禮記樂記云清廟之瑟朱弦而疏越鄭注云越瑟底孔畫疏之使聲遲也此云漏越亦猶疏越矣○俞樾云側室二字無義高注曰側室或作廟堂也廟堂亦無義疑本作則尚士上士爭鼓之尚與上通尚士即上士也考工記桃氏爲劍弓人爲弓竝有上士服之之文故此言琴亦曰上士鼓之也上文曰今劍或絕側羸文詻缺卷鋌而稱以頃襄之劍則貴人爭帶之兩文相對此曰則上士爭鼓之猶彼曰則貴人爭帶之也因段尚爲上而尚士二字誤合爲堂字淺人因改則字爲廟字高所據或本是也又因古本實是則字遂改堂字爲室字而加人旁於則字之左高所據本是也。苗山之鋋。羊頭之銷。雖水斷龍舟。陸剸兕甲。莫之服帶。苗山楚山利金所出羊頭之銷白羊子刀雖有利用無所稱託故無人服帶也○王念孫云鋋當爲鋌字之誤也鋌音挺說文鋌銅鐵樸也文選七命注引此篇苗山之鋌（七發注同）羊頭之銷又引許慎注曰鋌銅鐵樸也（高注苗山楚山利金所出義與許同）銷生鐵也是其證○陶方琦云文選七命注引許注鋌銅鐵樸也銷生鐵也按說文鋌銅鐵璞也與注淮南訓正同論衡率性篇世稱利劍有千金之價其本鋌山中之恆鐵也衆經音義十一元應曰鋌銅鐵之璞未成器用者也皆與許義合說文金部銷鑠金也非此義當是鏶字說文鏶鏶文也次于鋌字篆下即依淮南舊文知許本當作鏶也。山桐之琴。澗梓之腹。雖鳴廉隅脩營唐牙。莫之鼓也。伐山桐以爲琴溪澗之梓以爲腹鳴聲有廉隅脩營音清涼聲和調唐猶堂營讀營正急之營也○文典謹按北堂書鈔一百九引澗梓作澤澗通人則不然。通人通于事類不然不如衆人貴遠慕聲服劍者。期於恬利。○陶方琦云據宋蘇頌校淮南題序許本恬作錟按蘇氏曰許本多用叚借以恬爲惔索隱十八引淮南作期于錟利知許本作錟後人因別本改也恬字亦當作銛（史記錟戈在後亦借爲銛利字）而不期於墨陽莫邪。墨陽莫邪美劍名乘馬者。期於千里。而不期於驊騮綠耳。鼓琴者。期於鳴廉脩營。而不期於濫脇號鍾。濫脇音不和號鍾高聲非耳所及也○劉績云濫脇號鍾皆古琴名梁元帝纂要以爲齊桓公琴是也作藍脅○王念孫云劉說是也濫與藍古字通廣雅藍脅號鍾琴名也楚辭九歎破伯牙之號鍾兮王注云號鍾琴名馬融長笛賦亦云若絙瑟促柱號鍾高調宋書樂志云齊桓曰號鍾楚莊曰繞梁事出傅玄琴賦誦詩書者。期於通道略物而不期於洪範商頌。略、達。物、事也。頌、或作容。○莊逵吉云：周禮和容，杜子春讀作和頌。攷古容貌字作頌，容納字作容，實兩分，今則通用之也。聖人見是非，若白

黑之於目辨，辨、別也。清濁之於耳聽。清、商也。濁、宮也。衆人則不然。然、如是也。中無主以受之，譬若遺腹子之上隴，以禮哭

泣之而無所歸心。目不識父之顏，心不哀也。故夫孿子之相似者，唯其母能知之。知、獨別也。玉石之相類者，唯良工能識之。

卞和是也。書傳之微者，唯聖人能論之。微、妙。論、敘也。今取新聖人書名之孔墨，則弟子句指而受者必衆矣。眩于孔墨之名。

而或不知其實非孔墨所作也。故美人者非必西施之種，通士者不必孔墨之類。曉然意有所通於物，故作書以喻意，以

爲知者也。喻、明也。作書者以明古今傳代之事，以爲知者施也。○王念孫云：如高注，則喻意當作喻事。知者下當有施字。施、設也。言作書以明事，爲後之知已者設也。又下文故師曠之欲善調鐘也，以

爲後之知音者也，注曰：喻上句作書爲知者施也。（各本知者作知音，因正文知音而誤。今據上注改。）則正文有施字明矣。今本喻事作喻意，涉上句意字而誤；知者下脫施字，則文義不明。誠得清明

之士，執玄鑑於心，照物明白，不爲古今易意。玄、水也。鑑、鏡也。皆以自見。能自易，故能見物，言反易也。攄書明指以示之，雖闔棺亦不

恨矣。攄、抒也。指、書也。朝聞道，夕死可矣，何恨之有乎。昔晉平公令官爲鐘，鐘成而示師曠，師曠曰：鐘音不調。平公、晉悼公之子彪。師曠識音，故知其不

調。平公曰：寡人以示工，工皆以爲調，而以爲不調，何也。而、汝也。師曠曰：使後世無知音者則已，若有知音者，

必知鐘之不調。故師曠之欲善調鐘也，以爲後之有知音者也。論上句作書爲知音施也。三代與我同行，五伯與我齊

智。我、謂作書者。彼獨有聖智之實，我曾無有閭里之聞、窮巷之知者，何。曾、則也。我則無聲名宣聞于閭里、窮巷之人，無有知我之賢，何故也。彼并

身而立節，我誕謾而悠忽。彼、謂三代五伯并身同行而五伯也。立節，我謂誕謾倨傲悠忽遊蕩輕物也。今夫毛嬙西施，天下之美人，若使之銜

腐鼠，蒙蝟皮，衣豹裘，帶死蛇，則布衣韋帶之人過者莫不左右睥睨而掩鼻。言雖有美姿，人惡聞其臭，故睥睨掩其鼻。孟子曰：西子蒙

不潔則人皆掩鼻而過之是也 其嘗試使之施芳澤正娥眉設笄珥衣阿錫曳齊紈 笄婦人首飾珥瑱也阿細縠錫細布紈素齊所出 粉白黛黑佩玉環揄步 體搖動撓足行 雜芝若籠蒙目視 雜佩芝若香草籠蒙猶眇目視也〇孫詒讓云注籠蒙猶眇目視也宋本眇作妙䏚案妙䏚即法言先知篇之眇䌁也李注云眇䌁遠視莊本妙作眇亦通撓䏚字則非 冶由笑目流眺 冶由笑巧笑詩曰巧笑倩兮是也流眺睛盻也詩曰美目盼兮是也 口曾撓奇牙出靨䩉搖 曾則也撓弱也口則弱撓冒若將笑故好齒出詩云齒如瓠犀是也靨䩉頰邊文婦人之媚也〇王念孫云說文揄引也揄步之閒脫去一字自佩玉環以下皆三字爲句此獨兩字則與上下不協新書勸學篇作揄鋏陂（今本揄誤作揄辯見賈子）亦三字爲句也籠蒙目視四字文不成義且與上下句不協劉績曰衍目字念孫案此當衍視字高注目視也則正文作籠蒙目明矣（今本目下有視字即涉注文而誤）廣雅亦云目視也史記項羽紀曰范增數目項王是也籠蒙目即籠蒙視與冶由笑相對爲文賈子作風蚔視（今本風蚔誤作蚔蚔）風蚔籠蒙語之轉耳 則雖王公大人有嚴志頡頏之行者無不憛悇癢心而悅其色矣 憛悇貪欲也癢心煩悶也憛悇讀慘探之探也〇莊逵吉云錢別駕云憛讀探必非憛字據楚辭及馮衍賦應作憛悇爲是形之譌耳〇王念孫云錢謂憛當作憛是也然楚辭七諫心悇憛而煩冤兮王注云悇憛憂愁貌後漢書馮衍傳終悇憛而洞疑李賢注引廣蒼云悇憛禍福未定也皆與高注貪欲之義不同唯賈子勸學篇孰能無悇憛養心義與此同廣韻悇抽據切憛悇愛也義蓋本於淮南 今以中人之才蒙愚惑之智被汙辱之行無本業所脩方術所務焉得無有睥面掩鼻之容哉今鼓舞者 鼓舞或作鄭舞鄭者鄭袖楚懷王之幸姬善謳攻舞因名鄭舞一說鄭重攻舞也 繞身若環 車輪倒也 曾撓摩地扶旋猗那動容轉曲便嫋擬神 曾撓摩地鼓車平解扶轉周旋更曲意更爲之擬象也 身若秋葯被風 葯白芷香草也被風言其弱也 髮若結旋 屈而復舒也 騁馳若騖 騁馳言其疾也〇王念孫云高注傳寫脫誤當作扶於周旋也轉更也曲竟更爲之今本脫去於字兩也字轉字誤在周旋上竟字又誤作意遂致文不成義正文內扶於二字各本多誤作扶旋（旋字即涉注文而誤）唯道藏本茅本不誤扶於猗那皆疊韻也若作扶旋則失其讀矣史記司馬相如傳扶與猗靡集解引郭璞曰淮南所謂曾折摩地扶與猗委也扶與即扶於（相如傳又云垂條扶於太平御覽樂部十二引此正作扶於又引高注曰轉更也曲竟更爲也是其證楚辭九懷登羊角兮扶與洪興祖補注引此亦作扶於而莊刻乃從諸本作扶旋謬矣便嫋擬神嫋當爲娟娟字俗書作媢與娟相似而誤楚辭大招豐肉微骨體便娟只

王注云便娟好貌也便娟亦疊韻若作便嫙則失其讀矣後漢書文苑傳注及太平御覽引此竝作便娟騁馳若鶩鶩當爲驚高注言其疾也正釋若驚二字(今本言其疾上有騁馳二字此涉正文而衍)張衡西京賦說舞曰紛縱體而迅赴若驚鶴之羣罷是也驚鶩字相近因誤爲鶩(莊子知北遊篇注理未動而志已驚釋文驚本亦作鶩)鶩與騁馳同義若云騁馳若鶩則是騁馳若騁馳矣且地那爲韻(地古讀若沱說見唐韻正)神旋驚爲韻(此以眞耕通爲一韻周易楚辭及老莊諸子多如此)若作鶩則失其韻矣太平御覽引此正作騁馳若驚

木熙者舉梧檟據句枉。熙戲也舉援也梧桐檟梓皆大木也句枉曲枝也枉或作掘也蝯自縱好茂葉。言舞者若蝯不復踐地好上茂木之枝葉龍夭矯燕枝拘。言纘蘊若蟠龍燕枝拘其著樹如燕附枝也援豐條舞扶疏。援持也持大條以木舞扶疏槃跚貌龍從鳥集搏援攫肆蔑蒙踊躍。言其舞體如龍附雲如鳥集山持捷大極其巧蔑蒙踊躍言其疾也且夫觀者莫不爲之損心酸足。觀者見其微妙危險皆爲之損動中心酸酢其足也○王念孫云且當爲則字之誤也則夫二字承上今鼓舞者以下二十一句而言上文云則布衣韋帶之人莫不左右睥睨而掩鼻又云則雖王公大人有嚴志頡頏之行者無不憛悇癢心而悅其色矣語意竝與此同彼乃始徐行微笑被身修擢。彼舞者更復徐行小笑被倡衣脩擢舞爲後曲也夫鼓舞者非柔縱。言非其人生自柔弱屈句委縱也而木熙者非眇勁。眇絕也言其非能自有絕眇之強力也淹浸漬漸靡使然也。淹久也浸漬漸于教久使之柔縱眇勁靡教化使之然也○王念孫云高訓眇爲絕而以眇勁爲絕妙之強力於義未安今案眇勁與柔縱相對爲文眇讀爲訬訬勁猶輕勁也上文曰越人有重遲者而人謂之訬高彼注曰訬輕利急疾(舊本脫疾字據文選注補)訬讀燕人言躁操善趍者謂之訬同也後漢書馬融傳或輕訬趬悍李賢曰訬輕捷也文選吳都賦輕訬之客李善曰高誘淮南子注曰訬輕利急疾也訬音眇是訬眇同聲而通用也淹浸漬漸靡漬字涉注文而衍淹浸漸靡皆兩字連讀不當有漬字且注訓淹爲久浸爲漬則正文無漬字明矣是故生木之長莫見其益有時而修。長者令長之長砥礪礛堅莫見其損有時而薄。有時積時言非一日教化亦然也藜藿之生蟦蟦然日加數寸不可以爲櫨棟。加猶益也櫨屋也○王念孫云藜藿當爲藜藋(徒弔反)字之誤也藋即今所謂灰藋也爾雅拜蔏藋郭注曰蔏藋似藜昭十六年左傳曰斬其蓬蒿藜藋莊子徐無鬼篇曰藜藋柱乎鼪鼬之逕是也藜藋皆生於不治之地其高過人故曰蟦蟦然日加數寸若藿爲豆葉豆之高不及三尺斯不得言日加數寸矣藜藋皆一莖直上形似樹而質不堅故曰不可以爲櫨棟若藿則非其類矣太平御覽木部六引此作藜藋亦傳寫之誤百卉部藋下引此正作藜藿後人多聞藜藿寡聞藜藿故諸書中藜藿字多誤爲藜藿說見史記仲尼弟子傳○俞樾云高注曰櫨屋也然則正文及注文竝當作廬漢書食貨志注曰廬田中屋也故高注訓廬爲屋以爲廬棟猶曰以爲屋棟說山篇曰郢人有買屋棟者彼云屋棟此云廬棟其義一也因棟字從木遂幷廬字而亦誤從木作櫨櫨者柱上柎也若果是櫨字何得以屋訓之本經篇標抹欂櫨高注曰櫨柱上柎卽梁上短柱也然則高氏非不知柱上柎之義何以於此篇必變其說乎且以文義言之日加數寸言其長也屋棟之木必取其長若櫨則短柱上柎耳以方木爲之其形如斗故亦謂之斗拱非必長木乃可爲之何取於日加數寸者乎

楩柟豫章之生也七年而後知故可以爲棺舟知猶覺覺其大○陶方琦云文選養生論注引許注豫章與枕木相似須七年乃可別（文選注引延叔堅注云云叔堅卽叔重之譌後人因東漢有延篤字叔堅遂增入延字）○文典謹按七年而後知文選注藝文類聚八十八引竝作七年可知（史記司馬相如傳集解亦云生七年乃可知也）夫事有易成者名小難成者功大君子脩美雖未有利福將在後至美善也故詩云日就月將學有緝熙於光明此之謂也已說在上章也

卷二十

泰族訓泰言古今之道萬物之指族於一理明其所謂也故曰泰族○曾國藩云族聚也羣道衆妙之所聚萃也泰族者聚而又聚者也始之又始曰泰始一之又一曰泰一伯之前有伯曰泰伯極之上有極曰泰極以及泰山泰廟泰壇泰折皆尊之之辭○文典謹按此篇敍目無因以題篇字乃許脊注本

天設日月列星辰調陰陽張四時日以暴之夜以息之風以乾之雨露以濡之其生物也莫見其所養而物長其殺物也莫見其所喪而物亡此之謂神明聖人象之故其起福也不見其所由而福起其除禍也不見其所以而禍除遠之則邇延之則疎稽之弗得察之不虛日計無算歲計有餘夫濕之至也莫見其

形而炭已重矣。風之至也，莫見其象，而木已動矣。日之行也，不見其移，騏驥倍日而馳，草木爲之靡，縣烽未轉，縣烽，邊候，見唐舉烽，轉相受，行道里最疾者也。○文典謹按：縣烽未轉，御覽八百九十六引作懸峯未薄。又引注云：懸峯，馬蹄下雞舌也。與今注迥殊，疑許高之異也。而日在其前。故天之且風，草木未動而鳥已翔矣；鳥巢居，知風也。其且雨也，陰曀未集而魚已噞矣；魚潛居，知雨也。以陰陽之氣相動也。故寒暑燥濕，以類相從；聲響疾徐，以音相應也。故易曰：「鳴鶴在陰，其子和之。」高宗諒闇，三年不言，四海之內寂然無聲；一言聲然，大動天下。○俞樾云：聲然二字，文不成義。聲當作磬，涉上文四海之內寂然無聲而誤也。周書太子晉篇：師曠磬然又稱曰。孔注曰：磬然，自嚴整也。是其義也。下文故聖人者懷天心，聲然能動化天下者也，聲然亦磬然之誤，能讀爲而。是以天心呿唫者也，故一動其本而百枝皆應，若春雨之灌萬物也，渾然而流，沛然而施，無地而不澍，無物而不生。故聖人者懷天心，聲然能動化天下者也。故精誠感於內，形氣動於天，則景星見，黃龍下，祥鳳至，醴泉出，嘉穀生，河不滿溢，海不溶波。故詩云：「懷柔百神，及河嶠嶽。」逆天暴物，則日月薄蝕，五星失行，四時干乖，晝冥宵光，山崩川涸，冬雷夏霜。詩曰：「正月繁霜，我心憂傷。」天之與人有以相通也。故國危亡而天文變，世惑亂而虹蜺見，萬物有以相連，精祲有以相蕩也。精祲，氣之侵入者也。故神明之事，不可以智巧爲也，不可以筋力致也。天地所包，陰陽所嘔，雨露所濡，化生萬物，瑤碧玉珠，翡翠玳瑁，文彩明朗，潤澤若濡，摩而不玩，久而不渝。○王念孫云：雨露所以濡生萬物，本作雨露所濡以生萬殊，瑤碧玉珠，本在翡翠瑇瑁之下，道藏本濡以二字誤倒，萬殊誤作萬物，翡翠瑇瑁又誤在瑤碧玉珠之下。案雨露所濡爲句，以生萬殊爲句，如以藏本則失其句矣。且此段以嘔濡殊珠濡渝爲韻，如藏本則失其韻矣。劉本作雨露所濡生萬物，又脫去以字。漢魏叢書本乃於生萬物上妄加化字，而莊本從之，斯爲謬矣。太平御覽工藝部九引此正作雨露所濡以生萬殊，翡翠瑇瑁，瑤碧玉珠。奚仲不能旅，旅，旅部旅也。魯般不能造。○俞樾云：旅字無義，疑放字之誤。廣雅釋詁：放，效也。言天地所生者，雖奚仲不能放效之，雖魯般不能造作之也。高注曰：旅，部旅也。其所據本已誤。此之謂大巧。宋人有以象爲其君爲楮葉者，象，象牙也。三年而成。莖柯豪芒，鋒殺顏澤，亂之楮葉之中而不可知也。列子曰：使天地三年而成一葉，則萬物之有葉者寡矣。夫天地之施化也，嘔之而生，吹之而落，豈此契契哉。故凡可度者小也，可數者少也。至大，非度之所能及也；至衆，非數之所能領也。故九州不可頃畝也，八極不可道里也，太山不可丈尺也，江海不可斗斛也。故大人者，與天地合德，日月合明，鬼神合靈，與四時合信。○王念孫云：此用乾文言語也。日月鬼神上竝脫與字。文子精誠篇正作與日月合明，與鬼神合靈。故聖人懷天氣，抱天心。○俞樾云：文子精誠篇作懷天心，抱地氣，是也。上文云故聖人者懷天心，則此文亦當作懷天心矣。懷天心之文既與文子同，則下句亦當作抱地氣矣。傳寫誤耳。上文故聖人者懷天心下疑亦當有抱地氣三字，今闕此句，文義不備。執中含和，不下廟堂而衍四海。○王念孫云：文選東都賦注引此作不下廟堂而行於四海，於義爲長。文子精誠篇亦作不下堂而行四海。變習易俗，民化而遷善，若性諸己，能以神化也。詩云：神之聽之，終和且平。夫鬼神，視之無形，聽之無聲，然而郊天，望山川，禱祠而求福，雩兌而請雨，兌，說也。卜筮而決事。詩云：神之格思，不可度思，矧可射思。此之謂也。天致其高，地致其厚，月照其夜，日照其晝，陰陽化，列星朗，非其道而物自然。○王念孫云：下三句本作列星朗，陰陽化，非有爲焉，正其道而物自然。自天致其高至列星朗，是說天地日月星，而陰陽化一句，則總承上文言之。今本列星朗句在後，則失其次矣。且厚晝爲韻，化爲然爲韻。（化字古音在歌部，爲然二字在元部，歌元二部古或相通。陳風東門之枌篇以差原麻娑爲韻，小雅桑扈篇以翰憲難那爲韻，隰桑篇以阿難何爲韻，逸周書時訓篇鳴鳥猶鳴國有訛言，虎不始交將帥不和，荔挺不生卿士專權，莊子天運篇孰隆施是，孰居無事淫樂而勸是，淮南詮言篇爲善則觀，爲不善則議，觀則生責，議則生患，說林篇百梅足以爲百人酸，一梅不足以爲一人和，泰族篇其美在和，其失在權，水火金木土穀異物而皆任，規矩權衡準繩異形而皆施，丹青膠漆不同而皆用，各有所適，物各有宜，皆其證也。差施議宜四字古在歌部，說見唐韻正。）若列星朗句在後，則失其韻矣非有爲焉正其道而物自然者然成也（廣雅然成也大戴禮武王踐阼篇曰胡殘其禍將然謂其禍將成也莊子繕性篇莫之爲而常自然謂常自成也楚辭遠遊無滑而魂兮彼將自然謂彼將自成也又見下）言天地陰陽非有所爲但正其道而萬物自成也原道篇云萬物固以自然（以與已同）聖人又何事焉語意正與此同下文云故陰陽四時非生萬物也雨露時降非養草木也神明接陰陽和而萬物生矣即此所謂非有爲焉正其道而物自然也道藏本非有下脫爲焉正其四字則文不成義劉本作正其道而物自然無非有爲焉四字亦非（若本無非有爲焉四字則藏本不得有非有二字矣主術篇曰是故繩正於上木直於下非有事焉所緣以脩者然也語意正與此同）莊本作非其道而物自然則其謬益甚文子精誠篇作列星朗陰陽和非有爲焉正其道而物自然是其明證矣（和字亦與爲然爲韻）故陰陽四時非生萬物也雨露時降非養草木也神明接陰陽和而萬物生矣故高山深林非爲虎豹也大木茂枝非爲飛鳥也流源千里淵深百仞非爲蛟龍也○王念孫云太平御覽鱗介部二引此流源作源流淵深作深淵是也源流者有源之流原道篇云源流泉浡沖而徐盈是也今作流源則文不成義深淵與源流相對爲文猶上文言高山深林大木茂枝也今作淵深則與上文不類矣致其高崇成其廣大山居木棲巢枝穴藏○俞樾云枝乃跂字之誤巢跂穴藏相對成義史記梁孝王世家索隱引通俗文曰高置立跂棚曰跂閣即此跂字之義巢高故言跂穴深故言藏水潛陸行各得其所寧焉夫大生小多生少天之道也故丘阜不能生雲雨滎水不能生魚鼈者小也○王念孫云滎水小水也說文滎絕小水也韓詩外傳曰滎澤之水無吞舟之魚漢書揚雄傳梁弱水之淵瀠兮服虔曰昆侖之東有弱水度之若淵瀠耳師古曰淵瀠小水之皃瀠與滎同道藏本劉本皆作滎太平御覽鱗介部四引此同牛馬之氣蒸生蟣蝨蟣蝨之氣蒸不能生牛馬故化生於外非生於內也○文典謹按御覽九百五十一引蟣蝨之氣下無蒸字夫蛟龍伏寢於淵而卵割於陵蛟龍鼉屬也乳於陵而伏於淵其卵自孚○王念孫云割當爲剖字之誤也剖謂破卵而出也原道篇羽者嫗伏高注曰嫗伏以氣剖卵也文選海賦剖卵成禽李善曰剖猶破也初學記鱗介部白帖九十五太平御覽鱗介部二引此並作卵剖開元占經龍魚蟲蛇占引作卵孚又引許慎注曰孚謂卵自孚也孚剖聲相近故高注曰蛟龍乳於陵而伏於淵其卵自孚也○陶方琦云史記集解百二十八開元占經百二十引許注蛟龍龍屬也按史記龜筴傳明月之珠蚗龍伏之徐廣引許注作蚗龍索隱謂蚗應作蛟說文蛟龍屬也漢書武帝紀注引許君說蛟龍屬也今注蛟龍不誤鼉乃龍之誤文

又占經引許注：孚，謂卵自孚也。乃約文。其全文，今本是也。說文：孚，卵孚也。人閒訓：夫鴻鵠之未孚于卵也。通俗文：卵化曰孚。○文典謹按：伏寢於淵，白帖九十五引作潛伏於川。螣蛇雄鳴於上風，雌鳴於下風，而化成形，精之至也。○文典謹按：螣蛇，藝文類聚九十六引作騰蛇。故聖人養心，莫善於誠，至誠而能動化矣。今夫道者，藏精於內，棲神於心，靜漠恬淡，訟繆胸中，訟，容也。繆，靜也。○王引之云：高所見本作訟，故訓為容。訟、容古同聲也。其實訟乃說字之誤。說，古悅字。繆與穆同。穆亦和悅也。大雅烝民箋曰：穆，和也。管子君臣篇：穆君之色。尹知章曰：穆猶悅也。說繆胸中者，所謂不改其樂也。文子精誠篇正作悅穆胸中。邪氣無所留滯，四枝節族，毛蒸理泄，則機樞調利，百脈九竅，莫不順比，其所居神者得其位也，豈節拊而毛修之哉！聖主在上，○文典謹按：羣書治要引主作王。廓然無形，寂然無聲，官府若無事，朝庭若無人，無隱士，無軼民，無勞役，無冤刑，四海之內，莫不仰上之德，象主之指，夷狄之國，重譯而至，非戶辯而家說之也，○文典謹按：羣書治要引辯作辨。辨、辯古通用。推其誠心，施之天下而已矣。詩曰：惠此中國，以綏四方。內順而外寧矣。太王亶父處邠，狄人攻之，杖策而去，百姓攜幼扶老，負釜甑，踰梁山，而國乎岐周，非令之所能召也。秦穆公為野人食駿馬肉之傷也，飲之美酒，韓之戰，以其死力報，非券之所責也。券，契也。○王念孫云：責上脫能字。上文云：非令之所能召也。下文云：非刑之所能禁也，非法之所能致也，是其證。○陶方琦云：羣書治要引許注：券，契也。按說文：券，契也。與注淮南說合。宓子治亶父，○文典謹按：羣書治要引宓作季，亶作單。巫馬期往觀化焉，見夜漁者得小即釋之，非刑之所能禁也。孔子為魯司寇，道不拾遺，市買不豫賈，○王念孫云：買字即賈字之誤而衍者也。市不豫賈，謂市之鬻物者不高其價以相誑豫，非謂買者也。荀子儒效篇作魯之鬻牛馬者不豫賈。淮南覽冥篇及史記循吏傳並云市不豫賈，多一買字，則文不成義，且與上句不對矣。田漁皆讓長，讓長，分別長者得多。○陶方琦云：羣書治要引許注：長者得多。佚上四字。而辮白不戴負，辮白，頭有白髮。○陶方琦云：羣書治要引許注：斑白，頭有白髮。按說文：辮，駁文也。皤，老人頭白也。鬢，須髮半白也。非法之所能致也。夫矢之所以射遠貫牢者、努力也。○文典謹按、羣書治要引、牢作堅。其所以中的剖微者、正心也。○王念孫云、正心本作人心、與努力相對爲文、今作正心者、後人妄改之耳。羣書治要及太平御覽工藝部二引此竝作人心。○文典謹按、王說是也。人字唐武后作𤯔、形與正相近、遂譌爲正耳。賞善罰暴者、政令也。其所以能行者、精誠也。故弩雖強、不能獨中。令雖明、不能獨行。必自精氣所以與之施道。○文典謹按、羣書治要引、自作有。故攄道以被民而民弗從者、誠心弗施也。○文典謹按、羣書治要引、攄作總。天地四時、非生萬物也。神明接、陰陽和、而萬物生之。聖人之治天下、非易民性也。拊循其所有而滌蕩之、故因則大、化則細矣。能循則必大也、化而欲作則小矣。○王念孫云、化字義不可通、化當爲作、字之誤也。聖人順民性而條暢之、所謂因也。反是則爲作矣。原道篇曰、任一人之能、不足以治三畝之宅也。循道理之數、因天地之自然、則六合不足均也。故曰因則大、作則細矣。高注本作能循則必大也、欲作則小矣。今本欲作上有化而二字、則後人依已譌之正文加之耳。文子道原篇作因即大、作即細。自然篇作因即大、作即小。皆其證。呂氏春秋君守篇曰、作者擾、因者平。任數篇曰、爲則擾矣、因則靜矣。語意略與此同。○陶方琦云、羣書治要引許注、能循則必大也、欲作則小矣。按今本化字當爲作、文子亦云作則細。說文、細、㪚也。小物之㪚也。禹鑿龍門、闢伊闕、決江濬河、東注之海、因水之流也。后稷墾草發菑、糞土樹穀、使五種各得其宜、因地之勢也。○文典謹按、御覽八百三十七引、五下有穀之五三字。湯武革車三百乘、甲卒三千人、討暴亂、制夏商、因民之欲也。故能因、則無敵於天下矣。夫物有以自然、而後人事有治也。故良匠不能斲金、巧冶不能鑠木、金之勢不可斲、而木之性不可鑠也。埏埴而爲器、窬木而爲舟、○文典謹按、御覽七百五十二引、窬作刳。鑠鐵而爲刃、鑄金而爲鐘、因其可也。駕馬服牛、令雞司夜、令狗守門、因其然也。民有好色之性、故有大婚之禮；有飲食之性、故有大饗之誼；有喜樂之性、故有鐘鼓筦絃之音；有悲哀之性、故有衰絰哭踊之節。故先王之制法也、因民之所好而爲之節文者也。因其好色而制婚姻之禮、故男女有別。○文典謹按、羣書治因其喜音而正雅頌之聲。〇文典謹按：羣書治要引，喜作好。故風俗不流。因其寧家室、樂妻子，教之以順。〇文典謹按：羣書治要引，順作孝。故父子有親。因其喜朋友而教之以悌，故長幼有序。然後修朝聘以明貴賤，饗飲習射以明長幼。〇王念孫云：饗當爲鄉，字之誤也。經解、射義並云：鄉飲酒之禮，所以明長幼之序，是其證。羣書治要引此，正作鄉飲。時搜振旅，以習用兵也。搜簡車馬，出曰治兵，入曰振旅。〇陶方琦云：羣書治要引許注：蒐，簡車馬也。按經傳多作蒐，亦作獀。齊語：春以獀振旅。入學庠序，以修人倫。此皆人之所有於性，而聖人之所匠成也。故無其性，不可教訓；有其性，無其養，不能遵道。繭之性爲絲，然非得工女煮以熱湯而抽其統紀，則不能成絲。卵之化爲雛，非慈雌嘔煖覆伏累日積久，則不能爲雛。人之性有仁義之資，非聖人爲之法度而教導之，則不可使鄉方。故先王之教也，因其所喜以勸善，因其所惡以禁姦，故刑罰不用而威行如流，政令約省而化燿如神。故因其性則天下聽從，拂其性則法縣而不用。昔者五帝三王之蒞政施教，必用參五。何謂參五？仰取象於天，俯取度於地，中取法於人，乃立明堂之朝，行明堂之令，明堂，布令之宮。有十二月之政令也。以調陰陽之氣，以和四時之節，以辟疾病之菑，俯視地理，以制度量，察陵陸水澤肥墩高下之宜，〇文典謹按：御覽六百二十四引，作察山陵水澤肥墝高下之宜。立事生財，以除飢寒之患，中考乎人德，〇文典謹按：御覽引，作中之考乎德。以制禮樂，行仁義之道，以治人倫，而除暴亂之禍。乃澄列金木水火土之性，澄，清也。故立父子之親而成家，別清濁五音六律相生之數，以立君臣之義而成國。〇王念孫云：故立父子之親，亦當爲以立父子之親，與下文相對。文子上禮篇正作以立。以立清濁五音，亦當依文子作五音清濁。〇俞樾云：故立當從文子上禮篇作以立。王氏念孫已訂正矣。惟木水二字傳寫誤倒，當作水木。蓋金水木火土相生之序，故本之以立父子之親也。察四時季孟之序，以立長幼之禮而成官。此之謂參制君臣之義，父子之親，夫婦之辨，長幼之序，朋友之際，此之謂五。乃裂地而州之，分職而治之，築城而居之，割宅而異之，分財而衣食之，立大學而教誨之，夙興夜寐而勞力之，此治之綱紀也。然得其人則舉，失其人則廢。堯治天下，政教平，德潤洽，在位七十載，乃求所屬天下之統，令四岳揚側陋，四岳舉舜而薦之堯。堯乃妻以二女，以觀其內，二女，娥皇、女英。任以百官，以觀其外。既入大麓，烈風雷雨而不迷，林屬於山曰麓。堯使舜入林麓之中，遭大風雨不迷也。乃屬以九子，堯有九男。贈以昭華之玉，而傳天下焉。昭華，玉名。以爲雖有法度，而朱弗能統也。朱，堯子也。夫物未嘗有張而不弛，成而不毀者也，惟聖人能盛而不衰，盈而不虧。神農之初作琴也，以歸神，及其淫也，反其天心。王念孫云：此文本作「神農之初作琴也，以歸神杜淫，反其天心」（白虎通義曰：琴者，禁也，所以禁止淫邪，正人心也。琴操曰：昔伏羲氏作琴，所以禦邪僻，防心淫，以脩身理性，反其天眞也。）及其衰也，流而不反，淫而好色，至於亡國。流而不反，正對反其天心言之；淫而好色，正對杜淫言之。下文曰：夔之初作樂也，皆合六律而調五音，以通八風，及其衰也，以沈湎淫康，不顧政治，至於滅亡。句法皆與此相對。此以淫心爲韻，色國爲韻，下文以音風爲韻（風字古音在侵部，說見唐韻正），康亡爲韻。文子上禮篇作聖人之初作樂也，以歸神杜淫，反其天心，至其衰也，流而不反，淫而好色（今本此下有不顧正法，流及後世八字，蓋後人所加。羣書治要引文子無此八字），至於亡國，是其明證矣。文選長笛賦注引上三句云神農之初作瑟（瑟字與今本不合，所引蓋許愼本），以歸神反望，及其天心，杜淫作反望，反其作及其，皆傳寫之誤（反望之反，蓋涉下反其天心而誤。淫望反及，皆以形近而誤），而句法正與文子同。若今本，則錯脫不成文理，且失其韻矣。夔之初作樂也，夔，堯典樂官也。皆合六律而調五音，以通八風，及其衰也，以沈湎淫康，不顧政治，至於滅亡。蒼頡之初作書，以辯治百官，領理萬事，愚者得以不忘，智者得以志遠，王念孫云：志遠本作志事，以書記事，無分於遠近，不當獨言志遠。後人以兩事字重出，故改志事爲志遠耳。不知古人之文不嫌於複，且兩事字自爲韻，上下文皆用韻。若作志遠，則失其韻矣。文子正作智者以記事。至其衰也，爲姦刻僞書，以解有罪，以殺不辜。湯之初作囿也，以奉宗廟鮮犒之具。（生肉為鮮。乾肉為犒。）簡士卒。習射御。以戒不虞。及至其衰也。馳騁獵射。以奪民時。罷民之力。（○王念孫云。罷民之力。當作以罷民力。與上句相對為文。上文以解有罪。以殺不辜。與此文同一例。文子正作以罷民力。○文典謹按。初學記居處部引作馳騁游獵。以奪人之時。勞人之力。）堯之舉禹契后稷皋陶。政教平。姦宄息。獄訟止。而衣食足。賢者勸善。而不肖者懷其德。及至其末。朋黨比周。各推其與。廢公趨私。內外相推舉。姦人在朝。而賢者隱處。（○王念孫云。內外相推舉。句法與上下文不協。且推字與上文各推其與相複。蓋衍文也。文子無推字。）故易之失也卦。書之失也敷。樂之失也淫。詩之失也辟。禮之失也責。春秋之失也刺。（○王念孫云。此六句非淮南原文。乃後人取詮言篇文附入。而加以增改者也。下文云。故易之失鬼。樂之失淫。詩之失愚。書之失拘。禮之失忮。春秋之失訾。與此六句相距不過數行。而或前後重出。或彼此參差。其不可信一也。下文易之失鬼六句。高氏皆有注。而此獨無注。若原文有此六句。不應注於後而不注於前。其不可信二也。太平御覽學部二所引。有下易之失鬼六句。而無此六句。其不可信三也。）天地之道。極則反。盈則損。五色雖朗。有時而渝。茂木豐草。有時而落。物有隆殺。不得自若。故聖人事窮而更為。法弊而改制。非樂變古易常也。將以救敗扶衰。黜淫濟非。以調天地之氣。順萬物之宜也。聖人天覆地載。日月照。陰陽調。四時化。萬物不同。無故無新。無疏無親。故能法天。天不一時。地不一利。人不一事。是以緒業不得不多端。趨行不得不殊方。五行異氣而皆適調。（○莊逵吉云。御覽作而皆和。無適調字。）六藝異科而皆同道。（○莊逵吉云。御覽無同字。○文典謹按。北堂書鈔九十五引作五行異氣而皆和。六藝異科而皆通。）溫惠柔良者。詩之風也。（○文典謹按。初學記文部引作溫惠淳良。詩教也。御覽六百八引柔亦作淳。）淳龐敦厚者。書之教也。（○文典謹按。淳龐。書鈔引作純彪。御覽引作純元。）清明條達者。易之義也。（○文典謹按。御覽引明作淨。書鈔引義作教。）恭儉尊讓者。禮之為也。（○文典謹按。尊。書鈔御覽引並作揖。）寬裕簡易者。樂之化也。（○莊逵吉云。御覽裕作和。）刺幾辯義者。春秋之靡也。（○文典謹按。御覽引幾作譏。義作議。）故易之失鬼。（易以氣定吉凶。故鬼。）樂之失淫。樂變至於鄭聲，淫也。詩之失愚。詩人怒，怒近愚。○莊逵吉云：怒疑當作怨。書之失拘。書有典謨之制，拘以法也。○文典謹按：御覽引拘作刦。禮之失忮。禮尊尊卑卑。尊不下卑，故忮也。○莊逵吉云：御覽忮作亂。春秋之失訾。春秋貶絕，不避王人。書人之過，相訾也。○文典謹按：御覽引此六句，失下皆有也字。六者，聖人兼用而財制之。失本則亂，得本則治。其美在調，其失在權。水火金木土穀，異物而皆任；規矩權衡準繩，異形而皆施；丹青膠漆，不同而皆用；各有所適，物各有宜。輪圓輿方，轅從衡橫，勢施便也。驂欲馳，服欲步，驂，騑。服，車中央馬也。帶不厭新，鉤不厭故，處地宜也。關雎興於鳥，而君子美之，為其雌雄之不乖居也。○王念孫云：乖當為乘，字之誤也。（羅願爾雅翼引此已誤）乘者，匹也。言雎雄有別，不匹居也。廣雅曰：雙、耦、匹、乘，二也。月令：乃合纍牛騰馬。鄭注曰：纍、騰，皆乘匹之名。家語好生篇曰：關雎興于鳥，而君子美之，取其雌雄之有別。毛詩傳亦云：雎鳩摯而有別。鄭箋曰：摯之言至也，謂王雎之鳥，雌雄情意至，然而有別。戴先生毛鄭詩考正曰：案古字鷙通用摯，夏小正鷹始摯，曲禮前有摯獸，是其證。春秋傳郯子言少皞以鳥名官，雎鳩氏司馬也。說曰：鷙而有別，故為司馬，主法制。義本毛詩，不得如箋所云明矣。念孫謹案：淮南說林篇：神龍不匹，猛獸不羣，鷙鳥不雙。義與毛詩同。有別，即此所云不乘居也。漢張超誚青衣賦亦曰：感彼關雎，性不雙侶。列女傳仁智傳曰：夫雎鳩之鳥，猶未嘗見其乘居而匹處也。（張華鷦鷯賦云：繁滋族類，乘居匹游。）此尤其明證矣。鹿鳴興於獸，君子大之，取其見食而相呼也。泓之戰，軍敗君獲，宋襄公與楚戰於泓，楚人敗之，獲襄公。而春秋大之，取其不鼓不成列也。宋伯姬坐燒而死，伯姬，宋共公夫人。夜失火，待傅母不至，不下堂，而及火死之也。春秋大之，取其不踰禮而行也。成功立事，豈足多哉！方指所言而取一概焉爾。王喬、赤松去塵埃之間，離羣慝之紛，慝，惡也。○文典謹按：文選左太冲招隱詩注引慝作物。吸陰陽之和，食天地之精，呼而出故，吸而入新，踈虛輕舉，乘雲游霧，可謂養性矣，而未可謂孝子也。周公誅管叔、蔡叔以平國弭亂，可謂忠臣也，而未可謂弟也。○王念孫云：此當作可謂忠臣矣，而未可謂弟弟也。上文云：可謂養性矣，而未可謂孝子也。是其證。○孫詒讓云：當作而未可謂悌弟也。與上下文未可謂孝子、未可謂忠臣、未可謂慈父，文例同。湯放桀，武王伐紂，以為天下去殘除賊。可謂惠君。而未可謂忠臣矣。樂羊攻中山未能下。中山烹其子。而食之以示威。可謂良將。而未可謂慈父也。故可乎可。而不可乎不可。不可乎不可。而可乎可。舜許由異行而皆聖。伊尹伯夷異道而皆仁。箕子比干異趨而皆賢。故用兵者或輕或重。或貪或廉。此四者相反。而不可一無也。輕者欲發。重者欲止。貪者欲取。廉者不利非其有。故勇者可令進鬬。而不可令持牢。重者可令埴固。而不可令凌敵。貪者可令進取。而不可令守職。廉者可令守分。而不可令進取。信者可令持約。而不可令應變。五者相反。聖人兼用而財使之。○俞樾云。勇者當作輕者。上文云。故用兵者。或輕或重。或貪或廉。此四者相反。而不可一無也。輕者欲發。重者欲止。貪者欲取。廉者不利非其有。然則此承上文而言。亦當以輕重貪廉對舉。其本作輕者明矣。淺人不尋上下文理。見有進鬬之文。妄改爲勇者。非其舊也。又按上言四者。而下言五者。義亦可疑。且輕與重反。貪與廉反。所謂四者相反也。信則與何者相反乎。乃云五者相反。義不可通。疑信者可令持約。而不可令應變十二字淺人竄入。淮南本無此句。五者亦作四者。與上文相應。因竄入信者句。遂改四爲五以合之。而不悟其不可通耳。夫天地不包一物。陰陽不生一類。海不讓水潦。以成其大。○文典謹按。藝文類聚八。白帖六引。竝作海不讓水積以成其大。山不讓土石。以成其高。夫守一隅而遺萬方。取一物而棄其餘。則所得者鮮。而所治者淺矣。治大者道不可以小。地廣者制不可以狹。位高者事不可以煩。民衆者敎不可以苛。夫事碎難治也。法煩難行也。求多難澹也。寸而度之。至丈必差。銖而稱之。至石必過。石秤丈量。徑而寡失。簡絲數米。煩而不察。言事當因大法。如簡閱絲數米。則煩而無功也。故大較易爲智。曲辯難爲慧。故無益於治而有益於煩者。聖人不爲。無益於用而有益於費者。智者弗行也。故功不厭約。事不厭省。求不厭寡。功約易成也。事省易治也。求寡易澹也。衆易之。於以任人易矣。孔子曰。小辯破言。小利破義。小藝破道小見不達必簡.○王念孫云.必簡上當更有達字.此言見大者達.達則必簡.猶樂記言大樂必易.大禮必簡也.文子上仁篇.作道小必不通.通則必簡.是其證.○俞樾云.小上當有道字.因涉上句小藝破道.兩道字適相連.寫者止於上句道字下.作二小畫以識之.而遂脫去也.見乃則字之誤.則字闕壞.止存左旁之貝.因誤爲見矣.達下當更有達字.亦因止作二小畫而脫去也.其文本曰.道小則不達.達必簡.文子上仁篇.作道小必不通.通則必簡.與此文小異而義同.若如今本.則不成文理矣.河以逶蛇故能遠.山以陵遲故能高.陰陽無爲故能和.道以優游故能化.○王念孫云.陰陽無爲.故能和.後人所加也.此以河之逶蛇.山之陵遲.喻道之優游.若加入陰陽無爲二句.則與逶蛇陵遲優游之義.咸不相比附矣.且陰陽無爲.與河以逶蛇三句.句法亦屬參差.太平御覽地部二十六.引淮南.無此二句.說苑說叢篇.文子上仁篇.並同.夫徹於一事.察於一辭.審於一技.可以曲說而未可廣應也.蓼菜成行.甂甌有甚.秤薪而爨.數米而炊.可以治小而未可以治大也.員中規.方中矩.動成獸.止成文.可以愉舞.而不可以陳軍.○文典謹按.御覽三百七引.愉舞作諭衆.滌盃而食.洗爵而飲.盥而後饋.可以養少而不可以饗衆.今夫祭者.屠割烹殺.剝狗燒豕.調平五味者.庖也.陳簠簋.器方中者爲簠.圓中者爲簋也.列樽俎.設籩豆者.祝也.齊明盛服.淵默而不言.神之所依者.尸也.宰祝雖不能.尸不越樽俎而代之.故張瑟者.小絃急而大絃緩.○文典謹按.急當爲絙.字之誤也.藝文類聚.五十二引.正作絙.又引注云.絙者.急也.立事者.賤者勞而貴者逸.舜爲天子.彈五絃之琴.謌南風之詩.而天下治.周公肴臑不收於前.鐘鼓不解於縣.而四夷服.趙政晝決獄而夜理書.趙政.秦始皇帝.○文典謹按.藝文類聚引.趙政作嬴秦政.御史冠蓋接於郡縣.○文典謹按.接於郡縣.藝文類聚引.作相接於道.覆稽趨留.○文典謹按.覆稽趨留.御覽六百三十六引.作覆督稽留.戍五嶺以備越.○文典謹按.藝文類聚.引注云.五嶺.鐔城之嶺.九疑之塞.番禺之都.南野之界.射干之水.築修城以守胡.然姦邪萌生.盜賊羣居.事愈煩而亂愈生.○文典謹按.亂愈生.藝文類聚引.作亂愈滋.御覽引.作亂愈多.故法者治之具也.而非所以爲治也.而猶弓矢中之具.而非所以中也.○王念孫云.而

猶.當爲亦.猶隸書而亦下半相似.故亦誤爲而.(趙策.趙雖不能守.亦不至失六城.舊本亦誤作而.)黃帝曰.芒芒昧昧.因天之威.與元同氣.故同氣者帝.同義者王.同力者霸.無一焉者[亡].○文典謹按.御覽七十七引注云.於三者無一.雖口於世.俱滅亡.故人主有伐國之志.邑犬羣嗥.伐國逆天之行.則時必有大禍.雄雞夜鳴.庫兵動而戎馬驚.戎馬.兵馬也.雞夜鳴而兵馬起.氣之感動也.今日解怨偃兵.家老甘臥.巷無聚人.妖菑不生.非法之應也.精氣之動也.故不言而信.不施而仁.不怒而威.是以天心動化者也.○俞樾云.天心動化.本作無心動化.因無字作无.故誤爲天耳.文子上仁篇.亦作天心.誤與此同.而精誠篇曰.一言而大動天下.是以无心動化者也.无字不誤.可據以訂正上仁篇.卽可以正淮南子矣.施而仁.言而信.怒而威.是以精誠感之者也.施而不仁.言而不信.怒而不威.是以外貌爲之者也.故有道以統之.法雖少.足以化矣.無道以行之.法雖衆.足以亂矣.治身.太上養神.其次養形.治國.太上養化.其次正法.神清志平.百節皆寧.養性之本也.肥肌膚.充腸腹.供嗜慾.養生之末也.民交讓爭處卑.委利爭受寡.力事爭就勞.日化上遷善.而不知其所以然.此治之上也.○王念孫云.治之上.當爲治之本.對下文治之末而言.上文養性之本.養性之末.卽其證.今作治之上者.涉上文治國太上養化而誤.文子下德篇.正作治之本.利賞而勸善.畏刑而不爲非.法令正於上而百姓服於下.此治之末也.上世養本而下世事末.此太平之所以不起也.夫欲治之主不世出.而可與興治之臣不萬一.○俞樾云.與字衍文.蓋卽與字之誤而衍者.高誘注呂氏春秋觀世篇引此文曰.欲治之君不世出.可與治之臣不萬一.是其明證.文子下德篇.亦無與字.以萬一求不世出.此所以千歲不一會也.○王念孫云.以萬一求不世出.當作以不萬一求不世出.不萬一三字.卽承上句言之.文子下德篇.作以不世出求不萬一.呂氏春秋觀世篇注引淮南.作以不萬一待不世出.皆其證.水之性淖以清.窮谷之汙.生以青苔.青苔.水垢也.○文典謹按.文選張景陽雜詩注引.苔作窮谷之洿.生以蒼苔.又引高注.蒼苔.水衣也.不治其性也.掘其所流而深之.○莊逵吉云.御覽掘上有若字.茨

其所決而高之，扶，積土壙滿之也。使得循勢而行，乘衰而流，衰，下也。○王引之云：衰與下義不相近，衰當爲褏字之誤也。說文：窊，汚褏，下也。字通作邪。史記滑稽傳：汚邪滿車，集解引司馬彪曰：汚邪，下地田也。故高注訓褏爲下。○俞樾云：衰乃等衰之衰，水之從高流下，必有次弟，故曰乘衰而流。高注訓衰爲下，未得。王氏引之，因以衰爲褏之誤字，更非矣。雖有腐髊流漸，弗能汙也。腐髊，骨也。漸，水也。○莊逵吉云：御覽漸作澌，澌字爲是。其性非異也，通之與不通也。風俗猶此也。誠決其善志，防其邪心，啓其善道，塞其姦路，與同出一道，則民性可善，而風俗可美也。○莊逵吉云：御覽作風俗可遷矣。所以貴扁鵲者，非貴其隨病而調藥，貴其擪息脈血，知病之所從生也。言人之喘息，脈之病，可知。所以貴聖人者，非貴隨罪而鑒刑也，貴其知亂之所由起也。若不修其風俗，而縱之淫辟，乃隨之以刑，繩之法，法雖殘賊天下，弗能禁也。○王念孫云：當依劉本作繩之以法，茅本作繩之以法，法雖殘賊天下，以次法字屬下讀，亦非（莊本同）。文子下德篇作棄之以法，隨之以刑，雖殘賊天下，不能禁其姦矣，則劉本是也。禹以夏王，桀以夏亾，湯以殷王，紂以殷亾，非法度不存也，紀綱不張，風俗壞也。○文典謹按：御覽六百二十四引張下有而字。三代之法不亾，而世不治者，無三代之智也。六律具存，而莫能聽者，無師曠之耳也。故法雖在，必待聖而後治；律雖具，必待耳而後聽。故國之所以存者，非以有法也，以有賢人也；其所以亾者，非以無法也，以無賢人也。○文典謹按：御覽六百二十四引作以無聖人也。晉獻公欲伐虞，宮之奇存焉，爲之寢不安席，食不甘味，而不敢加兵焉。賂以寶玉駿馬，宮之奇諫而不聽，言而不用，越疆而去，荀息伐之，兵不血刃，抱寶牽馬而去。○王念孫云：去當爲至，此涉上文越疆而去而誤。僖二年公羊傳正作虞公抱寶牽馬而至。故守不待渠壍而固，攻不待衝降而拔，得賢之與失賢也。故臧武仲以其智存魯，而天下莫能亾也；璩伯玉以其仁寧衛，而天下莫能危也。易曰：豐其屋，蔀其家，窺其戶，闃其無人。無人者，非無衆庶也，言無聖人以統理之也。民無廉恥，不可治也。非修禮義，廉耻不立。民不知禮義，法弗聖正也。非崇善廢醜，不向禮義。無法不可以爲治也，不知禮義不可以行法。法能殺不孝者，而不能使人爲孔曾之行；法能刑竊盜者，而不能使人爲伯夷之廉。孔子弟子七十，養徒三千人，皆入孝出悌，言爲文章，行爲儀表，敎之所成也。墨子服役者百八十人，皆可使赴火蹈刃，死不還踵，化之所致也。夫刻肌膚，鑱皮革，被創流血，至難也，然越爲之以求榮也。越人以箴刺皮爲龍文，所以爲尊榮之也。○王念孫云：越下脫人字。高注越人以箴刺皮，卽其證。羣書治要引此正作越人。○陶方琦云：羣書治要引許注越人以箴刺其皮爲龍文。按卽越人鬋髮文身之說。原道訓鬋髮文身高注：文身，刻畫其體，納墨其中，爲蛟龍之狀。義亦相同。聖王在上，明好惡以示之。○文典謹按：羣書治要引作聖王在位，明好憎以示人。經誹譽以導之，親賢而進之，賤不肖而退之，無被創流血之苦。○文典謹按：羣書治要引苦作患。而有高世尊顯之名，民孰不從？古者法設而不犯，刑錯而不用，非可刑而不刑也。百工維時，庶績咸熙，禮義修而任賢德也。故舉天下之高以爲三公，一國之高以爲九卿，一縣之高以爲二十七大夫，一鄉之高以爲八十一元士。故智過萬人者謂之英，千人者謂之俊，百人者謂之豪，十人者謂之傑。明於天道，察於地理，通於人情，大足以容衆，德足以懷遠，信足以一異，知足以知變者，人之英也。○文典謹按：御覽四百三十二引作智之足以知權者，人英也。德足以敎化，行足以隱義，仁足以得衆，明足以照下者，人之俊也。行足以爲儀表，知足以決嫌疑，廉足以分財，信可使守約，作事可法，出言可道者，人之豪也。守職而不廢，處義而不比，見難不苟免，見利不苟得者，人之傑也。英俊豪傑，各以小大之材處其位，得其宜，由本流末，以重制輕，上唱而民和，上動而下隨，四海之內．一心同歸．背貪鄙而向義理．〇王念孫云．義理．本作仁義．此後人妄改之也．貪則不義．鄙則不仁．貪鄙與仁義正相反．故曰背貪鄙而向仁義．若作義理．則失其指矣．且義與和隨靡爲韻．若作義理．則失其韻矣．文子上禮篇正作背貪鄙．嚮仁義．其於化民也．〇文典謹按．羣書治要引．作於其以化民也．若風之搖草木．無之而不靡．今使愚教知．使不肖臨賢．雖嚴刑罰．民弗從也．〇文典謹按．羣書治要引．也作者．小不能制大．弱不能使強也．故聖主者舉賢以立功．不肖主舉其所與同．文王舉太公望召公奭而王．桓公任管仲隰朋而霸．此舉賢以立功也．夫差用太宰嚭而滅．秦任李斯趙高而亾．此舉所與同．〇文典謹按．羣書治要引．同下有也字．故觀其所舉．而治亂可見也．察其黨與．而賢不肖可論也．夫聖人之屈者．以求伸也．枉者．以求直也．故雖出邪辟之道．行幽昧之塗．將欲以直大道．成大功．〇王念孫云．羣書治要引此．直作興．是也．興大道．成大功．文義正相比附．今作直大道者．涉下文不得直道而誤．猶出林之中．不得直道．拯溺之人．不得不濡足也．伊尹憂天下之不治．調和五味．負鼎俎而行．伊尹七十說湯而不用．于是負鼎俎．調五味．僅然後得用．五就桀．五就湯．將欲以濁爲清．以危爲寧也．周公股肱周室．輔翼成王．管叔蔡叔奉公子祿父而欲爲亂．周公誅之．以定天下．緣不得已也．管子憂周室之卑．諸侯之力征．夷狄伐中國．民不得寧處．故蒙恥辱而不死．將欲以憂夷狄之患．平夷狄之亂也．孔子欲行王道．東西南北七十說而無所偶．故因衛夫人彌子瑕而欲通其道．衛夫人．衛靈公夫人南子也．彌子瑕．衛之嬖臣．此皆欲平險除穢．由冥冥至炤炤．動於權而統於善者也．夫觀逐者於其反也．而觀行者於其終也．故舜放弟．周公殺兄．猶之爲仁也．文公樹米．文公．晉文公也．樹米而欲生之也．〇文典謹按．御覽八百二十三引．樹作種．曾子架羊．架．連架．所以備知也．猶之爲知也．當今之世．醜必託善以自爲解．邪必蒙正以自爲辟．〇王念孫云．辟字義不可通．當是辭字之誤（辟或作辟與辟相似）自爲辟猶自爲解耳○文典謹按辟叚爲譬禮記中庸辟如行遠必自邇辟如登高必自卑荀子彊國篇今君人者辟稱比方則欲自竝乎湯武（楊倞注辟讀爲譬）辟之是猶伏而咶天救經而引其足也辟之是猶欲壽而歾頸也周禮宰夫凡失財用物辟名者詩小雅譬彼舟流鄭箋譬本亦作辟皆其比也古籍類然不煩覼縷託善以自爲解蒙正以自爲譬正相對成義王氏以爲義不可通至欲改字釋之其失也迂矣遊不論國仕不擇官行不辟汙曰伊尹之道也分別爭財親戚兄弟搆怨骨肉相賊曰周公之義也行無廉恥辱而不死曰管子之趨也行貨賂趣勢門立私廢公比周而取容曰孔子之術也此使君子小人紛然淆亂莫知其是非者也故百川竝流不注海者不爲川谷○俞樾云既云百川則不得又云不爲川川字衍文也後人因下句云不爲君子故妄增川字使字數相當耳文子上義篇正作不注海者不爲谷趨行蹐馳○王念孫云蹐與舛同說文云揚雄作舛字如此莊子天下篇其道舛駁文選魏都賦注引作蹐駁又引司馬彪注曰蹐與舛同蹐馳謂相背而馳也俶眞篇曰二者代謝舛馳說山篇曰分流舛馳玉篇引作僢馳氾論篇曰見聞舛馳於外法言敘曰諸子各以其知舛馳舛蹐僢字異而義同道藏本作蹐各本皆誤爲跼蹐之蹐而莊本從之斯爲謬矣又下文知能蹐馳各本亦誤作蹐不歸善者不爲君子故善言歸乎可行善行歸乎仁義田子方段干木輕爵祿而重其身不以欲傷生不以利累形李克竭股肱之力領理百官輯穆萬民使其君生無廢事死無遺憂此異行而歸於善者田子方段干木李克皆魏文侯臣故皆歸于善張儀蘇秦家無常居身無定君約從衡之事爲傾覆之謀濁亂天下撓滑諸侯使百姓不遑啓居或從或橫或合衆弱或輔富强此異行而歸於醜者也故君子之過也猶日月之蝕何害於明小人之可也猶狗之晝吠鴟之夜見何益於善夫知者不妄發○王念孫云夫知者不妄發羣書治要引作夫知者不妄爲勇者不妄發是也下文擇善而爲之及事成而功足賴皆承知者不妄爲而言計義而行之及身死而名足稱皆承勇者不妄發而言今本脫爲字及勇者不妄四字則與下文不合說苑說叢篇亦云夫知者不妄爲勇者不妄發（今本發誤作殺）擇善而爲之計義而行之故事成而功足賴也身死而名足稱

也。雖有知能，必以仁義爲之本，然後可立也。知能蹐馳，百事並行，文典謹按：羣書治要引行作作。聖人一以仁義爲之準繩，中之者謂之君子，弗中者謂之小人。君子雖死亡，其名不滅；小人雖得勢，其罪不除。使人左據天下之圖，而右刎喉，愚者不爲也。俞樾云：刎下當有其字。文子上義篇作左手據天下之圖，而右手刎其喉。文典謹按：俞說是也。本書精神篇及呂氏春秋知分篇高注引，刎下並有其字。身貴於天下也。死君親之難，視死若歸，義重於身也。天下，大利也，比之身則小；身之重也，比之義則輕。○俞樾云：身之重也，本作身(句)所重也，與天下(句)大利也一律，涉上下句兩言比之而誤。文子上義篇作身之所重也，比之仁義則輕，所字不誤，之字亦涉上下句而衍。義所全也。詩曰：愷悌君子，求福不回，言以信義爲準繩也。欲成霸王之業者，必得勝者也；能得勝者，必強者也；能強者，必用人力者也；能用人力者，必得人心者也；能得人心者，必自得者也。○王念孫云：欲成霸王之業，欲亦當爲能，言必得勝而後能成霸王之業也。下文四能字，皆與此文同一例。若云欲成霸王之業，則與下句不合，且與下文不類矣。詮言篇能成霸王者，必得勝者也，以下八句，並與此同，是其證。故心者，身之本也；身者，國之本也。未有得己而失人者也，未有失己而得人者也。故爲治之本，務在寧民；寧民之本，在於足用；足用之本，在於勿奪時；勿奪時之本，在於省事；省事之本，在於節用；節用之本，在於反性。未有能搖其本而靜其末，濁其源而清其流者也。○王念孫云：節用皆當爲節欲，此因上文足用而誤也。文子下德篇作節用，亦後人以誤本淮南改之。齊俗篇云：治欲者不以欲，以性。又云：欲節事寡。故曰：省事之本，在於節欲；節欲之本，在於反性。今本節欲作節用，則非其指矣。詮言篇云：省事之本，在於節欲；節欲之本，在於反性。以上八句，皆與此同。齊民要術引此亦作節欲。又引注云：節止欲貪。此皆其明證矣。故知性之情者，不務性之所無以爲；知命之情者，不憂命之所無柰何。故不高宮室者，非愛木也；不大鐘鼎者，非愛金也，直行性命之情，而制度可以爲萬民儀。今目悅五色，口嚼滋味，耳淫五聲，七竅交爭，以害其性，日引邪欲而澆其身。夫調身弗能治，奈天下何！故自養得其節，則養民得其心矣。所謂有天下者，非謂其履勢位，受傳籍，稱尊號也，言運天下之力，而得天下之心。紂之地，左東海，右流沙，前交趾，後幽都，師起容關，莊逵吉云：御覽關作閭。至浦水，士億有餘萬，莊逵吉云：御覽無士字。然皆倒矢而射，傍戟而戰。武王左操黃鉞，右執白旄以麾之，莊逵吉云：御覽以作而。則瓦解而走，遂土崩而下。莊逵吉云：御覽下作亡。紂有南面之名，而無一人之德，○王念孫云：德本作響。無一人之響，謂無一人稱響之也。此言紂失人心，故雖有南面之名，而實無一人之響。響與名相對爲文。後人改爲無一人之德，則文不成義矣。太平御覽皇王部八引此，正作無一人之響。文子下德篇同。御覽皇王部七又引譙周法訓云：桀紂雖有天子之位，而無一人之響。此失天下也。故桀紂不爲王，湯武不爲放。周處酆鎬之地，方不過百里，○王念孫云：酆鎬下衍之字。此以周處酆鎬爲句，地方不過百里爲句，兩句中不當有之字。呂氏春秋疑似篇亦以周宅酆鎬爲句。而誓紂牧之野，入據殷國，朝成湯之廟，表商容之閭，封比干之墓，解箕子之囚，乃折枹毀鼓，偃五兵，縱牛馬，搢笏而朝天下，○王念孫云：道藏本、劉本搢笏作挺肳。案肳當爲曶。曶，古笏字也。皋陶謨在治忽，鄭本作曶，注云：曶者，笏也，臣見君所秉，書思對命者也，君亦有焉。穆天子傳曰：天子搢曶。今作肳者，曶變爲昒，又誤爲肳耳，無煩改爲笏也。挺當爲捷，隸書捷字或作揵，形與挺相似，因誤爲挺。捷與插同，言插笏而朝天下也。小雅鴛鴦篇戢其左翼，韓詩曰：戢，捷也，捷其噣於左也。士冠禮注：扱柶於醴中。鄉射禮注：搢，插也。大射儀注：搢，扱也。內則注：搢，猶扱也。釋文插扱二字竝作捷。管子小匡篇管仲詘纓捷衽，字竝與插同。捷曶猶搢笏也。後人不知挺爲捷之誤，而改挺爲搢，義則是而文則非矣。百姓謌謳而樂之，諸侯執禽而朝之，得民心也。闔閭伐楚，五戰入郢，燒高府之粟，破九龍之鐘，楚爲九龍之簴以縣鐘也。○陶方琦云：御覽五百七十五引許注：刻簴爲九龍以縣鐘也。又引賈子云：毀十龍之鐘。張華博物志：子胥伐楚，燔其府庫，破其九龍之鐘。藝文類聚鼎類引淮南破九龍之鼎，又引高注曰：刻九龍于鼎以爲名。言大鼎，與此又異，乃許高之別也。禮明堂位：夏后氏之龍簨簴。鄭注：飾簨以鱗屬，又于龍上刻畫之爲重身。與許說正合。鞭荆平王之墓，荆平王殺子胥之父，故鞭其墓以復讎。舍昭王之宮，吳之入楚，君舍乎君室，大夫舍大夫室也。昭王奔隨，百姓父兄攜幼扶老而隨之，乃相率而爲致勇之寇，皆方命奮臂而爲之鬬。〇王念孫云：此當作乃相率致勇而爲之寇，與下句相對爲文。各本而爲二字誤在之致勇之上，則文不成義。方面與奮臂亦相對爲文。道藏本、劉本皆作方面，漢魏叢書本面誤爲命，而莊本從之，斯爲謬矣。〇俞樾云：乃相率而爲致勇之寇，文不成義，當作乃相率爲勇，而致之寇，與下句相對。致如致師之致。寇，即謂吳人也。言致死於吳也。下文曰各致其死，却吳兵，復楚地，是其義也。王氏念孫改爲相率致勇而爲之寇，然百姓却敵，初非爲寇，於義不可通矣。當此之時，無將卒以行列之，各致其死。〇王念孫云：卒當爲率，率與帥同。將帥所以統三軍，故無將帥則無行列，若卒則即在行列之中，不得言無將卒以行列之也。隸書率或作率（見漢韓勑造孔廟禮器碑），形與卒相似，故書傳中率字多誤爲卒。却吳兵，復楚地。靈王作章華之臺，靈王，楚君。發乾谿之役，靈王伐齊以恐吳，次於乾谿也。外內搔動，百姓罷敝，弃疾乘民之怨，而立公子比。弃疾，公子比，靈王之兄弟。百姓放臂而去之，餓於乾谿，食莽飲水，莽，草也。〇文典謹按：莽疑當作菱，御覽九百七十五菱條下引作百姓避而去之，乃食菱飲水，枕塊而死。枕塊而死。楚國山川不變，土地不易，民性不殊，昭王則相率而殉之。靈王則倍畔而去之。得民之與失民也，故天子得道，守在四夷；天子失道，守在諸侯；諸侯得道，守在四鄰；諸侯失道，守在四境。故湯處亳七十里，文王處酆百里，皆令行禁止於天下。周之衰也，戎伐凡伯于楚丘以歸。凡伯，周大夫，使于魯，而戎伐之楚丘。故得道，則以百里之地令於諸侯；失道，則以天下之大畏於冀州。故曰：無恃其不吾奪也，恃吾不可奪。行可奪之道，而非篡弒之行，無益於持天下矣。凡人之所以生者，衣與食也。今囚之冥室之中，雖養之以芻豢，衣之以綺繡，不能樂也。以目之無見，耳之無聞，穿隙穴，見雨零，則快然而嘆之。〇王念孫云：嘆與快然，義不相屬。快然而嘆之，當作快然而笑，衍之字。下文肆然而喜，曠然而樂，與此文同一例。俗書笑字作咲，嘆字作嘆，二形相似而誤。況開戶發牖，從冥冥見炤炤乎！從冥冥見炤炤，猶尚肆然而喜，又況出室坐堂，見日月光乎！見日月光，曠然而樂，又況登泰山，履石封以望八荒。視天都若蓋。江河若帶。又況萬物在其閒者乎。〇王念孫云。下又況。因上又況而衍。萬物在其閒。卽承上文言之。非有二義。其爲樂豈不大哉。且聾者耳形具而無能聞也。盲者目形存而無能見也。夫言者所以通己於人也。聞者所以通人於己也。瘖者不言。聾者不聞。既瘖且聾。人道不通。故有瘖聾之病者。雖破家求醫。不顧其費。豈獨形骸有瘖聾哉。心志亦有之。夫指之拘也。莫不事申也。心之塞也。莫知務通也。不明於類也。夫觀六藝之廣崇。窮道德之淵深。達乎無上。至乎無下。運乎無極。翔乎無形。廣於四海。崇於太山。富於江河。曠然而通。昭然而明。天地之間。無所繫戾。〇俞樾云。繫戾。當爲擊戾。主術篇。曲得其宜。無所擊戾。是也。擊戾。猶拂戾也。擊者。毄之叚字。說見荀子脩身篇。其所以監觀。豈不大哉。人之所知者淺。而物變無窮。曩不知而今知之。非知益多也。問學之所加也。夫物常見則識之。嘗爲則能之。故因其患則造其備。〇俞樾云。因乃困字之誤。言困於患難。則造作其備也。與下句犯其難則得其便一律。犯其難則得其便。夫以一世之壽而觀千歲之知。今古之論。雖未嘗更也。其道理素具。可不謂有術乎。人欲知高下而不能。敎之用管準則說。欲知輕重而無以。予之以權衡則喜。欲知遠近而不能。敎之以金目則射快。〇金目。深目。所以望遠近射準也。陳觀樓云。則快二字。與則說則喜。相對爲文。快上不當有射字。蓋因高注射準而衍。下文豈直一說之快哉。正與此句相應。莊本依劉本作快射。亦非。又況知應無方而不窮哉。犯大難而不懾。見煩繆而不惑。晏然自得。其爲樂也。豈直一說之快哉。〇俞樾云。知應無方而不窮哉句。衍哉字。應無方而不窮。犯大難而不懾。見煩繆而不惑。三句一律。皆蒙又況二字爲文。因涉上文欲知高下。欲知輕重。欲知遠近。而誤衍知字。則與下二句不一律。遂於句末加哉字。使自爲句。而文義隔絕矣。夫道有形者皆生焉。其爲親亦戚矣。享穀食氣者皆受焉。其爲君亦惠矣。諸有智者皆學焉。其爲師亦博矣。射者數發不中。人敎之以儀。則害矣。又況生儀者乎。人莫不知學之有益於己也。然而不能者。嬉戲害人也。○王念孫云。害人本作害之。此涉上下文人字而誤。羣書治要。及太平御覽學部一。引此。竝作嬉戲害之也。人皆多以無用害有用。故智不博而日不足。以鑿觀池之力耕。則田野必辟矣。以積土山之高修隄防。則水用必足矣。以食狗馬鴻鴈之費養士。則名譽必榮矣。以弋獵博奕之日誦詩讀書。聞識必博矣。○文典謹按。聞識必博矣。上脫則字。與上文則田野必辟矣。則水用必足矣。則名譽必榮矣。不一律。羣書治要引。正作則聞識必博矣。御覽六百七引。作則識必博矣。亦有則字。故不學之與學也。猶瘖聾之比於人也。凡學者能明於天人之分。通於治亂之本。澄心清意以存之。見其終始。可謂知略矣。天之所爲。禽獸草木。人之所爲。禮節制度。搆而爲宮室。制而爲舟輿是也。治之所以爲本者。仁義也。所以爲末者。法度也。凡人之所以事生者本也。其所以事死者末也。本末一體也。其兩愛之一性也。○王念孫云。下一字。因上一字而衍。此言本末兼愛。人性皆然。性也二字。與孟子食色性也同義。性上不當有一字。劉依文子上義篇。刪去一字。是也。先本後末。謂之君子。以末害本。謂之小人。君子與小人之性。非異也。所在先後而已矣。○王念孫云。所在當爲在所。草木洪者爲本。而殺者爲末。禽獸之性。大者爲首。而小者爲尾。末大於本則折。尾大於要則不掉矣。故食其口而百節肥。灌其本而枝葉美。天地之性也。天地之生物也有本末。○王念孫云。此本作天地之性物也有本末。性即生字。後人不識古字。乃於天地之性性下加也字。又加天地之生四字。斯爲謬矣。上文食其口而百節肥二句。皆指人事言之。與天地之生物無涉。不得於天地之性下。加也字以承上文也。其養物也有先後。人之於治也。豈得無終始哉。○文典謹按。御覽六百二十四引。作人之於治國也。豈得無終始。故仁義者。治之本也。今不知事修其本。而務治其末。是釋其根而灌其枝也。且法之生也。以輔仁義。今重法而棄義。是貴其冠履。而忘其頭足也。○王念孫云。義上脫仁字。太平御覽治道部五。

（引此已誤。上下文皆言仁義，無但言義者。）故仁義者，爲厚基者也。不益其厚而張其廣者毀，不廣其基而增其高者覆。趙政不增其德而累其高，故滅；智伯不行仁義而務廣地，故亾其國。語曰：不大其棟，不能任重。重莫若國，棟莫若德。（○王念孫云：亾下本無其字，故亾爲句，國語曰爲句。後人誤以故亾國爲句，語曰爲句，因妄加其字耳。不大其棟四句，晉語文也。）故國主之有民也，猶城之有基，木之有根。根深則本固，基美則上寧。（○王念孫云：本當爲木。上文木之有根，即其證。○俞樾云：根即本也，不得云根深則本固。本乃末字之誤。上文云草木洪者爲本，而殺者爲末，是也。後人習於根本之說，遂妄改爲本字，失其義矣。根深則末固，與下句基美則上寧一律。說文木部曰：木上曰末。然則末即木之上也。末固上寧，文異而義同。王氏念孫據上文猶城之有基，木之有根，謂本當作木。然則下句上字亦當作城字矣。下句不言城，知此句亦不言木。王說非也。）五帝三王之道，天下之綱紀，治之儀表也。今商鞅之啓塞，（啓之以利，塞之以禁，商鞅之術也。）申子之三符，（申不害治韓，有三符驗之術。）韓非之孤憤，（韓非說孤生之憤志。）張儀蘇秦之從衡，（蘇秦合六國爲從，張儀說爲衡。）皆掇取之權，一切之術也，非治之大本，事之恒常，可博聞而世傳者也。子囊北而全楚，北不可以爲庸。（子囊，楚大夫。北，逐走。庸，常也。）弦高誕而存鄭，誕不可以爲常。今夫雅頌之聲，皆發於詞，本於情，故君臣以睦，父子以親。故韶夏之樂也，聲浸乎金石，潤乎草木。今取怨思之聲，施之於絃管，聞其音者，不淫則悲，淫則亂男女之辯，悲則感怨思之氣，豈所謂樂哉！趙王遷流於房陵，（秦滅趙，王遷之漢中房陵。○文典謹按：文選恨賦注引高注：秦滅趙，虜王遷，徙房陵，房陵在漢中。山木之嘔，歌曲也。尤本高誘曰下有趙王張敖四字，乃淺人所加。）思故鄉，作爲山水之嘔，（山水之嘔，謳曲。○王念孫云：山水當爲山木，字之誤也。（高注同。）史記趙世家集解、正義及文選恨賦注引此竝作山木。）聞者莫不殞涕。荆軻西刺秦王，高漸離、宋意爲擊筑而謌於易水之上，（荆軻，燕人，太子丹之客。丹怨秦王，故遣軻刺之。高漸離、宋意，皆太子丹之客。筑，曲二十一弦。易水，燕之南水也。）聞者莫不瞋目裂眦，髮植穿冠。（○文典謹按：文選養生論注引作荆軻爲燕太子丹刺秦王，高漸離、宋如意爲擊筑而歌於易水之上，荆軻瞋目裂眥，髮

〔植衡冠。〕因以此聲爲樂而入宗廟。豈古之所謂樂哉。故弁冕輅輿。可服而不可好也。〔弁冕。冠也。〕大羹之和。可食而不可嗜也。〔大羹。不和五味。〕朱弦漏越。〔朱弦。練絲。漏。穿。越。琴瑟兩頭也。〕一唱而三嘆。可聽而不可快也。故無聲者。正其可聽者也。其無味者。正其足味者也。吠聲清於耳。兼味快於口。非其貴也。〇〔王念孫云。吠聲清於耳。義不可通。吠當爲吠。字之誤也。吠與咬同。張衡東京賦。咸池不齊。度於䌫咬。薛綜曰。䌫咬。淫聲也。玉篇。吠於交切。婬聲。廣韻。咬。於交切。淫聲。是吠與咬同。故曰吠聲清於耳。非其貴也。〕故事不本於道德者。不可以爲儀。言不合乎先王者。不可以爲道。音不調乎雅頌者。不可以爲樂。故五子之言。〔五子。謂商鞅。申子。韓非。蘇秦。張儀也。〕所以便說掇取也。非天下之通義也。聖王之設政施教也。必察其終始。其縣法立儀。必原其本末。不苟以一事備一物而已矣。見其造而思其功。觀其源而知其流。故博施而不竭。彌久而不垢。夫水出於山而入于海。稼生于田而藏於倉。聖人見其所生。則知其所歸矣。故舜深藏黃金於嶄巖之山。所以塞貪鄙之心也。〇〔文典謹按。御覽八百十引。金下有千斤二字。〕儀狄爲酒。禹飲而甘之。遂疏儀狄。而絕旨酒。〇〔文典謹按。疏疑本作流。北堂書鈔四十五。流刑條下引。作儀狄造酒。禹嘗而美之曰。後世必有以酒亡國者。乃疏儀狄。字雖作疏。然入之刑法部流刑條下。實古本作流之證。今本及書鈔引文。字仍作疏者。乃後人習聞禹疏儀狄之說而改之也。〕所以遏流湎之行也。師延爲平公鼓朝謌北鄙之音。〔衛靈公宿於濮水之上。聞琴音。召師涓而寫之。蓋師延所爲紂作朝謌北鄙之音也。〕師曠曰。此亾國之樂也。〔靈公進新聲平公。平公以問師曠。師曠曰。紂子師延作靡靡之樂。紂亾。師延東走。自投濮水而死。得此音必於濮上也。〕大息而撫之。〇〔俞樾云。撫下脫止字。本作大息而撫止之。史記樂書。作師曠撫而止之。韓非子十過篇。作師曠撫止之。論衡紀妖篇。作師曠撫而止之。並有止字。是其證。〕所以防淫辟之風也。故民知書而德衰。知數而厚衰。知券契而信衰。知械機而實衰也。〔實。質也。〕巧詐藏于胸中。則純白不備。而神德不全矣。琴不鳴而二十五絃各以其聲應。〇〔王念孫云。劉本琴作瑟。與下文二十五弦合。文子微明篇亦作瑟。軸不運。而三十輻各以其力旋。絃有緩急小大。然後成曲。○王念孫云。成曲上亦當有能字。文之微明篇正作然後能成曲。車有勞逸動靜。而後能致遠。使有聲者。乃無聲者也。能致千里者。乃不動者也。故上下異道則治。同道則亂。位高而道大者從。事大而道小者凶。故小快害義。小慧害道。○文典謹按。羣書治要引慧作惠。慧惠古通用。小辯害治。苛削傷德。○文典謹按。羣書治要引削作峭。文子微明篇同。大政不險。故民易道。○文典謹按。羣書治要引道作遵。至治寬裕。故下不相賊。至忠復素。故民無匿情。○王念孫云。下不相賊。相字後人所加。賊害也。政寬則不爲民害。故曰至治寬裕。則下不賊。若云下不相賊。則非其指矣。文子微明篇作至治優游。故下不賊。是其證。民無匿情。情字亦後人所加。匿與慝同。齊俗篇曰。禮儀飾則生僞匿之士。逸周書大戒篇曰。克禁淫謀。衆匿乃雍。管子七法篇曰。百匿傷上威。韓子主道篇曰。處其主之側爲姦匿。荀子樂論篇曰。亂世之文章匿而采。字竝與慝同。又管子明法篇。比周以相爲匿。明法解。匿作慝。韓詩外傳。仁義之匿。車馬之飾。新序節士篇。匿作慝。史記酷吏傳。上下相爲匿。漢書匿作慝。後漢書班固傳。典引。慝亡迴而不泯。文選慝作匿。言至忠復素。則民無姦慝也。後人誤以匿爲藏匿之匿。而於匿下加情字。則非其指矣。且匿與賊爲韻。若作匿情。則失其韻矣。羣書治要引此作至德樸素。則民無慝。是其證。商鞅爲秦立相坐之法。而百姓怨矣。相坐之法。一家有罪。三家坐之。吳起爲楚減爵祿之令。而功臣畔矣。減爵者。收減羣臣之爵祿。○王引之云。減爵之祿之令。本作張減爵之令。張。施也。施減爵之令也。秦策云。吳起爲楚悼。損不急之官。卽此所謂減爵也。高注云。減爵者。收減羣臣之爵祿。則正文本作減爵明矣。道應篇載吳起之言曰。將衰楚國之爵。而平其制祿。蓋減爵則祿亦因之而減。故注言收減羣臣之爵祿。非正文內本有祿字也。張減爵之令。與立相坐之法。相對爲文。今本作減爵祿之令。則文不成義。此因高注而誤衍祿字。又脫去張字也。文子微明篇曰。相坐之法立。則百姓怨。減爵之令張。則功臣叛。語皆本於淮南。則此文本作立相坐之法。張減爵之令明矣。商鞅之立法也。吳起之用兵也。天下之善者也。然商鞅之法亡秦。察於刀筆之跡。而不知治亂之本也。吳起以兵弱楚。習於行陳之事。而不知廟戰之權也。晉獻公之伐驪。得其女。非不善也。然而史蘇歎之。晉獻公得驪姬。使史蘇占之。史蘇曰。俠以銜骨。齒牙爲禍也。見其四世之被禍也。吳王夫差破齊艾陵。勝晉黃池。非不捷也。軍之所獲爲捷。而子胥憂之。見其必擒於越也。小白奔莒。小白，齊桓公。重耳奔曹。非不困也。而鮑叔咎犯隨而輔之。知其可與至於霸也。句踐棲於會稽。修政不殆。謨慮不休。知禍之爲福也。襄子再勝而有憂色。趙襄子再勝，謂伐狄勝二邑。畏福之爲禍也。故齊桓公以汝陽之田而霸。魯莊公使曹子劫桓公，取汝陽之田，桓公不背信，諸侯朝之也。智伯兼三晉之地而亡。聖人見禍福於重閉之內。而慮患於九拂之外者也。九拂，九曲。是折投拂，不見處也。○王念孫云：禍字因上文兩禍字而衍。見福於重閉之內，慮患於九拂之外（此承上文史蘇歎晉獻、子胥憂吳王及襄子再勝而有憂色言之）相對爲文，則福上不當有禍字。文子微明篇無禍字。原蠶一歲再收。原，再也。○王念孫云：收本作登，此後人以意改之也。爾雅曰：登，成也。天文篇曰：蠶登不登，是也。爾雅翼引此作收，則所見本已誤。齊民要術、本草圖經及太平御覽資產部五、木部四引此竝作登。太平御覽木部又引注云：登，成也。是其證。○文典謹按：意林引收作熟，收之爲誤字，益明矣。非不利也。然而王法禁之者。爲其殘桑也。離先稻熟。而農夫耨之。稻米隨而生者爲離，與稻相似。耨之，爲其少實。○陶方琦云：意林引許注：稻米落地而生爲離稻。按說文秜字下云：稻今年落，來年自生謂之秜。秜即離也。意林引作落地，與說文今年落正同。（御覽八百二十三引作蓏先稻孰，注：蓏，秜。此高注，故與許注異）不以小利傷大穫也。家老異飯而食。○文典謹按：羣書治要引飯作糧。殊器而享。○文典謹按：羣書治要引享作烹。子婦跳而上堂。跪而斟羹。○文典謹按：羣書治要引斟作酌。非不費也。然而不可省者。爲其害義也。待媒而結言。聘納而取婦。初絻而親迎。○王引之云：初字義不可通，初當作冠。字書冠字左畔作完，與衣相似，寸與刀相似，故冠誤爲初。冠謂弁也。齊風甫田傳曰：弁，冠也。士昏禮主人爵弁，鄭注曰：爵弁，玄冕之次。大夫以上親迎冠冕服是也。冠絻而親迎，兼貴賤言之。劉本改作絥（諸本及莊本同），則但有大夫以上，於義爲不備矣。且絥與初字不相似，若是絥字，無緣誤爲初也。○孫詒讓云：初當爲袀，形近而誤。袀絻者，謂玄衣而冕。禮記郊特牲說昏禮云：玄冕齊戒。又哀公問云：冕而親迎。袀冕即玄冕也。前齊俗訓云：尸祝袀袨，大夫端冕。注云：袀，純服。是其義也。（文選閒居賦李注引左傳服虔注云：袀服，黑服也。又引說文云：袀服，玄服也。今本說文衣部作袗，玄服也。）王校未塙。非不煩也。然而不可易者。所以防淫也。○文典謹按：羣書治要引所以作可以。使民居處相司。有罪相覺。於以舉姦。非不掇也。○文典謹按。羣書治要引。覺作告。舉作禁。掇作輟。然而傷和睦之心。而構仇讐之怨。○王念孫云。末二句當從羣書治要所引。作然而不可行者。爲其傷和睦之心。而構仇讐之怨也。今本然而下。脫去不可行者爲其六字。及也字。則語意不完。且與上五條不對矣。故事有鑿一孔而生百隙。樹一物而生萬葉者。○俞樾云。生百隙。本作開百隙。涉下句而誤也。下文曰。所鑿不足以爲便。而所開足以爲敗。是其證。所鑿不足以爲便。而所開足以爲敗。所樹不足以爲利。而所生足以爲濊。愚者惑於小利。而忘其大害。○文典謹按。羣書治要引此。下有不可以爲法也六字。昌羊去蚤虱。而人弗庠者。爲其來蛉窮也。○王念孫云。庠當爲席。字之誤也。昌羊。昌蒲也。蛉窮。蚰蜒也。（竝見說林注）言昌蒲能致蚰蜒。故人不以爲席也。太平御覽蟲豸部八引此正作席。貍執鼠而不可脫於庭者。爲搏雞也。故事有利於小而害於大。得於此而亾於彼者。故行棊者。或食兩而路窮。行棊。謂大博也。或予踦而取勝。予踦。予對家奇一棊也。偷利不可以爲行。而智術不可以爲法。故仁知。人材之美者也。所謂仁者。愛人也。所謂知者。知人也。愛人則無虐刑矣。知人則無亂政矣。治由文理。則無悖謬之事矣。刑不侵濫。則無暴虐之行矣。上無煩之亂治。下無怨望之心。則百殘除而中和作矣。此三代之所昌。○王念孫云。此三代之所昌。當從羣書治要所引。作此三代之所以昌也。今本脫以字也字。則文義不明。故書曰。能哲且惠。黎民懷之。何憂讙兜。何遷有苗。讙兜有苗。舜所放佞也。智伯有五過人之材。智伯美髯長大。一材也。射御足力。二材也。材藝畢給。三材也。攻文辯慧。四材也。強毅果敢。五材也。○陶方琦云。羣書治要引許注。與今注正同。攻文作巧文。而不免於身死人手者。不愛人也。齊王建有三過人之巧。力能引強。走先馳馬。超能越高。○陶方琦云。羣書治要引許注。與今注正同。而身虜於秦者。不知賢也。任用后勝之計。不用淳于越之言也。○陶方琦云。羣書治要引許注。任用上。有齊王建三字。應補。故仁莫大於愛人。知莫大於知人。二者不立。雖察慧捷巧。劬祿疾力。不免於亂也。○盧文弨云。祿當作錄。或古人以音同得借用也。

要略 凡鴻烈之書二十篇，略數其要，明其所指，序其微妙，論其大體，故曰要略。○文典謹按：此篇宋本、道藏本並題作淮南鴻烈要略閒詁，敘目復無因以題篇字，其爲許昚注本無疑。

夫作爲書論者，所以紀綱道德，經緯人事，上考之天，下揆之地，中通諸理，雖未能抽引玄妙之中才，繁然足以觀終始矣。總要舉凡，而語不剖判純樸，靡散大宗，純樸，太素也。大宗，事本也。懼爲人之惽惽然弗能知也，○俞樾云：爲字涉下句多爲之辭、博爲之說而衍。本作懼人之惽惽然弗能知也，與下文又恐人之離本就末也一律。衍一爲字，則文不成義。故多爲之辭，博爲之說，又恐人之離本就末也。故言道而不言事，則無以與世浮沉；言事而不言道，則無以與化游息。著之二十篇，有原道，有俶眞，有天文，有墬形，有時則，有覽冥，有精神，有本經，有主術，有繆稱，有齊俗，有道應，有氾論，有詮言，有兵略，有說山，有說林，有人間，有修務，有泰族也。原道者，盧牟六合，盧牟，猶規模也。混沌萬物，象太一之容，太一之容，北極之氣，合爲一體也。測窈冥之深，○文典謹按：文選辯命論注引窈作窅。以翔虛無之軫，軫，道軫也。託小以苞大，守約以治廣，使人知先後之禍福，動靜之利害，誠通其志，浩然可以大觀矣。欲一言而寤，寤，覺。則尊天而保眞；欲再言而通，則賤物而貴身；○文典謹按：文選幽憤詩注引兩言字下皆有之字，身下有也字。欲參言而究，則外物而反情。執其大指，以內洽五藏，洽，潤。瀸濇肌膚，○王念孫云：說文：濇，不滑也。瀸濇二字義不相屬，濇當爲漬。隸書賷字或作𧷏，形與嗇相近，故漬誤爲濇。瀸漬與漸漬同，言內則浹洽於五藏，外則漸漬於肌膚也。說文曰：瀸，漬也。（廣雅同）莊十七年公羊傳：瀸者何？瀸，積也。釋文：積，本又作漬。被服法則，而與之終身，所以應待萬方，覽耦百變也。耦，通也。若轉丸掌中，足以自樂也。俶眞者，窮逐終始之化，贏坪有無之精，贏，繞匝也。坪，靡煩也。○莊逵吉云：坪一本作埒。離別萬物之變，合同死生之形，使人遺物反己，審仁義之間。通同異之理。觀至德之統。知變化之紀。說符玄妙之中。通迴造化之母也。造化之母。元氣太一之神。○王念孫云。通迴二字。義不相屬。迴當爲迵(音洞)字之誤也。迵亦通也。通迵造化之母。謂通乎造化之原也。呂氏春秋貴同篇。禹通三江五湖。決伊闕。迵溝陸。上德篇。德迵乎天地。高註竝云。迵。通也。(今本迵字皆誤作迴。辯見呂氏春秋。)史記倉公傳。臣意診其脈曰。迵風。集解曰。迵音洞。言洞徹入四肢也。迵洞同音。故迵或作洞。俶眞篇。通洞條達。卽通迵也。世人多見迴。少見迵。故迵誤爲迴。下文使人通迵周備。其字正作迵。(道藏本劉本如是。他本皆誤作迴。)而莊本從之。謬矣。天文者。所以和陰陽之氣。理日月之光。節開塞之時。列星辰之行。知逆順之變。避忌諱之殃。順時運之應。法五神之常。使人有以仰天承順而不亂其常者也。地形者。所以窮南北之修。極東西之廣。經山陵之形。區川谷之居。明萬物之主。知生類之衆。列山淵之數。規遠近之路。使人通迵周備。不可動以物。不可驚以怪者也。時則者。所以上因天時。下盡地力。據度行當。合諸人則。形十二節。一月爲人一節。以爲法式。終而復始。歲終十二月。從正月始也。轉於無極。因循倣依。以知禍福。操舍開塞。各有龍忌。中國以鬼神之事日忌。北胡南越皆謂之請龍。發號施令。以時教期。○俞樾云。期當讀爲惎。宣二年左傳。楚人惎之。杜注曰。惎。教也。文選西京賦。人惎之謀。薛綜注曰。惎。教也。是惎與教同義。故曰以時教惎。使君人者知所以從事。覽冥者。所以言至精之通九天也。至微之淪無形也。純粹之入至清也。昭昭之通冥冥也。乃始攬物引類。覽取撟掇。撟。取也。掇。拾也。浸想宵類。浸。微視也。宵。物似也。類。衆也。物之可以喩意象形者。乃以穿通窘滯。決瀆壅塞。引人之意。繫之無極。乃以明物類之感。同氣之應。陰陽之合。形埒之朕。所以令人遠觀博見者也。精神者。所以原本人之所由生。而曉寤其形骸九竅。取象與天。合同其血氣。與雷霆風雨。比類其喜怒。與晝宵寒暑。竝明。宵。夜。○王念孫云。竝明二字。後人所加也。與者。如也。(廣雅。與。如也。)司馬相如子虛賦。楚王之獵。孰與寡人乎。郭璞曰。與。猶如也。漢書高帝紀。今某之業所就。孰與仲多。顏師古曰。與。如也。案古書多謂如曰與。詳見釋詞)言血氣之相從如雷霆風雨喜怒之相反如晝宵寒暑也後人不知與之訓爲如而讀與雷霆風雨比類爲一句故又於晝宵寒暑下加竝明二字以成對文耳不知合同其血氣比類其喜怒相對爲文今以比類二字上屬爲句而其喜怒三字自爲一句則句法參差矣與雷霆風雨與晝宵寒暑亦相對爲文今加竝明二字則句法又參差矣且此文以生天爲韻雨怒暑爲韻今加竝明二字則失其韻矣又案取象於天爲句合同其血氣爲句漢魏叢書本改於天爲與天(莊本同)以與下兩與字相對則又誤以於天合同爲句矣皆由不知兩與字之訓爲如故紛紛妄改耳審死生之分別同異之跡節動靜之機以反其性命之宗所以使人愛養其精神撫靜其魂魄不以物易己而堅守虛無之宅者也本經者所以明大聖之德通維初之道埒略衰世古今之變以褒先世之隆盛而貶末世之曲政也所以使人黜耳目之聰明精神之感動樽流遁之觀樽止也流遁披散也節養性之和分帝王之操列小大之差者也主術者君人之事也所以因作任督責使羣臣各盡其能也○王念孫云因作任督責當作因任督責謂因任其臣而督責其功也今本作字即任字之誤而衍者耳主術篇曰因循而任下責成而不勞韓子揚搉篇曰因而任之使自事之呂氏春秋知度篇曰因而不爲責而不詔竝與此因任督責同義(莊子天道篇形名已明而因任次之)明攝權操柄以制羣下提名責實提挈也考之參伍所以使人主秉數持要不妄喜怒也其數直施而正邪外私而立公使百官條通而輻輳各務其業人致其功此主術之明也繆稱者破碎道德之論差次仁義之分略雜人間之事總同乎神明之德假象取耦以相譬喻斷短爲節以應小具所以曲說攻論應感而不匱者也匱乏齊俗者所以一羣生之短修同九夷之風氣通古今之論貫萬物之理財制禮義之宜擘畫人事之終始者也擘分也○王念孫云風氣本作風采文選魏都賦壹八方而混同極風采之異觀李善曰淮南子曰同九夷之風采高誘曰風俗也采事也是其證後人既改風采爲風氣復刪去高注以滅其迹甚矣其妄也且采與理始爲韻若作氣則失其韻矣○文典謹按文選嘯賦注引作通古之風氣以貫譚萬物之理理下又有譚猶着也四字疑是注語要略乃許注本文選注所引殆高本也道應

者。攬掇遂事之蹤，追觀往古之跡，察禍福利害之反，考驗乎老莊之術，而以合得失之勢者也。氾論者，所以箴縷縩繺之間，縩繺，綃然也。攕揳唲齵之郄也。攕，銛也。揳，塞也。唲齵，錯梧也。接徑直施，施，衺也。以推本樸，而兆見得失之變，利病之反，所以使人不妄沒於勢利，不誘惑於事態，有符曮晲，兼稽時勢之變，而與化推移者也。詮言者，所以譬類人事之指，解喻治亂之體也。○文典謹按：一切經音義二十三攝大乘論音義引作「詮言者，謂譬類人事相解喻也」。差擇微言之眇，詮以至理之文，而補縫過失之闕者也。兵略者，所以明戰勝攻取之數，形機之勢，詐譎之變，體因循之道，操持後之論也。持後者，不敢爲主而爲客也。所以知戰陣分爭之非道不行也，知攻取堅守之非德不強也，誠明其意，進退左右無所失擊危，乘勢以爲資，清靜以爲常，○王念孫云：無所擊危者，危與詭同。（說林篇「尺寸雖齊，必有詭」，文子上德篇詭作危。漢書天文志「司詭星」，史記天官書作「司危星」。）擊詭，猶今人言違礙也。謂進退左右，無所違礙也。咲釋文曰「詭，戾也」。（文選長笛賦「窾隆詭戾」，李善注「詭戾，乖違也」。）主術篇曰「舉動廢置，曲得其宜，無所擊戾」。（又曰「木擊折轊，水戾破舟」。）彼言無所擊戾，此言無所擊詭，其義一也。作危者，借字耳。劉績不解無所擊危之義，乃於無所下加失字（諸本及莊本同），讀無所失絕句，而以擊危二字下屬爲句，其失甚矣。避實就虛，若驅羣羊，此所以言兵者也。○文典謹按：各段皆作者也，此不得獨無者字。文選晉紀總論注引正作此所以言兵者也。今據補。說山、說林者，所以竅窕穿鑿百事之壅遏，而通行貫扃萬物之窒塞者也。假譬取象，異類殊形，以領理人之意，解墮結細，說捍摶囷，摶，圓也。囷，芼也。而以明事埒事者也。埒，兆朕也。○王念孫云：墮亦解也。廣雅：墮，脫也。論衡道虛篇曰「龜之解甲，蛇之脫皮，鹿之墮角」，是墮與解、脫同義。易林噬嗑之小畜曰「關柝開啓，衿帶解墮」是也。細當爲紐，字之誤也。紐亦結也。楚辭九歎王注曰：「紐，結束也。」管子樞言篇曰「先生不約束，不結紐」是也。說與脫同。捍當爲擇，字之誤也。（隸書擇字或作擇，與捍相似，見漢成陽靈臺碑。）擇與釋同。墨子節葬篇曰「爲而不已，操而不擇」。易林恆之蒙曰「郊耕擇耜，有所疑止」。韓子五蠹篇「布帛尋常，庸人不釋」，論衡非韓篇引韓子釋作擇，皆是也。脫、釋皆解也。摶囷者，卷束之名。（考工記鮑人「卷而摶之」，注：鄭司農云「摶讀爲縳一如塡之縳，謂卷縳韋革也」。說文：「稛，絭束也。」

禰與囷聲近而義同。解墮結紐，說擇摶囷，其義一也。明事埒事，下事字因上事字而衍。明事埒者，明百事之形埒以示人也。高注繆稱篇曰：形埒，兆朕也。故此注亦曰埒，兆朕也。人間者，所以觀禍福之變，察利害之反，鑽脉得失之跡，標舉終始之壇也。標，末也。壇，場也。○俞樾云：高注曰壇，場也。然終始不當以壇場言，此注未得其義。壇當讀為嬗。說文女部：嬗，一曰傳也。精神篇以不同形相嬗也，高注曰：嬗，傳也。終始之嬗，即終始之傳。作壇者，叚字也。分別百事之微，敷陳存亡之機，使人知禍之為福，亡之為得，成之為敗，利之為害也。誠喻至意，則有以傾側偃仰世俗之間，而無傷乎讒賊螫毒者也。修務者，所以為人之於道未淹，味論未深，見其文辭，反之以清靜為常，恬淡為本，則懈墮分學，縱欲適情，欲以偷自佚，而塞於大道也。今夫狂者無憂，聖人亦無憂。聖人無憂，和以德也；狂者無憂，不知禍福也。故通而無為也，與塞而無為也同，其無為則同，其所以無為則異。○王念孫云：與塞而無為也，下不當有同字，此因下文同字而衍。故為之浮稱流說，其所以能聽，所以使學者孳孳以自幾也。幾，庶幾也。泰族者，橫八極，致高崇，上明三光，下和水土，經古今之道，治倫理之序，總萬方之指，而歸之一本，以經緯治道，紀綱王事，乃原心術，理性情，以館清平之靈，館，舍。澄徹神明之精，澄，清也。徹，澄別清濁也。以與天和相嬰薄，嬰，繞抱也。所以覽五帝三王，懷天氣，抱天心，執中含和，德形於內，以著凝天地，發起陰陽，序四時，正流方，綏之斯寧，推之斯行，乃以陶冶萬物，遊化羣生，唱而和，動而隨，四海之內，一心同歸。故景星見，景星在月之旁，助月之明也。祥風至，風不鳴條也。黃龍下，鳳巢列樹，麟止郊野。德不內形，而行其法籍，專用制度，神祇弗應，福祥不歸，四海不賓，兆民弗化。故德形於內，治之大本。此鴻烈之泰族也。鴻，大也。烈，功也。凡二十篇，總謂之鴻烈。凡屬書者，所以窺道開塞，庶後世使知舉錯取舍之宜適，外與物接而不眩，內有以處神養氣。宴煬至和。而已自樂所受乎天地者也。故言道而不明終始。則不知所倣依。言終始而不明天地四時。則不知所避諱。言天地四時而不引譬援類。則不知精微。言至精而不原人之神氣。則不知養生之機。原人情而不言大聖之德。則不知五行之差。言帝道而不言君事。則不知小大之衰。言君事而不爲稱喩。則不知動靜之宜。言稱喩而不言俗變。則不知合同大指。已言俗變而不言往事。則不知道德之應。知道德而不知世曲。則無以耦萬方。知氾論而不知詮言。則無以從容。通書文而不知兵指。則無以應卒。已知大略而不知譬喩。則無以推明事。知公道而不知人間。則無以應禍福。知人間而不知修務。則無以使學者勸力。欲强省其辭。覽總其要。弗曲行區入。則不足以窮道德之意。故著書二十篇。則天地之理究矣。人間之事接矣。帝王之道備矣。其言有小有巨。有微有粗。指奏卷異。各有爲語。今專言道。則無不在焉。然而能得本知末者。其唯聖人也。今學者無聖人之才。而不爲詳說。則終身顚頓乎混溟之中。而不知覺寤乎昭明之術矣。今易之乾坤。足以窮道通意也。八卦可以識吉凶。知禍福矣。然而伏羲爲之六十四變。八八變爲六十四卦。伏羲示其象。周室增以六爻。周室謂文王也。所以原測淑清之道。而攟逐萬物之祖也。夫五音之數。不過宮商角徵羽。然而五弦之琴。不可鼓也。必有細大駕和。而後可以成曲。今畫龍首。觀者不知其何獸也。具其形則不疑矣。今謂之道則多。謂之物則少。謂之術則博。謂之事則淺。推之以論。則無可言者。所以爲學者固欲致之不言而已也。夫道論至深。故多爲之辭以抒其情。萬物至衆。故博爲之說以通其意。辭雖壇卷連漫。綾紛遠緩。所以洮汰滌蕩至意。洮汰，潤也。使之無凝竭底滯捲握而不散也。夫江河之腐胔不可勝數。然祭者汲焉。大也。一盃酒白。蠅漬其中。匹夫弗嘗者。小也。○王念孫云：一盃酒白，白字義不可通。藝文類聚雜器物部引此，白作甘，是也。言酒雖甘，而蠅漬其中，則人弗飲也。隸書甘字或作自，與白相似而誤。○俞樾云：酒白二字，文不成義，疑本作白酒，而傳寫誤倒之。周官酒正職鄭注曰：昔酒，今之酋久白酒。然則白酒正漢時常語。藝文類聚雜器部引此，白作甘，蓋因已倒爲酒白，故臆改爲甘字。一盃酒甘，亦於義不安。未足據也。誠通乎二十篇之論。睹凡得要。以通九野。九野，八方中央也。徑十門。八方上下也。外天地。捭山川。捭，屏去也。其於逍遙一世之間。宰匠萬物之形。亦優游矣。若然者。挾日月而不烑。挾，至也。烑，光也。○孫詒讓云：挾當爲周挾之義。荀子禮論篇：方皇周挾。楊注云：挾讀爲浹，帀也。烑者，窕之借字（二字聲類同）。本經訓高注云：窕，不滿密也。後文云：布之天下而不窕。注云：窕，緩也。前俶眞訓云：橫扃天地之間而不窕。氾論訓云：舒之天下而不窕。荀子賦篇云：充盈大宇而不窕。竝與此文意相近。潤萬物而不秏。曼兮洮兮。足以覽矣。藐兮浩兮。曠曠兮。可以游矣。文王之時。紂爲天子。賦斂無度。殺戮無止。康梁沉湎。宮中成市。康梁，耽樂也。沉湎，淫酒也。成市，言集者多也。○文典謹按：御覽八十四引，沉湎作流湎。作爲炮烙之刑。刳諫者。剔孕婦。天下同心而苦之。文王四世纍善。太王、王季、文王、武王，凡四世也。修德行義。處岐周之閒。地方不過百里。天下二垂歸之。○莊逵吉云：御覽垂作分。文王欲以卑弱制強暴。以爲天下去殘除賊而成王道。故太公之謀生焉。太公爲周陳陰符兵謀也。○文典謹按：御覽八十四引，故太公之謀生焉作故太公爲之謀主也。文王業之而不卒。武王繼文王之業。用太公之謀。悉索薄賦。薄，少也。賦，兵也。躬擐甲冑。擐，貫著也。以伐無道而討不義。誓師牧野。以踐天子之位。天下未定。海內未輯。武王欲昭文王之令德。使夷狄各以其賄來貢。遼遠未能至。故治三年之喪。殯文王於兩楹之間。殯，大斂也。兩楹，堂柱之間。賓主夾之。以俟遠方。武王立三年而崩。成王在襁褓之中。○文典謹按：文選幽憤詩注引，成王下有幼字。未能用事。蔡叔管叔輔公子祿父．祿父．紂之兄子．周封之以爲殷後．使管蔡監之．而欲爲亂．周公繼文王之業．持天子之政．以股肱周室．輔翼成王．懼爭道之不塞．臣下之危上也．故縱馬華山．放牛桃林．敗鼓折枹．搢笏而朝．以寧靜王室．鎮撫諸侯．成王既壯．能從政事．周公受封於魯．以此移風易俗．孔子脩成康之道．述周公之訓．以教七十子．使服其衣冠．脩其篇籍．故儒者之學生焉．墨子學儒者之業．受孔子之術．以爲其禮煩擾而不說．說．易也．○王念孫云．如注義．則悅當爲侻（他活反）本經篇．其行侻而順情．彼注云．侻．簡易也．義與此注同．莊本改悅爲說．未達高氏之旨．厚葬靡財而貧民．服傷生而害事．○王念孫云．服傷生而害事．文義未明．服上當有久字．厚葬久服．相對爲文．墨子節葬篇．多言厚葬久喪．晏子春秋外篇．厚葬破民貧國．久喪遁哀費日．皆淮南所本也．故背周道而用夏政．禹之時．天下大水．禹身執虆垂以爲民先．○莊逵吉云．御覽虆垂作畚插．爲是．此誤也．○王念孫云．垂字誤．而虆字不誤．虆謂盛土籠也．垂當爲臿．臿．今之鍬也．大雅緜傳云．捄．虆也．箋云．築牆者捊聚壤土．盛之以虆．而投諸版中．虆字或作蘽．說山篇．蘽成城．高注云．蘽．土籠也．韓子五蠹篇．禹之王天下也．身執耒臿以爲民先．此即淮南所本．耒與虆聲相近．耒臿．即虆臿也．孟子滕文公篇．蓋歸反虆梩而掩之．趙注云．虆梩．籠臿之屬．可以取土者也．彼言虆梩．亦即此所謂虆臿也（廣雅．梩．臿也）管子山國軌篇．梩籠虆箕．亦與虆同．太平御覽引此虆作畚．所見本異耳．不得據彼以改此也．垂者．臿之誤．非插之誤．俗書臿字或作𦥯（見廣韻）垂字或作𡍮（見漢富春丞張君碑）二形相似．故臿誤爲垂矣．○文典謹按．北堂書鈔九十二引虆作蘽．剔河而道九岐．剔．洩去也．九岐．河水播岐爲九．以入海也．○莊逵吉云．御覽作疏河而道九支．○文典謹按．御覽八十二引禹之時．作堯之時．九支下引注云．支．分．鑿江而通九路．江水通別爲九．辟五湖使水辟人而相從也．而定東海．當此之時．燒不暇撌．撌．排去也．濡不給扢．扢．拭也．死陵者葬陵．死澤者葬澤．故節財薄葬閑服生焉．○王念孫云．閑與簡同（莊子天運篇．食於苟簡之田．釋文．簡．司馬本作閒）簡服．謂三月之服也．宋書禮志引尸子曰．禹治爲喪法．使死於陵者葬於陵．死於澤者葬於澤．桐棺三寸．制喪三月．是也．道藏本劉本作閒服．他本閒字皆誤作閑．而莊本從之．謬矣．文選夏侯常侍誄注．及路史後紀．引此竝作簡服．齊桓公之時．天子卑弱．諸侯力征．南夷北狄．交伐中國．中國之不絕如綫．綫．細絲也．齊國之地．

東負海而北障河．地狹田少．而民多智巧．桓公憂中國之患．苦夷狄之亂．欲以存亾繼絕．崇天子之位．廣文武之業．故管子之書生焉．齊景公內好聲色．外好狗馬．獵射亾歸．好色無辯．（辯．別也．）作爲路寢之臺．族鑄大鐘．（族．聚也．○莊逵吉云．太平御覽作許昚注．）撞之庭下．郊雉皆呴．（大鐘聲似雷震．雉應而呴鳴也．○莊逵吉云．御覽呴作雊．有許昚注云．鐘聲如雷震．雉皆應之．與此略同．○陶方琦云．當从今注全文．莊子在宥．雲气不待族而下．司馬注云．族．聚也．廣雅釋詁．族．聚也．皆與許注合．說文．雊．雄雌鳴也．雷始動．雉乃鳴而句其頸．與淮南注亦合．○文典謹按．白帖六十二引注作．鐘聲似雷．雷震則雉雊．）一朝用三千鐘贛．（鐘．十斛也．贛．賜也．一朝賜羣臣之費．三萬斛也．）梁丘據子家噲導於左右．（二人．景公臣也．導．諫也．）故晏子之諫生焉．晚世之時．六國諸侯．谿異谷別．水絕山隔．各自治其境內．守其分地．握其權柄．擅其政令．下無方伯．上無天子．力征爭權．勝者爲右．恃連與國．（怙恃連與之國．○王念孫云．連與二字連讀．漢書武五子傳．羣臣連與成朋．是也．恃連與．約重致．剖信符．結遠援．皆三字爲句．則連與下．不當有國字．蓋涉注文而衍．）約重致．剖信符．結遠援．以守其國家．持其社稷．故縱橫修短生焉．申子者．韓昭釐之佐．韓晉別國也．地墽民險．而介於大國之間．晉國之故禮未滅．韓國之新法重出．先君之令未收．後君之令又下．新故相反．前後相繆．百官背亂．不知所用．故刑名之書生焉．秦國之俗．貪狼．（狼．荒也．）强力．寡義而趨利．可威以刑．而不可化以善．可勸以賞．而不可厲以名．被險而帶河．四塞以爲固．地利形便．畜積殷富．孝公欲以虎狼之勢．而吞諸侯．故商鞅之法生焉．若劉氏之書．（淮南王自謂也．）觀天地之象．通古今之事．權事而立制．度形而施宜．原道之心．合三王之風．以儲與扈冶．（儲與．猶攝業也．扈冶．廣大也．）玄眇之中．精搖靡覽．（楚人謂精進爲精搖．靡小皆覽之．）棄其畛挈．（楚人謂澤濁爲畛挈．）斟其淑靜．以統天下．理萬物．應變化．通殊類．非循一迹之路．守一隅之指．拘繫牽連之物．

而不與世推移也．故置之尋常而不塞．布之天下而不窕．窕．緩也．布之天下．雖大不窕也．

虹口法院移交
隸公博系內圖書

萬有文庫

第一集一千種

王雲五主編

淮南鴻烈集解

（六）

劉文典著

商務印書館發行

萬有文庫

第一集一千種

總編纂者

王雲五

商務印書館發行

淮南鴻烈集解

(六)

劉文典著

國學基本叢書

自序

淮南鴻烈解。有許慎高誘兩家注。隋書經籍志。竝列于篇。至劉昫作唐書經籍志。唯載高注。則許注已佚于五季之亂矣。而新唐書及宋史藝文志。仍竝列兩家。謂唐時許注猶存。歐陽氏得其故籍以爲志可也。宋時安得復有許注。而修史志者猶采入之歟。觀陳氏書錄解題有曰。旣題許愼記上。而序文則用高誘。然則許注旣佚。宋人以其零落僅存者。羼入高注。遂題許愼之名。而其未羼入者。仍名高注。可知也。要其冠以高誘之序。則高注爲多矣。今世所傳高氏訓解。已非全書。而明正統十年。道藏刊本首有高誘之序。內則題太尉祭酒臣許愼記上。一如陳氏所云。是即宋時羼入之本。以校高注。增多十三四。其間當有許注也。夫以淮南王之博辯善文辭。爲武帝所尊重。復得四方賓客。如九師八公者。廣采羣籍。作爲是書。固已極魁瑋奇麗之觀。而東漢兩大儒。各以博識多聞之學。事爲之證。言爲之詁。亦旣疏解略盡矣。道藏本雖不全。而雜有二家之注在焉。猶愈于訓解之止出一家。而又爲庸妄子之所芟削者。獨天文訓一篇。道藏本未嘗增多訓解一字。而中有誘不敏也之文。其注亦遂簡略。蓋此篇決出于誘之所注。而誘于術數未諳。遂不能詳言其義耳。然吾謂三代古術。往往見于周禮左氏春秋傳史記律曆天官書中。共可以相質證者。賴有此篇。儒者而弗明乎是。即經史之奧旨。何由洞悉而無疑也哉。竊不自揆。推以算數。稽諸載籍。于高氏所未及者。皆詳言之。亦時正其舛謬。如天一元始。正月建寅。日月入營室五度。天一以始建。即是顓頊曆上元。則天一常爲太一。而高氏無注。二十四時之變。反覆比十二律。故一氣比一音。而注以十二月律釋之。淮南元年。太一在丙子。冬至甲午。立春丙子。曆術所無。蓋時己酉冬至。脫其日名甲子。自爲立春之日。重言丙子。本與下文二陰一陽成氣二。二陽一陰成氣三。相連。即釋太一丙子之義。而截立春丙子爲句。閡以注語。似立春僅去冬至四十二日。此皆舛錯尤大者。予之補注。不爲高氏作疏。正不妨直糾其失耳。書成于己亥之夏。戊申秋。復改正數條。遂繕爲定本焉。乾隆五十三年九月九日。嘉定錢塘序。

淮南天文訓補注

天文訓

元注。文者象也。天先垂文象。日月五星及彗孛。皆謂以譴告一人。故曰天文。因以名篇。

天墜未形。

補曰。隊。籀文地。

馮馮翼翼。洞洞灟灟。故曰太昭。

元注。馮翼洞灟。無形之貌。洞讀挺挏之挏。灟讀以鐵頭斫地之钃也。

補曰。楚辭天問。馮翼何象。何以識之。王逸注云。言天地旣分。陰陽運轉。馮馮翼翼。何以識知其形象乎。

道始于虛霩。

補曰。霩。古廓字。說文。霩。雨止雲罷貌。臣鉉等曰。今別作廓。非是。

虛霩生宇宙。宇宙生氣。氣有漢垠。

元注。宇。四方上下也。宙。往古來今也。將成天地之貌也。漢垠。安重之貌也。

補曰。御覽卷一引。作涯垠。案。漢。莊刻本作涯。云俗本作漢。誤。詳文義。當以涯爲是。

清陽者薄靡而爲天。

元注。薄靡者若塵埃飛揚之貌。

重濁者凝滯而爲地。

補曰。黃帝素問陰陽應象大論曰。積陽爲天。積陰爲地。故清陽爲天。濁陰爲地。

清妙之合專易。

元注。專一作摶。（案摶。莊刻本誤作專。）

補曰。專古通摶。易夫乾其靜也專。陸績作摶。是也。史記王翦傳。專委于我。徐廣曰。專亦作摶。今淮南注別本云。一作專者傳寫誤。天言合專者。楚辭乘精氣之摶摶兮。王逸云。楚人名員曰摶也。此其義也。

重濁之凝結難。

補曰。結一作竭。（案莊刻本正作竭。）

故天先成而地後定。天地之襲精爲陰陽。

元注。襲合也。精氣也。

陰陽之專精爲四時。四時之散精爲萬物。積陽之熱氣生火。火氣之精者爲日。積陰之寒氣爲水。水氣之精者爲月。日月之淫爲精者爲星辰。天受日月星辰。地受水潦塵埃。昔者共工與顓頊爭爲帝。怒而觸不

周之山

元注。共工。官名。霸于伏羲神農之間。其後子孫任智刑以强。故與顓頊黃帝之孫爭位。不周山在西北也。

天柱折。地維絕。天傾西北。故日月星辰移焉。

元注。傾。高也。原道言地東南傾。傾。下也。此先言傾西北。明其高也。

地不滿東南。故水潦塵埃歸焉。

補曰。事見列子湯問篇。古蓋天之說也。祖暅天文錄云。古人言天地之形者有三。一曰渾天。二曰蓋天。三曰宣夜。蓋天之說。又有三體。一云天如車蓋。遊乎八極之中。一云天形如笠。中央高而四邊下。一云天如欹車蓋。南高北下。南高北下。即東南高西北下也。禹所受地說書曰。崑崙東南方五千里。名曰神州。帝王居之。河圖括地象曰。地部之位。起形高大者有崑崙山。其山中應于天。居最中。八十一域布繞之。中國東南隅。居其一分。此亦蓋天之說。然則中國地西北高東南下。蓋天既以天爲東南高西北下。地又西北高東南下。于是以天之西北爲傾。地之東南爲不足。楊炯渾天賦曰。有爲蓋天之說者曰。天則西北既傾。而三光北轉。地則東南不足。而萬穴東流。其明證也。古言天雖有三家。太初以後始用渾天。其前皆蓋天也。淮南亦主蓋天。故特載其說。王充作論衡。不信蓋天。其說日篇云。鄒衍曰。方今天下在地東南．名赤縣神州．天極爲天中．如今天下在地東南．視極當在西北．今正在北方．今天下在極南也．不知天以辰極爲中．地以崑崙爲中．二中相值．俱當在人西北．人居崑崙東南．視辰極則在正北者．辰極在天．隨人所視．方位皆同．無遠近之殊．處高故也．崑崙在地．去人有遠近．則方位各異．處卑故也．不妨今天下在極南．自在地東南隅矣．案崑崙所在．其說不一．酈道元以爲是阿耨達大山．劉元鼎以爲即悶摩黎山．蒲蔡都實又謂是亦耳麻莫不剌山．但此諸山本不名崑崙．特中國人名之耳．中國自有崑崙山．山無別名者．是禹貢崑崙．屬雍州．漢書地理志金城郡臨羌西北塞外有西王母石室．西有弱水崑崙山祠．續漢書郡國志金城郡臨羌有崑崙山．十六國春秋前涼錄馬岌傳云．岌上言酒泉南山．即崑崙之體也．周穆王見王母．樂而忘歸．即謂此山．此山上有石室王母堂．珠璣鏤飾．煥若神宮．禹貢崑崙山在臨羌之西．即此明矣．然則崑崙近在雍州之西北隅．故爾雅言西北之美者．有崑崙之球琳琅玕焉．即山海經穆天子傳所言崑崙．皆謂此山也．太史公曰．自張騫使大夏之後也．窮河源．惡睹所謂崑崙者乎．蓋譏武帝舍近求遠．非謂無崑崙也．故曰言九州山川．尙書近之矣．晉鴻臚卿張匡鄴使于闐．作行程記．云玉河在于闐城外．其源出崑崙．西流一千三百里．至于闐界牛頭山．然則崑崙在于闐東．明即臨羌之崑崙．蓋天家見中國之山．唯此最高．用爲地中．以應辰極．故曰天如鼓車蓋．周禮說．冬至祀天皇大帝．夏至祀崑崙．亦即此意．若神州之神．祭于建申之月．猶祭感生之帝于建寅之月．

以神州在地東南隅．非大地故也．楚辭天問曰．幹維焉繫．天極焉加．八柱何當．東南何虧．康回馮怒．地何故以東南傾．南北順橢．其衍幾里．崑崙縣圃．其尻安在．四方之門．其誰從焉．西北啓闢．何氣通焉．此皆據楚先王廟之所圖而問之．知淮南所說．其備古矣．注以天傾爲高．則天北高南下．傾可言下．亦可言高．唯所命之而已．

天道曰圓．地道曰方．方者主幽．圓者主明．明者吐氣者也．是故火曰外景．幽者含氣者也．是故水曰內景．吐氣者施．含氣者化．是故陽施陰化．

補曰．以上皆見大戴禮曾子天圓篇．蓋孔氏微言也．天圓地方之義．曾子答單居離言之．曰．天之所生者上首．地之所生者下首．上首之謂圓．下首之謂方．如誠天圓而地方．則是四角之不揜也．此即渾天之理．而蓋天亦然．周髀算經曰．圓出于方．方出于矩．環矩以爲圓．合矩以爲方．方屬地．圓屬天．天圓地方．趙君卿注云．物有方圓．數有奇耦．天動爲圓．其數奇．地靜爲方．其數耦．此配陰陽之義．非實天地之體也．足與曾子相備．火曰外景．水曰內景者．周易離爲火．崔憬曰．取卦陽在外．象火之照也．坎爲水．宋衷曰．卦陽在中．內光明．有似于水．是也．

天之偏氣．怒者爲風．地之含氣．和者爲雨．陰陽相薄．感而爲雷．

元注．薄．迫也．感．動也．

激而爲霆。亂而爲霧。陽氣勝。則散而爲雨露。

元注。散。霧散也。

陰氣勝。則凝而爲霜雪。羽毛者。飛行之類也。故屬于陽。介鱗者。蟄伏之類也。故屬于陰。日者。陽之主也。是

故春夏而羣獸除。案春夏而羣獸除之而。莊刻本作則。

元注。除。冬毛微墮也。

日至而麋角解。

元注。日冬至麋角解。日夏至鹿角解。

月者陰之宗也。是以月虛而魚腦減。月死而蠃蛖膲。

元注。宗本也。減少也。膲。肉不滿。言應陰氣也。膲讀若物醮少醮之。

補曰。一本云讀若物少之醮也。語較明。案。醮。莊刻本作膲。讀若物醮炒之醮也。與此異。

火上蕁。

元注。蕁讀若葛覃之覃。案莊刻本無若字。

補曰。蕁當爲燅。有司徹云乃燅尸俎。注。燅。溫也。古文燅皆作蕁。記或作燖。春秋傳曰。若可燖也。亦可寒也。案今春秋傳作尋。是尋。燅古今字。蕁又尋之借也。注讀爲覃。又即燂字。說文云燂。火熱也。从火覃聲。

覃燂聲同故讀從之

水下流故鳥飛而高魚動而下本標相應

元注標讀刀末之標

故陽燧見日則燃而爲火

元注陽燧金也取金杯無緣者熟摩令熱日中時以當日下以艾承之則燃得火也

補曰論衡率性篇陽燧取火于天五月丙午日中之時銷鍊五石鑄以爲器磨礪生光仰以向日則火來至

方諸見月則津而爲水

元注方諸陰燧大蛤也熟摩令熱月盛時以向月下則水生以銅盤受之下水數滴先師說然也

補曰舊唐書禮儀志引作下水數石出于李敬貞所竄易方諸下水不得有數石也御覽引有許慎注云諸珠也方石也以銅盤受之下水數升高所云先師說殆謂此（案誘自序云自誘之少從故侍中同縣盧君受其句讀誦舉大義又云深思先師之訓爲之注解盧君者植也誘所云先師當是盧植）周禮秋官司烜氏掌以夫遂取明火于日以鑒取明水于月注夫遂陽遂也鑒鏡屬取水者世謂之方諸考工記金錫半謂之鑒燧之齊是二器俱用金也方諸亦有用石者萬畢術方諸取水注云形若杯合以五石是也依本注陽燧爲鏡方諸爲蚌符子曰鏡以曜明故鑒人

蚌以含珠。故內照。曜明故能取火。含珠故能下水。義可知也。方諸一名蚌鏡。故古謂之鑒。案御覽引許慎注如此文。引高誘注。與此本同。知高許兩家注本无別。先生所列元注係高注無疑。後引許注者。復有數條。義亦如是。

虎嘯而谷風生。龍舉而景雲屬。

元注。虎土物也。風木氣也。木生於土。故虎嘯而谷風至。龍水物也。雲生水。故龍舉而景雲屬。屬會也。案虎土物也。御覽引作虎陽獸也。與此異。

補曰。初學記引高誘注云。虎陽獸。與風同類。與此注異。疑此出許慎也。管輅別傳云。龍者陽精。以潛爲陰。幽靈上通。和氣感神。二物相扶。故能興雲。夫虎者陰精而居於陽。依木長嘯。動於巽林。二氣相感。故能運風。

麒麟鬭而日月食。

補曰。御覽引許慎注云。麒麟獨角之獸。故與日月相符。案莊刻本。引許慎注云。麒麟大角獸。與此異。

鯨魚死而彗星出。

補曰。初學記引許慎注云。彗除舊布新也。

蠶珥絲而商絃絕。

元注。蠶老絲成。自中徹外。視之如金精。珥表裏見。故曰珥絲。一曰弄絲于口。商音清。絃細而急。故先絕也。

賁星墜而勃海決。案莊刻本，渤作勃。勃渤古今字耳。

元注：賁星，客星，又作孛星。墜，隕也。渤，大也。決，溢也。

人主之情上通于天。故誅暴則多飄風。

元注：暴，虐也。飄風，迅也。

枉法令則多蟲螟。

元注：食心曰螟，穀之災也。

殺不辜則國赤地。

元注：赤地，旱也。

令不收則多淫雨。

元注：干時之令不收納，則久雨爲災。

四時者天之吏也。日月者天之使也。星辰者天之期也。

元注：期，會也。

虹蜺彗星者天之忌也。

元注．雄爲虹．雌爲蜺也．虹者．雜色也．忌禁也．

天有九野．九千九百九十九隅．去地五億萬里．

元注．九野．九天之野也．一野千一百一十一隅也．

五星．八風．二十八宿．

元注．五星．歲星．熒惑．鎭星．太白．辰星也．八風．八卦之風也．二十八宿．東方角亢氐房心尾箕．北方斗牛女虛危室壁．西方奎婁胃昴畢觜參．南方井鬼柳星張翼軫也．

五官六府．

元注．五官．五行之官．六府．加以穀．

補曰．六府．具下．即時則訓之六合也．非左傳所說夏書六府．

紫微．太微．軒轅．咸池．四宮．天阿．案原寫本作四宮．莊刻本作四守．其應作四守之義．見下四宮者所以爲司賞罰句補注文．此處作四宮爲是．

元注．皆星名．下自解．

何謂九野．

補曰．此所說．皆引呂氏春秋有始覽之文．因采高誘彼注補之．

中央曰鈞天．其星角亢氐．

元注.韓鄭之分野也.

補曰.高誘云.鈞平也.爲四方主.故曰鈞天.角亢氐.東方宿.韓鄭分野

東方曰蒼天.其星房心尾.

補曰.高誘云.東方二月建卯.木之中也.木青色.故曰蒼天.房心尾.東方宿.房心.宋分野.尾箕.燕分野.

東北曰變天.其星箕斗牽牛.

元注.陽氣始作.萬物萌芽.故曰變天.尾箕.一名析木.燕之分野.斗.吳之分野.牽牛.一名星紀.越之分野.

案莊刻本.陽氣始作十二字在越之分野句下.與此異.

補曰.彼注云.東北水之季.陰氣所盡.陽氣所始.萬物向生.故曰變天.斗牛.北方宿.尾箕.一名析木之津.燕之分野.斗牛.吳越分野.

北方曰玄天.其星須女虛危營室.

元注.虛危.一名玄枵.齊之分野.

補曰.彼注云.北方十一月建子.水之中也.水色黑.故曰玄天.婺女.亦越之分野.虛危.齊分野.營室.衛分野.

西北方曰幽天.其星東壁奎婁.

元注．幽陰也．西北季秋．將即于陰．故曰幽天也．營室東壁．一名豕韋．衛之分野．奎婁．一名降婁．魯之分野．案．豕韋．莊刻本作承章．疑彼誤也．

補曰．彼注云．西北金之季也．將即大陰．故曰幽天．東壁北方宿．一名豕韋．衛之分野．奎婁西方宿．一名降婁．魯之分野．

西方曰顥天．其星胃昴畢．

元注．顥白也．西方金色白．故曰顥天．或作昊．昴畢．一名大梁．趙之分野．

補曰．彼注云．西方八月建酉．金之中也．金色白．故曰顥天．昴畢西方宿．一名大梁．趙之分野．

西南方曰朱天．其星觜巂參東井．

元注．朱陽也．西南爲少陽．故曰朱天．觜巂參．一名實沈．晉之分野．

補曰．彼注云．西南火之季也．爲少陽．故曰朱天．觜巂參．一名實沈．晉之分野．東井南方宿．一名鶉首．秦之分野．

南方曰炎天．其星輿鬼柳七星．

元注．柳七星．周之分野．一名鶉火．案．七星下．原寫本有張字．莊刻本無．張宿分野．在下東南方．此當是衍字．今删．

補曰．彼注云．南方五月建午．火之中也．火曰炎上．故曰炎天．輿鬼南方宿．秦之分野．柳七星．南方宿．一名鶉火.周之分野.

東南方曰陽天.其星張翼軫.

元注.東南純乾用事.故曰陽天.翼軫.一名鶉尾.楚之分野.

補曰.彼注云.東南木之季也.將即太陽純乾用事.故曰陽天.張翼軫.南方宿.張翼.周之分野.翼軫.一名鶉尾.楚之分野.

何謂五星.

補曰.春秋運斗樞云.太微宮中有五帝座星.河圖云.蒼帝神名靈威仰.赤帝神名赤熛怒.黃帝神名含樞紐.白帝神名白招拒.黑帝神名汁光紀.春秋文曜鉤云.赤熛怒之神爲熒惑.位南方.禮失則罰出.塡黃帝含樞紐之精.其體璇璣.中宿之分也.尙書考靈曜云.歲星木精.熒惑火精.鎭星土精.太白金精.辰星水精也.然則五緯即是五帝.常居太微.則曰帝.運行周天.則曰緯耳.文曜鉤又言.東宮蒼帝.其精爲龍.南宮赤帝.其精爲朱鳥.西宮白帝.其精白虎.北宮黑帝.其精玄武.則五帝布精四方.又爲二十八宿矣.淮南言五星有五方五帝五佐五神五獸.其五帝五佐乃人神之配天神者.則五方當謂五行.五獸.即二十八宿.及軒轅.知獸有軒轅者.以史記言軒轅黃龍體故也.

東方木也.其帝太皥.

元注．太皞．伏犧氏有天下號也．死託祀于東方之帝也．

補曰．周禮小宗伯兆五帝于四郊．康成云五帝蒼曰靈威仰．太昊食焉．月令注云．此蒼精之君．

其佐句芒．

補曰．高誘呂氏春秋正月紀注云．句芒．少昊氏之裔子．曰重．佐木德之帝．死爲木官之神．然重亦託祀也．墨子明鬼篇曰．昔者鄭穆公當晝日中處于廟．有神人入門而左．鳥身素服三絕．面狀正方．鄭穆公再拜稽首曰．敢問何神．曰予爲句芒．山海經東方句芒．鳥身人面．乘兩龍．郭璞注．木神也．方面素服．知天神自有句芒．重爲木正．故亦曰句芒．月令注云．木官之臣．

執規而治春．其神爲歲星．其獸蒼龍．其音角．其日甲乙．

元注．本色蒼．蒼龍順其色也．角．木也．甲乙．皆木也．

補曰．史記律書．九九八十一以爲宮．三分去一．五十四以爲徵．三分益一．七十二以爲商．三分去一．四十八以爲羽．三分益一．六十四以爲角．即黃鐘爲宮．林鐘爲徵．太簇爲商．南呂爲羽．姑洗爲角也．以之分屬五時．則春姑洗應．夏林鐘應．長夏黃鐘應．秋太簇應．冬南呂應．此止就黃鐘一宮言之也．十二月．各用其律．則太簇爲無射之角．夾鐘爲應鐘之角．姑洗爲黃鐘之角．以春三月應．中呂爲無射之徵．蕤賓爲應鐘之徵．林鐘爲黃鐘之徵．以夏三月應．夷則爲蕤賓之商．南呂爲林鐘之商．無射爲夷則之商．

以秋三月應。應鐘爲太簇之羽。黃鐘爲夾鐘之羽。大呂爲姑洗之羽。以冬三月應。而黃鐘之宮。獨應于長夏。其義可知。至以十日配四時。亦有二義。一由日行所在。尙書考靈曜云。萬世不失九道謀。康成注引河圖帝覽嬉曰。黃道一。青道二。出黃道東。赤道二。出黃道南。白道二。出黃道西。黑道二。出黃道北。日春東從青道。夏南從赤道。秋西從白道。冬北從黑道也。隋志云。晉侍中劉智云。昔者聖王正曆明時。作圓蓋以圖列宿。極在其中。迴之以觀天象。分三百六十五度四分度之一。以定日數。日行于星紀。轉迴右行。故規圓之。以爲日行道。欲明其四時所在。故于春也則以爲青道。于夏也則以爲赤道。于秋也則以爲白道。于冬也則以爲黑道。四季之末各十八日。則以爲黃道。此一義也。一由月體所象。虞翻周易注云。甲乾乙坤。相得合木。謂天地定位也。丙艮丁兌。相得合火。山澤通氣也。戊坎己離。相得合土。水火相逮也。庚震辛巽。相得合金。雷風相薄也。天壬地癸。相得合水。陰陽相薄而戰乎乾。故曰五位相得而各有合。參同契云。三日出爲爽。震庚受西方。八日兌受丁。上弦平如繩。十五乾體就。盛滿甲東方。十六轉就緒。巽辛見平明。艮直于丙南。下弦二十三。坤乙三十日。東方喪其朋。壬癸配甲乙。乾坤括始終。又一義也。乾坤即青道。艮兌即赤道。坎離即黃道。震巽即白道。天地即黑道。既曰從青道。而甲乙在東方。則其日甲乙矣。此二義固相因也。其餘倣此。日名甲乙者。月令注云。乙之言軋也。日之行。春東從青道。發生萬物。月爲之佐。時萬物皆解孚甲。自抽軋而出。因以爲日名焉。

南方火也．其帝炎帝．

元注．帝少典之子也．以火德王天下．號曰神農．死託祀于南方之帝．

補曰．小宗伯注云．赤曰赤熛怒．炎帝食焉．月令注云．此赤精之君．神也．

其佐朱明．

元注．舊說云．祝融．

補曰．爾雅釋天云．夏爲朱明．故淮南以爲南方之帝佐．山海經曰．南方祝融．獸身人面．乘兩龍．郭璞注．火神也．楚辭九歎云．絕廣都以直指兮．歷祝融于朱冥．冥明聲相近．是朱明．即祝融也．月令注云．火官之臣．

執衡而治夏．其神爲熒惑．其獸朱鳥．

元注．熒惑．五星之一也．朱鳥．朱雀也．

其音徵．其日丙丁．

元注．徵．火也．丙丁．皆火也．

補曰．月令注云．丙之言炳也．日之行．夏南從赤道．長育萬物．月爲之佐．時萬物皆炳然著見而強大．又因以爲日名焉．

中央土也．其帝黃帝．

元注．黃帝少典之子也．以土德王天下．號曰軒轅氏．死託祀于中央之帝．

補曰．小宗伯注云．黃曰含樞紐．黃帝食焉．月令注云．此黃精之君．

其佐后土．

補曰．月令注云．土官之臣．

執繩而制四方．其神爲鎮星．其獸黃龍．

元注．土色黃也．

其音宮．其日戊己．

元注．宮．土．戊己．土也．

補曰．史記天官書．黃鐘宮．案六十律．始于戊子．則己丑爲林鐘徵．丑衝未．故林鐘爲六月律．林鐘徵也．其宮黃鐘．算律宮生徵．亦徵生宮．六倍黃鐘．即九倍林鐘．是也．宮徵相生．律呂之要盡矣．律中黃鐘之徵者．唯六月．故兼中黃鐘之宮．由此推之．十二月律各自爲徵．即各有其宮．不言者．非宮徵之始也．五行土寄王于未申．故坤爲土．而位西南．宮．土音也．六月．中之必矣．日名戊己者．月令注云．戊之言茂也．己之言起也．日之行四時之間．從黃道．月爲之佐．至此萬物皆枝葉茂盛．其含秀者．屈抑而起．故因以爲日名焉.

西方金也其帝少昊.

元注.少昊黃帝之子青陽也.以金德王.號曰金天氏.死託祀于西方之帝.

補曰.小宗伯注云.白曰白招拒.少昊食焉.月令注云.此白精之君.

其佐蓐收.

補曰.高誘呂氏春秋七月紀注云.少昊氏裔子曰該.皆有金德.死託祀爲金神.然晉語云.虢公夢在廟.有神人面白毛虎爪.執鉞立于西阿.公懼而走.覺.召史嚚而占之.曰.如君之言則蓐收也.山海經云.西方蓐收.左耳有蛇.乘兩龍.郭璞注.金神也.明蓐收本天神.該爲金正.故亦名蓐收.月令注云.金官之臣.

執矩而治秋.其神爲太白.其獸白虎.其音商.其日庚辛.

元注.商金也.庚辛皆金也.

補曰.月令注云.庚之言更也.辛之言新也.日之行.秋西從白道.成孰萬物.月爲之佐.萬物皆肅然改更.秀實新成.又因以爲日名焉.

北方水也.其帝顓頊.

元注.顓頊黃帝之孫.以水德王天下.號曰高陽氏.死託祀于北方之帝也.

補曰．小宗伯注云．黑曰汁光紀．顓頊食焉．月令注云．此黑精之君．

其佐玄冥．

補曰．高誘注十月紀云．玄冥．水官也．少昊氏之子曰循．爲玄冥師．死祀爲水神．然山海經云．北方禺強人面鳥身．珥兩青蛇．踐兩青蛇．郭璞注云．玄冥水神也．莊周曰．禺疆立于北極．則玄冥本天神．循爲水正．因得是名．月令注云．水官之臣．

執權而治冬．其神爲辰星．其獸玄武．其音羽．其日壬癸．

元注．羽．水也．壬癸皆水也．

補曰．月令注云．壬之言任也．癸之言揆也．日之行．冬北從黑道．閉藏萬物．月爲之佐．時萬物懷任于下．揆然萌芽．又因以爲日名焉．

太陰在四仲．則歲星行三宿．

元注．仲．中也．四仲．謂太陰在卯酉子午四面之中也．

補曰．楊泉物理論曰．歲行一次．謂之歲星．

太陰在四鉤．則歲星行二宿．

元注．丑鉤辰．申鉤巳．寅鉤亥．未鉤戌．謂太陰在四角．

補曰。此以四辰成一鈎也。本或作亥鈎戌者。非。此太陰。謂歲陰。周禮保章氏注。歲星爲陽。右行于天。太歲爲陰。左行于地。十二而小周。鄭所謂陰據太歲對歲星言之。尙非謂歲陰。此歲陰則歲雌也。既太歲歲星行有左右。則與斗建日躔無異。故樂說云。歲星與日常應太歲月建。以見謂歲星與日同次之月。其斗所建之辰。常有太歲也。古人視歲星以知太歲。因以太歲名年。爾雅。太歲在甲曰閼逢。太歲在寅曰攝提格是也。至西漢時。復因太歲而知歲陰。命其時所用顓頊曆上元爲太歲甲寅。推前三百三十八算而得太陰甲寅。于六十干支後三十八算。于十二辰則後二算。必三百三十八算者。略以五星通率推得之。其氣朔則正月朔旦啓蟄也。故天官書曰。攝提格歲。歲陰左行在寅。歲星右轉居丑。丑爲星紀。日月五星于是始。故治曆者。必用此爲十二次之首。即以爲歲陰在攝提格之歲。其太歲則在子。是以孝武太初元年。太歲在丙子。而詔以爲復得焉逢攝提格之歲。蓋用歲陰名也。小司馬不知其義。遂謂史漢曆法不同。誤矣。歲星在丑。歲陰在寅。則歲星在子。歲陰在卯。歲星在酉。歲陰在午。可知。由是一左一右。周行十二辰。歲星居四仲。歲陰亦必居四仲。歲星居四鈎。歲陰亦必居四鈎。但視歲星。可知歲陰。淮南由太陰以推歲星。義正同也。必仲有三宿。鈎止二宿者。左傳言婺女玄枵之維首。又言玄枵虛中也。則危爲玄枵之次末。玄枵有次三宿。則大梁鶉火大火亦必三宿。其餘八次僅得二宿可知。此宿次傳自周秦之代。故淮南以爲言也。後漢鄭康成說周易爻辰。亦用之。

二八十六。

補曰。歲星在四鈎。積八歲。行十六宿。

三四十二。

補曰。歲星在四仲。凡四歲。行十二宿。

故十二歲而行二十八宿。

補曰。即一周也。康成依三統法。謂之小周。小周者。漢志云。水金相乘爲十二。是謂小周。小周乘巛策爲一千七百二十八。是爲大周。木三金四。乘爲十二。即仲三鈎二之義也。十二周天而超一辰。其積百四十四。即巛策十二超辰而爲一終。其積千七百二十八。故以小周乘巛策。而爲大周也。三統之法。分一次爲百四十五分。歲星歲行一次。又剩行一分。積百四十四歲。而剩行分竟。故有超辰。大衍曆議。謂昔僖公六年。歲陰在卯。星在析木。昭公三十二年。亦歲陰在卯。而星在星紀。故三統曆因以爲超辰之率。是也。星有超辰。則太歲歲陰隨之俱超。故太歲歲陰皆當以歲星爲宗。不當遽以六十年周定其歲名。東京順帝時。妄謂歲無超辰。遂以滿六十甲子爲青龍一周。且置太陰不講矣。康成云。然則今曆太歲。非此也。謂太歲不應歲星。

日行十二分度之一。歲行三十度十六分度之七。十二歲而周。

補曰．古歲星無超辰．故以十二歲爲通率．星有見伏留逆．則略之矣．歲星見月．爲太歲所在．則一見伏．必十三中氣有奇．而十二歲有十一見伏．法以十二歲之積日剖爲十一分．即得一見伏之日數．一見盡一歲．于是伏日內．減去一歲日．餘即伏日也．依此推之．十二歲積四千三百八十三日．每見伏有三百九十八日十一分日之五．其伏日則三十三日二十刻．又十一分之五也．其見伏行度．亦以周天分爲十一分．得每分三十三度二千分．又十一分之五．以一次三十度四千三百七十五分減之．餘二度七千六百七十五分．即伏行度也．欲知歲行分者．古曆度分母四．是乘爲十六．以通周天三百六十五度四分一．得五千八百四十四爲實．以十二次爲法除之．得四百八十七．又用爲實．以十六爲法除之．得三十度．不盡七．即一歲歲星所行度分也．然則一次有四百八十七分．故歲有餘分七．積十二次而五千八百四十四分盡．故十二歲而周天也．欲知度行日者．以五千八百四十四爲一度之積分．四百八十七爲一日之行分．以日分除度分．得十二．無餘分．是十二日行一度也．如是計之．歲星一見行盡一次．見後伏三十日十六分日之七而復見．積十二歲而有十一見．則周天也．

熒惑．

補曰．天官志云．其精爲風伯．惑童兒歌謠嬉戲也．

常以十月入太微．受制而出．行列宿．司無道之國．爲亂．爲賊．爲疾．爲喪．爲饑．爲兵．出入無常．辯變其色．時見時匿.

元注.此皆所以譴告人君.

補曰.熒惑亦以五千八百四十四爲實.計十四終有十六周天.即以實爲積度.如十四而一.得一終.行四百十七度十四分度之六.欲知星行與歲日俱終者.則三十二歲有十五終也.因倍實以爲積日.如十五而一.得七百七十九日十五分日之三也.其一見六百三十二日.行三百度.餘即伏行日度.通率二十八日行十五度.十月入太微.受制者.熒惑在陬訾.太微在鶉尾.一歲可行百九十二度.則近太微矣.

鎭星以甲寅元始建斗.歲

補曰.此太歲在甲寅.非太陰也.時用顓頊曆.人正月.五星會陬訾之次.太歲正在甲寅.若太陰在甲寅.歲星必在星紀矣.

鎭星一宿.當居而弗居.其國亡.土未當居而居之.其國益地.歲宿日行二十八分度之一.歲行十三度百二十分度之五.二十八歲而周天.

元注.鎭星一徧.

補曰.鎭星亦以五千八百四十四爲實.十六乘二十八爲法.得歲行十三度四百四十八分度之二十

分各四除之。即百十二分之五也。鎭星歲一見伏見三百三十日。行八度。伏三十五日四分日之一。行五度百十二分之五也。

太白元始以正月甲寅。

補曰正月甲寅者甲寅歲入正月之名也。古歲月俱首甲寅爲建首入正之定法。紀年用太陰太歲皆同。太初元年月名畢聚。用太陰紀年之甲寅月也。顓頊曆元首月名畢陬。用太歲紀年之甲寅月也。自用天正爲首月而歲月俱始甲子矣。又甲寅爲正月朔旦立春之日。即顓頊曆去千一百四十算。其冬至則已巳也。

與熒惑晨出東方。二百四十日而入。入百二十日。而夕出西方。

補曰入百二十日。非是。晉灼漢書注改作四十日。亦非。

二百四十日而入。入三十五日而復出東方。出以辰戌。入以丑未。當出而不出。未當入而入。天下偃兵。當入而不入。當出而不出。

補曰天官書作未當出而出。宜從之。

天下興兵。

補曰太白八歲而出入東西各五。則一歲十六分歲之六。而晨夕各一見伏。此以五百八十四日四十刻.爲兩見日數也.兩見四百八十日.餘爲兩伏日.晨伏不足九十日.夕伏十六日.云入百二十日.入三十五日者.皆誤.

辰星正四時.

補曰.宋均元命包注云.辰星正四時之法.得與北辰同名也.

常以二月春分效奎婁.以五月夏至效東井輿鬼.以八月秋分效角亢.以十一月冬至效斗牽牛.

元注.效.見.案.效.莊刻本文注皆作効.說文無効字.玉篇云.効.俗效字.此本作效.是.

出以辰戌.入以丑未.晨候之東方.夕候之西方.一時不出.其時不和.四時不出.天下大饑.

元注.穀不熟爲饑也.案.饑.莊刻本作飢.飢.餓也.饑.穀不熟也.兩字訓異.依此注之義.自應作饑.

補曰.辰星百六十年.有五百十二終.以五千八百四十四日.十倍之爲實.三十二乘十六爲法.法除實.得百十四日五百十二分日之七十二.爲晨夕兩見伏之日數.兩見八十日.餘即兩伏日.伏皆十七日有奇而見.歲有六見伏.有奇.則四仲月俱得有辰星.故可以正四時.

何謂八風.

補曰.河圖括地象云.天有八氣.地有八風.易緯云.八節之風.謂之八風.春秋攷異郵云.八風殺生.以節翺翔.

距冬至四十五日。條風至。案。莊刻本。距字下有日字。
元注。艮卦之風。一名融。爲笙也。
補曰。史記律書云條風居東北。主出萬物。條之言條治。條治萬物而出之。故曰條風。呂氏春秋有始覽云。東北曰炎風。高誘曰。炎風。艮氣所生。一曰融風。是條風即炎風。融與炎聲相轉。條者調也。調即融矣。周語云。先立春五日。瞽告有協風至。亦即此風也。易通卦驗云。立春條風至。宋均注云。條風者。條建萬物之風。是也。樂說云。艮主立春。樂用塤。此云笙者。服虔左氏傳注。艮音匏。其風融。匏即笙。八風于遁甲爲八門。條風當生門。
條風至四十五日。明庶風至。
元注。震卦之風也。爲管也。
補曰。律書云。明庶風居東方。明庶者。明衆物之盡出也。易通卦驗云。春分明庶風至。有始覽云。東方曰滔風。高誘曰。震氣所生。一曰明庶風。是古名明庶風曰滔也。樂說云。震主春分。樂用鼓。此云管者。服虔云。震音竹。其風明庶。竹即管。明庶風當傷門。
明庶風至四十五日。清明風至。
元注。巽卦之風也。爲柷也。

補曰．律書云．清明風居東南維．主風吹萬物而西之軫．通卦驗云．立夏清明風至．有始覽云．東方曰薰風．高誘云．薰風或作景風．巽氣所生．一曰清明風是也．樂說巽主立夏．樂用笙．此云柷者．服虔云．巽音木．其風清明．木卽柷．清明風當杜門．

清明風至四十五日．景風至．

元注．離卦之風也．爲絃也．

補曰．律書云．景風居南方．景者言陽氣道竟．故曰景風．通卦驗云．夏至景風至．有始覽曰．南方曰巨風．高誘注．離氣所生．一曰凱風．詩曰．凱風自南．然巨大也．景亦大也．故巨風爲景風也．樂說云．離主夏至．樂用絃．服虔云．離音絲．其風景．絃卽絲也．八音唯離兌無異說．景風當景門．

景風至四十五日．涼風至．

元注．坤卦之風．爲塤也．

補曰．律書云．涼風居西南維．主地．地者沈奪萬物氣也．通卦驗云．立秋涼風至．有始覽云．西南曰淒風．高誘注．坤氣所生．一曰涼風是也．樂說坤主立秋．樂用磬．此爲塤者．服虔云．坤音土．其風涼．土卽塤．涼風當死門．

涼風至四十五日．閶闔風至．

元注．兌卦之風也．爲鐘也．

補曰律書云．閶闔風居西方．閶者倡也．闔者藏也．言陽氣導萬物．闔黃泉也．通卦驗云．秋分閶闔風至．有始覽云．西方曰飂風．高誘云．兌氣所生．一曰閶闔風．是也．樂說兌主秋分樂用鐘服虔云．兌音金．其風閶闔．金即鐘．閶闔風當鶩門．

閶闔風至四十五日不周風至．

元注．乾卦之風也．爲磬也．

補曰律書云．不周風居西北．主殺生．攷異郵云．不周者．不交也．陽陰未合化也．通卦驗云．立冬不周風至．有始覽曰西方曰厲風．高誘云．乾氣所生．一曰不周風．是也。樂說．乾主立冬．樂用柷敔．此云磬者．服虔云．乾音石．其風不周．石即磬．不周風當開門．

不周風至四十五日廣莫風至．

元注．坎卦之風也．爲鼓也．

補曰易緯云．八節之風．謂之八風．立春條風至．春分明庶風至．立夏清明風至．夏至景風至．立秋涼風至．秋分閶闔風至．立冬不周風至．冬至廣莫風至．律書云．廣莫風居北方．廣莫者．言陽氣在下．陰莫陽廣大也．故曰廣莫．通卦驗云．冬至廣莫風至．有始覽曰北方曰寒風．高誘云．坎氣所生．一曰廣莫風．是也．樂說．坎主冬至．樂用管．此云鼓者．服虔云．坎音革．其風廣莫．革即鼓也．所以有此四十五日之距者．孜異鄭云陽立于五極于九五九四十五．且變以陰合陽．故八卦八風距同各四十五日也．廣莫風當休門．

條風至．則出輕繫．去稽留．

元注．立春故出輕繫．

明庶風至．則正封疆．修田疇．

元注．春風播穀．故正封疆．治田疇也．案．正封疆．莊刻本作正疆界．

清明風至．則出幣帛．使諸侯．

元注．立夏長養布恩惠．故幣帛聘問諸侯也．

景風至．則爵有位．賞有功．

元注．夏至陰氣在下．陽盛于上．象陽布施．故賞有功．封建侯也．

涼風至．則報地德．祀四郊．

元注．立秋節農乃登穀嘗祭．故報地德．祀四方神也．

閶闔風至．則收縣垂．琴瑟不張．

元注。秋分殺氣。國君憯愴。故去鐘磬縣垂之樂也。

不周風至則修宮室繕邊城。

元注。立冬節。土工其始。故治宮室。繕修邊城。備寇難也。

廣莫風至則閉關梁決刑罰。

元注。象冬閉藏。不通關梁也。刑罰疑者。于是順時而決之。

補曰。文亦見通卦驗。惟以爵有位。爲辯大將。以閉關梁決刑罰。爲誅有罪。斷大刑。

何謂五官。東方爲田。南方爲司馬。西方爲理。北方爲司空。中央爲都。

元注。田主農。司馬主兵。理主獄。司空主土。都爲四方最也。

補曰。春秋繁露云。木者司農也。火者司馬也。金者司徒也。水者司寇也。又云。東方者木。農之本。司農尚仁。南方者火也。本朝司馬尚智。中央者土。君官也。司營尚信。西方者金。大理司徒也。司徒尚義。北方者水。執法司寇也。司寇尚禮。彼所說即此五官。此司空即彼之司寇。故彼又云。百工惟時。以成器械。然則水土同官。

何謂六府。子午丑未寅申卯酉辰戌巳亥是也。

補曰。時則訓云。孟春與孟秋爲合。仲春與仲秋爲合。季春與季秋爲合。孟夏與孟冬爲合。仲夏與仲冬爲合.季夏與季冬爲合.即六府也.

太微者.太一之庭也.

元注.太微.星名也.太一.天神也.

補曰.春秋元命包云.太微爲天庭.五帝合明.天官書云.南宮朱鳥權衡.衡.太微三光之庭.集解.孟康曰.軒轅爲權.太微爲衡.索隱.宋均曰.太微.天帝南宮也.然太微主式法.故爲衡.辰在巳.王者象之.立明堂于其地也.

紫宮者.太一之居也.

補曰.天官書云.中宮天極星.其一明者.太一常居也.匡之環衛十二星.藩臣.皆曰紫宮.索隱曰.案春秋合誠圖云.紫宮.大帝室.太一之精也.元命包云.紫之言此也.宮之言中也.言天神運動.陰陽開閉.皆在此中也.又晉書天文志云.鈎神口中一星曰天皇大帝.其神曰耀魄寶.主御羣神.執萬神圖.天一星在紫宮門右星內.天帝之神也.主戰鬭.知人吉凶者也.太一星在天一南.相近.亦天地之神也.主使十六神.知風雨水旱兵革饑饉疾疫災害之國也.然紫宮太一.即耀魄寶.故隋志云.北極大星.太一之坐也.義與史記合.

軒轅者.帝妃之舍也.

補曰．天官書云．權軒轅．軒轅黃龍體．前大星．女主象．旁小星．御者後宮屬．索隱曰．援神契云．軒轅十二星．後宮所居．石氏星贊以軒轅龍體主后妃也．文選謝玄暉齊敬皇后哀册文注引高誘淮南子注．軒轅星也．當在此．

咸池者．水魚之囿也．

元注．咸池星名．水魚神名．案．水魚神名似誤．當以莊刻本水魚天神爲是．

補曰．隋書天文志云．五車五星在畢北．中有五星曰天潢．天潢南三星曰咸池．魚囿也．

天阿者．羣神之闕也．

元注．闕猶門也．

補曰．御覽卷六引有注．天河星名也．句正文阿亦作河．案韓非子．天河．何休注．吉星．即謂此天阿．蓋古阿河通也．隋志云．坐旗西四星曰天高．天高西一星曰天河．主察山林妖變．一曰天高．天之闕門．

四宮者．所以爲司賞罰．

元注．四宮．紫宮．軒轅．咸池．天阿．

補曰．四宮．御覽卷六引作四守．守爲是也．四方之宿．古謂四宮．非此四星矣．彼引許慎注．與此同．而宮亦爲守．知前云四宮．天阿．當爲四守．天河也．

太微者主朱鳥。案朱鳥莊刻本作朱雀。攷前文其神爲熒惑。其獸朱鳥。注云朱鳥朱雀也。似淮南文正作朱雀。

元注。主猶典也。

紫宮執斗而左旋。

補曰。天官書云。斗爲帝車。運于中央。臨制四鄉。分陰陽。建四時。均五行。移節度。定諸紀。皆繫于斗。春秋運斗樞云。北斗七星。第一天樞。第二旋。第三機。第四權。第五衡。第六開陽。第七搖光。第一至第四爲魁。第五至第七爲杓。合而爲斗。展陰布施。故稱北斗。

日行一度。以周于天。

補曰。謂北斗也。北斗左旋。即天之行。日行一度。故一歲而周。或以爲說日之行。則下不應重有日文矣。

日冬至峻狼之山。

元注。南極之山。

日移一度。月行百八十二度八分度之五。而夏至牛首之山。案莊刻本月作凡。蓋用劉績說。補注已列其文。此當作月爲是。

元注。牛首北極之山。

補曰。此六月所行度分也。日移一度。故半歲而有此行數。月上疑脫六字。劉績以爲月當作凡也。

反覆三百六十五度四分度之一而成一歲。

補曰。四乘周天。爲千四百六十一。欲半之者倍其法。故以八除之。而得百八十二度八分之五也。反覆之即成一歲。凡此分母俱生于四分也。周髀算經曰。何以知天三百六十五度四分度之一。古者庖犧神農制作爲曆度。元之始見三光未如其則。日月列星未有分度。日主晝。月主夜。晝夜爲一日。日月俱起建星。月度疾。日度遲。日月相逐于二十九日三十日間。而日行天二十九度餘。未有定分。于是三百六十五日南極景長。明日反短。以歲終日景反長。故知之三百六十五日者三。三百六十六日者一。故知三百六十五日四分日之一。歲終也。

天一元始。

補曰。天一當爲太一。字之譌也。太一。即前所云以太微爲庭。紫宮爲居之耀魄寶。曆家謂之太歲者也。天一則直斗口之陰德。曆家謂之太陰矣。天一太一紀歲。人正俱建寅。知非天一者。顓頊曆上元太歲甲寅正月七曜俱在營室。如下所言也。若太陰甲寅。太歲實在丙子。歲星尚在星紀。何由得至營室。

正月建寅。日月俱入營室五度。

補曰。漢書張蒼傳贊。謂專遵用秦之顓頊曆。蔡邕命論云。顓頊曆術曰。天元正月己巳朔旦立春。俱以日月起于天廟營室五度。今月令孟春之月。日在營室。其言宿度與淮南合。明淮南所用。即顓頊曆也。而大衍曆議云。顓頊曆上元甲寅歲正月甲寅晨初合朔立春。七曜俱在艮維之首。其後呂不韋得之。

以爲秦法更攷中星。斷取近距。以乙卯歲正月己巳合朔立春。洪範傳曰。曆記于顓頊上元太始閼蒙攝提格之歲。畢陬之月朔日己巳立春七曜俱在營室五度是也。案一行謂秦用顓頊曆是已。謂古顓頊曆本太歲甲寅。秦時斷取近距。用乙卯。則非是。蔡邕所謂正月朔旦己巳立春。春者。乙卯元也。而洪範所言氣朔與邕同。其太歲則是甲寅。蓋本是一曆。止緣歲星有超辰。則太歲與之俱超。高帝元年。歲星在鶉首。則太歲在甲午。因謂之甲寅元。孝武太始二年。歲星超一辰。至世祖建武元年。歲星在壽星。太歲在乙酉。因名乙卯元。自此以後。紀歲不攷歲星。于是乙卯元之名遂定。古人必攷歲星。則上元太歲隨時改易。所恃入部積年氣朔不誤耳。不然者。秦時已用此曆。而呂氏春秋謂維秦八年。歲在涒灘。高誘注謂始皇即位八年。涒灘申也。則上元不在癸丑乎。蓋始皇元年積千二百六十算。加四十算。爲高帝元年。再加二百三十算。爲世祖元年。如元有定名。即不得有是三者之異矣。若求甲寅歲甲寅晨初合朔立春之顓頊曆。不過去千一百四十年耳。如是而任加數十百元。俱可名上元也。何者。顓頊曆己巳立春則甲申冬至。試從甲申始。列二十部名至第十六部而己巳爲冬至部名。己巳冬至。則立春甲寅也。一紀千五百二十年。十五部千一百四十年。去十五部則始皇元年止百二十算。高祖元年止百六十算。各以其時所定太歲命之可矣。然則上元甲寅。仍從西漢人說。依東漢則又名乙卯耳。超辰之法。剏自劉歆。歆之前後皆無此術。然觀其命曆上元及攷歲星行度。則其理固具于中矣。

天一以始建.

補曰.天一亦宜作太一.

七十六歲.日月復以正月入營室五度.無餘分.名曰一紀.

補曰.古曆至朔同日.謂之章.同在日首.謂之部.章十九歲.積餘日九十九日.有餘分四之三.七十六歲爲部.積餘日三百九十九.無餘分.紀即部.

凡二十紀.一千五百二十歲大終.日月星辰復始甲寅元.

補曰.古曆部周六旬.謂之紀.歲朔又復.謂之元.年七十六歲.積餘日三百九十九.無小餘.有大餘.至千五百二十歲.積餘日七千九百八十日.大小餘俱盡.故爲大終.元即紀.此云元者.以大終爲一元也.古人命歲.必視歲星所在.不限六十年一周之例.故不以四千五百六十歲爲一元.甲寅元.即前所云已巳立春.去千一百四十算.所得之甲寅朔旦立春也.在周顯王三年.此爲近距.益知一行之說非矣.

日行一度.而歲有奇四分度.故四歲而積千四百六十一日.而復合.故處.八十歲而復故日.

補曰.一歲三百六十五日四分一.四歲冬至.歷子卯午酉四正時已周.第五歲復得子正冬至.爲復合故處.一歲有大餘五.小餘一.四歲成二十一日.八十歲積四百二十日.六十去之.恰盡.爲復故.曰日一作曰.誤.千五百二十歲.以十九歲一章計之.得八十章.以八十歲一復計之.有十九復.理正相通.

子午卯酉爲二繩。

元注。繩直也。

補曰。南北爲經。東西爲緯。故曰二繩。

丑寅辰巳未申戌亥爲四鈎。

補曰。丑寅鈎。辰巳鈎。未申鈎。戌亥鈎。案。四仲之外。餘皆爲鈎。此以太陰在四角。而釋其鈎義如此。與前高注。通四辰爲一鈎同也。若推歲行所在。則太陰在寅。歲在丑。太陰在辰。歲在亥。太陰在巳。歲在戌。太陰在未。歲在申。則辰與亥鈎。巳與戌鈎。與此少異。

東北爲報德之維也。

元注。報復也。陰氣極于北方。陽氣發于東方。自陰復陽。故曰報德之維。四角爲維也。

西南爲背陽之維。

元注。西南已過陽。將復陰。故曰背陽之維。

東南爲常羊之維。

元注。常羊不進不退之貌。東南純陽用事。不盛不衰。常如此。故曰常羊之維。案。莊氏逵吉云。常羊。卽相羊。亦卽倘佯。漢書吳王濞傳。又作方洋。司馬相如上林賦。又作襄羊。皆是也。古字俱通用。又案。東南純陽用事。莊刻本無東南二字。

西北爲號通之維。案。號通。莊刻本作𧇽通。云各本皆作𧆷。疑藏本誤。其云各本皆作𧆷者。乃是號字誤文。觀注呼號之義。應作號通爲是。

元注．西北純陰．陰氣閉結．陽氣將萌．號始通之．故曰號通之維．案．陰氣閉結之陰．莊刻本作陽．似誤．

補曰．東北艮也．始萬物．終萬物．德莫大焉．故曰報德．西南坤也．純陰無陽．故曰背陽．東南巽也．爲進退．

故曰常羊．漢書禮樂志云．周流常羊．師古曰．常羊．猶逍遙也．西北乾也．天門在焉．呼號則通．故曰號通．

四維之卦．周髀有之．漢書禮樂志云．祠太一于甘泉．就乾位也．則以四卦置于四維．其來古矣．

日冬至則斗北中繩．陰氣極．陽氣萌．

補曰．太玄經云．陰不極則陽不萌．注．陽萌于十一月．

故曰冬至爲德．

元注．德始生也．

補曰．京氏易積算傳云．龍德十一月．子在坎．左行是也．

日夏至則斗南中繩．陽氣極．陰氣萌．

補曰．太玄經云．陽不極則陰不芽．注．陰芽于六月．

故曰夏至爲刑．

元注．刑始殺也．

補曰．京氏易積算傳曰．虎刑五月．午在離．右行是也．

陰氣極，則北至北極，下至黃泉。

補曰：蓋天之法，天旁遊四表，地升降于天之中。冬至天南遊之極，地亦升降極上，故北至北極，下至黃泉。夏至天北遊之極，地亦升降極下，故南至南極，上至朱天。春分天西遊之極，秋分天東遊之極，地皆升降正中。義具鄭注考靈曜及周髀算經。以渾天論之，冬至日行赤道南二十四度，而晝漏極短。夏至日行赤道北二十四度，而晝漏極長。二分日正行赤道上，而晝漏適均，即其理也。

故不可以鑿地穿井。萬物閉藏，蟄蟲首穴，故曰德在室。陽氣極，則南至南極，上至朱天，故不可以夷丘上屋。萬物蕃息，五穀兆長，故曰德在野。日冬至則水從之，日夏至則火從之，故五月火正而水漏。

元注：火正，火王也，故水滲漏。一說火星正中也。漏，滛也。案：莊刻本作火星正中地，恐誤。

十一月水正而陰勝。

元注：水正，水王也，故陰勝也。一說營室正中于南方。

補曰：古曆夏至昏中星去日百十八度，秦曆立春日在營室五度，則夏至日在鬼三度，心二度正中也。冬至昏中星去日八十二度，秦曆日在牽牛五度，則奎十六度正中，其前月營室已中也。月令云：中冬之月，昏東壁中。中夏之月，昏亢中。謂月本也。

陽氣爲火，陰氣爲水。水勝故夏至溼，火勝故冬至燥。燥故炭輕，溼故炭重。

補曰．前漢書天文志云．冬至極短．縣土炭．孟康曰．先冬至三日．縣土炭于衡兩端．輕重適均．冬至而陽氣至．則炭重．夏至陰氣至．則土重．晉灼曰．蔡邕曆記．候鐘律權土炭．冬至陽氣應．黃鐘通．土炭輕而衡仰．夏至陰氣應．蕤賓通．土炭重而衡低．進退先後五日之中．案續志炭作灰．恐傳寫之誤．

日冬至井水盛盆．水溢．羊脫毛．麋角解．鵲始巢．八尺之修．日中而景丈三尺．日夏至而流黃澤．石精出．

元注．流黃．土之精也．陰氣作于下．故流澤而出也．石精．五色之精也．

蟬始鳴．半夏生．

元注．半夏．藥草．

蟁蝱不食駒犢．鷙鳥不搏黃口．

元注．五月微陰在下．駒犢黃口．飢血脆弱未成．故蟁蝱鷙鳥應候不食不搏也．案．元寫本．微陰在下句下．誤衍未成二字．莊刻本無．今刪．又蟁下脫蝱字．鷙下脫鳥字．今從莊刻本增．

八尺之景．脩徑尺五寸．

補曰．周禮馮相氏．冬夏致日．春秋致月．鄭注云．冬至日在牽牛．景丈三尺．夏至日在東井．景尺五寸．此長短之極．極則氣至．冬無愆陽．夏無伏陰．春分日在婁．秋分日在角．而月弦于牽牛東井．亦以其景知氣之至否．春秋冬夏氣皆至．則是四時之序正矣．此所說二至景長．即其事也．表用八尺者．周禮土圭之長尺五寸。夏至日景。爲測驗之始。長必與土圭等。唯八尺始合也。此在地中爲然。風土記云。鄭仲師曰。夏至之日。立八尺之表。景尺有五寸。謂之地中。一云陽城。一云洛陽。古亦即以此知日去人遠近。攷靈曜云。四遊升降于三萬里中。則半之爲萬五千里。而當夏至之景。此千里差一寸之率。大司徒所用以測土深。求地中者。而冬至日去人一十三萬里。夏至日去人萬五千里。則發斂之極也。皆憑八尺之脩測而得之。周髀測天之高。離地八萬里。亦以千里爲寸也。淮南後術用一丈之表。故以爲天高十萬里。其理正同。

景脩則陰氣勝。景短則陽氣勝。陰氣勝則爲水。陽氣勝則爲旱。

補曰。漢書天文志云。景者所以知日之南北也。日陽也。陽用事。則日進而北。晝進而長。陽勝。故溫暑。陰用事。則日退而南。晝退而短。陰勝。故爲寒涼也。若日之南北失節。晷過而長爲常寒。退而短爲常燠。一曰。晷長爲潦。短爲旱。易通卦驗云。冬至之日。置八神樹八尺之表。日中視其晷。晷進則水。晷退則旱。鄭玄注云。晷進謂長于度。日之行黃道外。則晷長。晷長者。則陰勝。故水。晷短于度者。日之行入進黃道內。故晷短。晷短者陽勝。是以旱。

陰陽刑德有七舍。

補曰。即周髀之七衡。管子四時篇曰。日掌陽。月掌陰。陽爲德。陰爲刑。此陰陽刑德之義也。淮南以爲北斗雌雄之神。日即日躔。月爲厭對。舍謂刑德所居。自子至午有七辰。故七舍。

何謂七舍。室堂庭門巷術野。

補曰室爲子。堂爲丑亥。庭爲寅戌。門爲卯酉。巷爲辰申。術爲巳未。野爲午。此七舍以門爲中。在門內者庭堂室也。在門外者巷術野也。

十一月德居室三十日。先日至十五日。後日至十五日。而徙所居各三十日。德在室則刑在野。德在堂則刑在術。德在庭則刑在巷。陰陽相得。則刑德合門。

補曰十一月或作二。誤。日至冬至也。冬至日躔星紀之中。先十五日爲十一月之始。後十五日爲十一月之終。合三十日也。十一月斗建子。日在丑。丑居子爲德。厭亦在子。子對午爲刑。故德在室。刑在野。十二月斗建丑。日在子。子居丑爲德。厭在亥。亥對巳爲刑。故德在堂。刑在術。正月斗建寅。日在亥。亥居寅爲德。厭在戌。戌對辰爲刑。故德在庭。刑在巷。二月斗建卯。日在戌。戌居卯爲德。厭在酉。酉對卯爲刑。故刑德合門。由此推之。三月德在巷。則刑在庭。四月德在術。則刑在堂。五月德在野。則刑在室。而六月如四月。七月如三月。八月如二月。九月如正月。十月如十二月。刑德周矣。

八月二月。陰陽氣均。日夜平分。故曰刑德合門。德南則生。刑南則殺。故曰二月會而萬物生。八月會而草木死。案。分平。莊刻本作平分。刑德合門至故曰。十四字。原寫本誤脫。今從莊刻本增。

補曰。二月後。德出而刑入。故生。八月後。德入而刑出。故死。漢書五行志。劉向以爲于易。雷以二月出。其卦曰豫。言萬物隨雷出地。皆逸豫也。以八月入。其卦曰歸妹。言雷復歸入地。則孕毓根核。保藏蟄蟲。避盛陰之害。此六日七分法理亦同也。

兩維之間。九十一度十六分度之五而升。

元注。自東北至東南爲兩維。帀羅三百六十五度之一。一度者。二千九百三十二里。千四百六十一分里之三百四十八。

補曰。四乘度分母爲十六。四分周天爲九十一度。不盡一度四分度之一。故以十六通之。爲二十。復四分之而成整數五也。

日行一度。十五日爲一節。

補曰。四乘周天爲一千四百六十一。以二十四氣分之。得六十。不盡二十一。置所得如四而一。爲十五日。即一節之日也。其餘分二十一。滿氣法。從小餘。小餘滿四。方從大餘也。周易乾鑿度云。天氣三微而成一著。鄭注。五日爲一餘。十五日爲一著。故五日爲一候。十五日成一氣也。

以生二十四時之變。斗指子。則冬至。音比黃鐘。

元注。黃鐘。十一月也。鐘者。聚也。陽氣聚于黃泉之下也。

加十五日指癸則小寒。音比應鐘。

元注。應鐘。十月也。言陰應于陽。轉成其功。萬物應時聚藏。故曰應鐘。

加十五日指丑則大寒。音比無射

元注。無射。九月也。陰氣上升。陽氣下降。萬物隨陽而藏。無有射出見也。故曰無射也。

加十五日指報德之維。則越在陰地。故曰距日冬至四十六日而立春。陽氣凍解。音比南呂。案。莊刻本作越陰在地。

元注。南呂。八月也。南任也。言陽氣內藏。陰侶于陽。任成其功。故曰南呂也。

加十五日指寅則雨水。音比夷則

元注。夷則。七月也。夷傷。則法也。言陽衰陰發。萬物彫傷。應法成性。故曰夷則也。案。陽衰上。莊刻本無言字。

加十五日指甲則雷驚蟄。音比林鐘

元注。林鐘。六月也。林衆。鐘聚也。陽極陰生。萬物衆聚而盛。故曰林鐘。

加十五日指卯中繩。故曰春分則雷行。音比蕤賓

元注。蕤賓。五月也。陰氣萎蕤在下。似主人。陽在上。似賓客。故曰蕤賓也。案。元寫本陰氣萎蕤下。誤衍賓字。今從莊刻本刪。

加十五日指乙則清明風至。音比仲呂

元注。仲呂。四月也。陽在外。陰在中。所以呂中于陽。助成其功也。故曰仲呂也。案。助成下。莊刻本無其字。

加十五日指辰．則穀雨．音比姑洗．

元注．姑洗．三月也．姑．故也．洗．新也．陽氣養生．去故而致新．故曰姑洗也．案．莊刻本．作去故就新．

加十五日指常羊之維．則春分盡．故曰有四十六日而立夏．大風濟．音比夾鐘．

元注．濟．止也．夾鐘．二月也．夾．夾也．萬物去陰夾陽地而生．故曰夾鐘也．

加十五日指巳．則小滿．音比太簇．

元注．太簇．正月也．簇．簇也．言陰衰陽發．萬物簇地而生．故曰太簇．案．陰衰上．莊刻本無言字．

加十五日指丙．則芒種．音比大呂．

元注．大呂．十二月也．呂．侶也．萬物萌種于下．未能達見．故曰大呂．所以配黃鐘．助陽宣功也．

加十五日指午．則陽氣極．故曰有四十六日而夏至．音比黃鐘．加十五日指丁．則小暑．音比大呂．加十五日指未．則大暑．音比太簇．加十五日指背陽之維．則夏分盡．故曰有四十六日而立秋．涼風至．音比夾鐘．加十五日指甲．則處暑．音比姑洗．加十五日指庚．則白露降．音比仲呂．加十五日指酉中繩．故曰秋分雷戒．蟄蟲北鄉．音比蕤賓．加十五日指辛．則寒露．音比林鐘．加十五日指戌．則霜降．音比夷則．加十五日指號通之維．則秋分盡．故曰有四十六日而立冬．草木畢死．音比南呂．加十五日指亥．則小雪．音比無射．加十五日指壬．則大雪．音比應鐘．加十五日指子．

補曰．此分十二辰爲二十四．古堪輿法也．亦見史記律書．此爲詳明矣．八節中有四十六日者五．舉整日三百六十五日言之．故不及四分日之一．以數推之．冬至至立春凡三節．有小分六十三．不滿一日至立夏九節．有小分一百八十九．得一日九十六分日之九十三．至夏至十二節．有小分二百五十二得二日九十六分日之六十．至立秋十五節．有小分三百一十五．得三日九十六分日之二十七．至立冬二十一節．有小分四百四十一．得四日九十六分日之五十三．亦舉整日．故即得五日．至來歲冬至則有小分五百四．始得五日九十六分日之二十四．而此不言明．以不離五日故也．注所言十二月之律．自是隨月律之正法．非即淮南所云．何以明之．應鐘十月律也．而小寒之音比焉．小寒十二月節．以後月之節屬前月之中．亦在十一月．不得比十月律也．此自以二十四氣比十二律．故冬至比黃鐘．小寒比應鐘．自冬至以後．逆比十二律．夏至以後．順比十二律．所謂二十四時之變．明其用變法也．

故曰．陽生于子．陰生于午．

補曰．子．乾初九復也．午．坤初六姤也．周易集解．荀爽曰．乾起坎而終於離．坤起離而終於坎．坎離者．乾坤之家．而陰陽之府．大明終始也．

陽生于子．故十一月日冬至．鵲始加巢．人氣鍾首．陰生于午．故五月爲小刑．薺麥亭歷枯．冬生草木必死．斗杓爲小歲．

元注斗第一星至第四爲魁．第五至第七爲杓也．

補曰說文云杓．斗柄也．司馬貞云即招搖也．

正月建寅．月從左行十二辰．咸池爲太歲．

補曰淮南有兩太歲．此太歲非太一也．或說太當爲大．然義則同．

二月建卯．月從右行四仲．終而復始．

補曰咸池直參．參主斬伐．咸池在其上．故不可向．太史公曰．西官咸池．猶言西官白虎也．東方朔七諫云哀人事之不幸兮屬天命而委之咸池．亦以咸池爲凶神．咸池所建．當以日所在定之．正月日在亥．加時酉則咸池在午．二月日在戌．加時巳．則咸池在卯．三月日在酉．加時丑則咸池在子．四月日在申．加時酉則咸池在酉．以此差次．夏三月加時．如春三月．秋冬亦然．而寅午戌之月．咸池常在午．亥卯未之月．咸池常在卯．巳酉丑之月．咸池常在酉．申子辰之月．咸池常在子．所以然者．咸神屬金．巳酉丑三時亦金也．故必以其時居于四正．而其月自以木火金水爲類．不相淩越也．

太歲迎者辱．背者強．左者衰．右者昌．小歲東南則生．西北則殺．不可迎也．而可背也．不可左也．而可右也．其此之謂也．大時者．咸池也．小時者．月建也．天維建元．常以寅始．起右徙一歲而移．十二歲而大周天．終而復始．

補曰．而移之而舊作不誤．通占大象歷經云．天維三星在尾北斗杓後．然則入析木之次．太陰在攝提格之歲．正月日在陬訾．加時亥．即天維在寅．星辰復位時也．自後加時歲退一辰．故右徙一歲而移．云十二歲而大周天者．十二月加時．每退二辰．即一月而移．十二月而周天也．月爲小周天．則歲爲大周天．言大明有小矣．

淮南元年冬．太一在丙子．冬至甲午．立春丙子．

元注．淮南王作書之元年也．一曰．淮南王長．孝文皇帝異母弟也．僭號自稱東帝．以徙嚴道．道死于雍．其四子皆爲列侯．時人歌之曰．一尺繒．好童童．一升粟．飽蓬蓬．兄弟二人不能相容．文帝聞之曰．以我爲利其土耶．皆召四侯而王之．是則淮南王安即位之元年．以紀時也．

補曰．注後說是也．丙子二字．亦宜在注下．武帝太初元年．太歲在丙子．淮南王安以文帝十六年．自阜陵侯進封．是年下距太初元年六十算．則太歲亦在丙子矣．以術推之．顓頊曆入紀一千三百四十二算．不用超辰．以六十除去之．不盈二十二數．從甲寅起．亦太歲在丙子．淮南以太歲爲太一者．春秋文耀鈎云．中宮大帝．其北極星下明者．爲太一之光．含元氣以斗布常．春秋合誠圖云．天皇大帝．北辰星也．含元秉陽．舒精吐光．居紫宮中．御制四方．冠有五采文．初學記引五經通義曰．天神之大者曰昊天上帝．注．即耀魄寶也．亦曰皇天大帝．亦曰太一．然則太一入玄枵之次．歲星在星紀．而加丑．則太一在子歲星在玄枵而加丑則太一亦在丑自後十二歲而周丑爲星紀故歲星必加之而見太一之所在。以此紀歲因亦名太一爲太歲也淮南從其本名故曰太一太一在丙子即閼逢攝提格之歲推其冬至顓頊曆少周曆百十八算入癸卯部四十二算周曆此年積千四百六十算入乙酉部十六算天正氣大餘二十四無小餘冬至己酉加四十五日三十二分之二十一得甲午立春然則此云甲午本立春之日冬至上脫其日名耳重文丙子自言太一下釋其義案歲星在玄枵而加丑則太一亦在丑當作太一亦在子歲星在玄枵而加丑是歲行一周仍在星紀歲星在星紀則太歲仍在子矣歲星與太歲左右行不同故推合如此作丑者當是傳寫之誤

二陰一陽成氣二二陽一陰成氣三

元注陰麗悀故得氣少陽精微故得氣多一說上得二下得三合爲五故曰合氣而爲音音數五也

補曰此釋太一始于丙子之義也二陰一陽謂坎子之位也二陽一陰謂離丙之位也坎陰不中故二陰成一氣離陰得中故一陰成一氣離三坎二合之爲五即五行之氣也坎爲水離爲火坎之所生者一木也離之所生者二土也金也太一居子其衝爲丙故太一始于丙子不然太歲在甲曰閼逢太歲在寅曰攝提格何不竟首甲寅而必別屬之太陰乎

合氣而爲音合陰而爲陽合陽而爲律故曰五音六律音自倍而爲日律自倍而爲辰故日十而辰十二

補曰合氣爲音者以土火金水木爲宮徵商羽角也素問天元紀大論云甲己之歲土運統之乙庚之

歲。金運統之丙辛之歲。水運統之丁壬之歲。木運統之戊癸之歲。火運統之。此以相生爲次也。而六十律戊癸爲宮。甲己爲徵。則戊癸土而甲己火。所以者宮能生徵。徵不能生宮。故以火爲土。以土爲火。然則五運火生土。五音土生火。禮家說火土同宮。黎爲祝融。亦爲后土。非無義矣。土生火。故火生金。而自金以下。無不與五運合。故五音始于宮。而終于角也。合陰爲陽者。坎二離三。約六爲五也。論卦畫。則坎離各有三。以陰之數。當陽之數。即合陰爲陽。合陽爲律者。坎有重坎。離有重離。則陰陽各六。先取六陽以爲六律。故曰合陽爲律。一律而有五者。因而重之。則音有十。在陽律者。爲宮商角徵羽。在陰律者。爲變宮變商變角變徵變羽。故地形訓云。宮生變徵。徵生變商。商生變羽。羽生變角。角生變宮也。以當十日。則始于戊而終于丁。是爲音自倍而爲日。陽律生陰律。陰律亦生陽律。一律而生十二律。以當十二辰。則始于黃鐘子。終于中呂亥。是爲律自倍而爲辰。劉歆亦曰。六律六呂而十二辰立矣。五聲清濁而十日行矣。蓋皆謂音生日。律生辰也。揚雄則云。聲生于日。律生于辰。

月日行十三度七十六分度之二十六。

元注。六或作八。

補曰。一紀日周七十六。月周千一十六。以日周除月周。得十三度七十六分度之二十八。是以月周。比每日之月行。得此數。故定爲一日之月行也。三統四分月十九分度之七。此七十六分度之二十八。即子母各四乘之數．六當作八．傳寫之誤．

二十九日九百四十分日之四百九十九而爲一月．而以十二月爲歲．

補曰．一紀月數九百四十．日數二萬七千七百五十九．以月數除日數．得二十九日九百四十分日之四百九十九．是以紀月比一月之日分得此數．故定爲一月之日分也．續漢志四分之法如此．祖沖之曰．古之六術．咸同四分．于淮南此文信之．紀月九百四十．以七十六歲除之．得十二．即每歲之月數也．不盡二十八．爲四章之閏月．

歲有餘十日九百四十分日之八百二十七．故十九歲而七閏．

補曰．四乘周天．爲千四百六十一．四分九百四十．爲二百三十五．相乘得三十四萬三千三百三十五．爲周天分．一月積分二萬七千七百五十九．以十二乘之．得三十三萬三千一百八．爲朔積分．兩數相減．餘一萬二百二十七．以九百四十除之．得十日．又九百四十分日之八百二十七也．又以十九乘餘日得百九十日．乘餘分得一萬五千七百三十三．如九百四十而一．得十六日．併之．得二百六日．即大月三．小月四．爲一章之閏月也．按．三十二應作一十三．又如九百十而一．得十六日下．脫餘分六百七十三七字．

冬至日子午．夏至日卯酉．冬至加三日．則夏至之日也．

元注．冬至後三日．則明年夏至之日．

補曰。冬至距夏至。有百八十二日十六分日之十。去百八十日。餘二日過半。舉整數言三日。大抵算上算外相間。命之注以爲明年者。用人正也。從天正則在一歲。

歲遷六日。終而復始。

元注遷六日。今年以子冬至。後年以午冬至也。

補曰。亦舉整數言之。實五日四分日之一。積四年方成二十一日。無餘分。

壬午冬至。

補曰。此淮南改定顓頊曆上元冬至也。劉向謂己巳立春。則甲申冬至也。入殷曆甲子部六十一算。天正朔大餘六。庚午朔氣。大餘二十。十五日甲申冬至。加殷曆五十七算。爲周曆。顓頊曆。入癸卯部四十二算。天正朔大餘二十六。巳巳朔氣。大餘四十。十五日癸未冬至。再加五十七算。爲四分曆。顓頊曆。入壬午部二十三算。天正朔大餘四十六。戊辰朔氣。大餘盡。十五日壬午冬至。顓頊曆元如故。而日至不同者。由入部各別耳。遞加五十七算。則遞先一日。此合天之善術也。推己酉冬至甲午立春。必用周曆。餘二曆俱不合。此又改入四分部內。殆以歲實漸消。豫爲後世法歟。四分東漢始用之。其元早見于此。

甲子受制。木用事。火煙青。

元注。木色青也。東方。

七十二日丙子受制．火用事．火煙赤．

元注．火色赤也南方．

七十二日戊子受制土用事．火煙黃．

元注．土中央其色黃．案．元寫本．作中央土．今從莊刻本改正．

七十二日庚子受制．金用事火煙白．

元注西方金．其色白

七十二日壬子受制．水用事．火煙黑．

元注．北方水．其色黑．

七十二日而歲終庚子受制．

補曰．置一歲日以五氣分之．則七十二日爲一節．而得其用事之日．藝文志．有古五子十八篇．師古云自甲子至壬子說易陰陽．始即淮南所云也．易稽覽圖曰．甲子卦氣起中孚．復生坎七日．是冬至常爲甲子受制．而淮南云壬午冬至．甲子受制．至歲終而庚子受制．則冬至受制．歲易一子．計五運周環．亦當然也．由是推之．秦曆首年甲子．二年庚子．三年丙子．四年壬子．五年戊子．至六年而復得甲子．故七十歲而與日周也．五子以五行受制用事．而五色獨用火煙．古記二十四氣．于五音用徵．不用宮．故也．

五子受制。與二十四氣同法。

歲遷六日。以數推之。七十歲而復至甲子。

補曰。以五子分一歲。日尚餘六日。亦據壬午冬至歲言也。其他歲餘日尚不盈六日。淮南子甲子受制之明年。云庚子受制。庚子在甲子後三十六日。是五子受制。歲遷三十六也。七十歲積二千五百二十日。適盈四十二旬周。故復至甲子。至是五子已五十四周矣。

甲子受制。則行柔惠。挺羣禁。開闔扇。通障塞。毋伐木。

元注。甲木也。木王東方。故施柔惠。蟄伏之類出由戶。故開闔扇。通障塞。春木王。故毋伐木也。

丙子受制。則舉賢良。賞有功。立封侯。出貨財。

元注。火用事。象陽明。識功勞。故封建侯。出貨財。

戊子受制。則養老鰥寡。行粰鬻。施恩澤。

元注。土用事。象土長養。故施恩澤也。

庚子受制。則繕牆垣。修城郭。審羣禁。飾兵甲。儆百官。誅不法。

元注。金用事。象金斷割。故誅不如法度也。

壬子受制。則閉門閭。大搜客。

元注.禁舊客.出新客.

斷刑罰.殺當罪.息關梁.禁外徙.案.元寫本.外徙誤作外徒.注同.今從莊刻本改正.

元注.水用事.象冬閉固.故禁外徙也.

甲子氣燥濁.丙子氣燥陽.戊子氣溼濁.庚子氣燥寒.壬子氣清寒.

補曰.春秋繁露治水五行篇云.日冬至七十二日木用事.其氣燥濁而青.七十二日火用事.其氣慘陽而赤.七十二日土用事.其氣溼濁而黃.七十二日金用事.其氣慘淡而白.七十二日水用事.其氣清寒而黑.七十二日復得木.其說木用事有至于立春.火用事有至于立夏之文.以冬至木即用事.立春在其後四十五日.驚蟄前三日.火即用事.立夏在後六十三日故也.其小滿前六日.火用事.立秋前九日.金用事.霜降前九日.水用事.各當王時.故不言至于夏至及立秋立冬也.是甲子明起冬至.而素問陰陽論類篇云.孟春始至.黃帝燕坐.臨觀八極.正八風之氣.而問雷公.雷公對曰.春甲乙青.中主肝.治七十二日.王砅謂孟月春始至.謂立春之日也.則甲子又起立春.故管子五行篇云.日至睹甲子木行御.天子出令.七十二日而畢.睹丙子火行御.天子出令.七十二日而畢.睹戊子土行御.天子出令.七十二日而畢.睹庚子金行御.天子出令.七十二日而畢.睹壬子水行御.天子出令.七十二日而畢.尹知章以日至爲春日氣至也.文耀鉤云.蒼帝受制.其名靈威仰.赤帝受制.其名赤熛怒.黃帝受制.王四季.其名

含紐樞白帝受制，其名白招拒；黑帝受制，其名汁光紀。依此，則甲子起立春爲是。而淮南則五子更迭受制，蓋既有冬至立春二法，即不妨更爲變通耳。又有從七十二日受制之術，推爲求五德日名者。乾鑿度云：孔子曰：至德之數，先立木金水火土德，合三百四歲，五德備。凡一千百日二十歲大終，復初。其求金木水火土德日名之法，道一紀七十六歲，因而四之，爲三百四歲，以一歲三百六十五日四分一乘之，凡爲十一萬一千三十六，以甲爲法除之，餘三十六，以三十六甲子始數，元立算皆爲甲，旁算亦爲甲，以日次次之，毋算者，乃木金火水土德之日也。德益三十六，五德而止。六日名甲子，木德，主春，春生三百四歲；庚子，金德，主秋，成收三百四歲；丙子，火德，主夏，長三百四歲；壬子，水德，主冬，藏三百四歲；戊子，土德，主季夏，致養三百四歲。六子德四正，四正，子午卯酉也，而期四時，凡一千五百二十歲，終一紀。是淮南亦德益三十六，故冬至不常甲子受制也。五歲受制，與一紀無異理耳。

丙子干甲子，蟄蟲早出。

元注：木氣溫，故早出。

補曰：木當爲火。

故雷早行。戊子干甲子，胎夭卵毈。

補曰：說文云：毈，卵不孚也。

鳥蟲多傷。庚子干甲子。有兵。壬子干甲子。春有霜。

補曰此謂甲子七十二日。

戊子干丙子。霆。庚子干丙子。夷。

元注。夷傷也。夷或爲電。

壬子干丙子。雹。甲子干丙子。地動。

補曰此謂丙子七十二日。

庚子干戊子。五穀有殃。壬子干戊子。夏寒雨霜。甲子干戊子。介蟲不爲。

元注。不成爲介蟲也。

補曰前書天文志云戎菽爲。孟康曰。爲成也。

丙子干戊子。大旱。苽封熯。

元注。苽蔣草也。生水上相連持大如薄者也。名曰封。旱燥。故熯也。案。持。莊刻本作特。特。似誤。

補曰此論戊子七十二日。

壬子干庚子。大剛。魚不爲。

元注。不成爲魚。

甲子干庚子，草木再死再生。丙子干庚子，草木復榮。

元注：今八月九月時李桃復榮生實是也。案：李桃，莊刻本作李柰。

戊子干庚子，歲或存或亡。

補曰：此論庚子七十二日。

甲子干壬子，冬乃不藏。

元注：不藏地氣發也。

補曰：木氣溫。

丙子干壬子，星墜。

元注：墜隕。

戊子干壬子，蟄蟲冬出其鄉。庚子干壬子，冬雷其鄉。

補曰：此論壬子七十二日。

季春三月，豐隆乃出，以將其雨。

元注：豐隆，雷也。

至秋三月，

元注。季秋之月

地氣下藏。乃收其殺。百蟲蟄伏。靜居閉戶。

元注。殺氣。

青女乃出。以降霜雪。

元注。青女天神。青皇女。主霜雪也。案。青皇女。莊刻本作青霄玉女。

行十二時之氣。以至于仲春二月之夕。乃收其藏而閉其寒。

元注。收斂其所藏而閉之。

女夷鼓歌。以司天和。以長百穀禽獸草木。案。禽獸。莊刻本作禽鳥。

元注。女夷。主春夏長養之神也。

孟夏之月。以熟穀禾。雄鳩長鳴。爲帝候歲。

元注。雄鳩。蓋布穀也。

是故天不發其陰。則萬物不生。地不發其陽。則萬物不成。

補曰。周禮大宗伯云。以天產作陰德。以地產作陽德。莊周亦言。至陰肅肅。出乎天。至陽赫赫。出乎地。

天圓地方。道在中央。日爲德。月爲刑。

補曰天文志引星備云日者德也月者刑也故曰日食修德月食修刑

月歸而萬物死日至而萬物生

補曰太玄云日一南而萬物死日一北而萬物生

遠山則山氣藏遠水則水蟲蟄遠木則木葉槁日五日不見失其位也聖人不與也

元注與猶說也

日出于暘谷

補曰王逸引作湯御覽作陽

浴于咸池拂于扶桑是謂晨明

元注拂猶過一日至

補曰扶說文作榑

登于扶桑

補曰藝文類聚引有之上二字初學記引有注云扶桑東方之野

爰始將行是謂朏明

元注朏明將明也朏讀若朏諸臯之朏也

至于曲阿。是謂旦明。

元注。平旦。

補曰。初學記引。有注云。曲阿。山名。

至于曾泉。是謂蚤食。

補曰。諸家引至俱作臨。初學記引。有注云。曾。重也。早食時。在東方多水之地。故曰曾泉。

至于桑野。是謂晏食。

補曰。諸書至作次。

至于衡陽。是謂隅中。

補曰。至或作臻。隅舊作禺。

至于昆吾。是謂正中。

元注。昆吾丘在南方。

補曰。文選思玄賦注。以爲高誘注也。至舊作對。

至于鳥次。是謂小還。

元注。鳥次西南之山名也。鳥所宿至。

補曰．至舊作靡還．諸家俱作選．案．御覽．還作遷．此作選．當是遷字誤文．

至于悲谷是謂餔時

元注．悲谷．西南方之大壑．言其深峻．臨其上令人悲思．故曰悲谷．

補曰．餔舊作晡．

至于女紀是謂大還．

元注．女紀．西北陰地．

補曰．至舊作迴．初學記．還作遷．注．西北作西方．案．元寫本初學記．還作遷．亦誤作選．

至于淵虞是謂高春．

元注．淵虞．地名．高春．時加戌．民碓春時也．案．碓．莊刻誤作確．

補曰．至舊作經．虞舊作隅．初學記引．有注云．言尚未冥．上蒙先春曰高春．案．下注象息春．初學記誤作蒙悉春．此蒙字．當亦是象字誤文．

至于連石是謂下春．

元注．連石．西北山名也．言將欲冥．下象息春．故曰下春．連讀腐爛之爛．案．上鳥次注云．西南之山名也．下蒙谷注云．北方之山名也．此處名也．上亦當有之字．莊刻本作連石西北山．疑有脫字．又象息春．元寫本作蒙悉春．誤．今從莊刻本改正．

補曰至舊作頓.

至于悲泉爰止其女爰息其馬是謂縣車.

補曰洪興祖云虞世南引云爰止羲和爰息六螭是謂縣車案徐堅引注云日乘車駕以六龍羲和御之日至此而薄于虞淵羲和至此而廻六螭卽六龍也虞引無末六字山海經云東南海外有羲和之國有女子名曰羲和是生十日常浴于甘泉故日至悲谷云爰止其女也.

至于虞淵是謂黃昏.

補曰文選琴賦注至作入又引高誘注云視物黃也.案御覽至亦作薄.

至于蒙谷是謂定昏

元注蒙谷北方之山名也盧敖所見若士之所也.

補曰至舊作淪

日入于虞淵之汜曙于蒙谷之浦.案御覽引作日入崦嵫經細柳入虞泉之地曙于蒙谷之浦又有日西垂景在樹端謂之桑虞十一字與此異.

元注曙明浦涯.

補曰初學記引注云蒙谷濛汜之水.

行九州七舍有五億萬七千三百九里.

元注．自暘谷至虞淵．凡十六所．爲九州七舍也．

禹以爲朝晝昏夜．

補曰．論衡說日篇云．五月之時．晝十一分．夜五分．六月晝十分．夜六分．從六月往至十一月．月減一分．歲日行天十六道也．王充所說十六道．與此十六所合．然則此即漏刻矣．日有百刻．以十六約之．積六刻百分刻之二十五．而爲一所．二分晝夜平．各行八所．二至晝夜短長極．則或十一與五．而分至之間．以此爲率．而損益焉．尚書正義．馬融云．古制刻漏．晝夜百刻．晝長六十刻．夜短四十刻．晝短四十刻．夜長六十刻．晝中五十刻．夜亦五十刻．今置二分之漏五十刻．十之．如六刻百分刻之二十五而一．適得八所．夏至則多八刻百分刻之七十五．冬至則少百刻百分刻之七十五．所以然者．夏至晝六十刻．謂日出寅末．入戌初．而此出寅中．入戌中．冬至晝四十刻．謂日出辰初．入申末．而此出辰中．入申中．各較三十度故也．蓋蒙谷子也．暘谷癸丑間也．咸池艮也．扶桑寅甲間也．曲阿卯也．曾泉乙辰間也．桑野巽也．衡陽巳丙間也．昆吾午也．鳥次丁未間也．悲谷坤也．女紀申庚間也．淵虞酉也．連石辛戌間也．悲泉乾也．虞淵亥壬間也．其命名之義．因此可想．虞淵蒙汜諸名．見于楚詞．而尚書言暘谷．洵乎其傳古矣．

夏日至．則陰乘陽．是以萬物就而死．冬日至．則陽乘陰．是以萬物仰而生．晝者陽之分．夜者陰之分．是以陽氣勝．則日修而夜短．陰氣勝．則日短而夜修．

補曰此下道藏本接帝張四維爲是別本脫誤在後

帝張四維運之以斗

元注運旋也 案莊氏逵吉云太平御覽有注云帝天帝也

月徙一神復反其所

補曰神當爲辰

正月指寅十二月指丑一歲而帀終而復始指寅則萬物螾

元注螾動生貌

補曰律書云寅言萬物始生螾然也漢志云引達于寅說文螾側行者螾或從引則螾有引義 案萬物螾各本與莊本皆同惟御覽作螾螾也莊刻本從之此蓋從藏本

律受太簇太簇者簇而未出也

補曰漢志云族奏也周語云所以金奏贊陽出滯也注賈唐云太簇正聲爲商故爲金奏白虎通云族湊也聚也是簇蔟族同義謂奏聚而欲上出也奏又即湊矣 案御覽引作湊而未出也下有注云太簇正月律此注正與相合

指卯卯則茂茂然

補曰律書云卯之言茂也漢志云冒茆于卯說文卯冒也二月萬物冒地而出象開門之形白虎通云

卯茂也。案說文又云。茂草豐𠙽。莤草也。則莤茂同義。冒猶莤也。

律受夾鐘。夾鐘者。鐘始夾也。

補曰。白虎通云。夾孚甲也。言萬物孚甲。種類分也。釋名云。甲孚也。萬物解孚甲而生也。是夾即甲。案御覽有注云。夾鐘二月律。

指辰。辰則振之也。

補曰。漢志云。振羨于辰。說文。辰震也。三月陽氣動。雷電振。民農時也。物皆生。

律受姑洗。姑洗者。陳去而新來也。

補曰。白虎通云。姑故也。是姑爲陳。洗即灑。古先西通。趙世家。先俞于趙。徐廣曰。爾雅。西俞雁門。是也。西滌也。故新來。灑又通禊。潔祀也。故周語云。故洗所以修潔百物。考神納賓也。即陳去新來之義。案御覽引有注云。姑洗三月律。

指巳。巳則生巳定也。

補曰。漢志云。巳盛于巳。釋名云。巳已也。陽氣畢布已也。律書云。巳者言陽氣之已盡也。詩斯干。似續妣祖。箋云。似讀如巳午之巳。巳續妣祖者。言巳成其宮廟也。則古讀巳午字若㠯。佀亦㠯聲。故鄭讀佀爲巳午之巳。已又語詞。故古俱訓爲語詞之巳也。

律受仲呂．仲呂者．中充大也．案．律受仲呂四字．元寫本脫．今從莊刻本補．

補曰．白虎通云．言陽氣將極中充大也．周語云．宣中氣也．說文云．仲．中也．案．御覽引有注云．仲呂．四月律．

指午．午者忤也．

補曰．律書云．午者陰陽交．大射儀云．若丹若墨．度尺而午．注謂一從一橫曰午．即陰陽交也．說文云．五．五行也．从二．陰陽在天地間交午也．此古文五省．是午即五．故五月謂午．說文又云．午．啎也．屈原傳．重華不可啎兮．集解．王逸云．啎．逆也．索隱曰．楚辭作遻．漢志云．遻布于午．遻即啎矣．此啎字亦當爲啎．作忤者．流俗傳寫使然．遻之言遇．易曰．遘．遇也．天地相遇．品物咸章是也．

律受蕤賓．蕤賓者．安而賓也．

補曰．周語云．所以安靖神人．獻酬交錯也．律書云．言陰氣幼少．故曰蕤．痿陽不用事．故曰賓．案．釋名云．委萎也．萎蕤就之也．萎蕤．猶蕤痿矣．說文云．蕤．草木實甤甤也．讀若綏．蕤．草木華垂貌．从艸．甤聲．是蕤即綏．樛木傳．綏．安也．故蕤爲安．案．御覽引有注云．蕤賓．五月律．

指未．未．昧也．

補曰．漢志云．昧薆于未．釋名云．昧也．日中則昃．向幽昧也．案．御覽．昧作味．與此義異．

律受林鐘．林鐘者．引而止之也．

補曰、說文云、綝、止也、从糸林聲、是林即綝、案、御覽引有注云、林鐘六月律、

指申、申者呻之也、

補曰、律書云、言陰用事、申賊萬物、說文云、呻吟也、釋名云、吟嚴也、其聲本出于憂愁、使人聽之淒歎也、然則呻之者、謂陰氣賊物、物呻吟也、申申朿之安世房中歌敕身齋戒施敎申申是也、

律受夷則、夷則者易其則也、德以去矣、

補曰、律書云、夷則者、言陰氣之賊萬物也、徐廣曰、一作則、漢志云、則、法也、言陽氣正法度而使陰氣夷當傷之物也、然左傳言毀則爲賊、故陰氣賊物爲夷則、陰氣賊物易其則之謂也、德已去矣者、管子四時篇云、德始于春長于夏、刑始于秋流于冬、然則七月刑之始、故德去也、案、御覽引有注云、夷則七月律、

指酉、酉者飽也、

補曰、律書云、酉者萬物之老也、漢志云、畱孰于酉、說文云、酉、就也、八月黍成、可爲酎酒、是即飽之義也、

律受南呂、南呂者任保大也、

補曰、漢志云、南任也、言陰氣旅助夷則、任成萬物也、尙書大傳云、南方者任方也、說文云、南、草木至南方有枝任也、方言戴鵟一名戴南、是南即任、案、御覽引有注云、南呂八月律、

指戌、戌者滅也、

補曰．律書云．戌者．言萬物盡滅．漢志云畢入于戌．說文云．戌．滅也．九月陽氣微．萬物畢成．陽下入地也．五行志．土生于戌．盛于戌．从戊含一．威滅也．从火戌聲．火死于戌．陽氣至戌而盡滅也．故戌言滅．

律受無射．無射者入無厭也．

補曰．漢志云．射厭也．言陽氣究物．而使陰氣畢剝落之．終而復始．亡厭已也．爾雅釋詁．射．豫厭也．故無射言無厭．案．御覽引．有注云．無射九月律．

指亥．亥者閡也．

補曰．律書云．亥者．該也．言陽氣藏于下．故該也．漢志云．該閡于亥．說文云．亥．荄也．荄．草根也．閡．外閉也．然則萬物歸根．兼晐而外閉之．故曰閡也．該與晐通矣．

律受應鐘．應鐘者應其鐘也．

補曰．周語云．均用利器．俾應復也．律書云．陽氣之應．不用事也．漢志云．言陰氣應亡射．該藏萬物而雜陽閡種也．案．御覽引．有注云．應鐘十月律．

指子．子者茲也．

補曰．律書云．子者．滋也．滋者．萬物滋于下也．漢志云．孳萌于子．說文云．子．十一月．陽氣動．萬物滋．入以爲偁．㒸籀文子．茲．汲汲生也．㒸籀文孳．滋．益也．𦬁．草木益多．是滋茲同義．皆謂孳也．孳从子．故子言孳．

律受黃鐘黃鐘者鐘已黃也

補曰律書云言陽氣踵黃泉而出也周語云夫六中之色也故命之曰黃鐘韋昭云六者天地之中天有六氣降生五味天有六母地有六子十一而天地畢矣而六爲中黃中之色也鐘之言陽氣鐘聚于下也說文云黃地之色也从田从炗炗古文光然則六亦地也陽氣鐘于地中故黃坤六五黃裳案御覽引

有注云黃鐘十一月律

指丑丑者紐也

補曰律書云言陰氣在上未降萬物厄紐未敢出漢志云紐芽于丑說文云十二月萬物動用事象手之形時加丑亦舉手時也紐系也一曰結而可解則厄紐紐牙同義

律受大呂大呂者旅旅而去也

補曰周語云助宣物也漢志云呂旅也言陰大旅助黃鐘宣氣而牙物也說文云呂膂骨也昔太岳爲禹心呂之臣故封呂侯膂篆文呂是呂即膂膂省爲旅也旅旅而去猶言進旅退旅矣旅徒旅也案御覽引

有注云大呂十二月律

其加卯酉則陰陽生日夜平矣故曰規生矩殺衡長權藏繩居中央爲四時根

補曰漢志云權與物鈞而生衡衡運生規規圓生矩矩方生繩繩直生準準正則平衡而鈞權矣是爲

五則。以陰陽言之。太陰者。北方伏方也。陽氣伏于下。于時爲冬。冬終也。物終藏乃可稱。水潤下。知者謀。謀者重。故爲權也。太陽者。南方。南任也。陽氣任萬物于時爲夏。夏假也。物假大乃宣平。火災上。禮者齊。齊者平。故爲衡也。少陰者。西方。西遷也。陰氣遷落物于時爲秋。秋揫也。物揫斂乃成就。金從革。改更也。義者成。成者方。故爲矩也。少陽者。東方。東動也。陽氣動物于時爲春。春蠢也。物蠢生乃動運。木曲直。仁者生。生者圓。故爲規也。中央者。陰陽之內。四方之中。經緯通達。乃能端直于時爲四季。土稼穡蕃息。信者誠。誠者直。故爲繩也。

道曰規始于一。一而不生。故分而爲陰陽。陰陽和合。而萬物生。故曰一生二。二生三。三生萬物。

補曰。老子文。

天地三月而爲一時。故祭祀三飯以爲禮。喪紀三踊以爲節。兵重三罕以爲制。以三參物。三三如九。故黃鐘之律九寸而宮音調。

元注。調和也。

因而九之。九九八十一。故黃鐘之數立焉。

補曰。管子地員篇云。凡將起五音凡首。先主一而三之。四開以合九九。以是生黃鐘小素之首以成宮主。一而三之者。置一而三之也。四開以合九九者。置一而四三之也。三爲一開。九爲二開。二十七爲三開。八十一爲四開。故曰以合九九則黄鐘之積也其長爲百分尺之九十分。故漢志云。九十分黄鐘之長。一爲一分。十分爲寸十寸爲尺而唐都落下閎造太初曆亦曰律容一籥積八十一寸則一日之分也。史記言黄鐘八寸十分一則約九十分爲八十一分使外體中積相應以便布算而後人言史記用十分寸。漢志用九分寸。誤矣淮南寸法。與史記漢志同。

黄者土德之色。鐘者氣之所種也日冬至德氣爲土。土色黄故曰黄鐘。

補曰漢志云。黄者中之色君之服也。鐘者種也天之中數五五爲聲聲上宮。五聲莫大焉。地之中數六。六爲律。律有形有色色上黄五色莫盛焉故陽氣施種于黄泉孳萌萬物爲六氣元也以黄色名元氣律者著宮聲也是冬至爲元氣之始黄鐘宮應焉故以爲名而季夏亦中黄鐘之宮者此則七十二日。五子受制之術。當是吹律聽聲而得之故曰律中。蓋立春甲子受制則穀雨前三日丙子受制。小暑前六日戊子受制。白露後六日庚子受制。小雪後三日壬子受制。合之月令所云其日甲乙其日丙子者。無不相應。則季夏自中黄鐘之宮也若以冬至爲黄鐘之宮則出于候氣。謂之隨月律。律管最長十二宮聲中亦最尊故與元氣相應。然二法雖異理實相通何者冬至時候氣既效即吹律亦無不中可知。而季夏候氣。則用林鐘耳。樂聲儀云。作樂制禮時。五音使于上元戊辰夜半冬至北方子。鄭玄注云。戊辰土位。土爲宮宮爲君故作樂尙之以爲君也。夜半子。以天時之始稽命徵起于太素十一月閼逢之

月歲在攝提格之紀是云作樂制禮蓋作樂則有禮通其反耳東漢時所云攝提格之歲未必太歲即在丙子要是黃鐘起于冬至則正有其本耳

律之數六分爲雌雄故曰十有二鐘以副十二月

補曰呂氏春秋五月紀曰黃帝又命伶倫與榮將鑄十二鐘以和五音隋志以爲即鎛鐘每鐘垂一簨虡各應律呂之音徐景安謂之律鐘大司樂注國語曰律所以立均出度也古之神瞽考中聲而量之以制度律均鐘言以中聲定律以律立鐘之均是謂律鐘唐志鎛鐘十二在十二辰之位而尙書大傳云天子左五鐘右五鐘鄭注謂天子宮縣黃鐘蕤賓在南北其餘則在東西賈公彥以爲十二零鐘非鎛鐘也淮南十二鐘知即律鐘賈誼新書六術篇曰一歲十二月分而陰陽各六月是以聲音之器十二鐘鐘當一月其六鐘陰聲六鐘陽聲是也

十二各以三成故置一而十一三之爲積分十七萬七千一百四十七黃鐘大數立焉

補曰前漢志云太極元氣函三爲一極中也元氣行于十二辰始動于子參之于丑得三又參之于寅得九又參之于卯得二十七又參之于辰得八十一又參之于巳得二百四十三又參之于午得七百二十九又參之于未得二千一百八十七又參之于申得六千五百六十一又參之于酉得萬九千六百八十三又參之于戌得五萬九千四十九又參之于亥得十七萬七千一百四十七

凡十二律。黃鐘爲宮。太簇爲商。姑洗爲角。林鐘爲徵。南呂爲羽。

補曰。五音配五行。正五方。而律之長短聲之清濁。實爲五音之序。宮最長而濁。商次長亦次濁。角長短清濁半。徵次短亦次清。羽最短而清。十二均皆然。

物以三成。音以五立。三與五如八。故卵生者八竅。律之初生也。寫鳳之音。故音以八生。

補曰。呂氏春秋五月紀曰。昔黃帝令伶倫作爲律。伶倫自大夏之西。乃之阮隃之陰。取竹于嶰谿之谷。以生空竅厚鈞者。斷兩節間。其長三寸九分而吹之。以爲黃鐘之宮。吹曰舍少。次（案吹曰或作吹日今從畢氏校刊呂覽據說苑定作曰。）制十二筒。以之阮隃之下。聽鳳皇之鳴。以別十二律。其雄鳴爲六。雌鳴亦六。以比黃鐘之宮。適合。黃鐘之宮。皆可以生之。故曰黃鐘之宮。律呂之本。前漢志云。陰陽相生。自黃鐘始而左旋。八八爲五。孟康曰。從子數辰至未得八。下生林鐘。數未至寅。上生太簇。律上下相生。皆以此爲率。按十二律之次。黃鐘子。林鐘丑。太簇寅。南呂卯。姑洗辰。應鐘巳。蕤賓午。大呂未。夷則申。夾鐘酉。無射戌。中呂亥。是隔一相生也。故六十律黃鐘宮後。即以應鐘無射爲宮。無射之商黃鐘也。則用半律。何則。十二律長短相間。至中宮而窮。黃鐘半律在無射中呂之次。故以爲商。若以十二律直十二月。則林鐘南呂應鐘大呂夾鐘中呂。各居其衝而得隔八相生之次。其律則自長而短。至應鐘而窮矣。前法是陽下生陰上生。後法則蕤賓夷則無射陽上生。大呂夾鐘中呂陰下生。故林鐘南呂應鐘退居西北。而大呂夾鐘中呂進居東南也．

黃鐘爲宮宮者音之君也．故黃鐘位子．其數八十一．

補曰．黃鐘體中之積也．漢志．橫黍九十分爲長用以除積．則九分爲圓冪．依密術求方冪．得十一分四十五釐九十豪開方得三分三釐八豪五絲一忽爲徑．更以密術求圓周得十分零六釐三豪四絲六忽．十二律皆用此圍徑而遞減其長．故算術必先定黃鐘之圍徑也．以此律圍乘九寸之長．實得九十五寸七分一釐一豪四絲爲體．周而能容千二百黍．孟康以九分爲圍．以圍乘長得積八十一寸．則體周過小．晉宋隋唐間依以制律．皆不能容千二百黍．其明驗也．

主十一月．下生林鐘．林鐘之數五十四．

補曰．林鐘體中之積也．置黃鐘之數二．因而三除之．得此數．以術推之．一寸之積．實有九寸．則林鐘六寸．積五十四寸也．以九約六寸．則長亦五十四分．律書云五寸十分四．

主六月．上生太簇．太簇之數七十二．

補曰．太簇體中之積也．置林鐘之數四．因而三除之．得此數．以上三律十分爲寸．則數爲積寸．九分爲寸．則數爲積分．皆得相應．故古人以當天地人三才．其餘則不能密合矣．要之數兼分寸．則俱同也．淮南獨言數者．以此．律書云．七寸十分二．

主正月。下生南呂。南呂之數四十八。

補曰。置太簇之數二。因而三除之。得此數。續志南呂律五寸三分小分三強。今以九乘之。得四十八微弱。以強補弱。即得整數。九除四十八。亦得彼數。律書云。四寸十分八。

主八月。上生姑洗。姑洗之數六十四。

補曰。置南呂之數四。因而三除之。得此數。續志姑洗律七寸一分小分一微強。今以九乘之。得六十四寸微弱。以強補弱。亦得整數。九除六十四。亦得彼數。此二律強弱相補。數猶適合于黃鐘宮。則羽角也。餘唯無射一律。適合陽律之終。其他則否矣。律書云。六寸十分四。

主三月。下生應鐘。應鐘之數四十二。

補曰。置姑洗之數二。因而三除之。得此數。續志應鐘律四寸七分小分四微強。今以九乘之。得四十二寸六分六釐。九除四十二。得四寸六分六釐。尚有三之二。是彼之積寸較多。此之積分較少也。彼是實數。此則不能無所棄。法使之然也。律書云。四寸二分三分二。

主十月。上生蕤賓。蕤賓之數五十七。

補曰。置應鐘之數四。因而三除之。當爲五十六。以前有所棄。故此益其一也。續志蕤賓律六寸三分小分二微強。今以九乘之。得積五十六寸九分弱。此收九分弱爲一寸。所謂半法以上亦得一也。積寸如此積分可知．九除五十七．得六寸三分小分三．尙有三分一．則益一整數之故．律書云．五寸六分三分一．

主五月．上生大呂．大呂之數七十六．

補曰．漢志作下生大呂．生半律也．此云上生．生正律也．大呂夾鐘中呂．以陰律而主夏至以前之月．故必上生．大呂之數七十六者．置蕤賓之數四．因而三除之．得此數．續志大呂律八寸四分小分三弱．今以九乘之．得積七十五寸八分半強．九除七十六．得長八寸四分小分四半弱．皆以蕤賓所收稍多之故．古人只取整數．不得不然．律書云．七寸五分三分一．

主十二月．下生夷則．夷則之數五十一．

補曰．漢志作上生夷則．亦生正律也．夷則無射雖陽律．而主夏至後之月．故此從下生．夷則之數五十一者．置大呂之數二因而三除之．當爲五十又三分之二．在半法以上．故收爲一也．續志夷則律五寸六分小分二弱．今以九乘之．得積五十寸六分弱．九除五十一．得長五寸六分小分六又三分二也．律書云．五寸四分三分二．案．亦生正律也．正當作倍．作正者．傳寫誤也．漢志．上生〻〻而倍之．下生〻〻而損之．皆以九爲法．依術推之．正得一尺一寸二分有奇．倍律若作正律．是用下生法．非漢志所云上生矣．又二因而三除之．二誤書作四．律書云．五寸四分三分二．誤脫四分二字．今幷校正．

主七月．上生夾鐘．夾鐘之數六十八．

補曰漢志云下生夾鐘亦生半律夾鐘之數六十八者置夷則之數四因而三除之得此數續志夾鐘律七寸四分小分九微强今以九乘之得積六十七寸四分小分一强九除六十八得長七寸五分小分五尚有九之五也律書云六寸七分三分二

主二月下生無射無射之數四十五

補曰漢志作上生無射之數四十五者置夾鐘之數二因而三除之得此數尚有三之一則棄之續志無射律四寸九分小分九强今以九乘之當爲四十五弱以强補弱故得積四十五其一分不容不棄矣九除四十五得長五寸亦與續志近律書云四寸四分三分二

主九月上生仲呂仲呂之數六十

補曰漢志云下生仲呂仲呂之數六十者置無射之數四因而三除之得此數以九乘之得積五十九寸七分半强此收其餘分故六十也前有所棄後必收之與蕤賓同九除六十得長六寸六分小分六又三之二則所收過多也以上十二律用九分十分二寸法互算有合有否十分寸爲實九分寸爲變法故九分爲寸有棄有收而淮南用九不用十者有故焉十二律自長至短以次而殺九分爲寸黄鐘長于蕤賓二十四是每月減四也應鐘短于中呂十八是每月減三也以此爲通率則不妨有棄有收十分爲寸則所減無通率矣此淮南之所以用九不用十也律書云五寸九分三分二

主四月．
補曰．十二律主十二月．由于候氣．律者．述陽氣之管也．故所候皆為陽氣．十一月．陽氣動于黃泉．入地
中八寸十分一．故以黃鐘候之．十月．陽氣窮于地上．迫地面四寸十分二．故以應鐘候之．應鐘短于黃
鐘三寸十分九．盈月得冬至．則當以三寸十分九．減本律三分．為黃鐘氣應之限．中間四寸十分二．即
陽氣從下而上之處也．而五月陰生之始．蕤賓短於黃鐘二寸十分四．長于應鐘．減過之數一寸十分
八．是陽氣之長．其數二十四．陽氣之消．其數一十八．中間四十二．又即消長之總數也．陰氣消長之數
如陽．其初陰上陽下．與黃鐘應．經六月而陽長二十四．則陰至黃鐘之分．是時陽上陰下．與蕤賓應．經
六月而陽消一十八．則陰至蕤賓之分矣．蓋陽氣初長時．陰氣適滿二十四．至消為一十八．則陽滿二
十四矣．陰氣初長時．陽氣適滿二十四．至消為一十八．則陰滿二十四矣．應鐘氣應逾月．而後黃鐘氣
應．此應鐘之所以為應鐘也．以十二律論之．黃鐘減五．為大呂．此陽氣之驟長也．自後每月減四．至中
呂．則減三．為蕤賓．所長微矣．自蕤賓以後．月減三分．五月至應鐘．盈月又減三．而陽氣復萌矣．蓋陰陽
二氣．初長時皆驟長五分．未消時已暗消一分．故二至之月．俱至黃鐘蕤賓之分也．應鐘倍律長于黃
鐘三分．減之即得黃鐘．猶減中呂三分．而為蕤賓．皆氣應盈月之驗也．呂覽黃鐘長三寸九分．即減應
鐘正律所得．其義亦然．而自古無悟及者．何歟．或說黃鐘以後六律候陽氣．蕤賓以後六律候陰氣．此

殊不然。周易卦氣自下而上。律氣亦然。蕤賓之月。陽氣自黃鐘而進。正滿二十四分。而可謂之陰氣乎。律之用減不用增。皆由陽氣之自下而上爲之也。故曰述陽氣之管。且陽動陰靜。灰之飛也。非其證乎。然則何以律有陰陽。曰律之陰陽。從十二辰名之。在陽曰陽律。在陰曰陰律而已。

極不生。

補曰。不舊作下。今依晉志所引改。宋書注云。極不生。鐘律不復能相生。疑采元注。然極不生者。不生黃鐘全律也。黃鐘之半律。則生之矣。何者。旋宮之法。黃鐘爲商角徵羽。爲變宮變徵。必用半律。非中呂生之而誰生乎。置中呂之數二。因而四除之。止積四十。未盈八十一之半。然應鐘益一而生蕤賓。則中呂不可益之而生黃鐘乎。益四分分之三。則能生矣。由是黃鐘自相生。而半律備。則旋宮之用不窮。依續漢志十分寸。則倍中呂之實爲二十六萬二千一百四十四分一。以三除之。止八萬七千三百八十一又三分一。半黃鐘之實。有八萬八千五百七十三又十之五少一千一百九十二有奇。則誠不足以生黃鐘。因而上生。執始此二法之所以始通而終判也。淮南用六十律。唯以正半相參。與京房異。則中呂必生黃鐘。

宮生徵。徵生商。商生羽。羽生角。角生應鐘。

補曰。晉志所引如此。舊作徵生宮。宮生商。商生羽。羽生角。角生姑洗。姑洗生應鐘。誤也。

比於正音。故爲和。

元注。應鐘十月也。與正音比。故爲和。和從聲也。一曰和也。

補曰。注中故字。宋書應作效。從字引作徙。

應鐘生蕤賓。不比正音。故爲繆。

補曰。宋書采元注云。繆。音相干也。周律故有繆和。爲武王伐紂七音也。案應鐘黃鐘之變宮。蕤賓黃鐘之變徵。謂之變宮變徵者。六十律旋宮。則黃鐘宮姑洗角下生應鐘宮。應鐘爲宮。復下生蕤賓徵。今八十四聲旋宮。以應鐘宮二律歸入黃鐘宮。應鐘比黃鐘半律稍下。蕤賓比林鐘正律稍下。故云變也。云和繆者。五音宮最長。商角徵羽以次而殺。律長則聲濁。律短則聲淸。故月令注云。宮最濁。商次濁。角淸濁半。徵次淸。羽最淸。此變宮從角下生。是淸于羽也。順次而降。故爲和。變徵從變宮上生。是濁于徵也。逆抗而升。故爲繆。是以祖孝孫八十四調之法。一宮二商三角四變徵五徵六羽七變宮。而以變宮爲淸宮。變徵爲正徵。云淸宮是也。正徵當云濁徵。十二律皆有二變。此特舉其一耳。

日冬至音比林鐘。浸以濁。日夏至音比黃鐘。浸以淸。

補曰。周語韋昭注云。十一月黃鐘。乾初九也。十二月大呂。坤六四也。正月太簇。乾九二也。二月夾鐘。坤六五也。三月姑洗。乾九三也。四月中呂。坤上六也。五月蕤賓。乾九四也。六月林鐘。坤初六也。七月夷則。

乾九五也。八月南呂。坤六二也。九月無射。乾上九也。十月應鐘。坤六三也。乾鑿度云。乾貞于十一月子。左行陽時六。坤貞于六月未。右行陰時六。注謂陰則退一辰者。謂左右交錯相避。此所云即其義也。而又反用之。何則。冬至本在子。今從坤初之例。退居于未。自後一氣歷一辰。則六中氣當坤六爻矣。夏至本在午。今從乾初之例。進居于子。自後一氣歷一辰。則六中氣當乾六爻矣。冬至後欲察陰。故轉比坤六律。夏至後欲察陽。故轉比乾六律。自林鐘至應鐘。用正律。黃鐘至蕤賓。用半律。則音漸清。因清知濁。故曰音漸濁。陽長故也。若十二辰俱用正律。亦音漸清。就清知清。故直曰音漸清。陰長故也。此必合前二十四時所比之音論之。其理方明。蓋前冬至比黃鐘。小寒比應鐘。黃鐘用半律。則音漸濁。即此比林鐘後所知也。前夏至亦比黃鐘。小暑比大呂。黃鐘用正律。亦音漸清。即此比黃鐘後所知也。冬至何以用半律。夏至何以用正律。以夏至戊子受制。律中黃鐘之宮也。

以十二律應二十四氣之變。案。二十四氣。莊刻本作二十四時。

補曰。一律當一氣。前二法俱非月律之正。故曰變。

甲子仲呂之徵也。丙子夾鐘之羽也。戊子黃鐘之宮也。庚子無射之商也。壬子夷則之角也。

補曰。五子皆謂黃鐘。各居其宮。則各應其聲。以律配日。則黃鐘適配五子。始于戊子。卒于丁亥。而六十律成矣。甲子爲中呂之徵者。中呂爲亥十月也。大雪之末日也。下生黃鐘半律。甲子冬至。黃鐘應中呂爲宮則黃鐘爲徵矣丙子爲夾鐘之羽者丙子在甲子後第十三日其前三日律直夾鐘夾鐘爲宮則黃鐘爲羽戊子爲黃鐘之宮者戊子在甲子後第二十五日黃鐘自爲宮庚子爲無射之商者庚子在甲子後第三十七日其前二日律直無射無射爲宮則黃鐘爲商壬子爲夷則之角者壬子在甲子後第四十九日其前五日律直夷則夷則爲宮則黃鐘爲角甲有六而子惟五故止有五子五子中惟戊子用全律餘俱半律全律尊不爲商角徵羽也六十律一周則雨水矣又十二日而得丙子故丙子起驚蟄前三日又一周則將穀雨矣又十二日而得戊子故戊子起小滿前六日又一周則將小暑矣又十二日而得庚子故庚子起大暑後六日又一周則過白露矣又十二日而得壬子故壬子起寒露後三日此七十二日五子受制之律也而冬至爲徵則其餘皆爲徵是故丙子後三日爲驚蟄太簇之南呂也戊子後六日爲小滿則應鐘之蕤賓也庚子後六日爲大暑亦應鐘之蕤賓也壬子前三日爲寒露則夷則之夾鐘也至復于甲子則歲周矣甲子起于冬至易稽覽圖云甲子卦氣起中孚是也戊子亦在大暑前六日是爲季夏故月令云中央土其日戊己其音宮律中黃鐘之宮蓋六十日旬周與七十二日受制均得通也乾鑿度云日十干者五音也注謂甲乙角也丙丁徵也戊己土也庚辛商也壬癸羽也此論其正法旋宮則以甲己爲徵乙庚爲商丙辛爲羽丁壬爲角戊癸爲土柔日從剛則惟宮商不變此其所以爲宮商也太玄云甲己之數九乙庚八丙辛七丁壬六戊癸五律書云上九商八羽

七角六宮五徵九皆謂是也注者不知故別釋之

古之爲度量輕重生乎天道黃鐘之律修九寸物以三生三九二十七故幅廣二尺七寸

元注古者幅比皆然也

補曰說文云幅布帛廣也食貨志布帛廣二尺二寸爲幅鄭志二尺四寸爲幅與此異

音以八相生故人脩八尺尋自倍故八尺而爲尋

補曰說文云周制以八寸爲尺十尺爲丈人長八尺故曰丈夫又曰周制寸尺咫尋常仞諸度皆以人之體爲法然則尋即周之丈也人布指知寸布手知尺舒肘知尋人脩一尋故曰丈夫周禮典瑞璧羨以起度玉人璧羨度尺好三尺以爲度康成云徑廣八寸袤一尺是八寸爲尺起于璧廣十寸之尺則其羨也獨斷曰夏以十三月爲正十寸爲尺殷以十二月爲正九寸爲尺周以十一月爲正八寸爲尺

有形則有聲音之數五以五乘八五八四十故四丈而爲匹

補曰說文云匹四丈也八揲一匹然八別也匹往相辟耦也是判八爲四合四成八匹從匸匸讀若傒藏也匹藏八義故又从八揲取也取物以五數故四丈爲匹耳案說文匸袤徯有所俠藏也讀與傒同非讀若俠藏也疑此傳寫有誤

匹者中人之度也一匹而爲制

補曰杜子春云制謂匹長然制匹爲衣故匹言制左傳云晳幘而衣貍製又云陳子衣製皆謂衣製與

制通。故說文同訓裁也。

秋分蔈定，蔈定而禾熟。案：禾熟，莊刻本作禾穗。

元注蔈禾熟粟孚甲之芒也。定者成也。故曰禾熟。蔈讀如詩有貓有虎之貓。古文作秒也。

補曰宋志作禾穗。注云穗禾穗芒也。說文云蔈苕之黃華也。一曰末也。秒禾芒也。是蔈秒通。說文稱下注云春分而禾生。日夏至晷景可度。禾有秒。秋分而秒定。律數十二秒而當一分。十分而寸。其以爲重。十二粟爲一分。十二分爲一銖。故諸程品皆從禾。

律之數十二，故十二蔈而當一粟，十二粟而當一寸。律以當辰，音以當日月之數。

元注十從甲至癸日

故十寸而爲尺，十尺而爲丈。其以爲量，十二粟而當一分。

元注分言其輕重分銖也。

補曰說文云稱銓也。从重省。故淮南以輕重爲量。

十二分而當一銖，十二銖而當半兩。衡有左右，因倍之，故二十四銖爲一兩。天有四時，以成一歲，因而四之，四四十六，故十六兩而爲一斤。三月而爲一時，三十日爲一月，故三十斤爲鈞。四時而爲一歲，故四鈞爲一石。

補曰．漢志云．度者．分寸丈尺引也．本起黃鐘之長．以子穀秬黍中者．一黍之廣．度之九十分．黃鐘之長．一爲一分．權者．銖兩斤鈞石也．本起于黃鐘之重．一龠容千二百黍．重十二銖．兩之爲兩．量者．龠升合斗斛也．本起于黃鐘之龠．合龠爲合．則一黍爲分．十黍爲寸．百黍爲尺．千黍爲丈．萬黍爲引．此五度之積也．百黍爲銖．二千四百黍爲兩．三萬八千四百黍爲斤．百一十五萬二千黍爲鈞．四百六十萬八千黍爲石．此五權之積也．千二百黍爲龠．二千四百黍爲合．二萬四千黍爲升．二十四萬黍爲斗．二百四十萬黍爲斛．此五量之積也．淮南以權爲量．即是以權準量．半兩爲龠．一兩爲合．十兩爲升．六斤四兩爲斗．六十二斤八兩爲斛．而數起於十二蘽．則百四十四．而當漢志之十也．此寸有十二粟．彼寸有十黍．蓋是粟小于黍耳．

其爲音也．

補曰．舊本爲上有以字．此從晉志所引．案．莊刻本有以字．

一律而生五音．十二律而生六十音．

補曰．續漢志載京房六十律相生之法．曰．陽下生陰．陰上生陽．終于中呂．而十二律畢矣．中呂上生執始．執始下生去滅．上下相生．終于南事．六十律畢矣．其法近淮南所言．而實異．何者．淮南云．中呂極不生．又云．甲子．中呂之徵也．謂不生正律．生半律．黃鐘短于中呂也．房則中呂生執始．中呂爲宮．執始爲徵。執始律長。反過中呂。一也。姑洗之依行。當下生應鍾宮律。黃鍾之包育。當自中呂上生。而房則依行上生包育。非隔八相生之法。二也。六十律當終于中呂宮中。而房則終于蕤賓之南事。三也。又六十律各主一日。而房則參差不齊。四也。在房自有義例。不得云誤。然實非古旋宮之法

因而六之。六六三十六。故三百六十音以當一歲之日。

補曰。隋志云。宋錢樂之因京房南事之餘。更生三百律。至梁博士沈重。依淮南本數。用京房之術求之。得三百六十律。各因月之本律以爲部。以一部律數爲母。以一中氣所有日爲子。以母命子。隨所多少。各一律。所建日辰分數也。以之分配七音。案重雖据淮南。其法亦異。淮南三百六十律。即用六十律。而六十律又即十二律。兼正半。亦止二十四。無三百六十也。何者。有二十四律。即可旋宮爲六十律。無待他律也。且律以當日。六十日之外。寧有他日乎。其所以不爲他律者。亦以應鍾生蕤賓。中呂一半生黃鍾。至于中呂之半。則其數窮矣。房術中呂不能生黃鍾。因生執始。至于南事。而其數不窮。則雖爲三百六十律。猶不窮也。特以當一歲之日。則不復相生耳矣。

故律曆之數。天地之道也。下生者倍。以三除之。上生者四。以三除之。

元注。鐘律上下相生。誘不敏也。

補曰。誘。河東高氏名也。注出其手。故云耳。上下相生之法。即律書所云。以下生者倍其實。三其法。以上

生者四其實三其法也是先乘後除法大師職鄭注云下生者三分去一上生者三分益一乃是先除後除法漢志又言上生六而倍之下生六而損之皆以九爲法又是加二倍法矣管子地員篇是其所本也

太陰元始建于甲寅

補曰此太陰在閼蒙攝提格之歲非太歲也天官書曰前列直斗口三星隋北端兌若見若否曰陰德或曰天一淮南本篇以天一爲太陰是太陰即陰德矣于辰直卯歲星居丑太歲在子以丑加子則太陰在寅歲星居子太歲在丑以子加子則太陰在卯由是歲徙一辰歲星常加子矣此太陰紀年之義也案于辰直卯歲星居丑太歲在子以丑加子則太陰在卯由是歲徙一辰歲星常加子矣當作于辰直卯歲星居子太歲在丑以丑加子則太陰在寅歲星居丑太歲在子以子加丑則太陰在卯云云所由知其然者太陰在卯則歲行三宿正在玄枵太歲正在星紀以丑加子則太陰在寅太陰在寅則歲行二宿正在星紀太歲正在玄枵以子加丑則太陰復在卯矣歲徙一辰至十二歲而一周其明年則歲星乃在玄枵故曰常加子矣太陰與太歲左行歲星右行故推合如是此當是傳寫誤也

一終而建甲戌二終而建甲午三終而復于甲寅之元

補曰千五百二十歲爲大終其餘數二十凡言終者皆舉餘數也三終則餘數六十故復得甲寅之元韓非子言四千五百六十歲爲一元是也

歲徙一辰立春之後得其辰而遷其所順

補曰此推太陰以合日辰也由是建除之法生焉

前三後五百事可舉

元注前後太陰之前後也

太陰所建蟄蟲首穴而處鵲巢向而爲戶太陰在寅朱鳥在卯勾陳在子玄武在戌白虎在酉蒼龍在辰

補曰晉志云勾陳後宮屬也大帝之常居也勾陳口中一星曰天皇大帝其神曰耀魄寶說苑辨物篇書曰在璿璣玉衡以齊七政璿璣謂北辰勾陳星樞也

寅爲建卯爲除辰爲滿巳爲平主生午爲定未爲執主陷申爲破主衡酉爲危主杓戌爲成主少德亥爲收主大德子爲開主太歲丑爲閉主太陰

補曰此建除法也史記日者傳有建除家太公六韜云開牙門當背建向破越絕書云黃帝之元執辰破巳霸王之氣見于地戶漢書王莽傳云十一月壬子直建戊辰直定論衡偶會篇云正月建寅斗魁破申是也案建除有二法越絕書從歲數淮南書及漢書從月數後人惟用月也

太陰在寅名曰攝提格

補曰攝提格星名也天官書云大角者天皇帝庭其兩旁各有三星鼎足勾之曰攝提攝提者直斗柄所指以建時節故曰攝提格晉志云攝提六星直斗杓之南主建時節然則斗杓所建攝提同也十二

歲。斗杓所建。星見其方。首年用本名。其下十一名。即其別稱也。天官書。言歲星一名攝提格。爲此知太陰即知太歲矣。如太陰在攝提格。太歲必在子也。

其雄爲歲星。

補曰。太玄云。倉靈之雌。不同宿而离失。則歲功之乖。注以歲星爲倉靈。失度爲不同宿。然則雌謂太陰也。太陰爲雌。明歲星爲雄。太歲所在之辰。星以其月出。此歲星之所以爲雄也。太陰所在之辰。斗以其月建。此太陰之所以爲雌也。歲星必與太陰相應而行。有盈縮。則有失次。失次非即超辰。故太陰不移。是謂不同宿。失次有應見于衡辰。占具天官書。

舍斗牽牛。

補曰。天官書云。以攝提格歲。歲陰左行在寅。歲星右轉居丑。天文志云。太歲在子曰困敦。太初曆。歲星在建星牽牛。本是同歲。而太陰太歲異其名也。劉歆云。漢曆太初元年。歲星在星紀婺女六度。故漢志曰歲名困敦。正月歲星出婺女是也。曆書載武帝詔曰。年名焉逢攝提格。歲名年名。即是太歲太陰之辨。歲星自在星紀耳。星云正月出。殆是天正。案歲陰元寫本誤作歲行。今從史記校正。

以十一月與之晨出東方。東井輿鬼爲對。

補曰。天官書云正月。天文志作十一月。史記用周正。淮南漢志用夏正。

太陰在卯，歲名曰單閼。
元注單讀明揚之明。
歲星舍須女虛危，以十二月與之晨出東方，柳七星張爲對。
補曰天官書云單閼歲，歲陰在卯，星居子，以二月與婺女虛危晨出。天文志云，太歲在丑，曰赤奮若，歲星十二月出，太初在婺女虛危。
太陰在辰，歲名曰執徐，歲星舍營室東壁，以正月與之晨出東方，翼軫爲對。
補曰天官書云，執徐歲，歲陰在辰，星居亥，以三月與營室東壁晨出。天文志云，太歲在寅，曰攝提格，歲星正月晨出東方，太初曆在營室東壁。
太陰在巳，歲名曰大荒落，歲星舍奎婁，以二月與之晨出東方，角亢爲對。
補曰天官書云，大荒落歲，歲陰在巳，星居戌，以四月與奎婁胃昴晨出。天文志云，太歲在卯，曰單閼，歲星二月出，太初在奎婁。
太陰在午，歲名曰敦牂，歲星舍胃昴畢，以三月與之晨出東方，氐房心爲對。
補曰天官書云，敦牂歲，歲陰在午，星居酉，以五月與胃昴畢晨出。天文志云，太歲在辰，曰執徐，歲星三月出，太初出胃昴。

太陰在未。歲名曰協洽。歲星舍觜巂參。以四月與之晨出東方。尾箕爲對。

補曰。天官書云。協洽歲。歲陰在未。星居申。以六月與觜巂參晨出。天文志云。太歲在巳曰大荒落。歲星四月出。太初在參罰。

太陰在申。歲名曰涒灘。歲星舍東井輿鬼。以五月與之晨出東方。斗牽牛爲對。

補曰。天官書云。涒灘歲。歲陰在申。星居未。以七月與東井輿鬼晨出。天文志云。太歲在午曰敦牂。歲星五月出。太初在東井輿鬼。

太陰在酉。歲名曰作鄂。

元注。作讀昨。

歲星舍柳七星張。以六月與之晨出東方。須女虛危爲對。

補曰。天官書云。作鄂歲。歲陰在酉。星居午。以八月與柳七星張晨出。天文志云。太歲在未曰協洽。歲星六月出。太初在注張七星。

太陰在戌。歲名曰閹茂。歲星舍翼軫。以七月與之晨出東方。營室東壁爲對。

補曰。天官書云。閹茂歲。歲陰在戌。星居巳。以九月與翼軫晨出。天文志云。太歲在申曰涒灘。歲星七月出。太初在翼軫。

太陰在亥。歲名曰大淵獻。歲星舍角亢。以八月與之晨出東方。奎婁爲對

補曰。天官書云大淵獻歲。歲陰在亥星居辰以十月與角亢晨出天文志云。太歲在酉曰作諮。歲星八月出太初在角亢

太陰在子。歲名曰困敦。

元注困讀羣。

歲星在氐房心。以九月與之晨出東方。胃昴畢爲對。

補曰。天官書云困敦歲。歲陰在子星居卯。以十一月與氐房心晨出。天文志云。太歲在戌曰掩茂。歲星九月出太初在氐房心。

太陰在丑。歲名曰赤奮若。歲星舍尾箕。以十月與之晨出東方。觜巂參爲對。

補曰。天官書云。赤奮若歲。歲陰在丑星居寅。以十一月與尾箕晨出天文志云。太歲在亥曰大淵獻。歲星十月出太初在尾箕。史漢所說似異實同。亦合于淮南。案歲星首年以中氣日見滿一歲行盡一次而伏則來年見日已在後月中氣後。及第十一見伏竟而十二歲已周其第十二年有歲星者以第十一見近次末不數日而已入第十二年之次也。何以明之。歲星無超辰當以十二歲之積日分爲十一分以爲見伏一終之日數。即前所云三百九十八日四十五刻十一分之五也。內減去一歲爲見日其

伏日有三十三日二十刻十一分之五十伏三百三十二日四十五刻十一分之五以一中氣三十日四十三刻四分一去之得十氣餘二十七日六十七刻有奇算外即第十一次星見日以所餘轉減一中氣日餘二日七十六刻四分三強以幷一中氣日仍得三十三日二十刻十一分之五則是見在氣末即見在度末以其見時尚在第十一年之次故第十一年有歲星不數日而入第十二年之次遂爲第十二年之歲星也

太陰在甲子

補曰太一在丙戌之歲也

刑德合東方宮常徙所不勝合四歲而離離十六歲而復合所以離者刑不德入中宮而徙于木

補曰淮南說刑德有二一是一歲之刑德前言陰陽七舍是也一是二十歲之刑德此所說也此刑德從太陰支幹生甲子之歲德在甲刑在卯子刑卯故刑德合東方宮徙所不勝則自東而西謂乙丑之歲德在庚刑在戌丑刑戌故合西方宮又徙所不勝則自西而南謂丙寅之歲德在丙刑在巳寅刑巳故合南方宮又徙所不勝則自南而北謂丁卯之歲德在壬刑在子卯刑子故合北方宮此四歲是刑德合也自此而離則戊辰之歲德在戊刑在辰戊爲中辰爲木故曰刑不德入中宮而徙于木也二十年之中德以東西南北中爲序刑以東西南北爲序周而復始故唯有四年之合一合一離爲一小終

一終而得甲申．二終而得甲辰．三終而復于甲子．積七十六小終．而爲一大終．三大終．而復於甲子之元．古曆上元本起甲寅．刑德獨始甲子者．据始合言之也．

太陰所居曰德．

補曰．曰德二字．當作日爲德．

辰爲刑．

補曰．太陰所居．謂十幹也．辰卽十二枝．幹從日．故曰德．枝從月．故曰刑．開元占經云．干德甲丙戊庚壬爲陽．陽德自處．甲德在甲．丙德在丙．戊德在戊．庚德在庚．壬德在壬．此謂自處．乙丁辛己癸爲陰．陰德在陽．乙德在庚．丁德在壬．己德在甲．辛德在丙．癸德在戊．此謂在陽．取合爲德也．三刑．子刑卯．卯爲刑下．子爲刑上．丑刑戌．戌爲刑下．未爲刑上．寅刑巳．巳爲刑下．申爲刑上．卯刑子．子爲刑下．卯爲刑上．辰刑辰．巳刑申．申爲刑下．寅爲刑上．午刑午．未刑丑．丑爲刑下．戌爲刑上．申刑寅．寅爲刑下．己爲刑上．酉刑酉．戌刑未．未爲刑下．丑爲刑上．亥刑亥．謂之三刑．刑上刑下．自刑也．此卽淮南之刑德．攷其原．則干德本之律曆．三刑生于風角．何者．曆此年中節在甲者．後年則在己．此年在丙者．後年則在辛．六十律．則戊癸爲宮．甲己爲徵．五日一周．終而復始．故甲己合．乙庚合．丙辛合．丁壬合．戊癸合也．日有剛柔．聲有陰陽．以剛統柔．以陽唱陰．則陽德自處．而陰德從陽矣．翼氏風角占曰．木落歸本．水流歸末．故木刑在亥。水刑在辰。金剛火强。各立其鄉。故火刑于午。金刑于酉。此皆謂自刑也。十二辰分爲孟仲季。四孟亥自刑。則寅巳申相刑。四仲午酉自刑。則子卯相刑。四季辰自刑。則丑未戌相刑。相刑者互爲上下。故有刑上刑下也。王莽傳云今年刑在東方。張晏曰是歲在壬申。刑在東方。莽傳又曰倉龍癸酉。德在中宮。張晏曰。太歲起于甲寅爲龍。東方倉。癸德在中宮也。

德綱曰日倍因。柔曰徙所不勝。

補曰。申在東。丙在南。戊在中。庚在西。壬在北。爲自倍因。乙從庚。丁從壬。己從甲。辛從丙。癸從戊。爲徙所不勝。綱即剛。古通。日當爲自。

刑水辰之木。木辰之水。金火立其處。

補曰。子辰申水也。刑在卯辰寅。爲水辰之木。卯未亥木也。刑在子丑亥。爲木辰之水。丑巳酉金也。刑在戌申酉。爲金立其處。寅午戌火也。刑在巳未午。爲火立其處。水木金火一從三合。一從四時。後漢書朱穆傳云。丁亥之歲。刑德合于乾位。注謂太歲在丁壬。歲德在北宮。太歲在亥卯未。歲刑亦在北宮。故曰合于乾位是也。然淮南則用太陰。

凡徙諸神。朱鳥在太陰前一。鉤陳在後三。玄武在前五。白虎在後六。虛星乘鉤陳。而天地襲矣。

元注。襲。和也。

補曰。太陰在寅。諸神分居四正方。則鈎陳在子。子爲玄枵。玄枵虛中。是謂虛星乘鈎陳。歷十二歲而鈎陳仍在子。于是天地襲矣。此言六神歲徙之法。特附刑德而見。何以明之。太陰元始。乃德木刑火之歲。非始合東方之歲也。

凡日甲剛乙柔。丙剛丁柔。以至于癸。木生于亥。壯于卯。死于未。三辰皆木也。火生於寅。壯于午。死于戌。三辰皆火也。土生于午。壯于戌。死于寅。三辰皆土也。金生於巳。壯于酉。死于丑。三辰皆金也。水生于申。壯于子。死于辰。三辰皆水也。

補曰。二十歲而一終。六十歲而三終。則甲有寅戌午。乙有卯亥未。丙有辰子申。丁有巳酉丑。自戌以下。周而復始。故以三辰爲合。從其壯者命之。而五行定矣。漢書翼奉傳注。孟康曰。北方水。生于申。盛于子。東方木。生于亥。盛于卯。南方火。生于寅。盛于午。西方金。生于巳。盛于酉。辰窮水也。未窮木也。戌窮火也。丑窮金也。京房易積算傳云。寅中有生火。亥中有生木。巳中有生金。申中有生水。丑中有死金。戌中有死火。未中有死木。辰中有死水。土兼乎中。是也。然其原起于曆。素問六微旨大論云。寅午戌歲氣同會。卯未亥歲氣同會。辰申子歲氣同會。巳酉丑歲氣同會。終而復始。王砅注陰陽法以爲三合。緣其氣會同也。案其法分一歲爲六氣。甲子之歲。初之氣。始于水下一刻。寅初也。六之氣。終於二十五刻。辰末也。謂之初六。乙丑之歲。初之氣。始于二十六刻。巳初也。六之氣。終于五十刻。未末也。謂之六二。丙寅之歲。

初之氣始于五十一刻申初也六之氣終于七十五刻戌末也謂之六三丁卯之歲初之氣始于七十六刻亥初也六之氣終于水下百刻丑末也謂之六四四歲爲一節戊辰之歲初之氣復始于水下一刻常如是無已周而復始故謂之三合古曆俱同四分則四歲之後中節刻漏俱同術家以推五行醫經以分六氣莫不由此

故五勝生一壯五終九

補曰五勝五行相勝也生于一壯于五終于九各以其辰命之

五九四十五故神四十五日而一徙以三應五八徙而歲終

補曰靈樞九宮八風篇云太一常以冬至之日居叶蟄之宮四十六日明日居天留四十六日明日居倉門四十六日明日居陰洛四十五日明日居天宮四十六日明日居元委四十六日明日居倉果四十六日明日居新洛四十五日明日復居叶蟄之宮冬至矣

凡用太陰左前刑右背德擊鉤陳之衝辰以戰必勝以攻必克

補曰漢書藝文志兵書陰陽十六家陰陽者順時而發推刑德隨斗擊因五勝假鬼神而爲助者也其術即淮南所云又志陰陽家有天一兵法三十五篇五行家有天一六卷刑德七卷殆亦說其事

欲知天道以日爲主六月當心左周而行分而爲十二月與日相當天地重襲後必無殃

星正月建營室。二月建奎婁。三月建胃。

元注。星宜言日。明堂月令孟春之月。日在營室。仲春之月。日在奎婁。季春之月。日在胃。此言星正月建營室。字之誤也。案。仲春之月。日在奎婁。季春之月。日在胃。莊刻本皆無日字。

補曰。皆謂日所在星也。大衍曆議云。秦曆十二次立春在營室五度。

四月建畢。五月建東井。六月建張。七月建翼。八月建亢。九月建房。十月建尾。十一月建牽牛。十二月建虛。

補曰。宋書志云。祖沖之曰。漢代之初。即用秦曆。冬至日在牽牛六度。

星分度。

補曰。此赤道度也。東京始有黃道度。

角十二。亢九。氐十五。房五。心五。尾十八。箕十一四分一。

補曰。東方七十五度四分一。四分一兩京附于斗末。謂之斗分。算從冬至始也。此附箕末者。秦以十月爲歲首。箕立冬後宿。從小雪始也。大衍曆議云。夏曆章部紀首。皆在立春。故其課中星。揆斗建與閏餘之所盈縮。皆以十有二節爲損益之中。即其理也。

斗二十六。牽牛八。須女十二。虛十。危十七。營室十六。東壁九。

補曰。北方九十八度。

奎十六．婁十二．胃十四．昴十一．畢十六．觜巂二．參九．

補曰．西方八十度．

東井三十三．輿鬼四．柳十五．星七．張翼各十八．軫十七．凡二十八宿也．案．井度．莊刻本以漢書攷正．作三十三．元寫本作三十二．誤．今改正．

補曰．南方百一十二度．凡三百六十五度四分度之一也．

星部地名．角亢鄭．氐房心宋．尾箕燕．斗牽牛越．須女吳．虛危齊．營室東壁衞．奎婁魯．胃昴畢魏．觜巂參趙．東井輿鬼秦．柳七星張周．翼軫楚．

補曰．保章氏注引堪輿云．星紀吳越也．玄枵齊也．娵訾衞也．降婁魯也．大梁趙也．實沈晉也．鶉首秦也．鶉火周也．鶉尾楚也．壽星鄭也．大火宋也．析木燕也．與淮南異者三．吳魏趙也．初學記曰．周官天星皆有州國分野．角亢氐兗州．房心豫州．尾箕幽州．斗牽牛婺女揚州．虛危青州．營室東壁幷州．奎婁胃徐州．昴畢冀州．觜巂參益州．東井鬼雍州．柳七星張三河．翼軫荊州．堪輿家云．玄枵爲齊之分．星紀吳越之分．析木之津燕之分．大火宋之分．壽星鄭之分．鶉尾楚之分．鶉火周之分．鶉首秦之分．實沈魏之分．大梁趙之分．降婁魯之分．娵訾衞之分．左氏昭二十三年傳云．越得歲而吳伐之．必受其凶．杜預注．此年歲在星紀．星紀吳越之分野也．然吳越同屬星紀．何以獨得歲星．案漢志以後皆以斗爲吳分野．牛女爲越分野．時歲星初入星紀．反是吳得歲矣．惟越絕書云．越．南斗也．吳．牛須女也．然後越獨得歲．此以須女爲吳正．與越絕合．但須女爲玄枵之次．而得爲吳者．秦曆冬至在牛六度．則小寒當在虛一度．須女盡入星紀之次矣．韓趙魏三晉也．堪輿有晉無魏．以魏得晉故都．而昴爲大梁．淮南以魏易趙．殆從其名．越絕亦曰梁畢也．晉觜也．趙參也．知淮南所本古矣．越絕又言韓角亢也．鄭角亢也．淮南言鄭．即言韓．三晉備矣．

歲星之所居．五穀豐昌．其對爲衡．歲乃有殃．當居而不居．越而之他處．主死亡國．

補曰．當居者．歲星常率也．有盈縮．則越而之他處．

太陰治春．則欲行柔惠溫涼．

元注．木德仁．故柔涼也．

太陰治夏．則欲布施宣明．

元注．火德陽．故布施宣明也．

太陰治秋．則欲修繕備兵．

元注．金德斷割．故修兵也．

太陰治冬．則欲猛毅剛强．

元注．純陰閉固．水澤冰凍．故剛强也．

補曰．太陰各以其歲治其月．故月與太陰相應．治春者．寅卯辰之歲也．治夏者．巳午未之歲也．治秋者．申酉戌之歲也．治冬者亥子丑之歲也．政必如其治．所以法天道．

三歲而改節．六歲而易常．

補曰．改節如春爲夏．易常如申破寅．

故三歲而一饑．一歲而一衰．十二歲而一康．[案莊刻本十二歲下無而字．]

元注．康．成也．[案．康．成也．莊刻本作盛也．又云．按御覽康作荒．下有注云．蕤不熟爲荒也．疑是許愼注．故義異．]

補曰．史記貨殖傳云．計然曰．歲在金穰．水毀．木饑．火旱．六歲穰．六歲旱．十二歲一大饑．又曰．太陰在卯穰．明歲衰惡．至午旱．明歲美．至酉穰．明歲衰惡．至子大旱．明歲美．有水．至卯．積著．率歲倍．越絕書則云．計倪曰．太陰三歲處金則穰．三歲處水則毀．三歲處木則康．三歲處火則旱．又曰．天下六歲一穰．六歲一康．凡十二歲一饑．說本不殊．而特以歲爲太陰．天官書直謂之太歲矣．意古人候歲特詳．故有太歲太陰二法也．淮南自用太陰．越絕書又言．范子曰．夫八穀貴賤之法．必察天之三表．即決矣．火之勢勝金．陰氣畜積大盛．火據金而死．故金中有水．如此者歲大敗．八穀皆貴．金之勢勝木．陽氣畜積大盛．金據木而死．故木中有火．如此者歲大美．八穀皆賤．金木水火更相勝．此天之三表者也．然則金不必皆穰．木不必皆饑．太陰在卯穰．即淮南後說也．

甲齊．乙東夷．丙楚．丁南夷．戊魏．己韓．庚秦．辛西夷．壬衛．癸越．

補曰．漢書天文志衛作趙．越作北夷．

子周．丑翟．寅楚．卯鄭．辰晉．

補曰．漢志作邯鄲．

巳衛．午秦．未宋．

補曰．漢志作中山．

申齊．酉魯．戌越．

補曰．漢志作吳越．

亥燕．

補曰．漢志作代．此以日干支爲占也．崔浩之占姚興．謂庚午之夕．辛未之朝．天有陰雲．熒惑之亡．當在二日．必入秦矣．後八十餘日．熒惑果出東井．留守勾巳．時人服其精妙．事具魏書．

甲乙寅卯木也．丙丁巳午火也．戊己四季土也．庚辛申酉金也．壬癸亥子水也．水生木．木生火，火生土．土生金．金生水．子生母曰義．母生子曰保．子母相得曰專．母勝子曰制．子勝母曰困．

補曰．抱朴子登涉篇云．靈寶經曰．所謂寶日者．謂支干上生下之日也．若甲午乙巳之類是也．甲者木也午者火也乙亦木也巳亦火也火生于木故也又謂義日者支干下生上之日也若壬申癸酉之日是也壬者水也申者金也癸者水也酉者金也水生于金故也所謂制日者支干上克下之日也若戊子己亥之日是也戊者土也子者水也己亦土也亥亦水也五行之義土克水也所謂伐日者支干下克上之日也若甲申乙酉之日是也甲者木也申者金也乙亦木也酉亦金也金克木故也不言專日其義可知論衡詰宅篇曰甲乙有支干支干有加時支干加時專比者吉相賊者凶是不獨日有五者京房易積算傳云八卦鬼爲繫爻財爲制爻天德爲義爻福德爲寶爻同氣爲專爻寶即保繫當爲擊即淮南之困抱朴子之伐也

以勝擊殺勝而無報以專從事專而有功以義行理名立而不墮以保畜養萬物蕃昌以困舉事破滅死亡案以事從事下莊刻本無事字

補曰越絕書云興兵無擊太歲上物卯也始出各利以其四時制日是之謂也

北斗之神有雌雄十一月始建于子月從一辰雄左行雌右行五月合午謀刑十一月合子爲德

補曰周禮占夢掌其歲時觀天地之會注謂厭建所處之日辰厭建即此雌雄之神也雌爲陰建雄爲陽建陽建斗柄陰建太陰然太陰非歲陰乃是厭日堪輿天老曰假令正月陽建于寅陰建在戌是也十一月陽建在子日躔星紀日前爲陰建故合子冬至陽生故謀德五月陽建在午日躔鶉首日前爲

陰建。故合午。夏至陰生。故謀刑。由是陰陽刑德。遂有七舍也。

太陰所居辰爲厭日。

補曰。十二月之日躔。與十二月之斗建。交錯貿處。如表裏然。故爲合辰。周禮太師疏云。斗柄所建十二辰而左旋。日體十二月與月合宿而右轉是也。日左旋。太陰在日前。迫笮之。故謂所居爲厭日。說文。厭。笮也。陽建可見。陰建不可見。

厭日不可以舉百事。堪輿徐行。雄以音知雌。故爲奇辰。

補曰。揚雄傳注。張晏曰。堪輿。天地總名也。孟康曰。堪輿。神名。造圖宅書者。藝文志。五行家有堪輿金匱十四卷。文選甘泉賦注。引淮南云。堪輿行雄以知雌。與此小異。許愼云。堪。天道也。輿。地道也。

數從甲子始。子母相求。

補曰。子爲辰。母爲日。律書言十母十二子是也。

所合之處爲合。十日十二辰。周六十日。凡八合。

補曰。八合者。陰建所對之日。合于陽建所對之辰也。堪輿之方。二十四。日八而辰十二。故有四辰無合也。十一月陽建子。陰建亦在子。子對午。午近丙。故丙午爲一合。二月陽建卯。陰建酉。酉對卯。卯對酉。卯近乙。故乙酉爲二合。三月陽建辰。陰建申。辰對戌。申對寅。寅近甲。故甲戌爲三合。四月陽建巳。陰建未。

巳對亥。未對丑。丑近癸。故癸亥爲四合。五月陽建午。陰建亦在午。午對子。子近壬。故壬子爲五合。八月陽建酉。陰建卯。卯對酉。酉對卯。酉近辛。故辛卯爲六合。九月陽建戌。陰建寅。戌對辰。寅對申。申近庚。故庚辰爲七合。十月陽建亥。陰建丑。亥對巳。丑對未。未近丁。故丁巳爲八合。鄭志答趙商問云。按堪輿黃帝問天老事云。四月陽建于巳。破于亥。陰建於未。破于癸。是謂陽破陰。陰破陽。故四月有癸亥爲陰陽交會。十月有丁巳爲陰陽交會。言未破癸者。即是未與丑對。而近癸也。周禮占夢以日月星辰占六夢之吉凶。注謂今八會其遺象也。綠其掌觀天地之會。是此建厭所處之日辰。故以爲占。此八會。史墨爲趙簡子占夢云。吳其入郢乎。必以庚辰用此術也。越絕書云。太歲八會壬子數九。隋志有八會堪輿一卷。唐六典太卜令凡曆注之用六。大會。小會。雜會。歲會。除建。人神。

合于歲前則死亡。合于歲後則無殃。

補曰。吳越春秋子胥曰。今年七月辛亥平旦。大王以首事。辛。歲位也。亥。陰前之辰也。合壬子。歲前合也。利以行武。武決勝矣。此策吳王伐齊戰艾陵事。在哀公十一年。又范蠡曰。今年十二月戊寅之日時加日出。戊。囚日也。寅。陰後之辰也。合庚辰。歲後會也。夫以戊寅日聞喜。不以其罪罰日也。此策吳王欲釋句踐。不果事。又子胥曰。今年三月甲戌。時加雞鳴。甲戌。歲位之會將也。青龍在酉。德在土。刑在金。是日賊其德也。此諫吳王釋句踐事。俱在哀公六年。以統曆推之。哀公十一年。太歲在甲寅。太陰在壬辰。八月辛亥朔。在其前年。則首事之日也。左氏十年傳。秋吳子使來復請師。注伐齊未得志故然。則首事者。得請而爲之備也。曆八月。吳之七月矣。置閏不同故也。是年太陰在辛卯。故辛爲歲位。亥爲陰前。壬子爲歲前合。句踐以哀公三年入臣于吳。至六年。夫差欲釋之。以伍胥諫而止。其年正月戊寅朔。越以爲年前十二月。亦置閏不同之故。十二月水王。故戊囚。此時太陰在丙戌。故寅爲陰後辰。庚辰其月三日也。爲歲後會。後三月。夫差終釋句踐。伍胥諫不納。三月甲戌者。哀公六年四月二十九日也。太陰在丁亥。故爲歲後會。將云位。或誤。声龍。謂太歲在己酉。故德十刑金。甲乘己爲日賊其德。甲戌即三月合日。占之爲宜。壬子五月合日而七月占之。庚辰九月合日而十二月占之。此則鄭志所言若有變異之時。十二月皆有建厭對配之義也。吳越春秋所謂歲前者。太陰未至之辰。所謂歲後者。太陰已歷之辰。其限則半旬周也。所以者過半周。則前轉爲後。後轉爲前矣。此所云以歲前合爲吉。歲後合爲凶。淮南則反之。前後可以互稱。義得通也。

甲戌燕也。乙酉齊也。丙午越也。丁巳楚也。庚申秦也。

補曰。申當爲辰字之誤也。

辛卯戎也。壬子代也。癸亥胡也。

補曰。此八合。方面所有。下八合中宮所直。案。代。諸本皆作趙。此從藏本作代。

戊戌己亥韓也。己酉己卯魏也。戊午戊子八合天下也。

補曰。脫戊辰己未二合。所以又有此八合者。土居中宮。分王四時。故甲丙庚壬即戊。乙丁辛癸即己。其合之月與前同也。取陽建衡辰命之即得。

太陰小歲星日辰五神皆合。其日有雲氣風雨。國君當之。

補曰。越絕書計倪內經曰。陰陽萬物各有紀綱。日月星辰刑德變爲吉凶。金木水火土更勝。月朔更建。莫主其常。順之有德。逆之有殃。是故聖人能明其刑而處其鄉。從其德而避其衡。必順天地四時。參以陰陽。用之不審。舉事有殃。

天神之貴者莫貴於青龍。或曰天一。或曰太陰。

補曰。皆謂陰德也。入卯宮。故曰青龍。古亦以青龍爲太歲。

太陰所居不可背而可鄉。北斗所擊不可與敵。

補曰。艾陵之役。以太陰辛卯歲七月辛亥平旦首事。故子胥曰。德在合。斗擊丑。辛爲德。辛卯爲合。是德在合。六壬法。七月將太乙。時加寅。則天罡在丑。是斗擊丑。越南斗也。吳雖勝齊。其患在越。此其兆矣。易林亦云。魁罡所當。初爲敗殃。

天地以設。分而爲陰陽。陽生于陰。陰生于陽。陰陽相錯。四維乃通。或死或生。萬物乃成。跂行喙息。莫貴于人．孔竅肢體．皆通于天．

補曰．素問生氣通天論云．生之本．本于陰陽．天地之間．六合之內．其氣九州．九竅．五藏．十二節．皆通于天氣．

天有九重．人亦有九竅．

補曰．楚辭天問云．圜則九重．孰營度之．太玄云．九天．一爲中天．二爲羨天．三爲從天．四爲更天．五爲睟天．六爲廓天．七爲咸天．八爲沈天．九爲成天．九竅．一六爲前爲耳．二七爲目．三八爲鼻．四九爲口．五五爲後．九天即其首名．一六水．二七火．三八木．四九金．五五土也．案太玄九天．即淮南九野．非九重也．此文雖言九重．而其說不詳．今西人言曆．則有九層．第一層宗動天．第二層恆星天．第三層塡星天．第四層歲星天．第五層熒惑天．第六層日輪天．第七層太白天．第八層辰星天．第九層月輪天．此殆中國失傳．而流入異域者歟．

天有四時．以制十二月．人亦有四肢．以制十二節．

補曰．元命包云．陽數成于三．故時別三月．素問寶命全形論云．天有陰陽．人有十二節．注．節謂節氣．外所以應十二月．內所以主十二經脈也．靈樞五亂篇云．經脈十二者．以應十二月．十二月者．分爲四時．四時者．春夏秋冬．其氣營衛相隨．陰陽已和．清濁不相干．如是則順之而治．

天有十二月，以制三百六十日。人亦有十二肢，以使三百六十節。

補曰：春秋繁露人副天數篇云：天以歲終之數，成人之身，故小節三百六十，副日數也。大節十二，副月數也。內有五藏，副五行也。外有四肢，副四時也。靈樞九針解云：節之交三百六十五會者，絡脈之灌滲諸節者也。

故舉事而不順天者，逆其生者也。

補曰：韓非解老云：人之身三百六十節，四肢九竅，其大具也。四肢與九竅十有三，十有三者之動靜，盡屬于生焉。屬之謂徒也。故曰：生之徒十有三者。至其死也，十有三具者，皆還而屬之于死，死之徒亦十三。故曰：生之徒十有三，死之徒十有三。

以日冬至數來歲正月朔日，五十日者，民食足；不滿五十日，日減一斗；有餘日，日益一升。有其歲司也。

補曰：曆法至朔同日為章首。自此氣差而後，朔差而前，三歲一閏，五歲再閏，積十九歲後，而至朔復同，則滿一章。計章首之歲，至在朔日，去正月朔有五十九日，為極多；至第九歲，以十一月二十九日冬至，去正月朔僅三十一日，為極少。顓頊曆用人正，則加得天用部首，即可得相去多少之數。淮南五十日為中數，視其增減，以占歲豐凶，兼首尾數。

案此明太陰在四仲四鉤。歲星行三宿二宿。并太歲所在圖也。漢初雖以太陰紀歲。然亦間紀太歲所在。如淮南元年冬。太一在丙子。即太歲也。淮南從其本名。故曰太一。四仲四鉤。案圖易推。太歲所在則非。說不明。莊刻本作甲寅丙巳丁未庚酉辛戌。日辰剛柔相值。無作丙巳庚酉辛戌者。其爲丙午庚申辛酉之誤無疑。此本所列無誤。惟作壬子癸丑乙卯。與莊刻本異。故歲星與太歲爲合辰。古人視歲星

見月。以知太歲。西漢時。復因太歲而知太陰。淮南復由太陰。以推歲星太歲。其術正同。星有超辰。太歲太陰。隨之俱超。則太陰在四仲。四鉤。歲星仍行三宿二宿。而太陰所在之辰。太歲仍後兩辰。如圖。太陰在甲寅。則太歲在丙子。太陰在甲申。則太歲在丙午。太陰在庚申。則太歲在壬午。太陰在庚寅。則太歲在壬子。太陰在乙酉。則太歲在丁未。太陰在乙卯。則太歲在丁丑。太陰在辛卯。則太歲在癸丑。太陰在辛酉。則太歲在癸未。循環互推。無不合者。其他未列者。亦可由此而推。故于所列日辰。互文以見義。先生于子上加壬。丑上加癸。卯上加乙。更爲周密。易曉。元寫本亦間有舛置。旣爲改正。并略疏其義云。

攝提格之歲。

元注。格起。言萬物承陽而起也。

補曰。史記正義。孔文祥云。以歲在寅。正月出東方。爲衆星之紀。以攝提宿。故曰攝提。以其爲歲月之首。起于孟陬。故云格。正也。案所言雅合曆理。元注俱同李巡。

歲早水晚旱。稻疾。蠶不登。

元注。登。成也。

菽麥昌。民食四升。寅在甲曰閼逢。案。逢。莊刻本文注俱作蓬。

元注。言萬物鋒芒欲出。擁遏未通。故曰閼逢也。

單閼之歲。

元注。單。盡。閼。止也。言陽氣推萬物而起。陰氣盡止也。案。陽氣上。莊刻本無言字。

歲和。稻菽麥蠶昌。民食五升。卯在乙曰旃蒙。

元注．在乙．言萬物遏蒙甲而出．故曰旃蒙也．

執徐之歲．

元注．執蟄徐舒也．言蟄伏之物皆舒散而出也．（案．蟄伏上．莊刻本無言字．）

歲早旱晚水．小饑．蠶閉麥熟．民食三升．辰在丙曰柔兆．（案．元本作蠶麥熟．莊刻本作蠶閉麥熟．蠶閉．正與下蠶閉爲對文．此處似脫閉字．今從莊刻本補．）

元注．在丙言萬物皆生枝布葉．故曰柔兆也．

大荒落之歲．

元注．荒大也．方萬物熾盛．而大出．霍然落落．大布散．

歲有小兵．蠶小登．麥昌．菽疾．民食二升．巳在丁曰強圉．

元注．在丁言萬物剛盛．故曰強圉也．

敦牂之歲．

元注．敦牂．敦盛．牂壯也．言萬物皆盛壯也．（案．元寫本．言萬物句．誤在上．今從莊刻本改正．）

歲大旱．蠶登．稻疾．菽麥昌．禾不爲．民食二升．午在戊曰著雝．

元注．在戊言位在中央．萬物繁養四方．故曰著雝也．

協洽之歲．

元注。協和。洽合也。言陰欲化。萬物和合。

歲有小兵。蠶登。稻昌。菽麥不爲。民食三升。未在己曰屠維。

元注。在巳言萬物各成其性。故曰屠維。屠。別。維。離也。案。元寫本。屠下脫別字。今從莊刻本補。

涒灘之歲。

元注。涒。大灘。脩也。言萬物皆脩其精氣也。

歲和。小雨行。蠶登。菽麥昌。民食三升。申在庚曰上章。

元注。在庚言陰氣上升。萬物畢生。故曰上章也。

作鄂之歲。

元注。作鄂。零落也。萬物皆陊落。

歲有大兵。民疾。蠶不登。菽麥不爲。禾蟲。民食五升。酉在辛曰重光。

元注。在辛。言萬物就熟。成其煌煌。故曰重光也。

掩茂之歲。

元注。掩。閉。茂。冒也。言萬物皆閉冒。

歲小饑。有兵。蠶不登。麥不爲。菽昌。民食七升。戌在壬曰玄黓。

元注。在壬。言歲終包任萬物。故曰玄黓也。

大淵獻之歲。

元注。淵。藏。獻。迎也。言萬物終于亥。大小深藏窟伏以迎陽。

歲有大兵大饑。蠶開。菽麥不爲。禾蟲。民食三升。

補曰。此當云亥在癸曰昭陽。錯簡在下。以圖癸居子丑間之故。

困敦之歲。

元注。困。混。敦。沌也。言陽氣皆混沌。萬物牙蘖也。

歲大霧起。大水出。蠶稻菽麥昌。民食三升。子在癸曰昭陽。

元注。在癸。言陽氣始萌。萬物合生。故曰昭陽。

補曰。當云亥在癸。

赤奮若之歲。

元注。奮。起也。若。順也。言陽奮物而起之。無不順其性也。赤。陽色。

歲有小兵。早水。蠶不出。稻疾。菽不爲。麥昌。民食一斗。案。斗。莊刻本作升。

補曰。十二歲太陰之名。皆以攝提格所見之月爲義。其所在十名。則歲德也。六十年而周。

正朝夕．先樹一表東方．操一表．卻去前表十步．

補曰此表在東方表西所以正夕．

以參望日始出北廉．日直入．

補曰日東表北廉．則景入西表南廉．

又樹一表于東方．

補曰此表在東方表東南．所以正朝．

因西方之表以參望日方入北廉．則定東方．

補曰日入西表北廉．則景入東南表南廉．定東方在東二表間也．所以日出入用表北廉者．日行十六所登于扶桑爲朏明寅甲間也．頓于連石爲下舂辛戌間也．此夏至之日出入皆近北方．即以二分論之．至于曲阿爲旦明．旦明卯也．經于淵虞爲高舂．高舂酉也．而出則自北而南．入則自南而北．半出以前．半入以後．仍在北方．張冑元用後魏渾天鐵儀測知春秋二分．日出入卯酉之北．不正當中．與何承天所測頗同．皆日出卯三刻五十五分．入酉四刻二十五分．盡具載隋志．此黃道斜行使然．古雖用蓋天．其實測固無異也．望日用北廉．則表常居中．而不能無偏于北．于是乎有南表．使景在表南．則表始近中耳．

兩表之中。與西方之表。則東西之正也。

補曰。東表西表近北。東南表近南。兩表之中。直西表之南。爲正東西。周髀云。以日始出立表。而識其晷。日入復識其晷。晷之兩端相直者。正東西也。中折之指表者。正南北也。攷工記。匠人建國水地以縣。置槷以縣。視以景。爲規。識日出之景。與日入之景。晝參諸日中之景。夜攷之極星。以正朝夕。康成注。日出日入之景。其端則正東西也。又爲規以識之者。爲其難審也。自日出而晝其景端。以至日入。旣則爲規測景兩端之內。規規之交。乃審也。度兩交之間。中屈之以指臬。則南北正。與淮南法異而理同。

日冬至日出東南維。入西南維。至春秋分。日出東中。入西中。夏至出東北維。入西北維。至則正南。

補曰。周髀云。冬至晝極短。日出辰而入申。陽照三。不覆九。東西相當正南方。夏至晝極長。日出寅而入戌。陽照九。不覆三。東西相當正北方。日出左而入右。南北行。故冬至在坎。陽在子。日出巽而入坤。見日光少。故曰寒。夏至在離。陰在午。日出艮而入乾。見日光多。故曰暑。所說卽淮南法也。辰爲巽初。申爲坤末。戌爲乾初。寅爲艮末。艮巽坤乾。卽四維也。在六十所。則冬至日出入。當桑野之初。悲谷之末。夏至日出入。當咸池之末。悲泉之初。卽四維之分也。此古人特以大判爲言。故合之。馬融所說刻漏盈縮。至較八刻百分刻之七十五也。

欲知東西南北廣袤之數者。

補曰．東西爲廣南北爲袤．

立四表以爲方一里距．按．元寫本．立四表下．脫以字．今從莊刻本補．

補曰．測平遠者．先求其率．用四表所以求率也．測日初出．故爲平遠入表數爲首率．東西一里爲次率．南北一里爲三率．去日里數爲四率．四表者．一爲艮．二爲乾．三爲巽．四爲坤也．地形訓云．禹乃使大章步自東極至于西極．二億三萬三千五百里七十五步．使豎亥步自北極至于南極．二億三萬三千五百里七十五步．明是正方．故四表亦方一里．

先春分若秋分十餘日．

補曰．二分日半出半入．時正當卯酉之中．先春分則近南．先秋分則近北．日周行十六所．爲度三百六十．是一所天行二十二度有半也．冬至五所．天行百一十二度五分半．之爲距午中之度．則日出于辰一十八度七十六分．入于申一十一度二十六分．夏至十一所．天行二百四十七度五分．半之爲距午中之度．則日出于寅二十六度二十六分．入于戌三度七十六分也．分至所較．皆三十三度七十五分．氣有六．以氣除度．得一氣差五度六百二十五分．即可知先春分秋分十餘日之日出入度矣．

從距北表參望日始出及旦．以候相應．相應則此與日直也．

補曰．用距北表．即用北廉．同意．及旦者．所謂至于曲阿．是謂旦明．二分日出之所也．一氣有三候．氣差五度六百二十五分。則候差一度八百七十五分。故必以候相應。一候所差。尚宜以日出入分之。則不盈一度。日始出多近北。故二分之前。同用距北表也。

輒以南表參望之。以入前表數爲法。

補曰。北表參望日直。則南表參望日常不直。從日至南北後二表。即勾股也。其弦斜至日處。而截南前表于弦外。即是入前表之數。成一倒勾股也。而二勾股比例正等。故用以爲率。何以明之。試以大勾股倒轉。即小勾股必在其端而比例正等矣。

除舉廣。除立表袤。以知從此東西之數也。

補曰。日入前表數爲小句。前後二表相去爲小股。南北後二表相去爲大句。北後表至日下爲大股。小句者。大句股之率也。除舉廣。謂以小句除小股。知有幾倍也。除立表袤。亦謂以小句除大句。知有幾倍也。知此而以二句股爲比例。即知大股之長。蓋小句得小股幾分之一。則大句亦必得大股幾分之一。

故以此知從此東西之數也。

假使視日出入前表中一寸。是寸得一里也。案。寸。元寫本誤作此。今從莊刻本改正。

補曰。周髀算經云。周髀長八寸。句之損益寸千里。注。句。謂景也。言懸天之景。薄地之儀。皆千里而差一寸。案周髀以髀爲股。以景爲句。日中立八尺之股。南北二千里。景差二寸。故寸有千里。故人以爲通率。

以測東西于小句股。則一里高遠與平遠之別。亦一表與四表之辨也。

一里積萬八千寸。得從此東萬八千里。

補曰。三百步爲里。六十寸爲步。寸乘步得萬八千寸。此小股之長也。小句一寸。小股長萬八千寸。則大句一里。大股即長萬八千里。大股之于大句。若小股之于小句。而得從前表至日處之里數。以此知近世四率之法。古人已先有之。小句首率。小股次率。大句三率。求得大股爲四率。

視日方入。入前表半寸。則半寸得一里。

補曰。論算術。東入一寸。西亦當入一寸。淮南云半寸。則設術也。半寸爲里。則所得必倍。如倍半寸爲一寸。所得即同。

半寸而除一里積寸。得三萬六千里。

補曰。置一里積寸萬八千。以五爲法除之。即得此。則日遠于前一倍。乃爲虛數。故必除而後得實數也。

除則從此西里數也。

補曰。除謂除前萬八千里。猶倍半寸爲一寸也。

幷之東西里數也。案。里。元寫本誤作之。今從莊刻本改正。

補曰。凡三萬六千里。

則極徑也。未春分而直。已秋分而不直。此處南也。未秋分而直。已春分而不直。此處北也。分至而直。此處南北中也。

補曰。此求地中也。直。謂表與日直。十六所。以曲阿淵虞爲二分日所出入之處。此南北中也。未春分日行其南。故處南則直。直在春分前。則直亦必在秋分後。雖已秋分。尚未直也。未秋分。日行其北。故處北則直。直在秋分前。則直亦必在春分後。雖已春分。尚未直也。惟二分氣至而直。方處南北之中。皆視日道之南北爲定也。

從中處欲知中南也。

補曰。知中則知南矣。周髀算經云。冬至日加酉之時。立八尺之表。以繩繫表顛。希望北極中大星。引繩致地而識之。又到日明日加卯之時。復引繩希望之。首及繩致地而識其端。相去二尺三寸。故東極二萬三千里。其兩端相去正東西。中折之以指表。正南北。法雖不同。理無異也。

未秋分而不直。此處南北中也。

補曰。秋分直。故未秋分不直。言秋分。則春分可知。隋志曰。周禮大司徒職。以土圭之法。測土深。正日景。以求地中。此則渾天之正說。立儀象之大本。故云。日南則景短多暑。日北則景長多寒。日東則景夕多風。日西則景朝多陰。日至之景。尺有五寸。謂之地中。天地之所合也。四時之所交也。風雨之所會也。陰陽之所和也。然則百物阜安。乃建王國焉。又攷工記匠人建國。水地以縣。置槷以縣。眡以景。爲規識日出之景與日入之景。晝參諸日中之景。夜攷之極星。以正朝夕。案土圭正景。經文闕略。先儒解說。又非明審。祖暅錯綜經注。以推地中。其法曰。先驗昏旦。定刻漏。分辰次。乃立儀表于平準之地。名曰南表。漏刻上水居日之中。更立表于南表景末。名曰中表。夜依中表以望北極樞。而立北表。令參相直。三表皆以縣準定。乃觀三表直者。其立表之地。即當子午之正。三表出者。地偏僻。每觀中表。以知所偏。中表在西。則立表偏在地中之西。當更向東求地中。若中表在東。則立表處在地中之東也。當更向西求地中。取三表直者。爲地中之正。又以春秋二分之日。旦始出東方半體。乃立表于中表之東。名曰東表。令東表與日及中表參相直。是日之夕。日入西方半體。又立表于中表之西。名曰西表。亦從中表西望西表及日參相直。乃觀三表直者。即地南北之中也。若中表差近南。則所測之地。在卯酉之南。中表差在北。則所測之地。在卯酉之北。進退南北。求三表直正東西者。則其地處中。居卯酉之正也。所說求東西地中。淮南無之。其求南北地中。即與淮南同理。

從中處欲知南北極遠近。從西南表參望日。日夏至始出。與北表參。則是東與東北表等也。

補曰。夏至日出東北維。故從西南表參望東北。西南兩表與日參。如北前北後兩表與日參。無異。即可借春秋分表位。爲夏至表位。借春秋分日入前表之數。爲夏至日入前表之數。故云東與東北表等也。

正東萬八千里．則從中北亦萬八千里也．倍之．南北之里數也．

補曰．倍之．爲三萬六千里．與東西正等．

其不從中之數也．

補曰．此爲處南北者言之．

以出入前表之數益損之．表入一寸．寸減日近之里．表出一寸．寸益遠一里．

補曰．處南則表出．處北則表入．何者．處南者未春分而直也．至分時而日北．故表出．處北者．未秋分而直也．至分時而日南．故表入寸益損一里．則通率也．

欲知天之高．樹表高一丈．

補曰．天高不可知．測之以景．樹表所以求景也．此亦以句股比例而知．蓋同有大小兩句股也．

正南北相去千里．同日度其陰．

補曰．度日中景．

北表一尺．

補曰．一當爲二．

南北尺九寸．

補曰北當爲表

是南千里陰短寸

補曰表近日則陰短表遠日則陰長二表相去千里故北表陰二尺南表陰尺九寸即爲寸差千里之

通率

南二萬里則無陰是直日下也

補曰千里短寸則萬里短尺據北表陰二尺故南二萬里則無陰旣得千里短寸之率即棄南表不用

但用北表陰以推日下之數也

陰二尺而得高一丈者是南一而高五也

補曰置表高一丈以陰二尺除之得五是南萬里而日高五萬里也此爲高率然日無高下有高下者

地圓使然故曰蓋天即渾天也

則置從此至日下里數因而五之爲十萬里則天高也

補曰二萬里爲實高五爲法乘之得十萬里此天高之數必知天高十萬里者以表高一丈中有百寸

寸得千里百之而成十萬故也然則表即天高之率故以直日下無景爲天高周髀云周髀長八尺夏

至之日晷一尺六寸髀者股也正晷者句也正南千里句一尺五寸正北千里句一尺七寸日益表南

晷日益長。候句六尺。從髀至日下六萬里。而髀無影。從此以上。至日則八萬里。即其理也。六萬里者設法詞。實測則不然。故曰。日夏至南萬六千里。日中無影。

若使景與表等。即高與遠等也。

補曰。以千里差寸率之。則去日下十萬里。景與表等。即可從日遠。以知天高。至此。則句股適均矣。

八十歲日復之圖第一

顓頊立春　寅未子己亥辰酉寅申丑午亥己戌卯申

殷曆冬至　子己戌卯酉寅未子午亥辰酉卯申丑午

甲己甲己乙庚乙庚丙辛丙辛丁壬丁壬

戊癸戊癸己甲己甲庚乙庚乙辛丙辛丙

壬丁壬丁癸戊癸戊甲己甲己乙庚乙庚

丙辛丙辛丁壬丁壬戊癸戊癸己甲己甲

庚乙庚乙辛丙辛丙壬丁壬丁癸戊癸戊

右皆天正人正中節氣之日也。曆法七十六歲爲一部。第一部命爲甲寅甲子。第二部縮上四算。命爲癸巳癸卯。至二十部。終于乙亥乙酉。是爲一紀。則歲日有一十九復矣。

八十歲日復之圖第二

秦曆立春 辰酉寅未丑午亥辰戌卯申丑未子巳戌

戊癸戊癸己甲己甲庚乙庚乙辛丙辛丙

壬丁壬丁癸戊癸戊甲己甲己乙庚乙庚

丙辛丙辛丁壬丁壬戊癸戊癸己甲己甲

庚乙庚乙辛丙辛丙壬丁壬丁癸戊癸戊

甲己甲己乙庚乙庚丙辛丙辛丁壬丁壬

舊說.秦曆上元己巳立春.淮南以爲壬午冬至.冬至後四十六日立春.則戊辰也.故復爲此圖.

咸池右行四仲日所在圖

正月	日在亥	加時酉	咸池在午
二月	日在戌	加時巳	咸池在卯
三月	日在酉	加時丑	咸池在子
四月	日在申	加時酉	咸池在酉
五月	日在未	加時巳	咸池在午
六月	日在午	加時丑	咸池在卯
七月	日在巳	加時酉	咸池在子
八月	日在辰	加時巳	咸池在酉
九月	日在卯	加時丑	咸池在午
十月	日在寅	加時酉	咸池在卯
十一月	日在丑	加時巳	咸池在子
十二月	日在子	加時丑	咸池在酉

日行十六所合堪輿之圖

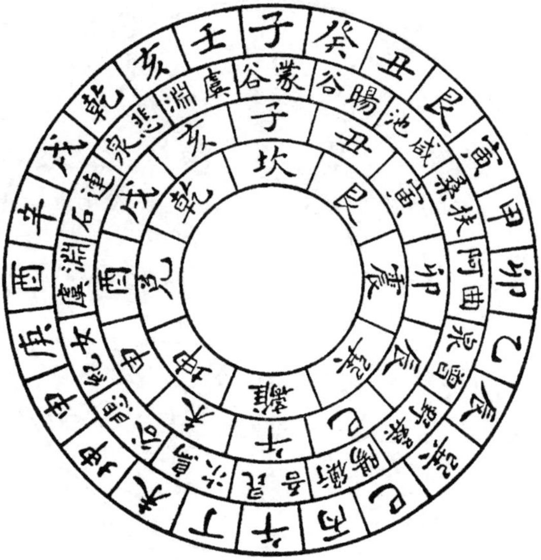
子
癸
丑
艮
寅
甲
卯
乙
辰
巽
巳
丙
午
丁
未
坤
申
庚
酉
辛
戌
乾
亥
壬
蒙谷
暘谷
咸池
扶桑
曲阿
曾泉
桑野
衡陽
昆吾
鳥次
悲谷
女紀
淵虞
連石
悲泉
虞淵
坎
震
離
兌

律應二十四氣之變圖

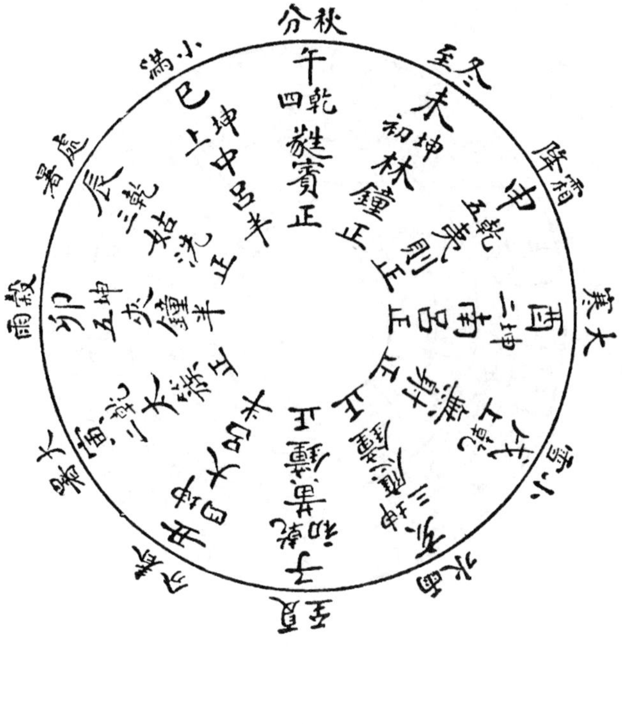
秋分
冬至
霜降
大寒
小雪
雨水
夏至
春分
大暑
穀雨
處暑
小滿
午 乾四 蕤賓正
未 坤初 林鐘正
申 乾五 夷則正
酉 坤二 南呂正
戌 乾上 無射正
亥 坤三 應鐘正
子 乾初 黃鐘正
丑 坤四 大呂半
寅 乾二 大蔟正
卯 坤五 夾鐘半
辰 乾三 姑洗正
巳 坤上 中呂半

冬至後六中氣．比坤六爻律．夏至後六中氣．比乾六爻律．即二十四氣反覆．比十二律也．而自黃鐘至蕤賓七律．冬至後用半．夏至後用全耳．其冬至後音漸濁．夏至後音漸清之理．即前所云十五日爲一節．以生二十四時之變也．何者．此冬至音比林鐘．前音比黃鐘．比林鐘．即比黃鐘也．此小寒音比夷則．前音比應鐘．比夷則．即比應鐘也．夷則淸于林鐘．而黃鐘七律．俱用半律．應鐘不較濁乎．由是推之．此芒種比蕤賓．半爲最清．而前比大呂．正爲最濁．淮南因清以知濁．故曰音漸濁．夏至則此比黃鐘．前亦比黃鐘．小暑此比大呂．前亦比大呂．至大雪則同比應鐘．故黃鐘七律．俱用全律．故直曰音漸清也．二者皆非隨月律之正法．是以同謂之變．前二至俱比黃鐘．則此二至俱得比林鐘．是故小暑前比大呂．今比蕤賓．猶小寒之比夷則應鐘也．大暑前比太簇．今比中呂．猶大寒之比南呂無射也．至于大雪．則前比應鐘．今比夷則而終．夷則至應鐘．俱用倍律．則亦可云音漸濁矣．此又因清以知濁也．

六十律旋宮圖

宮	黃鐘戊子	應鐘癸巳	無射戊戌	南呂癸卯	夷則戊申	林鐘癸丑	蕤賓戊午	中呂癸亥	姑洗戊辰	夾鐘癸酉	太簇戊寅	大呂癸未
徵	林鐘己丑	蕤賓甲午	中呂己亥	姑洗甲辰	夾鐘己酉	太簇甲寅	大呂己未	黃鐘甲子	應鐘己巳	無射甲戌	南呂己卯	夷則甲申
商	太簇庚寅	大呂乙未	黃鐘庚子	應鐘乙巳	無射庚戌	南呂乙卯	夷則庚申	林鐘乙丑	蕤賓庚午	中呂乙亥	姑洗庚辰	夾鐘乙酉
羽	南呂辛卯	夷則丙申	林鐘辛丑	蕤賓丙午	中呂辛亥	姑洗丙辰	夾鐘辛酉	太簇丙寅	大呂辛未	黃鐘丙子	應鐘辛巳	無射丙戌
角	姑洗壬辰	夾鐘丁酉	太簇壬寅	大呂丁未	黃鐘壬子	應鐘丁巳	無射壬戌	南呂丁卯	夷則壬申	林鐘丁丑	蕤賓壬午	中呂丁亥

旋宮六十律之圖，舊時有之，然黃鐘宮後，次以林鐘，由是終于中呂之宮，雖合相生之序，而六十律不復周環。此圖從黃鐘一律，生爲六十律，可得以律直日之法，因而六之，即周一歲之日，而黃鐘之分屬五子，及七十二日，五行受制之理俱見。逆而次之，則冬至後十二氣所比之音也；順而次之，則夏至後十二氣所比之音也。而十二月之律，亦可從逆數而得，皆推淮南之意知之也。

七韻清濁和繆之圖

宮 最濁	黃鐘一	大呂一	太簇一	夾鐘一	姑洗一	中呂一	蕤賓一	林鐘一	夷則一	南呂一	無射一	應鐘一
徵 次清	林鐘五	夷則五	南呂五	無射五	應鐘五	黃鐘五	大呂五	太簇五	夾鐘五	姑洗五	中呂五	蕤賓五
商 次濁	太簇二	夾鐘二	姑洗二	中呂二	蕤賓二	林鐘二	夷則二	南呂二	無射二	應鐘二	黃鐘二	大呂二
羽 最清	南呂六	無射六	應鐘六	黃鐘六	大呂六	太簇六	夾鐘六	姑洗六	中呂六	蕤賓六	林鐘六	夷則六
角 半清濁	姑洗三	中呂三	蕤賓三	林鐘三	夷則三	南呂三	無射三	應鐘三	黃鐘三	大呂三	太簇三	夾鐘三
變宮 和	應鐘七	黃鐘七	大呂七	太簇七	夾鐘七	姑洗七	中呂七	蕤賓七	林鐘七	夷則七	南呂七	無射七
變徵 繆	蕤賓四	林鐘四	夷則四	南呂四	無射四	應鐘四	黃鐘四	大呂四	太簇四	夾鐘四	姑洗四	中呂四

八十四聲。舊亦有圖次。與六十律同。今亦更定。則一律而爲八十四。相生不絕。以祖孝孫所次。自一至七之等。志於其下。即律之短長。聲之清濁。以明而和繆之義盡顯。蕤賓以後。上下相生之序。諸家不同。以是圖觀之。則重上生者。變徵生正宮也。其下生者。非變徵正宮。而爲它聲者也。以十二律主十二月。則皆爲正律。而生之者爲變徵。故必從上生。大呂夾鐘中呂以陰律主夏至以前之月。故不從上下相生之正。然則晉志謂取其諧韻者。殆未盡得其實也。

候氣三律圖

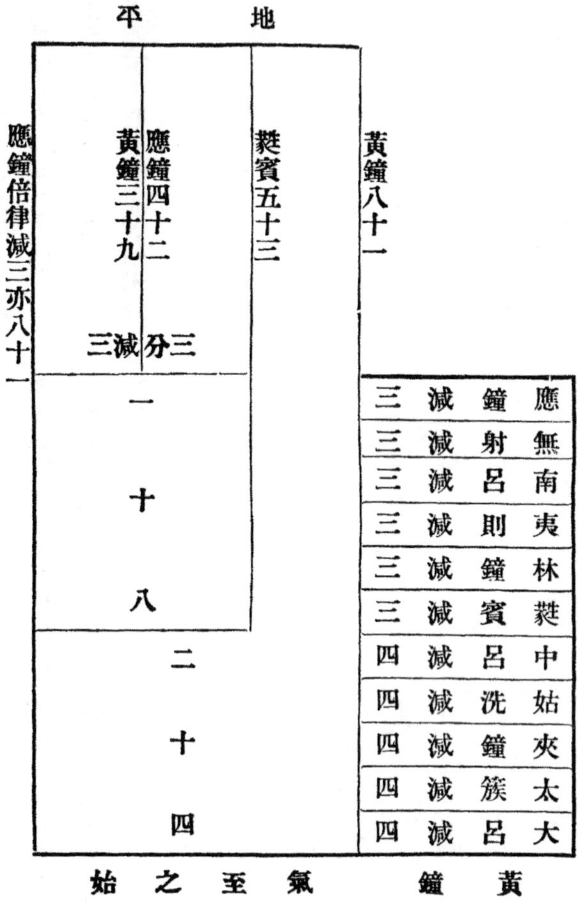
平
地
應鍾倍律減三亦八十一
黃鍾三十九
應鍾四十二
蕤賓五十三
黃鍾八十一
三分三減三
一十八
二十四
應鍾減三
無射減三
南呂減三
夷則減三
林鍾減三
蕤賓減三
中呂減四
姑洗減四
夾鍾減四
太簇減四
大呂減四
黃鍾
氣至之始

候氣之律。以黃鐘蕤賓應鐘爲三限。應鐘氣至盈月得黃鐘。故減應鐘正律。或減應鐘倍律。俱可爲黃鐘。此淮南云黃鐘八十一。而呂覽謂黃鐘三寸九分也。論十二月氣至。則冬至陽消之極在上。爲數一十八。陰長之極在下。爲數二十四。陰下陽動。夏至陰消之極在上。爲數一十八。陽長之極在下。爲數二十四。陽下陰動。二十四者子午相距之數也。爲南北之極。故長數居之。其上爲消數所居。長數五分時。消數二十二。長數九分時。消數二十一。長數十三分時。消數二十。長數十七分時。消數十九。長數二十一分時。消數十八。長數二十四分時。消數亦十九。

二十歲刑德離合圖

甲子申辰德甲·刑卯寅辰
乙丑己酉德庚刑戌酉申
丙寅戌午德丙刑巳未午
丁卯亥未德壬刑子亥丑
戊辰子申德戊刑辰卯寅
己巳丑酉德甲刑申戌酉
庚午寅戌德庚刑午巳未
辛未卯亥德丙刑丑子亥
壬申辰子德壬刑寅辰卯
癸酉己丑德戊刑酉申戌

甲戌午寅德甲刑未午巳
乙亥未卯德庚刑亥丑子
丙子申辰德丙刑卯寅辰
丁丑酉巳德壬刑戌酉申
戊寅戌午德戊刑巳午未
己卯亥未德甲刑子亥丑
庚辰子申德庚刑辰卯寅
辛巳丑酉德丙刑申戌酉
壬午寅戌德壬刑午己未
癸未卯亥德戊刑丑子亥

八合之圖

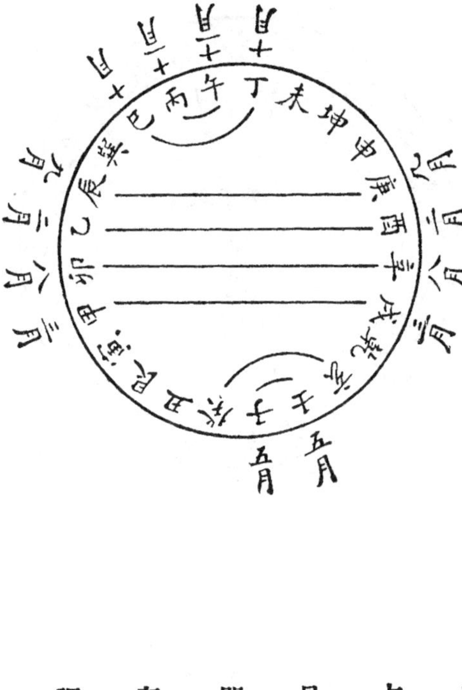

此方面八合也。其占皆主四方。以戊易陽幹。己易陰幹。即復成八合。而占在中原及天下。所謂大會八。小會亦八。

正朝夕圖

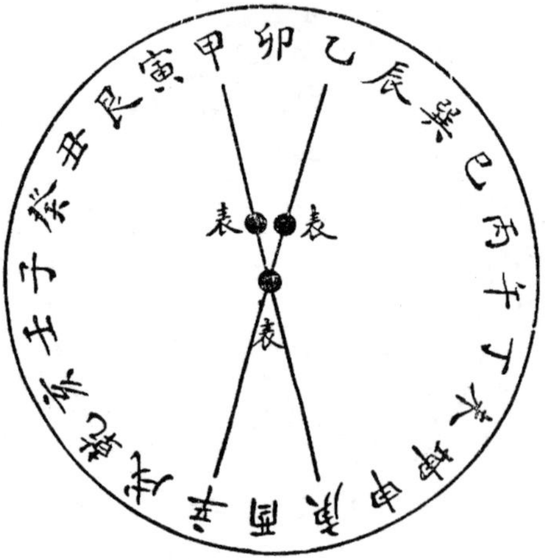

正朝日在甲。樹一表東方。景到庚。又樹一表西方。從北廉望日。是西表在景北也。正夕日在辛。復樹一表東方。亦從北廉望日。即西表則在景南。而景至乙。此則二景交于西表之東。而爲正中也。故取東二表之中。以直西方之表。而得正東方。此卽後世三角法之粗。

測日遠句股比例圖

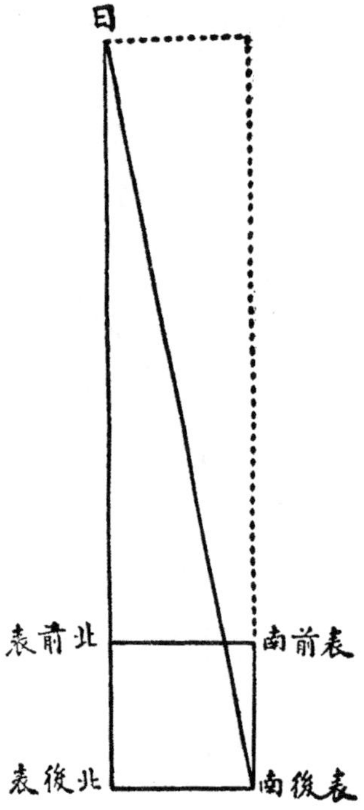

從日至北後表爲股。至南後表爲弦。兩後表相距爲句。弦截南前表于外。得日入表之數。從南前表引虛線而東。從日引虛線而南。成長方形。依弦破之。爲倒順兩大句股也。南二表及弦間。有小句股之倒者。以比大句股。其倒正等。蓋倒順兩大句股。積數無異。故小句股雖倒。可以比大句股之順者也。

測日高句股比例圖

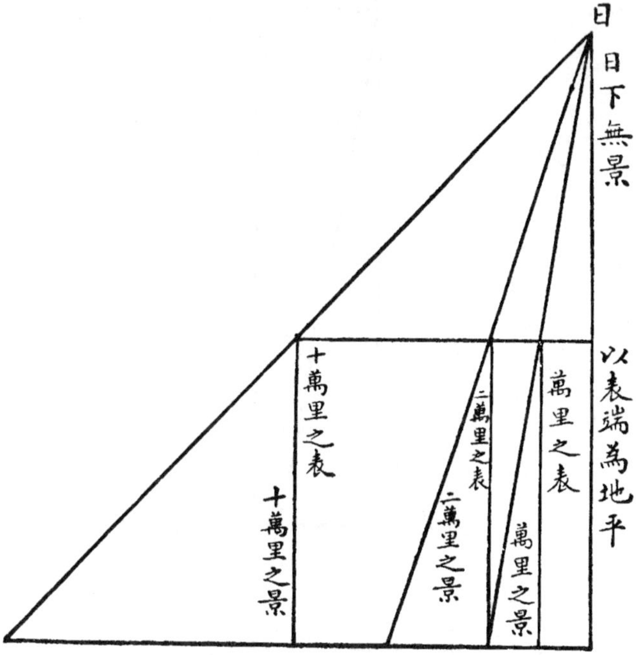

以景二尺。除表高一丈。得南一高五爲率。比南至日下二萬里。知爲日高十萬里。二萬里之表在日北。成小句股。日下二萬里。成大句股。比例正等。是故去日萬里。則景一尺。去日二萬里。則景二尺。直日下則無景。若去日十萬里。則景一丈。而與表等。日高常十萬里也。試以表端爲地平。即地下之景。必與去日里數正等。其理顯矣。

日景出入前表益損之圖

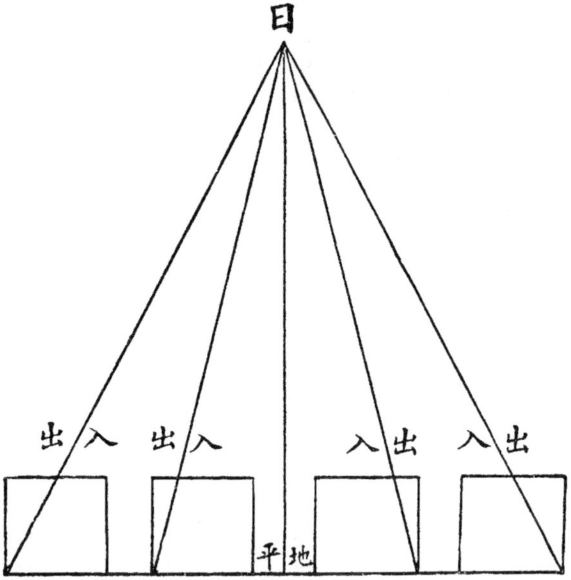

二分日當卯酉之中。故地中景與表直中垂一線是也。不處地中。景必有出入之數。處南則弦入表北。而表出處北。則弦出表南。而表入出多則遠日。出少則近日。處南然也。入多則近日。入少則遠日。處北然也。蓋南用南後表。北用北後表。其前表則常用南耳。如改用北表。則處南者。以入少爲遠日。入多爲近日。處北者。以出少爲近日。出多爲遠日。法正相反。

天維十二月小周天之圖

正月　日在亥　加時亥　天維在寅
二月　日在戌　加時酉　天維在丑
三月　日在酉　加時未　天維在子
四月　日在申　加時巳　天維在亥
五月　日在未　加時卯　天維在戌
六月　日在午　加時丑　天維在酉
七月　日在巳　加時亥　天維在申
八月　日在辰　加時酉　天維在未
九月　日在卯　加時未　天維在午
十月　日在寅　加時巳　天維在巳
十一月　日在丑　加時卯　天維在辰
十二月　日在子　加時丑　天維在卯

王雲五主編

萬有文庫

第一集一千種

淮南鴻烈集解

六冊

劉文典著

發行人 王雲五 上海寶山路五〇一號

印刷所 商務印書館 上海寶山路

發行所 商務印書館 上海及各埠

中華民國二十年四月初版

The Complete Library
Edited by
Y. W. WONG

THE EXPLANATION OF HUAI-NAN DIGEST
BY LIU WEN TIEN
PUBLISHED BY Y. W. WONG

THE COMMERCIAL PRESS, LTD.
Shanghai, China
1931

五〇一五分

民国首版学术经典丛书第一辑

留欧外史（第一辑上编）/ 黎锦晖
清代学术概论 / 梁启超
中国目录学史 / 姚名达
理学纲要 / 吕思勉
中国殖民史 / 李长傅
白话本国史（四册）/ 吕思勉
近代中国留学史 / 舒新城
五十年来中国之文学、论文杂记 / 胡适、刘师培
历史研究法与中国文字变迁考 / 吕思勉
苏曼殊年谱及其他 / 柳亚子
中国商业史 / 王孝通
妙峰山 / 顾颉刚
中国文字学史（上下）/ 胡朴安

民国首版文学经典丛书第一辑

新月诗选 / 陈梦家
火灾 / 邱东平
我们的六月 / 朱自清
红的天使 / 叶灵凤
红雾 / 张资平
未完的忏悔录 / 叶灵凤
生死场 / 萧红
云游、志摩的诗 / 徐志摩
徐志摩选集 / 徐志摩
休息、给予者 / 王实味、欧阳山
迷羊 / 郁达夫
第七连 / 邱东平
弘一大师永怀录 / 弘一大师纪念会
石门集 / 朱湘
飞絮 / 张资平
鲁迅杰作选 / 鲁迅
胡适留学日记（四册）/ 胡适

民国首版学术经典丛书第二辑

东西文化及其哲学 / 梁漱溟
印度哲学概论 / 梁漱溟
中国历史研究法 / 梁启超
中国历史研究法补编 / 梁启超
中国小说史略 / 鲁迅
汉晋学术编年（四册）/ 刘汝霖
淮南鸿烈集解（上、下册）/ 刘文典
近代中国教育史料（四册）/ 舒新城
人生哲学（上卷）（上、下册）/ 李石岑
太炎文录续编（上、下册）/ 章太炎
中国百名人传（上、下册）/ 陈翊林
中国画学全史（上、下册）/ 郑昶
中国女性文学史（上、下册）/ 谭正璧
中国哲学史大纲（上卷）/ 胡适
中国文化史（上、下册）/ 柳诒徵
经学教科书 / 刘师培
中国学术史讲话 / 杨东莼
穆天子传西征讲疏 / 顾实
中国伦理学史 / 蔡元培
宋学概要 / 夏君虞

民国首版文学经典丛书第二辑

中国新文坛秘录 / 阮无名
曼殊六记 / 苏曼殊
英兰的一生 / 孙梦雷
一叶 / 王统照
新生代 / 齐同
二月 / 柔石
丽莎的哀怨 / 蒋光慈
苔莉 / 张资平
古庙集 / 章衣萍
海滨故人 / 庐隐
呼兰河传 / 萧红
公墓 / 穆时英
秋风集 / 章衣萍
囚绿记、龙山梦痕 / 陆蠡、徐蔚南
愤怒的乡村 / 鲁彦
泪珠缘（五册）/ 陈蝶仙
春醪集 / 梁遇春
缀网劳蛛 / 落华生
旧梦 / 刘大白
漩涡里外 / 杜衡
都市风景线 / 刘呐鸥
山野掇拾 / 孙福熙
西北远征记 / 宣侠父
花之寺 / 凌叔华
爱眉小札 / 徐志摩
怀旧集 / 柳亚子
音乐会小曲 / 陶晶孙

图书在版编目（CIP）数据

淮南鸿烈集解：全 2 册 / 刘文典著．—上海：上海科学技术文献出版社，2015.4
（民国首版学术经典丛书．第 2 辑）
ISBN 978-7-5439-6544-7

Ⅰ．① 淮… Ⅱ．①刘… Ⅲ．①杂家—中国—西汉时代②《淮南子》—注释 Ⅳ．① B234.42

中国版本图书馆 CIP 数据核字（2015）第 027409 号

责任编辑：张 树 王卓娅
封面设计：周 婧

淮南鸿烈集解（上下册）
刘文典 著
出版发行：上海科学技术文献出版社
地　　址：上海市长乐路 746 号
邮政编码：200040
经　　销：全国新华书店
印　　刷：上海中华商务联合印刷有限公司
开　　本：850×1168 1/32
印　　张：22.125
版　　次：2015 年 4 月第 1 版 2015 年 4 月第 1 次印刷
书　　号：ISBN 978-7-5439-6544-7
定　　价：158.00 元
http://www.sstlp.com